全国法律专业学位研究生教育指导委员会秘书处推荐教材

21世纪法学

中国法制史原理与案例教程

（第三版）

主　编　赵晓耕

副主编　范忠信　马小红

撰稿人　（以撰写章节先后为序）

赵晓耕　马小红　李　力　崔永东

朱　腾　史永丽　范忠信　王平原

崔　锐　柴　荣　刘　涛　宋四辈

马晓莉　聂　鑫　何莉萍

中国人民大学出版社

·北京·

编审委员会

总　序

曾宪義

在人类文明与文化的发展中，中华民族曾作出过伟大的贡献，不仅最早开启了世界东方文明的大门，而且对人类法治、法学及法学教育的生成与发展进行了积极的探索与光辉的实践。

在我们祖先生存繁衍的土地上，自从摆脱动物生活、开始用双手去进行创造性的劳动、用人类特有的灵性去思考以后，我们人类在不断改造客观世界、创造辉煌的物质文明的同时，也在不断地探索人类的主观世界，逐渐形成了哲学思想、伦理道德、宗教信仰、风俗习惯等一系列维系道德人心、维持一定社会秩序的精神规范，更创造了博大精深、义理精微的法律制度。应该说，在人类所创造的诸种精神文化成果中，法律制度是一种极为奇特的社会现象。因为作为一项人类的精神成果，法律制度往往集中而突出地反映了人类在认识自身、调节社会、谋求发展的各个重要进程中的思想和行动。法律是现实社会的调节器，是人民权利的保障书，是通过国家的强制力来确认人的不同社会地位的有力杠杆，它来源于现实生活，而且真实地反映现实的要求。因而透过一个国家、一个民族、一个时代的法律制度，我们可以清楚地观察到当时人们关于人、社会、人与人的关系、社会组织以及哲学、宗教等诸多方面的思想与观点。同时，法律是一种具有国家强制力、约束力的社会规范，它以一种最明确的方式，对当时社会成员的言论或行动作出规范与要求，因而也清楚地反映了人类在各个历史发展阶段中对于不同的人所作出的种种具体要求和限制。因此，从法律制度的发展变迁中，同样可以看到人类自身不断发展、不断完善的历史轨迹。人类社会几千年的国家文明发展历史已经无可争辩地证明，法律制度乃是维系社会、调整各种社会关系、保持社会稳定的重要的工具。同时，法律制度的不断完善，也是人类社会文明进步的显著体现。

由于发展路径的不同、文化背景的差异，东方社会与西方世界对于法律的意义、底蕴的理解、阐释存有很大的差异，但是，在各自的发展过程中，都曾比较注重法律的制定与完善。中国古代虽然被看成是“礼治”的社会、“人治”的世界，被认为是“只有刑，没有法”的时代，但从《法经》到《唐律疏议》、《大清律例》等数十部优秀成文法典的存在，充分说明了成文制定法在中国古代社会中的突出地位，唯这些成文法制所体现出的精神旨趣与现代法律文明有较大不同而已。时至20世纪初叶，随着西风东渐、东西文化交流加快，中国社会开始由古代的、传统的社会体制向近现代文明过渡，建立健全的、符合现代理性精神的法律文明体系方成为现代社会的共识。正因为如此，近代以来的数百年间，在西方、东方各主要国家里，伴随着社会变革的潮起潮落，法律改革运动也一直呈方兴未艾之势。

从历史上看，法律的文明、进步，取决于诸多的社会因素。东西方法律发展的历史均充分证明，推动法律文明进步的动力，是现实的社会生活，是政治、经济和社会文化的变迁；同时，法律内容、法律技术的发展，往往依赖于一大批法律专家以及更多的受过法律教育的社会成员的研究和推动。从这个角度看，法学教育、法学研究的发展，对于法律文明的发展进步，也有着异常重要的意义。正因为如此，法学教育和法学研究在现代国家的国民教育体系和科学研究体系中，开始占有越来越重要的位置。

中国近代意义上的法学教育和法学研究，肇始于19世纪末的晚清时代。清光绪二十一年（公元1895年）开办的天津中西学堂，首次开设法科并招收学生，虽然规模较小，但仍可以视为中国最早的近代法学教育机构（天津中西学堂后改名为北洋大学，又发展为天津大学）。三年后，中国近代著名的思想家、有“维新骄子”之称的梁启超先生即在湖南《湘报》上发表题为《论中国宜讲求法律之学》的文章，用他惯有的富有感染力的激情文字，呼唤国人重视法学，发明法学，讲求法学。梁先生是清代末年一位开风气之先的思想巨子，在他的辉煌的学术生涯中，法学并非其专攻，但他仍以敏锐的眼光，预见到了新世纪中国法学研究和法学教育的发展。数年以后，清廷在内外压力之下，被迫宣布实施“新政”，推动变法修律。以修订法律大臣沈家本为代表的一批有识之士，在近十年的变法修律过程中，在大量翻译西方法学著作，引进西方法律观念，有限度地改造中国传统的法律体制的同时，也开始推动中国早期的法学教育和法学研究。20世纪初，中国最早设立的三所大学——北洋大学、京师大学堂、山西大学堂均设有法科或法律学科目，以期“端正方向，培养通才”。1906年，应修订法律大臣沈家本、伍廷芳等人的奏请，清政府在京师正式设立中国第一所专门的法政教育机构——京师法律学堂。次年，另一所法政学堂——直属清政府学部的京师法政学堂也正式招生。这些大学法科及法律、法政学堂的设立，应该是中国历史上近代意义上的正规专门法学教育的滥觞。

自清末以来，中国的法学教育作为法律事业的一个重要组成部分，随着中国社会的曲折发展，经历了极不平坦的发展历程。在20世纪的大部分时间里，中国社会一直充斥着各种矛盾和斗争。在外敌入侵、民族危亡的沉重压力之下，中国人民为寻找适合中国国情的发展道路而花费了无穷的心力，付出过沉重的代价。从客观上看，长期的社会骚动和频繁的政治变迁曾给中国的法治与法学带来过极大的消极影响。直至70年代末期，以“文化大革命”宣告结束为标志，中国社会从政治阵痛中清醒过来，开始用理性的目光重新审视中国的过去，规划国家和社会的未来，中国由此进入长期稳定、和平发展的大好时期，以这种大的社会环境为背景，中国的法学教育也获得了前所未有的发展机遇。

从宏观上看，实行改革开放以来，经过二十多年的努力，中国的法学教育事业所取得的成就是辉煌的。首先，经过“解放思想，实事求是”思想解放运动的洗礼，在中国法学界迅速清除了极左思潮及苏联法学模式的一些消极影响，根据本国国情建设社会主义法治国家已经成为国家民族的共识，这为中国法学教育和法学研究的发展奠定了稳固的思想基础。其次，随着法学禁区的不断被打破、法学研究的逐步深入，一个较为完善的法学学科体系已经建立起来。理论法学、部门法学各学科基本形成了比较系统和成熟的理论体系和学术框架，一些随着法学研究逐渐深入而出现的法学子学科、法学边缘学科也渐次成型。1997年，国家教育主管部门和教育部高校法学学科教学指导委员会对原有专业目录进行了又一次大幅度调整，决定自1999年起法学类本科只设一个单一的法学专业，按照一个专业招生，从而使法学学科的布局更加科学和合理。同时，在充分论证的基础上，确定了法学专业本科教学的14门核心课程，加上其他必修、选修课程的配合，由此形成了一个传统与更新并重、能够适应国家和社会发展需要的教学体系。法学硕士和博士研究生及法律硕士专业学位研究生的专业设置、课程教学和培养体系也日臻完善。再次，法学教育的规模迅速扩大，层次日趋齐全，结构日臻合理。目前中国有六百余所普通高等院校设置了法律院系或法律本科专业，在校本科学生和研究生已达二十余万人。除本科生外，在一些全国知名的法律院校，法学硕士研究生、法律硕士专业学位研究生、法学博士研究生已经逐步成为培养的重点。

众所周知，法律的进步、法治的完善，是一项综合性的社会工程。一方面，现实社会关系的发展，国家政治、经济和社会生活的变化，为法律的进步、变迁提供动力，提供社会的土壤。另一方面，法学教育、法学研究的发展，直接推动法律进步的进程。同时，全民法律意识、法律素质的提高，则是实现法治国理想的关键的、决定性的因素。在社会发展、法学教育、法学研究等几个攸关法律进步的重要环节中，法学教育无疑处于核心的、基础的地位。中国法学教育过去二十多年所走过的历程令人激动，所取得的成就也足资我们自豪。随着国家的发展、社会的进步，在21世纪，我们面临着更严峻的挑战和更灿烂的前景。“建设世界一流法学教育”，任重道远。

首先，法律是建立在经济基础之上的上层建筑，以法治为研究对象的法学也就成为一门实践性很强的学科。社会生活的发展变化，势必要对法学教育、法学研究不断提出新的要求。经过二十多年的奋斗，中国改革开放的前期目标已顺利实现。但随着改革开放的逐步深入，国家和社会的一些深层次问题，比如说社会主义市场经济秩序的真正建立、国有企业制度的改革、政治体制的完善、全民道德价值的重建、环境保护和自然资源的合理利用等等，也已经开始浮现出来。这些复杂问题的解决，无疑最终都会归结到法律制度的完善上来。建立一套完善、合理的法律制度，构建理想的和谐社会，乃一项持久而庞大的社会工程，需要全民族的智慧和努力。其中的基础性工作，如理论的论证、框架的设计、具体规范的拟订、法律实施中的纠偏等等，则有赖于法学研究的不断深入，以及高素质人才特别是法律人才的养成，而培养法律人才的任务，则是法学教育的直接责任。

其次，21世纪是一个多元化的世纪。20世纪中叶发生的信息技术革命，正在极大地改变着我们的世界。现代科学技术，特别是计算机网络信息技术的发展，使传统的生活方式、思想观念发生了根本的改变，并由此引发许多人类从未面对过的问题。就法学教育而言，在21世纪所要面临的，不仅是教学内容、研究对象的多元化问题，而且还有培养对象、培养目标的多元化、教学方式的多元化等一系列问题，这些问题都需要法学界去思考、去探索。

中国人民大学法学院建立于1950年，是新中国诞生后创办的第一所正规高等法学教育机构。在半个多世纪的岁月中，中国人民大学法学院以其雄厚的学术力量、严谨求实的学风、高水平的教学质量以及丰硕的学术研究成果，在全国法学教育领域处于领先地位，并开始跻身于世界著名法学院之林。据初步统计，中国人民大学法学院已经为国家培养法学专业本科生、硕士生、博士生一万余人，培养各类成人法科学生三十余万人。经过多年的努力，中国人民大学法学院形成了较为明显的学术优势，在现职教师中，既有一批资深望重、在国内外享有盛誉的法学前辈，更有一大批在改革开放后成长起来的优秀中青年法学家。这些老中青法学专家多年来在勤奋研究法学理论的同时，也积极投身于国家的立法、司法实践，对国家法制建设贡献良多。

有鉴于此，中国人民大学法学院与中国人民大学出版社经过研究协商，决定结合中国人民大学法学院的学术优势和中国人民大学出版社的出版力量，出版一套“21世纪法学系列教材”。自1998年开始编写出版本科教材，包括按照国家教育部所确定的法学专业核心课程和其所颁布印发的《全国高等学校法学专业核心课程基本要求》而编写的14门核心课程教材，也包括法学各领域、各新兴学科教材及教学参考书和案例分析在内，到2000年12月3日在人民大会堂大礼堂召开举世瞩目的“21世纪世界百所著名大学法学院院长论坛暨中国人民大学法学院成立五十周年庆祝大会”之时，业已出版了50本作为50周年院庆献礼，到现在总共出版了80本。为了进一步适应高等法学教育发展的形势和教学改革的需要，最近中国人民大学法学院与中国人民大学出版社决定将这套教材扩大为四个系列，即：“本科生用书”、“法学研究生用书”、“法律硕士研究生用书”以及“司法考试用书”，总数将达二百多本。我们设想，本套教材的编写，将更加注意“高水准”与“适用性”的合理结合。首先，本套教材将由中国人民大学法学院具有全国影响的各学科的学术带头人领衔，约请全国高校优秀学者参加，形成学术实力强大的编写阵容。同时，在编写教材时，将注意吸收中国法学研究的最新的学术成果，注意国际学术发展的最新动向，力求使教材内容能够站在21世纪的学术前沿，反映各学科成熟的理论，体现中国法学的水平。其次，本套教材在编写时，将针对新时期学生特点，将思想性、学术性、新颖性、可读性有机结合起来，注意运用典型生动的案例、简明流畅的语言去阐释法律理论与法律制度。

我们期望并且相信，经过组织者、编写者、出版者的共同努力，这套法学教材将以其质量效应、规模效应，力求成为奉献给新世纪的精品教材，我们诚挚地祈望得到方家和广大读者的教正。

2006年7月1日

序　言

法学教育是高等教育的重要组成部分，是建设社会主义法治国家、构建社会主义和谐社会的重要基础，并居于先导性的战略地位。在我国社会转型的新世纪、新阶段，法学教育不仅要为建设高素质的法律职业共同体服务，而且要面向全社会培养大批治理国家、管理社会、发展经济的高层次法律人才。近年来，法学教育取得了长足的进步，法科数量增长很快，教育质量稳步提高，培养层次日渐完善，目前已经形成了涵盖本科生、第二学士学位生、法学硕士研究生、法律硕士研究生、法学博士研究生的完整的法学人才培养体系，接受法科教育已经成为莘莘学子的优先选择之一。随着中国法治事业的迅速发展，我们有理由相信，中国法学教育的事业大有可为，中国法学教育的前途充满光明。

教育的基本功能在于育人，在于塑造德才兼备的高素质人才。法学教育的宗旨并非培养只会机械适用法律的“工匠”，而承载着培养追求正义、知法懂法、忠于法律、廉洁自律的法律人的任务。要完成法学教育的使命，首先必须认真抓好教材建设。我始终认为，教材是实现教育功能的重要工具和媒介，法学教材不仅仅是法学知识传承的载体，而且是规范教学内容、提高教学质量的关键，对法学教育的发展有着不可估量的作用。

第一，法学教材是传授法学基本知识的工具。初学法律，既要有好的老师，又要有好的教材。正如冯友兰先生所言：“学哲学的目的，是使人作为人能够成为人，而不是成为某种人。其他的学习（不是学哲学）是使人能够成为某种人，即有一定职业的人。”一套好的教材，能够高屋建瓴地展示法律的体系，能够准确简明地阐释法律的逻辑，能够深入浅出地叙述法律的精要，能够生动贴切地表达深奥的法理。所以，法学教材是学生学习法律的向导，是学生步入法律殿堂的阶梯。如果在入门之初教材就有偏颇之处，就可能误人子弟，学生日后还要花费大量时间与精力来修正已经形成的错误观念。

第二，法学教材是传播法律价值理念的载体。好的法学教材不仅要传授法学知识，更要传播法律的精神和法治的理念，例如对公平、正义的追求，尊重权利的观念。本科、研究生阶段的青年学子，正处在人生观、价值观形成的阶段，一套优秀的法学教材，对于他们价值观的塑造和健全人格的培养具有重要意义。

第三，法学教材是形成职业共同体的主要条件。建设社会主义法治国家，有赖于法律职业共同体的生成。一套好的法学教材，向法律研习者传授共同的知识，这对于培养一个接受共同的价值理念、共同的法律思维、共同的话语体系的法律共同体，具有重要的作用。

第四，法学教材是所有法律研习者的良师益友。没有好的教材，一个好的教师或可弥补教材的欠缺和不足，但对那些没有老师指导的自学者而言，教材就是老师，其重要作用是显而易见的。

长期以来，在我们的评价体系中，教材并没有获得应有的注重，对学术成果的形式优先考虑的往往是专著而非教材。在不少人的观念中，教材与创新、与学术精品甚至与学术无缘。其实，要真正写出一部好的教材，其难度之大、工作之艰辛、影响之深远，绝不低于一部优秀的专著，它甚至可以成为在几百年甚至更长的时间内发挥作用的传世之作。以查士丁尼的《法学阶梯》为例，所谓法学阶梯，即法学入门之义，就是一部教材。但它概括了罗马法的精髓，千百年来，一直是人们研习罗马法最基本的著述。日本著名学者我妻荣说过，大学教授有两大任务：一是写出自己熟悉的专业及学术领域的讲义乃至教科书；二是选择自己最有兴趣、最看重的题目，集中精力进行终生的研究。实际上，这两者是相辅相成的。写出一部好教材，必须要对相关领域形成一个完整的知识体系，还要能以深入浅出的语言将问题讲清楚、讲明白。没有编写教材的基本功，实际上也很难写出优秀的专著。当然，也只有对每一个专题都有一定研究，才能形成对这个学术领域的完整把握。

虽然近几年我国法学教育发展迅速，成绩显著，但是法学教育也面临许多挑战。各个学校的师资队伍和教学质量参差不齐，这就更需要推出更多的结构严谨、内容全面、角度各有侧重、能够适应不同需求的法学教材，为提高法学教学和人才培养质量、保障法学教育健康发展提供前提条件。

长期以来，中国人民大学法学院始终高度重视教材建设。作为新中国成立后建立的第一所正规的法学教育机构，中国人民大学法律系最早开设了社会主义法学教学课堂，编写了第一套社会主义法学讲义，培养了新中国第一批法学本科生和各学科的硕士生、博士生，产生了新中国最早的一批法学家和法律工作者。中国人民大学法律系因此被誉为“新中国法学教育的工作母机”。半个多世纪以来，中国人民大学法学院为社会主义法制建设培养了大批优秀的法律人才，并为法学事业的振兴和繁荣作出了卓越贡献，也因此成为引领中国法学教育的重镇、凝聚国内法律人才的平台和沟通中外法学交流的窗口，并在世界知名法学院行列中崭露头角。为了对中国法学教育事业作出更大的贡献，我们有义务也有责任出版一套体现我们最新研究成果的法学教材。

承蒙中国人民大学出版社的大力支持，我们组织编写了本套教材，其中包括本科生用书、法律硕士研究生用书、法学研究生用书和司法考试用书四大系列，分别面向不同层次法科教育需求。编写人员以中国人民大学法学院教师为主，反映了中国人民大学法学院整体的研究实力和学术视野。相信本套教材的出版，一定能够为新时期法学教育的繁荣发展发挥应有的作用。

是为序。

2006年7月10日

第三版修订说明

《中国法制史原理与案例教程》自2009年修订出版第二版以来，持续受到广大读者的关注与欢迎。本书作为法律硕士研究生用书，在承继以往教材以内容叙述及理论分析为主的模式基础上，辅之以典型案例解读，以使读者能够通过个案更加具体、真切地了解和熟悉中国传统法制的内容与特点。

此次修订在基本保持第二版教材体例的基础上，对教材的绝大部分内容进行了再版校对修订，主要是对书中的引文、错别字等进行了修正、核实与改定，对部分插图也做了修订，以求得进一步完善本书的内容。

本次再版修订工作由主编赵晓耕教授负责，法律史博士研究生时晨、胡雯姬协助主编完成相关具体编辑工作。

由于水平所限，疏误之处在所难免。我们期望广大读者在使用本教材的同时，继续给予我们批评指正，为下次教材修订和本书质量的不断提高奠定基础，使本书不负广大读者的期望。

编者

2016年7月

编写说明

《中国法制史原理与案例教程》是专门为法律硕士研究生编写的一部教材。

鉴于法律硕士对实践性的需求较高，本书通过每节引例以及每章的课后思考题，力图提高读者理论联系实际的实践能力。本书还参考了法制史研究的最新成果，并提供了大量参考文献以供学生进行深度阅读。同时，编者还精心选取了相关历史图片资料。

由于中国法制史课程本身的特殊性，编写案例教程有一定的难度，也少有先例可供参考。不足之处，还望读者批评指正。

本书由赵晓耕主编，范忠信、马小红副主编，各章作者如下：

导论：赵晓耕；

第一章：马小红；

第二章：李　力；

第三章：李　力；

第四章：崔永东、朱腾；

第五章：赵晓耕、史永丽；

第六章：范忠信；

第七章：赵晓耕、王平原；

第八章：崔　锐；

第九章：柴　荣；

第十章：赵晓耕、刘　涛；

第十一章：宋四辈；

第十二章：马晓莉；

第十三章：聂　鑫；

第十四章：何莉萍。

全书由赵晓耕、聂鑫统稿，清样由何莉萍校对。

编者

2006年7月

出版说明

为了教学需要，本书精选了一些历史图片、照片，在本书出版之时，我们一时无法联系上图片、照片的原作者，请原作者在见到本书后与我出版社联系，我们将按照国家有关规定支付稿酬。在此，我们对本书中插图作品的作者表示衷心的感谢！

中国人民大学出版社

目　　录

导　论

法律制度是一个国家、一个社会在一定时期内的物质生活条件与社会生活的综合反映。法律制度集中反映着一个民族、一个社会的基本价值观念，反映着当时人们对于自然、社会和人与人关系的思索与选择。在具体的法律制度、法律条文背后，有着复杂的社会思想因素。在人类历史上，自国家形成以来，不同时代、不同地域、不同民族所建立的国家、政权在自身的存续和发展过程中，都曾自觉或不自觉地把各自的民族精神、价值观念融入法律制度之中，从而形成了人类社会丰富多彩的法律文化体系。这些不同的法律文化体系，是人类历史文化的重要组成部分，也是后人回顾、了解不同历史文化、吸收并继承前人智慧的重要途径。

历史不仅仅是过去了的故事，当我们重拾某段历史的时候，不论我们是自觉还是不自觉，其实都是因为这段历史与我们所生活的现实发生了这样或那样的联系。一方面，中国古人在叙述历史的经验中有一个很好的原则："本朝人不著本朝史"，为的是免于个人情感、恩怨对"持中为史"原则的伤害。而另一方面，由于传统学术的政治化，使得历史成为一种与现实政治利害无关的标志。俗语谓：这已成为历史了。意味着对现实已无能为力了。其实这不过是现实统治者的主观愿望而已。从哲学的角度分析，这亦是一种历史对现实的影响。

中国是世界上著名的文明古国。中华文明在人类文明史上也一直占有非常重要的位置。如果以国家的形成作为文明起步的标志的话，中国古代的国家文明可以追溯到公元前21世纪的夏代。20世纪的考古学、历史学资料都已经充分证明，距今四千多年的夏代已经是国家的既定形态。也就是说，到公元前21世纪夏代建立时，中国已经正式形成了国家。在此之前，当然还有国家发育、形成的漫长过程。20世纪80年代中期在辽宁西部发现的牛河梁红山文化遗址则进一步证明，在距今六千多年前，中华大地上已经出现了国家文明的雏形。因此，中国有六千年的文明史的说法，已经逐渐为世人所接受。

从世界历史上看，中国传统文化不仅历史悠久、博大精深，而且其发展演变一直没有中断。这正是中华文化所具有的突出特点和优点之一。在人类历史上，古巴比伦人、古埃及人和古印度人都曾创造过辉煌而显赫的古代文明，但后来都遭受到外来文化的侵略，国家多次被灭亡，原来的古老文化也都未能完整、独立地保存下来。唯有在中华大地上孕育生长的中国传统法律文化，数千年来一直薪火相传，连绵不绝。从唐尧虞舜的传说时代，到夏、商、周、秦、汉、唐、宋、元、明、清，在几千年的发展过程中，中国传统法律文化一直保持着发展的连续性和主体的纯一性，成为东方法律文化的代表，与西方法律文化并存于世。

以公元前21世纪夏王朝的建立为起点，经过夏、商、西周三代，不成文的习惯法居于主导地位，到春秋中叶，随着公开、成文的制定法出现，具有成文法系基本特征的中国封建法律制度开始形成。经过此后几千年的积累，中国古代的法律体制，也就是我们通常所谓的"中国传统法律制度"，从相对粗略和幼稚的简单法条，发展成了体系完整、内容全面、风格特异、义理精深的庞大的法律体系。就立法而言，自秦汉至明清数千年间，各朝各代，各主要政权在其建立之初几乎无一例外地都要制定一部大而全的基本法典，以为国家法制的基础，并作为"祖宗成宪"垂范后世。除以律为主的基本法典以外，历史上还先后出现过令、科、比、格、式、典、敕、例、指挥、故事等名目繁多的法律形式，作为成文法典的补充，全面调节和规范各方面的社会关系。与历史上西方的法律文化相映生辉，中国古代在长期司法实践中逐渐形成和发展起来的司法体制也极富特色。在夏商以后，伴随着古代的诉讼体制的发展，一套从中央到地方、基层的完整司法体制，以及包括会审制度、调解制度、原情断罪等一系列极具中国古代特色的诉讼方式在内的各种审判制度逐渐建立并不断完善。从整体上观察，在中国帝制时期，传统立法技术、司法体制，国家统治阶层运用法律的手段以及整体法制水平，都达到了相当高的程度。特别应该指出的是，在长期发展演变过程中，由于儒家学说的影响、官方的强有力的引导等许多因素的交互作用，一系列带有浓郁农业社会特色的独特价值观念和伦理道德规范被直接传导至法律制度之中，由此形成了一系列具有中国古代特色的法律制度、法律规范，塑造了中国古代法律的"伦理法"性格。从公元1840年以后，由于中国内外环境的变化，中国古代法律制度所依附的社会基础逐渐崩溃，中国的法律制度开始由古代封建法向近现代法律文明艰难地转变。

从历史上看，夏、商以后的四千多年中，中国的法律制度由简略的习惯法，发展成为富有哲理的宏章巨制；由充满浓郁古代特色的早期法制，发展到近现代世界通行的法律模式，其间的递嬗演变，当然不能用朝代的更替、政权的变更来简单地解释。而研究中国法制的历史变迁，从法律的角度去理解、阐释我们祖先留下的精神财富，正是法制史学科的基本任务。

一、中国法制史的概念与研究范围

（一）中国法制史的概念

所谓"中国法制史"，一般有两层含义：一是作为历史概念使用，二是作为学科概念使用。作为历史概念，"中国法制史"指的是中国法律制度发展的历史本身，是一种历史存在。在这个意义上，"中国法制史"指的是过去时空中存在的，对今天有着种种影响的历史文化现象。作为一个学科概念，"中国法制史"则是指研究中国历史上法律制度、法律文化，传播法制史知识的现代法学中的专门学科，即"中国法制史学"。中国法制史是法学领域中的重要基础学科。中国法制史学注重运用法学的理论方法研究中国历史上的法律文化现象，作为社会科学领域中的一个分支，因其研究对象的特殊性，使得该学科具有历史学与法学的双重难度。其特点在于中国法制史学是同时带有法学与历史学双重特性的交叉学科。

（二）中国法制史的研究范围

从总体上看，中国法制史是一门以法律制度的发展演变为主线，综合研究中国历史上各主要王朝的法律制度及法律文化的学科。中国法制史研究的是中国历史上的法律制度、法律文化，在这一点上其与外国法制史相区别。中国法制史的研究以法律制度为主线，这与集中研究中国历史上各学术流派、各重要思想家的法律思想的中国法律思想史学科相区别。

中国法制史学科的研究范围可以从时间、地域与内容几个角度加以说明。从时间、地域角度来说，中国法制史研究范围所及应该包括自中国历史上国家和法的形成，至研究者所处的年代这一期间，在中国地域内出现的各种类型的法律制度；从内容角度来说，中国法制史的研究对象应该包括以下几个方面：

第一，中国各个历史时期的立法活动、立法成果，包括立法体制、立法活动及其社会背景、立法根据、立法技术以及由立法而产生的各种形式的法律规范；一些非经国家机关正式制定而在司法实践中起规范与调节作用的习惯、判例，以及调节家族内部关系、乡里关系的所谓“家法族规”、乡规民约等特殊形式的社会规范。

第二，中国各个历史时期的司法状况，包括各种类型政权的司法机关、司法体制、诉讼制度、诉讼原则、狱政管理、具体的司法活动，以及与司法密切相关的司法设施，如公堂、监狱等等。历史上司法活动中所产生的有典型意义和重要影响的案例，也应是研究的重要资料。

第三，中国各个时期内各种类型政权的宏观法制状况，包括宏观立法情况、立法与司法的联系、法律的执行情况、法制的整体社会效益等等。

第四，与各个时期法律制度产生过相互重要影响的哲学思想、政治法律思想和学说。在法律制度史的研究中，是无法脱离开思想因素的。特别是一些与具体法律制度的形成、发展、演变密切相关的思想因素，也是着重研究探讨的问题。

第五，中国各个历史时期社会各个阶层的价值观念、风俗习惯以及宗教等文化传统。这些内容是全面、深入地研究和了解历史上法律制度所不能回避的问题。

随着学科学术研究进一步向纵深发展，进入20世纪90年代以后，中国法制史研究的触角不断扩展，许多前人尚未涉及的领域和问题，均受到研究者的关注。而近年来，法制史研究的焦点逐渐集中到以下几个方面：（1）对传统法律文化及比较法律文化的综合研究；（2）对珍稀法律史料的挖掘与整理；（3）对法制史专题进行更深入、细致的研究；（4）对各个政权中后期法制状况的研究；（5）对历史上少数民族政权、少数民族地区法制状况的研究。

二、中国法律制度发展的不同历史阶段

（一）奴隶制法制时期

中国奴隶制时代的法律制度，一般是指夏、商、西周及春秋时期的法制，也就是通常所说的早期法制。在时间上包括自公元前21世纪到公元前476年这一历史阶段。中国早期法制的突出特点，是以习惯法为基本形态，法律是不公开、不成文的。

在中国早期法制中，夏、商是传统法律的萌芽时期。自公元前21世纪夏启建立夏代开始，夏王朝前后存在约五百年时间。在此期间，中国早期习惯法开始向成文法演变，其中的刑罚制度、监狱制度都有了一定的发展。商取代夏以后也维持了将近五百年。在继承夏代法制经验的基础上，商代在罪名、刑罚以及司法诉讼制度等方面取得了长足进展。20世纪初出土的甲骨文资料证明，商代的刑法及诉讼体制已经比较完备。

中国早期法制的鼎盛时期是在西周。在中国历史上，西周是一个十分重要的历史阶段。在西周政权存续的5个多世纪里，中国传统的统治方式、治国策略以及一些基本的政治制度

已经初步形成，作为传统文化基石的哲学思想、伦理道德观念等思想文化因素也都在此时发端。从法律上看，西周法制的形式和内容都达到了早期法制的顶峰。在西周时期所形成的“以德配天、明德慎罚”的法制指导思想，“老幼犯罪减免刑罚”“区分故意和过失”等法律原则，以及“刑罚世轻世重”的刑事政策，都是具有当时世界最高水平的法律制度，对中国后世的法制也产生了重要的影响。所以，西周法律制度是中国法制史学习的重点之一。

（二）封建帝制法制时期

1. 初建时期（战国、秦、汉）的法律制度。在时间上包括自公元前475年至公元220年期间的法律制度。从春秋以后，中国开始有了向全社会公布的成文法，从此，中国的法律开始过渡到以成文法为主体的状态。我们通常所说的“传统法律文化”“传统法律制度”，其主体就是在这一时期形成、发展和成熟的。我们可以把这一漫长的历史时期划分为以下几个发展阶段：

（1）战国时期。这是由早期习惯法向成文法转变的重要阶段。战国时期处在中国历史上第一次大动荡、大变革时代的后半期。而社会变革的许多重要成果，中国的许多思想文化精华都出自这个时期。在法制方面主要表现为以成文法为主体的新的法律体制开始在更大的范围内、以更成熟的形式建立起来。其中，战国初年魏国李悝制定的《法经》，就是战国时期法制变革的代表性成果。另外，在整个中国古代社会中，影响最大的两大学术流派儒家和法家的主要政治法律思想，也都在这一时期内成熟并在政治舞台上发挥广泛的影响。

（2）秦汉时期。这是中国古代成文法法律体系全面确立时期。时间上包括自公元前221年至公元220年这段历史时期。公元前221年，秦始皇统一中国，建立了中国历史上第一个以中央集权为特征的统一的专制王朝，确立了以后几千年中中国传统的政治格局和政治模式。在指导思想上，秦代奉行的是法家学派的“法治”“重刑”等理论，而且在实践中贯彻得比较彻底，秦代的法律制度很自然带有明显的法家色彩。在中国历史上，战国时代和秦代是法家学派最活跃的时期，所以，秦代法制特色是极为鲜明的。

在两汉（西汉、东汉）时期，中国古代法制在秦代法制的基础上进一步发展。前期是指在汉武帝“罢黜百家，独尊儒术”以前，主要是“汉承秦制”，就是在秦代留下的法律框架内进行局部改造，形成了一套与秦代法制有根本差别的法律体制；后期则是指在汉武帝“罢黜百家，独尊儒术”以后，在指导思想上接受儒家的理论，使儒学成为官方的、正统的政治理论。经过“儒家化”以后的法律制度，在许多方面不同于秦代及汉初的法家化的法律。而且，汉代以后的中国古代法律，都是沿着汉代儒家化的方向逐步发展的。所以，汉代法制在中国法制史上也具有重要地位。

2. 发展时期（三国、两晋、南北朝）的法律制度。三国两晋南北朝时期，在时间上包括自公元220年曹魏立国到公元581年隋文帝结束南北分裂、重新统一中国这段历史时期。在这段时间里，虽然政权更替，局势动荡，但法律制度仍然得到了巨大的发展。首先，随着两汉律学的发展，立法技术不断提高，法律理论也有明显发展。其次，具体法律制度设计上使儒家经典原则的法律化得到加强。一些重要的制度，比如“八议”“服制定罪”“官当”“重罪十条”等已经成为成熟的制度。这一时期法制的发展与进步，为隋唐之际中国古代法制走向成熟奠定了重要基础。

3. 成熟时期（隋、唐）的法律制度。隋唐时期，是中国传统法制的成熟、定型阶段。在时间上包括从公元581年隋代建立到公元960年宋代建立以前。这个时期的法律制度由于有几千年的立法、司法经验作基础，立法技术进一步提高，以《唐律疏议》为代表的优秀法典相继问世。在法律内容上，以《唐律疏议》的制定完成为标志，中国古代道德与法律的融合过程，也就是通常所说的“礼法结合”的过程基本完成，儒家学派的一些基本主张被精巧地纳入成文法典之中，中国传统社会的“法律道德化，道德法律化”的特征，在隋唐法律中得到了充分的体现。同时，经过几千年的实践探索，中国古代的司法体制、诉讼制度也在此时达到了很高的水平。

特别应当指出的是，以《唐律疏议》为代表的唐代法制，达到了中国古代传统法制的最高水平。《唐律疏议》成为中国古代法制、中华法系的代表作，在中国法制史和世界法制史上均具有重要地位。所以，唐代法制、《唐律疏议》也成为学习中国法制史的重要部分。

4. 变化时期（宋、元、明、清）的法律制度。宋元明清时期，在时间上包括自公元 960 年北宋建立到公元 1840 年鸦片战争以前这段历史时期。在宋代以后，中国的传统社会结构包括法律制度，在隋唐时期所确立的基本框架内，出现了较大的发展与变化。王朝法制的基本精神、主体框架，仍然由《宋刑统》《大明律》《大清律》等基本法典确定，但是敕、条例等法律形式，在司法实践中却发挥着实际而具体的调节作用。在君主专制中央集权的帝制社会后期，“律”规定着大原则，而“敕”“例”则从各方面进行补充和小幅度的修正。作为大原则的“律”相对稳定，较少修改，而起实际作用的附属立法，则因时因地频繁修订。这种立法上的变化说明在经过了几千年的积累以后，到中国君主专制中央集权的帝制社会后期，统治者已经能够更加娴熟地运用各种法律手段来调节社会。同时，随着皇权不断强化，中国传统法制的重心也开始向维护皇权、加强专制的方向倾斜。宋代的编敕、明代的廷杖和特务统治、明清之际盛行的“文字狱”等，都是这方面的具体反映。此外，元代和清代的民族歧视性的和适用于少数民族地区的法律，也是这一时期法律制度的一个特点。

（三）近代法制时期

分为清末法律制度、中华民国南京临时政府法律制度、民国北京政府法律制度和南京国民政府法律制度及革命根据地法律制度五个部分。

从公元 1840 年鸦片战争以后，中国社会开始遭受西方列强的一连串的侵略和欺凌。在内忧外患之中，中国社会也开始了艰难的转变。从法律上看，这种转变的突出特征是，存在了数千年的中国传统法律体制、法律观念开始瓦解，而近现代意义上的法律制度开始在中国土地上艰难地生长。一般来说，中国近现代的法制变迁，大致也可以分为以下几个阶段：

1. 清末变法修律。在中国，习惯上把 1840 年鸦片战争至 1911 年清代灭亡这段时间称为“清末”。在 1840 年以后，特别是在清政府存在的最后 10 年即 1901 至 1911 年中，清政府被迫进行了范围广泛的法律改革，大量引进了西方近现代法律学说与法律制度，对清代原有法律进行了一定程度的改造。从此中国的法制踏上了近代化之路。

2. 南京临时政府时期。1911 年 10 月，中国爆发了著名的辛亥革命，1912 年 1 月 1 日，中华民国南京临时政府宣告成立。在以孙中山为核心的革命党人的领导下，南京临时政府在很短的时间内进行了一系列立法活动，初步奠定了民国时期法制的基础。

3. 民国北京政府时期。1912 年 3 月，袁世凯篡夺了民国政权，在北京建立了由北洋军阀控制的民国北京政府，人们习惯上称之为“北洋政府”。北洋政府是军阀政权。为应付各种需要，北洋政府也曾进行一些表面上的立法活动。这些立法，在客观上为以后南京国民政府的法制建设提供了一定的有利条件。

4. 南京国民政府时期。从 1927 年到 1949 年，是国民党建立的南京国民政府统治时期。南京国民政府建立以后，也曾进行了广泛的立法活动，颁布了大量的法律、法令以及判例解释例，形成了“六法体系”。

5. 新民主主义的法制建设时期。在通常的中国法制史体系中，1921 年以后中国共产党在各个革命根据地所创建的法律制度，也是民国时期法律制度的重要组成部分。

三、中国法制史学科的研究方法与发展状况

历史是常新的，因为每一代人对自己所处的社会和自己的过去了的那段历史的认识均在不断的深入与完善之中。正是在这一过程中，我们特别应留意：历史的真实，不一定能使我们认识到“真实的历史”。但是历史又绝不是不可认识的，随着人们认识能力的不断进步，我们总是在不断接近着“真实的历史”。

（一）科学的研究方法

中国法制史学是一门带有历史学与法学双重特点的交叉学科，这一特性决定了法制史学的学习与研究都有双重的难度和要求。作为中国现代社会科学的一个分支，中国法制史的学习与研究，首先要坚持的是以马克思主义的科学理论作为指导。

近两个世纪的科学研究和社会实践都已经充分证明，辩证唯物主义和历史唯物主义是马克思主义经典作家总结人类理性思维的一切优秀文化成果而得出的科学认识论和方法论，这种科学的理论为我们研究社会问题和历史问题提供了良好的科学理论和方法。马克思在著名的《〈政治经济学批判〉序言》中对历史唯物主义基本原理作了精辟的论述：生产关系的总和构成社会的经济结构，即有法律的和政治的上层建筑竖立其上并有一定的社会意识形态与之相适应的现实基础。物质生活的生产方式制约着整个社会生活、政治生活和精神生活的过程。不是人们的意识决定人们的存在，相反，是人们的社会存在决定人们的意识。这一基本原理科学地说明了人类社会和历史发展根源与社会物质生活条件等基本因素的变革，说明了法律制度作为社会的上层建筑，其存在、发展，其表现形式和特点，都是由当时的社会物质生活条件所决定的。

1949 年中华人民共和国成立以后，从事中国法制史教学研究者将马克思主义的基本原理运用到法制史研究中，实现了学科发展史上的革命性变革。由此，中国法制史的科学研究摆脱了以往唯心主义研究方法的羁绊，解决了一系列用其他理论和方法不能科学解释的问题，使中国法制史学成为一门有科学理论基础的真正的科学。

研究历史上的法律制度，应该把法律制度作为一种社会现象置于当时的社会环境之中，本着实事求是的精神，以严谨科学的态度去挖掘、整理、分析、研究，从而揭示历史上存在过的法律制度的本来面目，揭示其产生、发展、演变的历史根源和规律。因此，在学习与研究中国法制史过程中，应该坚持正面研究与比较研究相结合，通史研究与专史、专题研究相结合，同时坚持解放思想，不断采用新的科学方法和现代科技手段，达成法制史学科科学研究的目的。

（二）学科的发展状况

在中国，我们一直有尊崇历史、研究历史的好传统。从历史中总结、领悟治乱兴衰之道，进而体会社会和人生，是中国古代最尊崇的学问。所以在中国古代，历史学是一种包含政治理论、人际伦理和学术思想等等许多内容的指导性学术。研究前代法制，总结前朝的政治、法制的得与失，也是每个王朝建立以后的一项重要工作。所以，研究法制历史在中国也是有悠久的历史和渊源的。

从西周穆王的“作吕刑”，春秋时期子产“铸刑书”、晋国“铸刑鼎”，到战国李悝著《法经》、汉代萧何“制律令”，都是在总结前人法制经验的基础上完成的。东汉班固修《汉书》，首次专设“刑法志”，集中总结一代法制的沿革变迁。此后，二十四史中，都有专门的

"刑法（罚）志"部分，成为官修史书中保存前代法制史料最为集中者。隋唐以后，各朝均设有国史馆或翰林院，组成官方的史学研究、编写机构，系统地研究前代的典章制度，并记述本朝的政治、法制活动。唐、宋、明、清几部重要的官修类书，如《艺文类聚》《太平御览》《册府元龟》《古今图书集成》《永乐大典》《四库全书》等鸿篇巨制中，都有刑法或刑罚制度一目。历代官方正史中积累了中国法制发展的正面史料。除官方组织的研究活动以外，清代以前士大夫个人将研究的兴趣一度集中在前人法制之上的，也是大有人在。从滔滔雄辩的先秦诸子，到"务在深文"的汉代刀笔吏；从以诗赋见长的白居易、范仲淹，到南宋理学大师朱熹，都留下了不少对法律、法制的评价和见解。至于邓析以降，像汉代郑玄、马融、郭氏家族，魏晋时期的张斐、杜预和宋元时期的王健、郑汝翼等个人或家族从事传统律学研究的，更是代有其人。从宏观上，如果说在明代以前，法制史的研究仍属于历史学的附庸的话，那么从清代开始，专门从事法制史的研究者已经出现。清人沈之奇的《大清律辑注》、吴坛的《大清律例通考》、薛允升的《唐明律合编》、郝懿行的《补宋书刑法志》和沈家本的《汉律摭遗》等著作说明，在清代以后对于历史上法律制度的研究已有专业化的趋向。特别是在清代末年，修律大臣沈家本，第一次全面而系统地对中国自传说中的唐虞时代直至明代几千年间的立法、司法各个方面进行了研究和总结。沈氏对中国法制史的全面、系统的研究，是对近代学科形成以前的中国法制史研究的最后总结。所以，在中国法制史科学发展史上，沈家本毫无疑问是一个承前启后的重要先驱者。

从整体上看，在清末沈家本以前，法制史的研究作为传统历史学的一个组成部分，在几千年中伴随着古代法制的发展而不断积累，为后人留下了极为丰富的历史资料，其功绩和作用十分明显。

20 世纪的最初 20 年，是中国社会新旧交替、脱胎换骨的重要历史时期。在当时所谓"欧风美雨"的环境下，中国传统的学术理论、结构和研究方法都在西学东渐的潮流中悄悄发生着变化。特别是 1919 年爆发的"五四运动"，一方面在"民主"的旗帜下对中国传统的政治制度和社会观念作出了全面的否定，另一方面则在"科学"的旗号下对中国数千年相传的学术体系、学术思想进行了彻底的清算。以此为契机，西方社会的学科分类方法、科学研究体系和研究方法不断传入中国，促使中国开始了教育和文化的现代化适应过程。包括中国法制史学在内的一些现代社会科学，正是在这种文化的洪流中形成、产生和发展的。

在中国法制史学科发展史上，1900 年—1949 年间近半个世纪中，中国法制史研究的成绩和贡献都是很突出的。首先，这个时期法制史学者们初步建立了比较完整的学科体系，大致形成了中国法制史的研究范围，确定了主要的研究对象。其次，对本学科的一些重要理论问题进行了比较深入的探讨，例如关于中国古代法律的特征，中国古代文化与古代法律的关系，中华法系的形成、特征，中国法制的起源等理论性问题，在学术研究中都有涉及。再次，积累、整理了大量的法制史研究资料。这一时期的法制史研究成果，普遍以史料丰富见长，有的著作甚至是专门的史料汇辑。应该说，程树德、丘汉平等前辈学者对于中国法制史资料的搜集、整理、鉴别和运用，对于今天的法制史研究仍有重要的借鉴和使用价值。

1949 年以来，社会文化领域各个层次都发生了深刻革命。在学术思想领域，随着马克思列宁主义理论成为国家上层建筑中的指导思想，一种全新的学术体系在此后的时期里迅速建立。从 1949 年到 1966 年以前的 17 年间，以马克思列宁主义为指导的中国法制史教学和科学研究从无到有，并逐渐走向深入。经过十多年的努力，基本上搭建起了一种全新的学科体系和框架，并在学科名称、体系以及研究范围等一些基本问题上进行了有价值的探索。

1978 年以来的三十多年，是中国社会又一次深刻的巨变时期。在此期间，中国法制史教学与科研得以在各高等院校法学专业恢复，并得到迅速发展。

在过去的三十多年中，全国法制史研究者在这一领域中辛勤耕耘，潜心研究，取得了丰硕的研究成果。据粗略的统计，三十多年来中国法制史学界共出版学术专著和教材几百部，发表学术论文数千篇。研究的触角，涉及中国历史上各个时期、各个方面的法律制度及相关的各种文化现象、思想因素。就研究的广度、深度、质量、水平而言，改革开放的三十多年是中国法制史学科历史上最好的时期。特别是在这三十多年中，逐渐形成了一支稳定的和高素质的法制史研究与教学队伍，为学科的进一步发展提供了重要的保障。

法律是一种历史现象，法学是一门有着悠久历史的学科，千百年来，人们通过对它的不断解说与设计，来满足人们对所处现实世界中利益关系的调整。我们不得不承认一个现实：法律这套人为的、为人而存在的规范系统，无论是用其对物质利益进行分配还是用其对精神追求提供依据，无论是将其视为一种信仰还是将其比作一种工具，至今都不过是人们千百年来寻求到的一种“最不坏的规则系统”。

第一章

夏、商、西周的法律制度

参考文献

1. 刘海年等主编．中国珍稀法律典籍集成．甲编·第1册．甲骨文金文简牍法律文献．北京：科学出版社，1994

2. 马雍．《尚书》史话．北京：中华书局，1982

3. 蒋伯潜．十三经概论．上海：上海古籍出版社，1983

4. 杨伯峻编著．春秋左传注．第1～4册．北京：中华书局，1981

5. 中国社会科学院考古研究所编．新中国的考古发现和研究．北京：文物出版社，1984

6. 李学勤主编．中国古代文明与国家形成研究．昆明：云南人民出版社，1997

7. 郭宝钧．中国青铜器时代．北京：三联书店，1963

8. 张之恒，周裕兴．夏商周考古．南京：南京大学出版社，1995

9. 李学勤．走出疑古时代（修订本）．沈阳：辽宁大学出版社，1997

10. 金景芳．中国奴隶社会史．上海：上海人民出版社，1987

11. 马小红主编．中国法制史考证．甲编·第1卷．北京：中国社会科学出版社，2003

12. ［英］梅因．古代法．沈景一译．北京：商务印书馆，1959

13. ［美］摩尔根．古代社会．上下册．杨东纯，马雍，马巨译．北京：商务印书馆，1987

第一节 历史与法制发展概况

夏、商、西周是中华文明的起源和形成时期，也是中国古代法律制度萌芽、发展并逐步形成特色的时期。这一时期的历史资料匮乏、零散，后世的记载和追述真伪杂陈。为此有必要对我们目前所掌握的这一时期历史与法制的发展状况以及关于这一时期研究的基本资料作一简单的交代。这一节将根据目前考古资料与文献资料记载，讲述两个问题：一是上古时代的历史沿革，二是上古时期法律制度的演变与主要特点。

一、历史沿革

夏（约公元前21世纪～前16世纪）是中国历史上唯一无文字可稽的世袭王朝，也是中国历史上出现的第一个奴隶制国家。据《史记·夏本纪》记，自夏禹传位于子启，至夏桀时夏亡，夏代历时近五百年。

商（约公元前16世纪～前11世纪）是继夏之后的王朝。商族原是臣属于夏王朝的一个方国，主要活动于黄河中下游地区。大约在公元前16世纪左右，商人在其首领汤的带领下，联合一些反对夏统治的部落或方国讨伐暴虐无道的夏桀，推翻了夏朝，建都于亳（今河南商丘），后数次迁都，至盘庚时定都于殷（今河南安阳）。商朝政权维系了600年，至公元前11世纪商纣被周人推翻，结束了商的统治。

西周（约公元前11世纪～前771年）是中国奴隶制社会的发展兴盛时期。周族兴起于渭水中游的黄土高原，原为商王朝的方国，大约在公元前11世纪迁移至岐山下的周原（今陕西岐山）。周族在此发展农业，改革旧习，营建城都与宫室，力量逐渐强盛。而此时商王朝内部阶级矛盾激化，纣王无道，连年耗费巨资对东夷用兵。周武王联合附近八百多个反商部落或方国，于公元前1027年讨伐纣王，击溃商王的军队，纣王自焚，商亡，周人夺取了政权，定都镐京（今陕西西安）。公元前771年周幽王被杀，平王迁都雒邑（今河南洛阳）。自武王建周至平王迁都，史称“西周”。西周历时二百六十余年。

夏、商、西周，史称“三代”，其社会结构和统治方式一脉相承，而且不断发展、完善。夏、商、西周时期，氏族社会的血缘关系大量遗存。王朝采取授民授疆土的分封制度，也就是宗法制度进行统治，即以与天子血缘关系的亲疏划分等级，亲者贵，疏者贱。这种将氏族社会血缘制与阶级社会等级制相结合的社会组织方式即为宗法制。在宗法制度下，贵族的爵位、疆土、奴隶都由天子册封，贵族的爵位是世袭的，这种册封和世袭制在西周发展完善，称为“授民授疆土”和“世卿世禄”制。享受册封和世袭的贵族也有义务听从周王的号令指挥，按时朝觐周王并随周王出征，向王室纳贡，当王室危机时出兵勤王。宗法制下统治者对本族成员，尤其是贵族基本采用“礼”即德教的方式管理；而对异族，尤其是被征服部族的人民主要采用“刑”，也就是镇压的方式治理。夏、商、西周的统治方式决定于当时社会生产力发展的水平，受生产力发展的制约。夏、商、西周的土地为王所有，也就是“国有”制，人们在“公田”上耕作。这种土地制度，也就是史书上所说的井田制。

二、法律制度的演变与主要内容

夏、商、西周法律制度，根据现有的资料，我们只能就其法律形式、主要法令、刑事法律制度、民事法律制度及司法诉讼制度进行归纳。其中夏商的资料尤为匮乏，许多问题只能有待今后新资料的发现和研究，因而，本章的重点内容是西周的法律制度。就刑事法律制度而言，夏去古未远，世风淳朴，所以用刑比较缓和，“象刑”制便是这种缓和的刑罚制度的体现。商代经济较为发达，血缘关系有所松动；商人又笃敬鬼神，对一切违背神意的言行都施以重刑，所以商的刑罚严酷而无情。西周的社会经济较商落后，与商相比更为重视宗族的亲情，所以，西周刑事法律制度对商多有改革而效法夏代。这种改变主要体现在《吕刑》所记载的五刑体系的发展和西周量刑定罪原则的完善上。夏、商、西周的刑事法律规范称为“刑书”，夏有《禹刑》，商有《汤刑》，周有《九刑》《吕刑》。从文献记载来看，刑书实际上是“刑名之制”，其只规定刑罚的种类。当量刑定罪时，由有关人员“议”而定罪，处以刑罚，这就是“议事以制”。所以夏、商、西周时，法律是秘密的，司法是由裁断者根据以往的故事而裁量的。就民事法律制度而言，夏、商、西周实行土地国有制。就商代婚姻继承制而言，我们只能对王室的状况有所了解。而关于西周的资料则要丰富得多，其中如“六礼”“同姓不婚”“七出”“三不去”“嫡长子继承制”等，对后世法律都有深刻的影响。就契约制度而言，从后人追记的资料中可以看出，西周时有了质剂（买卖契约）、傅别（借贷契约）等。就司法审判制度而言，天子掌有最高司法权，封国中的诸侯在其封国内具有最高的裁断权。天子及诸侯王皆有专职的官吏协助其掌管司法审判事务。西周时的“五听”制度，表现了统治者对审判经验的重视。据文献记载，夏、商、西周时已经有了监狱，夏之“夏台”、商之“羑里”、西周之“圜土”等都是当时监狱的名称。

最后，需要说明的是，按教材的统一体例，每节须选用一个以上的案例作为“引例”，在上古时代搜寻这样的“引例”实在是困难的，所以本章中所用的有些引例与后面章节的“引例”有所不同，它只是“故事”而不是现代法律意义上的“案例”。

第二节 夏代的法律制度

引例 夏启征伐有扈氏①

大禹在位十年，死时将天下传于益，益辅佐禹的时间不长，各个部落的首领不服益的统治而拥立禹的儿子启为天下主，益让位于启，于是启称“夏后帝”。有扈氏认为启以子继承父位，改变了传统的禅让制度，所以不服启的统治。启兴兵讨伐挑战自己权威的有扈氏，在有扈氏的领地南边叫作“甘”的地方进行了一场战争。战前，启作《甘誓》，对跟随自己的将士说：“有扈氏犯下了忤逆天意的大罪，上天命我率领你们灭绝他们。今天我是恭行天罚。你们听从我的命令，则会得到奖赏；违背我的命令将会受到严厉的惩罚。”于是剿灭了有扈氏，天下皆归顺了启，启又传位于自己的儿子太康。天子之位由禅让变为世袭。

由于记载夏代典章制度和社会状况的原始资料匮乏，所以春秋时孔子已叹其“文献不足

① 参见《尚书·夏书·甘誓》《史记·夏本纪》。

征”。但通过考古发掘、《尚书》所记和太史公司马迁的叙述，我们可以得知在去古未远的夏代虽然阶级的分野、贫富的分化已经出现，但氏族血缘的关系和亲情依然在维系社会秩序方面发挥着重要的作用。古人以为夏代民风淳朴，敬天尊祖，违背天意、破坏祖制者为大罪；对本族成员的犯罪处理比较缓和，如有“象刑”“赎刑”等。

一、法制思想与立法概况

（一）法制思想——奉天罚罪

在夏朝，氏族社会的神权观念对夏代法制有着深远的影响。夏王发布命令，常以“天”的代言人自居。从引例“夏启征伐有扈氏”中可以看出，夏启是以“天”的名义进行战争的。《尚书·甘誓》记夏启与有扈氏“大战于甘”，在战前的誓师动员时发布《甘誓》，认为有扈氏不敬上天，所以上天假启之手征讨有扈氏。这就是“天讨有罪”，而启只是“恭行天之罚”。夏代的法律也就借“天意”而立。

（二）法律形式

据文献记载，夏代的法律形式有命、誓、典、刑等，根据社会发展的一般规律及法律产生的途径推测，夏代最重要的法律形式有二：

（1）由部落习俗演变而成的习惯法，或称为“礼”。孔子言：“殷因于夏礼，所损益，可知也；周因于殷礼，所损益，可知也。”① 可见，夏、商、西周的礼是一脉相承的。礼主要用于规范本部落或本族成员间的言行及调解，裁断他们之间的纠纷。

（2）由部落战争中产生的刑，或称刑书。据文献记载夏时已经有了刑书。《左传·昭公六年》记晋国贵族叔向言，“夏有乱政，而作《禹刑》；商有乱政，而作《汤刑》；周有乱政，而作《九刑》”。可见，夏、商、西周的“刑”也是一脉相承的。根据后世的刑书推测，《禹刑》的主要内容应是有关夏代刑罚种类的规定。

二、刑罚制度

（一）昏、墨、贼，杀

据《左传·昭公十四年》记晋国叔向引用《夏书》时所言，夏的法律是“昏、墨、贼，杀”。昏，意为自己有恶行却去盗取别人的美名；墨，意为贪婪且败坏官纪；贼，意为杀人毫无顾忌。凡犯昏、墨、贼之罪者，《夏书》规定处以死刑。

（二）赎刑

根据后人所写的《吕刑》“序”记，周穆王时因政事荒废，命吕侯依照夏朝的制度，制定“赎刑”。可见赎刑在夏代已经产生。赎刑，即以币或以财抵罪，罪犯若按规定交纳赎金给官府，则可以获得减轻或免除刑罚。《吕刑》中的赎刑是参考了夏代的制度而制定的。②

三、其他

关于夏代法律制度在后世的文献中尚有许多的追记，比如“象刑”制度，即对本族犯罪

---

① 《论语·为政》。

② 关于《吕刑》的制定年代，学界有多种看法。如传统观点认为作于穆王，郭沫若等认为作于春秋。今取传统说。

者仍采用象征性的刑罚加以处置①，如穿着无领赭衣，表示此人犯有大辟之罪；穿两只不同颜色的鞋，表示此人犯有刖、剕之罪；用黑色布巾包头，表示此人犯墨、劓之罪。据此可以推测“五刑”制度在夏已经形成，主要针对被征服者适用，而象刑则是对犯罪的本族或本氏族成员的一种优恤。

关于量刑的原则，《左传·襄公二十六年》记夏书言：“与其杀不幸（辜），宁失不经。”意即在遇有疑案时，宁愿放纵犯罪，也不能乱杀无辜。

值得注意的是，夏代法律并不只局限于“刑”。后世文献也追记了夏在行政、经济、婚姻、家庭等方面的法令，比如禹时保护环境的禁令。《逸周书·大聚解》记，在夏代，春季禁止到森林中砍伐，夏季禁止下河湖捕捞。②

第三节　商代的法律制度

引例　甲骨文的故事

“甲骨文”是商周时期的人刻在龟甲和兽骨上的用来占卜的文字，故又称“卜辞”。卜辞涉及的内容十分广泛，表现了当时人们对天意的敬畏和顺从。尤其商代，统治者几乎是每日必卜，每事必卜。有许多表现刑杀方面的甲骨文字，证明了商代刑罚的残酷。如：“”（羌）、“”（系）字表现的是用斧钺砍杀被捆缚的人；“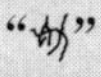”（劓）、“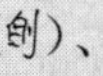”（馘）字表现的是用刀割鼻、耳的刑罚；“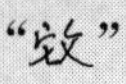”表示用火焚烧脖颈上系着绳索的人；“”与“”表示的是将人剖腹刳肠，以作祭祀用品。③

通过引例可以看出商代是一个王权、神权发达的时代，其资料相对夏而言也比较丰富，考古学界发掘出的商代文字资料，主要刻在龟甲和牛肩胛上，约有3 500字，称甲骨文，是我们研究商代社会和法制的可靠资料。《尚书》中所记的某些商代资料，经过专家考证也具有较高的史料价值。通过上述的引例，可知商代是一个崇拜上天和祖先、王权威严、刑罚严酷的社会。

一、立法概况

（一）主要法律形式

商代法律形式主要有刑书、习惯法、王命等。刑，指刑书，如《汤刑》，主要内容应是规定刑罚的种类。命，是商王发布的命令，这些命令大都以帝、祖的名义发布，所以具有最高的法律效力。此外，商族的一些习惯为政权所认可，也具有法的效力，如“彝”，其意为常法。

---

① 关于象刑，学界基本有三说：一是象征性刑罚；二是取象自然而作刑；三是象刑在历史上并不存在，其是后人的伪造。今取第一种观点。

② 《逸周书·大聚解》载：“禹之禁，春三月山林不登斧，以成草木之长；夏三月川泽不入网罟，以成鱼鳖之长。”

③ 参见于省吾：《甲骨文字释林》，6～8页，北京，中华书局，1979。

图 1—1　商代甲骨文与法律①

（二）主要法令

根据后人的追述，商代刑事方面的法令有《汤刑》和《官刑》。《汤刑》或为商代刑罚总称，其应与夏之《禹刑》一脉相承。《左传·昭公六年》记："商有乱政，而作《汤刑》。"但商代的刑罚及统治者对刑罚的运用较夏代明显严酷，这是因为商代的经济比较发达，而血缘关系较夏明显松散。《竹书纪年》记："祖甲二十四年重作《汤刑》。"可见，《汤刑》不只是商初汤王所定，汤王后继的统治者继续沿用并根据时势进行修改。《官刑》是单行法规，是商汤时惩办犯罪官吏的专门法律，其在《墨子·非乐》与《商书·伊训》中皆有记载。

《汤誓》《盘庚》是后人追记的商王之命。

二、刑事法律制度

（一）刑名

商代的刑罚初具体系，有些文献记载，夏以前便有了墨、劓、剕、宫、辟的"五刑"制度，但无法得到实物验证。商有"五刑"已经不是"传说"，因其有甲骨卜辞的印证，所以是可信的。

1. 死刑（辟）。商的死刑处决方式很多，手段极为残酷。《史记·殷本纪》所记的"砲格之法"即炮烙之刑，是将油涂抹于铜柱上，用火烧热，令罪犯在铜柱上行走，罪犯坠落后烧死于炭中；《史记·殷本纪》还记商有醢刑，即把人杀死，捣成肉酱。但这些刑罚是临时所制，还是规定于刑书中的"常刑"，有待进一步研究考证和新资料的发现。甲骨卜辞中所见的死刑名称，主要有"伐"，即砍头；"𢦔"即以斧钺斩首；"𢼄"，即剖腹刳肠；"烄"，即将人烧死。专家认为"𢼄""烄"这种残酷的刑罚多在祭祀帝与祖先时适用，被当作祭品而惨遭此刑的大都是战俘和奴隶。商人的这种祭祀目的在于显示帝与祖先的威严，表现商王在

① 参见李默主编：《中华文明大博览》，"商朝"，广州，广东旅游出版社，1998。

人间不可动摇、至高无上的统治权力。

2. 肉刑。商代的肉刑主要有墨、劓、剕、宫，其是对犯罪者施以割裂肌肤、残害肢体的刑罚。

（1）墨刑，也称为黥刑，是在犯罪者的面部或额上刺刻后，再涂以墨的刑罚，甲骨文中的“竟”字为黥的会意字。

（2）劓刑，即割掉犯罪者的鼻子。甲骨文中的“剢”字证实了这一刑罚的存在。《说文》释“剢”，从刀从自，象征割鼻之意。“剢”，也是“劓”的异体字。

（3）剕刑，或称刖刑，即截断犯罪者的足，使其致残。《汉书·刑法志》记“中刑用刀锯”。韦昭解释“锯，刖刑也”。甲骨文中有一字，其形为用刀截断人的一足，这个字证明了刖刑在商的存在。

（4）宫刑，即毁坏男、女犯罪者的生殖机能的刑罚。甲骨文证实了宫刑在商的存在。

3. 其他。除五刑外，文献中还有其他刑名的记载，比如对在公共道路上丢弃垃圾者施以“断手”之刑。[①]《官刑》中有专门适用于贵族的“罚丝”刑。[②]《史记》中还记载，有将罪犯拘役，使其劳作的徒刑。此外，还有适用于本族成员的流（放）刑。[③]

（二）罪名

《左传·昭公六年》记叔向言“先王议事以制，不为刑辟”。其说明春秋以前，也就是夏、商、西周时的定罪量刑是“议罪”制度，刑罚的种类是确切的，但什么样的行为适用什么刑罚是需要“议”定的，所以在春秋以前，刑书中并没有规定确切的罪名。刑书的体例应是“以刑统罪”的。“刑书”，如《禹刑》《汤刑》《九刑》等，应该是只有确定的刑名，怎样的言行为“罪”、为“何罪”、应以什么刑处罚，都须“议”而后定，所以，我们在文献中所见到的商的“罪名”，多是后人追记的“王命”，是对一种被认为是犯罪行为的行为的叙述。归纳起来，主要有以下几种：

图 1—2　纣王炮烙害政[④]

---

① 《韩非子·内储说上》载：“殷之法，刑弃灰于公道者，断其手。”

② 《墨子·非乐上》载：“曰：先王之书，汤之官刑有之，曰：其恒舞于宫，是谓巫风。其刑：君子出丝二卫，小人否……”

③ 参见《尚书·太甲》。

④ 参见刘昕主编：《中国古版画·人物卷·教化类》，长沙，湖南美术出版社，1998。

1. 不吉不迪。盘庚迁殷之前所宣布的罪名。意即，如果行为不善，不按盘庚所说的正道行事，就将抗命者处以死刑，并灭绝其全家。

2. 颠越不恭。盘庚迁殷之前所宣布的罪名。意即，如果狂妄放肆，违法乱纪，不服从国王的命令，就处以死刑，并灭绝其全家。

3. 暂遇奸宄。盘庚迁殷之前所宣布的罪名。意即，诈伪、奸邪、犯法作乱者，处以死刑，灭绝其全家。①

4. 舍弃穑事。商汤讨伐夏桀时宣布的夏桀的罪状，意为不务正业，荒废了农事。

三、民事法律制度

由于史料所限，商王朝的民事法律制度很难知其详，所以只能对商王的婚姻制度及商王位的继承制度作一介绍。

（一）婚姻制度

商朝的国王实行一夫一妻多妾制，可能是为了维持宗族的秩序，商王大都只娶一位正妻，有少数王有二配、三配、四配，但不排除其"先殂后继"的情况，即元配已死而娶继室。但在一夫一妻制的前提下，商王可以纳妾，可见一夫一妻制只对女子才有严格的意义。这种一夫一妻多妾制在史记和甲骨卜辞中皆可得到证明。

（二）王位继承制度

商代初期，王位的继承以"兄终弟及"为主，即作为王的兄长死后，其王位由其弟来继承。若无弟，则以子继承，即"父死子继"。所以也可以说商初是"兄终弟及"与"父死子继"并行。

中期以后，"父死子继"逐渐取代"兄终弟及"制。

四、司法制度

（一）司法机关

在商代掌握最高司法权者是商王：商王不仅可以借旨意发布命令，更可以"代天行罚"。甲骨卜辞中就有商王卜问定罪量刑的记录。此外，甲骨文中出现了"御廌"一词。廌是传说中可以明断案件的神兽；御廌，应是掌管审判之事的官员。

（二）监狱

商代的监狱，见于文献记载的称为"羑里"。据唐人解释，"羑"即"牖"，类似现在的天窗。商人的监狱，有些是在地下挖窖穴，上面加棚盖，棚盖上开有牖，所以称牖里，或作羑里。《史记·殷本纪》记纣王将西伯（周文王）囚于羑里。

甲骨文中的"圉"字，像一戴着刑具的犯人被囚于方形监牢中。安阳殷墟的考古发掘中，曾发掘出商代的地牢，长 1.6 米，宽 1.1 米，深 2.7 米。这些都说明商代监狱的存在。

---

① 以上三种罪名见于《尚书·盘庚》及引例。

第四节 西周的法律制度

引例 匡抢禾案[①]

以往的一个荒年，名叫匡的人，指示着家人奴仆抢夺了曶稻禾十秭。曶将匡告到了东宫。东宫的裁断官对匡说："去恳求受害者的原谅吧，如果你无法得到对方的谅解，对你的惩罚可就大了。"匡对曶叩首谢罪，并表示愿意出五百亩田和四个奴隶赔偿曶的损失。曶没有同意。匡对裁断官求饶："我并没有抢劫多少稻禾，不要对我施以鞭刑。"曶再次将匡告到东宫，提出："必须归还我原来的稻禾。"裁决官判道："匡归还曶十秭稻禾，再另外赔偿十秭作为惩罚。如果拖欠至来年，则加倍赔偿四十秭。"后来，匡与曶私下协议，匡赔偿曶七百亩田地和五个奴隶，再归还曶十秭稻禾，曶免去匡三十秭稻禾的赔偿。

引例 鬲告攸卫牧违约案[②]

鬲三十二年三月的一天向周王提起诉讼，状告攸（地名）卫牧："攸卫牧用我的田地，却不按约给我报酬。"王命令掌管诉讼的官员南将诉讼的双方带到掌管契约的官吏那里，让被告起誓遵守约定。掌管契约的官吏让攸卫牧宣誓："我如果不按约定付租金以酬谢租给我田地的鬲，将甘愿受流放刑的处罚。"胜诉的鬲在祭祀自己的祖先时将此事铸于鼎上，告慰祖先并期望后世牢牢记住这件事并享用这份利益。

西周是宗法制度完善时期。周族虽然原本是商的属国，经济发展远远落后商人，但是，周人在取代了商统治后，总结了夏、商二代统治的经验和教训，建立起严密的国家组织机构，利用并改良了传统的礼，确立了礼治的统治方式，取得了良好的社会效果。我们从引例中可以了解周人立法与司法的程序、贵族之间财产纠纷的解决、周人的法律观念。本章主要阐述西周时期礼与刑的关系及西周时期的法制状况。

一、法制思想与立法概况

西周的法律体系是礼、刑结合的体系。礼主要维护以血缘关系为纽带的宗法等级制，刑用以镇压异族的反抗和惩罚严重破坏宗法制的犯罪。在这一法律体系中，许多行政、军事、民事、诉讼等方面的立法实际上就是礼的规范。

---

① 西周曶鼎铭文。原文、考释及译文参见胡留元、冯卓慧：《长安文物与古代法制》，46～49页，北京，法律出版社，1989。

② 西周鬲攸从鼎铭文。原文、考释及译文参见上书，49～50页。

（一）法制思想

西周的法制思想虽继承并发展了夏以来的“神权法”思想，但在敬天的同时，西周统治者又提出了维护宗法关系的“礼治”思想。

1. 敬天与明德慎罚的思想

商代立法以神权法思想作为指导，对于不敬天帝、违背王命者不分亲疏，一律处以重刑，以致众叛亲离。周人灭商后，总结了商王的教训，提出了“皇天无亲，唯德是辅”[①]的思想。周人仍然崇敬上天，认为“天”至高无上、无所不能，但周人的“天”比商人的“天”更公正，他不会厚此薄彼、专门亲宠一族一姓。周人的天只将“天命”（统治权）交予有“德”的人。

所谓“有德”，就是得民心。周人认为商人祖先有德，上天将天命交给商人；商纣失德，而周文王、武王有德，上天便将天命从商人之手转移到了周人之手。针对商纣王乱刑无辜，周人提出了“明德慎罚”的法制思想。“明德”就是要崇尚道德，统治者应自律并对人民施以耐心的教化；“慎罚”就是要用审慎的态度适用刑罚，以保赤子之心来保护臣民。

“明德慎罚”思想的提出，一方面动摇了神权法思想，在“神”之外，指出了“民”的重要，缓和了商纣王时期的社会矛盾；另一方面，其为中国古代主流思想中的“重民”“民本”思想的产生奠定了基础。

2. 亲亲、尊尊、长长、男女有别的“礼治”思想

“礼治”思想植根于宗法制度。西周的宗法制是以与天子血缘关系亲疏来确定尊卑等级的制度。与天子血缘关系愈近，身份愈尊，社会等级、政治地位也愈高；相反，与天子血缘关系愈疏，身份愈卑，社会等级、政治地位也愈低。因此，西周宗法制前提下，“国”的政治组织与“家”的社会结构完全一致，周天子既是国家元首，也是周族大家长。“礼治”思想所要求的“亲亲”“尊尊”“长长”“男女有别”就是宗法制的原则所在。

所谓“亲亲”，就是要求人们必须亲爱自己的亲人，尤其要孝敬自己的父母，即“亲亲父为首”。在这一原则下，“不孝”为严重的犯罪行为，《尚书·周书·康诰》称不孝为“元恶大憝”，即最严重的犯罪。所谓“尊尊”就是要尊敬、服从地位、身份高于自己的人，尤其要服从国君，即“尊尊君为首”。在这一原则下，“不忠”也是严重的犯罪行为。所谓“长长”即要求小辈敬重长辈，恭敬长者。所谓“男女有别”即男尊女卑，以对女子言行的严格限制来维护家族的秩序和血统的纯正。

在西周，“亲亲”所要求的“孝”、“尊尊”所要求的“忠”、“长长”所要求的“义”，“男女有别”所要求的“节”，既是“礼治”思想的主要内容，也是伦理道德的主要规范，同时也是法律规范。

（二）立法概况

1. 法律形式

西周基本法律形式为礼、刑两种，先王的遗训，王所发布的诰、命、誓及有利于周人统治的殷彝也是西周时期重要的法律形式。

（1）礼。礼是西周基本的法律形式。《左传》曾记周建国之初，周公制《周礼》。[②]周礼与夏、商之礼既一脉相承又有所发展，其内容丰富，涉及政治、经济、文化、军事、婚姻家庭、司法等各个方面；其目的在于维护宗法等级制度。礼是西周社会的根本大法、国家的典章制度，同

① 《左传·僖公五年》所引《周书》。

② 参见《左传·文公十八年》。

时也是人们日常的行为规范。就一般情况而言，先王的遗训、传统的风俗习惯也属于礼的范畴。

(2) 刑。刑，主要指刑书。西周有《九刑》《吕刑》。《左传·昭公六年》记叔向言，“夏有乱政，而作《禹刑》；商有乱政，而作《汤刑》；周有乱政，而作《九刑》”。可见夏、商、西周的刑是一脉相承的。《吕刑》是我们今天所能见到的最早的一篇保存完整的刑书，据说是周穆王命吕侯所作。《周礼·秋官》追记，西周时有在规定的时间公布刑象的制度，公布刑象的目的在于使民众知晓作奸犯科、违背礼制将会受到刑罚的制裁。因此，西周时礼与刑的关系正如东汉陈宠所总结的那样，“礼之所去，刑之所取，失礼则入刑，相为表里”①。

(3) 王命。王所发布的誓、诰、命在西周也都是重要的法律形式。誓，主要用于军队，由周天子或诸侯发布，内容是战前动员，公布作战纪律及战争后的奖惩等（可参见本章第二节引例“夏启征伐有扈氏”）。诰，是周天子对诸侯、官吏的训诫，这种训诫也具有法律的约束力，比如《尚书》中的《大诰》《酒诰》《康诰》等。命，是周天子向行政机关或就某一具体事务临时发布的命令。

(4) 殷彝。殷彝是商人统治时期遗留的法律制度和商族的风俗习惯。周统治者为了稳定政权，沿用了一些商人的法律，尤其在商人比较集中的居住地，主张以殷彝治理。《尚书·康诰》记周公告诫前往封国的康叔要对商人的法令习俗有一个正确判断，取其宜于时者而用之，因为在康叔的封国中有许多商的遗民。

2. 主要法令

(1) 文王之法“有亡荒阅”。这是在灭商之前，周文王发布的有关搜捕逃亡奴隶的法令。《左传·昭公七年》记：“周文王之法曰：有亡，荒阅……”亡，意为逃亡；荒，意为大；阅，意为搜查。“有亡荒阅”的意思是对逃亡的人（奴隶）进行大搜捕。这一法令的目的在于维护奴隶主贵族对奴隶的所有权，稳定部族贵族的统治。

(2)《牧誓》。是周武王伐纣时于商都郊外牧野（今河南）向随征军队发布的军令。《牧誓》的内容主要是宣布商王纣的罪状，表明周人代天行罚；规定战场纪律和赏罚条例；号召将士勇敢杀敌。其性质与形式可以参考本章第二节的引例“夏启征伐有扈氏”。

(3)《九刑》。《九刑》是西周统治者针对“乱政”而作。《左传·昭公六年》记：“夏有乱政，而作《禹刑》；商有乱政，而作《汤刑》；周有乱政，而作《九刑》。”因此，《九刑》可以视为周承夏、商之制而制定的“刑书”。《九刑》在先秦就已经佚散，文献中记载其共有九篇故称为《九刑》。有学者推测，《九刑》是以“刑名”为篇名的，即分为墨、劓、刵、宫、辟、鞭、扑、流、赎九篇。② 以“刑名”作为“刑书”的篇名，当是夏、商、周刑书的通行体例，其反映了当时“以刑统罪”“议事以制”的立法、司法特点。在《左传》的引文中保留了一些有关《九刑》零散的内容，但已是语焉不详。

(4)《吕刑》。周穆王时命吕侯所作的刑书，虽然其原件已失传，但后人据周人档案整理的《吕刑》在《尚书》中得以保留。《吕刑》的主要内容是在继承西周初“明德慎罚”思想的同时，强调以“中刑”即不轻不重之刑治理国家。《吕刑》阐述了刑的起源、用刑的原则和五刑的种类，并恢复了夏的赎刑制度，规定了犯罪者可以根据法律交纳赎金以求减或免除刑罚。交纳赎金的具体数量在《吕刑》中也有记载。《吕刑》是我们今天所能见到的最古老、保存较为完整的西周中期的“刑书”。

(5)《周礼》。《周礼》是周初周公所制定，但其原文早已佚失，《左传》中保存了《周

---

① 《后汉书·郭陈列传》之陈宠传。

② 参见《逸周书·尝麦解》；沈家本：《历代刑法考》，832 页，北京，中华书局，1985。

礼》中的某些内容，如“先君周公制《周礼》曰：则以观德，德以处世，事以度功，功以食民”（《左传·文公十八年》）。周公所制《周礼》与后人伪托周公之名而编纂并留传至今的《周礼》有很大的区别。根据有关文献推测，周公所制《周礼》，内容应涉及政治、军事、经济、文化、教育等各个方面，而且融国家典章、风俗习惯、法律、道德等为一体；其宗旨在于维护西周家、国一体的宗法等级制。

二、刑事法律制度

西周刑事方面的法律制度与夏、商一脉相承，但其吸纳了夏、商二代的经验和教训，从而体系更加完备，定罪量刑的原则、政策也较夏、商完善。

（一）定罪量刑的原则及刑事政策

西周时期定罪量刑的原则及刑事政策实际上是“明德慎罚”与“礼治”思想的具体化。

1. 罪疑唯轻。《吕刑》规定，在审判过程中，当罪的有无无法确定时，则以罚代刑；若用罚仍存在疑问，则暂时不予论罪。其罪在可轻判也可重判之间时，则从轻判。① 罪疑唯轻具体地体现了“慎罚”的主张。

2. 耄、悼、愚犯罪“不加刑”。又称“三赦之法”②，即对耄、悼、愚三种人犯罪，一般情况下不施以刑罚。耄，指80岁以上的老人；悼，指7岁以下的孩童；愚，指神志不清的人，即白痴。“三赦之法”体现了西周法律哀怜弱者的宗旨和“明德慎罚”的精神。

3. 眚、非终，从轻；非眚、唯终，从重。这是西周初期周公提出的量刑定罪原则，即对过失犯罪与偶然犯罪，在处罚时应从轻；而对故意犯罪和经常犯罪的人，在处罚时应从重。眚，意为过失；非眚，则为故意；非终，意为不是一贯如此，即偶然；唯终，意为“一贯”。《尚书·周书·康诰》记周公言：“敬明乃罚。人有小罪，非眚，乃唯终，自作不典，适尔，有厥罪小，乃不可不杀。乃有大罪，非终，乃惟眚灾，适尔，既道极厥辜，时乃不可杀。”其意为：一定要慎重地施用刑罚。有人犯了小罪，却是故意犯罪，并且是惯犯，自己毫无羞耻之心，法官对这种犯罪不能因其罪小而姑息。有人犯了大罪，但没有前科，而且是过失造成的，法官对这种犯罪可根据当时的具体情况而手下留情。这种注意到犯罪者的主观因素而定罪量刑的原则，可以说是合理的，在今天也具有借鉴意义。

4. 刑罚世轻世重。此为《吕刑》中提出的用刑原则，即实施刑罚应根据时势的不同而轻重有别。后人总结这一原则时，认为西周“刑罚世轻世重”的原则具体表现为“……刑新国，用轻典……刑平国，用中典……刑乱国，用重典”③。其意为：在政权初建之时，用刑应轻缓，以稳定人心；在政权安定时，用刑应以不轻不重的“中典”为准，以维持秩序；在国家动荡、社会混乱时，应用重刑来震慑犯罪，恢复秩序。

5. 罪人不孥。此为周灭商过程中提出的法律主张，西周灭商后仍沿用这一原则。“罪人不孥”意为只对犯罪者本人施以刑罚，不诛及族人及家人。这是西周统治者吸取了商人用刑严酷，动辄族诛，以致天下反叛的教训提出的。周公将这一原则具体化，提出：“父子兄弟，罪不相及”④，“父不慈，子不敬，兄不友，弟不恭，不相及也”⑤。此外，周公还进一步提出

① 《吕刑》规定：“五刑之疑有赦，五罚之疑有赦。”孔安国注：“刑疑，赦以罚；罚疑，赦以免。”

② 《周礼·秋官·司民》。

③ 《周礼·秋官·大司寇》。

④ 《左传·昭公二十年》引《康诰》。

⑤ 《后汉书》卷三·章帝纪引《尚书》。

了“罔厉杀人”的主张，即不杀无罪之人。

（二）刑罚体系的发展

西周刑罚制度与夏、商一脉相承，但又有所发展。

1. 五刑、五罚、五过制度。西周的五刑，由轻至重为墨、劓、刖、宫、大辟，行刑的内容、方式与商同。墨、劓、刖、宫为肉刑，大辟为死刑。此“五刑”制相对后世隋唐时确定的笞、杖、徒、流、死五刑制称为“旧五刑”。根据“罪疑唯轻”的原则，疑罪、疑案入于“五罚”，“五罚”即赎刑，交铜以获得免除或减轻刑罚。《吕刑》规定：若判墨刑有疑，则处以墨罚，受罚者交铜百锾以赎罪；劓罚，交铜二百锾；刖罚，交铜五百锾；宫罚，交铜六百锾；大辟，交铜千锾。若判罚仍有疑问，则入于“五过”，即暂时赦免，不予追究。

图 1—3　刖刑

2. 九刑制度。除五刑外，流、赎、鞭、扑等刑罚也是西周的重要刑罚，其规定与实施较商为完善、规范。五刑与流、赎、鞭、扑合称“九刑”。流刑，又称放，即将犯人流放到边远地区，以示惩罚。赎刑，即交铜赎罪，多用于疑罪。鞭、扑，即用刑具责打，在九刑中属于较轻的责罚。流、赎、鞭、扑多用于贵族和官吏。

（三）罪名

与夏、商相同，西周也是“议事以制，不为刑辟”。《尚书・周书》中所记的西周“罪名”也多为对犯罪行为的叙述和议论。后人据此作了一些归纳。在西周被认为是犯罪的行为的，主要有以下几种：

1. 违抗王命。西周宗法制下，周王既是国家元首，也是周族的大家长，被分封到各地的诸侯有义务听从周王的指挥和调遣。周公曾代成王发布命令，将不服从王命的行为视为犯罪。周公说：若有人不听从我的命令，我就用刑处死他。周宣王时，仲山父也说：“犯王命必诛。”[①]

---

① 《国语・周语・仲山父谏宣王立戏》。

2. 不孝不友。在《康诰》中，周公指出“不孝不友”是最大的犯罪。不孝，指不孝敬父母及长辈；不友，指兄弟之间不亲近友爱。因为不孝不友违背了宗法制“亲亲”“尊尊”的原则，所以被认为是犯罪的行为。《康诰》原文为：“元恶大憝，矧惟不孝不友……乃其速由文王作罚，刑兹无赦。”意为：最大的犯罪，莫过于对父母不孝、兄弟之间不友爱。对这种行为应适用文王时的刑罚，绝不赦免。

3. 寇攘奸宄。在《康诰》中，周公指出“寇攘奸宄”是一种明显的应该受到处罚的犯罪行为。寇，意为劫夺，即强盗；攘，意为窃取，即窃盗；奸，意为外乱；宄，意为内乱。寇攘，侵犯他人财产；奸宄，破坏宗法血缘秩序，故为严重的犯罪。

4. 群饮。“群饮”即聚众饮酒，在《酒诰》中被定为犯罪行为。但这一规定仅适用于周族人。周公认为，商亡天下的重要原因之一是统治者贪恋酒色，荒废政事。接受商亡的教训，周公在《酒诰》中强调禁止周人群饮。其言：“群饮。汝勿佚，尽执拘以归于周，予其杀。”意为：如果有周人聚众饮酒，不要放纵他们，将他们都押送到京城，我要处死他们。

三、民事法律制度

西周时期的民事法律制度，主要调整贵族之间及贵族与平民之间的财产关系。

（一）所有权制度

1. 土地所有权。西周实行土地王有制，即周王对土地和依附在土地上的奴隶具有最高的所有权，这就是“溥天之下，莫非王土；率土之滨，莫非王臣”①，即普天之下的土地和奴隶皆归周王所有。周王将这些土地和奴隶分封给诸侯和臣属，受封的人对土地及奴隶只有占有、使用权而无处分权，土地不许买卖，周王有权根据受封者的表现加赐或削减其封地。这就是“田里不鬻”，即土地不能买卖。应该指出的是，在西周宗法制下，周王不仅是周族大家长，而且是国家元首，是天下共主，所以土地王有实际上也就是土地国有。

西周中后期随着社会经济的发展、周王权力的削弱，土地国有制逐渐瓦解，在贵族内部出现了土地交换、赔偿、赠与等现象。这种转变将在“契约关系”中阐述。

2. 奴隶及其他财物所有权。奴隶、马牛等都是贵族的重要财产。周初，奴隶连同土地一起由周王分封给诸侯，不许买卖。中后期由于经济的发展，奴隶及其他财产可以用来买卖、赠与、赔偿、抵债和继承。贵族可以完全占有奴隶。

（二）契约关系

据《周礼》记载，西周时期主要契约形式有买卖契约和借贷契约。此外，西周的青铜铭文中出现了租赁关系的记载。

1. 买卖契约。西周时将买卖契约称为“质剂”。买卖双方交易的内容写于竹简上，一分为二（一式两份），双方各执一份。质，用于“大市”，也就是在买卖奴隶、牛马时使用，其尺寸较“剂”为长。剂用于“小市”，也就是买卖兵器、珍异之物时使用，其尺寸较“质”为短。质剂由官府按统一格式制作，并由“质人”管理。

2. 借贷契约。西周时将借贷契约称为“傅别”。傅，是将借贷的内容写在券书上。别，是将写有借贷内容的券书一分为二，债权人与债务人各执一半。“傅别”在诉讼时可以作为凭证。

3. 租赁契约。金文铭文中记载西周时已经出现了租赁关系，即出租人将财产提供给承

---

① 《诗经·小雅·北山》。

租人使用，承租人向出租人提供一定的酬金。厉王时，攸卫牧向鬲租借田地，却不交付租金，鬲提起诉讼，向周王控告卫牧违约，卫牧败诉，官府命卫牧立誓：若再违约不付租金，就判我流放。这个案例说明西周时已出现了以土地为标的的租赁关系，这种关系得到了官府的认可。

四、婚姻家庭方面的法律制度

婚姻家庭是宗法制的基础。西周时期的婚姻目的在于宗族的延续与祖先的祭祀，所以婚姻“是以家族为中心的，不是个人的，也不是社会的”①。这便是《礼记·昏义》中所言婚姻“合二姓之好，上以事宗庙，而下以继后世”的含义。

(一) 婚姻制度

1. 婚姻关系的缔结

(1) 婚龄。关于西周时期结婚的年龄，主要有两种说法：第一种说法是男 30 岁、女 20 岁，第二种说法是男 20 岁、女 15 岁。第二种说法更符合西周时的情况，也就是说，西周时期的婚龄大致是男 20 岁、女 15 岁。

(2) 父母之命、媒妁之言。西周时的婚姻须有父母之命、媒妁之言方才符合礼，并合法有效。没有媒人从中撮合，婚姻当事人不得自行交往，即“男女无媒不交”②。父母对子女的婚姻有包办权。

(3) 六礼。六礼是西周礼制所要求的婚姻成立所必须经过的六道程序，即要先后经过纳采、问名、纳吉、纳征、请期、亲迎，婚姻关系方告成立。纳采，是男家请媒人到女家提亲，获准后备彩礼前去求婚；问名，是男家请媒人问女方的名字、生辰，卜于宗庙，请示吉凶；纳吉，是男家卜得吉兆后通知女家决定订婚；纳征，又称纳币，是男家送聘礼到女家；请期，是男家择定吉日为婚期，商请女家同意；亲迎，是新郎至女家迎娶。至此，“六礼”完毕，婚姻成立。这种婚姻实际上是包办买卖婚姻。西周的“六礼”对后世影响极大，中国古代的聘娶婚源于此。③

(4) 同姓不婚。按照周礼的要求，“娶妻不娶同姓”④，即同姓不婚。这是因为：第一，周人已经认识到近亲结婚，不利于后代的繁衍。西周时，姓是共同血缘关系的标志，同姓的血缘关系较异姓为近。第二，与异姓联姻还有更深刻的政治目的，即“附远厚别”。附远，是通过联姻与异姓贵族建立亲近的关系，以安抚异姓，扩大周族的力量。厚别，就是区别同姓、异姓的血统，防止紊乱宗系。

2. 婚姻关系的解除

西周时，婚姻关系的解除是由男方单方面决定的，女方无权解除婚姻。这种由男方决定的离婚，在古代称为“休妻”“出妻”。

(1) 七出。依周礼规定，妻有不顺父母、无子、淫、妒、恶疾、多言、窃盗七种行为的，丈夫可以休妻，即解除婚姻关系。⑤ 此称为“七出”或“七去”。

(2) 三不去。依周礼规定，三种状况下，夫不得休妻。这三种状况是：第一，妻无娘家可归；第二，妻与夫一同曾为公婆守孝三年；第三，夫家在贫贱时娶妻，娶妻后家族富贵发

---

① 《瞿同祖法学论著集》，98 页，北京，中国政法大学出版社，1998。

②④ 《礼记·坊记》。

③ 参见曾宪义主编：《中国法制史》，42 页，北京，中国人民大学出版社，2000。

⑤ 参见《仪礼·丧服》“出妻之子为母”条疏。见《礼纪·本命》。

达者。此即“有所娶无所归，不去；与更三年丧，不去；前贫贱后富贵，不去”①。

妻在犯“七出”的情况下，又有“三不去”情形的，夫亦不得休妻。“三不去”对“七出”有一定的限制，其对于维护婚姻关系的稳定有一定的积极作用。

（二）家庭制度

西周的家庭是父权制和夫权制的。在家族中，父家长地位最尊，子女必须听从家长的训令，孝敬父母及长者；对父母的责骂、鞭挞不能有怨，更不可到官府告状。

夫妻之间，夫处在至尊地位，妻依附于丈夫，没有独立的地位可言。男子可以纳妾，可以同时占有一妻多妾，而妻、妾只能有一个丈夫。

（三）继承制度

由于资料的匮乏，我们只能就有关资料记载的王位继承制进行陈述。

西周自成王起确立了嫡长子继承制。所谓嫡长子继承制，主要内容可以概括为：“立嫡以长不以贤，立子以贵不以长。”② 西周实行一夫一妻多妾制，妻之子为嫡子，妾之子为庶子。“立嫡以长不以贤”，意为王位的继承者是嫡长子。嫡子中无论贤愚，只有长子才是合法的继承人。“立子以贵不以长”的意思是：若妻无子，则从庶子中挑选继承人。妾分为不同等级，地位仅次于妻的妾为妾中身份最贵者。立庶子的标准是不论其年龄长幼，只立贵者之子。

五、诉讼制度

记载西周司法诉讼制度的资料较夏、商丰富，由此我们可以对西周的司法机构、诉讼制度作一较为完整的叙述。

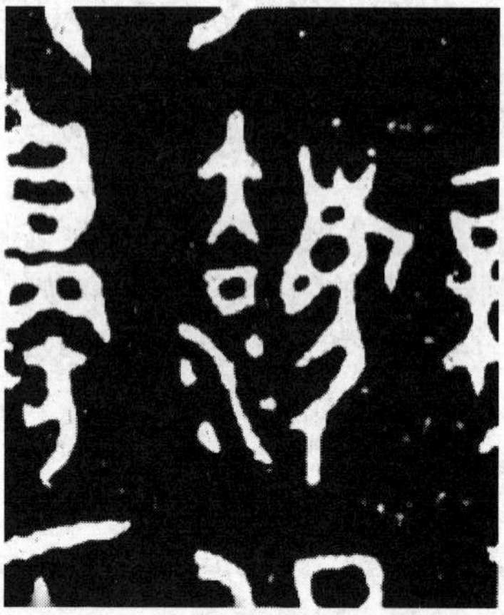

图1—4　西周铭文“法”字

（一）司法机构

西周，周王掌握最高司法权。天下重要的案件，均由周王裁决。周王之下设专职司法官辅佐周王处理司法事务。根据后人追记，西周时大司寇辅佐周王掌管审判与纠察。大司寇下设小司寇，负责具体司法事务。地方由“士”负责协助诸侯或地方长官，主管司法审判。③

① 《大戴礼记·本命》。

② 《春秋公羊传·隐公元年》。

③ 参见《周礼·秋官》。

（二）诉讼审判制度

1. 狱讼

西周对刑事、民事诉讼似已作了区分，即“狱”与“讼”有别。以罪名相告称狱，以财货相告称讼①，即刑事诉讼称“狱”，民事诉讼称“讼”。无论刑事诉讼还是民事诉讼，一般均由原告起诉；轻微案件口头起诉，较大案件则要呈递书状（参见本节引例）。

西周在司法活动中比较重视证据。《尚书·吕刑》规定“无简不听”，即当事人没有证据，不予受理。盟誓、“质剂”“傅别”等，都是法庭审理案件时的有效证据。②

2. 审理

（1）两造具备。就一般情况而言，西周法律规定，在案件的审理时，原告和被告（两造）均应被传至法庭，也就是必须“两造具备”方可开庭。但为了维护奴隶主贵族的尊严，西周也规定，“命夫命妇不躬坐狱讼”③，即位高权重的奴隶主贵族以及他们的妻子，若成为刑事或民事案件的当事人，不必亲自出庭，而由他们的属吏代理。

（2）五听。西周还规定，审判官在审理案件时，必须注意观察当事人在被审时的各种表现，以便据此来分析案情。早在《尚书·吕刑》中，周穆王就要求审判官在审理案件时必须注意察言观色，比对供词。《周礼·秋官·小司寇》则进一步将这种办法归纳为“五听”，即辞听、色听、气听、耳听、目听。此处的“听”，是观察、审断的意思。辞听，观察当事人的供述，理亏者则语无伦次。色听，观察当事人的表情，理亏者则面红耳赤。气听，观察当事人的呼吸，理亏者则气喘吁吁。耳听，观察当事人的听觉，理亏者则听语不清。目听，观察当事人的眼神，理亏者则二目犹疑不定。“五听”大致可视为西周审讯经验的总结及在审讯活动所应该遵循的原则。④

【问题与思考】

1. 甲骨文中的“廌”

甲骨文中有“廌”字，根据《说文》等中国古字书解释，其为一种可以判断曲直的独角神兽，黄帝时已经有了。舜时主管司法刑狱的官员皋陶常常以廌裁断案件。在公堂上被廌角所触者为有罪或理屈者。法在古文字中写为灋，意为以廌裁断，去其不直，平之如水。

结合廌、灋的含义，讨论法初期时的特征。

2.《汉书·礼乐志》对“礼”义及作用的解释

“人性有男女之情，妒忌之别，为制婚姻之礼；有交接长幼之序，为制乡饮之礼；有哀死思远之情，为制丧祭之礼；有尊尊敬上之心，为制朝觐之礼。哀有哭踊之节，乐有歌舞之容，正人足以副其诚，邪人足以防其失。故婚姻之礼废，则夫妇之道苦，而淫辟之罪多；乡饮之礼废，则长幼之序乱，而斗争之狱蕃；丧祭之礼废，则骨肉之恩薄，背死忘先者众；朝聘之礼废，则君臣之位失，而侵陵之渐起。故孔子曰：‘安上治民，莫善于礼；移风易俗，莫善于乐。’礼节民心，乐和民声，政以行之，刑以防之。礼、乐、政、刑四达而不悖，则王道备矣。”

将上段古文译成白话文，并分析古代“礼治”的体系。

---

① 参见《周礼·秋官·士师》。

② 参见叶孝信主编：《中国法制史》，33页，北京，北京大学出版社，2000。

③ 《周礼·秋官·小司寇》。

④ 参见赵昆坡编著：《中国法制史》，45页，北京，北京大学出版社，2002。

3.《礼记·文王世子》记载公族犯罪处刑的程序

国君的族人贵族犯了死罪，将他交给专门掌管对犯罪贵族行刑的官员“甸师”，由甸师绞死他；犯了刑罪，也交予甸师，由甸师或刺或割。但对贵族，是不能适用宫刑的。对贵族审理结束后，审理官要将案件判决的结果呈给君主。如果是死刑，审理官应报：“某人所犯的罪，应处大辟之刑。”若是其他罪，则报：“某人所犯的罪，应处小辟。”国君听完报告后，应说：“宽宥他吧。”审理官则应坚持说：“应处刑罚。”国君继续说：“宽宥他。”审理官还是坚持：“应该处以刑罚。”国君第三次请求宽宥，审理官沉默，跑出去，将罪犯交给甸师行刑。国君会派人到行刑的地方求情：“此人虽犯了罪，但请一定赦免他。”审理官则回答：“来不及了。”说情的人返回向国君复命。如果此人被处以死刑，国君则为之改变日常衣食，服素服，用膳时不奏乐，以示哀伤。这种改变依据亲疏关系而不同。如其犯罪有辱门庭，而不为之服丧，只是亲自哭于埋葬地。

结合上述史料，分析西周“亲亲、尊尊”的法律原则。

4. 牧牛违背誓言与长官争讼案

西周青铜器㑇匜铭文记载：三月既死魄的甲申日，周王在京的上宫，于是伯扬父宣判牧牛的罪谳，说：“牧牛，过去你任职的时候，竟敢和你的长官争讼，违背了自己立下的誓言。如今你只有再立信誓。（参加审理的官员）专、趑、啬、䚄（与原告）㑇现在都已到场，只有他们五人都相信你的誓言，你只有恪守誓言，才能再去任职。我本应打你一千鞭，（再对你）施以墨刑，现在我宽赦你。应该打一千鞭施墨刑，现在赦免你应打五百鞭，改罚金五百锾。”伯阳父于是又命牧牛立誓说：“从现在起，我如果再敢扰乱您的任何事务”，“你（我）的长官又控告你（我），那就（请你）执行应打的一千鞭和墨刑”。牧牛于是立下了誓言。把这一判决告诉吏曶，吏曶记入计簿。牧牛立下了誓言，缴了罚金，㑇因而铸作（造）旅盉。

参考有关研究论文，如李学勤：《㑇匜释文》①，刘海年：《㑇匜研究》②，胡留元、冯卓慧：《长安文物与古代法制》③，《西周的刖刑》《卜辞金文法制史资料考证》④ 等，论述西周时期的刑罚制度。

① 参见李学勤：《㑇匜释文》，载马小红主编：《中国法制史考证》，甲编·第1卷，157页，北京，中国社会科学出版社，2003。

② 参见马小红主编：《中国法制史考证》，甲编·第1卷，152～173页，北京，中国社会科学出版社，2003。

③ 参见胡留元、冯卓慧：《长安文物与古代法制》，52～57页，北京，法律出版社，1989。

④ 参见马小红主编：《中国法制史考证》，甲编·第1卷，92～104、105～151页，北京，中国社会科学出版社，2003。

第二章

春秋战国时期法律制度

参考文献

1. 顾德融，朱顺龙．春秋史．上海：上海人民出版社，2003
2. 杨宽．战国史．上海：上海人民出版社，1980
3. 杨伯峻．春秋左传注．第1～4册．北京：中华书局，1981
4. 吴荣曾．试论先秦刑罚规范中所保留的氏族制残余．中国社会科学，1984（3）
5. 吴九龙．银雀山汉简齐国法律考析．史学集刊，1984（4）

参考法规

1.《左传·文公六年》（公元前621年）："宣子于是乎始为国政，制事典，正法罪，辟狱刑，董逋逃，由质要，治旧污，本秩礼，续常职，出滞淹。既成，以授太傅阳子与大师贾佗，使行诸晋国，以为常法。"

2.《晋书·刑法志》："是时承用秦汉旧律，其文起自魏文侯师李悝。悝撰次诸国法，著《法经》。以为王者之政，莫急于盗贼，故其律始于《盗》《贼》。盗贼须劾捕，故著《网》《捕》二篇。其轻狡、越城、博戏、借假不廉、淫侈逾制以为《杂律》一篇，又以《具律》具其加减。是故所著六篇而已，然皆罪名之制也。商君受之以相秦。"

3.《唐律疏议》："周衰刑重，战国异制，魏文侯师于李悝，集诸国刑典，造《法经》六篇：一、《盗法》；二、《贼法》；三、《囚法》；四、《捕法》；五、《杂法》；六、《具法》。商鞅传授，改法为律。"

4.《守法守令等十三篇》［见：银雀山汉墓竹简（一）．北京：文物出版社，1985］

春秋战国时期是中国历史上一个大变革的时代，伴随着社会的转型，法律制度也从奴隶制形态向封建制形态转变。

第一节　春秋时期法律制度的转型

引例　王里国与中里徼案[①]

此案发生在春秋晚期的齐庄公时代：大臣王里国与中里徼打官司，三年未决。齐王左右为难：二人皆杀掉，恐错杀无辜；将其都放走，又担心纵容犯罪。于是，决定用一只神羊来判断曲直。王、中二人同意，并在神社盟诅，当庭陈述其情。王氏陈述完毕，神羊无动于衷；中氏陈述不到一半，神羊突然跃起，并用其角触中氏。齐王因此判决中氏败诉，并将其处死在神社。

一、春秋末期的“铸刑鼎”事件

春秋初期，各诸侯国基本上沿袭西周的法律，但是，春秋末期的立法活动发生了重大的变革，这就是郑、晋两国出现了“铸刑鼎”事件，将法律条文铸在鼎上，公布以保护私有财产为中心的成文法律。这一事件的出现，标志着中国古代成文法的产生。

（一）郑国与晋国的“铸刑鼎”事件及其反响

春秋末期，首先“铸刑鼎”的是郑国的执政子产。

《左传·昭公六年》记载，公元前536年，“三月，郑人铸刑书”，即将法律条文铸在鼎上，公布于众。史称之为“铸刑鼎”事件。杜预注：“铸刑书于鼎，以为国之常法。”[②] 为此，晋国的大夫叔向写信痛斥子产。

子产公布法律之举，在郑国产生了很大的影响。《左传·定公九年》（公元前501年）记载：“郑驷歂杀邓析，而用其《竹刑》。”杜预注：“邓析，郑大夫。欲改郑所铸旧制，不受君命而私造刑法，书之竹简，故言《竹刑》。”[③] 可见，《竹刑》原为郑国大夫邓析私自编撰，并无法律效力，后经国家认可，才具有法律效力。

据《左传·昭公二十九年》记载，在子产公布法律23年之后，晋国的赵鞅、荀寅亦效法郑国子产，“帅师城汝滨，遂赋晋国一鼓铁，以铸刑鼎，著范宣子所为刑书焉”[④]。这是新兴势力在晋国取得政权后采取的一项重大措施，但是此举招致孔子的强烈批评。

春秋末期，郑、晋先后“铸刑鼎”，开创了中国成文法的先河。在此之前，中国古代并无成文法。这一点可以从叔向、孔子的书信中明见。

---

① 参见《墨子·明鬼下》。
② 《十三经注疏》（下），2043页，北京，中华书局，1980。
③ 同上书，2143页。
④ 杨伯峻：《春秋左传注》（四），1504页，北京，中华书局，1981。

叔向在给子产的信中说：

昔先王议事以制，不为刑辟，惧民之有争心也……民知有辟，则不忌于上。并有争心，以徵于书，而徼幸以成之，弗可为矣……“国将亡，必多制”，其此之谓乎！①

孔子在给赵鞅、荀寅的信中也强烈批评说：

晋其亡乎！失其度矣……贵贱不衍，所谓度也……今弃是度也，而为刑鼎，民在鼎矣，何以尊贵？贵何业之守？贵贱无序，何以为国？②

可见，叔向和孔子都将“铸刑鼎”之事看作是关系到政权存亡的重大事件。如果在公元前536年之前已有公布法律之事发生，叔向和孔子就不会极力地反对了。③ 叔向和孔子之所以会反对“铸刑鼎”，就是因为这是一种崭新的、激进的东西。

虽然在公元前536年之前，中国古代并没有成文法出现，但是已经有了成文的法律，只不过不公布于众而已。据《左传·昭公六年》记载：

夏有乱政，而作《禹刑》；商有乱政，而作《汤刑》；周有乱政，而作《九刑》。④

这是先秦时期的说法。《禹刑》与《汤刑》是否确实存在过，由于史料匮乏，一时恐怕难以考定，但是，至少可以肯定，西周时期已经有了成文的法律《九刑》。⑤ 另外，《尚书·吕刑》也有“明启刑书胥占”⑥ 的说法。不过，有成文的法律“刑书”，并不等于就有成文法，因为成文法必须是公布的成文法律。从这个意义上讲，西周的成文法律“刑书”是秘密的、不公布于众的，要“藏之盟府”的；春秋战国时期的成文法则是公开的、公布于众的。

（二）郑晋两国“铸刑鼎”的社会原因

为什么春秋末期首先在郑国和晋国出现成文法呢？

春秋时期，正是中国古代社会从奴隶制社会向封建制社会转变的时代，周天子已经开始失去驾驭诸侯的权势，王权逐渐旁落；各大诸侯国争夺霸权，在其内部，卿大夫专权跋扈，新旧势力的矛盾激烈，出现了一个所谓“礼崩乐坏”的局面。由于当时各诸侯国的社会政治、经济发展不平衡，各诸侯国进入封建制的步伐也不一致。郑、晋两国由于其特殊的历史背景，在向封建制过渡的道路上比其他国家先迈进了一步，因而成文法最早在这两个诸侯国出现。具体说来，其情况又各不相同。

1. 先看一下郑国的具体情况。郑国是西周分封最晚的诸侯国，是周都以南一个重要的诸侯国。“铸刑书”、公布法律，这一重大事件之所以首先在郑国发生，是因为当时郑国与其他国家相比，内外交困，危机四伏，实行社会变革的要求更为迫切；同时，也和郑国执政子产及其坚持贯彻实行变革图强的方针政策有着直接的关系，是子产进行封建改革的产物。

公元前632年，城濮之战后，晋文公重耳登上了春秋霸主的宝座，而楚国的北进计划受挫。从此，晋、楚二强南北对峙，形成了长期争霸的局面。郑国处于南北交通的要道，“介

---

① 杨伯峻：《春秋左传注》（四），1274～1276页，北京，中华书局，1981。

② 同上书，1504页。

③ 或认为，《周礼》关于“象魏”之制，是西周有公布法律之证。此说不足为据。对此，早在20世纪上半叶，钱穆已有驳斥。参见钱穆：《周官制作时代考》，载《燕京学报》，1932（11）。

④ 杨伯峻：《春秋左传注》（四），1275页，北京，中华书局，1981。

⑤ 参见李力：《“九刑”、“司寇”考辨》，载《法学研究》，1999（2）。

⑥ 《十三经注疏》（上），250页，北京，中华书局，1980。

居二大国之间”[①]。晋、楚争霸，首先就要征服郑国。因此，郑国腹背受敌，穷于应付。公元前597年的邲之战[②]、公元前575年的鄢陵之战[③]，都是晋、楚这两个大国争夺郑国的两次著名战争。从城濮之战到向戌弭兵之盟（即从公元前632年至前546年）期间，晋国伐郑国17次，楚国伐郑国20次。谁伐郑国，郑国就必须服于谁。郑国面临国破人亡的危险，处境尤为困窘，以至于萌生“牺牲玉帛，待于二竟”[④] 的念头，成为大国争霸的牺牲品。

公元前605年，“郑公子归生弑其君夷”[⑤]，从此，郑国内政混乱，政权下移，七穆更迭执政，卿族专横，互相嫉视，内乱迭起。自郑穆公以后，每隔一段时间，就发生一次内乱，例如“西宫”之难[⑥]、“纯门之师”事件。[⑦]《左传·襄公三十年》记载：

> 子产相郑伯以如晋，叔向问郑国之政焉。对曰：“吾得见与否，在此岁也。驷、良方争，未知所成。若有所成，吾得见，乃可知也。”叔向曰：“不既和矣乎?”对曰：“伯有侈而愎，子晰好在人上，莫能相下也。虽其和也，犹相积恶也，恶至无日矣。”[⑧]

由此可见当时郑国卿族内争之甚。

子产于鲁襄公三十年（公元前541年）担任郑国的执政。当时郑国所处的形势，用子产的话来说，就是“国小而偪，族大宠多”[⑨]。

子产虽然出身于郑国的奴隶主贵族家庭，但是从其世界观和执政后的所作所为来分析，他已经不是旧贵族了，而是刚刚从奴隶主贵族转化而来的新兴的封建贵族。他是一个朴素的无神论者，敢于面对现实。为了摆脱郑国外患内乱交困的局面，对外，他发挥了自己善于外交的才能，圆满地处理了许多棘手的外交事件，改变了郑国外交上的被动局面；对内，他择贤任能，对新旧贵族采取了“忠俭者，从而与之；泰奢者，因而毙之”的策略；同时，进行了一系列根本性的改革：“作封洫，立谤政，制叁辟，铸刑书。”[⑩]

“作封洫”，就是改革田制，即《左传·襄公三十年》所云：“子产使都鄙有章，上下有服，田有封洫，庐井有伍。”[⑪] 最初，这项改革遭到人们的反对，后来又受到普遍的拥护。《左传·襄公三十年》记载了子产进行这一改革的过程：

> 从政一年，舆人诵之，曰：“取我衣冠而褚之，取我田畴而伍之。孰杀子产，吾其与之。”及三年，又诵之，曰：“我有子弟，子产诲之；我有田畴，子产殖之。子产而死，谁其嗣之?”

“舆人”，为国都中甲士一类人。[⑫]“取我衣冠而褚之”，《吕氏春秋·乐成》作：“我有衣冠，而子产贮之。”“褚”即“贮”，郭沫若认为“贮有赋义”[⑬]，杨宽则主张贮是财物税。[⑭]

---

① 杨伯峻：《春秋左传注》（三），1366～1367页，北京，中华书局，1981。
② 参见《春秋经·宣公十二年》。转引自杨伯峻：《春秋左传注》（二），717页，北京，中华书局，1981。
③ 参见《春秋经·成公十六年》。转引自上书，878页。
④ 杨伯峻：《春秋左传注》（三），957页，北京，中华书局，1981。
⑤ 《春秋经·宣公四年》。转引自杨伯峻：《春秋左传注》（二），676页，北京，中华书局，1981。
⑥ 参见杨伯峻：《春秋左传注》（三），980页，北京，中华书局，1981。
⑦ 参见上书，1041～1043页。
⑧ 同上书，1170页。
⑨ 同上书，1180页。
⑩ 杨伯峻：《春秋左传注》（四），1276页，北京，中华书局，1981。
⑪ 杨伯峻：《春秋左传注》（三），1181页，北京，中华书局，1981。
⑫ 参见童书业：《春秋左传研究》，79页，上海，上海人民出版社，1980。
⑬ 郭沫若：《两周金文辞大系图录考释》（下），138页，上海，上海书店出版社，1999。
⑭ 参见杨宽：《古史新探》，79页，北京，中华书局，1965。

杨说可从。“取我田畴而伍之”，《一切经音义》卷42引《仓颉篇》云：“畴，耕地也。”《吕氏春秋·乐成》作：“我有田畴，而子产赋之。”杨伯峻《春秋左传注》曰：“此‘伍’字亦‘赋’之借字，纳田税也。”[①] 由此可知，子产的田制改革与赋税有关，其主要内容是：承认土地私有，按亩征税，取消土地定期分配的井田制。

“立谤政”，就是改革军赋，即鲁昭公四年（公元前538年）“作丘赋”，将军赋改为按丘（土地占有面积）分摊。这是因为，在井田制度下，土地定期分配使用，每个劳动力大体上耕种差不多的土地，服军役者须自己配置军用品。“作封洫”以后，井田制逐渐瓦解，土地不再定期分配使用，有劳动力者不一定有土地。因此，必须改革军赋的来源。

“制叁辟，铸刑书”，即制定法律三篇[②]，并将之铸于鼎上，公布于众。这是一件重要的、划时代的事件，是在“作封洫”“作丘赋”的基础上产生的。在“作封洫”“作丘赋”之后，子产又同旧势力进行了斗争。这时，新兴地主阶级逐渐形成并壮大，国人也看到了改革的好处，开始拥护改革。为了保护已经取得的改革成果，鲁昭公六年（公元前536年）子产公布了新制定的“刑书”。虽然其具体内容已经不可考，但是从晋国贵族叔向的严厉谴责中[③]，可知“刑书”的内容与田制、赋制的改革有关，其内容不过是将新的田制、赋制用法律的形式固定下来，保护新兴势力的利益，限制、打击旧贵族的特权，让人们知道什么是权利、什么是义务。

子产出身于奴隶主贵族家庭。起初，奴隶主贵族对他还抱有希望。但是，他顺应历史的潮流，面对郑国内外交困的现实，为了挽救郑国，才进行一系列改革，公布法律。

2. 再看看晋国的具体情况。晋国的情况则与郑国的不大相同。晋国很早就没有公族把持大权的现象，公室的宗族组织早已瓦解。因此，晋国的保守势力相对较小，“礼崩乐坏”的事情比较容易发生。

春秋初年，晋文侯死后，昭侯继位，封文侯的弟弟于曲沃（今山西省闻喜县东北），即为曲沃桓叔。曲沃比晋都翼（今山西省翼城县南）大。曲沃桓叔依靠自己的实力，长期与公室为敌，至曲沃武公时，终于灭了公室。曲沃武公代为晋君，是为晋武公。晋武公死后，其子献公继位，然而晋之内乱未已。后来，晋献公因“桓、庄之族偪”“尽杀群公子”[④]，又因“骊姬之乱，诅无畜群公子，自是晋无公族”[⑤]。

从此，晋国没有公族，政权渐渐地归异支异族的贵族掌握。“及成公即位，乃宦卿之适而为之田，以为公族。又宦其余子，亦为余子；其庶子为公行。晋于是有公族、余子、公行。”[⑥] 异姓之宗族组织代替了公室宗族组织。此后，异姓异宗之卿大夫日益强大，诸卿之间争权夺势，互相兼并，政权与土地越来越集中。在兼并过程中，有的大夫渐渐地转化为封建贵族。新旧势力消长，新势力逐渐登上历史舞台。

最典型的例子就是赵盾专政。赵氏的地位与实力是逐渐上升的。晋文公重耳出逃时，狐偃将上军，“命赵衰为卿，让于栾枝、先轸”[⑦]，赵氏不及于狐氏。《左传·文公六年》

---

① 杨伯峻：《春秋左传注》（三），1182页，北京，中华书局，1981。

② 参见杨伯峻：《春秋左传注》（四），1276页，北京，中华书局，1981。

③ 叔向云：“今吾子相郑国，作封洫，立谤政，制叁辟，铸刑书，将以靖民，不亦难乎？”（同上书，1276页）。

④ 杨伯峻：《春秋左传注》（一），226、232页，北京，中华书局，1981。

⑤ 杨伯峻：《春秋左传注》（二），663～664页，北京，中华书局，1981。

⑥ 同上书，665页。

⑦ 杨伯峻：《春秋左传注》（一），446页，北京，中华书局，1981。

记载：

> 晋蒐于夷，舍二军。使狐射姑将中军，赵盾佐之。阳处父至自温，改蒐于董，易中军。阳子，成季之属也。故党于赵氏，且谓赵盾能，曰："使能，国之利也。"是以上之。宣子于是乎始为国政。

董之蒐后，赵氏的势力发展壮大起来。至鲁文公七年（公元前620年），赵盾主扈之盟，开大夫主盟之先。[①] 最后，发展到赵盾之党赵穿弑晋灵公的地步，国君的废立竟然操纵在赵氏的手中。[②] 从此，晋国的政权下移，卿大夫专政，以致内政多门、霸业未竟。

赵盾执政后，进行了一系列的立法活动，以保卫新兴势力的斗争成果。这在《左传·文公六年》中有如下的记载：

> 制事典，正法罪，辟狱刑，董逋逃，由质要，治旧污，本秩礼，续常职，出滞淹。[③]

虽然新的法典并没有公布于众，但是在范宣子执政时（晋平公在位时）被沿用。[④] 后来，在韩宣子执政时，祈氏发生内乱，羊舌氏"助乱"，"六卿以法诛公族祈氏、羊舌氏"[⑤]。终于，在鲁昭公二十九年（公元前513年），"晋赵鞅、荀寅帅师城汝滨，遂赋晋国一鼓铁，以铸刑鼎"[⑥]，将赵盾所作法典铸于鼎上。新兴地主阶级公布法律，是新势力在晋国取得政权后采取的一项重大措施。

孔子之所以攻击"宣子之刑"是"乱制"，是因为在鲁文公六年（公元前621年）的"夷之蒐于董地并易中军帅"之事，赵盾代表新兴地主阶级登上了晋国的政治舞台，从此以后六卿在晋国轮番执政。既然"夷之蒐"是"乱制"，"宣子之刑"当然也是"乱制"的产物。因此，当赵鞅等人将"宣子之刑"铸在铁鼎上公布于众时，孔子像23年前晋国的贵族叔向反对郑国"铸刑书"那样，对晋国"铸刑鼎"也进行了猛烈的抨击。

晋国独特的政治制度，使得晋国在用人方面能够广开才路、以贤能择人，如，"夷之蒐"时，阳处父推荐赵盾任中军帅的理由，就是赵盾有"能"，"使能，国之利也"[⑦]，而并不仅仅因为阳处父是赵氏的同党。晋国还充分任用楚国的人才，"虽楚有材，晋实用之"[⑧]。楚国的贤能之士纷纷奔往晋国，与晋国的政治气候有很大的关系。这种人才流动的态势，加速了晋国的封建化步伐。

晋国与楚国的争霸战争，对于加速晋国的封建化进程，也起了很大的作用。新兴势力在争霸战争中充分显示自己的才能，为自己争得土地和功勋，提高本人的政治经济地位。同时，晋国实行军政合一的体制，军队的最高统帅也是国家的执政、卿之首。[⑨] 赵盾即是将中军而"始为国政"的。

---

① 参见童书业：《春秋左传研究》，61页，上海，上海人民出版社，1980。

② 《左传·宣公二年》载："宣子使赵穿逆公子黑臀于周而立之。"[杨伯峻：《春秋左传注》（二），663页，北京，中华书局，1981。]

③ 同上书，544～545页。

④ 《左传·昭公二十九年》载："著范宣子所为刑书焉。"杜注："范宣子所用刑"，训"为"作"用"。按：范宣子是比赵盾（赵宣子）稍后的人，活跃于晋厉公至晋平公时期，结合孔子所云"且夫宣子之刑，夷之搜也"，杜注可从。应是赵宣子作刑书，范宣子沿用。

⑤ 《史记·赵世家》。

⑥ 杨伯峻：《春秋左传注》（四），1504页，北京，中华书局，1981。

⑦ 杨伯峻：《春秋左传注》（二），545页，北京，中华书局，1981。

⑧ 杨伯峻：《春秋左传注》（三），1120页，北京，中华书局，1981。

⑨ 参见童书业：《春秋左传研究》，175页，上海，上海人民出版社，1980。

总之，春秋末期正是中国社会从奴隶制向封建制转变的时代。由于当时各诸侯国社会政治经济发展的不平衡，其进入封建制的步伐也不一致。郑、晋两国由于其特殊的历史背景，在向封建制过渡的道路上，比其他诸侯国先迈进了一步，因此，成文法最早在这两个诸侯国产生。此外，春秋末期教育制度的变化也为郑、晋两国公布法律提供了条件。西周时期，"学在官府"，贵族垄断文化；春秋末期，私学大兴，整个社会的文化水平得到了提高，加上郑、晋之地本来就是夏、商、周三代文化的沉积带，具有良好的文化传统。因此，公布法律之事有可能最早在这里出现。

春秋末期公布法律，之所以将法律条文铸在鼎上，是因为鼎在中国古代是国家权力的象征。史载，公元前606年，楚庄王曾"观兵于周疆"，"问鼎之轻重、大小"。据周臣王孙满所说，从夏朝就开始铸鼎，后来鼎随着朝代的更替而"迁于商""迁于周"。鼎是王权的象征，楚庄王问鼎之大小、轻重，就是过问周王的权力，暴露了楚国想替代周王室统治天下的企图。[①] 因此，当郑国和晋国的新兴势力上台后，为了使新法律具有更大的权威性、稳定性和威慑力，为了表示新兴地主阶级取得政权的合法性，就把新法律铸在鼎上，公布于众。

(三) 春秋末期"铸刑鼎"事件的历史意义

春秋末期，郑、晋两国相继"铸刑鼎"。这是中国法律史上一件具有划时代意义的法律事件。公布法律，使法律从秘密状态转变为公开的状态，虽然这只是形式上的变化，但也是有意义的。它意味着从此将开始一种新型的法律形态——封建制法律形态，标志着中国古代法律步入了一个新的时代。

同时，这一事件也宣告了奴隶制秘密法的结束和成文法的诞生，从此拉开了春秋战国成文法运动的帷幕。战国时期，各诸侯国纷纷进行变法改革、公布法律，于是掀起了一场轰轰烈烈的成文法运动，为历代封建王朝法制的发展奠定了基础，成为秦汉以后封建法制的滥觞。

二、春秋时期司法制度的特点

(一) 司法组织多样化

春秋时期，周天子的大权逐渐旁落，其司法权也渐渐地下移至诸侯。因此，各诸侯国都相继设立自己的司法组织。其特点是：司法机构的名称不统一，也开始从诸侯手中相对分离出来，如卫国、虞国，设有"司寇"；宋国，则有大小司寇之分；楚国有司败、廷理；晋国有尉氏，其中尤以"司寇"一职最为著名。

《左传·庄公二十年》记载，"夫司寇行戮，君为之不举"[②]。司寇，成为主掌行刑之职官。宋国的司寇之职，还有大司寇、少司寇之分。[③] 甚至司寇成为姓，如，宋之臣有名叫司寇牛父者[④]，卫之臣有名叫司寇亥者。[⑤] 可见，司寇这一职官，曾在春秋列国普遍设立。

---

① 参见杨伯峻：《春秋左传注》(二)，669～670页，北京，中华书局，1981。
② 杨伯峻：《春秋左传注》(一)，215页，北京，中华书局，1981。
③ 参见杨伯峻：《春秋左传注》(二)，874页，北京，中华书局，1981。
④ 参见上书，583页。
⑤ 参见杨伯峻：《春秋左传注》(四)，1725页，北京，中华书局，1981。

这还可从出土铜器铭文中看到。春秋时期载有“司寇”的青铜器有：虞国的虞司寇伯吹壶[①]、鲁国的鲁少司寇封孙盘。[②] 其铭文非常简单，但是，仍可从中见到诸侯列国设置“司寇”的大致情况。

春秋时期青铜器铭文有关“司寇”的记载与传世文献记载相印证，表明这一时期司寇一职已经独立出来，专掌狱讼，并与司徒、司马并列。很显然，春秋时期司寇逐渐专职化，其地位也有所上升，作用也相应提高了。司寇所司执法与刑讯之职，乃是春秋战国间各诸侯国以法治国，纷纷颁布刑法的结果。但是，司寇这一职官的名称已经在西周青铜器铭文中出现，隶属于司空之下，尚未独立而已。

春秋战国时期的司寇与西周青铜器铭文中的司寇有一定的渊源关系。古代兵、刑不分，执法者并无专官，法律条文也不公布于众，周王及诸侯百官的意志就是法律，遇有诉讼，则双方造于有司，请求受周王册命过的有司法权的官吏来断案。后世的司寇就是将这种司法的职权专业化，组成一套司法官吏来执行法律，这不过是对西周司法制度的一种改革而已。[③]

（二）春秋霸主审理各诸侯国案件

春秋时期，司法审判活动的最大特点就是，春秋霸主代替了昔日周天子的地位，并且审理各诸侯国之间的争讼案件。这种案例在《左传》中多有记载，为我们了解当时的神判活动提供了方便。从以下所举这三个例子，就可以清楚地看到这种发展趋势。

其一，发生在公元前632年的“元咺诉卫侯”案。据《左传·僖公二十八年》《左传·僖公三十年》记载：

> 晋楚两国争霸，卫国君卫侯因亲楚而被人赶出卫国。城濮之战，楚国大败，卫侯闻讯后逃到了陈国，并派元咺奉事叔武回国摄政。后来，晋国恢复了卫侯的君位。卫侯回到卫国，其前驱将叔武杀死。元咺逃往晋国，并以杀叔武罪向晋国控告卫侯。于是，卫侯与元咺在晋国争讼，并派宁武子、针庄子、士荣出庭辩护。卫侯败诉。晋国杀士荣，刖针庄子、赦免宁武子，逮捕卫侯。后来，晋侯又派人毒害被关在监狱里的卫侯，未成功。鲁僖公向周天子和晋侯求情，请求赦免卫侯。周天子答应，于是卫侯获释。[④]

此案是晋国插手处理卫国的纠纷，但是，最后周王出面讲情。

其二，发生在公元前587年至公元前586年的“许灵公诉郑伯”案。据《左传·成公四年》《左传·成公五年》记载：

> 郑国派人去许国划定所得土田的疆界，却被许国人打回来了。于是，郑伯率人攻打许国，并占了其土地。因此，许国与郑国就土田发生争执。许灵公与郑伯在楚国的子反那里争讼，但是子反处理不了，就让其二人直接到楚国国君那里争曲直。次年，许灵公向楚国国君控告郑伯。结果，郑伯败诉，许灵公依法取得属于许国的土田。[⑤]

此案是楚国负责解决许、郑两国的土地纠纷。周王未出面，而楚王代之处理诸侯国间的土地争端。

---

① 参见郭沫若：《两周金文辞大系图录考释》（下），246页，上海，上海书店出版社，1999。

② 参见马承源主编：《商周青铜器铭文选》（四），521页，北京，文物出版社，1990。

③ 参见张亚初、刘雨：《西周金文官制研究》，140页，北京，中华书局，1986。

④ 杨伯峻：《春秋左传注》（一），451～473、478页，北京，中华书局，1981。

⑤ 杨伯峻：《春秋左传注》（二），819、823页，北京，中华书局，1981。

其三，发生在公元前580年的“晋郤至与周天子争田”案。据《左传・成公十一年》记载：

晋国的郤至与周天子发生“争田”（此田地为温之别邑）纠纷。周王“命刘康公、单襄公讼诸晋”。郤至在庭上说：“温本是我的封邑，此地为温之别邑，自应归我所有。”刘康公细说温邑被封的来历，并辩论说：“如果要追查过去的情况，那么温本是周天子属官的封邑，你是怎么得到的?”最后，晋侯判决郤至败诉，确认此田归周天子所有。①

此案是周王本人与晋国大臣发生土地纠纷，由晋国国君在晋国负责审理。可见，周天子已经自顾不暇。

(三) 仍可见到古老的神判遗迹②

所谓神判，即对神发誓并要求神明立即断曲直。其特点在于，起誓后须经过考验，立即就可明曲直。古代各民族都曾有过这样的神判法，考验的方法也呈现多样性。一般是经过水或火的考验，例如，使原告和被告都把手伸入沸水，然后看他们的手是否被烫伤而定其有罪与否。在国外，如《汉穆拉比法典》中对有的案件的原告、被告，都要把他们抛进河里，以能浮起者为无罪。在中国先秦时期也有神判，从春秋战国时期的古文字“灋”的结构，便可得到证实。③

《说文解字》载：“灋，刑也。平之如水，从水，廌所以触不直者去之，从去。”

《说文解字》载：“廌，解廌兽也。似牛一角。古者决讼，令触不直者。象形。从豸省。”

由此字可知，先秦时期的神判是用动物“廌”和“水”来进行神判、辨明是非曲直的。④ 但是，“廌”为何物，历史上说法不一：“《说文》以为‘似山牛’，而王充则以为是羊。”“用神羊别曲直似为楚制，然而先秦时期此制不仅行于楚，齐亦有之。”⑤

春秋晚期，仍可见到古老的神判的遗迹，这就是保留在《墨子・明鬼下》中的“王里国与中里徼案”。其云：

昔者齐庄君之臣，有所谓王里国、中里徼者。此二子者，讼三年而狱不断，齐君由（欲）谦（兼）杀之，恐不辜；犹（欲）谦（兼）释之，恐失其罪，乃使二人共一羊，盟齐之神社，二子许诺。于是掘穴，刭羊而漉其血，读王里国之辞，既已终矣；读中里徼之辞，未半也，羊起而触之，折其脚，祧神之而敲之，殪之盟所。当是时，齐人从者莫不见，远者莫不闻，著在齐之《春秋》。

“这是现在所能看到的先秦文献中神判全过程的唯一记载。”由此可见，“齐在春秋晚期还保存着神判是确凿无疑的。从这记载也证实了汉人有关廌触不直的说法是有事实为依据的，而且还证实了古代所谓的廌即羊一类的动物，并非许慎所说的‘山牛’。墨子引用这个故事是为了证实古代鬼神的存在。由此可见，战国初年这类事例已很难找到，否则墨子也不致舍近而取远”⑥。

---

① 杨伯峻：《春秋左传注》（二），854页，北京，中华书局，1981。

② 以下参见吴荣曾：《试论先秦刑罚规范中所保留的氏族制残余》，载《中国社会科学》，1984（3）。另，关于中国少数民族的神判状况，参见夏之乾：《神判》，上海，上海三联书店，1990。82

③ 参见吴荣曾：《试论先秦刑罚规范中所保留的氏族制残余》，载《中国社会科学》，1984（3）。

④ 参见李力：《发掘本土的法律观：古文字资料中“礼”及“刑”、“法”、“律”字的法文化考察》，载《法律史论集》，第3卷，275页，北京，法律出版社，2001。

⑤⑥ 吴荣曾：《试论先秦刑罚规范中所保留的氏族制残余》，载《中国社会科学》，1984（3）。

第二节　战国时期封建法律制度的发展

引例　“贼人入室”案①

此案发生在战国时期的秦国。据睡虎地秦简《法律答问》载：

贼入甲室，贼伤甲，甲号寇，其四邻、典、老皆出不存，不闻号寇，问当论不当？审不存，不当论；典、老虽不存，当论。

问：贼闯入甲家，杀伤甲，甲大呼有贼，但其四邻及里典、伍老都外出不在家，无法相助。如何论处其四邻等？答：四邻确不在家的，不应论处；里典、伍老虽不在家，也应论罪。

一、战国时期法制发展概况

（一）战国时期的成文法运动

1. 传世文献所载各国立法成果

继春秋末期郑、晋两国公布法律之后，战国时期纷纷登上各诸侯国政治舞台的新兴地主阶级，以法家思想为指导，进行变法改革，并制定成文法，巩固其改革的成果，以法治的手段推行改革。于是，各国都掀起了一场轰轰烈烈的成文法运动。

在韩国，韩昭侯任用法家代表人物申不害为相，进行变法改革，颁布了大量的法令，“晋之故法未息，而韩之新法又生”②。赵国颁布了《国律》③，魏国有《大府之宪》④，楚国有《宪令》⑤、《鸡次之典》⑥，秦国则有《秦律》。

在成文法运动的蓬勃发展过程中，最为典型者就是：在其发祥地三晋地区的魏国，产生了成文法运动的丰碑——《法经》；而在秦国，则出现了成文法运动的集大成者——《秦律》。

春秋战国成文法运动的产生、发展过程表明，中国古代的成文法是封建社会特有的产物。春秋末期，之所以最早在郑、晋两国出现成文法，就是因为它们在走向封建社会的道路上比别的诸侯国先迈进了一步。战国时期，之所以能够形成轰轰烈烈的成文法运动，是因为当时各诸侯国大都进入了封建社会。成文法是封建经济的产物，同时对于维护封建经济基础，促进封建社会的形成和发展，也起了不可忽视的积极作用。

但是，由于时代遥远，这些法律均未流传下来。我们只能从后世的传世文献和出土的考古资料中寻找其踪影。

---

① 参见《睡虎地秦墓竹简》，193页，北京，文物出版社，1978。

② 《韩非子·定法》。

③ 参见《韩非子·饰邪》。

④ 参见《战国策·魏策四》。

⑤ 参见《史记·屈原列传》。

⑥ 参见《战国策·楚策一》。

2. 出土简牍所见各诸侯国法律文献

（1）战国时期青铜器铭文中所见的律令。

1）关于标准量器的单行法规。

战国时期，各诸侯国为了统一度量衡制度，纷纷制定标准量器，其上刻有铭文，其性质是有关使用该标准量器的单行法规。现存的这种量器较多，著名的有：传世品秦商鞅方升，1857 年出土的齐子禾子釜、陈纯釜。

商鞅方升[①]，系传世品，具体的出土时间、地点不详[②]，现收藏于上海博物馆，为战国时期秦孝公时器。该器呈长方形，有短柄，其器壁三面及底部均刻有铭文，共有 75 字。又名“商鞅量”。

其左壁、前壁的铭文如下：

> 十八年，齐遣卿大夫众来聘。冬十二月乙酉，大良造鞅爰积十六尊五分尊壹为升。（左壁）
>
> 重泉（前壁）

其大意是：秦孝公十八年（公元前 344 年），齐国派遣卿大夫多人前来通问修好。冬十二月乙酉日，大良造商鞅以十六又五分之一立方寸的容积定为一升。

“重泉”，为地名，在今陕西省蒲城县南重泉村，西汉始置为县。因其字体与左壁铭文的字体相同，故该地为商鞅方升第一次所置之地。

其底部和右壁铭文如下：

图 2—1　商鞅方升[③]

① 参见郭沫若：《两周金文辞大系图录考释》（下），250 页，上海，上海书店出版社，1999。

② 一说出土于陕西咸阳。参见胡留元、冯卓慧：《出土文物与长安法制》，142 页，北京，法律出版社，1989。

③ 参见李默主编：《中华文明大博览》，“战国”，广州，广东旅游出版社，1998。

廿六年，皇帝尽并兼天下诸侯，黔首大安，立号为皇帝，乃诏丞相状、绾：法度量则不壹，歉疑者皆明壹之。（底部）

临（右壁）

此铭文为秦始皇二十六年（公元前221年）的诏书，其大意是：二十六年，秦始皇统一天下，立了皇帝的称号。于是，诏令丞相隗状、王绾，度量衡标准器不统一或有怀疑者，均统一之。

“临”，地名，春秋时或为晋地，在今河北省临城县西南。因其字体与二十六年诏书的相同，故为商鞅方升第二次所置之地。

从铭文字体和内容来看，该器左壁和前壁铭文是秦孝公十八年（公元前344年）所刻，底部和右壁铭文是秦始皇二十六年所刻。最初，它是颁发给“重泉”的标准器；秦始皇统一天下后，又继续以它为标准器，来统一混乱的度量衡，并刻上统一度量衡的诏书，颁发给“临”地。由此可见，秦朝是以战国时期的秦制来统一天下的度量衡的。

子禾子釜，1857年出土于山东省胶县灵山卫古城，现收藏于中国历史博物馆，为战国晚期齐国量器，其上今存铭文91字。又名“左关釜”“陈子禾釜”“陈太公釜”。其铭文如下：

□□立事岁，稷月，丙午，子禾子□□内者御□□□命諴陈得：“左关釜节于禀釜，关铆节于禀料，关人筑杆灭釜，闭□，又□外洑釜，而车人制之，而以□□退。如关人不用命，则寅□□。关人□□其事，中刑𠂉逑（徒），赎以□（金）半钧。□□其贿，厥辟□逑（徒），赎以□犀。□命者，于其事区杀。”丘关之釜。①

该铭文多处缺蚀，但大致可以通读。从整篇铭文的内容来看，可知这是关于左官署使用标准量器的法令。其大意是：子禾子命令其下属奉命通告陈得，要求左关之釜以禀釜为准，关铆以料为准。如果官吏在釜内筑杆以减少其量值，或在釜外加物以添益其量值，则应当制止。如果官吏违背此令，则应根据其犯罪情节轻重，处以徒刑、赎刑和死刑。

陈纯釜，1857年出土于山东省胶县灵山卫古城，现收藏于上海博物馆，为战国晚期齐国量器。其上有铭文34字。又名“左关釜”“齐陈犹釜”“齐釜”。其铭文如下：

陈犹立事岁，䜌月戊寅，各兹安陵亼。命左关师𤕍，敕成左关之釜节于禀釜。敦者曰陈纯。②

该铭文是左关署使用标准量器的法令。其大意是，陈犹到达安陵某地。命令左关的师𤕍说：左关釜的容量完全以仓廪之釜作为标准。

2）关于符节凭证上的单行法规。

符，是中国古代传达命令或调遣军队的凭证。战国时期调动军队即以“符”为凭。从战国时期著名的魏如姬窃魏安釐王虎符，交给信陵君以解赵国邯郸之围的故事，可见符在当时的作用。③ 据此传说，郭沫若编写了话剧《虎符》。

这种用来调动军队的符一般又被称为“兵甲之符”“甲兵之符”，其形往往呈伏虎形或走虎形，因此又被称为“虎符”。其上一般都刻有铭文，并从中间一分为二，底部有合榫；右半部分存国君处，左半部分发给将领。军队的调遣必须以存在国君处的右半部分虎符与发给将领的左半部分虎符会合，作为凭信，否则不得调动军队。现存世的主要有3件秦虎符：杜虎符、新郪虎符和阳陵虎符。

---

① 郭沫若：《两周金文辞大系图录考释》（下），221页，上海，上海书店出版社，1999。

② 同上书，223～224页。

③ 参见《史记·信陵君列传》。

杜虎符，1973年冬，出土于陕西省西安市郊区北沉村附近。① 据考证，为战国时期秦国的器物，其上有铭文40字。其铭文如下：

兵甲之符，右在君，左在杜，凡兴士被甲，用兵五十人以上，必会君符，乃敢行之；燔燧之事，虽毋会符，行也。②

杜，地名，周为杜伯国，秦武公时成为杜县。③ 其大意是：兵甲之符，右半归国君掌握，左半由驻守杜地的将领掌握。凡用兵50人以上，必须会合国君的右半符；如果发生外敌入侵、边塞有烽火紧急军情，也可相机行事。

新郪虎符，系传世品，最早著录于《秦汉金文录》。据王国维考证，该符是战国末年秦攻得魏地新郪后所造，是秦统一六国前二三十年间之物。其上有铭文40字，其铭文如下：

兵甲之符，右在王，左在新郪，凡兴士被甲，用兵五十人以上，必会王符乃敢行之。燔燧事虽毋会符，行也。④

新郪，地名，在今安徽省太湖县北。其大意与杜虎符相同。

阳陵虎符，系传世品。据王国维考证，该符为秦统一六国之后的文物。其上有铭文12字，其铭文如下：

甲兵之符，右在皇帝，左在阳陵。⑤

从上可见，刻在"甲兵"虎符上的铭文，就是关于军队调动的单行军事法规。

节，是中国古代通行的凭证。最初是以竹节制成的，战国时期多以青铜铸成。其上有铭文，主要规定水陆通行的路线、车船数目等。常常几枚合成圆形的竹节状，作为通行的证件。其最著名者，就是战国时期楚国的鄂君启节。

鄂君启节⑥，1957年出土于安徽省寿县九里乡丘家花园，共4枚。该节用青铜铸成，腰部有一道竹节状隆起线，将器面分为上下两段，上长下短，节上有错金铭文。可分为两组：第一组是舟节，1枚，长31厘米、宽7.3厘米、厚0.7厘米，有铭文164字，现收藏于安徽省博物馆；第二组是车节，3枚，长29.6厘米、宽7.3厘米、厚0.7厘米，有铭文147字，每枚的铭文相同，现1枚收藏于中国历史博物馆，2枚收藏于安徽省博物馆。

其舟节的铭文如下：

大司马邵阳败晋师于襄陵之岁，夏层之月，乙亥之日，王处于茂郢之遊宫。大攻尹脽台王命命集尹悫𦤯、裁尹逆、裁令阬，为鄂君启之府赓铸金节。屯三舟为一舿，五十舿，岁能返。自鄂往：逾沽，让滩，庚邽，庚芑阳，逾滩，庚庿，逾夏，内邔。逾江，庚彭弥，庚松阳，内泸江、庚爰陵。让江，内湘，庚𨞮，庚泖阳；内灉，庚鄙；内资，沅、澧、灖。让江，庚木关，庚郢。见其金节则母政，母舍桴飤。不见其金节则政。如载马牛羊台出内关，则政于大广，母政于闸。

---

① 参见陕西省博物馆、黑光：《西安市郊发现秦国杜虎符》，载《文物》，1979（9）。

② 陈直：《秦兵甲之符考》，载《西北大学学报》，1979（1）；马非百：《关于秦杜虎符之铸造年代》，载《文物》，1982（11）；戴应新：《秦杜虎符的真伪及其有关问题》，载《考古》，1983（11）；中国社会科学院考古研究所编：《殷周金文集成释文》，第6卷，777页，香港，香港中文大学中国文化研究所，2001。

③ 参见《汉书·地理志》《史记·秦本纪》。

④ 王国维：《秦新郪虎符跋》，载《观堂集林》（外二种，下），560页，石家庄，河北教育出版社，2001；中国社会科学院考古研究所编：《殷周金文集成释文》，第6卷，776页，香港，香港中文大学中国文化研究所，2001。

⑤ 王国维：《秦阳陵虎符跋》，载《观堂集林》（外二种，下），560页，石家庄，河北教育出版社，2001。

⑥ 参见殷涤非、罗长铭：《寿县出土的鄂君启金节》，载《文物参考资料》，1958（4）；中国社会科学院考古研究所编：《殷周金文集成释文》，第6卷，778～783页，香港，香港中文大学中国文化研究所，2001。

其车节的铭文如下：

> 大司马邵阳败晋师于襄陵之岁，夏层之月，乙亥之日，王处于蒇郢之遊宫。大攻尹脽台王命命集尹悤糌、裁尹逆，裁令阢，为鄂君启之府赓铸金节。车五十乘，岁能返。毋载金革黾箭。女马、女牛、女犆，屯十台当一车；如檐徒，屯廿檐台当一车，台毁于五十乘之中。自鄂往：庚阳丘、庚邡城、庚象禾、庚畐焚、庚繁阳、庚高丘、庚下蔡、庚居鄵、庚郢。见其金节则毋政，毋舍桴飤。不见其金节则政。

该舟节和车节，由战国时期的楚国颁发。舟节是水路运输过关免税的凭证，车节是陆路运输过关免税的凭证。从其铭文可知，鄂君启节是楚国的大司马邵阳在襄陵击败晋军的那年，即夏层之月乙亥日，楚王命属下大臣为鄂君启的府库继续铸造金节而得的。舟节、车节的有效期为1年，只限50只（辆）船或车。

舟节铭文记载了水路各条交通路线及所经关卡，要求沿途见此节就不要征税，但是也不必安排其馔食。若不见此节，则须征税。如果运载马牛羊出入关卡，就由大府征税，不必由关卡征税。

车节铭文的大意是：陆路运输不得运载金属、皮革、黾竹、箭竹等军用物资。如果以马、牛、犆驮载货物，就集10头以当一车。若是挑担之徒，则以20人担当一车。以上折合车数须从50辆车总数中减去。最后，记载陆路交通路线，要求沿途关卡见此金节不征税，否则要征税。

从秦虎符、楚鄂君启节铭文内容可以推测，战国时期直接将有关军队调遣的法规和有关交通运输、征税的法规刻在符、节之上，是为了更好地实施这些法令，以保证当时在军事上和经济上的需要。

（2）出土战国、秦汉简牍所见法律。

简牍，作为主要的书写材料，行用商朝至南北朝时期。此间，也用简牍来抄写法律。据《左传·定公九年》记载，早在春秋末期（约公元前6世纪），郑国大夫邓析就私自编了一部“刑书”，并把它抄写在竹简上，史称“竹刑”。可见，春秋末期已有将法律抄写在竹简上的习惯。战国以后，随着成文法运动的发展，各诸侯国纷纷颁布法律，于是出现了大批的书写法律的简册。到了汉代，抄写法律、诏令的简牍，则发展成为一种固定的形式。按照当时的规定，简牍的长短与其所记载的内容都有一定的关系。一般的文书，均用一尺之简牍；而皇帝的诏书，则用一尺一寸之简牍。据说，西汉初期，汉文帝给匈奴大单于的诏书简牍长一尺一寸，其上写道：“皇帝敬问匈奴大单于无恙”；但是，投降于匈奴的汉人中行说则令单于用一尺二寸之牍给汉文帝回信，“倨傲其辞”说：“天地所生日月所置匈奴大单于敬问汉皇帝无恙”，而且所用的印封都比汉文帝所用的要大。[①] 专门用以书写法律的简牍更长一些，《盐铁论·贵圣》有“二尺四寸之律”的说法，《史记·酷吏列传》有“三尺法”的记载，而《汉书·朱博传》则有“三尺律令”的记载。

20世纪下半叶，中国的考古工作者先后在各地区的战国、秦汉墓中发掘了大量的简牍。与战国时期法律有关的简牍，也在这个时期大量出土。如，1972年，山东省临沂县银雀山汉墓出土银雀山汉简，其中保存有战国时期的法律史料——《守法守令等十三篇》，被认为与战国时期齐国的法制有着密切的关系。[②] 1975年，湖北云梦睡虎地秦墓出土了秦简，其中

---

① 参见《史记·匈奴列传》。

② 参见《守法守令等十三篇》，载《银雀山汉墓竹简》（一），北京，文物出版社，1985；吴九龙：《银雀山汉简齐国法律考析》，载《史学集刊》，1984（4）。

大多是抄写秦律的竹简。[1] 1979年至1980年，四川省青川县战国秦墓又出土了秦木牍《为田律》。[2] 1986年11月至1987年1月，在湖北省荆门市包山2号战国楚墓中，出土了四百余支竹简，其司法文书部分有助于了解战国时期楚国的司法审判制度。[3]

（二）各诸侯国法律制度的转型

1. 法律性质的转变

战国时期法律制度的性质发生了根本性的转变：从奴隶制法律转变为封建制法律。法律体现新兴地主阶级的意志和利益、维护封建地主阶级的统治，具体表现在以下三方面。

（1）维护封建财产所有权。战国时期所公布的法律的首要任务，就是保护新兴地主阶级的财产所有权。如《法经》将《盗法》列于篇首，主张“……王者之政，莫急于盗贼”[4]。秦律中设有“盗罪”，惩罚严厉，盗采桑叶一片，罚劳役30天；保护土地私有权，严禁“盗徙封”（即私自移动田界）。

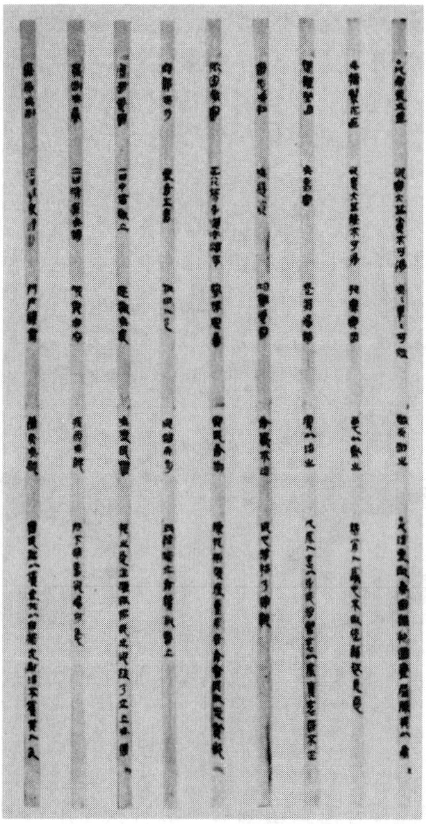

图2—2 睡虎地秦墓竹简[5]

① 参见《睡虎地秦墓竹简》，北京，文物出版社，1978。

② 参见四川省博物馆、青川县文化馆：《青川县出土秦更修田律木牍——四川青川县战国墓发掘简报》，载《文物》，1982（1）。

③ 参见《包山2号墓竹简概述》，载《文物》，1988（5）；陈伟：《包山楚简初探》，132～149页，武汉，武汉大学出版社，1996。

④ 《晋书·志·第二十章·刑法》。

⑤ 参见李默主编：《中华文明大博览》，“秦朝”，广州，广东旅游出版社，1998。

（2）以封建等级制取代奴隶制等级制。在各国变法中，均采取了以军功授爵的政策，取消以宗法制为核心的世卿世禄制，并在法律中确定下来，建立了封建等级制。如商鞅变法时定二十级爵。

（3）建立并巩固封建专制主义中央集权制。在变法改革中，各国以郡县制取代分封制，以封建官僚制取代世卿世禄制，建立了中央集权制，并以相应的法律形式固定下来。

2. 法律内容的变化

（1）法律调整的范围扩大，规定更加具体、细密。不仅有刑事法律规范，而且出现了许多新的非刑事的社会关系需要用法律来调整。因而颁布了大量的非刑事法律，法律开始进入更广泛的社会领域中。同时，法律规定也更加具体、细密。如秦的《仓律》规定了收获物的收藏、保管、放置、统计、加工、发放，以及种粮的保管、每亩地使用种粮的数量，等等。

（2）刑罚从野蛮走向文明，出现了新的刑种。各国虽然继承了奴隶制的“五刑”，大量适用肉刑和死刑，如族诛、戮、车裂、刖刑等。但是，从总体上看，刑罚开始从野蛮走向文明，其标志就是赎刑被广泛适用，并出现了徒刑。

赎刑在西周的《吕刑》中首创，但当时只适用于罪疑的案件。春秋末期赎刑被广泛适用。如《国语·齐语》记载，为加强军事力量，齐国法律规定：重罪赎以犀甲一戟，轻罪赎以贵盾一戟。

春秋战国之际出现了徒刑，战国时期在各诸侯国广泛流行。战国时期的齐国已经将这种刑罚称为“徒”。这是春秋战国时期社会政治经济发生重大变革，从而引起法律制度变革的反映，是社会进步的表现。徒刑这一刑种不是从来就有的，是从奴隶社会将罪犯罚为官奴隶之制中逐渐分化出来的。从将罪犯罚为官奴隶，到对罪犯判处徒刑，是历史发展的必然，是刑罚制度从野蛮走向文明的标志。从此，徒刑成为封建刑罚体系的一个重要组成部分。

图 2—3　钛（秦汉以前的镣铐）

3. 司法组织及其活动

战国时期，司法审判权相继由新兴地主阶级掌握。各诸侯国建立了从中央到地方的各级司法组织。各诸侯国除了国君享有最高审判权之外，还在中央设置了专门的司法机构，如秦国设有廷尉，楚国设有廷理，齐国设有大理，魏国设有司寇。地方司法审判权则由郡县行政长官兼理。各诸侯国审判时都依据各自的法律和习惯。

1975 年出土的《睡虎地秦墓竹简》之《封诊式》中记录了一些案件，是秦国司法审判活动的真实记载。从中可以看到，秦国已经建立了一套司法审判制度。如司法机关受理案件后，要把当事人的姓名、身份、机关、是否有前科等问题写成书面报告；然后前往现场勘验、调查，每一过程都要作笔录；庭审时要听取当事人双方的口供，可进行刑讯；最后，司法机关作出判决。整个审判过程都记录下来，制作成“爰书”。这种制度一直沿用到秦朝。

二、李悝与《法经》

(一) 李悝的变法实践

魏国是战国初期最早进行变法的一个诸侯国。为了富国强兵，第一位国君魏文侯在位时（公元前445年—前396年）招纳了一大批政治、军事人才帮助改革，其中成效最大的是李悝变法。

李悝（约公元前455年—前395年），魏国人，法家学派始祖，三晋地区最著名的法家代表人物之一。初为北地守，后任“魏文侯相”和“魏文侯师”，主持魏国的变法，在政治、经济、法制方面进行了一系列有利于发展封建制的改革。他最突出的事迹，就是总结了春秋战国时期各国的立法经验，并对成文法运动进行了理论概括，完成了中国古代第一部系统的封建法典《法经》。至此，法家思想才初步形成一个体系，法家才成为一个学派。从而，李悝获得了战国初期法家始祖的地位，谱写了“以法治国”的时代篇章。

李悝变法实践的主要内容是：

(1)“尽地力之教”与“平籴法”。这是李悝在经济领域实施的重要改革措施。所谓“尽地力之教”就是废除“井田”的疆界，鼓励自由开垦耕地，勤谨耕作以增加生产，培植封建的个体小农经济。《汉书·食货志》记载：“是时，李悝为魏文侯作尽地力之教，以为地方百里，提封九万顷，除山泽、邑居参分去一，为田六百万亩。治田勤谨则亩益三升，不勤则损亦如之。地方百里之增减，辄为粟百八十万石矣。”

据《汉书·食货志》记载，李悝认为，“籴甚贵伤民，甚贱伤农。民伤则离散，农伤则国贫”。意即：粮价太贱，农民入不敷出，生活困难，国家就要贫困；粮价太贵，城市居民负担不起，生活困难，就要流浪他乡。为此，他制定了平衡粮价的“平籴法”，就是把好年成分成上、中、下三等，坏年成也分成上、中、下三等；好年成时，农民交纳什一之税，留下自己用的粮食外，其余的由政府按定价收购；坏年成时，又由政府平价售出。这样可以“取有余以补不足”，稳定小农经济。

其经济改革的目的是：第一，巩固封建地主阶级的土地私有制，从而调动土地所有所有者的生产积极性；第二，巩固封建性的行政与赋税制度，按地域而不是按血缘来划分居民，并保证国家的“什一之税”；第三，通过国家行政力量的干预，协调农业生产者和城镇手工业者之间的关系，抑制商人囤积居奇，以保障国家的政治稳定。

(2) 赏罚必当的“为国之道”。据《说苑·政理》记载，李悝提出了“为国之道，食有节而禄有功，使有能而赏必行、罚必当”的改革措施。这实际上包括两个方面的内容：其一，在任用官吏上，要打破以往世卿世禄的贵族世袭制，废除贵族的一系列特权，任用大批新兴地主阶级的有能有功之士。其二，在行赏施罚方面，要做到有功有劳的一定要赏、有罪有过的一定要罚。

(3)“撰次诸国法，著《法经》”。李悝总结了春秋末期以来各诸侯国立法司法的经验，结合魏国的具体情况，制定了中国封建社会第一部系统的法典。这是李悝在中国法律史上的最大贡献，李悝也因此而奠定了自己法家学派开山鼻祖的地位。

(二)《法经》的体例及主要内容

李悝作《法经》之事，战国时期的法家著作中没有提起，《史记》《汉书》也只字未提。现有文献中，最早提到《法经》的是保存在《晋书·刑法志》中的三国时期曹魏陈群、刘劭等作的《魏律·序》，其云：

> 旧律因秦《法经》，就增三篇，而《具律》不移，因在第六。

《晋书·刑法志》在追述曹魏之法时则说：

是时承用秦汉旧律，其文起自魏文侯师李悝。悝撰次诸国法，著《法经》。以为王者之政，莫急于盗贼，故其律始于《盗》《贼》。盗贼须劾捕，故著《网》《捕》二篇。其轻狡、越城、博戏、借假不廉、淫侈逾制以为《杂律》一篇，又以《具律》具其加减。是故所著六篇而已，然皆罪名之制也。

《唐律疏议》也有比较详细的记述：

周衰刑重，战国异制，魏文侯师于李悝，集诸国刑典，造《法经》六篇：一盗法、二贼法、三囚法、四捕法、五杂法、六具法。①

可见，李悝的《法经》是在总结春秋末期郑、晋“铸刑书（鼎）”以来法制改革成果的基础上整理出来的，是后世封建法典的雏形。

《法经》有六篇：《盗法》《贼法》《囚法》《捕法》《杂法》《具法》。李悝认为，“王者之政，莫急于盗贼”，因此将《盗法》《贼法》列于篇首。② 从整体上看，《法经》是一部“诸法合体”而以刑为主的法典。

《盗法》是涉及公、私财产受到侵犯的法律；《贼法》是有关危及政权稳定和人身安全的法律；《囚法》是有关审判、断狱的法律；《捕法》是有关追捕罪犯的法律；《杂法》是有关处罚狡诈、越城、赌博、贪污、淫乱等行为的法律；《具法》是规定定罪量刑的通例与原则的法律，相当于现代刑法典的总则部分。其他五篇则为“罪名之制”，相当于现代刑法典的分则部分。

（三）《法经》的历史地位

《法经》所明确的“王者之政，莫急于盗贼”的立法宗旨为历代王朝奉为制定法典之圭臬，其体系也为后世的律典沿袭。因而有学者评价《法经》“其源最古”，并在中国古代律系表中将之列于首位。③

《法经》在中国法律史上具有重要的历史意义：

（1）《法经》初步确立了封建法典的体例和基本原则，是中国古代第一部比较系统的封建法典，标志着中国古代的立法技术已开始走向成熟，成为后世立法的滥觞。

（2）《法经》的出现有利于司法的统一，便于司法官准确适用法律和定罪量刑。

（3）《法经》的出现有利于立法的系统化，使立法活动在兼顾历史沿革和横向联系的科学环境中进行，避免重复和抵牾。

（4）将实体法（《盗法》《贼法》《杂法》）和程序法（《囚法》《捕法》）大致区分开来，有利于按客观规律指导法律实践活动。

（5）《法经》的出现，有利于法律文献的整理、修订、解释和研究。

因此，《法经》是新式法典的集中体现，是封建成文法典的雏形。但遗憾的是《法经》很早就已经失传了。《晋书·刑法志》等文献中，只保留了其大致的框架。明代末期，董说《七国考》所引西汉末年学者桓谭《新论》中有关《法经》的片断，是伪造的，不足为信。④

---

① （唐）长孙无忌等撰：《唐律疏议·名例》，2页，北京，中华书局，1983。

② 参见《晋书·志·第二十章·刑法》。

③ 参见程树德：《汉律考序》，载《九朝律考》，1页，北京，中华书局，1963。

④ 参见杨宽：《战国史》，“后记”，601～605页，上海，上海人民出版社，1980；李力：《从几条未引起人们注意的史料辨析〈法经〉》，载《中国法学》，1990（2）。

第三节 商鞅变法及其影响

引例 商鞅被诬谋反案①

战国初期秦国发生的著名案件：

秦孝公任用商鞅变法。此举损害贵族们的利益，招致其不满。商鞅又因刑及太子傅，得罪太子。公元前338年，“……秦孝公卒，太子立。公子虔之徒告商君欲反，发吏捕商君。商君亡至关下，欲舍客舍。客人不知其是商君也，曰：‘商君之法，舍人无验者坐之。’商君喟然叹曰：‘嗟乎，为法之敝一至此哉！’去之魏。魏人怨其欺公子而破魏师，弗受。商君欲之他国。魏人曰：‘商君，秦之贼。秦强而贼入魏，弗归，不可。’遂内秦。商君既复入秦，走商邑，与其徒属发邑兵北出击郑。秦发兵攻商君，杀之于郑黾池。秦惠王车裂商君以徇，曰：‘莫如商鞅反者！’遂灭商君之家”。

一、商鞅的变法实践

商鞅（约公元前390年—前338年），公孙氏，名鞅；因是卫公的同族，亦称卫鞅；因出身魏国国君的疏远宗族，又称魏鞅；因功被封于商（今陕西商县东南商洛镇）而号商君，史称商鞅。卫国人，战国中期著名政治家，法家思想体系的奠基者之一。“少好刑名之学”，曾任魏国“相”公叔痤的家臣，熟悉李悝、吴起在魏国变法的理论、实践。公元前361年，秦孝公即位，为富国强兵，下令求贤。商鞅携带李悝的《法经》入秦，并取得秦孝公信任，初任左庶长，后升为大良造。在秦孝公的支持下，两度主持变法，奠定了秦国富强的基础，使秦国后来居上，一跃而成为“兵革大强，诸侯畏惧”的强国，为秦统一天下打下了基础。秦孝公死后，遭陷害被车裂而死。是先秦法家中变法最有成效者，以重“法”而著称。

商鞅第一次变法开始于公元前359年（一说公元前356年），其主要内容是：

（1）“改法为律”②。以《法经》为蓝本，结合秦国的具体情况加以修订、扩充，改“法”为“律”，制定了秦律。从此以后，中国古代法典基本上以“律”为名。

（2）制定“连坐法”。《史记·商君列传》载：“令民为什伍，而相牧司连坐，不告奸者腰斩，告奸者与斩敌首同赏。”颁行秦国，厉行法治。

（3）奖励军功，禁止私斗，取消世卿世禄制及其一切特权。《史记·商君列传》载：“宗室非有军功论，不得为属籍。”《韩非子·定法》载：“斩一首者爵一级，欲为官者为五十石之官”，“官爵之迁与斩首之功相称也”。《史记·商君列传》载：“为私斗者，各以轻重被刑大小”，使人民“勇于公战，怯于私斗”；即使太子犯法，“刑其傅公子虔，黥其师公孙贾”。

---

① 参见《史记·商君列传》。

② （唐）长孙无忌等撰：《唐律疏议·名例》，2页，北京，中华书局，1983。

（4）奖励耕织，重农抑商。《史记·商君列传》载："僇力本业，耕织致粟帛多者复其身。事末利及怠而贫者，举以为收孥。"

其第二次变法开始于公元前350年，其主要内容包括：

（1）废除井田制，确立封建土地私有制。《史记·商君列传》载"为田开阡陌封疆"。《汉书·食货志》载，"改帝王之制，除井田，民得卖买"。

（2）普遍推行县制。《史记·商君列传》载："集小乡邑聚（村落）为县，置令、丞，凡三十一县（一说四十一县或三十县）。"县令、县丞等地方官，由国君直接任免，集权于中央。

（3）颁布"分户令"，按户口征收军赋。《史记·商君列传》记载，为利于开垦荒地和增加赋税收入，明令"民有二男以上不分异者，倍其赋"，并禁止父子无别、同室而居的旧俗。

二、商鞅变法对秦国法制的影响及在中国法制史上的地位

商鞅变法的改革措施，一方面清理了旧贵族的政治经济势力，另一方面巩固了新兴地主阶级的经济基础和政治统治，在广度和深度上超过了其他法家代表的改革，从而使秦国从不被人重视的"夷狄之邦"，一跃而成为令人畏惧的"战国七雄"之首，为后来秦统一天下奠定了基础。

商鞅在秦国主持变法，以《法经》为蓝本制定的秦律，对于秦法制的统一和发展具有重要的作用，秦汉以后的封建法典都以"律"为名；提出了一系列的"法治"理论和推行"法治"的方法，在法律上确立了中央集权制，为秦始皇建立统一的封建政治制度和法律制度奠定了基础，正如东汉王充在《论衡·书解》中所说的"商鞅相孝公，为秦开帝业"。

第四节　从银雀山汉简《守法守令等十三篇》看齐国法制

引例　"夫盗钱三百"案①

战国时期发生在秦国的案件：

夫盗三百钱，告妻，妻与共饮食之，可（何）以论妻？非前谋殴（也），当为收；其前谋，同罪。夫盗二百钱，妻所匿百一十，可（何）以论妻？妻智（知）夫盗，以百一十为盗；弗智（知），为守臧（赃）。问：丈夫盗窃三百钱，告知其妻，妻和他一起用这些饮食，妻应如何论处？答：没有预谋，应作为收藏；如系预谋，与其夫同罪。问：丈夫盗窃二百钱，在其妻处藏匿了一百一十，妻应如何论处？答：妻如知道丈夫盗窃，应按盗钱一百一十论处；不知道，作为守赃。

① 参见《睡虎地秦墓竹简》，157～158页，北京，文物出版社，1978。

一、银雀山汉简概述[①]

1972年4月，山东省临沂县城南银雀山两座西汉武帝时期的墓葬中，出土了四千余枚汉简。[②] 据推断，银雀山汉简是在西汉文帝、景帝至武帝初期抄写而成的，其中，与法律关系最为密切的就是古佚书《守法守令等十三篇》，可以视作战国时期齐国的法律史料。

发掘者据其出土文物推断，1号墓的主人姓“司马”，其本人或其家族是长期担任“司马”一职的军官，因而1号墓中出土大量的兵书绝非偶然。自古“兵刑合一”，兵书中包含有法律史料，也是很正常的。

二、《守法守令等十三篇》

1. 关于《守法守令等十三篇》的篇题

银雀山1号汉墓出土两块木牍，其中完整的只有一块，上面以墨书抄列竹书篇题如下：

> 守法、要言、库法、王兵、市法、守令、李法、王法、委法、田法、兵令、上扁（篇）、下扁（篇）凡十三。[③]

值得注意的是，13篇里《守法》《库法》《市法》《李法》《田法》这5篇的体例比较接近，有共同的特有的词语（如某啬夫），标题也彼此相似。如果加上未找到简文但标题类似的《委法》，在13篇次序中正好占了1、3、5、7、9、10六篇。换句话说，除末一篇《田法》外都居奇数，这很难说是偶然的。对此，有学者提出一个假设：这些篇佚书的底本是一幅帛书，分上下两栏书写，和长沙马王堆帛书《胎产书》《隶书阴阳五行（暂名）》等一样。上面一栏所写各篇较短（只有《田法》达1 064字），故篇数较多，同时下面一栏写到最后还可留下空白。帛书各篇排列（按竹简次第编号）或许是这样：

13	12	10	9	7	5	3	1
			11	8	6	4	2

次序应自右向左分栏读，即：《守法》《库法》《市法》《李法》《委法》《田法》《上篇》《下篇》《要言》《王兵》《守令》《王法》《兵令》。在用简抄写时，抄手误按一上一下的次序录写，结果成为木牍现有的次第。[④]

---

① 本节参考银雀山汉简整理小组编写的《银雀山汉墓竹简》（一）（文物出版社，1985）。按：银雀山汉简出土后，其发掘简报、释文首先发表于1974年～1977年的《文物》杂志；其中，《孙子兵法》和《孙膑兵法》还由文物出版社出版了单行本。1985年9月，银雀山汉简整理小组编写的《银雀山汉墓竹简》（一）由文物出版社出版，其中收入《孙子兵法》《孙膑兵法》《尉缭子》《晏子》《六韬》及《守法守令等十三篇》的图版、摹本和释文；该书（二）（三）部分包括“佚书丛残”及“散简”“篇题木牍”和《元光元年历谱》，（二）已出版，（三）尚在出版中。1985年12月，文物出版社又出版平装本《银雀山汉简释文》（秦汉魏晋出土文献之一，吴九龙释）。

② 银雀山1号墓出土的竹简基本上是古代书籍，可分为现有传本的书籍和古佚书两类，其中古佚书占大部分。现有传本的书籍包括：《孙子兵法》（包括佚文4篇）、《尉缭子》《六韬》《晏子》；古佚书类有：《孙膑兵法》《守法守令等十三篇》《地典》《唐勒》以及论政和论兵的文章（包括《十官》《五议》等四十余篇）、《相狗》《作酱》等杂书。此外，还有大量的残简仍在继续整理之中。这些现有的传世古籍和古佚书的发现，纠正了传世文献所载史之误，解开了以往研究中久讼不决疑案之谜，在研究古籍源流上起到了正本清源的重要作用。2号墓出土的西汉武帝《元光元年历谱》，是迄今所知中国最早、最完整的古代历谱，可以订正千年来沿袭宋人《资治通鉴目录》之误。银雀山汉简中的《孙子兵法》与《孙膑兵法》虽系兵书，但其中有许多军事刑法的内容，是研究先秦军事法的重要史料。

③ 吴九龙释：《银雀山汉简释文》，231页，北京，文物出版社，1985。

④ 以上两段参见李学勤：《〈田法〉讲疏》，载李学勤：《简帛佚籍与学术史》，350～351页，南昌，江西教育出版社，2001。

该木牍的腰部尚有残存的系绳痕迹，因而可能原本是捆在简册书帙外面的题签，以便于检索，类似现代书的目录。整理小组以此为线索，并依据简的形制、书写格式及内容等特点，将散乱失次的竹简整理出10篇文字。其中，由于《守法》《守令》两篇竹简已经散乱残缺，很难分出《守法》与《守令》两篇，故暂时将二者合为一篇；也无法从《上篇》与《下篇》这两篇的篇题本身来推断其内容，整理小组怀疑这两篇就是简本《六韬》，但是目前尚无证实这种假设的直接证据，因此整理的本子中暂缺这两篇；《委法》篇的内容是有关物资委积的，但是13篇中的《王法》《田法》《守法》《守令》《库法》等篇都涉及粮食与军用物资的委积，目前整理出来的与委积相关的简文已经分别编入这5篇之中，此类简文中可能有一些属于《委法》篇，但整理小组找不出它们确实属于《委法》而不属于以上所列举5篇的根据，因而在整理的本子中，《委法》篇目前只有标题而缺相应的简文。因此，这种古佚书现整理出来了10篇文字，被称为《守法守令等十三篇》。

2. 关于《守法守令等十三篇》的成书年代

《守法守令等十三篇》的成书年代，应早于其抄写成简文的年代，即西汉文帝、景帝至武帝时期。① 具体说来，主要有两种看法：一种认为应在战国时代商鞅变法之前②，另一种则认为这13篇大概都是战国时代的作品。③

两种看法大致相同，但也略有区别：前者的主要论据是商鞅“改法为律”，商鞅变法之前称为“某法”，变法之后称为“律”，而《守法守令等十三篇》的篇题无一称律者，除《要言》《王兵》《守令》《兵令》《上篇》《下篇》之外，皆称为“某法”，因而这13篇当成书于商鞅变法之前。但是，这13篇中的《田法》《库法》《市法》《李法》等称“某法”之篇是否属于法律名称还不能肯定，因此这种看法的前提是否成立，仍有待进一步的研究。后者主要是从13篇的内容来分析，认为它反映了战国时期的形势，并与某些传世文献有相似的内容，其所用的历法也可佐证不会晚于战国时期。从《守法守令等十三篇》所用的历法、出土地点以及与之同时出土的各种古籍所反映的文化面貌来看，它无疑是产生在齐国。

比较而言，后一种看法比较准确。

公元前357年，邹忌以“鼓琴”游说齐威王，被任为相国。于是，邹忌开始在齐国变法改革，推行法家政策。法家思想在齐国的发展由来已久。早在春秋末期，齐桓公经鲍叔牙推荐，重用管仲为相，支持国政。为了推行富国强兵的路线，管仲辅佐齐桓公进行了一系列的改革，使齐国日益富强，第一个取得了春秋霸主的地位。管仲的政治法律思想对战国时期法家学派的形成产生了很大的影响，因而被后人奉为法家学派的先驱。战国初期，齐国在其国都临淄（今山东淄博市东北临淄北）的西城门即稷门之外“稷下”这个地方设立学堂，叫作“稷下之学”，招徕各诸侯国不同学派的学者前来著书立说、议论政治。许多著名学者如慎到、环渊、邹衍、荀子等都在此讲过学，尤其是慎到长期在稷下讲学，对法家思想在齐国的传播起过重大的作用。法家思想在齐国发展的结果是形成了“齐法家”一派。一般认为，今存《管子》一书就是其代表作。

邹忌、慎到等人非常重视“法”，主张修订法律，“事断于法”，奖励耕战，要求加强对官吏的治理。由于文献记载的匮乏，我们无法了解当时齐国法制的总体情况。虽然《守法守

① 参见吴九龙释：《银雀山汉简释文》，13页，北京，文物出版社，1985。

② 参见吴九龙：《银雀山汉简齐国法律考析》，载《史学集刊》，1984（4）；吴九龙释：《银雀山汉简释文》，18页，北京，文物出版社，1985。

③ 参见《银雀山汉墓竹简》（一），“编辑说明”，11页，北京，文物出版社，1985。

令等十三篇》不是法律文书，但是其中保留了大量的齐国法制的信息。从这些相关的内容分析，可知其主体思想与邹忌、慎到一派的齐法家思想是相吻合的。从这点也可认定，《守法守令等十三篇》成书时代应该在邹忌改革之后。

3. 关于《守法守令等十三篇》的性质

关于其性质，有不同的认识。有学者认为是古佚书，属于论文性质。① 也有学者认为，《守法守令等十三篇》原非一个整体，而是抄写人出于某种需要摘抄的法令、文书或论著，现在所见简文很可能是后人的再抄件；按其性质可分为两个部分：一部分包括《守法》(《守令》)、《库法》《市法》《李法》《田法》和《委法》，应当是当时齐国通行的法令；一部分包括《要言》《王兵》和《兵令》等篇，是文书或论著。②

这两种看法的分歧在于：《守法》《库法》《市法》《李法》《田法》等是否是战国时期齐国的法令？

主张《守法》《库法》等是齐国法律、令的理由是：第一，简文已经明确标明法的名称；第二，其条文既有规范性，又有惩治违反规范的行为的刑罚手段；第三，许多条文及内容与湖北发现的、大部分制定于战国时秦国的法律相似。

仔细审读简文，这种观点的论据似乎有可商榷的余地。首先，从《守法守令等十三篇》的简文来看，不能明确断定《守法》《库法》《市法》《李法》《田法》《委法》在木牍上均有的篇题名称在简上都已标明，因为简上标题只见有《守法》《库法》和《李法》；另有《委积》，整理小组怀疑即《委法》之别名。这些标题虽然称为"某法"，但是在此处并不能认定就是法的名称。正如《管子》一书有《七法》《版法》《兵法》《任法》《明法》篇，我们不能以商鞅"改法为律"为据，认为凡是称为法的就必定是商鞅之前的法律。其次，从上述这些标题为"某法"的简文的内容来看，其与云梦秦简所见秦律有相当大的区别。其中，某些简文确实既有规范性，又有惩治违反规范的行为的刑罚手段，但是，统观全部的简文，除《李法》篇因简太少难以确定之外，其他各篇如《守法》《库法》《市法》《田法》的简文，均有论述性的倾向，从而缺乏法典化的明显标志。

这样看来，将《守法守令等十三篇》中的《守法》《库法》《李法》《市法》《田法》《委法》等认定为齐国的法令，显然是不妥当的。应该说，这些也属于论文形式的古佚书。值得注意的是，出土的一方木牍将这13篇的篇题列在一起，很明显，墓主人是将这13篇归为一类的，因而将《守法》《库法》等作为古佚书似乎更符合其本来的面目，更合理一些。当然，我们也不能排除战国时期齐国有《库法》《田法》和《市法》等法令的可能性，但是这与对简文《守法守令等十三篇》的定性是两码事。

《守法守令等十三篇》是齐国的古佚书，毫无疑问，其中也摘抄了一些当时齐国律令的条文。这样说更妥当吧。

4.《守法守令等十三篇》的主要内容

(1)《守法》(《守令》)。共有简46支。从其内容来看，其既论述了城池规格、防御设施、守城人员和器械的配置及守城策略，又摘抄了一些作战军令。

(2)《要言》。有简18支，其标题简未见。从其内容来看，涉及的范围很广泛，杂采战

---

① 参见《银雀山汉墓竹简》(一)，"编辑说明""银雀山汉墓竹简情况说明"，11页，北京，文物出版社，1985；吴九龙：《银雀山汉简齐国法律考析》，载《史学集刊》，1984 (4)；吴九龙释：《银雀山汉简释文》，9页，北京，文物出版社，1985。

② 参见刘海年：《战国齐国法律史料的重要发现》，载《法学研究》，1987 (2)。

国儒、法等家思想，既论述治身、治家和治官、治国，又谈到了法制、军事、道德以及对内与对外关系。简言之，所谓“要言”就是治国之要言。

(3)《库法》。有简 20 支。库是制造、收藏、保管兵器、城池防御等军事物资和农具等农用物资的重要机构。本篇的内容主要涉及县库的设置、职权范围，以及所收藏、制造的武器、城池设施等的规格，同时还抄录了库的有关主管官吏的职责和要求严格的出入库验收、保管的法令。

(4)《王兵》。有简 24 支。其内容主要论述治军、征战的原则，属于兵书无疑。

(5)《市法》。有简 26 支。该篇论述了设立市的必要性及市的规模、布局和税收等市场管理问题。

(6)《李法》。仅有简 7 支，残缺过多。《汉书·胡建传》引《黄帝李法》一事，《说苑·指武》中也见载，只是《黄帝李法》作《黄帝理法》。李、理二字古代通用。本字为“理”，后衍为“李”。《管子·小匡》说“弦子旗为理”。注：“理，狱官。”[①] 又，《管子·法法》曰“皋陶为李”。注：“古治狱之官。作此李官。”[②] 从《汉书·胡建传》颜师古注中可知，“理”最早是军队中的官名，“主征伐刑戮之事”。古代兵刑不分，因而“理”从军事长官之名演变为法官的名号。从简文推测，战国时期可能齐国的法官就称为“理”。

(7)《王法》。有简 24 支，未见标题简。其内容杂及道德、仁义、等级、法制、富民等治国方略，杂糅了先秦儒、法、道等各家观点，与《管子》一书的基本思想类似。[③]

(8)《委积》。整理小组注释说：

> 标题木牍所记篇名有《委法》，但未发现书《委法》之名的标题简，此标题简格式、书法与《守法》《库法》等篇标题简相同，疑《委积》即《委法》之别名。我们不能肯定，在银雀山一号墓所出竹简中，究竟哪些简是属于《委法》篇的。如果“委”是指粮食等物的委积，也许此篇竹简已被我们混入第七篇（王法）或第九篇（田法）中了。如果“委”是指军用物资的委积，则此篇竹简也许已被我们混入第一篇（守法、守令）或第三篇（库法）中了。[④]

(9)《田法》。有简 35 支，未见标题简。其内容涉及古代土地制度，包括农业生产劳作、农田的产量、田亩制度、户籍管理、赋税制以及刑制。从文字结构来看，开首一段同于《尉缭子·兵谈》，后面多似《管子·乘马》，有的地方还类于《立政》，其全篇的思想内容与《管子·乘马》最为近似。[⑤]

(10)《兵令》。有简 35 支。其所论乃治军之道，涉及军队的作用、军队建设及严明军纪、军法的必要性等问题。

5. 齐国法制之管窥

战国时期，齐国是东方的一个大国，其政治、经济比较发达，在关东诸国中具有一定的代表性。关于战国时期齐国的法制状况，先秦文献中有零星的记载。明末董说《七国考》一书辑有《田齐刑法》(卷 12)。但是，由于文献记载的匮乏，无法看到齐国法制的全貌。银雀山汉简中的古佚书《守法守令等十三篇》，与齐国法制有着密切的关系，透过它可以窥见

---

① 戴望：《管子校正》，载《诸子集成》(五)，297 页，北京，中华书局，1954。

② 同上书，93 页。

③ 参见刘海年：《战国齐国法律史料的重要发现》，载《法学研究》，1987 (2)。

④ 《银雀山汉墓竹简》(一)，“释文、注释”部分，145 页，北京，文物出版社，1985。

⑤ 参见李学勤：《〈田法〉讲疏》，载李学勤：《简帛佚籍与学术史》，362 页，南昌，江西教育出版社，2001。

齐国法制之一斑。

齐国的成文法在文献中多有所反映。如，《周礼》之《天官·大宰》《地官·大司徒》《夏官·大司马》《秋官·大司寇》中有"悬法于象魏"——公布法律的记载。据此，每年正月之吉，大宰、大司徒、大司马、大司寇分别悬治象、教象、政象、刑象于"象魏"，使万民观之；另外，《周礼》之《秋官·司隶》中还有"布宪"一职官，其职"掌宪邦之刑禁。正月之吉，执旌节以宣布于四方"。尽管学者们对《周礼》一书的成书年代有不同的认识，或认为是战国时代齐国的作品[①]，或认为成书于汉初，但其所记载的每年颁法之举，亦本于商、管之书。[②]《管子·立政》也论及此事。不过，我们将《周礼》《管子》中有关颁布法律之事看作是战国时期齐国颁布法律的真实写照，似乎并不为过。

关于齐国的法律形式。有一点值得注意：检索《守法守令等十三篇》，通篇未见有称"律"者，大多称为"法"，如《库法》《市法》《田法》《李法》《委法》。虽然在简牍中是篇题名称，齐国是否存在同样的法律名称尚有待于新的考古资料的证实，但是，至少可以由此推测："法"在齐国是一种非常重要的法律形式。邹忌几乎与商鞅同时代，因此可以说，商鞅"改法为律"的成果可能只影响到三晋地区，如魏有《户律》《奔命律》。齐国在文化传统上与三晋地区有别，因此可能没有接受商鞅"改法为律"的改革措施，其法律仍称为"某法"。除了"法"这一法律形式之外，"令"也是齐国一种重要的法律形式。在《守法守令等十三篇》古佚书中就摘抄了当时的"令"。

其《守法》篇第785号简释文：

守城之令，主人毋得与客言，毋得遇……[③]

《守法》篇第810、811号简释文：

诸官府室屋墙垣及家人室屋器械可以给城守者尽用之，不听令者斩。[④]

从第785号简文分析，当时齐国可能有"守城之令"，"毋得……"这一句式就是法律用语，该简文可能就是从齐国的"令"中摘抄下来的。第810、811号简文亦如此。《王法》篇中抄录了关于亲死无埋葬礼仪规格的法令：

岁十月，卒岁之食具，无余食人七石九斗者，亲死不得含。十月冬衣毕具，无余布人卌（四十）尺，余帛人十尺者，亲死不得帀。中□之木把折以上，室中不盈百枚者，亲死不得为椁。无井者，亲死不得浴。无堂者，亲死不得肂。[⑤]

但是，从总体上看，似乎《田法》《库法》《李法》《市法》《守法》等篇中保存的法令片断较多。

关于齐国法律的内容。《守法守令等十三篇》中涉及齐国的军事法制（如《守法》篇）、经济法制（如《田法》篇涉及土地制度、赋税制度，《库法》篇涉及兵器等物资收藏、管理，《市法》篇涉及市场管理）方面，带有浓厚的"富国强兵"的色彩。这一点总体上与秦律相近。但是，从《守法守令等十三篇》的内容来看，齐国法律与秦国法律除法律形式上不同之外，内容上也有较大的差别。这表现在齐国的司法组织和刑罚体系与刑名都很有特色。

---

① 杨向奎认为《周礼》是战国时齐国的作品（参见杨向奎：《中国古代社会与古代思想》，上册，上海，上海人民出版社，1962）；顾颉刚则认为《周礼》出于齐国和别国的法家（参见顾颉刚：《周公制礼的传说和周官一书的出现》，载《文史》，第6辑，北京，中华书局，1979）。

② 参见彭林：《〈周书〉主体思想与成书年代研究》，111页，北京，中国社会科学出版社，1991。

③ 《银雀山汉墓竹简》(一)，"释文、注释"部分，128页，北京，文物出版社，1985。

④ 同上书，129页。

⑤ 同上书，143页。

《李法》篇第 892 号简有“置李者”一语，第 894 号简有“李主法”一语。“李”者，“理”也，法官之号。据此推测，齐国的负责审判的司法官可能是称为“理”。这与传世文献的记载相合。《管子·小匡》曰“弦子旗为理”。注：“理，狱官。”①

简文中所见齐国的刑罚体系包括死刑、肉刑和徒刑。斩，见于《守法》《兵令》篇；《战国策·齐策六》《吕氏春秋·贵直论》均见有“斮”，高诱注：“斮，斩。”② 文献中还见有其他的死刑处刑方法，如《吕氏春秋·至忠篇》《史记·田敬仲完世家》记载齐国有“烹”，《史记·苏秦传》《战国策·楚策一》记载齐有“车裂”刑，《史记·燕世家》之《集解》引《竹书纪年》有醢，《韩非子·内储说上》见有戮尸。肉刑即“黥刑”，见于《田法》篇的，只是作为附加刑；《韩非子·内储说下》《晏子春秋·杂上篇》所见有齐国的肉刑和刖刑。

相对而言，简文所见齐国的徒刑资料比较特殊和珍贵。《田法》篇所引法令规定，对每年少交纳赋税者，根据不同的情况，要处以不同等级的刑罚：

> 卒岁田少入五十斗者，□之。卒岁少百斗者，罚为公人一岁。卒岁少入二百斗者，罚为公人二岁。出之之岁［□□□□］□者，以为公人终身。卒岁少入三百斗者，黥刑以为公人。③

《李法》篇有：

> ……为公人三日。李主法，罚为公人一……
>
> ……□弗能得者，□啬夫以其官罚□国城一岁，地……④

关于其中的“公人”，整理小组注释：

> 公人指被罚为公家服役的人，参看前第六篇（李法）。自此至“……刑以为公人”一段，言处罚缺粮农民之法，其意与商鞅变法“怠而贫者举以为收孥”（《史记·商君列传》）相近。⑤

因此，有学者认为，“罚为公人”是一种徒刑。⑥ 也有学者推测，“公人”类似于秦简所见的“隶臣”⑦。将“公人”视为齐国法律中的徒刑名称，是正确无误的。

【问题与思考】

“封守”案⑧

封守 乡某爰书：以某县丞某书，封有鞫者某里士五（伍）甲家室、妻、子、臣妾、衣器、畜产。●甲室、人：一宇二内，各有户，内室皆瓦盖，木大具，门桑十木。●妻曰某，亡，不会封。●子大女子某，未有夫。●子小男子某，高六尺五寸。●臣某，妾小女子某。●牡犬一。●几讯典某某、甲伍公士某某：“甲党（倘）有【它】当封守而某等脱弗占书，且有罪。”某等皆言曰：“甲封具此，毋（无）它当封者。”即以甲封付某等，与里人更守之，侍（待）令。

结合本案，思考战国时期司法制度的变化及特点。

---

① 戴望：《管子校正》，载《诸子集成》（五），297 页，北京，中华书局，1954。
② 高诱注：《吕氏春秋》，载《诸子集成》（六），125 页，北京，中华书局，1954。
③ 《银雀山汉墓竹简》（一），“释文、注释”部分，146 页，北京，文物出版社，1985。
④ 同上书，142 页。
⑤ 同上书，147 页。
⑥ 参见吴九龙：《银雀山汉简齐国法律考析》，载《史学集刊》，1984（4）。
⑦ 李学勤：《〈田法〉讲疏》，载李学勤：《简帛佚籍与学术史》，360 页，南昌，江西教育出版社，2001。
⑧ 参见《睡虎地秦墓竹简》，249 页，北京，文物出版社，1978。

第三章

秦代的法律制度

参考文献

1. 林剑鸣．秦史稿．上海：上海人民出版社，1981
2. 翦伯赞．秦汉史．2版．北京：北京大学出版社，1983
3. 栗劲．秦律通论．济南：山东人民出版社，1985
4. 刘海年，杨一凡．中国古代法律史知识．哈尔滨：黑龙江人民出版社，1984
5. 刘海年．秦律刑罚考析．见：中华书局编辑部编．云梦秦简研究．北京：中华书局，1981
6. 刘海年．秦律刑罚的适用原则（上，下）．法学研究，1983（1），（2）

参考法规

1. 睡虎地秦墓竹简．北京：文物出版社，1978
2. 龙岗秦简．北京：中华书局，2001

第一节　立法概况

引例　“群盗”案[①]

此案发生在战国时期的秦国，后被编入《封诊式》以供官吏学习，流传至秦朝：

群盗　爰书：某亭校长甲、求盗才（在）某里曰乙、丙缚诣男子丁，斩首一，具弩二、矢廿，告曰：“丁与此首人强攻群盗人，自昼甲将乙等徼循到某山，见丁与此首人而捕之。此弩矢丁及首人弩矢殹（也）。首人以此弩矢□□□□□□乙，而以剑伐收其首，山俭（险）不能出身山中。”【讯】丁，辞曰：“士五（伍），居某里。此首某里士五（伍）戊殹（也），与丁以某时与某里士五（伍）己、庚、辛，强攻群盗某里公士某室，盗钱万，去亡。己等已前得。丁与戊去亡，流行毋（无）所主舍。自昼居某山，甲等而捕丁戊，戊射乙，而伐杀收首。皆毋（无）它坐罪。”●诊首毋诊身可殹（也）。

某亭校长甲、求盗某里人乙、丙捆送男子丁，首级一个，具弩两具、箭二十支，控告说：“丁和这个被斩首的人结伙抢劫，昨日白昼甲率领乙等巡逻到某山，发现丁和这个被斩首的人，即行逮捕。这些弩箭是丁和被斩首人的。被斩首人用这弩箭射乙，于是用剑取他的首级，因山险不能把他的躯体运出山来。”讯问丁，供称：“是士伍，住在某里。这个首级是某里士伍戊，和丁一起于某时与某里士伍己、庚、辛结伙抢劫某里公士某家，盗钱一万，逃亡。己等前已被捕。丁和戊逃亡，四处漂流，无处寄居。昨日白昼在某山，甲等来捕丁、戊，戊用弩射乙，于是被杀，取了首级。丁、戊都没有其他罪过。”可以只检验首级而不验躯体。

从总体上看，秦朝的法律是与战国时期秦国法律一脉相承的。秦朝立法的目标，就是将秦律推向统一后的全国，以秦律来统一六国的法律。秦朝建立后，其大的立法活动有两次：一是秦始皇时期，二是秦二世时期。

（一）秦始皇时期的立法活动

尊君尚法，是法家一贯的主张。总结历史经验，秦始皇非常赞同法家的这一精神，认识到君主权力的大小与地位的稳固程度直接关系国家政权的稳固和社会的安定，为了建立稳固的统治，必须加强、提高自己在法律上的地位。因此，一方面，秦始皇强调以法律手段来治理国家，将秦律推向全国，以统一六国的法律和习惯；另一方面，在李斯的支持下，采取了一系列的立法措施，加强专制主义中央集权制。[②]

1. 更名号，称皇帝。初并天下后，秦始皇就召集李斯等群臣授意更改名号，决定采用

---

① 参见《睡虎地秦墓竹简》，255～256页，北京，文物出版社，1978。

② 以下据《史记·秦始皇本纪》。

“皇帝”的尊号，自称“始皇帝”，追尊其父庄襄王为“太上皇”；还规定“后世以计数”，使其统治传之其子孙“二世三世至于万世”。从此以后，历代王朝的封建君主均沿用“皇帝”这个尊号。

2. 改“命”为“制”、“令”为“诏”。秦始皇接受李斯等提出的改皇帝之“命”为“制”、“令”为“诏”的建议。因为，当时“命”“令”不仅国君可以发布，而且王公大臣、地方长官也可以发布，所以，改皇帝的“命”“令”为“制”“诏”后，区别了皇帝和其他官员的“命”“令”，发布“制”“诏”成为皇帝的专有权，提高了皇帝命、令的法律地位。从此以后，“制”“诏”便成为历代封建皇帝指挥国家机器运转的重要法律形式。

3. 建立避讳制度。为了显示皇帝的至高无上，规定：臣民在言谈话语、上书及记事中不得直接称呼秦始皇及其祖先的名字，文书、法律等行文必须涉及皇帝名字的地方，以异音同义字代替；为避秦始皇嬴政名讳，改“政”“正”二字为“端”，此后称“正月”为“端月”。

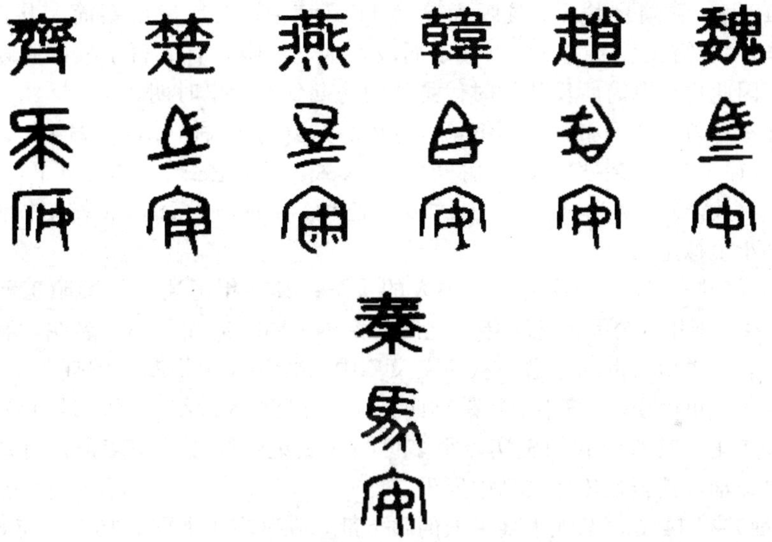

图 3—1 统一六国文字①

4. 建立封建中央集权的官僚体系，并加强监督、控制。在中央，沿袭战国以来的将相制度，秦始皇建立了以皇帝为中心的“三公”“九卿”的官僚机构。“三公”即：太尉，最高武官，掌全国军政；丞相，最高文官，辅佐皇帝处理全国政务；御史大夫，职位仅次于丞相，掌监察百官、诏令及群臣奏章。“九卿”即“三公”之下的中央各行政机关的总称，包括：奉常、郎中令、卫尉、太仆、廷尉、典客、宗正、治粟内史、少府，分别掌管宗庙、侍卫、车马、司法、礼宾、亲属、财政及官营手工业等。在地方，将全国分为36郡。郡设郡守为一郡之长，下设郡尉、监御史，分别掌管军政、监察。郡下设县。县设县令、县丞（县令之副），其下有吏、令史。依照秦法律的规定：全国官吏均由皇帝任免；提高监察御史的地位，加强对百官的监察和控制。这样，保证了中央、地方官员对皇帝的效忠。秦所确立的这套专制主义中央集权的官僚体系被以后历代封建王朝继承、发展。

正如史家所评价的，秦始皇“事皆决于法”，秦刻石也将此作为秦始皇的“功德”加以

---

① 参见李默主编：《中华文明大博览》，“秦朝”，广州，广东旅游出版社，1998。

颂扬，如，泰山刻石："皇帝临位，作制明法，臣下修饬"，"治道运行，诸产得宜，皆有法式"。琅琊刻石："端平法度，万物之纪。"① 其目的就是，要以封建法制来保障中央集权的政治体制，建立一个君主专制制度之下的"尊卑贵贱，不逾次行"的等级秩序和"职臣尊分，各知所行"的官僚秩序。

作为中国历史上第一位封建皇帝，秦始皇是将法家精神与封建的集权政治紧密结合在一起的实践者，也是封建专制主义中央集权政治的象征。法家精神与集权政治的精髓就是"事皆决于上""事皆决于法"。秦以后的历代封建统治者都继承集权政治的传统。

（二）秦二世时期的立法活动

秦二世时期，在立法上并无大的成就，仅"更为法律"，将李斯"重刑主义"的思想发展到极端，使秦朝的刑罚更加严酷，加速了秦朝的灭亡。

（三）出土秦简概述

1. 睡虎地秦简概述②

1975 年 12 月，在湖北省云梦县睡虎地第 11 号墓中，首次发现秦简，共得简 1 155 支（另有残片 80 片）。简文系多人以墨书秦隶而成，字迹清晰，有的写于战国晚期，有的写于秦始皇时期。因此这批秦简所反映的时代是战国晚期到秦始皇时期。

经睡虎地秦墓竹简整理小组整理编纂，其内容共分为 10 种，即：《编年记》《语书》《秦律十八种》《效律》《秦律杂抄》《法律答问》《封诊式》《为吏之道》和《日书》（甲、乙种）。其中，《语书》《效律》《封诊式》和《日书》（乙种）4 种，为简上原来有书题；其余各书题，均是整理小组拟定的。

《编年记》简共有 53 支，发现于墓主人的头下；其逐年记述了从秦昭王元年（公元前 306 年）到始皇三十年（公元前 217 年）之间的大事，同时记载了一个名叫"喜"者的生平及有关事项，有点类似后世的年谱。从简文及墓中人骨架鉴定推断，曾任狱吏的"喜"，很可能就是墓主人。可以说，《编年记》是继西晋太康年间（3 世纪）《竹书纪年》之后出土的又一部战国编年史，其所记载的史实，很多可与《史记》等文献相印证，有些记载比《史记》的记载更详细，甚至是传世文献中所没有的。

《语书》简共有 14 支，发现于墓主人的腹下部，在其右手下面。其中，前 8 支简是秦王政（始皇）二十年（公元前 227 年）南郡守腾颁发给其所属县、道啬夫的文告，后 6 支简是南郡守腾命其所属各县书曹对吏实行考绩，可能是文告的附件。南郡是秦昭王二十九年（公元前 278 年）在原楚国都城郢（今湖北江陵）一带所设立的。从简文的内容可知，秦在南郡已经统治了半个世纪，但当地的楚民"各有乡俗"，并不遵守秦法，反映了当时政治、军事斗争的复杂和激烈，是一篇极其珍贵的法律史料。

秦的法律文书包括：《秦律十八种》《效律》《秦律杂抄》《法律答问》《封诊式》。

《秦律十八种》简共有 201 支，发现于墓主人躯体右侧。每条律文的末尾都记有律名或律名的简称，具体如下：《田律》《厩苑律》《仓律》《金布律》《关市》《工律》《工人程》《均工》《徭律》《司空》《军爵律》《置吏律》《效》《传食律》《行书》《内史杂》《尉杂》《属邦》。但是，其中每一种大约都不是该律的全文，估计抄写人只是按其需要摘录了 18 种秦律的一部分。

《效律》简共有 60 支，发现于墓主人的腹下，是一篇首尾完具的律文，详细规定了检验物资账目以及统一度量衡的一系列制度。

---

① 《史记·秦始皇本纪》。

② 本节参考《睡虎地秦墓竹简》，北京，文物出版社，1990。

《秦律杂抄》简共有41支，发现于墓主人的腹下。简文各条，有的上面有律名，有的上面没有律名，其内容十分庞杂，且大多与军事有关，很可能也是根据需要从秦律中摘录的一部分律文。其上的律名有11种：《除吏律》《游士律》《除弟子律》《中劳律》《藏律》《公车司马律》《牛羊课》《傅律》《敦表律》《捕盗律》《戍律》。与《秦律十八种》相比较，没有重复。

以上的《秦律十八种》《效律》《秦律杂抄》三种同属一类，因而有学者将之定名为《秦律二十九种》。①

《法律答问》共有简210支，发现于墓主人颈部右侧，系采用问答的形式对秦律的主体部分即刑法的若干条文、术语以及律文的意图作出明确的解释，共有187条。简文所引用的秦刑律原文的某些条文的形成年代较早，有的形成于秦称王以前，可能是秦孝公时期商鞅所制定的。

《封诊式》简共有98支，发现于墓主人头部右侧。简文共分为25节，每节第一支简的简首写有小标题。本篇是对官吏审理案件的要求以及对案件进行调查、检验、审讯等程序的文书程式，其中包括了各类案件，以供有关官吏学习，并在处理案件时参照执行。最珍贵的是，其中有历史上最早的关于刑事侦查和法医检验的记载。这比南宋宋慈编撰的法医学专著《洗冤录》要早1 500年，堪称世界刑事侦查和法医学著作之最。

《为吏之道》简共有51支，发现于墓主人的腹下。简文分上下5栏书写，是一篇私人杂记。有的内容类似后世封建国家的“官箴”，宣扬官场的治身格言和处世哲学；有的内容类似供学习做官的人使用的识字课本，只是有些地方文义不连贯；有的内容类似《荀子·成相》，以通俗的韵文宣传地主阶级的政治主张。② 篇末附抄了魏安釐王二十五年（公元前252年）颁布的《户律》和《奔命律》各一条。

睡虎地秦简的释文（《日书》甲、乙种除外），最早发表在1976年《文物》第6、7、8期上。1977年，文物出版社出版了线装大字本《睡虎地秦墓竹简》；1978年，又出版了平装本《睡虎地秦墓竹简》；1990年，包括全部10种简的照片、释文及注释的精装本《睡虎地秦墓竹简》，也由文物出版社出版。

云梦秦简的出土，在国外汉学界引起了震动。首先作出强烈反应的是日本学者。早在1976年，有关秦简的情况，就在日本学界得以介绍；1977年，又在日本出现了研究秦简的论文③；日本学者大庭脩先生还提出了“木简学”的概念，并倡议成立“木简研究会”④。在欧洲，1977年，英国学者鲁惟一（Michael Loewe）先生发表了有关秦简的论文；1978年，荷兰汉学家何四维（A. F. P. Hulsewe）先生也撰写并发表了相关的论文，1985年又出版了秦律的英译及注释本。⑤

2. 龙岗秦简概述⑥

1989年10月至12月，考古工作者在云梦县城关东南郊、汉丹铁路西侧发掘了9座秦汉

---

① 参见《中国大百科全书·考古卷》，636页，北京，中国大百科全书出版社，1986。

② 参见刘海年、杨一凡：《中国古代法律史知识》，206页，哈尔滨，黑龙江人民出版社，1984。

③⑤ 参见［日］堀毅：《秦汉法制史论考》，441、443页，北京，法律出版社，1988。

④ ［日］大庭脩：《木简》，237～239页，东京，学生社，1979。

⑥ 其基本情况，凡未注明出处者均依据：湖北省文物考古研究所、孝感地区博物馆、云梦县博物馆：《云梦龙岗秦汉墓地第一次发掘简报》，载《江汉考古》，1990（3）；刘信芳、梁柱：《云梦龙岗秦简综述》，载《江汉考古》，1990（3）；湖北省文物考古研究所、孝感地区博物馆、云梦县博物馆：《云梦龙岗6号秦墓及出土简牍》，载《考古学集刊》（8），北京，科学出版社，1994；刘信芳、梁柱：《云梦龙岗秦简》，北京，科学出版社，1997；《龙岗秦简》，北京，中华书局，2001。

墓葬，其中，M6 墓出土了一批简牍，约有 150 枚，木牍 1 件。

简文墨书秦隶，书于简的篾黄一面上，篾青一面曾加修治，但未写字。整简可达 24 字。由于保存的问题，一般而言，简上半部字迹大多较清楚，下半部则残损严重，多漫漶甚或朽穿而无法辨认。其书写风格比较统一，字的笔画一律由左向右倾斜，字形较长大，结构布局甚有章法，笔道劲快，是很成熟的秦代隶书，但不少写法颇具草意，应当系一人所书写。

1990 年年初，龙岗 6 号墓地出土秦简的消息即被报道。① 很快，其发掘简报就附录了数量有限的部分图版（图版四）及其释文②；与此同时，其发掘者和整理者又专门撰写了有关龙岗秦简的综述，将全部简文分为禁苑、驰道、马牛羊、田赢、其他 5 类，披露了有关简文的释文。③ 1994 年，在正式发掘报告中，发表其全部简文照片、释文及其考释。④

1997 年，科学出版社出版刘信芳、梁柱的《云梦龙岗秦简》，在原报道的基础上，吸收有关讨论的成果，订正失误，公布图版及其释文，并增加简文的摹本和检索。2001 年，中华书局出版中国文物研究所、湖北省文物考古研究所编《龙岗秦简》，这是对龙岗秦简进行“再整理”的最终成果，包括 6 号秦墓与出土简牍概述、照片、摹本及其释文、注释、校证，并附录相关问题争论的论文。以上二书，“后者晚出转精，较前者为善”⑤。

关于龙岗秦简的时代，原整理者认为，“主要法律条文行用于秦始皇二十七年（公元前 220 年）至秦二世三年（公元前 207 年）”，其时代比睡虎地秦简稍晚。⑥ 再整理者认为，由于法律具有相对的稳定性，似乎不好将龙岗律文的上限定死，但是将其下限定在秦二世三年大致是正确的。⑦ 综合这两种意见，龙岗律文成文年代，当在公元前 207 年以前，可能施行于战国晚期的秦国和整个秦朝。总体上看，比睡虎地秦简所见的秦律稍晚一些。

关于 6 号墓的墓葬年代，学界有不同的认识。原整理者提出，其墓葬的年代比律文颁布的年代为晚，初步定在秦代（或秦末）。⑧ 而再整理者则认为，应从木牍所载日期“九月丙申”入手讨论，在 5 种相适合的年代中，可能是秦二世二年（公元前 208 年）或汉高祖三年（公元前 204 年），而且后者的可能性似乎更大。可以断定，龙岗 6 号墓的年代应为秦二世二年九月后至汉高祖三年九月前，是一座秦汉之交的墓葬。⑨

比较两说，原发掘者和整理者所提出的墓葬年代在秦末的意见，值得认真考虑，因为这是从整个墓地包括其墓的形制、陶器形制的特点等方面所进行的综合判断，具有更强的说服力。如此，则木牍所载“九月丙申”，应是秦始皇三十七年（公元前 110 年）或秦二世二年，前者的可能性更大。这是“辟死”由城旦刑徒免为庶人的时间，不是其死亡的时间。从律文成文的下限推测，其死亡的时间可能是在秦二世三年，并在该年下葬。

---

① 参见《中国文物报》；梁柱：《云梦龙岗发现秦代墓葬和秦法律文书》，载《江汉考古》，1990（1）。

② 参见湖北省文物考古研究所、孝感地区博物馆、云梦县博物馆：《云梦龙岗秦汉墓地第一次发掘简报》，载《江汉考古》，1990（3）。

③ 参见刘信芳、梁柱：《云梦龙岗秦简综述》，载《江汉考古》，1990（3）。

④ 参见湖北省文物考古研究所、孝感地区博物馆、云梦县博物馆：《云梦龙岗 6 号秦墓及出土简牍》，载《考古学集刊》（8），北京，科学出版社，1994。

⑤ 张显成：《简帛文献学通论》，74 页，北京，中华书局，2004。

⑥ 参见刘信芳、梁柱：《云梦龙岗秦简综述》，载《江汉考古》，1990（3）；湖北省文物考古研究所、孝感地区博物馆、云梦县博物馆：《云梦龙岗 6 号秦墓及出土简牍》，载《考古学集刊》（8），北京，科学出版社，1994；刘信芳、梁柱：《云梦龙岗秦简》，48 页，北京，科学出版社，1997。

⑦ 参见《龙岗秦简》，8 页，北京，中华书局，2001。

⑧ 参见刘信芳、梁柱：《云梦龙岗秦简》，48 页，北京，科学出版社，1997。

⑨ 参见《龙岗秦简》，8～9、145 页，北京，中华书局，2001。

关于龙岗秦简的性质，可以确定为秦代法律文书的抄本。但是，可能由于严重残损的缘故，现存竹简上未发现一个律名。原整理者曾将其内容分为五大类，试拟篇题为“禁苑”“驰道”“马牛羊”“田嬴”“其他”①。而再整理者认为，其中心只有一个即“禁苑”，大致可分为三类：一是直接涉及禁苑者，二是间接与禁苑有关者，三是可能与禁苑事务相关者。②不过，秦律是否有“禁苑律”之律名，从目前所掌握的史料看，尚不得而知，当存疑待考。

关于墓主的身份与这批竹简的来历，原整理者认为，该墓主应该是懂法律并有法律条文收执权的人，受刑前为具有一定身份的士，受刑后担任了守卫禁苑的职务。③ 而再整理者则据龙岗秦简的内容推测，这批竹简的主人，即6号墓的墓主大概是一位与管理禁苑有关的官吏，可能常常要同与禁苑有关的法律打交道，所以才抄录、汇辑了这些与禁苑有关的法律。较大的可能是，墓主应当就是牍文中所说的“辟死”，他大概原本就是一位从事司法事务的小吏，后来被治罪判刑，成为刑徒，在云梦禁苑服役做城旦。再后来他可能又在从事云梦禁苑的管理工作，墓中写有法律令文的竹简，正是他日常所用之物。④ 也有学者认为，“辟死”就是墓主，木牍所述案件即其亲身经历。墓中所出法律方面的竹简即墓主平时所用，但是由此即断定墓主就是管理禁苑、驰道、田租事务的官吏似嫌证据不足。因为当时所有官吏平时都要熟悉法律，许多律文就是他们的当官“手册”，需要随时参照，所以在墓中出现这些法律文书非常正常。⑤

3. 里耶秦简概述

2002年6月初，在湖南省龙山县里耶战国——秦古城遗址一号井中，出土了约两万枚秦简。起初，发掘者推测，“这是当时官府留下的档案文书，记录的是秦始皇统一中国前后迁陵县发生的事情”⑥。

后来，据其发掘简报，可知这批秦简共计三万六千余支。这批简牍是当时的官署档案，其“埋藏应是秦末动乱之时，政务不修，以致随意弃置于水井之中”；均为墨书，木质，形式多样，最多见的长度为23厘米，宽度不一，由其内容多少决定；一般一简一事，构成一完整公文。有两道编绳或无编绳，系书写后再编联。

里耶秦简，属于秦时县一级政府的部分档案，其内容包括政令、各级政府之间的往来公文、司法文书、吏员簿、物资（含罚没财产）登记和转运、里程书。综合考古发掘中其他资料的时代特征，及简文中的纪年，这批简牍当是秦王政二十五年（公元前222年）至秦二世二年时的遗物。⑦

2003年年初，其发掘者已将极小部分简牍的图版、释文以及注释，分别公布在《文物》（2003年第1期）和《中国历史文物》（2003年第1期）。

---

① 刘信芳、梁柱：《云梦龙岗秦简》，27页，北京，科学出版社，1997。

② 参见《龙岗秦简》，5页，北京，中华书局，2001。

③ 参见湖北省文物考古研究所、孝感地区博物馆、云梦县博物馆：《云梦龙岗6号秦墓及出土简牍》，载《考古学集刊》（8），120页，北京，科学出版社，1994。

④ 参见《龙岗秦简》，7页，北京，中华书局，2001。

⑤ 参见刘钊：《读〈龙岗秦简〉札记》，载张显成主编：《简帛语言文字研究》，第1辑，22页，成都，巴蜀书社，2002。后收入刘钊：《古文字考释丛稿》，319页，长沙，岳麓书社，2005。

⑥ 周其俊：《里耶古城出土两万秦简》，载《文汇报》，2002-07-15；张春龙、龙京沙：《21世纪重大考古发现：湘西里耶秦简“复活”秦国历史》，载《中国国家地理》，2002（9）。

⑦ 参见湖南省文物考古研究所、湘西土家族苗族自治州文物处、龙山县文物管理所：《湖南龙山里耶战国——秦代古城一号井发掘简报》，载《文物》，2003（1）；湖南省文物考古研究所、湘西土家族苗族自治州文物处：《湘西里耶秦代简牍选释》，载《中国历史文物》，2003（1）。

目前，里耶秦简正在整理过程之中，先后出版了5卷本《里耶秦简》以及《里耶秦简牍校释》。要进一步了解和研究有关“隶臣妾”的所有简文，或许仍有待于其全部简牍的公布。不过，从已公布的简牍来看，这三万六千余支简，系官府档案，其格式较单一，内容重复的也比较多。因此，须待其全部公布之后，才能充分利用这批资料。

第二节　法律形式

引例　“夺首”案①

此案大约发生在战国时期的秦国，后被编入《封诊式》以供官吏学习，流传至秦朝：

夺首　军戏某爰书：某里士五（伍）甲缚诣男子丙，及斩首一，男子丁与偕。甲告曰：“甲，尉某私吏，与战刑（邢）丘城。今日见丙戏旞，直以剑伐痍丁，夺此首，而捕来诣。”诊首，已诊丁，亦诊其痍状。

某里士伍甲捆送男子丙，及首级一个，来到县府，男子丁同来。甲控告说：“甲是尉某的私吏，参加攻打邢丘城的战斗，今天在军戏驻地的道路上看见丙故意用剑砍伤丁，抢夺这个首级，于是将丙捕获送到。”县令派人检验首级，随即验视丁，并检验丁受伤的情况。

从传世文献记载及《睡虎地秦墓竹简》来看，秦的法律形式有了很大的发展，主要有以下八种：

1. 律。自商鞅“改法为律”后，律成为秦法律的基本形式。睡虎地秦简所见律名有：“田律”“厩苑律”“仓律”“金布律”“关市”“工律”“均工”“徭律”“司空”“军爵律”“置吏律”“效律”“传食律”“行书律”“内史杂”“尉杂”“属邦”“除吏律”“游士律”“除弟子律”“中劳律”“藏律”“公车司马猎律”“傅律”“敦表律”“戍律”“捕盗律”“赀律”。

另外，在睡虎地秦简《为吏之道》末尾，附抄了魏安釐王二十五年（公元前252年）的魏《户律》和《奔命律》各一条。可见，商鞅“改法为律”后仅百年，其成果已经传入邻国。汉承秦制，“律”成为两千年封建法典的基本形式。

2. 法律解释。睡虎地秦简中所存的187条《法律答问》，是迄今所见最早的由官方作出的法律解释。它以问答的形式，对秦律的刑法条文、术语以及律文的意图作出明确的解释，与律文具有同等的法律效力。这种法律形式为以后历朝所承袭，如汉代有《律说》、晋有《律注》、唐有《疏议》。

3. 令（制、诏）。君主或政府某一部门所发布的命令。在睡虎地秦简《语书》中有《田令》，还可见到“法律”“律令”并称②，由此可推测令与律具有同等的法律效力。另外，

---

① 参见《睡虎地秦墓竹简》，256～257页，北京，文物出版社，1978。

② 这是目前所见最早的“法律令”连用。参见张建国：《中国律令法体系概论》，载张建国：《帝制时代的中国法》，3页，北京，法律出版社，1999。

《法律答问》有关于“犯令”与“废令”的解释：

令曰勿为，而为之，是谓“犯令”；令曰为之，弗为，是谓“废令”也。[1]

即：“令”规定不许做的事，如果做了，就是“犯令”；“令”规定必须做的事，如果不做，就是“废令”。

秦令也见于传世文献之中。如，《史记·商君列传》记载：“……卒定变法之令，令民为什伍，而相牧司连坐。不告奸者腰斩，告奸者与斩故首同赏”。此外，商鞅还制定了《分户令》与《垦草令》等。

秦统一天下后，改皇帝之“命”“令”为“制”“诏”，提高了皇帝命令的法律地位。

4. 廷行事。“廷行事”一语在《法律答问》中共出现了9处。整理小组解释说：

廷行事，法廷成例。《汉书·翟方进传》载：“时庆有章劾，自道：行事以赎论。”注引刘敞云：“汉时人言‘行事’、‘成事’，皆已行、已成事也。”王念孙《读书杂志》四之十二《行事》曰：“行事者，言已行之事，旧例成法也。汉世人作文言‘行事’、‘成事’者，意皆同。”汉律常称为“故事”[2]。

可知，廷行事即司法机关办案的成例，在审判中援引是为了弥补法律之不足。

5. 程。睡虎地秦简有《工人程》，是关于官营手工业劳动者生产定额的法规。[3]《商君书·定分》载：“不中程，为法令以罪之。”《荀子·致士》载：“程者，物之准也。”注：“程者，度量之总名也。”[4] 可引申为法，《汉书·高帝纪》注引如淳语：“程者，权衡杖尺斗斛之平法也。”师古注：“程，法式也。”后世不见有这种法律形式。

6. 式。睡虎地秦简有《封诊式》。这是迄今所见最早的“式”，其内容是关于官吏案件的要求以及对案件进行调查、勘验和审讯的具体规定。《说文》载：“式，法也。”战国时期，往往“程”“式”连用，《商君书·定分》载，“主法令之吏有迁徙物故，辄使学读法令所谓，为之程式，是日数而知法令之所谓”。

后世沿袭了这种法律形式，如，北朝时，西魏有《大统式》；隋唐时期，“式”也成为主要的法律形式，但其内容与性质均有变化。

7. 课。秦简有《牛羊课》1条，其云：

牛大牝十，其六毋（无）子，赀啬夫、佐各一盾。●羊牝十，其四毋（无）子，赀啬夫、佐各一盾。[5]

其意即：成年母牛10头，其中6头不生小牛，罚啬夫、佐各一盾；母羊10头，其中4头不生小羊，罚啬夫、佐各一盾。

这是关于考核畜养牛羊官吏的法规。“课”，《说文》注：“试也”，即考查、考核之意。此处用作名词，是秦的法律形式之一。

后世的法律形式“科”，或许就是渊源于“课”。《释名·释典艺》载：“科，课也，课其不如法者，罪责之也。”

8. 地方性行政法规。睡虎地秦简有《语书》。“语”，《国语·鲁语》注：“教戒之也。”“语书”，即是教诫性的公告。

---

① 《睡虎地秦墓竹简》，211～212页，北京，文物出版社，1978。

② 同上书，167页。

③ 参见上书，74页。

④ 王先谦：《荀子集解》，载《诸子集成》（二），174页，北京，中华书局，1954。

⑤ 《睡虎地秦墓竹简》，142～143页，北京，文物出版社，1978。

《语书》是公元前227年，秦之南郡守腾颁发给本郡“县、道啬夫”的行政法规。由两部分组成：第一部分着重讲述南郡的政治情况与发布《语书》的目的，第二部分讲的是划分“良吏”“恶吏”的标准以及惩治“恶吏”的办法。从其内容来看，颁布《语书》的目的是使秦国中央的法律令能更好地得到贯彻执行。因此，郡守腾不止一次地将法律令整理公布，“令吏民皆明智（知）之”，遵守法律令，否则就要“致以律，论及令丞”①。

《语书》的颁布以及其内容说明，在秦国法律令允许的范围内，地方政权可以因地制宜地颁行地方性行政法规。但是，秦国的地方性行政法规是否都被称为《语书》，则有待于进一步的研究。

第三节 秦律的主要内容和特点

引例 “士五（伍）甲盗”连环案②

此案发生在战国时期的秦国，后被编入《法律答问》，流传至秦朝：

士五（伍）甲盗，以得时直（值）臧（赃），臧（赃）直（值）百一十，吏弗直（值），狱鞫乃直（值）臧（赃），臧（赃）直（值）过六百六十，黥甲为城旦，问甲及吏可（何）论？甲当耐为隶臣，吏为失刑罪。甲有罪，吏智（知）而端重若轻之，论可（何）殹（也）？为不直。

问：士伍甲盗窃，如在捕获时估其赃物价值，所值应为一百一十钱，但吏当时没有估价，到审讯时才估，赃值超过六百六十钱，因而把甲黥为城旦，甲和吏如何论处？答：甲应耐为隶臣，吏以失刑论罪。

问：甲有罪，吏知道其罪而故意从重或从轻判刑，应如何论处？答：以不直罪论处。

一、沿袭“王者之政，莫急于盗贼”的精神

秦律自李悝的《法经》中继承了春秋战国各诸侯国法律的精髓。睡虎地秦简《法律答问》中所保存的刑律部分，大体上与《法经》的体例和精神相符合。“王者之政，莫急于盗贼。”③ 因此，秦刑律的首要任务，就是严惩对封建政权危害最大的“盗”“贼”犯罪。另外，在睡虎地秦简《秦律杂抄》中，还保存有《捕盗律》2条。由此可知，秦律中确有关于捕盗的专门规定。

在现存187条《法律答问》中，关于“盗”“贼”者达五十余条，而且往往处以重刑，例如：“或盗采人桑叶，赃不盈一钱，何论？赀徭三旬。”④ 这反映了秦律重惩“盗”“贼”

---

① 《睡虎地秦墓竹简》，14～22页，北京，文物出版社，1978。

② 参见上书，166页。

③ 《晋书·志·第二十章·刑法》。

④ 《睡虎地秦墓竹简》，154页，北京，文物出版社，1978。

的基本倾向。汉代人评议秦法“盗马者死，盗牛者加”的说法[①]，或许并不为过。另外，《法律答问》中曾3次出现“群盗”一词，《封诊式》中有“群盗”1例；在《封诊式》的25个治狱成例中，属于“盗”者有1例，属于“贼”者有6例。这表明，从实质上看，秦律与《法经》是一脉相承的。

二、商鞅制定秦律的发展

自商鞅变法后至战国晚期，秦律有了很大发展，其内容相当庞杂，用现代术语来讲，已初步具备了刑事、民事、诉讼、行政、经济和军事立法等方面的内容，远远超出了《法经》之“盗”“贼”的范围。秦朝建立后，继续沿用战国时期的秦律。具体说，秦律的发展主要表现在以下方面。

（一）严厉制裁“渎职”罪，加强对官吏的治理

官吏是执行国家职能的重要工具。一个国家的吏治如何，直接影响到其统治效能。因此，秦国自商鞅变法后封建官僚制建立伊始，就十分重视吏治。为了加强对官吏的治理，秦律严惩官吏“渎职”罪。

1.“渎职”罪的构成及具体罪名

在秦律中，凡是官吏在履行职务时玩忽职守或徇私枉法，就构成“渎职”罪。从秦简来看，秦律“渎职”罪有以下具体的罪名。

（1）“不胜任”罪，即不称职罪。《语书》规定，官吏对所辖区域内的犯罪活动不能及时发现、查明者，以“不胜任”论罪。[②]

（2）“不廉”罪。“不廉”即不正直。《语书》规定，知道某人有犯罪行为而不敢论处者，以“不廉”论罪。[③]

（3）“纵囚”罪。《法律答问》载：“当论而端弗论，及傷其狱，端令不致，论出之，是谓‘纵囚’。”即，应该论罪而故意不论罪，以及减轻案情，故意使犯人够不上判罪标准，判其无罪的，就是“纵囚”罪。[④]

（4）“不直”罪。《法律答问》载：“罪当重而端轻之，当轻而端重之，是谓之‘不直’。”即，罪应重判却故意轻判，应轻判却故意重判，这就是“不直”罪。[⑤]

（5）“失刑”罪，即司法官吏由于过失而量刑不当，以“失刑”罪论处。[⑥]

（6）“犯令”“废令”罪。《法律答问》载：“令曰勿为而为之，是谓‘犯令’；令曰为之，弗为，是谓‘废令’也。”[⑦] 其主体是官吏，而非一般的主体。据《法律答问》解释，所谓“犯令”即从事法律所禁止的行为，秦律中专门有“犯令律”；所谓“废令”，就是不履行法律规定必须要做的事。秦律中有大量的针对官吏的禁止性规范和命令性规范，这些规范中大多数没有具体的罪名，而是以“犯令”“废令”罪统论。官吏若违犯了禁止性的规范，则以“犯令”罪论处；官吏若违犯了命令性规范的，则以“废令”罪论处。

2.“渎职”罪所适用的原则

在秦律中，除了一般性的刑法原则之外，还有两个专门适用于处罚“渎职”罪的原则。

---

① 参见（汉）桓宽：《盐铁论·刑德》。

② 参见《睡虎地秦墓竹简》，15页，北京，文物出版社，1978。

③ 参见上书，15～16页。

④⑤ 参见上书，191页。

⑥ 参见上书，165页。

⑦ 同上书，211～212页。

（1）责任惩罚制原则。“同官而各有主也，各坐其所主。”[①] 即在同一官府任职的官吏，分别承担其所主管方面的罪责。惩罚的基础是官吏本人所应负的责任，无责任不惩罚。因此，《效律》规定，如果某官已经尽了自己的职责，但仍没有防止其下属过失的发生，则该官对其下属的过失不承担责任。[②]

之所以对“渎职”罪适用这一原则，是因为秦国实行官吏责任制度。商鞅变法后，封建官僚制取代了世卿世禄制，这反映在法律上即表现为用法律的形式将各级、各部门官吏的职权和职责固定下来，要求官吏各行其职、各负其责；同时，建立了官吏考核制，定期检查官吏所管辖的地区和部门的工作，根据官吏任职期间的政绩，决定对其奖惩和升降。如果官吏在履行职务时有越权的行为，就以“渎职”罪论处。由此可见，“渎职”罪所涉及的范围与官吏的职权、职责范围是一致的。这是秦律有关“渎职”罪规定的特点。

（2）“追诉时效”原则，即官吏被免职或调任后，若其在职期间犯有“渎职”罪或应对其下属犯罪承担责任，则该官吏不能因被免职或已调任而逃脱法律制裁。[③] 简言之，对官吏“渎职”罪追诉的期限不受其在职（犯罪时所居之职）与否限制，只要他活着，就追究其刑事责任。

当然，秦律其他的刑罚适用原则，如：区分故意和过失原则、区分共犯与非共犯原则、连坐原则、诬告反坐原则，等等，同样适用于“渎职”罪。

3. 处罚“渎职”罪的刑罚

秦律依据上述原则，严厉制裁犯“渎职”罪的官吏，其所适用的刑罚见于秦简者有：（1）徒刑：城旦，6 年；隶臣，4 年；候，1 年； （2）迁刑，即放逐刑。 （3）耐刑。（4）“治”：《汉书·曹参传》陈景云注：“治，即笞耳。”（5）“赏”：同偿，即赔偿。（6）赀刑：《说文解字》载：“赀，小罚以财自赎也。”即有罪而被罚令缴纳财物。秦律中，赀刑所针对的财物范围较广，包括“赀甲”“赀盾”和“赀戍”。（7）“灋”：同废，黜废、罢官，永不叙用。（8）誶：《说文解字》载：“责认也。”即斥责，训诫。

在睡虎地秦简中，有许多的律条涉及官吏“渎职”罪。这说明两个问题：一是当时官吏犯“渎职”罪的现象比较普遍，二是秦统治者对官吏的“渎职”罪非常重视。

秦统治者如此重视“渎职”罪，加强对官吏的治理，是以法家思想为其立法指导原则的结果。法家历来都比较重视对官吏的治理。如，商鞅总结历史教训，一针见血地指出：“法之不行，自上犯之”[④]；韩非则从其人“皆挟自为心”[⑤] 的人性论出发，把君臣之间的关系看作是一种“上下一日百战”[⑥] 的关系，而臣则是君与民之关系的中间环节，是君主治民的重要工具，其地位和作用都是非常重要的，因此，主张“明主治吏不治民”[⑦]。法家要求尊君而卑臣[⑧]，就必须对危害君权的大臣“绳之以法”。在这样的前提下，商鞅明确提出：“自卿相、将军以至大夫、庶人，有不从王令、犯国禁、乱上制者，罪死不赦”[⑨]；韩非也主张：

---

① 《睡虎地秦墓竹简》，117 页，北京，文物出版社，1978。

② 参见上书，117 页。

③ 参见上书，117、212 页。

④ 《史记·商君列传》。

⑤ 《韩非子·外储说左上》。

⑥ 《韩非子·扬权》。

⑦ 《韩非子·外储说右下》。

⑧ 参见《韩非子·忠孝》。

⑨ 《商君书·赏刑》。

“法不阿贵”，“刑过不辟（避）大臣”①。

秦统治者就是以法治吏，并通过治吏而治民的。秦律要求官吏首先必须懂法、熟悉法律，并以此作为划分“良吏”和“恶吏”的标准。秦律除刑律中的一部分外，大都是针对官吏制定的。

（二）在经济领域内广泛立法，以法律手段推行“富国”政策

为了在兼并六国的战争中获胜，统一天下，自商鞅变法后开始实行法家“富国强兵”的政策，在农业、手工业、商业等经济领域内广泛立法。

秦律有关农业方面的规定主要见于《田律》和《仓律》等。其中突出地体现了重农政策，以促进农业生产的发展。《田律》规定，要及时报告降雨后农田受益的面积和农作物遭受风、虫、水、旱等自然灾害的情况，也要及时上报庄稼秀穗的情况和开垦耕地的面积。《仓律》规定，每年庄稼成熟后收获，要将产量和入仓的数目上报内史，甚至对种子的保管和每亩地应下种的数量也有详细规定。

秦律关于手工业管理方面的法规，见于《工律》《工人程》《均工》和《秦律杂抄》。秦国专门设有管理手工业的机构，负责管理采矿和手工业作坊。秦统治者十分注意通过各种法律手段来提高手工业的劳动生产率，提高手工业产品的产量和质量，尤其是实行标准化生产。如，《工律》规定：“为器同物者，其小大、短长、广亦必等。”同时，实行生产岗位责任制，称为“物勒工名”，即在产品上刻上生产者和主管人员的名字，以便于对产品质量进行检查。此外，还广泛地实行评比考核制度，凡是不符合规定者，不仅生产者要受到处罚，管理者也要承担相应的责任。

秦国对商业也是比较重视的，注重用法律的手段对商业加以调整，进行规范管理。这些法规多见于《金布律》《效律》《工律》《关市》《内史杂》中。其中，对于货币流通、市场交易、税收以及度量衡的标准等问题，都作了详细的规定。

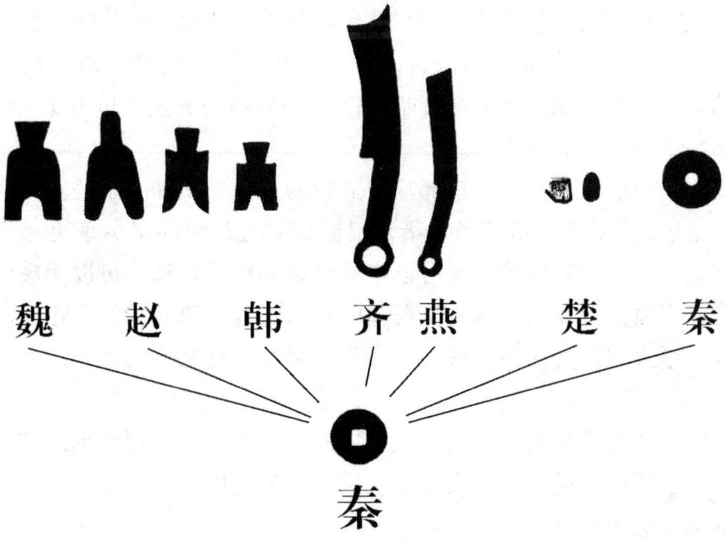

图 3—2　统一货币②

① 《韩非子·有度》。

② 参见李默主编：《中华文明大博览》，“秦朝”，广州，广东旅游出版社，1998。

（三）加强军事立法，以法治军“强兵”

军队是国家机器的重要部分。依靠武力起家的秦国一向都非常重视军队的建设。为此，秦统治者采取了种种措施，其中之一就是加强军事立法，制定一系列有关军队建设、军事行政的法律规范。

在睡虎地秦简中，有许多法律规范属于军事法规或其中包含有军事法规，如，《军爵律》《置吏律》《效律》《藏律》《除吏律》《敦表律》《戍律》和《秦律杂抄》，等等。其内容更加广泛，从过去较多地约束作战人员扩展到适用于一般官吏和平民。其范围也更加宽广，举凡征兵、任免军官、建国治军、战场纪律和后勤供给等方面均有相应的法律规定。

例如，《傅律》规定了成年男子“傅籍”（即户口登记）以应军役的年龄。《除吏律》是关于任免军事官吏的法规，规定：必须依法来任免军队中的士吏、发弩啬夫，否则主管县尉要受罚或被免职；还规定：军队中的弩机射手及战马、战车手都要依照法定标准训练，并进行考核，如考核不合格，本人及主管人员要依法处罚。《置吏律》规定，地方主管军事的官吏，须正式任命后才能到职视事，否则，“以律论之”。《藏律》《效律》《工律》等规定，管理人员要对储藏的军用物资的质量负责，要定期检查，如果出现差错，有关人员轻则处罚，重则撤职，永不叙用；对武器装备的储藏和发放、归还，也有一套具体的规定，如：官有武器装备上均要刻上标记，否则，主管者要受处罚；发放、归还武器时，要登记注册，如有误差，要依法赔偿；要保障军粮的供给，冒领、买卖军粮均是严重的犯罪。

此外，以军功授爵，是商鞅为鼓舞军队的士气，进而提高战斗力所实施的一项重要的变法措施。为此，秦制定了专门的法律规范，以保障依军功授爵的顺利实施。在秦简中有《军爵律》，是关于军功授爵的法规；还有《中劳律》，是关于从军劳绩的法规。从秦律的规定来看，所谓“军功”，就是指在战争中斩敌首的多少以及从军时间的长短。在《封诊式》中有一个“夺首”的成例，讲的就是几个在秦昭王四十一年（公元前266年）参加过“攻邢丘”战役的士伍之间，争夺所斩敌首之事。①

另有一个成例，说的也是参加“攻邢丘”战役的一个士伍和一个公士，为争夺一个敌人的首级而打官司之事。② 其原因就在于，秦是根据斩敌人首级的多少来决定所赐爵位的高低的。秦律明确规定，以军功获得爵位者可以享有许多的权益，如：可以用爵位来赎本人或其亲属的官奴身份，有爵位者在刑事审判及刑罚的执行过程中享有特权。正因为如此，这些规定对于鼓舞士气、增强战斗力起到了很大的作用。因此，商鞅认为，若以军功授官、爵，则战争必胜。

秦律赏罚分明，用重赏来鼓动士兵在战争中效力而不怕死，用严刑惩罚那些在战争中怕死者，如规定：对于那些动摇军心，或临战脱逃者，要严厉惩罚，甚至处以死刑；相反，能振作士气的，则酌情给予奖赏。

秦国用法律形式将兵役、军官的任免、军队的训练与考核、武器装备的供应与管理、军功授爵等固定下来，使其制度化、法律化。这是秦自商鞅变法以来实行“重战”政策的具体

---

① 参见《睡虎地秦墓竹简》，256～257页，北京，文物出版社，1978。

② 参见上书，257～258页。

体现。

正因为如此，战国末期，秦军成为一支所向无敌的劲旅。仅据《史记·秦本纪》的记载统计，秦除了同若干残存的小诸侯国和少数民族作战以外，同六国共作战 65 次（其中，同魏国 16 次，同楚国 14 次，同赵国 13 次，同韩国 12 次，同齐国 4 次，同燕国 2 次，同六国或五国联军作战 4 次），获得全胜的就达 58 次，未获全胜的或互有胜负的仅 5 次，败北的仅 4 次。[①]

秦在军事上取得如此辉煌的战绩，以至于最后完成了统一六国的大业，是与其在军事方面所实行的一系列法制建设分不开的。

（四）刑罚体系庞大，种类繁多，徒刑已发展为独立的刑种

据研究，秦律中大体有以下 12 种刑罚[②]：（1）死刑。具体有：戮，弃市，磔，定杀，等等。（2）肉刑。有：黥，劓，刖，宫，等等。（3）徒刑。有：城旦舂，鬼薪白粲，隶臣妾，司寇，候。（4）笞刑，即荆扑，包括“笞十”“笞五十”“笞百”“熟笞之”。（5）髡、耐刑。系耻辱刑。髡，剃发；耐，仅去鬓须。与之相应的，还有完，实即不加肉刑和髡剃。严格说并非刑罚。但是，自段玉裁开始将之与“耐”混淆，又经沈家本、程树德发扬光大，几成通说。吴荣曾、王森、徐世虹曾专文辨析通说，均言之成理。[③]（6）迁刑，即放逐、贬谪。（7）赀刑。《说文》注：“小罚以财自赎也。”有赀甲、赀盾、赀戍等形式。（8）赎刑。《说文》注：“赎，贸也。”又：“质也，以财拔罪也。”较赀刑为重。（9）废。仅针对官吏或有官爵者，即废除、取消其职务或身份。（10）谇。《说文解字》注：“责认也。”即斥责，训诫。（11）连坐，即本人无罪，因他人犯罪受牵连而入罪。秦自商鞅起就有“连坐法”。（12）收，即收录，又称籍没。适用于犯罪者的妻子等亲属和奴婢。被收者罚为官奴婢。

商周的刑罚，如墨、劓、刖、宫、大辟等，均被秦律沿袭下来，并在此基础上有所发展，增加了新的刑种——徒刑和赀刑。秦律集春秋战国时期诸国刑罚之大成，比之有过之而无不及。

（五）定罪量刑的原则比较完备

为了准确地适用刑罚，秦律还规定了一系列适用刑罚的原则。概括起来，这些原则包括[④]：（1）区分犯罪人的身份和地位；（2）实行连坐；（3）区分共同犯罪与非共同犯罪；（4）区分故意和过失，对某些行为还考虑有无犯罪意识；（5）区分犯罪行为的危害程度；（6）考虑行为人对待罪行的态度；（7）规定刑事犯罪的责任年龄；（8）数罪并罚；（9）不追究赦前罪；（10）适用比、例。

---

① 参见栗劲：《秦律通论》，46、47 页，济南，山东人民出版社，1985。

② 参见刘海年：《秦律刑罚考析》，载中华书局编辑部编：《云梦秦简研究》，北京，中华书局，1981。

③ 参见沈家本：《历代刑法考》（一），303 页，北京，中华书局，1985；程树德：《九朝律考》，44 页，北京，中华书局，1963；吴荣曾：《汉刑徒砖誌杂释》，载《考古》，1977（3）；王森：《秦汉律中髡、耐、完辨析》，载《法学研究》，1986（1）；徐世虹：《汉简所见劳役刑名资料考释》，载《中国古代法律文献研究》，第 1 辑，89～92 页，成都，巴蜀书社，1999；张全民：《髡、耐、完刑关系考辨》，载《湘潭大学社会科学学报》，2001（5）。

④ 详见刘海年：《秦律刑罚的适用原则》（上、下），载《法学研究》，1983（1）、(2)。

第四节　秦司法制度的特点

引例　“争牛”案[1]

这是一起发生在秦的案件：

争牛　爰书：某里公士甲、士五（伍）乙诣牛一，黑牝曼縻（縻）有角，告曰：“此甲、乙牛殹（也），而亡，各识，共诣来争之。”即令［令］史某齿牛，牛六岁矣。

某里公士甲和士伍乙一起带来一头黑色的母牛，系有长套绳，有角，并告诉官府说：“甲乙的牛都丢失了，甲乙都主张这牛是自己的，所以一同带来争讼。”当即命令史某检查牛的牙齿，牛已经六岁。

一、“事皆决于上”，皇帝掌握最高司法权

秦朝的最高司法审判权属于皇帝。《汉书·刑法志》记载，秦始皇“专任刑罚，躬操文墨，昼断狱，夜理书”。

在皇帝之下，设有廷尉，作为最高的司法审判机关。其职责有二：一是负责皇帝诏令审理的案件，一是审理地方报送的重大案件或疑难案件。重大案件须经皇帝最后裁决，才有法律效力。

地方司法审判权，由郡守、县令行政长官兼理。郡守、县令对其所管辖的一般案件，可自行裁决。若有疑问或较重大的案件，要移送廷尉。在县之下，乡、亭设有啬夫、三老、游徼、亭长等，负责处理民事案件和轻微的刑事案件，并协助郡县缉捕罪犯、查封其财产或犯罪现场等。

二、诉讼程序规范化

1. 起诉

在秦法律用语中，相当于今天的“起诉”，是用“告”这一术语。在睡虎地秦简《封诊式》中，可见有“告子”“告臣”“甲告”“丙告”，这是向官府控告或告发。此外，还有一种“缚诣告”，是官吏或受害人直接将罪犯扭送到官府。

因此，秦的诉讼形式有两种：一种是一般百姓主要是当事人控告罪犯，另一种是官吏纠举罪犯。汉以后沿袭。

【封诊式·盗自告】[2]

盗自告　□□□爰书：某里公士甲自告曰：“以五月晦与同里士五（伍）丙盗某里士五

① 参见《睡虎地秦墓竹简》，254～255页，北京，文物出版社，1978。

② 同上书，251页。

(伍)丁千钱,毋(无)它坐,来自告,告丙。”即令【令】史某往执丙。

【封诊式·告子】[①]

告子 爰书:某里士五(伍)甲告曰:“甲亲子同里士五(伍)丙不孝,谒杀,敢告。”即令令史己往执。令史己爰书:与牢隶臣某执丙,得某室。丞某讯丙,辞曰:“甲亲子,诚不孝甲所,毋(无)它坐罪。”

【封诊式·□捕】[②]

□捕 爰书:男子甲缚诣男子丙,辞曰:“甲故士五(伍),居某里,迺四月中盗牛,去亡以命。丙坐贼人□命。自昼甲见丙阴市庸中,而捕以来自出。甲毋(无)它坐。”

此外,还有所谓“公室告”与“非公室告”之别。这是根据控告者与被告者间的关系以及侵害行为的性质来划分的。

所谓“公室告”,《法律答问》解释:“贼杀伤、盗它人为‘公室告’。”即杀伤或盗窃他人者,为“公室告”。所谓“非公室告”,《法律答问》解释:“主擅杀刑髡其子、臣妾,是谓‘非公室告’。”即家长或主人擅自杀死、刑伤、髡剃其子及奴婢,为“非公室告”[③]。官府对于“公室告”应予受理,而对“非公室告”则不得受理,如仍行控告,告者有罪。其目的是维护家庭内部的尊卑关系和主奴关系,反映了秦律在诉讼制度上的不平等特点。

为了防止乱告,秦律还有所谓“州告”。《法律答问》载:“可(何)谓‘州告’?‘州告’者,告罪人,其所告且不审,有(又)以它事告之。勿听,而论其不审。”所谓“州告”,就是控告罪人,所控告的已属不实,又以其他事控告。官府不应受理,而以所告不实论其罪。[④]

2. 受理后的准备工作

根据睡虎地秦简《封诊式》,县府在受理案件后,一般要派人前往案发地调查、勘验,搜取证物,询问证人,以便尽量详尽地掌握犯罪现场的情况,并制作“爰书”,将这些证物、证言及相关的情况如实记录下来,以作为庭审的前期准备。案发地的基层组织和官吏以及相关人员,要积极配合调查工作,并协助完成相关的工作。

睡虎地秦简《封诊式》中的《贼死》《经死》《穴盗》《出子》,就是迄今所见最早的有关刑事勘查、检验的法律文书。从此可知,秦的刑事司法检验制度已经初具规模,司法检验人员也已掌握了比较丰富的司法勘查和检验技术。例如,对“经死”(自缢)案件,不仅注意区别自杀、他杀,而且总结出一套鉴别的方法,如:舌不吐出、颈部无血、头部不能从绳套中取出,这些可能是他杀的迹象。另外,总结出一套有关斗殴致使妇女流产案、麻风病案等检验方法。

在今天看来,这种检验技术或许有不尽科学之处,却是古代司法检验人员长期实践经验的结晶。这些技术和知识,被后世继承并发展,成为中国古代刑事检验和法医学的滥觞。

【封诊式·经死】[⑤]

经死 爰书:某里典甲曰:“里人士五(伍)丙经死其室,不智(知)故,来告。”●即令令史某往诊。●令史某爰书:与牢隶臣某即甲、丙妻、女诊丙。丙死(尸)县其室东内中

---

① 《睡虎地秦墓竹简》,263页,北京,文物出版社,1978。

② 同上书,251~252页。

③ 同上书,195页。

④ 参见上书,194页。

⑤ 同上书,267~268页。

北辟权，南乡（向），以枲索大如大指，旋通系颈，旋终在项。索上终权，再周结索，馀末袤二尺。头上去权二尺，足不傅地二寸，头北（背）傅辟，舌出齐唇吻，下遗矢弱（溺），污两却（脚）。解索，其口鼻气出渭（喟）然。索迹椒（椒）郁，不周项二寸。它度毋（无）兵刃木索迹。权大一围，袤三尺，西去堪二尺，堪上可道终索。地坚，不可智（知）人迹。索袤丈。衣络禅襦、帬各一，践□。即令甲、女载丙死（尸）诣廷。诊必先谨审视其迹，当独抵死（尸）所，即视索终，终所党有通迹，乃视舌出不出，头足去终所及地各几可（何），遗矢弱（溺）不殹（也）？乃解索，视口鼻渭（喟）然不殹（也）？及视索迹郁之状。道索终所试脱头；能脱，乃□其衣，尽视其身、头发中及篡。舌不出，口鼻不渭（喟）然，索迹不郁，索终急不能脱，□死难审殹（也）。节（即）死久，口鼻或不能渭（喟）然者。自杀者必先有故，问其同居，以合（答）其故。

【封诊式·穴盗】①

穴盗　爰书：某里士五（伍）乙告曰："自宵臧（藏）乙复（複）结衣一乙房内中，闭其户，乙独与妻丙晦卧堂上。今旦起启户取衣，人已穴房内，彻（彻）内中，结衣不得，不智（知）穴盗者可（何）人、人数，毋（无）它亡殹（也），来告。"●即令令史某往诊，求其迹。令史某爰书：与乡□□隶臣某即乙、典丁诊乙房内。房内在其大内东，比大内，南乡（向）有户。内后有小堂，内中央有新穴，穴彻（彻）内中。穴下齐小堂，上高二尺三寸，下广二尺五寸，上如猪窦状。其所以椒者类旁凿，迹广□寸大半寸。其穴壤在小堂上，直穴播壤，柀（破）入内中。内中及穴中外壤上有厀（膝）、手迹，厀（膝）、手各六所。外壤秦綦履迹四所，袤尺二寸。其前稠綦袤四寸，其中央稀者五寸，其𨂝（踵）稠者三寸。其履迹类故履。内北有垣，垣高七尺，垣北即巷殹（也）。垣北去小堂北唇丈，垣东去内五步，其上有新小坏，坏直中外，类足歫之之迹，皆不可为广袤。小堂下及垣外地坚，不可迹。不智（知）盗人数及之所。内中有竹柖，柖在内东北，东、北去辟各四尺，高一尺。乙曰："□结衣柖中央。"●讯乙、丙，皆言曰："乙以迺二月为此衣，五十尺，帛里，丝絮五斤䘸（装），缪缯五尺缘及殿（纯）。不智（知）盗者可（何）人及蚤（早）莫（暮），毋（无）意殹（也）。"●讯丁、乙伍人士五（伍）□，曰："见乙有结复（複）衣，缪缘及殿（纯），新殹（也）。不智（知）其里□可（何）物及亡状。"●以此直（值）衣贾（价）。

3. 审判程序及审判方法

在睡虎地秦简《封诊式》的卷首，有"治狱"和"讯狱"两节。这是关于官吏审判案件的原则性规定，在具体的审判中，必须遵守。将其列在《封诊式》卷首的目的，就是考虑到，在学习其后所列各类案例和诉讼程序的文书程式时，要先领会并把握这些通则性的规定，以便于贯通在审判之中。

由此可知，秦司法机关的审判程序大致是：法官先听取当事人双方的陈述，然后就有矛盾的地方提问；再提取口供，并与其他证据核实，判明案情，定罪量刑。

关于审判方法，主要有两点要求：

其一，在审讯的过程中，凡是能够根据被告人的口供发现破绽、线索进行追查，而不使用刑讯逼供的方式，就能够查明案情的，是上策。动用刑讯，获得真实情况的，是下策。如果刑讯逼供，但是又没有达到目的，就是最失败的。

---

① 《睡虎地秦墓竹简》，270～274页，北京，文物出版社，1978。

其二，审讯被告，必须听完其陈述并记录在案；即使发现其说谎，也不能随时反驳；等其陈述完毕后，再发问；然后再听其陈述，以发现其中的矛盾之处。这样，被告就难以自圆其说，理屈词穷，就会说出真情。

从《封诊式》所载案例中，已经可以断定：秦律已将诉讼程序规范化、法律化，并要求法官严格遵守，不得有丝毫的偏差。后世被滥用的刑讯逼供，在秦时被纳入法制的轨道，作为评判法官水平高低和判案质量的一个尺度。这是值得引起我们关注的一个现象。

【封诊式·治狱】①

治狱　治狱，能以书从迹其言，毋治（笞）谅（掠）而得人请（情）为上；治（笞）谅（掠）为下；有恐为败。

【封诊式·讯狱】②

讯狱　凡讯狱，必先尽听其言而书之，各展其辞，虽智（知）其訑，勿庸辄诘。其辞已尽书而毋（无）解，乃以诘者诘之。诘之有（又）尽听书其解辞，有（又）视其它毋（无）解者以复诘之。诘之极而数訑，更言不服，其律当治（笞）谅（掠）者，乃治（笞）谅（掠）。治（笞）谅（掠）之必书曰："爰书：以某数更言，毋（无）解辞，治（笞）讯某。"

4.“读鞫”与“乞鞫”

审判结束后，要制作判决书，并宣读，这就是“读鞫”。宣判后，如果当事人或其家属服罪，就执行判决；如果当事人或其家属喊冤，并请求再审，这就是“乞鞫”。

睡虎地秦简《法律答问》载：“以乞鞫及为人乞鞫者，狱已断乃听，且未断犹听殹（也）？狱断乃听之。”

问：已要求重审及为他人要求重审的，是在案件判决以后受理，还是在没有判决前就受理？答：在案件判决以后再受理。③

【问题与思考】

“贼死”案④

贼死　爰书：某亭求盗甲告曰：“署中某所有贼死、结发、不智（知）可（何）男子一人，来告。”即令令史某往诊。令史某爰书：与牢隶臣某即甲诊，男子死（尸）在某室南首，正偃。某头左角刃痏一所，北（背）二所，皆从（纵）头北（背），袤各四寸，相耎，广各一寸，皆臽中类斧，脑角出（颇）皆血出，柀（被）污头北（背）及地，皆不可为广袤；它完。衣布禅帬、襦各一。其襦北（背）直痏者，以刃夬（决）二所，應（应）痏。襦北（背）及中衽□污血。男子西有鬃秦綦履一两，去男子其一奇六步，一十步；以履履男子，利焉。地坚，不可智（知）贼。男子丁壮，析（皙）色，长七尺一寸，发长二尺；其腹有久故瘢二所。男子死（尸）所到某亭百步，到某里士五（伍）丙田舍二百步。●令甲以布帬剡貍（埋）男子某所，侍（待）令。以襦、履诣廷。讯甲亭人及丙，智（知）男子可（何）日死，闻䛘（号）寇者不殹（也）？

结合此案，评价秦律关于证据、诉讼程序方面的理念与相关制度建设。

---

① 《睡虎地秦墓竹简》，245～246页，北京，文物出版社，1978。

② 同上书，246～247页。

③ 以上两段同上书，200～201页。

④ 参见上书，264～267页。

第四章 汉代法律制度

参考文献

1. 曾宪义主编．中国法制史．北京：北京大学出版社，高等教育出版社，2013
2. 邓建鹏．中国法制史．北京：北京大学出版社，2011
3. 张晋藩．中国法制通史．第2卷．北京：法律出版社，1999
4. ［日］大庭修．秦汉法制史研究．上海：上海人民出版社，1991

参考法规

张家山二四七号汉墓竹简整理小组．张家山汉墓竹简·二年律令．北京：文物出版社，2001

第一节　汉代法律指导思想的演变及立法概况

公元前207年，秦王朝在秦末的大动乱中土崩瓦解。随之而来的是号称“新战国”的诸侯争霸。经过四五年的楚汉战争，刘邦于公元前202年战胜了项羽，建立了新王朝，定都长安，国号“汉”，史称“西汉”。西汉末年，汉廷陷于重重危机之中。王莽拥有外戚的身份，又以儒士自高，遂成为汉廷中各派主要政治势力的期许对象，由此逐步登上权力的顶峰并建立了“新”朝。短命的新朝因王莽富有理想色彩的改革而不断陷入困境，并于公元24年覆灭。公元25年，刘秀称帝，定都洛阳，又得以延续汉朝的龙脉，这就是“东汉”。东汉的统治持续了将近两百年，公元184年的黄巾大起义加速了东汉王朝崩溃的步伐，而在公元220年东汉终于为权臣曹丕所建立的魏国所代替。两汉四百年间，我国传统法制获得了重大发展，而这又是两汉中央集权政治不断强化的投影。

一、汉初黄老无为的法律思想及政策实践

公元前202年刘邦建立汉朝之后仍醉心于他的武功。然而，秦末社会动乱所留下的是一个经济凋敝、民生困窘的国家。在这种形势下，如何恢复生产、安定社会、发展经济已经成为刘邦集团所面临的紧迫问题。于是，汉初思想家深刻总结了秦朝灭亡的教训，认为避免“一夫作难而七庙隳，身死人手为天下笑”[①] 的方法在于施行“仁义”。具体来说，汉初思想家认为新王朝应当轻徭薄赋、约法省刑、与民休息，唯有这些政策或手段才能争取民心、走向强盛。而这些政策背后的理论基础就是黄老学。

“黄老”是黄帝与老子的合称，黄老学将刑德与阴阳联系起来，主张治国应德刑并用，但必须以德为主、先德后刑，反映出一种重德轻刑的倾向；也主张统治者应推行无为而治。应当说，这是深刻反省秦朝灭亡之教训后的合理选择。从现有史料来看，汉初的黄老思想确实在政策上得到了落实，汉初政治也在一定程度上做到了约法省刑、轻徭薄赋。汉高祖就曾减轻田租至十五税一，景帝时则改为三十税一。高祖还诏谕郡县官吏“务省徭役以便民”。为了增加劳动力，高祖还要求释放奴婢，文帝更下令废除罪人家属籍为奴婢的法律。同时，高祖初入咸阳时就针对秦法的繁杂而“与父老约，法三章”，文景时期的刑制改革更使中国古代刑罚走向人道化。在一系列的政策影响下，汉初社会逐渐趋于稳定，人口增加，经济开始繁荣，正如《汉书·景帝纪》所说：“汉兴，扫除烦苛，与民休息。至于孝文，加之以恭俭，孝景遵业，五六十载之间，至于移风易俗，黎民醇厚。”尽管此种评论不乏儒生溢美之词，但文景盛世恐非徒有虚名。这正是汉初统治者留给汉武帝的巨大财富，使其得以施展雄才大略。

二、武帝的抉择与法律儒家化的推进

（一）武帝的抉择

汉初六七十年的休养生息，至汉武帝时，“京师之钱累百钜万，贯朽而不可校。太仓之粟陈陈相因，充溢露积于外，腐败不可食”[②]。虽然西汉已逐步走向全盛，但是黄老无为的政策也引发了一系列的问题。首先，由于统治者放松了对民众的控制，不少民众为逃避赋税而脱离户籍，成为“亡人”，这对汉政权的财政基础构成了直接威胁。其次，诸侯王的势力不断膨胀，称霸一方，甚至对抗中央。最为激烈的时候居然上演了“七国之乱”那样可能推翻汉政权的内战。尽管“七国之乱”后汉廷进一步强化了对诸侯王的控制，但问题一直遗留至武帝而未获得解决。最后，漠北不断强盛和霸道的匈奴攻势凌厉、行动飘忽不定，严重威胁着汉边疆的安全，而汉朝和亲政策的功效也日益趋于淡化，汉匈之间的矛盾已经严重威胁到汉帝国的进一步发展。在这种情况下，汉廷指导思想的改弦更张势在必行，而汉武帝好大喜功、多欲的性格则成为此种进程的催化剂。

---

① （汉）贾谊：《新书·过秦论上》。

② 《汉书·食货志上》。

图 4—1 文帝废肉刑①

指导思想的选择必取材于已有的思想遗产，然后将其加以发展改进。先秦时代的诸子百家在历史的进程中竞赛：法家理论已随秦朝的灭亡而失败；道家理论过于消极而不利于进取，这已为汉初的实践所证明；墨家崇尚最低条件的生活满足而不适于文明发展；阴阳家惯于思索阴阳五行，思想怪诞，无法独立承担治国重任。在诸学派中，唯有儒家符合时代的要求，它持守中道，有利于王道大一统理想的实现。事实上，汉初黄老道家造就的宽松学术环境以及对儒家理论的吸纳已经为儒学地位的上升铺平了道路。武帝上台伊始，就任命卫绾为丞相，而卫绾上奏曰："……治申、商、韩非、苏秦、张仪之言，乱国政，请皆罢。"② 此后，以窦太后为首的坚定的黄老主义者仍守护着道家的阵地，王臧、赵绾被赐死狱中，卫绾则被免官。但这也只能是黄老道家最后的有力反击，窦太后死后汉廷大踏步地迈上了"独尊儒术"的道路，而董仲舒正是推动这一过程的重要人物。董仲舒在答武帝"天人三策"时指出："……诸不在六艺之科、孔子之术者，皆绝其道，勿使并进。"③ 他的回答深为武帝所喜，此即后世史家所说的"罢黜百家，独尊儒术"。当然，董仲舒的儒学已经不是先秦儒学的重复，它是一个以儒为主，包融道、法、墨、阴阳等诸家思想在内的庞大体系。不过，值得注意的是，儒学的独尊并不意味着汉政权的治国策略具有单一的纯儒色彩，相反，儒学的形式地位与法家的实质运用是结合在一起的，而武帝所倚重的大臣如张汤、桑弘羊等可以说是具有法家气质的，难怪司马迁笔下的汲黯讽刺武帝"内多欲而外施仁义"。这种"阳儒阴法"的统治术一直持续到宣帝时期。宣帝驾崩后，元帝"颇改宣帝之政"，废除了代表法家

① 参见刘昕主编：《中国古版画·人物卷·教化类》，长沙，湖南美术出版社，1998。

② 《汉书·武帝纪》。

③ 《汉书·董仲舒传》。

学说的“霸道”，一任代表儒学的“王道”，成为汉代第一位“好儒术文辞”[①] 的皇帝。至此，儒学在政界的地位才有了大幅度的实质提升。

（二）法律的儒家化

尽管儒学地位的上升经历了从形式到实质的发展，但是儒学对法律的影响却一直在不断扩大，这就是所谓“法律儒家化”。“法律儒家化”实际上是儒家思想的法律化，它肇始于汉初。西汉初年的律基本上沿袭了《秦律》，但从另一种法律形式——令（皇帝诏令）来看，儒家思想已在发挥作用。惠帝曾下诏规定：凡七十岁以上、十岁以下的人，犯了罪可以免除刑罚[②]；景帝后元三年（公元前141年）下诏规定：八十岁以上、七岁以下，若犯不道罪以外的其他罪，不受处罚。这些规定所体现的矜老恤幼的精神正是儒家所提倡的。当然，儒家思想对法律的影响并不局限于这些方面，极具深刻性的是“三纲”成为立法原则，而“五常”则成为社会行为准则。所谓“三纲”是指“君为臣纲”“父为子纲”“夫为妻纲”，它以严格的等级秩序调整社会，指导了汉律的修订并成为汉律的内在精神之一，诸如“不孝”“大不敬”“禽兽行”等罪名无不体现了“三纲”的要求。所谓“五常”则指仁、义、礼、智、信五种儒家要求的品行。它与“三纲”所强调的君臣、父子、夫妻之义紧密地结合起来，成为社会关系与人伦行为的基本准则，违背了这些准则就将受到刑罚的制裁。

另外，儒家思想也开始渗透到司法领域中。早在战国末期成书的《吕氏春秋》中就有遵照阴阳五行理论发布政令、施加刑罚、出兵征伐等方面的陈述。至董仲舒，他以“天人感应”理论为基础，将以往的学说加以阐发，认为“庆为春，赏为夏，罚为秋，刑为冬”[③]。董仲舒的学说为“秋冬行刑”奠定了理论基础，而且随着儒家正统地位的确立，“秋冬行刑”也被制度化、法律化。如武帝元光“四年冬十二月晦，论杀魏其侯于渭城”。胡三省注曰：“汉法，以冬月行重刑，遇春则赦若赎，故以十二月晦论杀魏其侯。”此外，一个更有趣的现象就是所谓“春秋决狱”，它是指在遇到法律无明文规定或者虽有明文规定但有碍儒家道德观时，便用儒家经典《春秋》所载有关事例及其体现的道德原则作为司法审判的依据。这实际上是汉儒依凭皇权的力量在法制领域进行的一场根本性变革。关于这一点，本章第四节还会有详细阐述。

实际上，汉儒不但依据《春秋》经义断狱，而且根据其他儒家经典判案，所以又可称其为“引经决狱”。“引经决狱”的盛行又导致了“引经注律”的出现。这一方面是由于经本身的缘故即经的含义具有不确定性而要求引用者加以明晰化；另一方面也是由于法律的缘故，即立法者认识的局限性使得法律往往难以适应变化的时代，即便能够有效地对世事作出反应，也往往包含着与经义相抵触的内容。经和律两方面的综合作用使一些儒生干脆撰写用儒家经义解释律典的著作，一旦这些著作获得皇帝的首肯，那么法律就被儒家化了。这种做法导致了一门实用性很强的学科——律学——的出现，因此律学自其出现时起就具有不可避免的经学性。到了东汉，律学有了长足的发展，许多经学大师既注经又注律，或引经注律或引律注经，法律解释的著作遂蔚为大观。《晋书·刑法志》云：“叔孙宣、郭令卿、马融、郑玄诸儒章句十有余家，家数十万言。凡断罪所当由用者，合二万六千二百七十二条，七百七十三万三千二百余言。言数益繁，览者益难。天子于是下诏，但用郑氏章句，不得杂用余家。”显然，法律解释的纷繁复杂既不利于法律的明确和统一，又不利于法律的理解和执行，

① 《汉书·匡衡传》。
② 参见《汉书·惠帝纪》。
③ 《春秋繁露》，卷十三。

而非官方解释欲真正取得国法的属性，皇帝的认可当然是不可或缺的。“郑氏章句”（郑玄的法律注释）就是从非官方解释走向官方解释的代表，也是法律儒家化的重要步骤。律学的发展贯穿于唐、宋、明、清各朝，汉代则是其初创的重要一环。

最后，值得一提的是，汉兴以来一反秦时以法为尚、不许赦宥的做法，从高祖起便进行频繁的赦宥，以后又在天人感应的理论下以顺天行赦相标榜，赦的名目繁多，频率颇高，不一而足。赦宥的增加也反映了儒家的仁政思想。但汉代滥赦的结果是社会秩序趋于动荡，故王符、崔寔就曾对此迭发议论。

综上所述，汉代儒家思想的发展使法律儒家化的进程不断加快，它体现在矜老恤幼、尊君隆上、引经决狱、秋冬行刑、赦宥频繁等诸多方面。

三、两汉的主要立法活动及其法律渊源

（一）主要立法活动

汉承秦制，汉代法制主要是在秦律的基础上建立和发展起来的，这一点也可以从湖北江陵张家山 M247 号汉墓中出土的《二年律令》获得证实。当然，由于汉代政治、经济形势的变化，汉律也经历着演变。从现有史籍来看，汉代主要立法活动经历了三个时期。

1. 西汉初期的立法活动。刘邦攻入秦都咸阳之后，为了争取民心，就宣布废除秦朝苛法，并与关中父老约“法三章”：“杀人者死，伤人及盗抵罪。”[①] 这可以说是汉代立法的初始。刘邦的举措使秦法大为减省，颇得民心，“兆民大悦”。但是随着汉代政治、经济形势的发展，简单的法度不足以维持统一大帝国的秩序，所谓“三章之法不足以御奸”[②]。于是，丞相萧何受命制定新法典，此即著名的《九章律》。《九章律》是在李悝《法经》六篇的基础上，直接承袭、删改秦律并增加兴、厩、户三篇而成。长期以来，学界一直主张兴、厩、户三篇系萧何创立，但事实并非如此。《睡虎地秦墓竹简·为吏之道》末尾抄有两条魏国律文，其一即为魏安釐王二十五年（公元前 252 年）《魏户律》，而《秦律十八种》则有《厩苑律》之律名。这些表明户、厩两篇于萧何定律前就已存在。至于兴律是否出现于《九章律》之前还要靠新的出土文字资料来验证。另外，1983 年在湖北江陵张家山 M247 号墓中发现的《二年律令》包含了 28 种律名[③]，其中就有《九章律》中除《囚律》《厩律》之外的所有律名，这就表明汉初律典问题远没有史书记载的那么简单。当然，《二年律令》与《九章律》的关系还有待于进一步的考证和研究。

刘邦集团在法律上的成果并不仅有《九章律》一项，而且对《九章律》的内容未能涉及者作出了补充。《汉书·高帝纪下》载：“初，顺民心，作三章之约。天下既定，命萧何次律令，韩信申军法，张苍定章程，叔孙通制礼仪……”叔孙通原为秦博士，他所制定的《傍章律》十八篇是一部有关朝仪的专门法律。[④] 之所以以“傍章”为名，是因为它与律令同录而有依傍于律令之意，如《汉书·礼乐志》所说：“叔孙通所撰礼仪，与律令同录，臧（藏）于理官。”

---

① 《汉书·高帝纪上》。

② 《汉书·刑法志》。

③ 参见张晋藩主编：《中国法制通史》，第 2 卷，242 页，北京，法律出版社，1999。

④ 不过，近年来，随着新史料的不断出现，学界对《傍章律》的性质已有不同的认识，具体参见张建国：《叔孙通定〈傍章〉质疑——兼析张家山汉简所载律篇名》，载《北京大学学报》（哲学社会科学版），1997（6）；徐世虹：《九章律再认识》，载《沈家本与中国法律文化国际学术研讨会论文集》，683～698 页，北京，中国法制出版社，2005，等。

图 4—2　约法三章[①]

2. 武帝及西汉中后期的立法活动。汉高祖之后，由于惠、文、景诸帝均恭行黄老，因此并未进行大规模立法活动。至武帝即位以后，为征讨匈奴而作出的系列政策调整导致“百姓贫耗，穷民犯法，酷吏击断，奸宄不胜”[②] 之严峻形势的出现。为了稳定社会秩序，武帝重用酷吏张汤、赵禹等人进行大规模立法活动，其中最重要的成果就是张汤主持制定的《越宫律》二十七篇和赵禹主持制定的《朝律》六篇。[③] 前者涉及宫廷警卫方面的内容，而后者则主要涉及朝贺制度方面的内容。这两部法典与《九章律》《傍章律》一起型塑了汉律的主体部分，此即所谓“汉律六十篇”。不过，武帝的法律功业尚不限于此：在他在位时期还出现了贬抑诸侯王国官吏政治权利的《左官律》、禁止中央官员与诸侯王交通的《附益法》、强化官吏法律责任的《见知故纵、监临部主法》，以及督责主管官吏缉捕盗贼的《沈命法》，等等。至此，汉律获得了极大的扩充，据《汉书·刑法志》载，当时共有律令 359 章，大辟 409 条、1 892 事，死罪决事比 13 472，以至于“文书盈于几阁，典者不能遍睹”。这种状况一直持续到西汉末年。

3. 东汉时期的立法活动。刘秀建立东汉之后就开始废除王莽所立之法，并沿袭西汉的《九章律》。虽然东汉继承了汉律，但其法律也经历了自己的艰辛发展历程。首先，光武帝刘秀有感于王朝末期社会动乱的破坏力，同时为了恢复社会生产力，就多次颁布释奴法令。除此之外，光武帝还多次颁布减刑的诏令，这种举措当然对于促进社会发展产生了积极影响。其次，虽然光武帝废除了王莽的新法，但是他所恢复的“汉世之轻法”仍相当严猛、苛刻。章帝时期，尚书陈宠就曾对汉律进行过删改。而在陈宠上任廷尉后，再次删改律令，但这次

---

① 参见刘昕主编：《中国古版画·人物卷·教化类》，长沙，湖南美术出版社，1998。

② 《汉书·刑法志》。

③ 近年来，有关《越宫律》与《朝律》问题，也已有学者提出质疑意见，具体参见张建国：《叔孙通定〈傍章〉质疑——兼析张家山汉简所载律篇名》，载《北京大学学报》（哲学社会科学版），1997（6）。

较具规模的修改未及施行，他本人就因涉罪而被免职。最后，汉献帝建安元年（105 年），太山太守应邵又对汉律进行了整理。他将律令删定为《汉仪》，其内容包括《律本章句》《尚书旧事》《廷尉扳令》《司徒都目》《春秋决狱》《决事比例》《五曹诏书》共 250 篇。这也是东汉最后一次立法活动。

综上所述，汉律经历了一个由简至繁的发展过程，这个过程的每一步都意味着汉律自身的改革。

（二）汉代的法律渊源

汉代的法律渊源包括以下几种：

1. 律。律是较为稳定的法律形式，也是汉代最基本、最主要的法律形式。汉律既包括综合性的法典，也包括各种专门法规，如关于抑制官吏私自提高品级待遇的《尚方律》、关于对地方官进行考核的《上计律》、关于铸钱的《钱律》、关于宗庙祭祀与任官仪式的《大乐律》以及《尉律》，等等。另外，尚有与“律”的性质相近的专门法，如《沈命法》《相坐法》等。

2. 令。令是指皇帝颁布的诏令。汉代的律与令具有混杂性，而且在那个“法自君出”的时代，“令”无疑具有更大的权威，它甚至可以取消、代替律的规定而成为判案断狱、定罪量刑的普适性准则。汉武帝时，廷尉杜周的话明显指出了这重含义：“三尺安出哉？前主所是著为律，后主所是疏为令，当时为是，何古之法乎？”[①] 不过，由于诏令经常针对具体事务而发，数量繁多，因而只有经过一定程序而被赋予法律意义的诏令才能成为判案的普遍依据。由于汉代的令数量繁多、涉及范围广泛，因而自高祖起到武帝，汉令已有 359 章。至成帝时，更是增至百余万言。于是，汉廷不得不对令加以分类整理，编辑为《令甲》《令乙》《令丙》。而汉令的名目也确实说明了汉令的繁杂，如有关皇帝警卫的《宫卫令》、有关府库钱帛的《金布令》、有关监狱管理的《狱令》、有关刑具的《棰令》、有关养马免除徭役的《复马令》，等等。

3. 科。科有两种含义：一是判处之意。《释名·释典义》载：“科，课也，课其不如法者，罪责之也。”可见，科具有法律相关性。二是法令条文之意。《后汉书·桓谭传》李贤注：“科谓事条。”这里“科”显然是一种法律形式。“科”作为弥补律令不足的法律形式，最早源于汉初，高祖时期，萧何就曾制定“大臣宁告之科”。除此之外，目前所见汉科还有“首匿之科”“亡逃之科”“异子之科”“投书弃市之科”等。[②] 有关科的实际形态，以往由于文献缺乏而不得详知。20 世纪 70 年代出土的居延汉简中的《捕斩匈奴反羌购尝别科》为我们提供了极为珍贵的史料。

4. 比。比指判例，又称“决事比”。《后汉书·桓谭传》注云：“比为类例。”显然，“比”是用以判案的典型案例。“比”的形式比较灵活，为司法官吏所乐用，而正是“比”的普遍运用使得“比”的数目急剧增加，至武帝时“大辟四百九条，千八百八十二事，死罪决事比万三千四百七十二事”[③]。汉代的“比”现在基本已经佚失，古籍中只有零星记载。20 世纪 80 年代出土于湖北张家山汉墓的竹简中附有的《奏谳书》，就是一部判例集，我们或许能于其中窥得汉代“比”之一斑。

5. 儒家经典。如前所述，汉代司法中常有“引经决狱”的做法，而儒家经典在遇到律

---

① 《汉书·杜周传》。

② 参见张晋藩主编：《中国法制通史》，第 2 卷，279～280 页，北京，法律出版社，1999。

③ 《汉书·刑法志》。

无正条或者虽有正条而不合于儒家道德的场合经常被引为判案的依据，这样儒家经典也就具有法的性质。“引经决狱”为董仲舒所创，而《汉书·艺文志》亦载《董仲舒治狱》16篇，《七略》则记为《春秋决狱》，宋代的《崇文书目》记为《春秋决事比》10卷，可见此书宋时尚存，以后便亡佚了。这本书也应被认为是汉代的一种法律渊源，更精确地说当为汉代法律的学理渊源，因为它是得到皇帝首肯的有关法律适用的著作。此外，如前所述，东汉应邵也著有《春秋断狱》一书，该书也已亡佚。

6. 法律解释著作。法律注释之风起于西汉，盛于东汉。如果法律解释著作得到皇帝的确认，那么它就从非官方解释变成官方解释，从而变为司法审判的依据。而著作本身也就具备了法律的品格，“郑氏章句”即为一例。

所有的论述表明汉代的法律渊源具有多样性。“律”是汉的常法，具有相对稳定性和普适性。“令”是皇帝随时颁布的诏令，具有极强的针对性和灵活性；其既可弥补“律”的不足，也可代替甚至废除“律”的规定。“科”作为一种法律渊源是律、令的补充。“比”则为典型案例，在律无正条时，“比”即成为司法判决的依据。儒家经典是汉代最高立法原则之所在，是意识形态的具体化。法律注释著作是对“律”的解释，它使儒家精神不断渗入“律”中，而这种解释通常是在得到皇帝认可后获得法律效力的。这些就是汉代诸法律渊源之间错综复杂的关系。另外，有学者主张汉代的法律渊源还包括“品”。这种主张的基本论断是：“品”的本义与“科”相同，有“法式”的意思。《尔雅·释诂》载：“品，式也。”而在史籍中品、科则常常连用。目前所见的汉代的品主要有《罪人得入钱赎品》《守御器品》《烽火品约》等。[①] 至于这种观点适当与否，还有待进一步研究。

第二节　汉代的刑法制度

引例　盗窃案

官员盗窃何以论处案。《二年律令·奏谳书》：“七年八月己未江陵丞言：醴阳令恢盗县官米二百六十三石八斗。恢秩六百石，爵左庶长从史石盗醴阳己乡县官米二百六十三石八斗，令舍人士五（伍）兴、义与石卖，得金六斤三两、钱万五千五十，罪，它如书。兴、义言皆如恢。问：恢盗赃过六百六十钱，石亡不讯，它如辞。鞫：恢，吏，盗过六百六十钱，审。当：恢当黥为城旦，毋得以爵减、免、赎。律：盗臧（赃）直（值）过六百六十钱，黥为城旦；令：吏盗，当刑者刑，毋得以爵减、免、赎，以此当恢。恢居酇邑建成里，属南郡守。南郡守强、守丞吉、卒史建舍治。”

《汉律》久佚，长期以来，人们研究汉代法制主要靠传世文献与出土文献中的一些零散记载，至2001年，文物出版社出版了《张家山汉墓竹简》一书，才使这一情况得以改变。该书所载《二年律令》即早期《汉律》，对研究汉初法制史具有极其重要的价值。

① 参见张晋藩主编：《中国法制通史》，第2卷，282～287页，北京，法律出版社，1999。

《张家山汉墓竹简》一书在有关《二年律令》的“整理说明”中说：“《二年律令》共有竹简526枚，简长31厘米。简文含27种律和1种令，律、令之名与律、令正文分开另简抄写。《二年律令》是全部律令的总称。简文中有优待吕宣王及其亲属的法律条文。吕宣王是吕后于吕后元年（公元前187年）赠与其父的谥号；与《二年律令》共存的历谱所记最后年号是吕后二年（公元前186年），故推断《二年律令》是吕后二年施行的法律。简文包含了汉律的主要部分，内容涉及西汉社会、政治、军事、经济、地理等方面，是极为重要的历史文献。”著名历史学家李学勤先生指出：“《二年律令》是吕后时行用的法令，虽非当时法律全貌，所载律文已包括法律核心内容《贼律》《盗律》等，胜于睡虎地简的秦律。值得注意的是律文里有相当一部分与秦律相应，这就在整体上和具体条文上，都为秦汉法律的比较研究提供了前所未有的机遇。”① 本节注重利用《二年律令》介绍汉代的刑罚原则与刑罚制度。

一、刑罚原则

刑罚原则是刑罚思想的具体化，而刑罚制度又是刑罚原则的具体化。不了解一部法典中的刑罚思想与刑罚原则，也就不能深入地了解其刑罚制度。在对刑罚思想与刑罚原则有了清晰的认识后再去了解刑罚制度，就能知其然也能知其所以然。笔者认为，儒家与法家的刑罚思想对《二年律令》中的刑罚原则与刑罚制度均有深刻的影响。

1. 区分故意与过失原则。早在西周时期的法律中，就规定了区分故意（非眚）与过失（眚）的刑法原则，这在《尚书·康诰》中有明确的记载。对过失犯罪从轻处罚，体现了刑罚的宽和。秦律与汉律也都继承了这一原则。

如《贼律》对“放火罪”的规定就体现了这一原则：“贼燔城、官府及县官积聚，弃市；燔寺舍、民室屋庐舍、积聚，黥为城旦舂；其失火延燔之，罚金四两，责（债）所燔”①。意思是说故意放火烧毁城市、官府及官方仓库者，处以弃市；烧毁寺庙、民房及百姓仓库者，处以黥为城旦舂；而失火导致火势蔓延的，则判处罚金四两，并由失火者赔偿造成的损失。在这里，汉律区分了故意与过失两种情况：对故意放火者严加惩处，判处弃市；而对失火者处罚较轻，仅仅罚金四两，并补偿损失。

《贼律》又曰：“贼杀人、斗而杀人，弃市。其过失及戏而杀人，赎死；伤人，除。”“贼杀人”即故意杀人，“斗而杀人”指打架斗殴而杀人，对这两种犯罪均判处弃市。戏而杀人，《晋书·刑法志》称“两和相害谓之戏”。过失杀人和戏而杀人罪，可以交钱赎免死罪。可见，上述规定也贯彻了对故意从重、对过失从轻的刑罚原则。

2. 区分惯犯与偶犯原则。这一刑罚原则也在西周时期得以确立。当时的惯犯称为“唯终”，偶犯称为“非终”。确立这一刑罚原则的目的是：对偶犯减轻处罚，而对惯犯加重处罚。对从无前科的人犯罪能够减轻处罚，当然也在一定程度上体现了法律的宽和，对于教育感化罪犯产生某种积极作用。汉代统治者从维护其长远利益出发，也贯彻了这一法律原则。

《二年律令》中的《具律》云：“鬼薪白粲，有耐罪到完城旦舂罪，黥以为城旦舂。”这是说，鬼薪白粲如果再犯耐罪到完城旦舂罪，则加重一等处罚，黥以为城旦舂。《亡律》也规定：“女子已坐亡赎耐，后复亡当赎耐者，耐以为隶妾。”这也是加重处罚惯犯的一个例证。

3. 自首减刑原则。统治阶级为了更好地防治犯罪和感化罪犯，在法律上确立了自首减

---

① 李学勤：《张家山汉简研究的几个问题》，载《郑州大学学报》，2002（3）。

刑的原则。从云梦出土的秦简看，秦律就贯彻了这一原则。当时把自首称为“自出”。

汉代统治者继承了秦代关于自首减刑的原则。汉简《二年律令》中的《具律》云：“其自出者，死罪，黥为城旦舂。”意思是说如果应当判处死刑的罪犯自首，那么可以改为黥为城旦舂。又《亡律》规定：“诸亡自出，减之。毋名者，皆减其罪一等。”“诸舍匿罪人，罪人自出，若先自告，罪减，亦减舍匿者罪”。

4. 严惩群盗原则。群盗是指五人以上的团伙犯罪。结伙犯罪，因其社会危害性较大，故处罚较重。秦代法律确立了这一原则。秦简《法律答问》载：“五人盗，赃一钱以上，斩左止，又黥以为城旦；不盈五人，盗过六百六十钱，黥、劓以为城旦。”从汉简《二年律令》中的《盗律》看，对“群盗”处以磔（肢解）刑，而知情不报并为群盗提供饮食的，也与群盗同罪论处。

5. 保护皇权原则。秦代法律即特别强调这一原则，汉律也继承了这一原则。根据该原则，凡属于侵犯皇权的行为都要受到最严厉的制裁。《贼律》曰：“以城邑亭障反，降诸侯，及守乘城亭障，诸侯人来攻盗，不坚守弃去之若降之，及谋反者，皆腰斩。其父母、妻子、同产，无少长皆弃市。”可见，上述律文包括了两个罪名——“叛降罪”与“谋反罪”，犯此二罪者均被处死，亲属也被连坐处死。

6. 诬告反坐原则。《二年律令》继承了秦律中确立的诬告反坐原则。《告律》记载：“诬告人死罪，黥为城旦舂，它各反其罪。告不审及有罪先自告者，各减其罪一等，死罪黥为城旦舂，城旦舂罪完为城旦舂。”可见，诬告和告不审者所受的处罚，除死罪应当被判处黥为城旦舂这一点相同外，徒刑以下，诬告者按所诬告之罪反坐，而告不审者可减罪一等受处罚。《具律》中也有相似规定。这说明，汉律也仿照秦律，注意区分诬告和告不审两种情况。

7. 维护特权原则。所谓维护特权原则，主要是指对贵族、官员中的犯罪者减免处罚。如《具律》规定：“公士、公士妻及……年七十以上，若年不盈十七岁，有罪当刑者，皆完之。”又规定：“上造、上造妻以上，及内公孙、外公孙、内公耳玄孙有罪，其当刑及当为城旦舂者，耐以为鬼薪白粲。”有的学者指出：“律文‘有罪当刑’之‘刑’乃指肉刑，与‘完’相对，‘完’指不施加致伤肌肤之肉刑。张家山汉简所见有爵者之减免刑罚仅涉及肉刑与徒刑，不包括死刑。”[①] 另外，贵族、官员的法律特权还表现在对侵犯者的加重处罚上。如《贼律》规定：“其毋伤也，下爵殴上爵，罚金四两。殴同死（列）以下，罚金二两。”受害者的爵位高于加害者，就从重处罚加害者。

8. 从严治吏原则。《二年律令》以法家“明主治吏不治民”的思想为指导，贯彻了从严治吏的原则。如《具律》规定：“鞫狱故纵、不直，及诊、报、辟故弗穷审者，死罪，斩左止为城旦，它各以其罪论之。”[②] 这是对司法腐败的一种惩治规定：司法官如果徇私枉法、出入人罪以及对案情不审查到底，将受到法律的严惩。《具律》又规定：“译讯人为诈伪，以出入罪人，死罪，黥为城旦舂；它各以其所出入罪反罪之。”“劾人不审，为失；其轻罪也而故以重罪劾之，为不直。”[③] 这也是对司法腐败的惩罚规定。《杂律》规定：“吏六百石以上及宦皇帝，而敢字贷钱财者，免之。”[④] 意思是，凡是食俸六百石以上的官员和在朝廷中做官的官员，有敢放高利贷获利者一律免除官职。该律另有规定：“擅赋敛者，罚金四两，责

---

① 李均明：《张家山汉简所反映的适用刑罚原则》，载《郑州大学学报》，2002（4）。

② 《张家山汉墓竹简》，147页，北京，文物出版社，2001。

③ 同上书，149页。

④ 同上书，157页。

所赋敛偿主。”[1] 这是说官员擅自赋敛百姓，将被判处罚金四两的刑罚，并让他把所赋敛之物退还原主。再看《盗律》的规定：“受赇以枉法，及行赇者，皆坐其赃为盗。罪重于盗者，以重者论之。”[2]“受赇”就是受贿，“行赇”就是行贿。无论是受贿还是行贿，均按其赃值与盗窃罪同样论处。如果其中某些罪行的量刑比盗窃罪还重，则以重者论处。

9. 维护孝道原则。《二年律令》也受到了儒家孝道思想的影响，对“不孝”者予以严惩。《贼律》规定：“子牧杀父母，殴詈泰父母、父母假大母、主母、后母，及父母告子不孝，皆弃市……年七十以上告子不孝，必三环之。三环之各不同日而尚告，乃听之。教人不孝，黥为城旦舂。”[3] “不孝”者会被处以极刑，足见当时法律对违反孝道者处罚之严厉。《户律》还有这样一条规定：“孙为户，与大父母居，养之不善，令孙且外居，另大父母居其室，食其田，使其奴婢，勿外卖。”[4] 这是说，孙子立户，让祖父母与他同住，以供赡养，如果赡养不好，就强令孙子出外另居，而祖父母依法可占有其孙的房产和田地、使用其奴婢，只是不得将其外卖。这又反映了汉律对孝道的维护，子孙对父母和祖父母必须尽孝，尽力赡养好父母。后来的封建法典如《唐律》把对父母或祖父母“供养有缺”的行为定为“不孝”罪，可能渊源于此。

10. 尊老爱幼原则。《具律》规定：“……年七十以上，若年不盈十七岁，有罪当刑者，皆完之。”即对70岁以上的老人和17岁以下的少年犯罪不施加肉刑。该规定与1959年在甘肃武威磨嘴子18号汉墓出土的《王杖十简》（内容涉及西汉宣、成二帝对高年老人赐王杖的两份诏书、对侮辱持杖老人的判决案例等）中的如下规定近似：“年七十以上，人所尊敬也。非首杀伤人，毋告劾也，毋所坐。”意思是说70岁以上的老人，如果不是犯了首谋杀伤人的重罪，则不要起诉，对其应负的罪责，也不要追究。上述规定与儒家思想的影响也有关系。

11. 亲属相隐原则。所谓“亲属相隐”，是指亲属之间互相隐瞒犯罪行为，不向官府揭发，而官府对此不予惩罚或减轻惩罚。亲属相隐制度体现了儒家的伦理精神，实际上它直接源于孔子提倡的“父为子隐，子为父隐”的道德原则。从云梦秦简看，秦律中已有了亲属相隐制度的萌芽。至汉代，这一制度臻于成熟。据《汉书·宣帝记》载，汉宣帝曾下诏说：“自今子首匿父母，妻匿夫，孙匿大父母，皆勿坐。其父母匿子，夫匿妻，大父母匿子孙，罪殊死，皆上请廷尉以闻。”这就是所谓的“亲亲得相首匿”制度。“首匿”是首谋隐匿罪行的意思，卑幼隐匿尊亲长的罪行不负刑事责任，尊亲长隐匿卑幼的犯罪行为，除死罪上请廷尉减免外，其他也不负刑事责任。这便是汉代定罪量刑的一个原则，此一原则也为后世历代封建法典所规定。《二年律令》中的《告律》规定：“子告父母，妇告威公，奴婢告主、主父母妻子，勿听而弃告者市。”[5] 这就是说，家庭成员中卑幼一方必须隐瞒尊长的犯罪行为，不得向官府告发，即使告发官府也不予受理，并判处告发者死刑。该规定当为汉宣帝诏令所本。

12. 连带责任原则。所谓连带责任原则即“连坐”原则，是指法律对那些仅仅与罪犯有法定连带责任而并无犯罪行为的人实施制裁。《二年律令》中的“连坐”规定来源于秦律，秦律的“连坐”不仅有家属连坐，还有邻里连坐、职务连坐，等等。这样，刑罚的对象就从

---

① 《张家山汉墓竹简》，158页，北京，文物出版社，2001。
② 同上书，141页。
③ 同上书，139页。
④ 同上书，162页。
⑤ 同上书，151页。

有犯罪行为的人扩大到那些仅与罪犯有法定的连带责任关系而本人并无犯罪行为的人，从而造成一种人人自危的恐怖气氛，达到预防犯罪和揭露犯罪的目的。

《二年律令》继承了《秦律》中有关“连坐”的规定。如《贼律》规定：“以城邑亭障反，降诸侯，及守乘城亭障，诸侯人来攻盗，不坚守弃去之若降之，及谋反者，皆腰斩。其父母、妻子、同产，无少长皆弃市。”[①] 意思是说把守城邑要塞的人，如果向敌对诸侯国投降，或当诸侯国的军队前来攻打时，不进行坚守，放弃城邑要塞，或进行谋反，均应处以腰斩，其亲属不分少长也都应处以弃市。下面是关于财产犯罪（抢劫）的连坐规定：“劫人、谋劫人求钱财，虽未得若未劫，皆磔之。罪其妻、子，以为城旦舂。”（《二年律令·盗律》）以下是关于同居、四邻与职务连坐的规定：“盗铸钱及佐者，弃市。同居不告，赎耐。正典、田典、伍人不告，罚金四两。或颇告，皆相除。尉、尉史、乡部、官啬夫、士吏、部主者弗得，罚金四两。”（《二年律令·钱律》）另外，《二年律令》中的《收律》也规定：“罪人完城旦舂、鬼薪以上，及坐奸腐者，皆收其妻、子、财、田、宅。”此处的“收”是没收的意思。丈夫犯罪，妻子与孩子均被官府没收为奴，负无期苦役，这可以说是另外一种形式的“连坐”。

13. 立功免罪原则。《贼律》规定：“以城邑亭障反，降诸侯，及守乘亭障，诸侯人来攻盗，不坚守而弃去之，若降之，及谋反者，皆腰斩……其坐谋反者，能偏捕，若先告吏，皆除坐者罪。”最后一句是说谋反者如果能抓获所有同伙或者向官府告发，就视为有立功表现，免于法律追究。《盗律》又规定：“劫人、谋劫人求钱财……其妻子当坐者偏捕，若告吏，吏捕得之，皆除坐者罪。”这是说，抢劫犯受连坐的家属如果能抓捕罪犯，也可以免罪。上述规定乃瓦解有组织犯罪之举措。

二、刑罚体系

从《二年律令》看，汉初的刑罚制度已经形成了一个包括生命刑、身体刑、流放刑、自由刑、财产刑、资格刑等在内的严密而完整的刑罚等次体系，反映了当时刑事立法技术与刑罚理念的进步。

1. 生命刑

生命刑是剥夺犯人生命的刑罚，即死刑。《二年律令》中所涉及的死刑刑名主要有如下数种：

第一，腰斩。《张家山汉墓竹简》注曰：“死刑的一种，处刑时斩腰。”[②] 处刑的方式是将犯人拦腰斩断。该刑名也承自《秦律》，商鞅变法时就规定：“民不告奸者腰斩。”而秦相李斯也是被腰斩的。根据简文，临阵脱逃、投降敌人、进行谋反者处以腰斩。

第二，弃市。《张家山汉墓竹简》注曰：“死刑的一种，杀于市。”[③] 即在闹市处死犯人，以收震慑威吓之效果。一些学者认为，秦汉时期的弃市实际上是绞刑，而绞刑在先秦时期就已经存在了。《二年律令》中的《贼律》规定：“贼燔城、官府及县官积聚，弃市。”又规定：“贼杀人、斗而杀人，弃市。”《告律》规定：“子告父母，妇告威公，奴婢告主、主父母妻子，勿听，而弃告者市。”

第三，磔。《张家山汉墓竹简》注曰：“死刑的一种。《汉书·景帝纪》：‘磔，谓张其户也。’”[④] 按《史记·李斯列传》之《索引》说：“磔谓裂肢体而杀之。”《说文解字》段玉裁

---

①②③ 《张家山汉墓竹简》，133 页，北京，文物出版社，2001。

④ 同上书，134 页。

注："凡言磔者，开也，张也，刳其腹胸而张之，令其干枯不收。"《二年律令》中的《盗律》规定："群盗及亡从群盗，殴折人肢……盗杀伤人，盗发冢，略卖人若已略未卖，矫相以为吏，自以为吏以盗，皆磔。"《盗律》又规定："劫人、谋劫人求钱财，虽未得若未劫，皆磔之。"根据简文，犯间谍罪、抢劫罪、群盗罪、拐卖人口罪等要被处以磔刑。

第四，枭首。《张家山汉墓竹简》注曰："谓斩首悬于市。"[①] 该刑名也承自《秦律》。《史记·秦始皇本纪》之《集解》云："悬首于木上曰枭。"可见，所谓"枭其首市"就是把人斩首后将头悬于市场中的木杆上以示众。《二年律令》中的《贼律》规定："子杀伤父母、奴婢杀伤主、主父母妻子，皆枭其首市。"站在儒家伦理立场上看，儿子杀伤父母，奴婢杀伤主人之类的行为是严重违反人伦的行为，当然要被重刑惩治。该规定反映了儒家思想的影响。

上述死刑诸刑种，如果从等序来看，由高至低依次为磔—枭首—腰斩—弃市。

2. 身体刑

身体刑也称"肉刑"，是一种残人肢体、毁人肌肤的刑罚。《二年律令》中的身体刑主要有宫刑、斩趾刑、劓刑、黥刑、完刑、耐刑、笞刑，等等。

第一，腐刑。也称"宫刑"，是一种损坏男女生殖能力的刑罚。腐刑或宫刑起源甚早，《周礼·司刑》中就有"宫罪五百"的说法，其注曰："宫者，丈夫则割其势，女子闭于宫中。"这就说明了宫刑的处刑方式。《尚书·周书·吕刑》也有"宫辟疑赦"的说法。可见，至少在西周时期就已经出现了宫刑。宫刑是一种"次死之刑"，仅次于死刑。《二年律令》中的《杂律》规定："强与人奸者，府（腐）以为宫隶臣。"这是说犯强奸罪者要被处以腐刑，并成为官府的刑徒。根据《具律》所言加刑的方法——"斩右止者府（腐）之"，可知宫刑重于斩右趾刑。

第二，斩趾刑。包括斩左趾和斩右趾两种，其中后者重于前者。斩趾刑即先秦时期的刖刑。《周礼·司刑》称"刖罪五百"，其注曰："刖，断足也。"甲骨文中有"刵"（即断足，实为刖刑）字，说明刖刑早在商朝就出现了。《二年律令》中的《具律》规定："鞫狱故纵、不直及诊、报、辟故弗穷审者，死罪，斩左趾为城旦。"城旦是一种徒刑，汉代身体刑经常作为徒刑的附加刑适用。

第三，劓刑。割鼻之刑。甲骨文中有"劓"字，说明商朝已有劓刑。秦简《法律答问》称："不盈五人，盗过六百六十钱，黥、劓以为城旦。"秦代常把劓刑作为城旦刑的附加刑，汉初也是如此。《二年律令》的《具律》规定："有罪当黥，故黥者劓之，故劓者斩左趾。"从刑罚等序上看，劓刑重于黥刑，而轻于斩左趾刑。

第四，黥刑。是在犯人面部进行刺刻的刑罚。商朝已有黥刑，甲骨文中即有"黥"字。从《二年律令》看，黥刑经常与城旦舂刑配合适用。如《告律》规定："诬告人以死罪，黥为城旦舂。"《贼律》规定："为伪书者，黥为城旦舂。"《盗律》规定："盗赃值过六百六十钱，黥为城旦舂。"

第五，完刑与耐刑。是一种刑罚的两种称呼，都是指剃去犯人须鬓的刑罚。古人将该刑也视为"肉刑"之一，是因为其独特的观念，所谓"身体发肤，受之父母，不敢毁伤"[②]，把须发当成身体的一部分。《说文解字》段玉裁注曰："髡者，剃发也。不剃发，仅去其鬓曰耐，亦曰完。"可见，"完"即"耐"。完刑常与徒刑（如城旦舂）配合适用，《二年律令》中的《贼律》《盗律》《具律》等均有"完为城旦舂"的说法，而"耐"也可与鬼薪白粲、隶臣

---

① 《张家山汉墓竹简》，139页，北京，文物出版社，2001。

② 《孝经·开宗明义》。

妾及司寇等配合适用。

从身体刑的轻重程度看，其序列当是：腐—斩右趾—斩左趾—劓—黥—完或耐。

3. 自由刑

自由刑即徒刑，是指剥夺犯人人身自由并服劳役的刑罚。《二年律令》中的徒刑主要是城旦舂、鬼薪白粲、隶臣妾、司寇等，而与其配合适用的有斩左趾、斩右趾、劓、黥、耐等附加刑。

第一，城旦舂。《张家山汉墓竹简》注曰："黥，肉刑的一种。刺额并以墨填之。城旦舂，刑徒名，男称城旦，女称舂。"① 城旦舂是当时徒刑中最重的一种。《具律》中有"斩左趾为城旦"的说法，"斩趾"配合城旦，是城旦刑中最重的一种，而"斩右趾"又重于"斩左趾"。《贼律》规定："谋贼杀伤人，未杀，黥为城旦舂。"又规定："贼伤人，及自贼伤以避事者，皆黥为城旦舂。"是知黥刑也可与城旦舂配合适用。

第二，鬼薪白粲。《张家山汉墓竹简》注曰："鬼薪白粲，刑徒名，男称鬼薪，女称白粲。《汉书·惠帝纪》注引应劭曰：'取薪给宗庙为鬼薪，坐择米使正白为白粲。'"② 可见，鬼薪白粲乃取名于其所从事的劳役，但实际上被判处鬼薪者并不仅仅从事伐薪劳役，而被判处白粲者也并不仅仅从事择米的劳役。《具律》规定："上造、上造妻以上，及内公孙、外公孙、内公耳孙有罪，其当刑及当为城旦舂者，耐以为鬼薪白粲。"鬼薪白粲在刑等上低于城旦舂，它可与耐刑配合适用。

第三，隶臣妾。《张家山汉墓竹简》注曰："隶臣妾，刑徒名，男为隶臣，女为隶妾。"《贼律》规定："妻殴夫，耐为隶妾。"另外，《盗律》《亡律》及《杂律》等也有"耐为隶臣妾"之类的说法。可知耐刑常作为隶臣妾的附加刑适用。

第四，司寇。伺察寇盗之意，指强制犯人到边疆地区防御外敌并服劳役。"司寇"之名也承自秦律，睡虎地秦简《司空律》还称司寇可监管二十名城旦舂。《二年律令》中的《具律》规定："有罪当耐，其法不名耐者，庶人以上耐为司寇，司寇耐为隶臣妾。"可知耐刑可作为司寇的附加刑适用，另外也可知司寇刑轻于隶臣妾。

根据上述分析，可以得出结论，自由刑诸刑种之等序，从高到低依次为：城旦舂、鬼薪白粲、隶臣妾、司寇。而与附加刑结合适用后所形成的等序，从高到低依次为：斩右趾以为城旦、斩左趾以为城旦、劓为城旦舂、黥为城旦舂、完为城旦舂、耐为鬼薪白粲、耐为隶臣妾、耐为司寇。

4. 流放刑

此即"迁"刑，是一种将犯人强制迁徙到指定区域服役并不得迁回原籍的刑罚。秦简中已有迁刑，如《法律答问》载："啬夫不以官为事，以奸为事，论何也？当迁。"《二年律令》承之，《告律》将迁刑序于隶臣妾与司寇之后，而《具律》称"赎迁，金八两"，是知赎刑可与迁刑配合适用。汉代的迁刑一般是将犯人迁往边疆地区，以防御外族入侵，但它与隋唐时期的"流"刑又有不同：汉初迁刑之序等列于徒刑之后，而隋唐之流刑则列于徒刑之前（仅次于死刑）。

5. 财产刑

财产刑是一种剥夺犯人一定数量财产的刑罚，主要包括赎刑与罚金刑，但两者又有区别：前者须有本刑依托，后者可独立行使。据《尚书》记载，周代已有赎刑，而秦简《法律

---

① 《张家山汉墓竹简》，134 页，北京，文物出版社，2001。

② 同上书，138 页。

答问》也见赎刑，汉简《二年律令》承之，其序等位于迁刑之下、罚金刑之上。《具律》规定："赎死，金二斤八两。赎城旦舂、鬼薪白粲，金一斤八两。赎斩、腐，金一斤四两。赎劓、黥，金一斤。赎耐，金十二两。赎迁，金八两。"可见，几乎当时所有的刑罚都可以赎。《贼律》规定："父母殴笞子及奴婢，子及奴婢以殴笞辜死，令赎死。"父母打死儿子或奴婢，虽是死罪但可以黄金赎罪，这反映了封建法律对家长特权的保护。从《二年律令》的相关规定看，可以赎免的犯罪往往是过失犯罪或其他比较轻微的犯罪。

罚金刑在秦律中就已经出现，当时的"赀"刑就其核心内容看是罚金。《说文解字》注："赀，小罚以财自赎也。"《二年律令》中的《告律》有罚金四两、二两及一两的说法，可知罚金四两盖为罚金刑的常规上限。汉初罚金刑的适用对象一般是过失犯罪、经济犯罪和轻微的刑事犯罪，等等。如《贼律》规定："其失火焚之，罚金四两。"《捕律》规定："盗贼发，士吏、求盗部者，及令、丞、尉弗觉知，士吏、求盗皆以戍边二岁，令、丞、尉罚金各四两。"

6. 资格刑

资格刑是指剥夺罪犯官职与权利的一种刑罚。汉初的资格刑主要是夺爵与免官。《二年律令》中的《杂律》规定："博戏相夺钱财，若为平者，夺爵各一级。"《杂律》还规定："吏六百石以上及宦皇帝，而敢字贷钱财者，免之。"《置吏律》规定："有任人以为吏，其所任不廉、不胜任以免，亦免任者。"

综上所述，笔者认为，汉简《二年律令》中的刑罚原则及刑罚体系表现出了如下的特点：（1）注重维护伦理道德。这从其强调孝道、亲属相隐及尊老爱幼等法律原则即可看出来。（2）刑罚制度与秦代相比有所宽和，如徒刑鬼薪白粲以下至司寇不再与肉刑结合适用、徒刑与财产刑大量适用，等等。（3）强调从严治吏。尽管与秦律相比，《二年律令》的刑罚制度有所宽和，但它由于仍以法家重刑主义为主导，故其在本质上依然是严刑重罚，对官员犯罪更是如此。（4）形成了一个包括生命刑、身体刑、自由刑、流放刑、财产刑、资格刑在内的严密而完整的刑罚等次体系，反映了当时刑事立法技术的进步。（5）一些徒刑出现了刑期，标志着有期徒刑制度在国家法定刑中已经略具雏形了，反映了中国刑法史的新进展。

三、罪名体系

汉代的罪名也多继承秦制，如盗窃罪、妄言罪、非所宜言罪、杀伤罪、不敬罪、诽谤妖言罪，等等，但也新增了一些罪名。汉代的罪名比较庞杂，下面择其要者加以述说。

1. 大逆无道罪

该罪或单称"大逆"或单称"无道"（同"不道"），或称"逆不道"，它可溯源至商代的"不吉不迪"罪，"不迪"即不道，是指"不有功于民""作乱百姓"等罪行。秦时有"不道"罪，其内涵主要是谋反，汉时继承这一罪名，但其内涵急剧膨胀，包括了许多种严重损害封建政权的行为，故在"不道"罪名下有许多小的罪名，主要有以下几种。

（1）祝诅上罪。祝诅上罪是指妄图通过巫祝以鬼神的力量加害于君主。所谓"以言告祝谓之祝，请神加殃谓之诅"，即言此意。该罪名未见于秦律，当为汉初所创。有关该罪的最早记载见于《汉书·文帝纪》："二年……五月……民或祝诅上，以相约而后相谩，吏以为大逆……"可见，祝诅上罪是非常严重的犯罪行为，属于大逆无道罪。按汉律，犯大逆无道罪者要判处弃市之刑。

（2）迷国罔上罪。该罪是指欺罔君主并给国家利益带来重大危害的行为。犯此罪者往往为朝廷重臣，如《汉书·龚胜传》记载，丞相王嘉被尚书弹劾，称其"言事恣意，迷国罔上，不道"。经过朝廷大员们合议，"皆以为应迷国不道法"，结果王嘉下狱死。

(3) 左道罪。"左道"即邪道，该罪是指以邪道蛊惑民众的行为。据《汉书·王商传》记载，左将军史丹上奏，称王商"执左道以乱政，为臣不忠，罔上不道"，应处死刑。

(4) 漏泄省中语罪。"省中"即宫禁之地。该罪是指臣下泄露君主的言语，或泄露臣下上奏于君主的言论。据《汉书·贾捐之传》载，贾捐之"漏泄省中语，罔上不道"，而"坐弃市"。可知漏泄省中语即属大逆不道，被处弃市之刑。

(5) 赃百万以上罪。该罪也属不道罪。据《汉书·傅常郑甘陈段传》之陈汤传载："弘农太守张匡坐臧（赃）百万以上，狡猾不道……"把贪污百万以上也列入不道罪，可见当时惩贪力度之强。

(6) 诬罔主上罪。该罪是欺骗君主罪。《汉书·眭两夏侯京翼李传》之李寻传中有"诬罔主上，不道"，又《汉书·楚元王传》有"诬罔不道"，知该罪也属于不道罪。

(7) 上僭罪。该罪是指官员在器物、乘舆、服饰方面的僭越行为。根据汉代的礼仪制度，君臣在上述东西的使用上均有严格的等级规定，不可"逾制"。据《汉书·赵尹韩张两王传》之韩延寿传载，韩延寿"在东郡时，试骑士，治饰兵车，画龙虎朱爵"，结果被指控为"上僭不道"，"坐弃市"。

(8) 谋反罪。该罪指企图颠覆国家政权的行为。犯该罪者往往受到"夷三族"的刑罚，不仅自身受诛，整个家族也受牵连被诛。

(9) 巫蛊罪。该罪是指借助于神巫而造蛊毒、企图加害于人的行为。若加害的对象为君主，则构成大逆无道罪。《汉书·蒯伍江息夫传》之江充传中有所谓"民转相诬以巫蛊，吏辄劾以大逆亡道"的记载，又据《汉书·外戚传上》之陈皇后传载："……女子楚服等坐为皇后巫蛊祠祭祝诅，大逆无道，相连及诛者三百余人，楚服枭首于市。"

(10) 怨望诽谤政治罪。该罪是一种言论犯罪，指因怨恨而诽谤朝政。据《汉书·严延年传》载，汉宣帝时的河南太守严延年因对丞相不满，结果"坐怨望诽谤政治不道弃市"。又据《汉书·淮阳宪王传》载："……诽谤政治，狡猾不道……京房及博兄弟三人皆弃市，妻子徙边。"

(11) 妖言罪。该罪也是一种言论罪，即所谓以妖言惑众之行。据《汉书·律历志》载："劾寿王吏八百石，古之大夫，服儒衣，诵不详之辞，作袄（妖）言欲乱制度，不道。"可知妖言罪也是不道罪中的一种。

(12) 殴辱王杖主罪。王杖是皇帝授予70岁以上老人的一种拐杖，上有鸠饰，持此杖者即为"王杖主"，享有种种特权，殴打和侮辱王杖主的行为属于大逆不道罪。1959年在甘肃武威磨嘴子汉墓出土了《王杖十简》，1981年出土了《王杖诏书令册》。前者载：对王杖主"有敢骂詈、殴之者，比逆不道"，"年七十受王杖者，比六百石……有敢征召、侮辱者，比大逆不道"。这是说，王杖主的待遇是"比六百石"官秩，凡是对其擅自征召、侵害和侮辱的，均以大逆不道罪论处。后者载：对王杖主，"吏民有敢殴辱者，逆不道，弃市"，即对殴打侮辱王杖主的犯人一律处以弃市之刑。该简册还记载了一些案例，如云阳白水亭长张熬、汝南郡男子王安世、南郡亭长司马护、长安东乡啬夫田宣等人因殴辱王杖主，均被判处弃市。王杖主所持王杖，乃皇权的象征，侵犯王杖主就是侵犯皇权，故受到法律严惩。

2. 不孝罪

秦律中已有"不孝"罪，这已为湖北云梦睡虎地秦墓出土的竹简所证实。[①] 汉律在这方面继承了秦律，也有不孝罪的规定。湖北张家山汉墓中出土的《奏谳书》中有"不孝者弃

---

① 参见《睡虎地秦墓竹简》，154页，北京，文物出版社，1978。

市”[①] 之语，说明不孝罪是被判处极刑的，这反映了汉代统治者维护家族伦理的决心。又据《汉书·景帝纪》载，“襄平侯嘉子恢说不孝”，而被处死。另据《汉书·赵尹韩张两王传》之王尊传载：“春正月，美阳女子告假子不孝，曰：‘儿常以我为妻，妒笞我。’”养子奸污继母，此种禽兽之行被控“不孝”，结果罪犯被悬于树上，乱箭射死。

3. 不敬罪

该罪是一种有违君道尊严的失礼行为，较之“不道”罪，其情节轻一些。秦律中有“不敬”罪，指“犯上弗知害”[②] 的行为，就是说冒犯了君威却“弗知害”，这属于过失之行。到了汉代，这一罪名的内涵大大膨胀了，包括如下一些小罪名。

（1）失礼罪。该罪是指违反臣子之礼的行为。据《汉书·盖宽饶传》载：“长信少府檀长卿起舞为沐猴与狗斗……劾奏长信少府以列卿而沐猴舞，失礼不敬。”此明言“失礼”即是不敬。又据《汉书·萧望之传》载，萧望之因“……教子上书，称引亡辜之诗，失大大臣体，不敬”，结果“饮鸩自杀”。

（2）醉歌堂下罪。此处之“堂”指庙堂，为皇帝祭祖之所。在庙堂之下醉酒、歌舞，是对皇帝祖先神灵的不敬。《汉书·功臣表》载：“侯商丘成，坐为詹事祠孝文庙，醉歌堂下曰‘出居，安能郁郁’，大不敬，自杀。”

（3）戏殿上罪。殿上，是朝廷政治聚会之所，君臣议政之处。戏殿上，即在殿堂之上言行不严肃，有违朝廷之礼。据《汉书·张周赵任申屠传》之申屠嘉传载，申徒嘉指斥邓通以小臣的身份“……戏殿上，大不敬，当斩”。

（4）不下公门罪。官员要面见皇帝，入公门时必须下车，以示对皇帝的尊敬。若入公门而不下车，那就是一种不敬的行为。《汉书·张冯汲郑传》之张释之传记载，有一次，张释之看到太子和梁王入公门时未下车，“遂劾不下公门不敬，奏之”。

（5）不朝不请罪。按汉制，春季朝见天子曰“朝”，秋季朝见天子曰“请”。该罪名是指地方诸侯若不在规定的时间内朝见天子，则是一种不敬行为。《史记·王子侯者年表》载：“元狩六年，建成侯刘拾坐不朝不敬，国除。”《汉书·荆燕吴传》之吴王濞传称吴王“诈称病不朝，于古法当诛”，但“文帝不忍，因赐几杖”，只是打了吴王几杖。

（6）挟诏书罪。挟诏书是指将诏书夹在胳膊下，按汉制，应双手捧（“奉”）诏书，挟诏书就是对皇帝的不敬。《汉书·功臣表》载，元朔元年，翟不疑“坐挟诏书论，耐为司寇”。颜师古注曰：“诏书当奉持之，而挟以行，故为罪也。”

（7）废格罪。秦律中有“废令”罪，即未按君主的命令去做，对该罪的处罚是“耐为侯”。这是一种劳役刑。汉代的“废格”与秦的“废令”一脉相承，内涵基本一致。《史记·淮南衡山王列传》中如淳注解“废格”之义为“被阁（搁）不行”。在《汉书·食货志》中如淳又注曰：“废格天子文法，使不行也。”可见，汉代也是把不贯彻执行天子的命令视为犯了“废格”罪，这与秦的“废令”罪在内涵上虽无甚区别，但在对该罪的处罚方面却大相径庭：汉代的“废格”罪要判弃市（如《史记·淮南衡山王列传》有“废格明诏，当弃市”），而秦代的“废令”则仅判“耐为侯”，比前者轻得多。这说明，随着专制皇权的加强，对不执行其命令的行为的惩处力度大大加强了。

（8）非所宜言罪。该罪是指说了不该说的话（有害于皇权的）。秦时已有此罪名，汉代因袭，据《汉书·王莽传》载，韩博因进谏，被王莽“以非所宜言，弃市”。又《汉书·杨

---

① 江陵张家山汉简整理小组：《江陵张家山汉简〈奏谳书〉释文（二）》，载《文物》，1995（3）。

② 《睡虎地秦墓竹简》，283页，北京，文物出版社，1978。

胡朱梅云传》之梅福传载："廷尉必曰：'非所宜言，大不敬。'"可见，非所宜言属不敬罪，其刑罚等级是弃市。

4. 见知故纵罪

据《汉书·刑法志》记载，汉武帝时期，"作见知故纵、监临部主之法"。颜师古注云："见知人犯法不举告为故纵。"就是说发现犯法者必须举报，若不举报就是"故纵"即故意纵容犯罪，要受到法律制裁。监临部主罪是指长官对其下属犯罪须及时纠举，否则与之同罪。上述两种单行法规实是想通过建构一个监控网络使大家互相监督、互相检举、互相揭发，以防止破坏封建秩序的活动出现。

5. 欺谩罪

该罪是欺骗君主之罪。谩，《晋书·刑法志》引张斐《律表》云"违忠欺上谓之谩"。欺谩罪的具体内容如下：一是呈报计簿时弄虚作假的行为，二是在战场上多报所斩敌人首级之数字，三是向皇帝上书所言内容失实，四是核查田亩数字虚假，等等。

6. 不直罪

该罪名源于秦律，秦简云："罪当重而端轻之，当轻而端重之，是谓'不直'。"[①] 不直的意思就是故意重罪轻判或轻罪重判。汉代继承了这一罪名，《汉书·功臣表》载："元康元年，商利侯王山寿坐为代郡太守故劾十人罪不直，免。"又《汉书·赵尹韩张两王传》之张敞传载："臣敞贼杀无辜，鞫狱故不直，虽伏明法，死无所恨。"秦汉设此罪名的目的是维护司法公正，使司法官严格依法办事。

7. 选举不实罪

选举是汉代任官的基本途径，负责选举的官员必须对其选拔和荐举的人的情况如实向上级反映，若反映不实则承担法律责任。《汉书·功臣表》载："元朔五年，山阳侯张当居坐为太常择博士弟子故不以实，完为城旦。"这说明，不如实选举者要负刑事责任。又据《后汉书·邓张徐张胡列传》之胡广传载，胡广"……为济阴太守，以举吏不实免"。这是说，胡广因荐举官吏弄虚作假而被免除济阴太守的职务。

第三节　汉代的行政、民事、经济法律制度

引例　继承案

弟诉姐不肯与剑案。

《太平御览》卷八三六引应劭《风俗通》："沛中有富豪，家赀三千万，小妇子是男，又早失母，其大妇女甚不贤。公病困，恐死后必当争财，男儿判不全得，因呼族人为遗令。云悉以财属女，但以一剑与男，年十五以付之。儿后大，姊不肯与剑，男乃诣官诉之。司空何武曰：剑，所以决断也；限年十五，有智力足也。女，乃婿温饱十五年已幸矣！议者皆服，谓武原情度事得其理。"

---

① 《睡虎地秦墓竹简》，191页，北京，文物出版社，1978。

一、行政法律制度

汉代的行政法律制度主要有：抑制诸侯势力的《附益律》、抑制官员私自提高品级待遇的《尚方律》、规范史官撰写史书的《史律》、考核官吏的《上计律》、规定官制的《汉官旧仪》，等等。

（一）中央与地方的官制

汉代的官制分为中央和地方两个系统。汉初，中央确立了“三公九卿制”。所谓“三公”是指丞相、太尉、御史大夫。三者的职权分别为：丞相协助皇帝处理政务，其地位在一人之下，万人之上；太尉主管军事；御史大夫主管监察。所谓“九卿”是指太常（原为奉常，景帝中六年即公元前144年改）、光禄勋（原为郎中令，武帝太初元年即公元前104年改）、卫尉（景帝时曾改为中大夫令）、太仆、廷尉（景帝、哀帝时更名为大理）、宗正（平帝元始四年即公元4年更名为宗伯，东汉复名宗正）、大鸿胪（秦名典客，景帝中六年更名大行令，武帝太初元年更名为大鸿胪）、治粟内史（景帝后元元年即公元前143年更名为大农令，武帝太初元年更名为大司农）、少府，分管礼仪、宫廷守卫、皇室事务、司法、外交、财政税收等事宜。以后，汉代的“三公九卿制”时有变化，武帝时撤销了太尉而另设“大司马”，成帝时御史大夫被改为“大司空”，哀帝时丞相改称“大司徒”。至此，秦以来丞相、太尉、御史大夫的三公职位为大司徒、大司马、大司空所代替。东汉光武帝建武二十七年（51年），又改大司马为太尉，而将大司徒、大司空去“大”而为司徒、司空。与此同时，汉代的中外朝之别正在不断地明晰化。起初，武帝为了加强皇权，拔擢了许多贤良士大夫充任高级侍从官职，他们有参与讨论国家政事的权力。不仅如此，武帝还让他们参与大臣们的政策辩论，由此“中朝”“外朝”开始区别开来。由侍从皇帝的宫廷机关构成的“中朝”逐渐掌握了对国家政务作出决策的实权，而以丞相为首的“外朝”退居到执行政务的地位。中、外朝之别是古代中国君权、相权之争的必然结果，其结果就是尚书的职权不断增强，遂成为直接隶属于皇帝的最重要宫廷政治机关，而设官分职后尚书台的出现也就在情理之中了。至东汉，尚书台组织机构进一步扩大，增设六曹，俨然成为朝廷中的小朝廷。汉代中央政治机关的演变表明了皇权的不断增强，这正是秦汉时代政治发展的必然趋势。

在地方上，汉初在沿袭秦代郡县两级行政管理制度的同时又复立诸侯国，形成了郡国并行的态势。诸侯王拥有封地内的全部权力，可以设置百官、征收租税、铸造货币，遂成为割据一方的不稳定因素。“七国之乱”后，王国制度发生改变，削除了诸侯王的军事权和财政权，而由中央统一管理。王国的组织机构、官员品秩也大大削减，并且只许诸侯王在京师食取租税而不准直接管理封国。武帝时采取“推恩削藩”的政策，使王国的地域不断缩小，最终成为与郡相当的行政区域。之后，西汉在地方上完全确立了郡县两级行政管理体制。郡直属于中央，其长官称郡守；县的行政长官称“令”或“长”，下设乡、里、亭等行政单位。东汉时期，又形成了州、郡、县三级行政管理制度。

（二）官吏的选拔和任用

在官吏的选拔和任用方面，汉代也形成了一套卓有创见的制度。汉代选拔官吏的主要方式有察举、征辟、特召、上书拜官、任子、纳赀等。察举是指由中央和地方各级官吏向朝廷推荐贤才。这种方式汉初就已经开始实行，察举的科目分为贤良方正、孝悌力田、茂才（原为秀才，因避光武帝刘秀讳而改为茂才）异等和孝廉。凡是被察举者，皇帝多亲自策问以示重视。东汉察举的科目较西汉有所增加，有贤良方正、孝廉、茂才、明经等。察举制在一段时间内确实为汉廷输送了大量有用之才，如公孙弘、路温舒、赵广汉等。征辟是由皇帝或公卿、州郡长官征召士人为官，它也对一定时期内汉廷行政能力的增强及吏治清明作出了贡献。另外，汉廷还制定了“四科”“四行”的标准，由皇帝特召选官。为了培植官僚的后备力量，武帝还在长安设立“太学”，置博士弟子员，学习儒家经典，每年考试一次，合格者即可为官。而有些士人也可能因上书皇帝，提出有利于统治的政策而得到皇帝的赏识，由此而被授予官爵，此即所谓“上书拜官”，主父偃就是其中一例。汉代官吏在选官方面还有恩荫特权，即“任子”，具体是指二千石以上官吏，任满三年就可保举子弟一人为郎官。最后，赀选在汉代整个选官制度中是一种非常之制，只有家资达到一定标准者方可为官。武帝时战事频仍，国库亏空，就实行了无限制的“卖官鬻爵”的方法。至东汉后期，纳赀弊端丛生，彻底蜕变为钱权交易的商品关系，导致朝纲败坏，法制荡然无存。汉代任用官吏的方式也极为多样，如拜（初次或再次为官）、守（试用）、假（代理）、行（代行其他职权），等等。

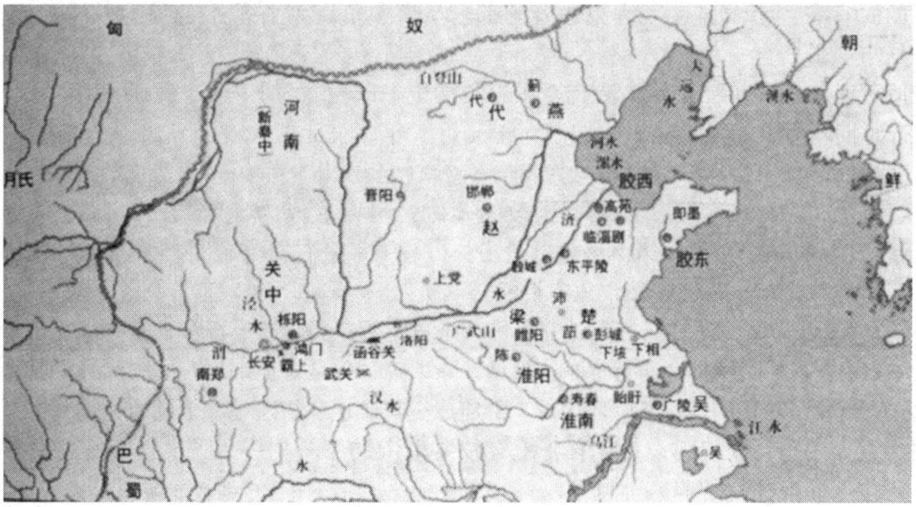

图 4—3　诸侯制度①

(三) 官吏的考核和奖惩

在官吏的考核和奖励方面，汉代法律也多有规定，这主要体现在《上计律》中。所谓“上计”是指郡守年终命令上计掾和上计吏各一人，将本郡的农业生产情况、户口增减及社会治安状况等写在计簿上，向中央（西汉为丞相，东汉为司徒）汇报。对考核后认定确有政绩者，予以升迁；而对没有政绩者则或斥责或罢官。另外，对勤奋工作的“积劳”官也可予以升迁，如赵禹“以刀笔吏积劳，稍迁为御史”②。再者，官吏中“明达法令”者亦可升官，如薛宣“以明习文法诏补御史中丞”③。倘官吏受贿，就会受到严惩，当时甚至“赃值十金，则至重罪”④。由此亦可见汉代统治者肃清吏治的决心。

(四) 官吏的监察制度

汉代统治者非常重视对官吏的监督，建立了一整套从中央到地方的监察制度。

汉代中央设有御史府，也叫御史大夫寺，为最高监察机关。长官为御史大夫，协助丞相总理国政，同时兼掌全国的最高监察权。在御史大夫下设有御史中丞和侍御史等属官。御史

---

① 参见李默主编：《中华文明大博览》，“西汉”，广州，广东旅游出版社，1998。

② 《史记·酷吏列传》。

③④ 《汉书·薛宣朱博传》颜师古注。

中丞又称御史中执法，“在殿中兰台，掌国籍秘书，外督部刺史，内领侍御史员十五人，受公卿奏事，举劾按章”①。御史大夫在被改为大司空之后实际职权转变为掌管土木工程，而其原有的监察权就由御史中丞承担。西汉末年，御史府改为御史台，又名兰台，成为专门行使监察权的机构。除了御史府之外，汉武帝元狩五年（公元前118年）又在丞相府内置丞相司直，“掌佐丞相举不法”② 并协助丞相“督录诸州”③。丞相府的监察机关使得丞相对各郡县官吏的监督增强，同时也是对御史大夫为首的监察机关的制约。这样，汉代的中央机关就处于互相监督之中了。另外，汉武帝征和四年（公元前89年）设置司隶校尉，负责监察京师及其临近各郡。西汉时司隶校尉受制于御史大夫，秩比二千石，位在司直之下。但是其职权较重，可纠举包括丞相在内的百官，直接弹劾三公。东汉时期，司隶校尉每逢朝位则独居一席，同御史中丞、尚书令一起专席独坐，于是时人命之“三独坐”。司隶校尉的属官有：负责监察百官犯法者的都官从事、负责财谷簿书的簿曹从事、负责兵事的兵曹从事，等等。

在地方上，汉初废除了秦设置于各郡的监御史，改由“丞相史”（由丞相派出）监察数郡。武帝时期，为了加强对地方的控制，于元封五年（公元前106年）废除丞相史，将全国分为十三州部，每个州部派刺史一人负责监察（京师所在州长官为司隶校尉），刺史遂成为固定的监察机关。东汉末年，州部刺史被改为州牧，州正式成为地方的一级行政单位。刺史“掌奉诏条察州”④，以六条问事，这六条是指：（1）强宗豪右田宅逾制，以强凌弱；（2）二千石官不奉诏遵承典制，背公向私，鱼肉百姓；（3）二千石官不恤疑狱，以个人喜怒判案，烦扰苛暴，为百姓所疾；（4）二千石官选官不平，蔽贤宠顽；（5）二千石官子弟有恃无恐，为害地方；（6）二千石官阿附豪强，通行货贿。可见，除了第一条是对强宗豪右的制约外，其余5条均为对地方官员及其子弟的监督。除此之外，郡府属吏督邮也承担着地方上的监察任务。

更为重要的是，汉代还设有言官，他有权向皇帝进谏以监督和匡正皇帝的过失。汉代自上而下、自下而上并行的监察体制使汉政权的运作呈现出一定的理性色彩。

（五）官吏的致仕制度

汉代法律规定，官吏年七十，耳目不聪，腿脚不便，照例应致仕；或因疾病亦可致仕。比二千石以上官致仕，可享受原俸禄的三分之一。一千石以下官告老则不予俸禄。汉代致仕制度形成一种未老告退、让位于贤的风气，对于汉政权保持生机和活力起了积极作用。

二、民事法律制度

中国古代虽然不存在独立的民法部门，但是调整民事关系的法律却是存在的。而且，民事法律乃切实的社会生活的反映，只要有买卖、契约等民事法律关系的存在，任何政权都不能无视民事秩序的维护和稳定。汉代的民事法律制度主要表现在以下几个方面。

（一）民事权利能力和民事行为能力

在古代社会中，民事权利能力会随着身份的变化而变化。诸侯王、官僚、地主、大商人享有完全的民事权利。自耕农也是民事权利主体，但佃农由于对土地的依附，他的人身是不自由的，其权利能力也因此受到限制。一般商人受到重农抑商政策的影响，其权利能力也有所约束，如高祖时就规定：商人不能衣绣乘马，子孙不得为官，不得名田。另外，赘婿和妇女虽有人身自由，但在民事法律关系中其权利能力亦有种种限制。而官、私奴婢则往往是合

①②③ 《汉书·百官公卿表》。

④ 《后汉书·百官志》。

同的标的物，与牛、羊、田宅无别，其权利能力自然付之阙如。

至于民事行为能力，学界一般以承担徭役的年龄为限。汉初，男子“二十三傅之畴官”，这里傅就是指名籍，即达到徭役年龄。景帝二年（公元前155年）傅籍年龄改为20岁。至此，男子服役年龄除武帝时曾恢复至23岁以外，一般是从20岁到56岁。

（二）所有权

古代社会的所有权以土地所有权为核心内容。汉律严格维护战国以来确立的土地制度，承认和保护土地私有权。由于土地的自由买卖，至武帝时逐渐形成“富者田连阡陌，贫者无立锥之地”① 的局面。据此，董仲舒主张“限民名田，以澹不足”②，而汉政府也确实屡次颁布“限田”和抑制兼并的法令。不过，这种法令并未得到彻底的贯彻执行。除私有土地外，国家仍保有大量官田，这些官田是禁止买卖的。同时，汉代土地的买卖、赠与、租赁等民事活动均要求订立文契，以此作为所有权变动的凭据。

（三）债

汉代商品经济有了一定程度的发展，契约之债亦随之成为普遍现象，主要可以分为两种。

1. 买卖契约。买卖契约在汉代称为“券”或“券书”，是契约中最普遍的一种。“券”或“券书”是买卖成立的证据，一旦发生纠纷，它的证据功能就立刻得到体现。

2. 借贷契约。汉代借贷契约的调整倾向于对债权人利益的保护，逾期不履行债务者要承担法律责任。汉代的贵族官僚、豪富也热衷于参与借贷，以此牟取暴利。为此，汉律不得不明定利率，限制高利贷的发展。另外，汉代借贷契约还表现出复杂化的特点。为了保证债务的履行，汉承秦制允许设债务担保者，叫作“任者”；债的成立还要有见证人，叫作“旁人”。债的担保则或为物保或为人保，充分体现了商品经济的发展对债的影响。

（四）婚姻、家庭和继承

汉代的婚姻、家庭关系充分体现了儒家思想的影响。在婚姻的成立方面，汉代婚姻以父母主婚、媒妁之言为首要条件，而“六礼”中的聘礼极为盛行。同时，汉初由于战争影响，人口锐减，国家开始以税收手段鼓励男女结婚。惠帝曾下令“女子年十五以上至三十不嫁，五算”③。这就是说，女子30岁以前不出嫁将承担5倍算赋。汉律还允许男子入赘女家，只是赘婿地位低下，备受歧视。汉代婚姻还存在着禁忌，包括近亲不婚、尊卑不婚、不得“娶亡人为妻”等。

在夫妻关系上，首先，汉代实行“一夫一妻制”。但是由于宗法制度的要求，婚姻的目的在于延续血脉，“上事宗庙，下继后世”，所以无后嗣者往往纳妾不止。当然，贵族官僚是这一制度的最大受益者，因为这项制度为满足他们的私欲提供了合法的理由，如丞相张苍就曾“妻妾以百数”。尽管如此，妻、妾之间的地位还是有较大差别的，“乱妻妾位”不仅为宗法所不容，更为国法所禁，其原因就在古代婚礼所蕴涵的意义已经决定了妾地位的低下。其次，在婚姻关系存续期间，“夫为妻纲”的教条使夫妻之间地位极不平等。汉律规定，丈夫有权打骂、奴役甚至转让妻子，妻子只能无条件服从丈夫的支配，忍受丈夫的虐待。丈夫可以妻妾成群，而妻妾则须绝对忠诚于丈夫。丈夫与人通奸，最重不过耐为鬼薪；而妻子与人通奸或者私自改嫁，又或者夫死未葬即嫁人，则要依法处死。最后，在离婚方面，主动权操于丈夫之手，这一点突出地表现在“七弃”之制上。所谓“七弃”，又称“七出”“七去”，是指丈夫单方面休妻的七种理由，即不孝顺父母、无子、淫乱、妒忌、恶疾、多言、窃盗。

---

①② 《汉书·食货志》。

③ 《汉书·惠帝纪》。

虽然“七弃”之制受到“三不去”的限制，即丈夫结婚前后曾依靠妻子供养或受有其大笔财产而婚后妻子无家可归，妻子同丈夫一起服过3年丧期而有大孝行，丈夫娶妻时贫贱而婚后富贵，但是婚姻的解除仍然只在男子的一念之间。

在亲子关系方面，“父为子纲”的思想成为指导原则。汉律规定，凡触犯家长的父权统治而犯有不孝罪者，要处以弃市等死刑。至于杀害父母等尊长，更属大逆重罪，其结果必然是严惩不贷。

在继承方面，汉代的继承制度因身份和财产而有所不同。汉律规定，无论皇位或爵位的继承权都只属于嫡长子。为了确保嫡长子的宗法地位和宗族血缘的纯洁，汉律特别规定了“非正罪”和“非子罪”：前者是指非嫡系正宗而继承爵位，依律免为庶人；后者则指非亲生子继承爵位。而对财产继承而言，一般诸子享有平等继承权。如陆贾就曾将千金平分与五子。另外，汉代财产继承还出现了遗嘱继承的方式。汉代的遗嘱称为“先令”，江苏扬州仪征胥浦101号汉墓出土的《先令券书》是迄今所知最早的遗嘱继承的实例。[①] 本节开始所引用的案例也是汉代遗嘱继承的证明。当然，《先令券书》与《太平御览》引《风俗通》中的案例都说明女儿同样享有一定的继承权。

三、经济法律制度

汉代统治者很注意运用法律手段干预经济。在经济立法方面，其首要任务是重农抑商，汉文帝、汉景帝就曾多次下达劝课农桑的诏令，当然这也是我国封建时期历朝历代的基本经济国策。汉代统治者还用法律加强对农业生产的管理，为此制定了《水令》，这在《汉书·兒宽传》注中有明确记载。

汉代在币制方面也进行了一些改革。汉初废除了秦的铸钱，由国家垄断铸币大权，改铸新币。至文帝时，允许私人铸钱，此种经济放任政策给国家带来了不利影响。武帝在位时期又把铸币权收归中央，由专门的铸币机关负责铸五铢钱，对私铸货币者处以极刑。另外，武帝为了支援前线战争，曾经发行白鹿皮币。而在王莽执政时期，也多次进行币制改革，不过均以失败告终。

在赋税征收方面，汉代有《田租税律》《田律》等法律规定。汉代赋税体现出“轻田租重人头”的特点。关于田租，汉初采取“十五税一”的办法，汉文帝则下令减免一半田租，东汉时期也曾实行过“三十税一”的政策。汉代田租的形态在西汉时多为实物地租，即缴纳谷米，东汉末年则改为货币地租。关于人头税，汉代主要包括口赋、算赋、户赋、更赋等几种。口赋是向未成年人征收的人头税。汉初七岁至十四岁者年出口赋二十钱，武帝时加征三钱“以补车骑马”，昭帝时又有所减少。算赋是向成年人征收的人头税。高祖四年（公元前209年）“初为算赋”，规定：民年十五以上至五十六，出一百二十钱为一算；商人与奴婢“倍算”，即征收二百四十钱；女子年十五至三十不嫁者五算。武帝时，年八十以上可以免算赋两年。户赋是指每户每年交二百钱。最后，男丁傅籍后至五十六岁需承担徭役，但可以钱代役，此即“更赋”。

另外，汉代统治者还非常重视以法律手段对经济作出宏观调控。首先，武帝时期为增加国库收入，一改汉初允许私人经营盐铁的政策，对垄断盐铁的豪富施以打击。这一措施大大增加了国库收入，有力地支援了对匈奴的战争。其次，武帝还采纳桑弘羊的建议，在郡国内设置均输平准官，直接经营贡品运输和一些官营商业，此即“均输平准”。这个政策的目的在于调剂运输，平抑物价，使政府得以控制市场，限制豪商巨富的投机活动。另外，为了充

① 参见张晋藩：《中华法制文明的演进》，172页，北京，中国政法大学出版社，1999。

实国库，保持对匈奴作战的优势，武帝还于元狩四年（公元前119年）先后颁布了算缗令和告缗令。前者的具体规定是，以每二千钱抽取一算的方式向商人征收财产税，而对于手工业者的产品则每四千钱抽取一算。后者则是前者的配套措施，规定凡隐匿财产不报或申报不实者将罚戍边一年并没收财产，有能告发者，赏应没收的被告者财产的一半。武帝的这一经济手段使许多中等以上的商人“皆遇告”，商人大量破产。

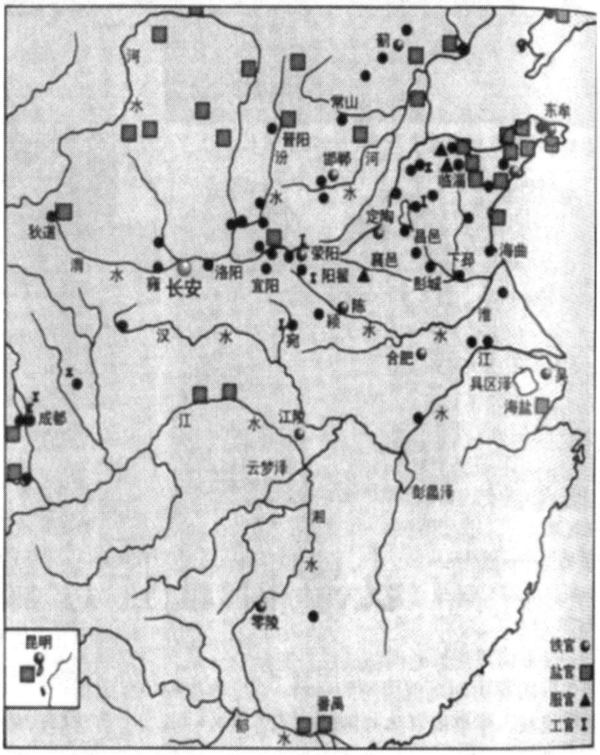

图4—4 盐铁官营①

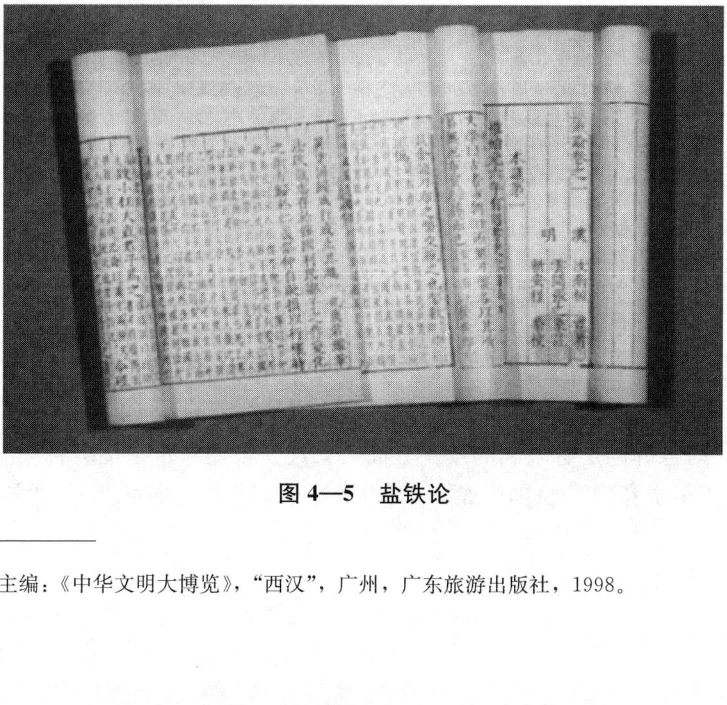

图4—5 盐铁论

① 参见李默主编：《中华文明大博览》，“西汉”，广州，广东旅游出版社，1998。

第四节　汉代的司法制度

引例　杀人案

养子杀人养父为之隐藏当何论案。

《通典·礼二十九》："时有疑狱曰：甲无子，拾道旁弃儿乙，养之以为子。及乙长，有罪杀人，以状语甲，甲藏之。甲当何论？仲舒断曰：'甲无子，振活养乙，虽非所生，谁与易之。《诗》云：螟蛉有子，蜾蠃负之。春秋之义，父为子隐，甲宜匿乙。'诏：不当坐。"

一、主要司法机关

汉代的中央司法机关主要包括皇帝、丞相、御史大夫、廷尉。在古代专制制度下，皇帝集政治、经济、军事、司法大权于一身，是名副其实的最高司法机关。汉代有些皇帝还亲自审判案件，如东汉光武帝就"常临朝听讼，躬决疑事"①。不过，从形式意义上说，廷尉是最高司法机关，其职责是审理皇帝下达的"诏狱"以及地方审理不当或疑而未决的"疑狱"。廷尉以下有左右正、左右平、左右监等属官负责具体的司法事务。至东汉时省右监、右平，只设左监、左平。廷尉还设有监狱，称为"廷尉狱"。但是，遇有重大案件，丞相、御史大夫也往往参与审理，称为"杂治"。汉武帝时还曾赋予尚书以司法审判权；成帝时由于尚书台中设置三公曹，"主断狱"，也有一定的司法权；东汉时尚书台成为中枢机关，其下属六曹中的"二千石"专掌审判，廷尉的职权则被分割。

汉代在地方上实行司法、行政不分的制度，郡县长官均职掌司法。郡设"决曹掾"，是专职司法官，审理一般案件，最后交由郡守裁断，若遇疑案则移送廷尉。县令是地方基层司法机关的长官，对轻微案件可予判决，遇疑案则移送郡守。京师以内的案件则由三辅——京兆尹、左冯翊、右扶风负责审理。另外，汉初封国也享有一定的司法权，其主管官吏为内史。景帝以后，封国相当于郡县，其相与郡守县令相似，职掌司法。到东汉灵帝时，州已演变为地方最高行政单位，州牧成为地方最高的司法官员，而州也成为郡县的上诉审级。

二、汉代的诉讼程序

1. 告劾。告劾即起诉，它包括两种情况：其一为当事人直接到官府起诉，称为"告"，相当于今天的"自诉"；其二为有关官员（主要是监察御史和司隶校尉等）代表国家纠举犯罪启动诉讼，称为"劾"，相当于今天的"公诉"。汉律规定"其见知而故不举劾，各与同罪；失不举劾，各以赎论"，显然，汉代鼓励百姓积极告发、检举犯罪。

不过，汉代的告诉也是有限制的：一方面，汉代一般要求百姓逐级告劾而不允许越级起诉；另一方面，"亲亲容隐"原则严禁卑幼控告尊长（除大逆谋反外），否则即以不孝罪处

---

① 《晋书·志·第二十章·刑法》。

死。此外，汉代还严禁诬告。当然，如果确有冤屈，汉代也允许百姓越级直接上书中央司法机关，此即“诣阙上书”。之所以出现这一制度，一是因为地方司法机关办案不公造成冤狱，百姓有冤无处申；二是因为地方司法机关互相推诿，不负责任，百姓无处诉苦；三是因为被告位高权重或案情重大，原告不得不越级告诉。“诣阙上书”制度的建立显然有利于纠正地方司法不公、减少冤假错案、缓和社会矛盾。

2. 逮捕。司法机关在受理告劾之后，就必须立即依法逮捕嫌疑人。对于平民犯罪，只要有人告劾，不必经过侦查程序，也不问是否有疑问，就立即予以逮捕。对于享有上请特权的官僚贵族而言，一般官府不能直接逮捕，而应先奏请皇帝裁夺，此即所谓“有罪先请”。凡被逮捕及监禁者均须戴刑具，同时汉律规定老小、废疾及妇女犯罪可以不戴刑具，这就是通常所说的“颂系”。如景帝后元三年（公元前165年）诏：“高年老长，人所尊敬也；鳏寡不属逮者，人所哀怜也。其著令：年八十以上，八岁以下，及孕者未乳，师、侏儒当鞫系者，颂系之。”[①] 当然，官员被逮捕或监禁也不必戴刑具，这也是官僚特权在诉讼上的体现。民事争讼案件一般也不予逮捕，而是采取调解的方式息讼，以示“德化”。如《后汉书·吴祐传》记载，吴祐任胶东侯之相时“民有争讼者，辄闭阁自责，然后断其讼，以道譬之。或身到闾里，重相和解”。

3. 鞫狱。鞫狱即审讯和判决，秦律称之为“治狱”。汉代司法官吏在审理案件时注重以周代以来传统的“五听”之法收集证据，证据的形式包括书证、物证、证人证言、被告人供述等。而获得口供的手段往往是刑讯逼供，即以笞掠等方式，逼迫受审者屈服招供。经审讯获得口供之后三日，将再次询问复核，称为“传复”，目的是查看此次供词与上次相比是否有出入，从而给予受审者以反复的机会。经过这些程序就可以对被告宣判了，一般由司法官员对被告宣读判词，此谓“读鞫”，是初审程序的最后阶段。判决宣读完毕之后，如被告对判决不服，可以要求复审，此谓“乞鞫”。乞鞫当在一定期限内进行，通常以3个月为限。《周礼·秋官·朝士》郑玄注引郑众说：“在期内者听，期外者不听，若今时徒决满三月，不得乞鞫。”

4. 覆案。覆案又称“覆治”“覆考”，或单称“覆”，指对案件的复审。覆案是秦制而为汉代所承袭。秦汉推行此制度之目的在于纠正已判决的冤假错案，防止徇私枉法、司法专横等腐败现象的出现。汉代的中央机关在接到不服判决的上书之后，往往对该案进行复审。另外，汉廷还经常特派使者巡行地方，其主要职责就是“平冤狱”，即通过使者复审案件来平反冤狱。

5. 执行。关于判决的执行，值得注意的是汉代死刑的执行情况。对死刑的执行，汉代实行“秋冬行刑”制度。除谋反大逆等“决不待时”的案件之外，一般死刑犯须在秋天霜降后、冬至以前执行。值得注意的是，成书于战国中期的黄老学派的代表作《黄帝四经》系统探讨了德行与春夏秋冬的关系，主张“春夏为德，秋冬为刑，先德后刑以养生”《十大经·观》。由于汉初黄老学的流行，董仲舒的刑德观也可能受到了黄老学的影响，而董仲舒的思想恰恰是“秋冬行刑”论的理论基础。

另外，在诉讼方面，汉代还有两种值得注意的制度。

其一为上报制度。一般刑事案件，司法机关可以自行判决而不用请示上级，但有两类案件要上报：死刑案件的判决当上报朝廷，由廷尉或皇帝核准后执行，称为“奏报”；疑难案

① 《汉书·刑法志》。

件的判决，要逐级上报决疑，此谓“奏谳”或“谳疑”。

其二为录囚制度。所谓录囚是指通过上级司法机关对在押囚犯的复核审录来检查下级司法机关对案件的审理是否有失公允，并以此纠正冤假错案。“录囚”一词最早见于《汉书·隽不疑传》，传称隽不疑任青州刺史时，“每行县录囚徒还，其母辄问不疑：有何平反，活几何人”？这说明，录囚与平反冤案密切相关。

汉代录囚有皇帝录囚、刺史录囚及郡守录囚三种。通过录囚活动，一些冤假错案得以昭雪，也有利于提高地方司法官员明法慎刑的自觉性，从而使当时的司法状况得到一定程度的改善，并对后世的司法实践产生了积极影响。

三、春秋决狱

“春秋决狱”是指用儒家经典《春秋》所体现的道德精神指导司法审判，它反映了儒家伦理思想对汉代司法领域的渗透。众所周知，“汉承秦制”，汉代初年的法律是秦律的延续，而秦律所体现的是法家的精神。然而，在意识形态领域节节胜利的儒家试图将自己的设计体现于社会生活的方方面面，他们当然也不会放过法律这一有力的社会型塑工具，因为对一个大国而言，法律对秩序的形成与改变无疑具有重大作用。但是，作为常法的律典的改变是极为不易的。汉儒在坚定的儒学信念指引下最终找到了一个便捷方式，这就是以儒家思想不断改造司法实践，使儒家伦理成为真正的“活法”。当然，这也体现了儒者对现行法的评价。在他们看来现行法倘不合儒家经义就不能成其为真正的法，因此也就有必要在司法实践中排除其应用而代之以体现经义的法律原则的命令。或许我们不能将汉儒的行动等同于西方思想家的自然法理想，但是在儒者心中自有其正当法观念是毋庸置疑的。儒生的努力使《春秋》成为效力等级极高的法律形式，而秦朝传下来的法家之法也就逐渐与儒家精神相融合。

汉代“春秋决狱”的主要代表人物是董仲舒，他曾撰写《春秋决狱》一书，书中记有二百三十二个案例，不过该书久已亡佚，今天只能在《太平御览》及《通典》中看到它的支鳞片甲。

“原心定罪”是春秋之义中一项最为重要的内容。汉儒将其奉为司法审判的基本原则。《太平御览》卷六百四十引：“甲父乙与丙争言相斗，丙以佩刀刺乙，甲即以杖击丙，误伤乙，甲当何论？或曰殴父，当枭首。论曰：臣愚以父子至亲也，闻其斗，莫不有怵怅之心，扶杖而救之，非所以欲诟父也。《春秋》之义，许止父病，进药于其父而卒，君子原心，赦而不诛。甲非律所谓殴父，不当坐。”在本案中，董仲舒明确地提出“原心定罪”的主张，他认为甲的行为动机在于救父而非伤父，故结果不当成为追究刑事责任的依据。那么“原心定罪”究竟指什么呢？董仲舒解释道：“春秋之听狱也，必本其事而原其志。志邪者不待成，首恶者罪特重，本直者其论轻。”① 这就是说，审理案件要考察犯罪事实（“本其事”）和犯罪动机（“原其志”），如果行为动机不合乎儒家道德（“志邪”），对这种犯罪应当予以严惩；如果动机合乎儒家道德（“本直”），那么即使犯法也可从轻论处。而《盐铁论·刑德》更是一针见血地指出：“故春秋之治狱，原心定罪，志善而违于法者免，志恶而合于法者诛。”这种做法实际上是在司法审判中混淆了道德与法律的界限。法律所关注的是服从它的群体并为他们塑造一种行为和社会生活的外在规则，而道德的焦点则是人们的内心世界并引导人

---

① 《春秋繁露》，第二卷·精华第五。

们追求至善，将二者混于同一判断中的做法只能使法律得到自律性而道德得到他律性，由此二者均发生变质并落入无法实现之境遇。事实上，汉代酷吏以“原心定罪”为由任意出入人罪的做法已经证明这个原则生来具有的孱弱性。汉代在道德与法律的关系这一法学领域之“哥德巴赫猜想”方面的抉择虽为时局之使然，却为传统中国法之未来发展的困境与艰辛埋下了伏笔。

【问题与思考】

卫太子案

《汉书·隽疏于薛平彭传》之隽不疑传载：“始元五年，有一男子乘黄犊车，建黄旐，衣黄襜褕，著黄冒，诣北阙，自谓卫太子。公车以闻，诏使公卿、将军、中二千石杂识视。长安中吏民聚观者数万人。右将军勒兵阙下，以备非常。丞相、御史、中二千石至者并莫敢发言。京兆尹隽不疑后到，叱从吏收缚。或曰：‘是非未可知，且安之。’不疑曰：‘诸君何患于卫太子！昔蒯聩违命出奔，辄拒而不纳，《春秋》是之。卫太子得罪先帝，亡不即死，今来自诣，此罪人也。”遂送诏狱。

结合本案理解“春秋决狱”这一汉代法律现象。

第五章

儒家思想的法律化——三国两晋南北朝时期的法律制度

参考文献

1.（宋）李昉等．太平御览．影印本．北京：中华书局，1982
2.（宋）王钦若等．册府元龟·刑法部．影印本．北京：中华书局，1960
3.（元）马端临．文献通考．影印本．北京：中华书局，1986
4. 程树德．九朝律考．北京：中华书局，2003
5. 沈家本．历代刑法考．北京：中华书局，1985
6. 张建国．帝制时代的中国法．北京：法律出版社，1999
7. 丘汉平编著．历代刑法志．北京：群众出版社，1962
8. 周密．中国刑法史．北京：群众出版社，1985
9. 唐长孺．魏晋南北朝史论拾遗．北京：中华书局，1983
10. 韩国磐编．魏晋南北朝史纲．北京：人民出版社，1983

第一节　三国两晋南北朝时期法律制度的主要发展变化

引例　许允职事犯罪案①

许允字士宗，世代任官。其父亲许据，曾历任典农校尉、郡守等官职。许允少年之时，与同郡的乡族崔赞均于冀州成名，后征召入军。魏明帝时，许允

① 参见《三国志·魏书·诸夏侯曹传》之夏侯尚传。

为尚书选曹郎，因与袁侃共同职务犯罪，均被下狱。朝廷颁布严厉诏旨，主犯处罚从重，应当判处死刑。而许允对袁侃说：“你是功臣之子，依照法律，应当以‘八议’论处，不要担心会处死。”袁侃知道许允的内心想法，于是主动承受重刑。许允刑期执行完毕，继续任官，担任郡守，不久升迁为尚书中领军。

一、三国两晋南北朝时期的立法概况

（一）三国时期的立法

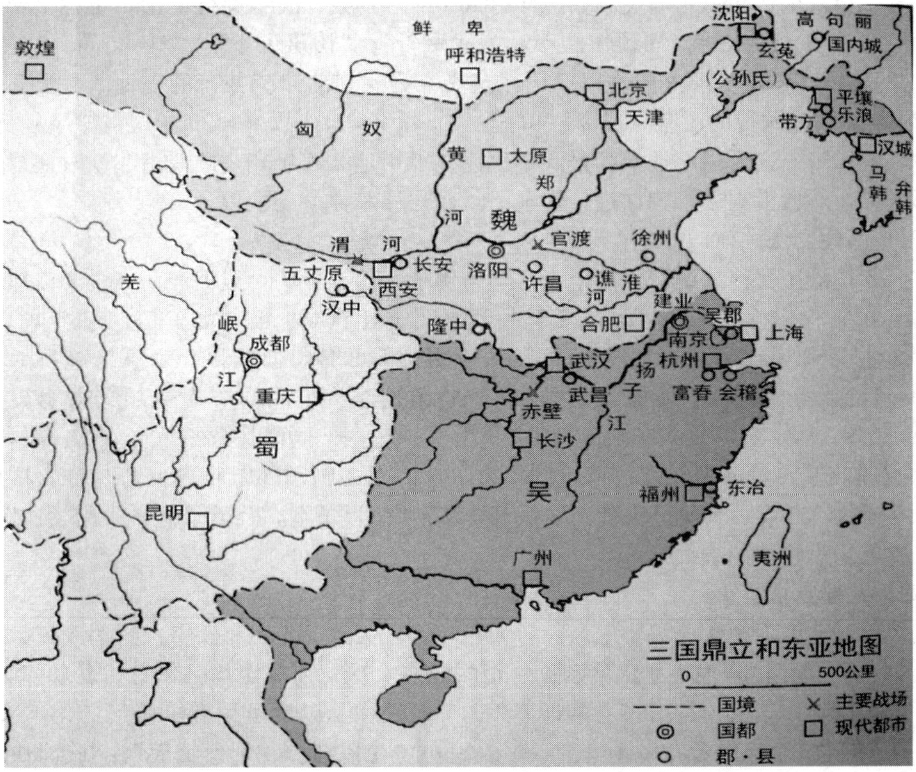

图 5—1　三国形势图①

蜀国都成都后，着手制法。史载诸葛亮、法正、伊籍、刘巴、李严等人“共造蜀科”②。据《三国志·蜀书·诸葛亮传》，诸葛氏集篇目后有“法检”“科令”“军令”等篇，史称其“刑政虽峻而无怨者，以其用心平而劝戒明也”。现除散见的部分军令外，均已佚失难考。

吴国“律令多依汉制”③，立法活动主要有两次：一是于黄武五年（226 年），这是对科条的一次较全面修订。二是嘉禾三年（234 年），“时年谷不丰，颇有盗贼，及表定科令”④。

① 参见谭其骧主编：《中国历史地图集》，2 版，第 3 册（三国·西晋时期），北京，中国地图出版社，1996。

② 又称“汉科”，见《三国志·蜀书·许麋孙简伊秦传》之伊籍传。

③ （元）马端临：《文献通考》，影印本，北京，中华书局，1986。

④ 《三国志·吴书·孙登传》。

此外还有军令性质的“誓众之法”[①]，但也都失传。1996年在湖南长沙发现大量吴简，多达十几万支，内容涉及法律，对这批简牍的整理研究，极大促进对这一时期法律制度的研究。

魏国立法较蜀、吴卓有成效。早在曹操被封魏王时，就针对汉律繁芜和不适于动乱年代的状况而有所改易。但迫于汉臣名分，遂有“科”这一独立性的临时法律形式的出现。当时制定有“新科”和“甲子科”[②]。魏明帝时又着手制定新律。史载：太和三年（229年）诏令陈群、刘邵、韩逊等“删约旧科，傍采汉律，定为魏法，制新律十八篇”[③]。还颁定了《州郡令》《尚书官令》《军中令》等共一百八十多篇[④]，较东汉末年的汉律，显得“文约而例通”。魏律对晋律的制定有直接影响。

（二）两晋的立法

曹魏末年，晋王司马昭即命贾充、羊祜、杜预、裴楷等人以汉、魏律为基础，修订律令，历时4年，至晋武帝司马炎泰始三年（267年）完成，次年颁行全国，史称《晋律》或《泰始律》。该律又经张斐、杜预作注释，为武帝首肯“诏班天下”，与律文同具法律效力，故又称“张杜律”。这一形式成为以《唐律疏义》为代表的律疏并行的先河。《晋律》共20篇、620条。同时颁行的还有《晋令》40篇、2 306条，《晋故事》30卷，与律令并行。《晋律》为东晋、宋、齐沿用，至南朝梁武帝改律共承用达235年，是两晋南北朝时期行世最久的一部法典，对后世立法影响深远，促进了封建法律和律学的发展。

（三）南朝立法

宋、齐均沿用晋律。统治阶层崇尚玄学与佛学，蔑弃礼法，以清淡为高雅，以法理为俗务。刘宋五十多年未立新制，萧齐仅于武帝永明七年（489年）由王植、宋躬据《晋律》张、杜二注，成律文20卷，史称《永明律》，共1 532条，但结果是“事未施行，其文殆灭”。梁武帝萧衍代齐，于天监元年（502年）诏蔡法度、沈约等人依照《永明律》修订《梁律》，次年成20篇，共2 529条。但未超出晋律范围。同时还颁有《梁令》《梁科》，各30卷。梁季丧乱，陈霸先废梁敬帝，自立为帝，诏尚书删定郎范泉等修订律令，撰成《陈律》、令、科各30卷，皆早已失传。史载《陈律》“篇目条纲，轻重繁简，一用梁法”，因而陈律实质上仍是晋律的继续。

（四）北朝立法

北魏首开北朝重视法典编纂之风。自太祖拓跋珪天兴元年（398年）到孝武帝太昌元年（532年）的百多年中，大小立法活动见于记载的有9次，前8次均是修订《北魏律》，前后经历一个多世纪，这大约是历史上修订最久的一部法律。以后虽续有纂修但变化不大。《北魏律》共20篇（今篇目可考者15篇），一改魏初“礼俗纯朴，刑禁疏简”，“临时决遣”的状况。因参与修律的崔浩、高允、游雅等人均是当时汉族中著名律学家，加之北魏历代君臣都重视法律，《北魏律》冶汉、魏、晋律于一炉，开北系诸律之先河。

东魏孝敬帝天平年间（534—538年）诏高澄与封述定新格，“以格代科，于麟趾殿删定，名为《麟趾格》，颁行天下”。

西魏大统元年（535年）着手制定新法，十年（545年）命苏绰编定《大统式》[⑤]，“总

---

① 《晋书·载记·第十七章》，姚兴载记。

② “新科”见《三国志·魏书·崔毛徐何刑鲍司马传》之何夔传，“甲子科”见《晋书·志·第二十章·刑法》。

③ 《晋书·志·第二十章·刑法》。

④ 参见上书。

⑤ “以太祖前后所上二十四条及十二条新制”损益而成。

为五卷，颁于天下”[①]。

550年，东魏权臣高洋自立为帝，改东魏为北齐。初沿用《麟趾格》，至武成帝河清三年（564年），在封述等人主持下，以《北魏律》为蓝本，编定成《北齐律》12篇、949条，以“法令明审，科条简要”著称，上承汉魏律之精神，下启隋唐律之先河，成为隋唐法典的蓝本。近人程树德说：“南北朝诸律，北优于南，而北朝尤以齐律为最。”[②]

西魏权臣宇文觉于557年自立为帝，改国号曰周，史称北周。初用制诏，至武帝保定三年（563年），命越肃、拓跋迪等撰定法律，仿《尚书·大诰》谓之《大律》，共25篇、1 537条，原文早佚。《大律》仿《尚书》《周礼》，杂采魏、晋诸律，使“今古杂糅，礼律凌乱”，不合时宜，因此，隋虽承周立国，在立法上却以《北齐律》为本。

二、法典结构的变化与立法技术的进步

秦汉以来法律形式繁杂，彼此区别亦不严谨，法典体例也不尽科学，这些在魏晋南北朝时期先后都有所改进。其时律、令已有别，“科”为“格”所取代，“式”的出现、“比”的沿用等成为变化的主要内容，特别是刑名法例的出现意义尤为深远。

（一）律的发展与法典结构的变化

这一时期律仍是法律的主要形式，其变化较大的是律典的篇章体例和逻辑结构。

1. 魏《新律》对汉旧律的改革

其中主要有如下几项：

一是增加篇目。将刑事条款尽入于律，作为正典，所谓“律以正罪名”[③]。

针对汉律的庞杂状况加以损益调整。如汉《九章律》之《盗》律中有劫略、恐吓等项，皆非盗事，魏律遂增《劫略律》一篇；汉《贼》律有欺谩、矫制、诈伪等项，《囚》律有诈伪生死，《令丙》有诈自复免，事类众多，所以魏律增《诈伪律》一篇。[④] 虽较《九章律》多了9篇[⑤]，但比之东汉末年那种汉律60篇、令三百余篇、法比九百余卷、章句[⑥]七百余万言的状况，仍是“文约而例通”了。

二是体例上的调整。汉《九章律》中《具》律在第六篇，《具》律类似现代刑法总则，放在中间很不恰当，故魏《新律》将其改称《刑名》，列于律首。这一改动为以后的晋律、北齐律所肯定。此外《告劾》《捕》《系讯》《断狱》4篇的先后排列顺序，正与当时的司法程序相吻，不能不说是立法技术上进步的体现。魏《新律》成为三国时期具有代表性的法典，并成为晋律的直接渊源。

2. 晋律设置更有进步

主要体现在以下两点：

一是严格区别律令界限，这是较魏律的重大进展。

二是篇章体例合理，分魏律《刑名》为《刑名》《法例》两篇。所谓“刑名所以经略罪

---

① 《周书·本纪》，卷二《文帝下》。

② 程树德：《九朝律考·北齐律考序》，台北，“商务印书馆”，1991。

③ （晋）杜预：《注律序》。转引自（宋）李昉等：《太平御览》（影印本），北京，中华书局，1982。

④ 此外尚吸收律外的傍章科令中的相关内容。

⑤ 魏《新律》18篇计：刑名、盗、劫略、贼、诈伪、毁亡、请赇、告劾、捕、系讯、断狱、杂、户、兴擅、乏留、惊事、偿赃、免坐，其中盗、贼、捕、杂、户乃“故五篇”。

⑥ 法律解释之谓。

法之轻重，正加减之等差，明发众篇之多义，补其章条之不足……名例齐其制”[①]。并因关津交往频繁，贸易活动发展，救火防火，分封侯王、郡国并行而增设《关市律》《水火律》和《诸侯律》。《晋律》共分20篇：刑名、法例、盗律、贼律、诈伪、请赇、告劾、捕律、系讯、断狱、杂律、户律、擅兴、毁亡、卫宫、水火、厩律、关市、违制、诸侯。晋代律令精简到约十二万六千字，称得上是“蠲其苛秽，存其清约”。

晋律对魏律的改进，特别是张斐、杜预对律文的注释，促进了传统法制和律学的发展。

3. 南北朝时期律的发展变化

东晋和宋、齐、梁三代均承用晋律。

继晋律之后有所进取的是北朝《北魏律》和《北齐律》。

《北魏律》共20篇，篇目可考者有刑名、法例、宫卫、违制、户律、厩牧、擅兴、贼律、盗律、斗律、系讯、诈伪、杂律、捕亡、断狱15篇，其中《捕亡律》似是《晋律》中《捕律》与《毁亡律》的合并，并从《晋律》的《系讯律》中分出《斗律》。

《北齐律》进一步改革体例，省并篇目确定12篇。[②] 将《刑名》《法例》合为《名例》，冠于律首增强了法典结构上的科学性。改《宫卫》为《禁卫律》，将原来宫廷警卫扩及关禁。增加《违制律》，完善吏制以保证国家机器的正常运转。其他篇章也多有损益。

（二）令的发展与变化

这一时期，令和律一样，仍为法律主要形式，但其内涵已开始有别于秦汉时代。汉时律令无严格区分，所谓“前主所是著为律，后主所是疏为令”[③]。

令实际上是律的补充形式，所以汉时有些单行律如《除钱律》也称《除钱令》。魏时律、令区分仍不明确。至晋始明确区分：“律以正罪名，令以存事制。”[④]

律为固定性规范（主要是刑事法律），令是暂时性制度（主要规定国家制度），违令有罪者，依律定罪处刑。

（三）以格代科[⑤]

有人认为，由稳定的法律形式——律，向变通的法律形式过渡的中心环节是格的确立。

---

① 《晋书·志·第二十章·刑法》。

② 12篇计：名例、禁卫、婚户、擅兴、违制、诈伪、斗讼、贼盗、捕断、毁损、厩牧、杂律。

③ 《汉书·杜周传》。

④ （晋）杜预：《注律序》。

⑤ 法制史学界以往认为，科作为一种法律形式的出现始于汉代，以为科是将“比”分类编纂而成的，作为辅律之副法行用。但自20世纪50年代末以来，有文章批驳了上述观点，认为科作为一种法律形式始于三国时的曹魏政权，当时是作为“临时法典”即主法行用的。具有独立性的临时法典——科的出现与制定，原因是多方面的。首先，汉的法律繁杂，“文书盈于几阁，典者不能遍睹”，适用起来已极感不便。四百年来积累的律文、判例、诸家释律之说，使修改也难以做到。其次，汉代和平时期制定的法律无法应付三国时期的混乱状况。因此新的规定要有一新形式加以集中。一方面，新法带有重刑主义的特征，原已法定的某些事类，因战时秩序而修正得更为严厉；另一方面，和平时期需处罚而战时没有较大影响的犯罪，因已非惩罚重点，自不必科以原刑，以免干扰主要注意力，这正是所谓“依律论者，听得科半，使从半减也”等规定的原因。再次，科出现的最主要原因，除上述两点外，在于曹操一直是以汉臣汉相的身份主持政务，无论是修改汉律，还是将魏国律自称律令均有所顾忌，毕竟是藩国难改汉朝之制，名分上有碍，于是体现以曹操为首的统治集团意志的法律便只好以其他形式出现。既要给外界一种忠于虚设的汉朝廷的假象以免非议，又要自成体系，以示与汉代原有法律相区别，自不宜仍称律令，而恰好汉法中有“科谓事条”之称，将一些新的立法汇集一起正是事条汇编，科即由原含义升华为给此类汇编命名的法律形式。科的发达，使其成主要的统治工具，汉律的主导地位已被取代。汉律令中有效部分（适于时者）或为曹魏修改后纳入科，或为魏科所认可，以致当时出现“科法”“科律”一类习语。这种在法律前冠以“科”字，绝非无意义的添加，而是曹魏法律结构的真实反映。科由此变得得心应手，大约也是曹丕受汉禅为帝后不急于修本朝律典的原因之一。

因此，格的演变及意义，对于我们深入理解中国历史上的法律形式与古代社会的关系将有深刻的意义。

据《唐六典·刑部》载，“后（东）魏以格代科”。由此可知格是科的发展和延续。

法律上科的统治局面自汉末一直继续到魏明帝制定《新律》，将科按性质分列为律、令才告结束。科本来从形式和内容上都带有变通的特性，在把其中有关刑罚部分抽出厘为律，其他则按类归纳为令之后，科的使命也就完成了。

魏科存在时间不长，其历史作用却不可低估。以科为形式、以曹魏法治为内涵的新法制，使曹魏成为三国中最强的一支。科的制定本身也是对汉律进行重大改革的关键一步，亦直接为魏晋修订正式法典开辟了道路。此外，魏科对蜀、吴也有影响。可以讲魏科是传统法制由不成熟走向成熟的重要一环。

北魏以格代科。从其表面形式上推测有两个原因：一是格、科读音相近[①]，二者一清一浊，古音可以相通。二是格、科字意相近。《说文解字》中释科曰：“程也，条也。”格亦有“条文”之意。由于格、科相近，晋时即有混用。[②]

科、格读音字意相近，只是以格代科的表面原因，更为主要的原因在于东魏是少数民族入主中原的王朝，其对汉文化需要有一个接受、融化的过程。在这一过程中，既仿效汉制又更新汉制，格即是这一过程的产物。

这一时期格的发展变化大致为三个阶段：

北魏中期前为第一阶段。此阶段格刚从科演变而来，在内容上与汉晋之科无大区别，作为补律令的副法行用。

北魏后期至北齐初，是第二阶段。为应付阶级、民族、统治集团内部的各种日趋激化的矛盾，魏孝武帝太昌元年（532 年）诏：“……令执事之官四品以上，集于都省，取诸条格，议定一途，其不可施用者，当局停记。新定之格，勿与旧制相连，务在约通，无致冗滞。”[③]从此，格取代律文成为主要法律形式。（后）北魏分裂为东、西魏，与南梁三分天下，彼此吞并无暇顾及律令编纂，施法一直沿用北魏末期的格。东魏年历史中无修订律令记载，至兴和三年（541 年）十月，颁定了著名的《麟趾格》。此后北齐文宣帝时（550—559 年）“议造齐律，积年不成”[④]，又重新刊定《麟趾格》，作为正刑定罪的规范。在这一阶段，格成为当时的“通制”。

此时的格已有别于第一阶段。首先，此时修订律令的立法活动已停或不了了之，律已成虚设之文，格则作为主法而常有检修更定。《洛阳伽蓝记·景明寺》卷三中记：“法吏疑狱，薄领成山，仍敕（邢）子才与散骑常侍温子升撰麟趾新制十五篇，省府以之决疑，州郡用之治本。”《北史·列传·卷十二·封述传》中也载：“天平中……增损旧事，为麟趾新格。其名法科条皆述所删定。”

其次，这一时期的格以尚书省诸曹名为篇目，开创了新的体例。[⑤] 由于形势的特殊需要，格已上升为代律、令行事的主法，由“疑事”判例的编修变为正刑定罪的条文。

---

① 格，见母；科，溪母。

② 参见《晋书·列传·第四十一章·陈頵传》：“初，赵王伦篡位，三王起义，制《己亥格》……”《南史·列传·卷三十六·羊玄保传》记有“壬辰之科”。刘宋时羊希奏“皆依定格，条上赀簿”，“停除咸康二年壬辰之科”，等等。

③ 《魏书·帝纪·卷十一·出帝平阳王》。

④ 《隋书·志·卷二十·刑法》。

⑤ 参见《魏书·列传·卷十三·窦瑗传》。

北齐中后期为第三阶段。此时政局相对稳定，格虽为“通制”，但终非长久之计，律令才是人们所期待建立的正流制度。北齐初期，司徒曹张老就上疏，反对废律用格：“……大齐受命已来，律令未改，非所以创制垂法，革人视听。”① 至武帝即位，河清三年（564年）成《齐律》，以格代律局面才告衰止②，格复退回副法地位，在律无正条情况下暂作定刑依据。

就以后格与律令的关系来说，隋代延续了北齐后期的发展趋势，以为格令章程“颇伤烦碎”，“非简久之法”③。隋唐后虽形成律、令、格、式并行，但格的地位与作用已远远不能与律、令相比了。

（四）式的出现

式，最早见于秦，如秦简之《封诊式》，多属行政性法规。汉初有品式章程，西魏文帝时编定《大统式》，成为隋唐以后律、令、格、式四种基本法律形式之一“式”的先声。

此外，这一时期仍沿用汉以来用“比”和经义断案的传统。

综上可见，魏晋南北时期法律形式有较大变化，特别是律、令有别，以格代科，成为隋唐以降律、令、格、式并行的渊源。

三、门阀世族特权的法律化

（一）确立维护贵族官员的特权制度——“八议”入律和“官当”出现

1.“八议”。“八议”是指对八种权贵人物，在他们犯罪以后在审判上给予特殊照顾，所谓“大者必议，小者必赦”，官府不得专断。

这八类人是：“亲”（皇帝宗室亲戚），“故”（皇帝故旧），“贤”（朝廷认为有大德行的贤人君子），“能”（政治、军事等方面有大才能者），“功”（对国家有大功勋者），“贵”（有一定级别的官爵者），“勤”（为国家服务卓著有大勤劳者），“宾”（前朝皇帝及后裔）。

“八议”之说源于《周礼》“八辟”。周有“刑不上大夫”，汉有“先请”之制，但未必已成完整体系。曹魏总结前代经验，制定魏律时，使“八议”成为封建法典主要内容之一。“八议”的入律，使贵族官僚地主享有特权，凌驾于一般法律制裁之上，为统治阶级中不法分子破坏法律大开方便之门。东晋成帝时，庐陵太守羊聃为非作歹，一次错杀无辜190人，但因景献皇后是他祖姑，属“议亲”之列，竟免处死。④ 晋时傅玄就曾指出：“八议”是“纵封豕于境内，放长蛇于左右”⑤。

2. 官当。《晋律》在沿用“八议”同时，规定“除名比三岁刑”，“免比三岁刑”⑥。这种做法为以后“官当”之制的滥觞。三国两晋南北朝时期，多行“九品中正制”，朝廷为保证世族地主在国家政权中的地位，进一步扩大官僚的律上特权，“官当”制度遂应运而生，继晋之后的梁，在官身犯，只处罚金。⑦《北魏律·法例》规定：公、侯、伯、子、男五等爵，每等抵三年徒刑。官品从第五品起一阶当刑二年；免官者，三年后照原官阶降一级叙用。⑧《陈律》则正式使用“官当”一词，规定：品官犯罪判五年、四年徒刑的，准用官职抵二年

① 《隋书·志·卷二十·刑法》。
② 参见《隋书·志·卷二十·刑法》《册府元龟·刑法部》等。
③ 《北史·列传·卷五十一·苏威传》。
④ 参见《隋书·志·卷二十·刑法》。后来其甥琅琊太妃山氏请命，免其死刑。
⑤ 《太平御览》，卷六百五十二·刑法部十八·傅子。
⑥ （晋）杜预：《注律序》。
⑦⑨ 参见《隋书·志·卷二十·刑法》。
⑧ 参见《魏书·志·卷十六·刑罚七》。

刑，余刑居作外，属公罪过误，可处罚金；判二年徒刑的，可用赎刑。[9]及至隋、唐，“官当”制日臻完备，明、清始为加强官吏控制而被取消，但“罚俸”“降级”仍可为特权使用。

（二）九品中正制与任官考绩制度

曹操曾经提出过“唯才是举”的口号，他选择各地声望高的人士出任“中正官”，将当地之士按才能分成九等，由政府按等选任官吏。这是后来实行“九品中正制”的萌芽。

1. 九品中正制。魏文帝黄初元年（220年）采纳尚书陈群的建议而定，规定郡设小中正官，州设大中正官，中正官的职责是依照家世、才能、德行将辖区内的士人分成上上、上中、上下，中上、中中、中下，下上、下中、下下九等；由小中正将品评结果申报大中正，再经大中正申报司徒，最后由中央按品第高下任官。

九品中正制创始于魏，沿用至宋、齐、梁、陈。这一制度的实行，巩固了士族制度，保障了士族垄断政治统治权的特殊地位。由于“九品”之分标准不确定，不仅凭中正官的主观臆断，再加上请托、权势、裙带关系等的影响，使士族与庶族相隔天壤，矛盾愈益加深，且弊端丛生，贿赂公行，加速了士族、官员的腐化。

2. 任官考绩制度。这一时期值得一提的还有其任官考绩制度，有以下几点：其一，魏明帝时，曾令散骑常侍刘劭作“都官考课之法七十二条”，考核百官之政绩，但未施行。其二，晋代明令规定：“不经宰县，不得入为台郎。”[1] 这是在选任方面，重视基层官吏作用的表现。其三，北魏孝明帝时，武人退役争相为官，吏部尚书崔亮创制《停年格》，规定以停解日月为断，依年资深浅而定选用的顺序。

（三）确认和保护贵族官员按等级占田的特权

法律在确认豪门士族经济特权的同时，又极力保护封建国家的经济利益。它成为皇族地主与豪门士族相互依赖和妥协的产物。

1. 颁布“占田令”或“均田令”，确认土地等级占有制。曹魏时，曾颁布“赐公卿以下租、牛、客户各有差”的法令。西晋进一步制定了按官品占田、占客、荫亲属的法规——《占田令》[2]，规定：男子占田70亩，女子30亩；丁男课田50亩，丁女20亩；次丁男课田25亩。“占田”是农民可占土地数的额定指标，而“课田”则是应负田租的土地数。

北魏以降，因长期战乱，人口逃亡，土地荒芜，留居农民多荫附士族豪门。针对这一状况，太和九年（485年）颁《均田令》：15岁以上男子受露田（植谷物）40亩，女20亩；男授桑田（植树）20亩，女5亩，产麻区男授麻田10亩。桑田“皆为世业，终身不还”；露田所有权归官府，授者年老免役或死时，归还朝廷，并规定奴婢与良人一样授田；四岁以上耕牛每头授露田30亩，以4头牛为限。

北魏后的历代也颁有类似的均田令。

2. 施行租调法令，保障封建国家的财政收入。颁布《均田令》的目的在于保护门阀士族经济特权，把农民束缚于土地，强制其垦荒，以保障国家财政收入和徭役来源。所以在颁布《均田令》同时还要推行租调法令。租调法亦始于曹魏，公元204年颁《户调制》，规定：计亩征租，按户收调，每亩粟四升，户纳绢二匹、绵二斤。

---

① 《通典·职官》。

② 颁于太康元年（280年），主要内容是：一品官占田50顷，占佃客15户，按品级逐级减少，至九品官占田10顷，占佃客1户。此外可依官品高低，荫率限定亲属，高者可荫“九族”，低者亦可荫三世；受荫庇的卑属佃客不在官府立籍，不向国家纳税服役。从法律上确认豪门士族从国家总户口中割取一部分为私属，从国家总赋税中割取一部分为私租。

西晋太康元年（280 年）颁《户调之式》。据《初学记·宝器部》引《晋故事》：50 亩收租 4 斛，即每亩 8 升。除田租外，还规定农户交纳户调，丁男为户主的每年交绢 3 匹、绵 3 斤；户主是妇女或次丁男，则折半交纳。

北魏颁《均田令》次年颁《租调法》，规定一对夫妇年纳租粟 2 石、调帛 1 匹。北齐、北周也大致如此。

这一时期朝廷颁均田令，行租调法，一方面，对被兼并的民田、招募的佃户、荫庇的免役人口等予以法律承认和保护；另一方面，为维持官府租调徭役来源，对官僚、士族上述特权从数量上略加限制。对普通农户则定有占田数额和相应的租调数，以保证国家财政来源。

（四）维护尊卑良贱等级关系的婚姻制度

当时是士族豪门操纵国家政权，封建尊卑良贱等级森严，反映在婚姻关系上，则是士庶、良贱不婚。

士庶、良贱通婚，被视为“失类”，受讥评或弹奏和法律制裁。如南朝梁士族王源嫁女与富阳满氏，被御史中丞沈约弹奏：“唯利是求，玷辱流辈，莫斯为甚”，“请以见事免源所居官，禁锢终身，辄下禁止，视事如故”。

此外，这一时期纳妾被认为合法。晋令规定可依官品纳妾一人至四人，实际上绝不止此数。

在继承上严别嫡、庶，唯嫡子有继承权，庶子一般没有。尤其在北朝，庶子更受歧视。凡此种种都旨在维护士族的团结，并以此达到巩固统治的目的。

图 5—2　家法族规①

---

① 参见刘昕主编：《中国古版画·人物卷·教化类》，长沙，湖南美术出版社，1998。

(五) 关于买卖、借贷等法律规范的增多

晋代，规定买卖田宅牛马，必须订立“文券”，写明买卖成交的价值，官府按成交总额百分之四“契税”，卖方负三分，买方负一分。买卖他物则可不立文券，但依上例“契税”，叫作“散估”。此制为南朝沿用。这固然是有增加财政收入之利，但客观上也对买卖关系加以法律确认。如生纠纷，官府依“契税”单据（“文券”上有纳税之红色印章，称红契）为据进行裁决。

有关借贷，官府常以强力助放贷者收回本利。贪官污吏往往与富户勾结，催逼无力纳赋税者借高利贷，北魏文成帝时（461年）针对此弊曾诏令：“自顷每因发调，逼民假贷，大商富贾，要射时利，旬日之间增赢十倍，上下通同分以润屋……为政之弊莫过于此，其一切禁绝，犯者十匹以上皆死。”

第二节 魏晋律学与刑罚制度的发展变化

引例 费羊皮卖女葬母案①

北魏宣武帝永平三年（510年），尚书李平上奏称：冀州阜城之民费羊皮母亲过世，因家里贫穷，无法入葬，于是将7岁的女儿出卖给同城人张回做奴婢。后来又辗转卖给了俞县的梁定之，但是没有说明这个7岁的女儿为良家的孩子。就此案，朝廷展开了激烈的讨论，讨论的对象，便是如何适用“亲属相犯”的处罚以及对于买卖人口的相关规定。拐骗人口、拐卖人口为奴婢的，要处以死刑。但是同时规定了例外情况，就是对于亲属之间相卖的，“卖子孙者一岁刑；卖五服内亲属，在尊长者死，期亲及妾与子妇流”。可以看出由于贩卖者与被贩卖者之间的血缘关系的远近不同，处罚也相应地有所差异。这体现了当时的“服制制度”。因此，费羊皮虽然是出卖良人，但是由于是出卖自己的女儿，且是为了安葬其母亲，在众人讨论之后，认为其孝心可嘉，免除刑罚。这是魏晋南北朝时期，以“礼”入法的重要体现。

一、律学的发展与法律解释的规范化

(一) 律学对传统法律发展的影响

两汉引经注律，律学与政治伦理结合而日兴。但一方面，经学的发展导致章句之学流于烦琐、迂腐，日近绝路；另一方面，东汉以来的阴阳谶纬等神学思想，经桓谭、王充等人从哲学上的批判已无甚作用。“名教”出于“自然”说的“玄学”抬头，并对法学理论有一定影响。加之汉初尚黄老之术，道学在思想意识领域的潜在影响，导致这一时期名辩之术和《易》学的盛行。这多种因素使律学在魏晋之时，开始从伦理政治的束缚中解脱出来；研究的对象也不再仅仅是对古代法律的起源、本质与作用的一般论述，而是侧重于律典的体例、

① 参见《魏书·志·卷十六·刑罚七》。

篇章逻辑结构和概念，以及定罪量刑等具体问题的研究。如改汉《九章律》第四篇《具》律为《刑名》，“冠于律首”。又如张斐对《晋律》20个名词的解释[①]，多为后世法律所遵奉。这一时期的律学成果逐渐为传统律法所吸收。

杜预在《律解》的上奏中说：“法者，盖绳墨之断例，非穷理尽性之书也。”这使得律学亦成为注释之学，加之东晋以降官方注释的确立，私家言论大受限制，从而使得律学研究走向衰微，结果是律学也回到了训诂之类的老路，像张斐这样的律学家也渐次消失了。除了注释章句的律学内容得以发展外，律学中“学”的内容已近衰竭。然而，律学仍不失其在中国法律史中的重要地位。《唐律疏议》这部集古代中国传统法典之大成的法典，对东南亚各国均有影响，无论就刑名概念的解释，还是法律适用原则的确定；无论是其语言特色及注释风格，还是其内容的周密与完整等，很难说未曾受到律学的浸润。没有汉魏律学的发展，唐律及其疏议有如此卓著之成就是不可能的。

（二）法律解释的规范化

随着传统法律和律学的发展，这一时期的法律解释也趋于规范化，对后世立法、司法和法制的统一有着深远影响。有代表性的如张斐、杜预对法律概念的科学化与规范化作出了较大贡献，特别是张斐对一些法律名词的说明，如：“故意”是“知而犯之谓之故意”，“过失”是“不意误犯谓之过失”，“谋”指“二人对议”，“群”是指三人以上，“赃”是以图利为目的，“戏”重在双方相和斗，“斗”着重在双方争执，“诈”是以背信为要件，等等。对晋律中一些相类易混的罪名也作了解释，如不求自与为受求，所监求而后取为盗赃……[②]。此外，对刑名类别也作了简明解释。如“意善功恶，以金赎之”，“律制生罪不过十四等，死刑不过三……刑等不过一岁，金等不过四两”，便是对前述晋律刑罚体制通俗明白的概括。

二、“重罪十条”的由来及内容和影响

为加强镇压危害封建专制统治和违反伦理纲常的行为，“重罪十条”正式入律始于北齐。此即后世法典中之“十恶”，即将直接危害国家根本利益的最严重的10种犯罪置于律首。这十条是：反逆，大逆，叛，降，恶逆，不道，不敬，不孝，不义，内乱。“其犯此十者不在八议论赎之限。”[③]

汉代已有“不道”“不孝”等罪名，其他如“作上”“犯上”“大不敬”“大逆”“降叛”“禽兽行”等罪名，早见于秦汉以来律令之中。晋律沿之。张斐《律表》解释道：“亏礼废节，谓之不敬”，“逆节绝理，谓之不道”。由此可见，此时的概念仍较笼统，不像后世明确。魏律规定：“夫五刑之罪，莫大于不孝。”[④] 晋律有不孝罪弃市的规定。北魏律、南朝宋律皆严惩不孝罪。北齐则将此罪列入“重罪十条”。

南北朝时，《北魏律》规定：“大逆不道腰斩，诛其同籍，年十四以下腐刑，女子没县官。”且将“害其亲者”视为大逆之重者，处轘刑；将“为蛊毒者”视为不道，“男女皆斩，而焚其家”[⑤]。南梁律则规定：“其谋反、大逆以上，皆斩；父子同产田，无少长，皆弃市；

① 他所解释的20个名词中，罪名有五：谩、诈、不敬、不道、恶逆；其余是：戏、斗、贼、盗、强、略、故、失、过失、戕、造意、谋、率、群、赃。

② 《晋书·志·第二十章·刑法》。

③ 《隋书·志·卷二十·刑法》。

④ 《三国志·魏书·少帝纪三》。

⑤ 《魏书·卷十六·刑罚七》。

母妻姊妹及应从坐弃市者，妻子女妾同补奚官为奴婢；赀财没官。”[①]

《北齐律》所定“重罪十条”，则从更广泛的意义上予以概括，包罗了封建宗法制度的各个方面，进一步把礼、法结合起来，强化了对君权、父权、夫权的维护。隋唐律在此基础上发展为“十恶”定制，并为后代法律所承袭。

三、服制定罪与留养制度

依服制定罪是《晋律》首创，目的在于“峻礼教之防”。它是指亲属间的犯罪，据五等丧服所规定的亲等来定罪量刑。尊长杀伤卑幼，关系愈近则定罪愈轻，反之加重，但有些犯罪，如卑幼盗窃尊长财物，则恰恰相反。这是自汉以来礼法合流的又一体现。以后历代律典均相沿用，明代更将丧服图列于律首。

留养，亦称“存留养亲”，指犯人直系尊亲属年老应侍而家无成丁，死罪非十恶，允许上请，流刑可免发遣，徒刑可缓期，将人犯留下以照料老人，老人去世后再实际执行。《北魏律·名例》规定：“诸犯死罪，若祖父母、父母七十以上，无成人子孙，旁无期亲者，具状上请，流者鞭笞，留养其亲，终则从流。不在原赦之例。”[②] 这是中国古代法律家族化、伦常化的具体体现。这一内容亦为后代法律所承袭。

四、五刑制度的形成与废除宫刑及流刑地位的固定

（一）北齐刑罚制度的完善与五刑体系的形成

魏《新律》将法定刑分为死、髡、完、作、赎、罚金、杂抵罪[③]等数种，并减轻某些刑罚，如废除投书弃市，禁诬告和私自复仇等。

晋律法定刑为五种：死、髡、赎、杂抵罪和罚金。死刑有 3，分别是枭首、腰斩、弃市；髡刑有 4，分别是髡钳五岁刑、笞二百和四、三、二岁刑；赎罪有 5（适用于非恶意的犯罪），分别是赎死缴金二斤，赎五、四、三、二岁刑则依次缴金一斤十二两、一斤八两、一斤四两和一斤；杂抵罪和罚金也各有五等。

《北魏律》法定刑为 6 种：死、流、宫、徒、鞭、杖。《北齐律》最终确立死、流、徒、鞭、杖五刑，为隋唐以后的刑罚体系奠定了基础。

这一时期历代刑罚变革总的趋势是逐渐宽缓。

（二）免除宫刑

自汉文帝改革刑罚以来，宫刑兴废无常。西魏文帝大统十三年（547 年）诏：“自今应宫刑者，直没官，勿刑。”[④] 北齐后主天流五年（569 年）亦诏令：“应宫刑者，普免刑为官口。”[⑤] 从此宫刑不复作为一种法定刑。

（三）缘坐范围的变化

缘坐指一人犯罪而株连亲属，使之连带受刑的制度，又称“从坐”“随坐”。秦汉以来有此类规定。尤其妇女因父亲犯族刑，要从坐受戮；而夫家犯族刑亦须“随姓之戮”，使妇女“一人之身，内外受辟”。直至曹魏高贵乡公时才有改革。魏《新律》颁布后，又据程咸上

---

① 《隋书·志·卷二十·刑法》。

② 《魏书·卷十六·刑罚七》。

③ 指以夺爵、除名、免官来抵罪的总称。

④ 《北史·本纪·卷五·西魏文帝纪》。

⑤ 《北齐书·本纪·卷八·后主纪》。

议，修改律令，规定：在室之女从父母之诛，已嫁之妇，从夫家之罚[①]，从而开缘坐不及出嫁女之先例。后世多循此制。魏《新律》对缘坐范围也有缩小，规定："大逆无道，腰斩，家属从坐，不及祖父母、孙。"

以后的《梁律》则进一步缩小范围，规定：谋反、降叛、大逆等罪虽缘坐妇人，但"母妻姊妹及应从坐弃市者，妻子女妾同补奚官为奴婢"，创从坐妇女免处死刑的先例。梁武帝大同元年（公元546年）诏："自今犯罪，非大逆，父母、祖父母勿坐。"但《陈律》又"复父母缘坐之刑"[②]。

《北魏律》缘坐范围广泛，至孝文帝时方有缩小。延兴四年（475年）下诏："作大逆干犯者，皆止其身。"然而，尽管法律上有缩小的规定，但司法实践中往往有扩大的趋势。

（四）定流刑为减死之刑

秦汉以降的死罪减等之刑——徒（迁）刑至此时期已改为流。《隋书·刑法志》载，梁武帝天监三年（504年）建康女子任提犯拐骗人口罪，子景慈证明其母确有此行。后景慈被以"陷亲于极刑"之罪名流放交州（今广东珠江三角洲一带），"至是复有流徙之罪"。北魏、北齐均据"降死从流"的原则，将流刑列为法定刑，作为死与徒的中间刑，从而填补了自汉文帝改革刑罚以来死、徒二刑间的空白，为隋唐时期刑罚制度的完善奠定了基础。北周律又分流刑为五等，计二千五百里、三千里、三千五百里、四千里、四千五百里。隋唐因之。

图5—3 刑措狱空[③]

---

① 参见《隋书·志·卷二十·刑法》。

② 同上书。

③ 参见刘昕主编：《中国古版画·人物卷·教化类》，长沙，湖南美术出版社，1998。

第三节 三国两晋南北朝时期的司法制度

引例 吉翂代父命案[1]

梁武帝初年，吉翂的父亲任吴兴郡原乡县令，因受人诬陷，被逮捕入廷尉狱。吉翂当时十五岁，在大街上号哭，乞求公卿，以至于路人都为他流涕。他父亲虽然为官清白，但耻于被小吏审讯，就一一招认，结果被判死刑。吉翂于是就到朝廷外敲登闻鼓，请求以自己的生命代父死刑。梁武帝听说后，十分惊奇，想吉翂还很年幼，代父服刑可能不是本意，就让廷尉卿蔡法度对其严加威胁利诱。然而无论蔡法度如何威胁利诱，始终改变不了吉翂代父赴死的决心。最后蔡法度将此事禀告梁武帝，梁武帝将他们父子二人一同释放了。

一、中央三省制与地方州、郡、县三级制

这一时期的司法体制在传统社会政治经济结构的发展变化过程中，也发生了较大的变化。东汉以来，逐渐形成大地主封建庄园经济和以豪门士族为核心的贵族官僚大地主集团。魏晋南北朝时期处于封建割据、军阀混战的时间相当长，但每一王朝又都厉行专制主义的中央集权制度。这一时期的行政司法制度以及司法机构，大体上是沿用汉制，但随着形势的变化，在内容上主要有如下几方面发展：

（一）中央三省制的形成

东汉光武末年，因忧惧朝廷失权，又憎恶强臣篡权，所以“太尉”“司空”“司徒”三公尽管仍旧设置，但又使三公事权归于尚书，从而使三公成了虚设之位，尚书的地位则日益重要。

魏初，尚书脱离少府而独立，称为“尚书台”，进而掌理政务。同时，皇帝又设有秘书作为侍从要职，称“秘书令”。魏文帝时，改秘书为中书。尚书的职权逐渐移至中书。随其权力的扩大，中书省形成。于是产生了权限划分问题，结果是规定中书省负责起草诏令，为决策、立法机构；尚书台负责奉行诏令，为执行行政机构。

晋代侍中的地位日益重要，于是成立了以侍中为主管长官的门下省，用以钳制中书省行使职权。这样，就造成了中书、尚书、门下三省并主的制度。

中央三省制的形成，一方面反映了政治机构分工的严密化、合理化，另一方面相对地加强了皇权，有利于中央集权的专制统治。中央三省的形成，使九卿逐渐流为冗曹。北齐改廷尉为大理，改少府为太府，并改称其官署为“寺”，于是产生了“九寺”的名称。从此，国家机关的名称不再以官衔相称，这是国家机关发展史上的一个重要变化。

（二）地方州、郡、县三级制

东汉末年形成了州、郡、县的地方行政制度。魏承汉制。晋武帝时曾大封宗室，建立王

---

① 参见《梁书·列传第四十七·吉翂传》。

国，又设置公、侯、伯、子、男五等爵位。分领其“国”，各设常备军，形成了大大小小不计其数的土皇帝。与此并行的则为州、郡、县三级行政机构，州设刺史。州下设郡，郡的长官为太守，郡太守兼领兵权。郡下设县，县的长官为县令。北魏的州、郡、县各分上、中、下三等；北齐时，在上、中、下三等中又各有上、中、下之别，按等差设置员额不等的属吏。这表明地方机构的日益严密化。

两汉时期，地方的乡治组织比较发达，魏晋南北朝时期，乡治明显废弛。这与战事频繁密切相关。不过晋之乡仍有啬夫，里仍有吏，北魏、北齐也有里长、里正之设。乡官之设，于隋开皇十四年（594 年）尽行罢去，从此乡治制度日渐衰落。

二、司法机关的扩大与演变

（一）中央审判机关廷尉改称大理寺

三国时吴称大理，北周称秋官大司寇。北齐改廷尉为大理，并扩建其机构为大理寺，设卿、少卿、丞各一人为主官。

（二）刑部的前身——三公尚书、都官尚书

东汉后三省制渐成，尚书台成为中央最高行政机构。这一重大变革，给司法机构发展以深刻影响。此时虽尚无刑部，但尚书台之下均置有负责司法行政和兼理刑狱的机构。曹魏承汉制，保留三公曹、二千石曹，又增设比部郎，“以司刑狱”；晋初以三公尚书“掌刑狱”，武帝太康年间以吏部尚书取代，“领刑狱”，废三公尚书；南朝宋都官尚书“掌京师非违，兼掌刑狱”；北齐以尚书省六尚书分统列曹，其中殿中尚书统三公曹，“掌五时读时令，诸曹囚帐、断罪、赦日建金鸡等事”，都官尚书统比部曹，“掌诏书律令勾验等事”①。

中央行政机构兼领司法事务，标志着司法制度逐渐走上司法行政与审判分离而又彼此牵制的道路，反映了传统司法机构的完善与强化的趋势。这一变化为隋唐司法机构和中央三省制的确立提供了雏形。

（三）地方司法机构的变化

地方仍沿汉代旧制，司法权由县令、郡太守、州刺史掌领。江南各朝代重视京畿地区司法职能，赋予其与中央同等权力。如梁在建康设有与廷尉属官相同的正、监、平三官②，并以廷尉寺、建康县为两大司法机构，称“廷尉寺为北狱，建康县为南狱”③。

由于战事频繁，地方长官可以“军法从事”为借口擅杀部属平民，而不受通常司法约束。南朝宋曾限定军官“非临军战阵，一律不得专杀”④，违者以杀人论；陈时也有“将帅职司，军人犯法，自依常科”⑤ 的规定，但多流于形式。

三、诉讼制度的变化

1. 限制诉讼权利。晋律规定，“囚徒诬告人犯，罪及亲属”⑥。北魏律规定：“诸告事不

---

① 《隋书·志·卷二十二·百官中》。

② 参见《隋书·志·卷二十一·百官上》。

③ 《隋书·志·卷二十·刑法》。

④ 《宋书·本纪·卷六·孝武帝》。

⑤ 《陈书·本纪·卷五·宣帝》。

⑥ 《晋书·志·第二十章·刑法》。

实者，以其罪罪之。”[①] 北齐文宣帝时禁囚犯告诉，制定《案劾格》，规定：“负罪不得告人事。”[②] 唐律亦承之。

2. 皇帝频繁直接干预和参与司法审判。如魏明帝太和三年（224 年）改“平望观”为“听讼观”，史载“每断大狱，常幸观临听之”[③]。南朝宋武帝也常“折疑狱”，“录囚徒”。北周武帝常“听讼于正武殿，自旦及夜，继之以烛”[④]。

3. 直诉制的形成。直诉作为制度成于西晋。直诉，即不依诉讼等级而直接诉于皇帝或钦差大臣，是诉讼中的特别上诉程序。晋武帝设登闻鼓[⑤]，悬于朝堂外或都城内，百姓可击鼓鸣冤，有司闻声录状上奏。此后历代相承。如北魏太武帝时，于宫阙左面悬鼓，人有冤则挝之，由公车上奏其表。

4. 刑讯用测立法。《梁律》首定测罚之制。凡在押人犯，不招供者均施以“测罚”之刑。具体做法是：“断食三日，听家人进粥二升，女及老小，一百五十刻乃与粥，满千刻止。”《陈律》在此基础上创立“测立”之制：对证据确凿而不招供的囚犯，戴刑具，鞭二十、笞三十后，站在高一尺、上尖圆、仅容两足的土堆上。首次为七刻；再次分两回，朝三刻，夕七刻。七日一行鞭，至鞭杖数满一百五十仍不招供，可免死。此方法入隋而止。

5. 死刑复核制度形成。魏明帝青龙四年（236 年）诏：“廷尉及天下狱官，诸有死罪具狱以定，非谋反及手杀人，亟语其亲治，有乞恩者，使与奏。”[⑥] 南朝曾规定：“其罪甚重辟者，皆如旧先上。”[⑦]

北魏律规定：“诸州国之大辟，皆先谳报乃施行”，“当死者，部案奏闻”[⑧]，从而使死刑决定权唯归皇帝，一方面是为了慎刑，另一方面也是为了控制。

6. 上诉制度的变化。曹魏时为简化诉讼，防止讼事拖延，改汉代上诉之制，特别规定：“二岁刑以上，除以家人乞鞫之制”[⑨]。晋代又允许上诉。《北魏律》则规定：“狱已成及决竟，经所绾，而疑有奸欺，不直于法，及诉冤枉者，得摄讯复治之。”[⑩]

7. 加强自上而下的司法监督。秦汉时郡县有权判决死刑，至曹魏、晋代，县令审判权受到限制，凡重囚，县审判后须报郡，由郡守派督邮案验。南朝宋改为将案卷及人犯一并送郡，由郡太守复审后方可执行。如郡太守不能决，再送州刺史；州刺史不能决，则上交中央廷尉。对此，各代还普遍施行特使察囚制度，“如有枉滞以时奏闻”，以加强对地方审判的监督。

8. 妇女犯罪行刑上享有特殊规定。魏明帝时，为免对女犯用刑使身体裸露，改妇人加笞还从鞭督之例，以罚金代之。《晋律》规定：“女人当罚金杖罚者，皆令半之。”《梁律》加以沿用，且扩大对女子的照顾：“女人当鞭杖罚者，皆半之。”“女子怀孕，勿得决罚。”《北魏律》则进一步明确：“妇人当刑而孕，产后百日乃决。”这其中有礼教因素，但也是社会文明程度提高的结果。

---

① 《魏书·韩麒麟子熙传》。

② 《隋书·志·卷二十·刑法》。

③⑥ 《三国志·魏书·明帝纪》。

④ （宋）李昉等：《太平御览·后周书》，影印本，卷六三九，北京，中华书局，1982。

⑤ 参见《晋书·帝纪·第三章·武帝》。

⑦ 《晋书·帝纪·第九章·孝武帝》。

⑧ 《魏书·志·卷十六·刑罚七》。太祖武帝时，人“死不可复生，惧监官不能平”。

⑨ 《晋书·志·第二十章·刑法》。

⑩ 《魏书·志·卷十六·刑罚七》。

四、监察机关对司法活动的监督

这一时期，监察机关仍为御史台，但已从少府独立出来，成为皇帝直接掌握的独立监察机关。长官仍为御史中丞（北魏称御史中尉，南朝叫南司），职权广大，“自皇太子以下，无所不纠”。因地位渐高，中丞以下，设有名目繁多的御史。自魏以后，地方不设监察机关，由中央派御史监察，发展了御史出巡制度。御史甚至可“风闻言事”，对各级官吏进行弹奏。但御史中丞失纠则要免其官。

东汉时的司隶校尉，魏晋时仍设，与御史中丞“分督百僚”。至东晋废，分其行政权归扬州刺史（京师在扬州），分其监察权归御史台。

【问题与思考】

1. 张江陵詈母致死案①

“安陆应城县民张江陵与妻吴共骂母黄令死，黄忿恨自经死，值赦。律文，子贼杀伤殴父母，枭首；骂詈，弃市；谋杀夫之父母，亦弃市。值赦，免刑补冶。江陵骂母，母以之自裁，重于伤殴。若同杀科，则疑重；用殴伤及骂科，则疑轻。制唯有打母，遇赦犹枭首，无骂母致死值赦之科。（孔）渊之议曰：‘夫题里逆心，而仁者不入，名且恶之，况乃人事。故殴伤咒诅，法所不原，詈之致尽，则理无可宥。罚有从轻，盖疑失善，求之文旨，非此之谓。江陵虽值赦恩，故合枭首。妇本以义，爱非天属，黄之所恨，情不在吴，原死补冶，有允正法。’诏如渊之议，吴免弃市。”

结合本案理解“礼法结合”在法律适用中的具体体现。

2. 王源嫁女被弹劾案②

“风闻东海王源，嫁女与富阳满氏，源虽人品庸陋，胄实参华。曾祖雅，位登八命；祖少卿，内侍帷幄；父睿，升采储闱，亦居清显。源频叨诸府戎禁，豫班通彻，而托姻结好，唯利是求，玷辱流辈，莫斯为甚。源人身在远，辄摄媒人刘嗣之到台辩问，嗣之列称：吴郡满璋之，相承云是高平旧族，宠奋胤胄，家计温足，见托为息鸾觅婚。王源见告穷尽，即索璋之簿阀。见璋之任王国侍郎，鸾又为王慈吴郡正合主簿。源父子因共详议，判与为婚。璋之下钱五万，以为聘礼。源先丧妇，又以所聘馀直纳妾。如其所列，则与风闻符同。窃寻璋之姓族，士庶莫辩，满奋身殒西朝，胤嗣殄没，武秋之后，无闻东晋，其为虚托，不言自显。王满联姻，实骇物听；潘、杨之睦，有异於此。且买妾纳媵，因聘为资，施衿之费，化充床笫，鄙情赘行，造次以之。纠慝绳违，允兹简裁，源即主。臣谨案：南郡丞王源，忝藉世资，得参缨冕，同人者貌，异人者心，以彼行媒，同之抱布。且非我族类，往哲格言，薰莸不杂。闻之前典，岂有六卿之胄，纳女於管库之人；宋子河鲂，同穴於舆台之鬼。高门降衡，虽自己作；蔑祖辱亲，於事为甚。此风弗翦，其源遂开，点世尘家，将被比屋。宜寘以明科，黜之流伍。使已污之族，永愧於昔辰，方媾之党，革心於来日。臣等参议，请以见事免源所居官，禁锢终身，辄下禁止视事如故。”

结合本案，理解魏晋南北朝时期的“门阀观念”对司法的影响。

---

① 参见《宋书·列传·卷五十四》。

② 参见《昭明文选》。

第六章
隋唐的法律制度

参考文献

1. （唐）魏徵等．隋书·刑法志
2. （唐）吴兢．贞观政要
3. （唐）刘肃．大唐新语
4. （后晋）刘昫等．旧唐书·刑法志
5. （宋）欧阳修等．新唐书·刑法志
6. （宋）王溥．唐会要
7. 陈寅恪．隋唐制度渊源略论稿．北京：商务印书馆，1945
8. 陈寅恪．唐代政治史述论稿．北京：商务印书馆，1943
9. 倪正茂．隋律研究．北京：法律出版社，1987
10. 戴炎辉．唐律通论．台北：正中书局，1964
11. 戴炎辉．唐律各论．台北：三民书店，1965
12. 高明士主编．唐律与国家社会研究．台北：五南图书出版公司，1999
13. 高明士主编．唐代身份法制研究．台北：五南图书出版公司，2003
14. 潘维和．唐律学通义．台北：汉林出版社，1979
15. 林咏荣．唐清律的比较及其发展．台北：台湾编译馆，1982
16. 蔡墩铭．唐律与近世刑事立法之比较研究．2 版．台北：五洲出版社，1968
17. 劳政武．论唐明律对官人之优待．台北：万年青书店，1976
18. 向淑云．唐代婚姻法与婚姻实态．台北："商务印书馆"，1991
19. 庄为斯．唐律疏议引得．台北：文海出版社，1965
20. 杨廷福．唐律初探．天津：天津人民出版社，1982
21. 乔伟．唐律研究．济南：山东人民出版社，1985
22. 曹漫之主编．唐律疏议译注．长春：吉林人民出版社，1989

23. 钱大群．唐律译注．南京：江苏古籍出版社，1988
24. 钱大群，钱元凯．唐律论析．南京：南京大学出版社，1989
25. 钱大群，夏锦文．唐律同中国现代刑法比较论．南京：江苏人民出版社，1991
26. 钱大群，郭成伟．唐律与唐代吏治．北京：中国政法大学出版社，1994
27. 钱大群，艾永明．唐代行政法律研究．南京：江苏人民出版社，1996
28. 钱大群．唐律与唐代法律体系．南京：南京大学出版社，1996
29. 钱大群．唐律研究．北京：法律出版社，2000
30. 刘俊文，池田温主编．中日文化交流史大系（2·法制卷）．杭州：浙江人民出版社，1996
31. 刘俊文．敦煌吐鲁番法制文书考释．北京：中华书局，1989
32. 刘俊文．唐律疏议笺解．北京：中华书局，1996
33. 刘俊文．唐代法制研究．台北：文津出版社，1999
34. 杨鹤皋．魏晋隋唐法律思想研究．北京：北京大学出版社，1995
35. 俞荣根，吕志兴．唐律学．见：国学通览．北京：群众出版社，1996
36. 王立民．唐律新探．上海：上海市社会科学院出版社，1993
37. 薛军．唐朝经济法论．台北：文津出版社，1993
38. 王震亚．敦煌残卷争讼文牒集释．兰州：甘肃人民出版社，1993
39. 李锦绣．唐代制度史略论稿．北京：中国政法大学出版社，1998
40. 张中秋．唐代经济民事法律述论．北京：法律出版社，2002

参考法规

1. 程树德．九朝律考·隋律考．北京：中华书局，1983
2. 沈家本．历代刑法考．北京：中华书局，1988
3. （唐）长孙无忌等撰．唐律疏议．北京：中华书局，1988
4. 薛允升编注，怀效锋点校．唐明律合编．北京：法律出版社，1997
5. 陈仲夫点校．唐六典．北京：中华书局，2005
6. [日] 仁井田陞．唐令拾遗．长春：长春出版社，1989
7. [日] 仁井田陞辑．唐令拾遗补．东京：东京大学出版会，1997

隋唐时代，是中国文化发展的一个辉煌时代。随着魏晋南北朝三百多年的分裂、战争、民族迁徙与融合，中国南北不同地域、不同民族的文化亦在冲突和交流中实现了大融合。随着国家的空前统一和经济的空前发展，中国的法制也进入了一个崭新的发展时期。隋唐两代的法律体系正是这一时期政治经济高度发展和民族文化大融合的结晶。隋代法制的存在历史虽然短暂，但已经建构了中国新时期法制体系的基本框架；唐代法制绵延发展近三百年，法律制度从形式体系到内容规范均空前完善，是中国传统法制的鼎盛时代。随着唐代法制体系的形成、完善和向四邻传播，中华法系在东方世界正式形成，成为当时世界最伟大的法系之一。

图 6—1 隋唐文化①

第一节 隋代的法律制度

引例 秦王杨俊违制案

秦王杨俊，隋文帝杨坚第三子。先后任扬州总管、并州总管。曾“违犯制度，出钱求息。民吏苦之”，又“盛治宫室，穷极侈丽”，文帝“以其奢纵，免官，以王就第”，即欲免除其官职，使其仅以亲王身份回封邑。大臣刘升劝阻：“秦王非有他过，但费官物营廨舍而已。臣谓可容。”文帝不听。大臣杨素又劝阻说：“秦王之过，不应至此，愿陛下详之。”文帝生气地说：“我是五儿之父。若如公（你）意，何不别制天子儿律？以周公之为人，尚诛（违法的弟弟）管（叔）、蔡（叔），我诚不及周公远矣，安能亏法乎？”卒不许。②

581 年，北周外戚杨坚（隋文帝）夺取政权，改国号为隋，改元开皇。589 年，隋灭陈，南北朝分裂局面正式结束。605 年，杨坚次子杨广（隋炀帝）夺取帝位，改元大业。618 年，隋外戚李渊（唐高祖）夺取政权，改国号为唐，隋朝灭亡。有隋一代，历史虽仅仅 37 年，却上承秦汉魏晋南北朝法制融合与发展之绪，下启唐以后礼法合一的典型法制之端，有着重要的法制成就。

一、隋朝的立法概况和主要法律形式

开皇元年（581 年）隋文帝即位之初，即命大臣高熲、郑译、杨素等制定新律。律成奏

---

① 参见李默主编：《中华文明大博览》，“唐朝”，广州，广东旅游出版社，1998。

② 参见《隋书·列传·卷十·文四子》。

上，诏颁天下，是为《开皇律》。开皇三年（583年），文帝“以为律尚严密，故人多陷罪”，又命大臣苏威、牛弘等人更定新律，是为《开皇律》之修订版。大业元年（605年），炀帝“以高祖禁网深刻，又敕修律令”。大业三年（607年），新律成，是为《大业律》。据《隋书·刑法志》记载，有隋一代，正式进行的修律活动有以上三次。此为隋代首要法律形式——“律”之制定情形。

隋代的其他法律形式有“令”“格”“式”，《隋书·经籍志》谓“隋则律令格式并存”。开皇二年（582年），文帝颁行《开皇令》，分为30篇，系承袭晋令，再增加数篇而成。[①] 大业三年（607年），炀帝命将隋令编纂为30卷[②]，其篇名、条数不得而知。大业四年（608年），又颁布新式。[③]

二、《开皇律》《大业律》与隋代法制的进步

隋代的律，并没有直接承袭北周之律，而是以北齐之律为蓝本，适当参酌北周律。隋律上承秦汉至北齐近八百年法制发展成就，合南北法制之长，体现了重大的法制进步。

这些进步主要体现在以下几个方面。

（一）律典十二篇体例的最后确定

据《隋书·刑法志》载，北齐河清三年（564年），武成帝颁布新律，是为《北齐律》，由名例、卫禁、婚户、擅兴、违制、诈伪、斗讼、贼盗、捕断、毁损、厩牧、杂律共12篇构成。《开皇律》继承了北齐律的基本体例，稍作变更，定为名例、卫禁、职制、户婚、厩库、擅兴、盗贼、斗讼、诈伪、杂律、捕亡、断狱12篇。[④] 这一律典编纂体例，为《唐律》《宋刑统》所承袭，奠定了中国此后近七百年律典的基本框架或体例。

不仅如此，从法典条文数量体制看，隋律也有奠基性。开皇元年（581年）的《开皇律》汇集南北朝各国法典，内容庞杂，条文多达一千八百条左右。开皇三年（583年）修律，删除一千二百余条，“定留唯五百条”，12卷。此一“五百条左右”的体系也为唐以后律典所继承，唐宋律典一直基本保持五百条左右的体制。[⑤]

（二）新五刑体例的最后确定

国家的正式法定刑罚体系，历代王朝大多喜欢标榜为“五刑”。尧舜禹时代以墨、劓、刖、宫、大辟为五刑；秦汉两代律典并无“五刑”体系之称。三国曹魏《新律》“更依古义制为五刑”，大约有死、髡、完、作、笞五等；《北魏律》《北齐律》《北周律》定死、流、徒、鞭、杖为五刑。《开皇律》承继北朝“五刑”体制，确定为笞、杖、徒、流、死五刑。这一体系，为《唐律》所继承，奠定了自隋初至清末近十四个世纪中国刑罚的基本体系

---

① 《唐六典》注谓：“隋开皇令，高颎等撰，三十卷。”并列有30卷之各卷名目：一官品上，二官品下，三诸省台职员，四诸寺职员，五诸卫职员，六东宫职员，七诸行台职员，八诸州县镇戍职员，九命妇品员，十祠，十一户，十二学，十三选举，十四封爵俸廪，十五考课，十六宫卫军防，十七衣服，十八卤簿上，十九卤簿下，二十仪制，二十一公式上，二十二公式下，二十三田，二十四赋役，二十五仓库厩牧，二十六关市，二十七假宁，二十八狱官，二十九丧葬，三十杂。

② 参见《隋书·经籍志》。

③ 参见《隋书·帝纪·卷三·炀帝上》。

④ 《大业律》一度改《开皇律》12篇体制，分为18篇（一曰名例，二曰卫宫，三曰违制，四曰请求，五曰户，六曰婚，七曰擅兴，八曰告劾，九曰贼，十曰盗，十一曰斗，十二曰捕亡，十三曰仓库，十四曰厩牧，十五曰关市，十六曰杂，十七曰诈伪，十八曰断狱），但不为《唐律》所取。《唐律》沿袭《开皇律》12篇体制。

⑤ 唐《贞观律》为500条，《永徽律》为502条；宋《宋刑统》为502条；明《大明律》为460条；清《大清律例》为436条。条文数差别不大。

框架。

《开皇律》所确定的五刑是：一曰死刑，分为绞、斩二等；二曰流刑，有流一千里、一千五百里、二千里，共三等；三曰徒刑，有徒一年、一年半、二年、二年半、三年，共五等；四曰杖刑，有杖六十、七十、八十、九十、一百，共五等；五曰笞刑，有笞十、二十、三十、四十、五十，共五等。五刑总计为二十等之数。这一“五刑二十等”体例几乎为《唐律》所完全继承，一直延续到清末变法之前。

（三）“十恶”制度的最后确定

《周礼》即把国家应重点惩治的犯罪归纳为八种，即所谓“乡八刑”①。从秦汉时代开始，就有“谋反”“大不敬”“不孝”“内乱”“不道”“大逆无道”等表示国家应加重制裁的重大罪名。至北齐时代，《北齐律》正式归纳为“重罪十条”②。《开皇律》承袭了“重罪十条”，略加修改，正式定名为“十恶”。《隋书·刑法志》说，《开皇律》“又置十恶之条，多采后齐之制，而颇有损益。一曰谋反，二曰谋叛，三曰谋大逆，四曰恶逆，五曰不道，六曰大不敬，七曰不孝，八曰不睦，九曰不义，十曰内乱。犯十恶及故杀人，狱成者，虽会赦，犹除名”。律首列举“十恶”并加重打击的制度，自隋至清末变法前一直是中国传统律典的最基本制度之一。

隋《开皇律》的“十恶”承继了《北齐律》“重罪十条”，但也有一些变化。

第一，从“十罪”改称“十恶”。中国自古对于重大犯罪一般称“罪”，很少称“恶”。隋律改称“十恶”，可能与隋文帝杨坚重视佛教有关，或者说是受了佛教“十恶”之说的影响。③ 同时，称“恶”有一种更为强烈的道德判断含义，与“礼法合一”的潮流相适应。

第二，删除“降”，增列“不睦”。这一变化实为降低“十恶”的国家利益评价含量，加重家庭伦理评价含量。

第三，在北齐的“反逆”“大逆”“叛”三罪名之前增加“谋”字，意在加大对于危害国家和皇权之行为的防范力度。从此以后，对于这类行为，不仅仅惩罚“已行者”，而且要“惩及于谋”，即对谋划犯罪、准备犯罪，甚至仅仅意欲犯罪者也加以制裁。这一变化，也有佛教影响的痕迹。④

（四）减少酷刑，降低一些罪行的刑罚度

《开皇律》“蠲除前代鞭刑及枭首轘裂之法，其流徒之罪皆减从轻”。隋文帝在颁律诏书中称：“帝王作法，沿革不同，取适于时，故有损益。夫绞以致毙，斩则殊刑，除恶之体，于斯已极。枭首轘身，义无所取。不益惩肃之理，徒表安忍之怀。鞭之为用，残剥肤体，彻骨侵肌，酷均脔切。虽云远古之式，事乖仁者之刑。枭轘及鞭，并令去也。”《开皇律》废除

---

① 《周礼·地官·大司徒》之“乡八刑”为：“一曰不孝之刑，二曰不睦之刑，三曰不姻之刑，四曰不弟之刑，五曰不任之刑，六曰不恤之刑，七曰造言之刑，八曰乱民之刑。”

② 《隋书·志·卷二十·刑法》载：“（北齐律）又列重罪十条：一曰反逆，二曰大逆，三曰叛，四曰降，五曰恶逆，六曰不道，七曰不敬，八曰不孝，九曰不义，十曰内乱。其犯此十者，不在八议论赎之限。”

③ 佛教的《菩萨璎珞本业经》有谓：“由此十恶之报，致此殃灾。是故比丘当离十恶。”佛教所谓“十恶”为“身业三”（杀生、偷盗、淫邪）、“口业四”（妄语、两舌、恶口、绮语）、“意业三”（贪欲、瞋恚、邪见）。不犯“十恶”则为“十善”。此据厦门大学周东平副教授考证。参见周东平：《隋〈开皇律〉十恶渊源新探》，载《法学研究》，2005（4）。

④ 佛教以为，“十恶”系由贪、瞋、痴三不善根之一的“加行”而起。所谓加行，意为“预备”“起意”。佛教特别重视从“加行”处消除恶的萌动。此意显为《开皇律》所取。参见周东平：《隋〈开皇律〉十恶渊源新探》，载《法学研究》，2005（4）。

了北朝刑法中长期存在的枭首、轘身等酷刑，也废除了时人认为比较残酷的鞭刑，代之以较为人道的笞刑。

开皇三年（583年），文帝“以为律尚严密，故人多陷罪”，又命修律，“除死罪八十一条，流罪一百五十四条，徒杖等千余条。定留唯五百条”。

炀帝继位后，又以“高祖禁网深刻”为由删修律典，标榜“推心待物，每从宽政”，“除十恶之条”[①]，“其五刑之内降从轻典者二百余条，其枷杖决罚讯囚之制，并轻于旧”[②]。

（五）重定“八议”“官当”“例减”“赎刑”等封建特权制度

据《隋书·刑法志》记载，《开皇律》规定了“八议”和“例减”制度：“其在八议之科及官品第七已上犯罪，皆例减一等”；又规定了“赎刑”制度：“其品第九已上犯者，听赎”，官员犯死罪亦可赎，“二死（绞、斩）同（铜）赎三百六十斤”；还规定了“官当”制度：“犯私罪以官当徒者，五品已上，一官当徒二年；九品已上，一官当徒一年。当流者，三流同比徒三年。若犯公罪者，（以官当）徒各加一年，当流者各加一等。”这些在魏晋南北朝各国先后确立的官僚贵族特权制度，为隋律所全面继承，奠定了唐以后封建特权法制的基本框架。

（六）确定了刑讯的法定限制

《隋书·刑法志》说，隋初及此前，“自前代相承，有司讯考，皆以法外。或有用大棒束杖，车辐鞖底，压踝杖桄之属，楚毒备至，多所诬伏。虽文致于法，而每有枉滥，莫能自理”。《开皇律》惩于此类弊端，作了重大矫正，“至是尽除苛惨之法”；又明确规定：“讯囚不得过二百；枷杖大小，咸为之程品；行杖者不得易人。”

三、隋代法制的经验教训

隋朝虽只有短短37年历史，法律创制却取得了惊人的成就。《开皇律》虽自宋以后即已亡佚，但我们通过《唐律》可以知道其大概。《唐会要》说唐武德七年（624年）修律成，“大略以开皇为准，正五十三条，凡五百条，格入于新律，他无所改正”[③]。因此可以说《开皇律》实为《唐律》原型，其所开创或重新厘定的十二篇、五百条体制以及“五刑”“十恶”“八议”“官当”“赎刑”等制度，对后世律典基本架构影响甚巨。近人程树德先生说“今所传唐律，即隋开皇律旧本”[④]，今人倪正茂《隋律研究》谓《开皇律》为“中国古代法制史上的里程碑”[⑤]，均有一定道理。其删除繁苛，废止枭首、轘裂等残酷死刑，降从轻典，对后世影响更是重大。

隋文帝杨坚在法制问题上的态度和行为非常矛盾：一方面，他主张约法省刑，反对酷刑，认为酷刑“义无所取。不益惩肃之理，徒表安忍之怀”；有时也能维护法制。其子秦王杨俊犯法，有人求情，要求免罪，文帝说，“法不可违”，如果皇子犯法可恕，“何不别制天子儿律”[⑥]，坚决制止法外开恩。但是，另一方面，文帝又是破坏法制的罪魁：“天性沉猜”，性情暴戾，“因以文法自矜，明察临下。恒令左右觇视内外，有小过失，则加以重罪。又患

① 《唐律疏议·名例》“十恶”条疏议：“大业有造，复更刊除。十条之内，唯存其八。”

② 《隋书·志·卷二十·刑法》。

③ （宋）王溥：《唐会要》，卷三十九，《定格令》。

④ 程树德：《隋律考序》，载程树德：《九朝律考》，425页，北京，中华书局，1963。

⑤ 倪正茂：《隋律研究》，25页，北京，法律出版社，1987。

⑥ 《隋书·列传·卷十·文四子》。

令史赃污，因私使人以钱帛遗之，得犯立斩。每于殿廷打人，一日之中，或至数四。尝怒问事挥楚不甚，即命斩之”①。这大概是后世“廷杖”制度的起源。到了晚年，文帝“用法益峻”，“喜怒不恒，不复依准科律”②，“持法尤峻……过于杀戮”③。有人谏言文帝宠高颎过甚，文帝大怒，“遂以马鞭笞杀之”。文帝尝发怒，六月棒杀人。大理少卿赵绰固争曰：“季夏之月，天地成长庶类。不可以此时诛杀。”文帝回答曰：“六月虽曰生长，此时必有雷霆。天道既于炎阳之时震其威怒，我则天而行，有何不可！”遂杀之。这种做法，既废了法典的常刑，也废弃了西周以来“秋杀冬藏，则天行刑”的基本原则。在他的影响下，朝廷官员们竞相苛酷，“承顺帝旨”，“候帝所不快，则案以重抵，无殊罪而死者，不可胜原”。“其临终赴市者，莫不途中呼枉，仰天而哭。”④

至于炀帝，其修律和省刑之举，徒为装饰。因“外征四夷，内穷嗜欲，兵革岁动，赋敛滋繁”，民心怨背，“穷人无告，聚为盗贼”，于是其又撕去轻刑面纱，“更立严刑，敕天下窃盗已上，罪无轻重，不待闻奏，皆斩”。后来又恢复酷刑，对谋反者“罪及九族”，“其尤重者，行轘裂枭首之刑。或磔而射之，命公卿已下脔啖其肉”。如此一来，“百姓怨嗟，天下大溃”⑤。

第二节　唐代立法概况、法律形式和体例

引例　长孙无忌带刀入殿案

贞观元年（627年），吏部尚书长孙无忌奉召入宫议事，“不解佩刀入东上阁门”，事毕出门以后，监门校尉才发觉。尚书右仆射封德彝认为：校尉失察，罪当死；长孙无忌误带刀入殿，应徒二年，罚铜二十斤。太宗欲从其议。但大理寺少卿戴胄不同意：“校尉不觉，无忌带刀入内，同为误耳。”臣子对于君父不得称误，法律明文规定“供御汤药、饮食、舟船，误不如法者”皆为死罪。陛下若欲考虑长孙无忌的功勋而减刑，那不是司法官所能决定的；但若要据法审判，罚以赎铜是不恰当的。太宗说：“法者非朕一人之法，乃天下之法”，怎么能因为长孙无忌是皇亲国戚就要法外开恩呢？下令再议。封德彝坚持原议，戴胄又驳议说：“校尉缘无忌以致罪，于法当轻”，是因无忌牵连而致犯法，不当重处。“若论其过误，则为情一也，而生死顿殊，敢以固请。”两人既同为“过误”，为何处罚有生死之别？是否严重不公？因戴胄固执原议、犯颜谏阻，太宗终于赦免了监门校尉的死罪。⑥

公元618年，隋太原留守李渊（唐高祖）趁隋末大乱攻入长安，夺取政权，改国号为唐，隋亡。此后，李渊、李世民父子经过七八年征战，先后荡平隋末起兵造反的窦建德、王

①②④⑤　《隋书·志·卷二十·刑法》。

③　《隋书·帝纪·卷二·高祖上》。

⑥　参见（唐）吴兢：《贞观政要》，卷五，《公平》。

世充、刘武周、李密、梁师都、刘黑闼等各路群雄，重新统一了中国。公元626年，李世民（唐太宗）发动“玄武门政变”，杀太子李建成，逼李渊退位，夺取皇位，次年改元贞观。太宗文韬武略，从善如流，讲求法制，与魏征、房玄龄等贤臣一起造就了著名的“贞观之治”。自高祖至太宗，上承隋《开皇律》，因时损益，法制已趋完备。其后，自高宗、武后，至于玄宗，法制代代相因并不断完善，蔚成中华法系礼法合一法制之大观。其后直至唐末，随着政治衰微，法制逐渐废弛，但大致沿袭基本框架，无大更改。盛唐法制并为其后的后梁、后唐、后晋、后汉、后周五个朝代大致沿袭，以迄于宋。

一、唐初立法指导思想

唐初君臣非常注重总结隋朝短命而亡的历史教训，励精图治；其立法设制，总的指导思想是：以隋为鉴，安人宁国。他们“……动静……必思隋氏，以为殷鉴”，经常省思“亡隋之辙，殷鉴不远”①。他们认为，隋朝短命而亡的主要原因在于“宪章遐弃”，“益肆淫刑”，“因怒而滥刑”②；认为法制破坏是隋亡的主要原因。因此，他们强调：

（一）立法宽简

高祖即位颁令修律，即强调立法“务在宽简，取便于时”③。太宗亦主张：“国家法令，唯须简约，不可一罪作数种条。”他认为法制繁杂则有危险：“格式既多，官人不能尽记，更生奸诈。若欲出罪则引轻条，若欲入罪则引重条。”因此他要求立法“宜令审细，勿使互文”。他还“常问法官刑罚轻重，每称法网宽于往代，仍恐主狱之司利在杀人，危人自达……深宜禁止，务在宽平”④。

（二）法须稳定

唐太宗认为，“法令不可数变，数变则烦”⑤；“数变法者，实不益道理”⑥。太宗曾谓侍臣：“诏令格式，若不常定，则人心多惑，奸诈益生。《周易》称‘涣汗其大号’，言发号施令，若汗出于体，一出而不复也。又书曰‘慎出乃令，令出惟行，弗为反’。且汉祖日不暇给，萧何起于小吏，制法之后，犹称画一。今宜详思此义，不可轻出诏令。必须审定，以为永式。”⑦ 立法应“永垂宪则，贻范后昆”⑧。据此种指导思想，《唐律》规定：“诸制敕断罪，临时处分不为永格者，不得引以为后比。若辄引致罪有出入者，以故失论。”⑨

（三）法贵公平

唐太宗曾反省隋朝“官人百姓造罪不一”的教训，认为：“古称至公者，盖谓平恕无私……故知君人者，以天下为公，无私于物。”他经常强调“法者非朕一人之法，乃天下之法”，特别赞成诸葛亮“开诚心，布公道，尽忠益时者，虽雠必赏；犯法怠慢者，虽亲必罚”的法制方针，起初尚能自觉反对对皇亲国戚和功臣故旧法外开恩，所以魏征总结道：“贞观之初，志存公道。人有所犯，一一于法。”⑩

（四）德刑并用

唐初君臣特别强调德刑并用、礼法结合。唐高祖李渊就曾主张礼教与刑罚并用，“禁暴惩奸，弘风阐化，安民立政，莫此为先”⑪。太宗即位初，“有劝以威刑肃天下者，魏征以为

---

①④⑥⑦ （唐）吴兢：《贞观政要》，卷八，《论刑法》。

②③⑧⑪ 《旧唐书·刑法志》。

⑤ 《资治通鉴》，卷一百九十四·唐纪十。

⑨ 《唐律疏议·断狱》。

⑩ （唐）吴兢：《贞观政要》，卷五，《论公平》。

不可，因为上言王政本于仁恩，所以爱民厚俗之意，太宗欣然纳之，遂以宽仁治天下，而于刑法尤慎”[1]。魏征主张：“故圣哲君临，移风易俗，不资严刑峻法，在仁义而已……仁义，理之本也，刑罚，理之末也……圣人甚尊德礼而卑刑罚，故舜先敕契以敬敷五教，而后任咎繇以五刑也。凡立法者，非以司民短而诛过误也，乃以防奸恶而救祸患，检淫邪而内正道……是以圣帝明王，皆敦德化而薄威刑也。”[2] 长孙无忌《唐律疏议》序中“德礼为政教之本，刑罚为政教之用”一语，概括了唐初君臣的礼刑并用、刑以辅礼的基本主张。在此一指导思想下，《唐律》因而“一准乎礼而得古今之平”[3]。

二、唐代立法概况

有唐一代的立法，大致经历了四个发展阶段。

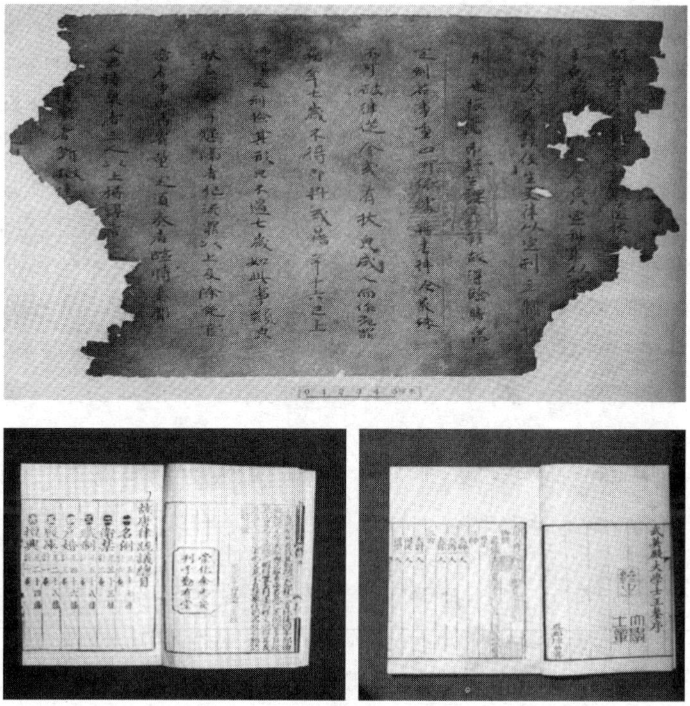

图 6—2　唐律残卷和刻本[4]

(一) 武德开篇

高祖即位，即命纳言刘文静等损益律令，武德二年（619 年）颁新格 53 条。武德四年（621 年），高祖命尚书左仆射裴寂等人因隋《开皇律》更定律令，“凡律五百，丽以五十三条”，是为《武德律》。[5]

---

① 《新唐书·志·卷四十六·刑法》。

② （唐）吴兢：《贞观政要》，卷五，《公平》。

③ 《四库全书总目·政书类》，清人纪昀语。

④ 参见李默主编：《中华文明大博览》，“唐朝”，广州，广东旅游出版社，1998。

⑤ 参见《新唐书·志·卷四十六·刑法》。关于高祖定《武德律》，《旧唐书·志·卷三十·刑法》谓武德七年（624 年）奏上，谓：“……大略以开皇律为准……唯正五十三条格，入于新律，余无所改。”

（二）贞观定律

贞观元年（627 年）太宗即位初即命长孙无忌、房玄龄等删修律令。[①] 大约前后耗时 11 年，对《武德律》进行了较大修订，成《贞观律》。至贞观十一年（637 年）颁布天下，“凡律五百条，分为十二卷”[①]。

贞观时期修订律、令、格、式，主要做了以下几个方面的工作。

第一，关于减死之刑的创设。贞观初，戴胄、魏征等人因旧律刑罚过重，议改绞刑之罪五十条，免其死罪，改为“断其右趾”。太宗从其议，自此“应死者多蒙全活”。太宗本意是以断趾（刖）刑为减死之刑，旨在全活可恕之犯人。但这一改革又等于恢复了废除已久的刖刑，“今复设刖足，是为六刑。减死在于宽弘，加刑又加烦峻”，显然逆历史潮流，受到明哲之士的反对。于是，太宗又与大臣们议定“除断趾法，改为加役流三千里，居作二年”[②]。自此以加役流为减死刑，直至唐末。

第二，减轻兄弟连坐之刑。据旧律，兄弟分家后，恩荫不相及，但反逆之罪则“连坐俱死”，而祖孙则仅仅连坐配没（没官为奴或流放）。太宗认为此法非理，令百官详议修正。房玄龄等议以为：“祖孙亲重而兄弟属轻”，亲重的连坐流放，属轻的连坐处死，“据礼论情，深为未惬”。于是议定新律：“祖孙兄弟缘坐，俱配没。”从此以后，死刑的适用大大减少。[③]

第三，确定比附类推适用刑法的基本原则。为了防止官吏任意出入人罪，《贞观律》明确规定了类推适用刑法的限制性原则：“诸断罪而无正条，其应出罪者，则举重以明轻；其应入罪者，则举轻以明重。”[④]这是现今所存律文中首次正式确立此一类推适用原则。

第四，减轻刑罚，削去繁苛。“比隋代旧律，减大辟者九十二条，减流入徒者七十一条。其（以官）当徒之法，唯夺一官；除名之人，仍同士伍。凡削烦去蠹，变重为轻者，不可胜纪。”[⑤]

《贞观律》为唐律确定了蓝本，此后很少变动。近人沈家本说“唐律以贞观所修为定本”[⑥]，很有道理。

（三）永徽注疏

高宗永徽元年（650 年），长孙无忌等奉敕修订贞观律令格式。永徽三年（652 年）完成，称《永徽律》，共 12 篇、502 条，绝大部分沿袭《贞观律》，所改动者，寥寥几处，如因为土地兼并加剧，增加了禁止买卖口分田的规定[⑦]；又将原律“十恶”之“大不敬”条的“言理切害”改为“情理切害”，旨在强调“原其本情，广思慎罚”[⑧]。

此次修律的最重要工作在于撰定《律疏》。永徽三年（652 年）高宗诏曰：“律学未有定疏，每年所举明法，遂无凭准。宜广召解律人条义疏奏闻，仍使中书门下监定。”于是太尉长孙无忌、司空李勣等人奉命参撰《律疏》，成 30 卷，永徽四年（653 年）颁行天下，并附于律文之后颁行，曰《永徽律疏》。“自是断狱者皆引疏分析之。”[⑨]这是我国历史上首次颁布由官方正式撰定、附于律典正文行用的法律注解。这种律、疏合编体例对后世影响甚大。

---

① 《旧唐书·志·卷三十·刑法》。

① 《唐会要》，卷三十九，《定格令》。

②④⑤⑨ 《旧唐书·志·卷三十·刑法》。

③ 参见上书。

⑥ 沈家本：《沈寄簃先生遗书》，甲编，《历代刑法考·律令考三·唐》。

⑦ 参见《新唐书·志·卷四十四·食货》。

⑧ 《唐律疏议·名例》“十恶”条疏议。

（四）开元刊定

开元六年（718年），唐玄宗命大臣宋璟等人删定律、令、格、式。开元二十二年（734年）又命李林甫等人修改格、令。开元二十五年（737年），李林甫等删定旧律、令、格、式、敕，并刊定《律疏》30卷，是为《开元律疏》。其后，玄宗"敕于尚书都省写五十本，发使散于天下"。这次对《永徽律疏》的修订，主要是在注解用语上，如将"十恶"之"大不敬"条的"盗及伪造御玺"改为"盗及伪造御宝"，以便包括皇后、皇太后等的印信。

经开元年间的刊定，唐律及其疏议更为完备，其后经唐末、五代、两宋，直至元朝，最终定名为《唐律疏议》，流传至今，是我国至今尚存的最早的完整古代法典文本。

三、唐代的其他法律形式

唐代的法律形式，除了上文的"律"即国家正式律典外，还有令、格、式、敕、礼、六典，等等，但通常所说的唐代的法律形式主要指律、令、格、式四种。

（一）唐令

唐代最早的定令活动，据《旧唐书·刑法志》记载，是太宗即位初，蜀王法曹参军裴弘献"驳律令不便于时者四十余事，太宗令参掌删改之"。后来，房玄龄等奉旨"定令一千五百九十条[①]，为三十卷，贞观十一年颁下之"。高宗时又命长孙无忌等"共撰定律令格式"。睿宗时，又命岑羲、陆象光等人"删定格式律令"。开元初，玄宗又命卢怀慎等"删定格式令"；开元六年（718年）又命宋璟等"删定律令格式"；开元二十二年（734年）命李林甫等"修改格令"，"共加删缉旧格式律令及敕，总七千二十六条，其一千三百二十四条于事非要，并删之；二千一百八十条随文损益，三千五百九十四条仍旧不改，总成律十二卷，律疏三十卷，令三十卷"。

由此可知，唐代所谓"令"，大多系从皇帝关于国家行政管理的单行诏令而来，凡经整理、删修、编纂而定为国家长期行政制度者，则为"令"[②]。

关于唐代的"令"，按编纂时间分，有《武德令》《贞观令》《开元令》等；按其内容分，有官品令、三师三公台省职员令、寺监职员令、卫府职员令、东宫王府职员令、州县镇戍岳渎关津职员令、内外命妇职员令、祠令、户令、学令、选举令、封爵令、禄令、考课令、宫卫令、军防令、衣服令、仪制令、卤簿令、乐令、公式令、田令、赋役令、仓库令、厩牧令、关市令、医疾令、捕亡令、假宁令、狱官令、营缮令、丧葬令、杂令，共33篇。[③]

（二）唐格与敕

唐代的定格活动，最初大约是唐高祖"约法十二条"以及武德二年（619年）"制格五十三条"。武德七年（624年）又"唯正五十三条格入于新律"。太宗贞观十一年（637年），房玄龄等"删武德、贞观已来敕格三千余件，定留七百条，以为格十八卷"，此即《贞观格》。其格有散颁、留司之分："其曹之常务，但留本司者，别为留司格一卷。盖编录当时制敕，永为法则，以为故事。"大约关于中央官府经常事务者为留司格，其颁行州县官府适用者曰散颁格。同时有长孙无忌等人删定的《永徽留司格》十八卷。此后有《（永徽）散颁格》七卷。后来刘仁轨等人删定《永徽留司格后本》，裴居道等人删定《垂拱留司格》六卷、

---

① 《新唐书·志·卷四十六·刑法》谓太宗时，房玄龄等"遂与法司增损隋律……定令一千五百四十六条，以为令"。

② 汉代，就具体事宜确定制度，常称之为"著为令""定为令"。

③ 参见［日］仁井田陞：《唐令拾遗》，长春，长春出版社，1989。

《（垂拱）散颁格》三卷，岑羲等人删定《太极格》十卷，姚崇等人删定《开元前格》十卷，宋璟等人删定《开元后格》十卷，李林甫等撰《开元新格》十卷。凡格之编纂，大约“以尚书省诸曹为之目”，或“以尚书省二十四司为篇目”①；也有按照所规范事务分目者，如开成四年（839 年）中书、门下两省详定的《刑法格》。

由上可知，所谓“格”，实为皇帝以制敕断决罪案或处分特别公事②，其决定经过删修、整理、编纂程序作为长久普遍规范的，曰“以为永格”“永为定格”，简称曰“格”。《唐六典》说：格“盖编录当时制敕，永为法则以为故事”。作为刑事法特别规范的“格”，其效力高于“律”。

将“临时处分”的制敕编定为长用的“格”，作为法典编纂活动，手续复杂。于是自开元十九年（731 年）起，侍中裴光廷等人“以格后制敕行用之后，颇与格文相违，于事非便，乃奏令所司删撰《格后长行敕》六卷，颁行天下”。宪宗元和三年（808 年），郑余庆等人又详定《格后敕》三十卷；文宗大和年间谢登等人又有《新编格后敕》六十卷。宣宗大中年间，又有《大中刑法总要格后敕》，将自贞观至大中 224 年间的杂敕统编为 646 门、2 165 条（一说 2 865 条）。③“格后敕”介于寻常的制敕和经编纂的“永格”之间，系由敕到格的过渡形态。此种“编敕”使很多制敕不经编定为格即直接有了长久、普遍的法律效力。

（三）唐式

贞观十一年（637 年），房玄龄等奉敕删定《式》三十三篇，“以尚书省列曹及秘书、太常、司农、光禄、太仆、太府、少府及监门、宿卫、记帐名其篇目，为二十卷”，是为《贞观式》。后来又有《永徽式》《垂拱式》《神龙式》《开元式》各二十卷，其中，武则天垂拱年间，命裴居道等“删改格式”，“加记帐及勾帐式，通（连同）旧式成二十卷”③，此即《垂拱式》。

式系国家各级政权的办事规则及公文程式。式具有相当的强制力，违反者不仅要受到行政处罚，也可能构成“违式罪”受到“律”中笞四十的制裁。④

唐代的式，每每随律令修订，但开元以后就再未修订了。唐《开元式》共有 33 篇。先按照尚书省 6 部 24 司分篇，有吏部式、司封式、司勋式、考功式、户部式、度支式、金部式、仓部式、礼部式、祠部式、膳部式、主客式、兵部式、职方式、驾部式、库部式、刑部式、都官式、比部式、司门式、工部式、屯田式、虞部式、水部式。此外还有关于其他机关的秘书式、太常式、司农式、光禄式、太仆式、少府式、监门式、宿卫式、记账式等，共 33 篇。

（四）唐例

有唐一代，除了律、令、格、式以外，还有其他法律形式存在。“比附条例”是重要形式之一。永徽六年（655 年），高宗谓侍臣曰：“律通比附，条例太多。”要求对“比附条例”进行删修整理。左仆射于志宁等对曰：“旧律多比附断事，乃稍难解。科条极众，数至三千。隋日再定，唯留五百。以事类相似者，比附科断。今日所停，即是参取隋律修易，条章既少，极成省便。”⑤据此可知，在高宗时期，曾经有过修订“比附条例”的活动，对隋代留下

---

① 《旧唐书·志·卷三十·刑法》。

② 皇帝制敕一般就特别的人或事而发，仅仅适用于特定人和事，一般不具有普遍适用的法律效力。

③ 《旧唐书·志·卷三十·刑法》。但《唐会要》卷三十九《定格令》则云：“至大中五年四月刑部侍郎刘瑑等奉敕修《大中刑法统类》六十卷，起贞观二年六月二十八日至大中五年四月十三日，凡二百二十四年杂敕，都计六百四十门，二千一百六十五条。”两者说法不一。

④⑤ 《唐律疏议》卷二十七《杂律》“违令”条：“诸违令者，笞五十……别式，减一等。”

的500个比附条例进行了“修易”，决定其中一些停止适用，最后使“条章既少，极成省便”。高宗仪凤年间，详刑少卿赵仁本撰《法例》三卷，“引以断狱，时议亦为折衷”。此《法例》，就是“比附条例”，一度被法司采用。但是后来高宗“以为烦文不便”，认为有律、令、格、式在，“何为更须作例，致使触绪多疑”，乃下令废止《法例》的适用。但是，《唐律疏议》中还有用“例”的痕迹，如《唐律疏议·名例二》“皇太子妃”条疏议有“又例云：称期亲者，曾、高同”语；《名例四》“老小及疾有犯”条疏议有“例云：杀一家三人为不道”语，《名例六》“本条别有制”条疏议有“例云：共犯罪以造意为首，随从者减一等……例云：九品以上，犯流以下听赎”等语，说明在实际司法中“例”的适用并未停止。宋代以后，“以例破律”成为一大弊端。

（五）刑法统类

“刑法统类”或“刑律统类”是唐末出现的法典编纂形式。这种编纂形式的起源，大概要算玄宗开元二十五年（737年）李林甫、牛仙客等人奉诏撰定的《律令格式事类》40卷，该书“以类相从，便于省览”[1]。大中五年（851年），唐宣宗命刑部侍郎刘瑑等人修成《大中刑法统类》60卷（《旧唐书·刑法志》说是《大中刑法总要格后敕》60卷），分646门、2 165条。大中七年（853年）左卫率府仓曹参军张戣等人“编集律令格式条件相类者”1 250条，分为121门，号曰《刑法统类》。[2] 该书“以刑律分类为门，而附以格敕”，将有关刑事的律、令、格、式以及敕条，按照事类分类，以便官员们掌握和适用。此种编纂，开“宋刑统”编纂之先河。

（六）编礼

唐代曾有国家正式编“礼”的活动。开元二十年（732年），玄宗命编纂《开元礼》150卷，除“序礼”外，有“吉礼”“嘉礼”“宾礼”“军礼”“凶礼”五大部分，是为“五礼”。这些礼，内容包括祭祀法规、仪仗法规、巡狩法规、册封法规、朝会法规、加冕法规、外事法规、出征与检阅法规、宗教法规、丧葬法规以及谥法等一系列重要的行政法规。实施这些法规涉及内宫、朝廷、州县，涉及帝王、后妃、将相、普通官吏乃至百姓。违反礼在许多情况下是要负刑事责任的，《唐律》中以违礼（如匿父母及夫丧、府号官称犯父祖名讳、冒哀求仕、冒荣居仕、居父母丧嫁娶、父母被囚嫁娶、居父母丧主婚、以妾为妻、妻无七出而出之，等等）而构成犯罪的情形不少。[3] 所以，礼在唐代必须被视为法律形式之一，甚至没有编辑成文的“礼”有时也具有法律效力。

四、唐六典

《唐六典》是唐玄宗开元二十七年（739年）编成的国家典章汇编。开元十六年（728年），“玄宗诏书院撰《六典》以进”，命令集贤殿书院（国家图书编撰机构）按照儒家经典《周礼》的六官体制编撰《唐六典》，“以令朝六典象周官之制”。为指导编纂，玄宗钦定了“理、教、礼、政、刑、事典”等六典的编纂体例[4]，其具体办法是“以令式分入六司，象周礼六官之制，其沿革并入注”，具体编撰者是大臣徐坚、韦述等人。

---

① 《旧唐书·志·卷三十·刑法》。

② 参见《唐会要》卷三十九《定律令》；《旧唐书·志·卷三十·刑法》。

③ 参见钱大群：《唐律与唐代法律体系研究》，132页，南京，南京大学出版社，1996。

④ 参见（唐）刘肃：《大唐新语·著述》：“上（玄宗）手写白麻纸，凡六条，曰理、教、礼、政、刑、事典，令以类相从，撰录以进。”

《唐六典》是什么？有人说是“行政法典”。其实有误。今人钱大群教授认为：《唐六典》是以周礼为体例，以国家机关与职官为纲目，以抄摘在行（现行）令式中有关国家机关组织编制的规定为内容，以显示有唐一代制度盛况为目的的一部官修官制典籍。[①] 简言之，《唐六典》是官制典籍，不是行政法典。不过，它毕竟是有关国家组织机构及职责权限的法制文献编纂。

《唐六典》由正文和注文两者组成，正文三十卷，分别是：卷一“三师、三公、尚书省”，卷二“尚书吏部”，卷三“尚书户部”，卷四“尚书礼部”，卷五“尚书兵部”，卷六“尚书刑部”，卷七“尚书工部”，卷八“门下省”，卷九“中书省、集贤院、史馆、匭使院”，卷十“秘书省”，卷十一“殿中省”，卷十二“内官、宫官、内侍省”，卷十三“御史台”，卷十四“太常寺”，卷十五“光禄寺”，卷十六“卫尉、宗正寺”，卷十七“太仆寺”，卷十八“大理、鸿胪寺”，卷十九“司农寺”，卷二十“太府寺”，卷二十一“国子监”，卷二十二“少府、军器监”，卷二十三“将作、都水监”，卷二十四“诸卫”，卷二十五“诸卫府”，卷二十六“太子三师、三少、詹事府、左右春坊、内官”，卷二十七“太子家令、卒吏、仆寺”，卷二十八“太子左右卫及诸率府”，卷二十九“诸王府、公主邑司”，卷三十“三府、都督、都护、州县官吏”。

五、唐代法律的基本体系

唐代法律的基本体系，可以从广狭两义理解。广义上讲，是指唐代所有法律形式（律、令、格、式、敕、例、礼、六典）之间形成的有机体系。狭义上讲，仅仅指唐律内部的构成体系。

首先我们从广义上看。

关于律、令、格、式四者各自的概念及相互关系，唐人编纂的《唐六典》序言说：“凡律所以正刑定罪，令以设范立制，格以禁违止邪，式以轨物程事。”宋人编撰的《新唐书·刑法志》说：“唐之刑书有四，曰律、令、格、式。令者，尊卑贵贱之等数，国家之制度也；格者，百官有司所常行之事也；式者，其所常守之法也。凡邦国之政，必从事于此三者。其有所违及人之为恶而入于罪戾者，一断以律。”

这两种解说中，唐人的说法较为清楚，宋人的说法反而不清楚，尤其是格、式二者的概念不明。其实，这四者的概念和关系，根据四类现存规范遗文观察，大致可以这样定义：

律是国家的基本刑事法典；令是国家的各类部门行政管理法；格是国家的刑事特别法（补充法）以及关于重大公事的特别规制；式是国家各级政权的办事规则及公文程式。违反“令”“式”者，都依“律”制裁[②]；违反“格”者，依格自身规定（不同于律）的特别处罚制裁。[③]

---

① 参见钱大群：《唐律与唐代法律体系研究》，134页，南京，南京大学出版社，1996。

② 如《唐律疏议》卷二十七《杂律》规定：“诸违令者，笞五十……（违）别式，减一等。”所谓“违令”，在此仅仅指“令有禁制而律无罪名者”。据此可知，严重违令、违式者，律有罪条加以处罚；一般或轻微违令、式者，即使律无正条，也要处罚。但此时所予处罚，可以视为行政处罚，不一定要视为刑事处罚。参见郑秦：《中国法制史纲要》，132页，北京，法律出版社，2001。

③ 至于违反“格”者应否受“律”制裁，是一个值得探讨的问题。按照《新唐书·刑法志》的说法，违反“格”者要受到“律”的制裁。但是，唐律中只有违反“某某令”“某某式”的制裁规定，在无所不包的“口袋式”处罚条款“违令”条（第449条）中，也只提到违反“令”和“别式”，没有提到“违格”。所以，可以认为，“格”本身即包含刑事特别处罚，这些处罚常常高于正律规定的处罚。（参见叶孝信主编：《中国法制史》，155～156页，上海，复旦大学出版社，2002。）我们可以说，“格”一般是刑事特别法，特别法高于普通法。关于“格”的性质和地位以及演变史，参见陈顾远：《汉之决事比及其源流》《中国法制史上之法与令》，载《中国文化与中国法系——陈顾远法律史论集》，北京，中国政法大学出版社，2006。

其次我们从狭义上看。

唐律的基本体系，即律典12篇体系，是一个由“名例”（总则）统率分则各篇（关于各类犯罪的规定）的体系。

（一）唐律总则——《名例律》

名例，就是刑名、法例的合称。名例律，就是关于刑名和法例的一般规定。唐律的这一篇，是关于五刑、十恶、八议、上请、官当、例减、赎刑的一般规定，是关于累犯、共犯、老小废疾犯罪、自首、数罪并罚、类推、同居相隐、化外人犯罪、诬告反坐、公罪与私罪等问题的一般法律规定，大约相当于现代刑法典的总则。

（二）唐律分则——《卫禁律》《职制律》《户婚律》《厩库律》《擅兴律》《贼盗律》《斗讼律》《诈伪律》《杂律》《捕亡律》《断狱律》

这11篇，是关于违反国家卫禁、职制、户婚等各方面管理秩序的犯罪的处罚规定，相当于今日刑法典之分则。

《卫禁律》，关于违反宫殿、宗庙、禁苑、车驾、关津、城垣、边镇警卫秩序的犯罪的法律。

《职制律》，关于官吏违反职责和礼制方面犯罪的法律，主要包括违反国家编制和公务规纪、贪赃、渎职、违礼等犯罪的处罚规定。其中的处罚，在今天看来，大多只能算是行政制裁。

《户婚律》，关于违反户籍、土地、赋税、婚姻、家庭、继承等方面管理制度的犯罪的法律。其中的很多处罚，在今天看来，只能算是民事制裁。

《厩库律》，关于违反官私牲口牧养及征用、官府仓库管理等方面制度的犯罪的法律。也包括家畜毁伤他人人身和财物时的处罚或赔偿的有关规定。

《擅兴律》，关于违反徭役兴发、公共设施兴造修缮、军需供应、兵员调遣、城郭防守、兵器储用等方面管理秩序的犯罪的法律。

《贼盗律》，关于危害国家安全、危害君主和皇室成员、盗用御物、侵害人身、侵害财产、抢掠和诱拐人口、侵害坟墓尸体、绑架勒索和劫囚等方面犯罪的法律。

《斗讼律》，关于斗殴、争讼、诉告等方面犯罪的规定。在“斗殴”方面主要包括斗殴杀伤、故杀伤、误杀伤、过失杀伤、戏杀伤人等犯罪，包括尊卑长幼之间、夫妻之间、官民之间斗殴的处罚法律；在“诉讼”方面主要包括越诉、诬告、匿名文书、控告尊长（后世称“干名犯义”）等方面的犯罪，以及子孙违反教令、同居相隐、保辜等问题的法律规定。

《诈伪律》，关于伪造、诈骗等方面犯罪的法律。主要包括伪造皇帝御宝和制书、伪造官文书、伪造宫殿门符和兵符、诈骗财物、妄认良人为奴、教唆犯罪、伪证等方面的犯罪的处罚规定。

《杂律》，关于上述八大类犯罪以外的其他杂项犯罪的法律规定。主要包括违反买卖、借贷、市场交易、度量衡、债权债务、埋藏物与遗失物等方面的管理秩序，以及犯奸、赌博、纵火失火、坐赃等方面犯罪的处罚规定；还包括“违令”“不应为”等两个最大的“口袋式”包罗所有违法行为处罚的条款。

《捕亡律》，关于捕捉逃亡罪犯、逃役人和其他逃亡者以及举告犯罪、救助受害人等事宜的规定以及相关犯罪的处罚法律。

《断狱律》，关于司法审判和狱政方面犯罪的法律。主要包括审判程序和原则、法官责任、考讯囚犯、证据制度、刑罚执行、死刑覆奏、监狱管理等方面的管理和违法责任的法律规定。

第三节　唐代主要刑事法律制度

引例　张蕴古泄露机密案

贞观五年（631 年），相州有个精神病人李好德“言涉妖妄”，妖言惑众，太宗诏令逮捕审讯之。大理寺丞张蕴古谏阻说：李好德有疯癫病众所周知，“法不当坐”。太宗觉得有理，打算赦而不究。张蕴古因早与李好德熟识，将太宗之意透露给了李好德，并与李好德在狱中“博戏”。事发，御史权万纪弹劾张蕴古，太宗大怒，令将蕴古“斩于东市”。事后，太宗颇为后悔，对大臣房玄龄等说：“……蕴古身为法官，与囚博戏，漏泄朕言，此亦罪状甚重。若据常律，未至极刑。朕当时盛怒，即令处置，公等竟无一言（劝阻），所司又不覆奏，遂即决之，岂是道理？”为避免此事重演，太宗下诏：从今以后，“凡有死刑，虽令即决，皆须五覆奏”。五覆奏之制，自张蕴古案肇始。[①]

唐代的刑事法律制度，即关于犯罪和刑罚的基本制度，内容极多，范围极广，不限于《唐律疏议》之规定。本节主要从唐律的有关规定出发大致介绍唐代的主要刑事法律制度。

一、基本刑罚制度：五刑体系及刑罚执行制度

（一）唐律的五刑体系

《唐律·名例律》继承隋律，规定了笞、杖、徒、流、死五刑，五刑内再共分为二十个刑罚等级的刑罚体系。五刑及其等级分别是：笞刑五等：笞十、笞二十、笞三十、笞四十、笞五十；杖刑五等：杖六十、杖七十、杖八十、杖九十、杖一百；徒刑五等：徒一年、徒一年半、徒二年、徒二年半、徒三年；流刑三等：流二千里、流二千五百里、流三千里；死刑二等：绞、斩。

除五刑二十等之外，唐初一度恢复“斩右趾”为减死之刑。太宗时改为加役流（流三千里，居作二年）。这是赦免死刑后的替代刑。后来《唐律疏议》正式确定为流三千里，居作三年。

（二）唐代的刑罚执行制度

1. 笞杖刑的执行。唐《狱官令》规定：“诸杖皆去节目，长三尺五寸……笞杖，大头二分，小头一分半。其决笞者，腿臀分受；决杖者。背腿臀分受，须数等。”同时还规定：“其拷囚及决罚者，皆不得中易人。”[②] 据此可知，唐代刑事法律对于笞杖刑具的长短粗细、笞击的部位、持杖行刑人等均作出了明确的规定。此外，“杖罪以下县决之”，如“犯罪在市，杖以下市决之，应合荫赎及徒以上，送县”[③]。

---

① 参见（唐）吴兢：《贞观政要》，卷八，《论刑法》。

② ［日］仁井田陞：《唐令拾遗》，727、714 页，长春，长春出版社，1989。

③ 同上书，689～690 页。

2. 徒刑的执行。唐《狱官令》规定："诸犯罪者，杖以下县决之；徒以上，县断定，送州；（州）复审迄，徒罪及流，应决杖，若应赎者，即决配征赎。""诸犯徒应配居作者，在京送将作监，妇人送少府监缝作；在外州者，供当处官役。当处无官作者，听留当州修理城隍、仓库及公廨杂使。"①

3. 流刑的执行。流刑的执行分为"居作"和"发配"两种情形。犯流罪应居作者，其执行与徒刑居作略同，就是在当州供官役，妇女"留当州缝作及配舂"。此外，"诸流徒罪居作者，皆着钳"，也就是要戴脚钳劳作。犯流罪应发配者，一般按照两千里至三千里的距离发配远方。但距离并非严格标准，大致按地理遥远和环境恶劣双重标准确定流放等级，"诸流人应配者，各依所配里数；无要重城镇之处，仍逐要配之。唯得就远，不得就近"。"配西州、伊州者，送凉府；江北人配岭南者，送桂广府；非剑南人配姚、巂州者，送付益府。"大约是配往远地官府服役，或到边塞、戍镇驻军中服劳役。流配者，可以携带妻妾同往，不得"私放妻妾"②（借故休弃）。在该地服役满一年后，即可在该地定居落户。若为"加役流"，则为流三千里、服役三年。

4. 死刑的执行。唐代的死刑分为绞、斩二等。古人认为绞可全尸、斩则身首异处，故绞轻于斩。其执行制度非常复杂，主要有以下几个方面：

（1）死刑覆奏制度。唐《狱官令》规定："诸决大辟罪，在京者，行决之司五覆奏；在外者，刑部三覆奏。在京者，决前一日二覆奏，决日三覆奏。在外者，初日一覆奏，后日再覆奏。纵临时有敕不许覆奏，亦准此覆奏。若犯恶逆以上及部曲奴婢杀主者，唯一覆奏。"③

（2）撤膳减乐制度。唐《狱官令》规定："其京城及驾所在，决囚日，尚食进蔬食，内教坊及太常寺，并停音乐。"④

（3）押送制度。《狱官令》规定："诸决大辟罪，皆防援至刑所。囚一人防援二十人，每一囚加五人。五品以上听乘车……犯恶逆以上不在乘车之限。"⑤

（4）官给酒食及亲故辞决制度。《狱官令》规定："诸决大辟罪……并官给酒食，听亲故辞决。"⑥ 这就是我们后世所熟知的"送行酒"及与亲人狱中诀别的由来。

（5）未时行刑制度。《狱官令》规定："诸决大辟罪……宣告犯状，仍日未后行刑。"⑦ 所谓"未时"，就是干支纪时中以每昼夜为十二个时辰（子丑寅卯辰巳午未申酉戌亥）中的"未"时，大约相当于西制二十四小时中的下午三点、四点两小时。历史剧中常有监刑官宣布"午时三刻到"即下令行刑之事，盖以"午"时一过即为"未"时故也。

（6）关于处决场所。《狱官令》规定："诸决大辟罪，皆于市。五品以上，犯非恶逆以上，听自尽于家。七品以上及皇族若妇人，犯非斩者，皆绞于隐处。"⑧ 这继承了古代"刑人于市，与众弃之"和"刑不上大夫"的传统。

（7）关于死刑禁决时日。《狱官令》规定："从立春至秋分，不得决死刑。其大祭祀及致斋、朔望、上下、二十四气、雨未晴、夜未明、断屠日月及假日，并不得奏决死刑。"⑨ 所谓"断屠月"，指正月、五月、九月。此外还有"禁杀日"（谓每月十直日：一、八、十四、

---

① ［日］仁井田陞：《唐令拾遗》，689、706页，长春，长春出版社，1989。
② 同上书，702、703、706、707页。
③④ 同上书，693页。
⑤⑥⑦ 同上书，694页。
⑧ 同上书，696页。
⑨ 同上书，697～698页。

十五、十八、二十三、二十四、二十八、二十九、三十）不得决死之制。又规定，若犯恶逆以上及部曲奴婢杀主者，不拘此令。[①]

（8）关于“待时”和“不待时”。唐代死刑执行，有待时决死、决不待时两种情形。待时决死，即无论何时作出的死刑判决，一定要避开“死刑禁决时日”，待到可以决死的时间（一般在秋后）执行。决不待时，大致是不受死刑禁决时日的限制。但是，即使是“决不待时”，也不得在断屠月（正、五、九月）、禁杀日（十直日）执行死刑。[②]

（9）关于监决制度。《狱官令》规定：“诸决大辟罪，官爵五品以上，在京者，大理正监决；在外者，上佐监决；余并判官监决……在京决死囚，皆令御史、金吾监决。若囚有冤枉灼然者，停决奏闻。”[③]

（10）死刑收赎制度。《唐律疏议·名例》明确规定死刑（绞、斩）的收赎价均为“铜一百二十斤”[④]，但具体哪些情况下可以赎死罪，不清楚。大约除犯“十恶”之“恶逆”以上重罪等外，一定范围的官僚贵族杂犯死罪时可以收赎；死刑案为“疑罪”时大概也可以收赎。这绝对不是只交赎金就免除一切刑罚，一般是交纳赎金后改判为减死之刑即“加役流”。

5. 赦免制度。《狱官令》规定：“诸有赦之日，武库令设金鸡及鼓于宫门外之右，勒集囚徒于阙前，挝鼓千声讫，宣诏而释之。其赦书颁诸州，用绢写行下。”[⑤] 这仅仅是关于国家大赦宣布仪式的规定。具体关于赦免范围、赦免效力、赦免形式、赦免事由等的规定十分复杂，兹不赘述。

图 6—3　唐太宗纵囚归狱[⑥]

二、官僚贵族刑法特权制度

唐代的官僚贵族刑法特权制度十分发达，主要有以下特权规定：

---

① 参见《唐律疏议》卷三十《断狱二》“立春后决死罪”条疏议；［日］仁井田陞：《唐令拾遗》，698 页，长春，长春出版社，1989。

② 参见《唐律疏议》卷三十《断狱二》“立春后决死罪”条疏议。

③ ［日］仁井田陞：《唐令拾遗》，698 页，长春，长春出版社，1989。

④ 《唐律疏议》卷一《名例一》。

⑤ ［日］仁井田陞：《唐令拾遗》，732 页，长春，长春出版社，1989。

⑥ 参见刘昕主编：《中国古版画·人物卷·教化类》，长沙，湖南美术出版社，1998。

(一)八议制度

“八议”制度，溯源于《周礼》“八辟”之制，曹魏《新律》正式定入法典。唐代的“八议”承袭了曹魏以来的基本规定，其用意在于贯彻“刑不上大夫”的原则。所谓“八议”，就是规定对“亲、故、贤、能、功、贵、勤、宾”八种人犯死罪时特殊对待。

“一曰议亲：谓皇帝袒免以上亲及太皇太后、皇太后缌麻以上亲，皇后小功以上亲。”简言之，就是皇帝及后妃的较近亲属们。

“二曰议故：谓故旧。疏议曰：谓宿得侍见，特蒙接遇历久者。”简言之，就是皇帝的故人旧友，私人关系历久而甚深者。

“三曰议贤：谓有大德行。疏议曰：谓贤人君子，言行可为法则者。”

“四曰议能：谓有大才艺。疏议曰：谓能整军旅，莅政事，盐梅帝道，师范人伦者。”简言之，曾显示出众才能的官员。

“五曰议功：谓有大功勋。疏议曰：谓能斩将搴旗，摧锋万里；或率众归化，宁济一时，匡救艰难，铭功太常者。”简言之，就是为国家建立过显赫功勋而在太常寺有记录的人。

“六曰议贵：谓职事官三品以上，散官二品以上及爵一品者。”简言之，就是国家高官或有国公以上爵位者。

“七曰议勤：谓有大勤劳。疏议曰：谓大将吏恪居官次，夙夜在公；若远使绝域，经涉险难者。”简言之，勤于公务、久有“苦劳”之人。

“八曰议宾：谓承先代之后为国宾者。”简言之，就是前两个王朝皇帝的嫡系传爵后裔，所谓“天子不臣”而视为国家宾客者。

“八议”之人获得什么样的特殊对待呢?《唐律疏议》说：“礼云刑不上大夫，犯法则在八议，轻重不在刑书也。其应议之人……若犯死罪，议定奏裁，皆须取决宸衷，曹司不敢与夺。此所谓重亲贤，敦故旧，尊宾贵，尚功能也。以此八议之人犯死罪，皆先奏请，议其所犯，故曰八议。”这些特殊待遇，大概是以下几项：

(1) 八议之人犯罪，法司不得直接审判；只能将其罪状、身份等奏报朝廷议处，这就叫作“条所坐及应议之状，先奏请议”①。

(2) 尚书令在办公大厅主持会议商定处理方案，奏皇帝圣裁，这叫作“都堂集议，议定奏裁”。《唐律疏议》说：“议者，原情议罪，称定刑之律而不正决之。”②《狱官令》规定：“诸狱囚应入议请者，皆申刑部，集诸司七品以上于都座议之。”不知“都堂”和“都座”是否一回事。

(3) 皇帝一般会下旨减轻处罚（赦死刑为流刑）。即使仍为死刑，一般赐死于家。流罪以下则例减一等。

(4)“犯十恶者不用此（八议）律之罪。”③这是从北齐律“重罪十条”的“不在八议论赎之限”④ 而来的。

总之，“八议”之制，作为官僚贵族特权制度，重在“议”和“减”二字。前者是程序特权，后者是实体特权。

(二)上请制度

所谓上请制度，就是一定范围的官僚贵族犯死罪时，法司进行审理后，列举罪状，拟出

①③ 《唐律疏议》卷二《名例二》。

② 《唐六典》，卷六，“刑部郎中员外郎”条引《狱官令》。

④ 《隋书·刑法志》言北齐“重罪十条”有“其犯此十者，不在八议论赎之限”的规定。

判决，并开列其应该享受“奏请”特权的理由，不通过宰相，直接奏请皇帝裁决。

《唐律·名例律》规定：“诸皇太子妃大功以上亲、应议者期以上亲及孙、若官爵五品以上，犯死罪者，上请。”《疏议》说：所谓上请，就是“条其所犯及应请之状，正其罪名，别奏请。”所谓“别奏”就是“不缘门下，别录奏请，听敕”。简言之，对于皇太子妃、八议之人的近亲属及五品以上高官，在其犯死罪时，可以依法审判，初拟判决后，报皇帝圣裁；这种奏请，无须像平常奏请一样经过门下省（中枢行政机构），可以越过宰相机构直接上奏皇帝；最后“听敕”即以皇帝的敕令为真正判决。

“上请”特权适用者的范围要大于“八议”者，其身份也低于“八议”者。因此，“上请”者的实际特权比“八议”者小，只是“上请圣裁”，没有“都堂集议”的程序。可以说，广义上的“上请”包括“八议”之人，“八议”之人当然有“上请”特权；但狭义的“上请”之人只是皇太子妃大功以上亲到五品以上官这一部分人，他们没有被“议”之特权。

除“上请”特权之外，应“请”之人犯流刑以下罪，当然减刑一等。这也是一个显著特权。但是，如果他们犯的是“反逆缘坐”（因亲属犯谋反、谋叛、谋大逆之罪而应连坐者）、杀人，监守内奸、盗、略人、受财枉法等罪者，不适用“上请”。

（三）例减制度

例减制度，狭义上讲，就是对于一定范围的官僚贵族犯流刑以下之罪，照例减刑一等。这个范围，大约是两种人：一是七品以上官员，二是应“上请”之人的近亲属（祖父母、父母、兄弟姊妹、妻、子孙）。所谓例减一等，就是流刑减为徒刑，徒刑则可以从徒三年减为徒二年半之类。

不过，广义的“例减”制度还应该包括：（1）应“八议”之人流罪以下例减一等；（2）应“上请”之人流罪以下例减一等。

法律规定有些情形不得减刑：应减之人若犯应处加役流之罪、反逆缘坐应处流刑之罪、过失杀伤父母祖父母之罪应流、犯不孝罪应流，及依法逢大赦仍应流放之人，“各不得减赎，除名配流如法”。对于期亲尊长、外祖父母、夫、夫之祖父母、父母犯过失杀伤罪应处徒刑者，故意殴伤他人致残应流放者，男人犯盗罪应处徒刑以上者，妇女犯奸罪者，均不得减刑或收赎。

法律还规定：一人兼有议、请、减三特权者，唯得以一高者减之，不得累减。但是若系从坐应减、自首应减、故失应减、公坐相承应减，同时又有议、请、减待遇者，可以累减。

（四）赎刑制度

《唐律》规定的赎刑制度，是指一定范围的官僚贵族犯流刑以下罪时，依法可以以缴纳资财代刑。这些官僚贵族主要指三种人：一是应该“八议”“上请”“官当”之人，二是九品以上官员，三是应“例减”之官员的近亲属。此外还包括“五品以上妾犯非十恶者，流罪以下听以赎论”。

赎刑的金额标准，法律有明文规定，如流刑是铜 80 斤到 100 斤，徒刑是铜 20 斤到 60 斤，杖刑是铜 6 斤到 10 斤，笞刑是铜 1 斤到 5 斤。死刑在皇帝特旨赦免时也可以赎，赎金是铜 120 斤。

《唐律》也规定有些情形不得赎刑：加役流、反逆缘坐流、子孙犯过失流、不孝流、会赦犹流共五种情形（释文见前）不得赎刑；对于期亲尊长、外祖父母、夫、夫之祖父母、父母犯过失杀伤之罪应处徒刑者不得赎刑；故意殴伤他人致残应流刑者不得赎刑；男人犯盗罪应处徒刑以上、妇女犯奸罪者，不得赎刑。

除作为特权的赎刑外，还有“疑罪从赎”的赎刑。

（五）官当制度

所谓官当，是指一定范围的官员和有爵者犯罪，依法可以官或爵抵当徒刑。

《唐律》规定：官员以官爵当徒刑时，若系私罪，五品以上官可以抵当二年徒刑，九品以上官可以抵当一年徒刑；若系公罪，可以各加当一年，即五品以上官当三年徒刑，九品以上官当二年徒刑。

流刑也可以官当，三等流刑都视同徒刑四年，用官爵当之。

如果官爵和刑罚之间有"差额"怎么办？《唐律》规定："……罪轻不尽其官，留官收赎；官少不尽其罪，余罪收赎。"① 官当者并非永远丢官，而是"期年以后，降先品一等叙"。

《唐律》还规定，有职事官（含散官、卫官）、勋官两种官职者，先以职事官职中的高品级职务来当，然后再以勋官来当。"若有余罪及更犯者，听以历任之官当"，就是用两种官职当完以后还有罪没有当尽，或者官职当完以后又犯新罪的，还可以用过去"历任之官"来抵当。②

（六）关于免官、免所居官、除名

从前人们一般把免官、免所居官、除名也视为唐律中独立的特权制度，其实不妥。

这几个制度，实际上只是对享受议、请、减、赎、当特权者的"配套处罚"。就是说，在受到议、请、减、赎、当优待后的替代处罚的同时，还是要配套有一些行政处分，免掉官职或者除名。

所谓"免官"，大概是以下三重含义：（1）对象。凡官员，犯奸盗略人及受财而不枉法之罪，犯流徒之罪狱成（已判决）逃走者，祖父母、父母犯死罪被囚禁而作乐及婚娶者。（2）内容。二官并免，即既免除职事官（含散官、卫官），又免除勋官。（3）附加待遇。"三载之后，降先品二等叙。"简言之，这些犯罪不可能仅以"免官"来抵刑（如《唐律·职制律》规定，"祖父母、父母及夫犯死罪被囚禁，而作乐者，徒一年半"），只能是在依法处其他刑罚之后再配套"免官"。这样规定，大概是为了显示对公务员犯上述几类罪行（在依法应予特权同时）加以行政处分以肃官纪之意。

所谓"免所居官"，大概是三重含义：（1）对象。凡为官员，其府号官称犯父祖名而冒荣居之者，其祖父母、父母老疾无侍委亲之官者，在父母丧期生子及娶妾者，兄弟别籍异财者，冒哀求仕者，奸淫监临（管辖）所属杂户、官户、部曲及婢者。（2）内容。"免所居之一官"，就是免除其实际任事的官职；若兼带勋官者，免其职事官。简言之，就是免除其最实际有权力的官职。这一处罚比"二官并免"的"免官"要轻。免所居官，也是一种配套处分。如《唐律·职制律》规定府号官称犯父祖名讳、委亲之官等行为，徒一年半。那么这里的"免所居官"显然是与"徒一年半"配套的处分。（3）附加待遇。"期年以后，降先品一等叙。"即一年以后可以降一级叙用。

所谓"除名"，大概是三重含义：（1）对象。凡官员，犯十恶、故杀人之罪，或因亲属犯谋反、谋大逆而应缘坐，已判决而逢大赦者；监守内奸、盗、略人、受财枉法者；杂犯死罪者；犯死罪在禁身死者；免死别配者；背死罪逃亡者。（2）内容。"除名者，官爵悉除，

---

① 《唐律疏议》卷三《名例三》。

② 《唐律疏议》卷二《名例二》"以官当徒"条注"历任之官"云："历任，谓降所不至者。"疏议曰："听以历任降所不至告身，以次当之。"唐律中的"降"有二义：一指与赦类似的普遍减刑，二指官员"降级"。"降所不至告身"，大约指官员们早已拥有的、谓尚未经过"降"的职务身份。

课役从本色”，就是彻底免除官和爵，贬为庶民，依法承担赋税、徭役义务。这也是在依法应受其他刑罚的同时作出的配套行政处分。(3) 附加待遇。“六载之后听叙，依出身法。”就是六年之后可以比照秀才、明经之类出身的标准重新做官，如“三品以上，奏闻听敕；正四品，于从七品下叙；从四品，于正八品上叙……”[①]。

这三者作为对官员们的配套行政处分，是有轻重等级之分的。除名最重，免官次之，免所居官最轻。

如果考虑到这三者是与其他特权制度配套适用，考虑到这三者有“重新叙用”等附加待遇，则将三者视为配套特权也未尝不可。至于如“免所居官‘比徒一年’”“……除名者，比徒三年；免官者，比徒二年”之类规定，是为“诬告反坐”而设，并非以免官、除名抵当徒刑。[②]

(七) 关于官僚贵族的其他优遇

唐代律令规定的官僚贵族法律特权远远不止以上几条。除此之外，其他法律优遇尚有：(1) 不得擅自拘禁和审问。《狱官令》规定：“诸职事官五品以上、散官二品以上，犯罪合禁，在京者皆先奏；若犯死罪及在外者，先禁后奏。其职事官及散官三品以上，敕令（收）禁推（问）者，所推之司皆覆奏，然后禁推。”[③] 即使是皇帝下旨特令收禁审讯的官员，承审官还需“覆奏”即再次向皇帝奏报后才可以拘审。(2) 允许“责保参对”。《狱官令》规定：“诸应议请减者，犯……公坐流、私坐徒，责保参对。其九品以上及无官应赎者，犯徒以上……款定，皆听在外参对。”[④] 所谓“责保参对”，大约相当于今日的取保候审。(3) 不得拷讯。《断狱律》规定：“诸应议、请、减者……并不合拷讯。”(4) 散禁、锁禁而不必戴枷杻。《狱官令》规定：“诸应议、请、减者，犯流罪以上，若除、免、官当者，并锁禁……其九品以上即无官应赎者，犯徒以上，若除、免、官当者枷禁，公罪徒并散禁，不脱巾带。”

三、技术性刑法原则及相关制度

唐律作为中国古代最有代表性的刑法典，包含了非常丰富的刑法原则和制度。从刑法技术或刑法科学的角度来看，唐律几乎包含了现代刑法所具备的全部原则和制度，只不过程度上稍有差距而已。

(一) 累犯加重处罚

《唐律·名例律》规定：“诸犯罪已发及已配，而更为罪者，各重其事。”什么是“各重其事”?《疏议》说“各重其后犯之事而累科之”。《唐律·贼盗律》规定：“诸盗经断后，仍更行盗，前后三犯徒者，流二千里。三犯流者，绞。”这也是累犯加重处罚的典型规定。不过，这里没有规定前后罪之间的期限。

(二) 自首减轻处罚

《唐律·名例律》规定：“诸犯罪未发而自首者，原其罪。”所谓“未发”，就是未被官府察觉或未被告发。《疏议》说：“若有文牒言告官司……虽欲自新，不得成（自）首。假有已被推鞫，因问乃更别言余事，亦得免其余罪。”就是说，唐律中的自首，一般在两种情况下构成：一是犯罪未被发觉时，二是在交代此罪时主动带出彼罪。此外，唐律还有以下多种

① 《唐律疏议》卷三《名例三》。

② 参见《唐律疏议》卷三《名例三》“除名比徒”条。

③ ［日］仁井田陞：《唐令拾遗》，718页，长春，长春出版社，1989。

④ 同上书，716～717页。

“视同自首”的规定：（1）代首。遣人代首与本人自首同。（2）容隐者告。得相容隐者告发与本人自首同。（3）归首。“知人欲告及亡叛而自首者，减罪二等坐之；即亡叛者虽不自首，能返归本所者亦同。”知人欲告发即自首，已亡叛而归来自首，或亡叛者仅仅返回居所地，亦视同半自首，减罪二等。（4）捕首。犯罪共亡，轻罪能捕重罪者，皆除其罪。就是共同逃亡的同案犯，轻犯能捕回重犯者，视同自首，免除其罪。（5）盗贼于财主处首露或悔过将财物还主者，亦同自首。（6）官吏公事失错，自觉举者，视同自首，原其罪。上述七种自首情形，在现今刑法中，多无类似明文规定，顶多视为酌定从轻或减轻情节。

《唐律》也规定，有些情形不适用自首，也就是说即使罪犯自动向官府归案交代，也不视同自首。比如“于人损伤、于物不可备偿”时，就是杀人、伤人之罪已经造成了实际损伤，侵害财产罪已经造成了无法挽回的毁损时，不适用自首原其罪的规定。

（三）区分故意和过失

在《唐律》中，谋杀人、故杀人、斗殴以刃杀人，皆处绞刑或斩刑；但过失杀伤人，一般处罚较轻，且听赎。这显然贯彻了区分故意与过失的刑法原则。

《唐律·名例律》规定：“其本应重而犯时不知者，依凡论；本应轻者，听从本。”《疏议》说：“假有叔侄，别处生长，素不相识，侄打伤叔，官司推问始知，听依凡人斗法。”就是侄儿不识叔叔而殴伤叔叔时，依凡人之间的斗殴罪处罚，而不应按照侄儿殴伤伯叔的重罪论处。“又如别处行盗，盗得大祀神御之物，如此之类，并是犯时不知，得依凡论，悉同常盗断。”就是在别处盗窃得到宗庙或宫殿之宝物而仅仅以为是凡人之物时，就不能按照“大不敬”的重罪处罚，只能按照一般盗窃罪处罚。这就是“本应重而犯时不知者依凡论”。“其本应轻者，或有父不识子，主不识奴，殴打之后然始知，悉须依打子及奴本法，不可以凡斗而论。是名本应轻者听从本。”这就是说，父打子，主打奴，如果打时不知，事后乃知，就不能依照凡人之间斗殴之罪处理，而应该“准五服以制罪”，即按照尊长殴打卑幼的情形处理。因为尊长打伤卑幼处罚轻，凡人之间殴伤处罚重。这就是“本应轻者听从本”。这些规定都贯彻了区分故意和过失的原则。

（四）共犯者重惩首犯

《唐律·名例律》规定：“诸共犯罪者，以造意为首，随从者减一等。”“若家人共犯，止坐尊长。”“即共监临主守（共同）为犯，虽造意，仍以监主为首，凡人以常从论。”这就是唐律关于共犯中重惩首犯的基本规定。《唐律》又规定“若本条言‘皆’者，罪无首从”。首犯一般加重处罚，如谋叛（而未行）罪，“首处绞，从者流”。

（五）数罪并罚从一重

《唐律·名例律》规定：“诸二罪以上俱发，以重者论。（二罪）等者，从一。”这就是数罪并罚。又规定：“若一罪先发，已经论决，余罪后发，其轻若等（轻于或等于前罪），勿论；重者更论之，通计前罪，以充后数。”这就是判决后发现新罪的数罪并罚原则。“即以赃致罪，频犯者并累科。”这是一种特殊的数罪并罚，即屡犯贪赃之类犯罪，则累计其多次赃物数额定罪。

（六）有限罪刑法定

《唐律·断狱律》规定：“诸断罪皆须具引律、令、格、式正文，违者笞三十。”“诸制敕断罪，临时处分，不为永格者，不得引为后比。若辄引，致罪有出入者，以故失论。”“诸鞫狱者，皆须依告状鞫之。若于本状之外，别求他罪者，以故入人罪论。”这都是唐律关于刑事审判须受成文法限制的规定。这些规定，近于今日所谓“罪刑法定”原则。

这些规定，比起晋人刘颂的“……律法断罪，皆当以律令正文；若无正文，依附名例断之；其正文名例所不及，皆勿论”[1] 的主张还有距离，但已经难能可贵。

不过，这种近似罪刑法定主义的规定，被另一些规定所冲淡。《唐律·杂律》规定：“诸不应得为而为之者，笞四十；事理重者，杖八十。”所谓“不应得为”，“谓律、令无条，理不可为者……临时处断，量情为罪，庶补遗阙，故立此条”。就是说给予法官在法定罪行之外的一定的临时治罪权。同时，《唐律·断狱律》规定：“事有时宜，故人主权断制敕，量情处分。”就是说皇帝的审判权永远不受法定罪刑的限制。所以我们只可以说唐代曾有“有限的罪刑法定”。

（七）刑法类推适用

《唐律·名例律》规定：“诸断罪而无正条，其应出罪者，则举重以明轻；其应入罪者，则举轻以明重。”这相当于当今有些国家刑法仍保留的“类推适用”原则。这一原则与罪刑法定显然相反。《唐律·贼盗律》疏议说：“金科虽无节制，亦须比附论刑。岂为在律无条，遂使独为侥幸。”意思是即使刑律无相应定罪条文，也不能使有些恶行逍遥法外，一定要“比附论刑”。

所谓“举重明轻”，是指比照从前（被免予处罚的）更重恶行判决先例来决定眼下正待判决（较轻）的恶行不加处罚（“出罪”）；所谓“举轻明重”，是指比照从前（被给予处罚的）更轻的恶行判决先例来决定对眼下正待判决的（较重）的恶行加以处罚（“入罪”）。

（八）从旧兼从轻

《唐律·断狱律》引《狱官令》云：“犯罪未断决，逢格改者，格重，听依犯时格；若格轻，听从轻法。”[2] 这相当于今日刑法的“从旧兼从轻”原则。《断狱律》还规定：“诸赦前断罪不当者，若处轻为重，宜改从轻；（若）处重为轻，即依轻法。”这是指大赦后重新复审时贯彻“从旧兼从轻”原则，即如赦前把轻罪判成重罪，那么赦后可以改处轻刑；如果赦前把重罪判成了轻罪，那就保持原判。

（九）疑罪从赦从赎

《唐律·断狱律》规定：“诸疑罪，各依所犯，以赎论。即疑狱，法官执见不同，得为异议，议不得过三。”这就是“疑罪从赦”。罪有疑问，难以定谳，则允许赎刑，在古人看来就是一种赦免。什么是疑罪？《唐律疏议》说：“疑，谓虚实之证等，是非之理均；或事涉疑似，傍无证见；或傍有闻证，事非疑似之类。”所谓“议不得过三”，就是参与审判的法官的不同判决意见不得超过三种。这正是《尚书·吕刑》“五刑之疑有赦，五罚之疑有赦”“其罚百锾”“其罚倍差”之原则的继承。

（十）“保辜”论罪

《唐律·贼盗律》规定：在斗殴伤人、伤势不明因而罪刑难定的情形下，实行“保辜”制度：“诸保辜者，手足殴伤人限十日，以他物殴伤人者限二十日，以刃及汤火伤人者三十日，折跌支体及破骨者五十日。限内死者，各依杀人论；其在限外及虽在限内以他故死者，各依本殴伤法。”这就是说，法律对于这类情形规定10天至50天的期限，受害人在期限内死亡，加害人则以杀人罪（斗杀）论罪定刑；受害人在期限外死亡或在期限内因别的缘故死亡，加害人则以殴伤罪定罪量刑。“保辜”限内康复可以减轻处罚：“诸斗殴折跌人支体及瞎其一目者，徒三年；辜内平复者，各减二等。”这一技术处理原则，至今在西方国家刑法中

---

① 《晋书·卷·第二十章·刑法》。

② ［日］仁井田陞：《唐令拾遗》，709页，长春，长春出版社，1989。

还有适用者。①

(十一) 区分"六杀"

为了区分人命罪案的动机、情节和结果轻重,《唐律》把人命罪从技术上区分为"六杀",以便更好实现罪刑相适应。所谓六杀,系指:(1)谋杀,即有预谋的杀人,一般处绞或斩刑。(2)故杀,即无预谋的故意杀人,伤重者绞,已死者斩。(3)斗杀,即在斗殴中致人身死,处绞刑。(4)误杀,斗殴时误杀旁人身死,按斗杀罪处理。(5)戏杀,在游戏中造成他人死亡,减斗杀罪二等(徒三年)。但使用刀刃,或在悬崖、急水之地嬉戏致人死亡,减斗杀一等(流三千里)。(6)过失杀,过失致人死亡,一般在判处刑罚后听任赎刑。这类区分,今天看来或不无交叉重叠,但在当时反映了刑事立法的高度技术。

(十二) 区分"六赃"

为了区分财产犯罪的动机、情节和结果轻重,《唐律》将其分类为"六赃",以便实现罪刑相适应。这"六赃"分别是:(1)强盗,即"以威若力"取财,即抢劫。不得财徒二年,得财一尺徒三年。得财十疋以上及伤人者绞,杀人者斩。(2)窃盗,即"潜形隐面"取财。不得财笞五十,得财一尺杖六十,五疋徒一年,五十疋加役流。(3)受财枉法,即官吏受贿且违法处理公事,受财一尺杖一百,一疋加一等,十五疋绞。(4)受财不枉法,即官吏受贿但没有违法办事。受财一尺杖九十,二疋加一等,三十疋加役流。(5)受所监临,专指不因公事而收受部下百姓钱财(若因公则入受财枉法之类)。受财一尺笞四十,一疋加一等,五十疋流二千里。(6)坐赃,泛指五者以外的一切非法所得。如官吏非法科敛,官吏向部下百姓借贷,官吏与百姓不公平交易,借钱物过契约期限不还,擅自役使百姓,私自经营公产得利,受部下酒肉供馈者,都坐赃论。具体处理差别很大。

四、伦理性刑法原则及相关制度

《唐律》的刑事规范还贯穿了儒家为主、儒法合流后的中国正统法律思想,体现了中国正统伦理精神。如此之类,我们可以将其称为伦理性刑法原则及相关制度。

(一) 重惩"十恶"

《唐律》继承隋《开皇律》,首重"十恶"之罪,列于律首,加重打击。《唐律·名例律》规定国家必须重惩的"十恶"是:"一曰谋反:谓谋危社稷。"即阴谋推翻君主和政权。"二曰谋大逆:谓谋毁宗庙、山陵及宫阙。"即阴谋破坏皇家建筑设施。"三曰谋叛:谓谋背国从伪。"即阴谋叛国投敌。"四曰恶逆:谓殴及谋杀祖父母、父母,杀伯叔父母、姑、兄姊、外祖父母、夫、夫之祖父母父母。"就是最严重的忤逆杀伤尊亲属。"五曰不道:谓杀一家非死罪三人,支解人,造畜蛊毒、厌魅。"就是最残忍的杀人行径。"六曰大不敬:谓盗大祀神御之物、乘舆服御物;盗及伪造御宝;合和御药,误不如本方及封题误;若造御膳,误犯食禁;御幸舟船,误不牢固;指斥乘舆,情理切害及对捍制使而无人臣之礼。"就是对皇帝的不敬。"七曰不孝:谓告言、诅詈祖父母父母。及祖父母父母在,别籍、异财,若供养有阙;居父母丧,身自嫁娶,若作乐,释服从吉;闻祖父母父母丧,匿不举哀。诈称祖父母父母死。"就是对父母、祖父母有悖孝道。"八曰不睦:谓谋杀及卖缌麻以上亲,殴告夫及大功以上尊长、小功尊属。"就是对同族尊长有伤害或告诉。"九曰不义:谓杀本属府主、刺史、县令、见受业师,吏、卒杀本部五品以上官长;及闻夫丧匿不举哀,若作乐,释服从吉及改

---

① 参见1810年《法国刑法典》第309条,1975年《法国刑法典》第316条,1994年《法国刑法典》第222—11条。

嫁。”就是在下位的人严重违反尊卑之义。“十曰内乱：谓奸小功以上亲、父祖妾及与和者。”就是亲属内乱伦行为。

关于“十恶”，作为国家的法制，特别强调打击危害君权和国家的行为（如重惩谋反、谋叛、谋大逆、大不敬），特别强调打击危害父权及家庭伦常秩序的行为（如恶逆、不孝、不睦、内乱），特别强调打击严重违反传统道义（如不义、不道）的行为。这三者，正体现了封建国家法制的基本精神。

重惩“十恶”，作为刑事制度，所谓“重惩”，主要包含以下内容：（1）惩及于“谋”（如谋反、谋叛、谋大逆、谋杀祖父母父母、谋杀缌麻以上亲），即惩罚预备犯乃至思想犯。（2）“十恶”罪犯本人处以比一般罪行显重的刑罚（多为死刑）。（3）株连亲属［如“诸谋反大逆者，皆斩；父子年十六以上皆绞，十五以下及母女、妻妾（子妻妾亦同）、祖孙、兄弟姊妹，若部曲、资财、田宅并没官，伯叔父、兄弟之子皆流三千里，不限籍之同异”］，株连邻伍、官司（知情不告或不即时追捕者）。（4）常赦所不原（宥），即一般大赦时不得赦免“十恶”。（5）决不待时，即“十恶”中的死刑犯处决一般不必受“断屠月”“禁刑日”之类限制（但特殊情形下还有限制）。（6）不适用“八议”请减优待，即犯“十恶”者死罪不得上请，流罪不得例减。

（二）“君亲无将，将而必诛”

《唐律》特别注重打击侵犯君权的犯罪。列于律首特别强调加重打击的“十恶”之中，侵犯君权的置于首位，并占“四恶”（谋反、谋叛、谋大逆、大不敬）。《唐律·贼盗律》规定：“诸谋反大逆者，皆斩；父子年十六以上皆绞，十五以下及母女、妻妾（子妻妾亦同）、祖孙、兄弟姊妹，若部曲、资财、田宅并没官，伯叔父、兄弟之子皆流三千里，不限籍之同异。”这是《唐律》中规定的处刑最重、株连最广的一个罪名，可见国家之特别用意。

《唐律·名例律》“十恶”条《疏议》云：“案公羊传云：‘君亲无将，将而必诛。’谓将有逆心，而害于君父者，则必诛之……王者居宸极之至尊，奉上天之宝命，同二仪之覆载，作兆庶之父母。为子为臣，惟忠惟孝。乃敢包藏凶慝，将起逆心，规反天常，悖逆人理，故曰‘谋反’。”《贼盗律》“谋反”条疏议云：“人君者，与天地合德，与日月齐明，上祇宝命，下临率土。而有狡竖凶徒，谋危社稷，始兴狂计，其事未行，将而必诛，即同真反。”把君主抬高到神的地位，把君主的权威神化到登峰造极。这就解释了“君亲无将，将而必诛”的意图：对于侵害君主权威之罪，绝对加重打击，绝对不可以宽待。

（三）“王者之政，莫急于盗贼”

《唐律》特别注重贯彻战国时李悝《法经》所谓“王者之政，莫急于盗贼”的主张，主要体现在：（1）打击政治性盗贼。严惩谋反、谋叛、谋大逆、大不敬、不义等犯罪。（2）打击一般性盗贼。唐律中《贼盗律》占四卷，为分则中罪条最多者，共54条（其次为《名例律》，共6卷、52条）。（3）《贼盗律》中死罪条款近二十条，是《唐律》12篇中死罪最多的一篇。（4）虽曰“谋反”，词理不能动众，威力不足以率人者，亦皆斩。父子、母女、妻妾并流三千里。（5）诸有所规避而执持人为质，皆斩。部司及邻伍知见，避质不格者，徒二年。这是特别加重打击“绑匪”之类盗贼。（6）诸造妖书及妖言者绞，传用以惑众者亦如之。这是特别强调打击“妖言惑众”之类的盗贼。（7）夜无故入人家，笞四十。主人登时格杀者，勿论。这是授权百姓自己制裁盗贼。（8）窃盗，一尺杖六十，五十疋加役流。这是对最轻的盗贼“窃盗”也不轻饶。

（四）“准五服以制罪”——亲疏有别、尊卑有别

《唐律》继承了自《晋律》正式入律的“准五服以制罪”原则，亦即在亲属相犯案件处理

时秉持“亲疏有别、尊卑有别”的原则，主要体现在：(1) 谋杀常人（未成伤者）徒三年；而谋杀期亲尊长、外祖父母、夫、夫之祖父母、父母者（不问既遂未遂、已伤、未伤）皆斩。谋杀缌麻以上尊长，流二千里，已伤者绞。但尊长谋杀卑幼，各依故杀罪减二等；已伤者减故杀罪一等。(2) 常人斗殴未伤者笞四十；而殴祖父母父母、夫、夫之祖父母父母者，不论已伤、未伤，皆斩或绞。尊长殴卑幼，折伤者，缌麻亲减凡人一等，小功大功亲递减一等。子孙违反教令而祖父母、父母殴杀者，徒一年半；以刃杀者，徒二年；故杀者各加一等。(3) 子孙告祖父母、父母者绞；告发期亲尊长，外祖父母、夫、夫之祖父母、父母者虽得实，徒二年。父祖告子孙、外孙、子孙之妇妾及己之妾者，虽诬告亦无罪。《唐律》的《贼盗律》《斗讼律》的这些规定，典型地贯彻了儒家“亲亲尊尊”“亲疏有别”“尊卑有别”的伦理原则。

(五)“亲亲相隐”

《唐律》继承了汉律以来“亲亲得相首匿”的制度，贯彻了儒家“亲亲相隐”的法律原则。《唐律·名例律》规定：“诸同居，若大功以上亲及外祖父母、外孙，若孙之妇、夫之兄弟及兄弟妻，有罪相为隐。部曲、奴婢为主隐，皆勿论；即漏露其事及擿语消息，亦不坐。其小功以下相隐，减凡人三等。若犯谋叛以上者，不用此律。”这一条，可以视为《唐律》“亲属容隐”制度的总则，其含义是：所有同居亲属（不论服制）均可相隐，不同居的大功以上亲属亦可相隐，不同居的小功以下亲属相隐也可减轻处罚。

在这一“总则”之下有十方面的“分则”规定。(1) 不仅藏匿犯罪亲属不罚，“及匿得相容隐者之侣（即亲属的同案犯）亦不坐”。(2) 泄露通报捕摄消息令亲属脱逃者不罚。(3) 审问官不得逼亲属作证，违者罪之。(4) 不得告发尊亲属。告祖父母、父母为不孝，处绞；告其他有服尊亲属亦有罪。被告发的尊亲属视同自首减免处罚（期亲以下尊卑“相侵犯”者可以告发）。(5) 不得告发一定范围的卑亲属。“告缌麻小功卑幼，虽得实，杖八十，大功以上递减一等。”但父祖告子孙即使诬告亦不坐。(6) 帮助父祖逃脱囚禁后不得因惧罚复捕得送官。(7) 不得捕缚与自己共同犯罪的亲属赴官自首。(8) 在审讯中不得已附带吐露亲属之犯罪者，不视为告发。(9) 捉奸时因捕捉与亲属行奸的外人而牵露亲属之奸罪者不视为告发。(10) 谋叛以上国事重罪不得相隐，必须告发。

(六) 矜恤老幼妇孺

《唐律》特别注重哀怜老幼妇孺。《唐律·名例律》规定：“若年七十以上、十五以下及废疾，犯流罪以下，收赎；八十以上、十岁以下及笃疾，犯反、逆、杀人应死者，上请；盗及伤人者，亦收赎。余皆勿论。九十以上，七岁以下，虽有死罪，不加刑。即有人教令（唆），坐其教令者。”在“老幼”的认定上亦特别注意有利于被告：“诸犯罪时虽未老、疾，而事发时老、疾者，依老、疾论。若在徒年限内老、疾，亦如之。犯罪时幼小，事发时长大，依幼小论。”《唐律·断狱律》还规定：“年七十以上、十五以下及废疾者，并不合拷讯，皆据众证定罪……不得令其为证。”就是对于老幼，既不能考讯，也不能迫令其作证。对于妇女，《唐律·断狱律》规定：“诸妇人犯死罪，怀孕，当决者，听产后一百日乃行刑。……诸妇人怀孕，犯罪应拷及决杖笞，若未产而拷决者，杖一百……产后未满百日而拷决者，减一等……”此外，妇女除犯奸罪外，一般可以赎刑；妇女处死刑，一般绞于隐处。《狱官令》规定：“诸禁囚，死罪枷、杻。妇人及流以下去杻，其杖罪散禁。年八十及十岁，并废疾、怀孕、侏儒之类，虽犯死罪，亦散禁。”①

---

① ［日］仁井田陞：《唐令拾遗》，715页，长春，长春出版社，1989。

（七）加重株连禁累人心

《唐律》继承了先秦法家“令民为什伍而相牧司连坐”“重刑连其罪”的主张，作出了许多加重株连以禁累人心的处罚规定。如《唐律·贼盗律》规定：“诸谋反及大逆者，皆斩；父子年十六以上皆绞……十五以下及母女、妻妾（子妻妾亦同）、祖孙、兄弟姊妹，若部曲、资财、田宅，并没官……伯叔父、兄弟之子，皆流三千里，不限籍之同异……诸谋叛者，绞，已上道者皆斩，妻、子流二千里。”这是《唐律》中最惨烈的亲属连坐。此外有“伍保连坐”即邻里连坐，“即同伍保内，在家有犯，知而不纠者，死罪徒一年，流罪杖一百，徒罪杖七十。其家唯有妇女及男年十五以下者，皆勿论”；有“保任连坐”，《诈伪律》规定：“诸保任不如所任，减所任（者）罪二等”。还有“监临连坐”，《斗讼律》规定：“诸监临主司知所部有犯法，不举劾者，减罪人罪三等。纠弹之官，减二等。”

（八）贵贱有别（官民有别）

《唐律》贯彻了儒家“尊卑有等，贵贱有别”的“礼治”原则，强调官僚贵族的等级特权，强调百姓与官贵之间的身份差别，具体体现在“八议”“上请”“例减”“官当”“赎刑”等制度上。除上节“官僚贵族法律特权”所述之外，典型的规定还有：(1) 应议请减之人不合拷讯。(2) 犯五流（加役流、反逆缘坐流、子孙犯过失流、不孝流、会赦犹流）之人，有官爵者，除名，配流，免居作。(3) 五品以上，犯非恶逆以上，听于家自尽。七品以上及皇族若妇人，犯非斩者，皆绞于隐处。(4) 无官犯罪，有官事发，流罪以下以赎论；其有官犯罪，无官事发；有荫犯罪，无荫事发；无荫犯罪，有荫事发，并从官荫之法。此外，在“十恶”中专设“不义”一条，加重处罚百姓、部下杀官长的行为。

（九）良贱有别（主奴有别）

《唐律》还贯彻了儒家“良贱有别”的原则。在《唐律》中，良贱之分得到了法律的确定。唐代的贱民有“官贱”（官奴婢、官户、工户、乐户、杂户、太常音声人）和“私贱”（奴婢、部曲、客女）二类。《疏议》公然称“奴婢贱人，律比畜产”，“不同人例”。《唐律·斗讼律》规定：“官户、部曲殴良人，加凡人一等；奴婢殴良人，加官户部曲一等。良人殴他人部曲，减凡人一等，殴他人奴婢，再减一等。”又规定：“主人殴部曲身死，徒一年；主人故杀部曲，徒一年半；部曲有过，主人处罚致死者，各勿论。”“奴婢有罪，主人擅杀者，杖一百。无罪而杀之，徒一年。”与《唐律》中保护马牛的法条比较，可知奴婢的地位还不如马牛。① 此外，《唐律》还规定良贱之间不得通婚，违者处徒刑。

（十）区分公罪与私罪（公私有别）

《唐律》还有意区分公罪与私罪。对公罪处罚较轻，对私罪处罚较重。如《断狱律》规定：“诸监临之官因公事，自以杖捶人致死及恐迫人致死者，各从过失杀人法；若以大杖及手足殴击，折伤以上，减斗杀伤罪二等。”又规定：“诸决罚不如法……以故致死者，徒一年。”这些因公致死人命的罪责，都远比因私故杀、斗杀、斗伤之罪责要轻。《唐律·名例律》还规定：“五品以上官，私罪当徒二年，公罪当徒三年；九品以上官，私罪当徒一年，公罪当徒二年。”《疏议》说：“公罪，谓缘公事致罪而无私、曲者。”“私罪，谓不缘公事，私自犯者；虽缘公事，意涉阿曲，亦同私罪。”就是说，以官当罪，公罪可以多当，私罪只能少当。此外，《狱官令》规定，官员犯（私罪）徒罪以上，枷禁；但（犯）“公罪徒以上散禁，不脱巾带”②。对犯公罪者的待遇高于对犯私罪者，此乃轻公罪而重私罪之意。

---

① 《唐律·厩库律》规定：“诸故杀官私马牛者，徒一年半。”

② ［日］仁井田陞：《唐令拾遗》，717页，长春，长春出版社，1989。

（十一）从严治吏、整肃官纪

《唐律》在保护官僚贵族特权的同时，特别注意从严治吏、整肃官纪。这主要体现在以下四个方面：（1）重惩官吏犯赃。窃盗（监守盗）：监临主守自盗及盗所监临财物者，加凡盗二等，三十疋绞。（一般人窃盗一尺笞五十，五十疋加役流。）受财枉法：一尺杖一百，一疋加一等，十五疋绞。受财不枉法：一尺杖九十，二疋加一等，三十疋加役流。受所监临：一尺笞四十，一疋加一等，八疋徒一年；五十疋流二千里。坐赃：贷（借）所监临财物者，坐赃论。百日不还，以受所监临财物论。强者，加二等。若买卖有剩利者，计利，以乞取监临财物论。强市者，笞五十；有剩利者，计利准枉法论。（2）州县官不得与百姓通婚。“诸州县官人，在任之日，不得共部下百姓交婚。违者，虽会赦，仍离之。其州上佐以上，及县官于所统属官亦同。其定婚在前任官居后，及三辅内官门阀相当情愿者，并不在禁限。”“诸监临之官，娶所监临女为妾者，杖一百；若为亲属娶者，亦如之。其在官非监临者，减一等，女家不坐。”（3）严惩“性贿赂”。“诸监临之官……枉法娶人妻女者，以奸论加二等。为亲属娶者亦同。行求者，各减二等。各离之。”这里特别注意打击以“妻女”为利益“行求”之人，即今之所谓“性贿赂”。《疏议》曰：“有事之人，或妻若妾，而求监临官司曲法判事，娶其妻妾及女者，以奸论加二等。其娶者有亲属应加罪者，各依本法，仍加监临奸罪二等。为亲属娶者亦同，皆同自娶之坐。行求者各减二等，（谓）其以妻妾及女行求，嫁与监临官，得罪减监临二等。亲属知行求枉法，而娶人妻妾及女者，自依本法为从坐。”（4）禁止自导歌功颂德。《唐律》规定：“诸在官长吏，实无政迹，辄立碑者，徒一年；若遣人妄称己善，申请于上者，杖一百。有赃重者，坐赃论。虽有政迹，而自遣者，亦同。”

（十二）“华夷有别”

《唐律》还贯彻了儒家的“华夷有别”主张，对四方少数民族、蕃夷属国不强求适用儒家化的唐律，允许他们自依本地本族风俗和习惯法处理事务，还进而允许在“中国”（儒家文化开化区域）对于夷人自己的事务适用其自己民族的习惯法。《唐律·名例律》规定：“诸化外人，同类自相犯者，各依本俗法；异类相犯者，以法律论。”《疏议》说：“化外人，谓蕃夷之国，别立君长，各有风俗，制法不同。其有同类自相犯者，须问本国之制，依其俗法断之。异类相犯者，若高丽之与百济相犯之类，皆以国家法律论定刑名。”这里区分“同类相犯”“异类相犯”两种情形，同类即同一个少数民族藩属国的人民，异类即不同的民族藩属国民。前者依“本俗法”即该藩属国自己的法律，后者“以法律论”即以大唐的法律。前者体现了中国文化的恢弘大度，不强加于别的民族。这一制度，在特别强调刑法排他适用和刑事司法排他管辖权的现代各国都难以达到。

第四节 唐代的主要民事法制

引例 崔氏女许配两家案

华州柳生与大姓崔氏女两情相悦，私订终身。后来，崔女之母王氏因兄长固请，又将女许配兄子王某。崔女不乐，说：“我只愿意嫁给在曲江会上见到的柳生，能嫁他此生无憾。如果一定要我嫁给表哥，我不想活了。”王氏心爱其女，想成全女儿。乃命婢女轻红到柳生寄居的寺庙，找到柳生说：“夫人想成全你们，叫你在两三天内备齐聘礼，赶快结婚。”柳生高兴极了，马上备好“数千百财礼”，五天以后就在旅舍迎娶了崔女并轻红。后来，王氏死，舅家讼于官。官府判决：王家先下财礼，婚约在先；崔女应当归于王氏子。王氏子因特别喜欢表妹，也就不计较她先嫁柳生之事。①

唐代的民事法律制度，有多种载体或曰多种表现形式。我们不可简单地说唐代没有民事法，也不可以简单地说民事法都包含在刑事法之中，也不可以说唐代的民事法都由不成文的“礼”构成。关于唐代民事法制的认识，实际上就是对中国传统民事法制的基本框架和内容的认识。

一、唐代民事法的渊源（形式）

唐代的民事法制，其主要渊源或形式有四：

（一）礼

唐代曾有“礼”的正式编纂，如《开元礼》。在祭祀之礼、人伦之礼、婚姻之礼、丧葬之礼、服饰之礼等法定礼仪中，实际就有大量的民事权利、义务的规定。即使没有正式编纂的礼，也可能成为民事法源。所谓“失礼之禁，著在刑书”②，就是说礼可以直接构成日常生活的民事法律规范，严重违反民事规范者构成刑事犯罪。《唐律疏议·职制》“匿父母及夫丧”条疏议说：“问曰：居期丧作乐及遣人作乐，律条无文，合得何罪？答曰：《礼》云：‘大功将至，辟琴瑟。’……况乎身服期功，心忘宁戚，或遣人作乐，或自奏管弦，须加惩诫。律虽无文，不合无罪。从‘不应为’之坐：期丧从重，杖八十……”这就是把“礼”直接作为民事义务规范来引用的。《礼记》中的许多规则实际上被视为民事规则。

（二）律、令、格、式

《唐律》作为民事法源，指其中有直接民事规范。如《户婚律》关于收养的规定：“诸养子，所养父母无子而舍去者，徒二年。若自生子及本生无子，欲还者，听之。即养异姓男者，徒一年；与者，笞五十。其遗弃小儿年三岁以下，虽异姓，听收养，即从其姓。”这一条，除了徒刑、笞刑两句以外，就主要是关于解除收养关系、收养异姓小儿的民事规范。另外，关于立嫡问题，规定：“诸立嫡违法者，徒一年。即嫡妻年五十以上无子者，得立嫡以长，不以长者亦如之。”这一条中包含“立嫡以贵”和特殊条件下“立嫡以长”的民事规范。其他类似的情形很多。同时，律文后所附大量的《疏议》文字，其中包含很多民事法律规范，也可视为律的一部分。

《唐令》作为民事法律规范，主要指直接调整户婚、田土、钱债、市易等民事关系而又没有直接规定制裁（制裁在律中）的《户令》《田令》《封爵令》《衣服令》《仪制令》《赋役令》《关市令》《丧葬令》《杂令》，等等。如《户令》规定：“无子者，听养同宗于昭穆相当者。”

唐格中也有民事法律规范。如《唐大诏令集》中天复元年（901年）改元赦文：“旧格：

① 参见（唐）常沂：《灵鬼志》，“柳参军”条。

② 《全唐文·薄葬诏》。

买卖奴婢，皆须两市署出公券，仍经本县长吏验明正身，谓之‘过贱’。及问父母见在处分，明立文券，并牒太府寺。”① 这里出现的就是关于买卖奴婢手续的民事格文。

唐式中也有民事法律规范。如《唐会要》载：“准《户部式》节文：诸食封人身殁以后，所得封物，随其男数为分，承嫡者加一分，至元孙即不在分限。”② 这就是关于食封继承的民事规定。

(三) 习惯

唐代存在着大量的民事习惯，特别是关于收养、契约、交易等方面，民间自有一些约定俗成的惯例，官方对此默认。如唐《杂令》规定：“诸公私以财物出举者，任依私契，官不为理。”“诸以粟麦出举，还为粟麦者，任依私契，官不为理。”③ 这就是承认民间的借贷契约习惯。又如《唐律疏议·杂律》规定：“诸失火及非时烧田野者，笞五十。非时，谓二月一日以后、十月二十三日以前。若乡土异宜者，依乡法。”所谓“乡法”即不同地域的风俗，此乃习惯的一部分。

(四) 法理

法理作为民事法源，主要指两种情形：一是运用比附类推而适用的“理”，如“其应出罪者则举重以明轻；其应入罪者则举轻以明重”。在这种司法推理中所适用的逻辑、道理、以例比附，都是运用法理。二是依事理判断时所运用的“理”。如《唐律·杂律》规定：“诸不应得为而为之者，笞四十。谓律令无条，理不可为者。事理重者，杖八十。”这里的“理”“事理”实质就是法理。④

二、唐代的主要民事法律制度

(一) 民事主体法

唐代的民事主体法制，主要体现在社会不同阶层作为民事权利主体的身份差异，及不同年龄层次者的民事主体身份差异问题上。

首先是士、农、工、商四民的民事主体身份问题。四民既然都是良民，理论上讲都有完全民事主体身份。但事实上，士、农二者是完全民事权利主体，工、商作为民事权利主体是受一定限制的。唐《选举令》规定：“……身与同居大功以上亲，自执工商，家专其业者，不得仕。”⑤《户令》也规定“工商之家不得预于士”⑥。

其次是奴婢、贱民的民事主体身份问题。贱民可以作为民事权利主体，但不完全。唐代的贱民，主要指“官贱”（官户、杂户、番户、工户、乐户、太常音声人）和“私贱”（部曲、客女）等。他们子孙世代承袭贱民身份，为官府和私人服役，不得擅自离去。他们可以拥有自己的家庭和财产，可以被看作民事主体。主人虽不得出卖他们，但可以合家转让给别人（受让人必须向原主支付“衣食”之资）。他们（太常音声人除外）没有与良民通婚的权利，只可“当色为婚”。至于奴婢，法律直接将其视为财产，所谓“奴婢贱人，律比畜产”，没有正常民事主体资格。主人可以随时买卖转让奴婢，其婚配必须由主人指定配合，不得与

① 《唐大诏令集》，卷五，《帝王改元》下。

② 《唐会要》，卷九十，《缘封杂记》。

③ ［日］仁井田陞：《唐令拾遗》，789～790页，长春，长春出版社，1989。

④ 以上关于民事法源的讨论，参考了张中秋的有关成果。参见张中秋：《唐代经济民事法律述论》，128～134页，北京，法律出版社，2002。

⑤ 《唐律·诈伪律》“诈假官”条引《选举令》。

⑥ ［日］仁井田陞：《唐令拾遗》，154页，长春，长春出版社，1989。

其他阶层结婚，其子孙世代为奴，为主人财产。但是，《户令》也规定奴婢可以财产自赎，说明奴婢可以拥有自己的财产，奴婢可以有家庭。《户令》还规定主人可以释放奴婢为良人，也可以释放为部曲、客女。其释放程序由主人家长亲自书写文书，由主人的长子以下亲属连署，并报当地官府后生效。

最后是卑幼和未成丁者的民事主体资格问题。《唐律·户婚律》规定："诸同居卑幼，私辄用财者，十疋笞十，十疋加一等，罪止杖一百。"《疏议》说："……同居之内，必有尊长。尊长既在，子孙无所自专。"这标明唐律视同居卑幼（即使已成年）为不完全民事主体或限制民事行为能力人。唐《户令》规定的成丁与否也是民事主体资格的依据。依《户令》，三岁以下为"黄"，十五岁以下为"小"，二十岁以下为"中"，二十一岁以上为"丁"，六十以上为"老"。实际上以十八岁为成年。十八岁以上的"中"和"丁"可以受田，有完全的赋税徭役义务，故也有完全民事主体资格；十五岁以下和六十岁以上一般不受田或须还田，不承担全额赋税徭役，故可以视为限制民事行为能力人，系不完全民事主体。

(二）物权法

唐代的物权法，我们这里主要介绍唐令关于土地所有权、遗失物、漂流物、埋藏物等的一般规定。

关于土地所有权，因唐代实行"均田制"，授予百姓的土地分为口分田、永业田两部分。口分田，少壮受田，老死后要还给官府；永业田可以继承。二者理论上讲都不可自由买卖，《户婚律》规定有"卖口分田"之罪。但《疏议》又说口分田可以卖充宅及碾硙、邸店，自狭乡迁往宽乡时可以卖；永业田在家贫无以供葬时可以出卖。[①]

关于拾得物的物权归属，《唐令》规定："诸得阑遗物，皆送随近县。在市得者，送市司……所得之物，皆悬于门外，有主识认者，检验记，责保还之。经三十日无主识认者，受掌，仍录物色目牓村坊门。经一周年无人认者，没官。没入之后，物犹见在，主来识认，证据分明者，还之。"[②]《唐令》规定无人认领者收归官府，基本上不考虑拾得人可以获得或分享部分遗失物物权的可能性。《唐律》甚至规定"得阑遗物不送官"者以丢失财物或"坐赃"论罪。[③]

关于漂流物的物权归属，《唐令》规定："诸公私竹木暴水漂失，有能接得者，并积于岸上，明立标牓，于随近官司申牒。有主识认者，江河五分赏二，余水五分赏一。限三十日，无主认者，入所得人。"[④] 这里明确承认拾得漂流物的人可以获得原物 40%或者 20%的报酬，亦即承认可以取得部分所有权；如无人认领，则取得全部所有权。

关于埋藏物的物权归属，《唐令》规定："诸官地内得宿藏物者听收。他人地内得者，与地主中分之。即古器形制异者，悉送官酬其值。"[⑤] 这里明确规定，在公地里获得埋藏物，取得完全所有权；在私人地里获得埋藏物，与地主各得 50%所有权；若系古代文物之类，则由官府收购。《唐律·杂律》规定："诸于他人地内得宿藏物，隐而不送者，计合还主之分，坐赃论减三等。若得古器形制异，而不送官者，罪亦如之。"

此外，《唐令》还就添附物所有权作出了规定："诸田为水侵射，不依旧流，新出之地，

---

① 参见《唐律·户婚律》。

② 唐《捕亡令》，载［日］仁井田陞：《唐令拾遗》，659 页，长春，长春出版社，1989。

③ 参见《唐律疏议·卷二十七·杂律》。

④ 唐《杂令》，载［日］仁井田陞：《唐令拾遗》，785 页，长春，长春出版社，1989。

⑤ 同上书，792 页。

先给被侵之家。若别县界新出，依收授法。其两岸异管，从正流为断；若合隔越受田者，不用此令。”①

（三）债法

关于唐代的债法，我们主要介绍《唐令》关于买卖、借贷、典卖等契约关系以及侵权损害之债、无因管理之债等问题的一般规定。

关于买卖契约，《唐令》规定了多方面的制度。一是大宗买卖必须立“市券”，即必须使用官式（税讫后盖官印的）契约文书。《唐令》中记载了这样的规定：“凡买卖奴婢、马牛，用本司本部公验以立券。”②《唐律·杂律》规定：“诸买奴婢、马牛驼骡驴，已过价，不立市券，过三日笞三十；卖者，减一等。”这就是大宗买卖必须以“要式契约”进行。③ 二是瑕疵责任问题。《杂律》规定：“……立券之后，有旧病者，三日内听悔。无病欺者市如法。违者笞四十。”这里实际上已经包括了买卖标的物有瑕疵时可以变更或撤销合同的规定。三是亲邻先买权制度。玄宗天宝十四年（755年）制：“天下诸郡逃户，有田宅产业妄被人破除，并缘欠负租庸，先已亲邻买卖，及其归复，无所依投，须加安辑。”④ 这说明先前已经有“亲邻先买权”存在。五代后周法令规定：“如有典卖庄宅，准例房亲、邻人合得承当；若是亲邻不要，及著价不及，方得别处商量，和合交易。”⑤ 这一规定显系从唐代的类似规定继承而来。

关于借贷契约，《唐令》也规定了多方面的制度。一是关于抵押借贷的规定。《唐令》规定：“收质者，非对物主不得辄卖；若计利过本不赎，听告市司对卖，有剩还之。”⑥ 这就是规定须由债权债务双方当面（相对）出卖质押物，市场管理官员监督，超过本利的价值必须归还债务人。二是关于放贷利率的规定。《唐令》规定：“诸公私以财物出举者……每月取利不得过六分。积日虽多，不得过一倍。若官物及公廨，本利停讫，每计过五十日，不送尽者，余本生利如初，不得更过一倍。”⑦ 这就是后世著名的“积日虽多，不过一本一利”制度的前身。但是又特别提高公家（官府）放贷利率上限（一本两利）。三是关于“牵掣”即债权人私力救济的规定。《唐律疏议·杂律》规定：“诸负债不告官司，而强牵财物，过本契者，坐赃论。”《疏议》曰：“谓公私债负，违契不偿，应牵掣者，皆告官司听断。若不告官司而强牵掣财物，若奴婢、畜产，过本契者，坐赃论。”依此规定，若先告官而牵掣债务人财物，或牵掣财物不超过债务，都是合法的。

关于典卖契约，唐代也有规定。唐宪宗元和八年（813年）敕：“应赐王公、公主、百官等庄宅、碾硙、店铺、车坊、园林等，一任贴典货卖。其所缘税役，便令府县收管。”⑧ 所谓“贴典货卖”，就是典卖，就是一种附回赎权的降价活卖。

关于侵权损害之债，《唐律·杂律》规定，因马惊骇，力不能制，而于城内街巷“……杀伤人者，减过失（杀伤人罪）二等，听赎，其（赎）铜各入被杀伤家”。这里的赎铜“各入被杀伤家”，相当于今天民法的侵权损害赔偿。

---

① 唐《田令》，载［日］仁井田陞：《唐令拾遗》，570页，长春，长春出版社，1989。

② 唐《关市令》，载上书，648页。

③ 另见唐天复元年（901年）诏书重申旧格：“旧格：买卖奴婢，皆须两市署出公券，仍经本县长吏验明正身，谓之‘过贱’。及问父母见在处分，明立文券，并牒太府寺。”（《唐大诏令集》，卷五，《帝王改元》下。）

④ 《唐会要》，卷八十五，《逃户》。

⑤ 《册府元龟》，卷六一三，《刑法部·定律令》。

⑥⑦ 《宋刑统·杂律》“受寄财物辄费用”条引唐令。

⑧ 《旧唐书·本纪·卷十五·宪宗》。

关于无因管理之债，《唐律》也有涉及。《唐律·户律》“养子舍去”条《疏议》说：“（收养三岁以下异姓小儿）如是父母遗失，于后来识认，合还本生；失儿之家，量酬哺乳之直。”这里规定应该补偿一定数量的抚育费，实际上相当于今日民法中所讲的无因管理之债。

关于对债权的保护，《唐律》作出了一般规定：“诸负债违契不偿，一疋以上，违二十日笞二十；二十日加一等，罪止杖六十。三十疋加二等；百疋，又加二等。各令备偿。”①

(四) 亲属法

关于唐代的亲属法，这里主要介绍唐代的婚姻法、家长权力与责任制度、子女孝养义务制度，等等。

关于唐代的婚姻法，我们可以从结婚、离婚制度两个方面来了解。

关于结婚制度，《唐律》大致就以下方面作了规定：(1) 婚约制度。《唐律·户婚律》规定：“诸许嫁女，已报婚书及有私约，而辄悔者，杖六十。虽无许婚之书，但受娉财，亦是。”这是对婚约效力的规定，婚约的成立形式在当时是“男家致书礼请，女氏答书许讫”，或者只要接受聘财就视为婚约成立，不得任意毁约。《唐律》还特别规定“(以女) 更许他人者，杖一百，已成（婚）者徒一年半”。(2) 禁止“违律为婚”和“嫁娶违律”。《唐律》明文规定禁止“同姓为婚”“有服亲属（或虽无服而尊卑不等亲属）为婚”“为婚妄冒”“有妻更娶妻”“以妻为妾、以婢为妻、以妾及客女为妻”“良贱为婚”“娶逃亡妇女”“官员为己或亲属娶所监临女”“先奸后婚”“和娶人妻”“卑幼自娶妻”等行为。这些都可以称为“为婚违律”，大多要“各正离之”即撤销婚姻。另外有嫁娶违律，即“居丧嫁娶”“父祖被囚禁而嫁娶”等，就是婚姻对象本身无问题，只是嫁娶时间不合法。这样的婚姻，一般只处罚主婚或当事人，不撤销婚姻。(3)“父母之命，媒妁之言。”《唐律》以祖父母、父母为法定主婚人，“诸卑幼在外（自定婚)，尊长后为定婚者，从尊长”；“祖父母、父母被囚禁而嫁娶者，（父祖）死罪，徒一年”，但“奉祖父母、父母命者，勿论”；“诸嫁娶违律，祖父母、父母主婚者，独坐主婚”。另外，《名例律》疏议规定：“嫁娶有媒。”《户婚律》疏议规定“为婚之法，必有行媒”。嫁娶违律时，媒人也有罪。

关于离婚制度，《唐律》的规定主要有：(1) 出妻或休妻——男方片面离婚。《唐令》以周礼以来“七去”原则为法定休妻理由。唐《户令》规定：“诸弃妻须有七出之状：一无子，二淫逸，三不事舅姑，四口舌，五盗窃，六妒忌，七恶疾。皆夫手书弃之……虽有弃状，有三不去：一经持舅姑之丧，二娶时贱后贵，三有所受无所归。犯义绝及淫逸恶疾，不拘此令。”这就是《大戴礼记·本命篇》所记“七去”原则在唐代的法律化。据此可知，男子可以凭“七去”或“七出”原因中任何一条休妻，但是如果有“三不去”情形则不可休妻。不过法律又规定，有义绝、淫逸、恶疾三种情形时，“三不去”不适用。如此说来，“三不去”只能对抗“五去（出)”。违反“七去三不去”规定者要受处罚，《户婚律》规定：“妻无七出及义绝之状，而出之者，徒一年半；虽犯七出，有三不去，而出之者，杖一百。追还合。若犯恶疾及奸者，不用此律。”(2)“义绝”——国家强制离婚。《唐律·户婚律》规定：“诸犯义绝者离之，违者，徒一年。”《疏议》说：“夫妻义合，义绝则离。违而不离，合得一年徒罪。”《疏议》说：“义绝，

① 《唐律疏议·卷二十六·杂律》。

谓‘殴妻之祖父母、父母及杀妻外祖父母、伯叔父母、兄弟、姑、姊妹，若夫妻祖父母、父母、外祖父母、伯叔父母、兄弟、姑、姊妹自相杀，及妻殴詈夫之祖父母、父母，杀伤夫外祖父母、伯叔父母、兄弟、姑、姊妹，及与夫缌麻以上亲、若妻母[①]奸，及欲害夫者，虽会赦，皆为义绝。”所谓义绝，实为婚姻双方家族间“伦理之义”已经断绝，此时即使夫妻双方感情尚不愿分离，也必须离婚。是否构成义绝，不能由自己说了算，要经“官司判为义绝者，方得此坐”。（3）两愿离婚。《唐律》规定：“若夫妻不相安谐而和离者，不坐。”《疏议》说：“若夫妻不相安谐，谓彼此情不相得，两愿离者，不坐。”两愿离婚为合法，不追究法律责任。（4）禁止妻妾“休夫”。《户婚律》规定：“妻妾擅去徒二年，因而改嫁者加二等。”《疏议》曰，“妇人从夫，无自专之道……若有心乖唱和，意在分离，背夫擅行，有怀他志，妻妾合徒二年。因擅去而即改嫁者，徒三年”。

关于家长权，《唐律》有以下规定：（1）财产支配权。祖父母、父母在，子孙不得别籍异财（分家析产）。只有在家长明令或主持时才可以分家析产。即使父母身故，27个月丧期内也不可别籍异财。同时，卑幼不得擅自使用家财。唐《杂令》还规定：“诸家长在而子孙弟侄等不得辄以奴婢、六畜、田宅及余财物私自质举及卖田宅。其有质举卖者，皆得本司文牒，然后听之。若不相本问，违而与及买者，物即还主，钱没不追。”[②]（2）教令权、责罚权、送惩权。《唐律》规定家长对子孙有教导权、使令权、支配权、责罚权，祖孙不得违反教令。《唐律》规定：“子孙违犯教令及供养有阙者，徒二年。”《疏议》说：“祖父母、父母有所教令，于事合宜，即须奉以周旋，子孙不得有违……皆须祖父母、父母告，乃坐。”[③]同时，《唐律》规定：“若尊长殴伤卑幼折伤者，缌麻减凡人一等，小功、大功递减一等。”[④]所谓折伤，就是伤成残疾状态。家长责罚子孙只要没有造成残疾，就算合理正当。在子孙违反教令时，父母即使殴杀子孙，不过徒一年半。这里说的子孙违反教令须“祖父母、父母告，乃坐”，实际上是授予家长以“送惩权”：子孙的二年徒刑，完全取决于家长告官与否；官府是否定罪判刑，完全取决于家长一面之词。（3）主婚权。《唐律·户婚律》规定：“诸卑幼在外，尊长后为定婚，而卑幼自娶妻，已成者，婚如法；未成者，从尊长。违者杖一百。”还规定：“妇人夫丧服除，誓心守志，唯祖父母、父母得夺而嫁之。”这些大多已经不属于后世民法“亲权”的内容，但的确是当时的亲属法。[⑤]

关于家长的责任，唐律规定非常丰富。主要有：（1）祭祀祖先的责任。（2）教养子孙的责任。（3）申告户口的责任。《唐律·户婚律》规定：“诸脱户者，家长徒三年……脱口及增减年状，以免课役者，一口徒一年，二口加一等，罪止徒三年。”“诸私入道及度之者，杖一百。若由家长，家长当罪。”（4）保证田地不荒芜、输纳租税的责任。《唐律·户婚律》规定：“诸部内田畴荒芜……户主犯者，亦计所荒芜五分论，一分笞三十，一分加一等。”又规定：“户主课税不充者，笞四十。”（5）主婚责任。《户婚律》规定：“诸嫁娶违律，祖父母、

---

① 原文如此。前文的主语是“妻”，妻与“……若妻母奸”显然不通。“若妻母”疑原为注文，后讹衍为正文，应为“若夫与妻母（奸）”。

② ［日］仁井田陞：《唐令拾遗》，788～789页，长春，长春出版社，1989。

③ 《唐律疏议·卷二十四·斗讼》。

④ 《唐律疏议·卷二十二·斗讼》。

⑤ 本节讨论，参见张中秋：《唐代经济民事法律述论》，220～224页，北京，法律出版社，2002。

父母主婚者，独坐主婚。”（6）家人共犯时独担罪责。《唐律·名例律》规定：“诸共犯罪者……若家人共犯，止坐尊长。于法不坐者，归罪于其次尊长。尊长，谓男夫。”这里有些已经不属于后世民法所谓亲属法的内容，但的确是当时的亲属法。[①]

关于子孙的孝敬赡养义务，《唐律》规定的主要有：必须服从父祖教令；不得骂詈祖父母、父母；祖父母、父母在不得别籍异财；有能力供养祖父母、父母时不得供养有阙；在为父母、祖父母服丧期间不得嫁娶、作乐、释服从吉；不得隐匿祖父母、父母丧讯或者诈称其死亡；不得告发祖父母、父母，必须隐匿其犯罪（“十恶”除外）。

（五）继承法

唐代的继承制度，主要是关于宗法继承和财产继承两个方面的制度。

关于宗法继承，有学者称为“宗祧继承”“祭祀继承”，其实就是所有与宗法身份传承相关的继承，叫宗法继承更简洁，具体包括宗子（家长族长）身份和主祭权的继承、封爵和荫庇权利的继承，等等。这一方面的继承，有强烈的封建“政治性”。其继承的基本法律原则就是“嫡长继承”，就是死者的嫡妻所生的第一个儿子继承。《唐律·户婚律》规定了“立嫡”即确定宗法继承人的程序：“诸立嫡违法者，徒一年。即嫡妻年五十以上无子者，得立嫡以长；不以长者亦如之。”《疏议》说：“立嫡者，本拟承袭。嫡妻之长子为嫡子，不依此立，是名‘违法’……‘即嫡妻年五十以上无子者’，谓妇人年五十以上，不复乳育，故许立庶子为嫡。皆先立长。不立长者，亦徒一年。故云‘亦如之’。依令：‘无嫡子及（嫡子）有罪疾，立嫡孙；无嫡孙，以次立嫡子同母弟；无母弟，立庶子；无庶子，立嫡孙同母弟；无母弟，立庶孙。曾、玄（孙）以下准此。’无后者，为户绝。”封爵（亲王、郡王、国公、郡公、县公、侯、伯、子、男）及荫庇权利一般也是采取此顺序继承，“若非正嫡，不应袭爵，而诈承袭者，徒二年”[②]。

关于财产继承，唐代基本上采取诸子均分制度，并允许（父死之）孙代位继承。唐《户令》规定：“诸应分田宅及财物者，兄弟均分。妻家所得之财，不在分限。兄弟亡者，子承父份。兄弟俱亡，则诸（孙）子均分。其未娶妻者，别与聘财；姑、姊妹在室者，减男聘财之半。寡妻无男者，承夫份。”《唐六典》载唐制：“食封人身没以后。所封物随其男数为分，承嫡者加与一分。若子亡者，及（孙）男承父份。寡妻无男，承夫份。若非承嫡房，至玄孙不在分限，其封物总入承嫡房，一依与法为分。其非承嫡房，每至玄孙准前停。其应得分房无男，有女在室者，准当房分得数与半。女虽多更不加。虽有男，其姑、姊妹在室者，亦三分减男之二。”[③] 这两条，除了“食封物”继承承嫡者多加一分之外，大致概括了唐代财产继承的一般制度。原则上是男性有继承权，但在室的女、姑、姊妹也有部分继承权。

此外，关于“户绝”（即无男性后裔）时的继承问题，《唐令》规定：“诸身丧户绝者。所有部曲、客女、奴婢、店宅、资财，并令近亲转易货卖，将营葬事及量营功德之外，余财并与女；无女，均入以次近亲；无亲戚者，官为检校。若亡人存日，自有遗嘱处分，验证分

① 本节讨论，参见高明士：《唐律中的家长责任》，载高明士主编：《唐代身份法制研究——以唐律名例律为中心》，31～53页，台北，五南图书出版公司，2003。

② 《唐律疏议·卷二十五·诈伪》。

③ 《唐六典》，卷三，《户部郎中员外郎》注。

明者，不用此令。”① 这里的女，包括已经出嫁的女儿。

第五节 唐代政府体制和司法诉讼制度

引例 裴县令巧断侵占寄养耕牛案

卫州新乡县民王敬从军戍边，行前将家里的6头母牛寄养在舅舅李琎家。5年后王敬还家，那些母牛已产30头小牛，但是舅舅只还给他4头母牛，说另外两头母牛早已病死了，那30头小牛不是寄养的母牛生的。王敬知道舅舅意图侵占，便告到县衙。县令裴子云受理此案，命王敬蒙上头扮作“盗牛贼”，并下令把“同案犯”李琎抓来对质。裴知县对李琎说：“有盗牛贼招供，说你跟他一起偷了30头牛，现在就藏在你家里，还不从实招来!”李琎不知是计，连忙声明：“那30头牛是我外甥寄养的母牛生的，不是偷来的。不信你就叫我外甥来作证!”话音未落，裴县令揭开王敬的蒙面布说，“这就是你外甥。那就还人家的牛吧，还有什么可说的？不过养牛5年也不容易，给你5头牛作报酬吧!”舅甥双方都接受这一判决，全县百姓都佩服他的妙断。②

我们要了解唐代的司法诉讼制度，必须先了解唐代的政府体制。因为当时没有司法权和行政权的划分，所有政府机关几乎都可以同时行使一定的司法权。归根结底，一切立法、司法、行政之权力都归于皇帝，一切官府官员的权力都来自皇帝。所以，在唐代不存在近代意义上的司法机关。所以我们必须先对唐代的政府整体组织机构体系作一个大致了解，然后再介绍所谓“专职”司法衙门和官员在其中的地位和作用。

一、唐代的政府体制与司法机制

(一) 唐代中央和地方政府体制

唐代的政府体制，是一个以皇帝为首，由中央各部门和地方各州、县官府共同组成的机构体系。

在中央，居于权力金字塔之顶尖的是皇帝。在皇帝之下，有所谓“三师”(太师、太傅、太保) 和“三公”(太尉、司徒、司空)，是文武官的最高等级，但并无实际职责，实系给重臣的“殊荣”加衔。实际辅佐皇帝决策的有尚书省、中书省、门下省三省，三省长官共同行使“宰相权”。三省之下是吏、户、礼、兵、刑、工六部，此外还有御史台和太常、光禄、卫尉、宗正、太仆、大理、鸿胪、司农、太府等九寺、国子、将作、少府、都水、军器等五监，以及左右翊、左右骑等十六卫。这些都是中央直属机构。

地方政权为州、县。理论上讲，所有州、县隶属于尚书省。

州，长官为刺史，下设别驾、长史、司马 (曰上佐)；录事参军事 (曰勾司)，主监察。并设司功、司仓、司户、司兵、司法、司士等六曹参军事 (曰判司) 等佐贰官员。与州平

---

① ［日］仁井田陞：《唐令拾遗》，770页，长春，长春出版社，1989。

② 参见 (唐) 张鷟：《朝野佥载》，卷五。

行，在都城设府，有京兆、河南、太原三府。设府尹一人，少尹二人，其他与州略同。府尹之上常设有府牧，由亲王遥领，并不问事。

县，长官为县令，下设县丞、主簿、县尉、佐、史等；并设司功、司仓、司户、司兵、司法、司士等六佐，上承州府之六曹；更设典狱、问事、白直、博士、助教等官员。

州县之下是乡、里（坊）。乡正、里长（坊长）负责协助官府。

（二）唐代的三省与宰相制度

唐代的三省是中央辅政决策机构，一般说来，三省长官共同行使宰相权。唐初以中书令、门下侍中、尚书令为宰相。后因太宗曾任尚书令故，尚书令职空置，以尚书左右仆射为尚书省长官，与中书令、门下侍中同承相职。

后来，因不轻易授予相职，于是以他官行相事，遂加“同中书门下三品”“同中书门下平章事”之衔，得衔者即为集体宰相成员之一。宰相议事之地为政事堂，为常设衙门。政事堂会议即宰相办公会议。唐律“八议”制度中以“都堂会议”（都座集议）议定应“议”者罪名刑罚并上奏皇帝，其案情特别重大者，可能实际就是以“政事堂会议”议决。

中书省（以中书令、中书侍郎为正副长官），掌起草诏书，撰拟决定，是皇帝之下的立法和决策机构。尚书省（以尚书令、左右仆射为正副首长），下设六部，各部设尚书、侍郎，为皇帝之下的最高行政执行机构。门下省（以门下侍中、侍郎为正副长官），对中书所拟诏书或决定进行审查驳正（如认为有违失，可以批注送还，曰封驳、封还），是皇帝之下的决策审查机构（封驳机构）。

三省的办事流程，大致是“每事先经由中书省。中书做定将上，得旨再下中书，中书付门下。或有未当，则门下缴驳，又上中书。中书又将上，得旨再下中书，中书又下门下。事若可行，门下即下尚书省。尚书省但主填‘奉行’而已。故中书之权独重”①。这是宋人朱熹对唐中后期三省办事情形的描述。可见本来是中央最重要的辅政决策机构的尚书省（唐初是所有事情先经尚书省），其地位已经渐渐被中书、门下取代，中书省变得最为重要了。

（三）唐代中央和地方司法组织

在唐代，我们很难说哪一个机构是专职司法机构，只能说有主要负责与今人所说的司法有关事务的机构。大理寺、尚书省刑部、御史台就是所谓“三法司”。

大理寺，主管审判。负责审判朝廷百官罪案和京师地区徒刑以上案件。流刑以上案件，皆由其审判后报刑部复核；还复审刑部移送的各地疑难案件和刑部复核的死刑案件。以大理寺正卿、少卿为正副长官，下设正、丞、主簿、司直、评事及众多属吏。

尚书省刑部，主管复核和司法行政：复核大理寺判决的徒流刑案件；审判各地上报的死刑案件并报大理寺复核；还掌管全国的狱囚簿录、给养供应等，并筹划法律修订事宜，受理各地囚犯的申诉，等等。以刑部尚书、侍郎为正副长官，以下有郎中、员外郎等官及大批属吏。

御史台，负责监察大理寺、刑部的审判及复核活动，有权受理有关官吏违法的告诉并侦查预审皇帝交办的案件，参与对官员犯罪案件或重大疑难案件的审判；并弹劾违法官吏。以御史大夫、御史中丞为正副长官，下设侍御史、监察御史等众多官员和属吏。

唐代的重大案件，常常采取“会审制”。特别重大的案件，常由大理寺卿、刑部侍郎、御史中丞组成临时最高合议庭审理，时称“三司使鞫审”，或曰“三司推事”。此即后世“三

① （明）朱熹：《朱子语类》，卷一二八，《法制》。

司会审”的前身。有时，对于地方重大疑难案件，派大理寺评事、刑部员外郎、监察御史前往会审，号为“小三司”。有时，由御史台侍御史、中书舍人、门下给事中共同组成的对民间向朝廷直诉案件的初审法庭，决定受理后再移交有关司法机构，曰“三司理事”[①]。

唐代的地方司法，由州、县两级组成。

州：刺史主掌司法。下设法曹参军事（司法参军）主管刑事案件，户曹参军事（司户参军）主管民事案件，辅佐刺史司法。

县：县令主掌司法。下设县尉（掌治安）、司法佐（掌刑事）、司户佐（掌民事），还有典狱、问事等佐官，辅佐县令司法。

二、唐代的审判制度

（一）案件的管辖和受理

唐代法律对于案件管辖问题有明确的规定。《狱官令》规定：“诸有犯罪者，皆从所发州县推而断之。在京诸司，则徒以上送大理，杖罪以下当司断之。若金吾纠获，皆送大理。”这就是说，所有案件都以州县为第一审；京师官吏的徒刑以上案件，以大理寺为第一审；京师卫戍司令部纠获的案件也送大理寺一审。

《狱官令》又规定：“诸犯罪者，杖罪以下县决之，徒罪以上断定送州。（州）复审讫，徒罪及流，应决杖若应赎者，即决配征赎。”[②] 这就是说，县可以终审笞、杖刑案件；州可以终审徒刑案件、流刑应决杖征赎的案件。据此推理，流罪（应发遣）和死罪案则申报尚书省刑部、大理寺复审。

《狱官令》又规定：“诸天下诸州断（死）罪应申复（申刑部复审）者，每年正月（刑部）与吏部择使……乃令分道巡复。刑部录囚徒所犯以授使，使牒与州案同，然后复送刑部……其降入流徒者，亦从流徒法。”[③] 这是关于死罪的审判制度：死刑罪案从州申报到尚书省后，刑部与吏部会同选择使者（特派员）到各道主持复审。

《狱官令》又规定：“诸州府有疑狱不决者，谳大理寺；若大理寺仍疑，申尚书省。”这里的“疑狱”不知是否包括流刑案件。

除此之外，唐代还曾有“市”审判制：“诸犯罪在市，杖以下市决之；应合荫赎及徒以上送县。其在京市，非京兆府，送大理寺。”[④] 市，为都市地区县所属行政单位，专管大型集贸市场区，据此似已经取得县级审判权。

《唐律・斗讼律》规定：“（诉讼）若应合为受（理），推抑而不受（理）者，笞五十。”《疏议》曰：“凡诸辞诉，皆自下始。从下至上，令有明文。”[⑤]

如遇两地官府均有管辖权的情形，《唐律・斗讼律》规定：“诸鞫狱官，囚徒伴在他所者，听移先系处并论之。”这就是今天所言的“移送管辖”。移送的原则是：轻罪囚就重罪囚；若轻重相等，则囚少就囚多；若多少相等，则后禁囚就先禁囚。但若两地相距百里以上，则“各从事发处断之”，即不必移送罪囚。

---

① 《唐律疏议・卷二十四・斗讼》“越诉”条疏议：“依令，‘尚书省诉不得理者，听上表。’受表恒有中书舍人、给事中、御史三司监受。”

② ［日］仁井田陞：《唐令拾遗》，689页，长春，长春出版社，1989。

③ 同上书，691页。

④ 同上书，690页。

⑤ 《唐律疏议・卷二十四・斗讼》“越诉”条疏议。

（二）审判回避制度

唐《狱官令》规定："诸鞫狱官与被鞫人有五服内亲，及大功以上婚姻之家，并受业师，（曾）经为本部都督、刺史、县令，及有仇嫌者，皆须听换推；经为府佐、国官于府主亦同。"① 据此可知，唐代的审判回避范围包括被告人的宗亲和姻亲、仇嫌，曾任被告所在地区主官、曾为被告人的僚属等多种情形。所谓"换推"，就是另择审官。此外，《狱官令》还规定："诸讯囚，非亲典主司，皆不得至囚所听闻消息。"以防止其他官员干扰审判。

（三）审理规则

《唐律·断狱律》规定："诸应讯囚，必先以情，审察辞理，反复参验；犹未能决，事须讯问者，立案同判，然后拷讯。"所谓"以情"就是"动之以情，晓之以理"。《狱官令》规定："诸察狱之官，先备五听，又验诸证信。事状疑似，犹不首实，然后拷掠。"所谓五听，就是《周礼》所谓"辞听""色听""气听""耳听""目听"，就是通过察言观色查清真情；所谓验诸证信，就是全面查明证据，以证据互相参验，完善证据链。在证据充分还不供认时，才可以拷讯。

图6—4 唐守令断案②

（四）拷讯制度

综合《唐律·断狱律》和唐《狱官令》的全部规定，可以总结出唐代拷讯制度的十三大

① ［日］仁井田陞：《唐令拾遗》，720页，长春，长春出版社，1989。

② 参见刘昕主编：《中国古版画·人物卷·教化类》，长沙，湖南美术出版社，1998。

内容。(1) 有证据可证被告仍不供认者方可拷讯。(2) 有证据而犹未能决，“立案同判”即同审官员共签，然后拷讯。(3) 拷讯用杖须为常行杖（有法定规格标准)。(4) 拷讯不得过三度（总共不过三次)。(5) 每次拷讯须间隔二十日。(6) 拷打总数不得过二百下。(7)“其拷囚及决罚者，皆不得中易人。”(8) 杖以下罪拷、笞不得过“所犯之数”。(9) 有议、请、减特权者不得拷讯。(10) 老幼、笃疾、孕妇及初产妇不得拷讯。(11) 有疮病在身者不得拷、笞。(12) 被拷者（被告）限满不招供，反拷告人（受害人及其亲属告发者除外)。(13) 拷满被告不招供，取保放人。唐律还规定，依法拷讯，邂逅致死者勿论，即不追究官员责任。但违法拷讯，“以故致死者，徒二年”。

(五) 直牒追摄制度

《唐律·断狱律》规定：“诸鞫狱官，停囚待对问者，虽职不相管，皆听直牒追摄。虽下司，亦听。牒至不即遣者，笞五十；三日以上，杖一百。”《疏议》说：“称‘直牒’者，谓不缘所管上司，直牒所管追摄……注云‘虽下司，亦听’，假如大理及州、县官，须追省、台之人，皆得直牒追摄，牒至，皆须即遣。”这类似于今天在不同地区、部门之间追查犯罪事实、追捕同案犯时，可以直接以公文请求当地有关机关协助调查拘捕的制度。

三、唐代的诉告制度

(一) 对告诉资格的限制

《唐律》对于告状人的资格有明确限制，可以说是诉权限制。主要有：(1) 被禁囚不得告举他事。《斗讼律》规定：“诸被禁囚，不得告举他事。其为狱官酷己者，听（告）之。”《断狱律》规定：“诸囚在禁，妄引人为徒侣者，以诬告罪论。”(2) 同居应相隐者不得告言亲属，部曲、奴婢不得告主人及主人的近亲属，但告发谋反、谋大逆、谋叛除外。(3) 八十岁以上十岁以下及笃疾之人，除谋反、谋大逆、谋叛、子孙不孝、被同居侵害等几项罪名可以告发外，其余不得告诉、告发任何人。

(二) 防止“诬告”和“越诉”

为了防止诬告，《唐律》规定：“诸告人罪，皆须明注年月，指陈实事，不得称疑。违者，笞五十。官司受而为理者，减所告罪一等。”①

关于防止“诬告”，《狱官令》还规定：“诸告言人罪，非谋叛以上者，皆令三审。应受辞牒官司，并具晓示‘虚得反坐’之状，每审皆别日受辞。官人于审后判记，审迄然后付司。若事有切害者，不在此例。”② 这就是关于受理告发的规定，负责受理立案的官员在三次审查案件是否当受理，并反复三次向告状人申明诬告反坐之责任以后再正式立案交法司审判。《唐律·斗讼律》规定：“诸诬告人者，各反坐。”此外，《唐律》还特别禁止投匿名书告人：“诸投匿名书告人者，流二千里。得书者，皆即烧之；若将送官府者，徒一年。”

关于防止“越诉”即越级告诉，《斗讼律》规定：“诸越诉及受理越诉者，各笞四十。”

(三) 诉讼的季节限制

唐《杂令》规定：“诸诉田宅、婚姻、债负，起十月一日，至三月三十日检校，以外不合。若先有文案，交相侵夺者，不在此例。”③ 这一制度宋以后发展为“务限法”，直至清末。

---

① 《唐律疏议·卷二十四·斗讼》。

② ［日］仁井田陞《唐令拾遗》，710页，长春，长春出版社，1989。

③ 同上书，788页。

（四）诉讼时效

关于诉讼时效，唐代主要有两个方面的规定。一是关于不得告赦前事的规定。《斗讼律》规定："'以赦前事相告言者'，以其罪罪之。官司受而为理者，以故入人罪论。"但依法当继续追究的特别罪刑除外。[①] 二是关于民事案件诉讼时效的规定。唐穆宗长庆二年（822 年）规定，田土、屋舍相邻纠纷，"经二十年以上不论，即不在论理之限"[②]。

（五）义务告发

《唐律·斗讼律》规定："诸知谋反及大逆者，密告随近官司；不告者，绞。知谋大逆、谋叛不告者，流二千里。知指斥乘舆及妖言不告者，各减本罪五等。"又规定："诸强盗及杀人贼发，被害之家及同伍即告其主司。若家人、同伍单弱，比伍为告。当告而不告，一日杖六十。""即同伍保内，在家有犯，知而不纠者，死罪徒一年，流罪杖一百，徒罪杖七十。其家唯有妇女及男年十五以下者，皆勿论。"此外，《捕亡律》规定："诸被人殴击折伤以上，若盗及强奸，虽旁人皆得捕系以送官司。""诸捕罪人力不能制，告道路行人，其行人力能助之而不助者，杖八十。""诸邻里被强盗及杀人，告而不救助者，杖一百。"这些也近乎义务告发和扭捕。

（六）直诉制度

唐律许可的向中央和皇帝直接告诉，主要指三者：一是直接拦皇帝仪仗告状，二是擂击设置于皇宫外的"登闻鼓"告状，三是向尚书省告状。《斗讼律》规定："即邀车驾及挝登闻鼓，若上表诉，而主司不即受者，加（受理越诉之）罪一等。""邀车驾及挝登闻鼓，若上表，以身事自理诉，而不实者，杖八十。""依令：尚书省诉不得理者，听上表。"《唐六典》载唐制："凡有冤滞不申，欲诉理者，先由本司本贯。或路远而踬碍者，随近官司决之。即不伏，当请给不理状，至尚书省左右丞为申详之。又不伏，复给不理状，经三司陈述。又不伏者，上表。"[③] 唐代模仿《周礼》"左嘉石，右肺石"之制，于朝门外设红色大石头，直诉人可以站在石头旁声言直诉，即有官员接待。

四、法官责任

唐代关于法官责任的规定甚多，主要有以下几类责任：

（一）出入人罪的责任

《唐律·断狱律》首先规定了故意出入人罪的责任："诸官司入人罪者，若入全罪，以全罪论；从轻入重，以所剩论……死罪以全罪论。其出罪者亦如之。"即以其所故意出入之罪的刑度来追究责任。关于过失出入人罪，该律规定："即断罪失于入者，各减三等；失于出者，各减五等。"就是说，过失将无罪定为有罪者，减其误定罪之刑三等而罚之；过失将有罪定为无罪者，减其所放纵之罪之刑五等而罚之。简言之，失入罪重，失出罪轻。

此外，"诸缘坐应没官而放之，及非应没官而没之者，各以流罪故失论"。"诸断罪应决配而收赎，应收赎而决配之，若应官当而不以官当，及不应官当而以官当者，各依本罪，减故失一等。""诸制敕断罪，临时处分，不为永格者，不得引为后比。若辄引致罪有出入者，以故失论。""诸断罪应言上而不言上，应待报而不待报，辄自决断者，各减故失三等。""于本罪之外别求他罪者，以故入人罪论。"如此之类比照故意或过失出入人罪处理的情形甚多。

---

① 参见《唐律疏议·卷二十四·斗讼》。

② 《宋刑统·户婚律》"典卖指当论竞物业"条引。

③ 《唐六典·刑部》。

(二) 受财枉法和纵囚

《唐律·职制律》规定:“诸监临主司受财而枉法者,一尺杖一百,一疋加一等,十五疋绞。”《断狱律》规定:“诸主守受囚财物,导令翻异,及与通传言语,有所增减者,以枉法论,十五疋加役流,三十疋绞。”这是关于打击官员在审判中受财枉法的直接规定。此外,《捕亡律》规定:“诸主守不觉失囚,减囚罪二等……故纵(囚)者,不给捕限,即以其罪罪之。”其中故意纵囚也与官员枉法有关。

(三) 违法行刑和拷讯

《唐律·断狱律》规定:“诸死罪囚,不待覆奏报下而决者,流二千里;即奏报应决者,听三日乃行刑。若限未满而行刑者,徒一年。”此外,于禁决死刑时日行刑,对怀孕妇女违法执行死刑和拷、笞,决笞杖不依腿、背、臀分受之法或杖之粗细长短不依法,等等,都要追究刑事责任。

第六节 唐律的历史地位和影响

唐律是中国封建法典的代表作,是自先秦至隋唐数千年中国法制文明的集大成之作。唐律的出现和传播,标志着中华法系正式形成和成熟。中华法系正是以唐律为范本在以中国为中心的东亚地区形成的一个法律家族,成为当时世界的五大法系之一。唐律在东方世界的地位,几乎可以与罗马法在西方世界的地位相比。作为中国历史上最完备、成熟且对世界影响最大的法律体系,唐律的历史地位和影响可以从以下三个方面来看。

一、唐律是“礼法合一”的典范

唐律是礼法合一的典范,是汉代以来“引礼入法”历程的升华。清人纪晓岚说“唐律一准乎礼以为出入,得古今之平”①,实为对唐律的精辟总结。

说唐律体现了“礼法合一”,主要从以下几个方面来看。(1)把大量违反道德的行为直接纳入刑律,定为犯罪。“失礼之禁,著在刑法。”如冒荣居仕、冒哀求仕、委亲之官、匿不举哀、居丧嫁娶、居丧作乐、释服从吉、居父母囚作乐、“七去三不去”等,都是从前礼的规则,现在都以国家刑典规定“出礼入刑”。(2)以儒家经义注释(疏议)法条,如注释“十恶”“八议”“同居相为隐”“嫁娶违律”等制度时,都是以儒家经义为依据。(3)法律程序尽量以礼(仁)为标准来设置。比如“三覆奏”“五覆奏”程序,秋冬行刑程序、财产继承制度、哀矜妇孺制度,等等,都是为了贯彻儒家的“礼义”和“仁道”。

二、对外国的影响

唐帝国是当时东方最强盛的帝国,长安是东方政治经济文化的中心。《唐律》对当时东方各国的影响甚大。(1)对日本:日本大化革新后的《近江令》,其篇目内容大多同于唐《贞观令》;701年颁布的《大宝律令》,篇目、顺序与唐律全同,仅将“八议”改为“六议”(去议勤、议宾);将“十恶”改为“八虐”(去不睦、内乱);流刑不载里数,分近流、中流、远流三等。(2)对朝鲜:高丽王朝四百余年法制,基本沿袭唐制。现代学者杨廷福先生

---

① (清)纪昀:《四库全书总目:史部·政书类》,《法令之属·〈唐律疏议〉》。

在《唐律初探》中说："考察高丽王朝的法律共七十一条，其实是在《唐律》的五百条上撷取六十九条，从唐《狱官令》中摘录二条而成。"李朝《经国大典》，基本上模仿《唐六典》和《明会典》。直至中日战争后十一年（1905年），朝鲜犹参酌《大明律》修订《刑法大全》。[①]（3）对越南：李朝的《刑书》三卷、陈朝的《国朝刑律》，基本"遵用唐宋旧制"；黎氏王朝的《鸿德刑律》，参用隋唐，折中宋元明律。阮朝的《皇越律例》直接模仿明律和清律。

三、对后世的影响[②]

唐律是后世中国刑典的范本。后世中国的法典，都以唐律为渊源，不再溯及更早的法典和制度。后世中国的法律思想，多以唐律为基本蓝本而发，很少怀疑唐律的科学性。具体说来，（1）宋朝"法制因唐律令格式而随时损益"，《宋刑统》实为照抄《唐律疏议》，变动不过几条。（2）元朝"参照唐宋之制"，成《至元新格》，条文多半同于唐律。唐律十二篇，《新格》同者九篇。（3）明初，太祖朱元璋确定制律方针"宜尊唐旧"，他登基初曾下令"日进二十条"唐律，讲读唐律供制定新律参考，因此《大明律》"与唐律同者十六七"。清人薛允升曾编《唐明律合编》，辨析明律对唐律的继承甚详。（4）清人承袭明律，清律受唐律影响同样大。沈家本《重刻唐律疏议序》言清律"与唐律大同者四百一十有奇；与唐律合者，亦什居三四"。

【问题与思考】

戴胄与太宗争法制之"信"

贞观年间，朝廷大开选举，选拔人才。其间常有人伪造身份希图仕进，为杜绝其弊，太宗乃下令所有诈伪者限期自首，否则一经发觉，即处死刑。不久，有个人诈伪参选不自首，事泄，大理寺少卿戴胄依法判处其流刑，上奏太宗。太宗说："我当初下令不自首者死，现在你依法判处流刑，是要我在天下人面前失信。"戴胄说："如果陛下非常处置，当即杀了这个犯人，非臣下所能议论。既然交付司法机关审理，我就不敢不依法办事。"太宗说："爱卿倒是依法办事了，为何一定要令我失信于天下？"戴胄说："法者，国家所以布大信于天下；言者，当时喜怒之所发耳。陛下发一朝之忿而许杀之；既知不可，而置之以法，此乃忍小忿而存大信。"如果陛下执意要杀这个人，"臣窃为陛下惜之"。太宗嘉许说："法制稍有缺失，爱卿就能纠正，我还有什么可担忧的呢？"[③]

结合本案思考：

（1）唐太宗的主张在法理上讲有否道理？他所欲守的"信"实质是什么？

（2）戴胄的主张在法理上讲依据何在？他所强调的"信"实质是什么？

（3）皇帝的诏旨和国家律典是什么关系？

（4）中国古代法制最难解决的"以敕破律""以例破律"问题根源何在？

---

① 参见杨鸿烈：《中国法律在东亚诸国的影响》，73页，北京，中国政法大学出版社，1999。

② 参见上书，416～458页。

③ （唐）吴兢：《贞观政要》，卷五，《论公平》。

第七章

宋元时期的法律制度

参考文献

1. 宋史

2. 宋大诏令集

3. 元史·刑法志

4. 新元史·刑法志

5. (宋) 李焘. 续资治通鉴长编. 北京: 中华书局, 1985

6. 中国社会科学院历史研究所宋辽金元史研究室点校. 名公书判清明集. 北京: 中华书局, 1961

7. (元) 马端临. 文献通考·刑考. 上海: 华东师范大学出版社, 1985

8. (清) 徐松辑. 宋会要辑稿·职官七十七 (缩印本). 北京: 中华书局, 1957

9. 赵晓耕. 宋代法制研究. 北京: 中国政法大学出版社, 1994

10. 道润梯步. 新译简注《蒙古秘史》. 呼和浩特: 内蒙古人民出版社, 1979

11. [波斯] 拉施特主编. 史集. 北京: 商务印书馆, 1983

12. [伊朗] 志费尼. 世界征服者史. 呼和浩特: 内蒙古人民出版社, 1981

13. 翁独建. 蒙元时代的法典编纂. 见: 燕京社会科学. 第1卷, 1948 (11)

14. 沈家本. 历代刑法考. 北京: 中华书局, 1985

15. [法] 勒内·格鲁塞. 草原帝国. 北京: 国际文化出版公司, 2003

16. 吴海航. 元代法文化研究. 北京: 北京师范大学出版社, 2000

17. 黄时鉴辑点. 元代法律资料辑存. 杭州: 浙江古籍出版社, 1988

18. 奇格. 古代蒙古法制史. 沈阳: 辽宁民族出版社, 1999

19. 舒炳麟.《元典章》研究. 合肥: 黄山书社, 1995

参考法规

1.《宋刑统》
2.《庆元条法事类》
3.《元典章》
4.《大元通制条格》

宋代法制在主要法典与基本法律制度的设置方面承唐之旧，因应社会发展变化，在具体法律规范和一些司法原则方面，有进一步的发展变化，其中皇权体制的设置对后世有深远影响。继宋而起的元代的中枢体制对明代有直接影响，在法典结构与用刑原则等方面对后世影响深远。元代作为历史上第一个少数民族大一统的帝制政权，其民族性统治政策在法律上的实践对清代也有影响。

第一节　宋代法律制度

引例　阿云之狱

熙宁元年（1068年）七月，诏："谋杀已伤，按问欲举，自首，从谋杀减二等论。"初，登州奏有妇阿云，母服中聘于韦，恶韦丑陋，谋杀不死。按问欲举，自首。审刑院、大理寺论死，用违律为婚奏裁，敕贷其死。知登州许遵奏，引律"因犯杀伤而自首，得免所因之罪，仍从故杀伤法"，以谋为所因，当用按问欲举条减二等。刑部定如审刑、大理。时遵方召判大理，御史台劾遵，而遵不伏，请下两制议。乃令翰林学士司马光、王安石同议，二人议不同，遂各为奏。光议是刑部，安石议是遵，诏从安石所议。而御史中丞滕甫犹请再选官定议，御史钱顗请罢遵大理，诏送翰林学士吕公著、韩维、知制诰钱公辅重定。公著等议如安石，制曰"可"。于是法官齐恢、王师元、蔡冠卿等皆论奏公著等所议为不当。又诏安石与法官集议，反覆论难。

明年二月庚子，诏："今后谋杀人自首，并奏听敕裁。"是月，除安石参知政事，于是奏为："律意，因犯杀伤而自首，得免所因之罪，仍从故杀伤法；若已杀，从故杀法，则为首者必死，不须奏裁；为从者自有编敕奏裁之文，不须复立新制。"与唐介等数争议帝前，卒从安石议。复诏："自今并以去年七月诏书从事。"判刑部刘述等又请中书、枢密院合议，中丞吕诲、御史刘琦、钱顗皆请如述奏，下之二府。帝以为律文甚明，不须合议。而曾公亮等皆以博尽同异、厌塞言者为无伤，乃以众议付枢密院。文彦博以为："杀伤者，欲杀而伤也，即已杀者不可首。"吕公弼以为："杀伤于律不可首。请自今已杀伤依律，其从而加功自首，即奏裁。"陈升之、韩绛议与安石略同。会富弼入相，帝令弼议，而以疾病，久之弗议。至是乃决，而弼在告，不预也。

一、宋代主要立法及法律形式

(一)《宋刑统》的编纂及特点

宋太祖建隆四年（963年），在工部尚书判大理寺卿窦仪等人的奏请下，开始修订宋代新的法典。同年七月完成，由太祖诏“付大理寺刻板摹印，颁行天下”，成为历史上第一部刊印颁行的法典，全称《宋建隆详定刑统》，简称《宋刑统》。

1.《宋刑统》的编纂体例。《宋刑统》的编纂体例可追溯至唐宣宗时颁行的《大中刑律统类》。北宋初曾一度沿用的《大周刑统》，便是《宋刑统》的体例在五代时发展的结果。《宋刑统》在具体编纂上，仍以传统的刑律为主，同时将有关敕、令、格、式和朝廷禁令、州县常科等条文，都分类编附于后，使其成为一部具有统括性和综合性的法典。

2.《宋刑统》的特点。《宋刑统》和《唐律疏议》相比有这样一些特点：

一是两者的篇目、内容大体相同。《宋刑统》也是30卷、12篇、502条。

二是《宋刑统》在12篇的502条中又分为213门，将性质相同或相近的律条及有关的敕、令、格、式、起请等条文作为一门。

三是《宋刑统》收录了五代时通行的部分敕、令、格、式，形成一种律令合编的法典结构。

四是《宋刑统》删去《唐律疏议》每篇前的历史渊源部分，因避讳，对个别字也有改动，如将“大不敬”的“敬”字改为“恭”等。

(二) 编敕及其他法律形式的特点

1. 编敕。敕的本意是尊长对卑幼的一种训诫。南北朝以后敕成为皇帝诏令的一种。宋代的敕是指皇帝对特定的人或事所作的命令。敕的效力往往高于律，成为断案的依据。依宋代成法，皇帝的这种临时命令须经过中书省“制论”和门下省“封驳”，才被赋予通行全国的“敕”的法律效力。

编敕，是将一个个单行的敕令整理成册，上升为一般法律形式的一种立法过程。编敕是宋代一项重要和频繁的立法活动，神宗时还设有专门编敕的机构“编敕所”。从太祖时的《建隆编敕》开始，大凡新皇帝登极或改元，均要进行编敕。编敕的特点是：

(1) 仁宗以前基本上是“敕律并行”，编敕一般依律的体例分类，但独立于《宋刑统》之外。(2) 神宗朝敕的地位提高，“凡律所不载者，一断于敕”。敕已到了足以破律、代律的地步。(3) 敕主要是关于犯罪与刑罚方面的规定，所谓“丽刑名轻重者，皆为敕”。

2. 条法事类。南宋，在敕、令、格、式四种法律形式并行和编敕的基础上，将敕令格式以“事”分类统一分门编纂，形成了条法事类这一新的法典编纂体例。孝宗淳熙年间曾编有《淳熙条法事类》。宁宗庆元年间（1195—1200年）开始编撰的《庆元条法事类》，于嘉泰二年（1202年）完成，次年颁行。该法典共437卷，分为职制、选举、文书、禁榷、财用、库务、赋役、刑狱等16门，每门之下又分若干类，每类载敕、令、格、式、申明等。理宗朝又编《淳祐条法事类》。《庆元条法事类》至今留有残卷70卷。

3. 例。南宋时还有编例，以补充律、敕。以例断案有所发展。敕、例的广泛应用是导致宋代法制混乱的重要原因之一。宋代例对明、清有较大的影响。

二、宋代法律内容的主要发展变化

有宋一代，疆域虽远不及唐，而官吏之数为唐的两倍多。而且行政机构重叠、体制繁紊又总统于皇帝，显示了封建社会后期行政管理的发展趋势。

（一）行政法律规范

两宋的行政体制正处在由唐向元、明、清过渡历史时期，使得有宋一代行政律法十分庞杂。但终宋之世却没有一部像《唐六典》或明清《会典》那样的集一代行政法之大全者。宋代的行政律法仍以职官为纲目编制，故官吏的铨选、考课、奖惩仍为其主要内容。此外对文书管理的规定趋于完备，在中央由中书省、门下省和枢密院分掌。行政与司法进一步结合，行政处分与刑罚相辅而行。尤其是随着封建商品经济的发展，有关手工业、商业方面的行政律法日渐增多。

1. 中央“二府”与“三司”机构及其相互关系

（1）中书。宋代中央最高行政机关是中书门下（简称中书）。历来中书省取旨、门下省审议、尚书省施行三权在宋代渐归于中书，使三省形同虚设。以“中书门下平章事”行宰相事，一般设二三人，无定员。中书有权对下级行政机关发布命令，下级机关也直接向中书报告工作，形式上是所谓“佐天子，总百官，平庶政，事无不统”①。而宰相实权却一分为三：军权划归枢密院，财权给了三司使，所剩行政权也多因奏请皇帝而大受限制。相权的削弱，反衬出皇权的加强。

（2）枢密院。宋承五代旧制，以枢密院②为中央最高军事行政机关，其长官为枢密使，其下有副使、知枢密院事等官。枢密院的设立既分割了相权，又收兵权于中央。所以神宗改革官制时，唯枢密院不变。但枢密院虽有发兵权，而掌兵之权却分属三衙（殿前司、马军司、步军司），以便于皇帝驾驭。

中书与枢密院号称“二府”，虽有相互牵制，便于皇帝分别控制的作用，但二府“所言两不相知，以故多成疑贰”③ 的弊端，影响到军政事务的统一执行与相互配合。尤其战时，常出现“中书欲战，密院欲守，何以令天下”④ 的矛盾局面。到南宋宁宗时，朝廷内外矛盾激化，以宰相兼枢密使遂成定制。但有宋一代毕竟同战乱频仍的五代不同，所以枢密院地位较中书稍低，其长官为当然的副宰相。

（3）三司。地位仅次于二府的三司（盐铁、度支、户部司）为中央最高财政管理机关，总揽全国贡赋和钱粮出纳，权任甚重。其长官三司使、副使地位待遇与二府长官相同，被称为计相。

两宋政权、军权的集中，使官僚机构日益臃肿，军力反而减弱；财权的集中更加速了统治集团的腐化。

2. 中央监察与司法机关

宋沿唐制于中央设御史台，为中央最高监察机关，下分台院、殿院、察院，掌“纠察官邪，肃正纲纪”。其长官为御使大夫。

除御史台外，两宋尚于门下省设谏院，以分属于门下、中书的左右谏议大夫、司谏、正言为谏官。后随御史职权扩大，许其兼负规谏之责，御史台与谏院渐合二为一，成为台谏合制的历史发端。监察权的扩大与皇权的加强是一致的，实际上它成为官僚大臣们排斥异己的工具。

中央司法机关，初为大理寺与刑部。太宗时在宫中增设审刑院。神宗元丰改制又恢复大理寺、刑部旧制。

---

① 《宋史·志·卷一百一十四·职官一》。

② 《宋史·志·卷一百一十五·职官二》载：“掌军国机务，兵防、边备、戎马之政令，出纳密命，以佐邦治。凡侍卫诸班直、内外禁兵招募、阅试、迁补、屯戍、赏罚之事，皆掌之。”

③④ （宋）王明清：《挥尘后录》，卷一，北京，中华书局，1961。

3. 地方政权机构及其与中央的关系

宋初，地方分州、县两级，后为加强中央对地方控制，又于州上设路，作为地方最高一级行政机构。而原来的节度使一职仅成优宠官僚贵戚的空衔。

宋代的路不仅是一级行政机构，同时还具有监察区的性质。路的权力一分为四，称帅司（经略安抚使）、宪司（提点刑狱使）、漕司（转运使）和仓司（提举常平使），它们分别管理一路军政、司法、财赋与边防，以及监察、赈灾或专卖等政务。四司之间互不隶属，彼此监督，直接对皇帝负责。宪、漕、仓三司又称"监司"①，并确立了独具特色的监司巡检制，以此来加强对地方州县的控制。时人将其与御史台对称为"外台"。

路下有府、州、军、监，属同级政权，其中以州为主。其长官由皇帝直接任命中央文官担任，防止地方官拥兵自重。并在官衔上加"权知"二字，以表示"名若不正"，"任若不久"。以后还规定"三年一易"，本地人不得在本地为官。此外，设有"事得专达"皇帝的通判一员至二员，以分知州职权。凡一州兵、民、财、刑诸政，皆须通判签署方能生效，故有"监州"之称。以后演变成州的副长官。

州以下的县设知县，由皇帝任命文官担任。大县设丞、簿、尉，小县设簿、尉，辅佐知县掌赋税、诉讼和镇压盗贼等。乡里设有里正等官，专管治安与税收。

有宋一代，不仅地方官的任免由皇帝直接控制，且将州、县的行政权、财权、司法权尽收朝廷，所谓："收乡长、镇将之权悉归于县，收县之权悉归于州，收州之权悉归于监司，收监司之权悉归于朝廷。"② 中央对地方的控制达到了前所未有的程度。

4. 职官的管理与任用

（1）考选与任用。苏东坡曾对自古以来选拔人才的方式有所概括，指出："三代以上出于学，战国至秦出于客，汉以后出于郡县，魏晋以来出于九品中正，隋唐至今出于科举。"宋初仿唐制，至英宗时改为三年一科举，以后遂成定制。值得一提者，终宋之世"明法科"相沿不断。史载太宗很有意"使经生明法，法吏通经"。《文献通考·选举》卷三十二载：雍熙三年（986 年）曾诏日："应朝臣、京官及幕职、州县官等，今后并须习读法……当令于法书内试问，如全不知者，量加殿罚。"

两宋行任官考试制，即一经录取便获得"入官"（做官）资格，各科入仕对象优劣不等。此外有监考官回避制度。南宋淳熙五年（1178 年）诏："试院官（谓主司及应预考校之官）亲戚，及试院余官（谓监门巡捕、弥封、誊录、对读之类）亲戚、并两相避。"为防考试舞弊，还发明了"糊名"（弥封）和"誊录"（考卷由他人抄写）等制度。

但是，这种阻挠权贵子弟渎法干进的封弥、誉录等制度，自始就受到人为的破坏。如封弥制推行之初的天圣元年（1023 年）开封府式，就有考官"擅拆举人卷首，择有名者居上"。南宋时则愈演愈烈，在封弥盖印上做手脚，"有全不印在封弥处者"。

此外，宋代还分贡举、恩荫、摄署、流外、从军五种任官制度，其中以恩荫法最为宽滥，凡皇族宗室和高官子弟亲属，均可以此授官。多至一家可恩荫数十人，往往未成年的儿童也有官职。

两宋对官吏的铨选（任用）初由中书省、审官院分掌。神宗元丰改制后，文官归吏部铨选，武官归兵部铨选。

（2）考课与奖惩。宋代官员任满一年为一考。《纲鉴易知录·宋》卷六十五载："初，帝

---

① （宋）吴曾撰：《能改斋漫录》，卷二，"监司之职，魏晋以来有之矣"，上海，上海古籍出版社，1979。

② （宋）范仲淹：《范太史集》，卷二十二。

虑中外官吏清浊混淆，命官考课，号磨勘院，至是改为审官院，掌审京朝官；其幕职州县官，别置考课院主之。”考绩分三等，居上者提升或减磨勘（试用）年限；居中者无升降；居下者降职或增磨勘年限。而实际上则往往是一旦入官，便不问贤愚劳逸，文官三年一迁，武职五年一升。神宗时有考守令的“四善四最”之制。绍兴年间又有“以七事考监司”之制。[①] 但宋代考课重视年资，一般在任期内无过错即予升迁，故官吏大多不求有功，但求无过，使看来完备的考课奖惩制，实际上多为一纸空文。

（3）致仕。两宋官吏冗员惊人，仁宗之后，俸禄之优厚史所罕见。宋初统治者以为“俸禄薄而责人以廉，甚无谓也，与其冗员而重费，不若省官以益俸”，遂颁行许多“增俸诏”和“省官诏”“省吏诏”，而实际是“官”没“省”下来，“俸”却都“益”了上去。为此，不得不用致仕来缓解这一弊端。特别是到北宋中后期，“大夫七十而致仕，其礼见于经，而于今为成法”[②]，致仕已成为带强制性的制度。规定“凡文武官致仕者，皆转一官，或加恩其子孙”[③]。不仅致仕者本人升职、加衔、领取俸禄，并且按官品高低，荫补一定名额的子孙为官。对贪恋禄位拒不致仕者，则由谏官弹劾或由官府按籍处理。

5. 两宋行政律法的特点

（1）皇帝君权的集中与臣僚事权的分割。如前所述，宋代历朝皇帝为使高度的中央集权不致旁落，采取了一系列分割臣僚事权的措施，在职官设置上形成了独具特色的“官与职殊”“名与实分”的“官”“职”“差遣”制度。[④] 上至宰辅重臣，下到州、县长官均受到来自不同机构的牵制，如相权的一分为三，监司巡检制，通判的设置等。皇帝不再担心某个大臣的叛逆，因为每个人都权限不大，且彼此都是且应当是皇帝的“耳目之司”。

（2）“异论相搅”的用人原则。在各级官府设置上，有几个平行机构，彼此各管一摊，又互不隶属而直统于皇帝，这是体制上的分权结果。但皇帝仍感不足，在具体的官吏任用上，尤其是对朝臣的重用上，首先遵循“异论相搅”的用人原则，即参用政见不同者，使彼此“各不敢为非”，显例如神宗朝的王安石与司马光。其次是“不任官而任吏”。官与吏相比，前者权势大，易自作主张，而后者权势小，只能谨守成法。自徽宗时始，便诏令地方州县长官详理刑狱，不得假手胥吏。

这些特点，使皇帝能够“一纸下郡县，如身使臂，如臂使指，无有留难，而天下之势一矣”[⑤]。

（二）刑事法律规范

1. 刑事政策

两宋刑事政策在《唐律疏议》基础上多有损益，主要变化有以下几点：

（1）维护地主对佃农的特权。随着均田制向租佃制的转化，地主和佃客便成为两宋社会的两大对立阶级。朝廷通过刑事立法公开维护地主对佃客的特权。哲宗元祐年间规定：“佃客犯主，加凡人一等；主犯之，杖以下勿论，徒以上减凡人一等……因殴致死者，不刺面，配邻州，情重者奏裁。”[⑥] 光宗绍熙元年（1190年）还严禁佃客控告地主。如果佃客犯主，

---

① 参见《宋史·志·卷一百一十六·职官三》。

② （宋）王安石：《王临川集》，卷五十三，上海，上海世界书局，1935。

③ （清）徐松辑：《宋会要辑稿·职官七十七》，缩印本，北京，中华书局，1957。

④ 参见《宋史·职官志》。

⑤ （明）陈邦瞻：《宋史纪事本末》，卷二，北京，中华书局，1974；陈亮：《龙川文集》，北京，中华书局，1974。

⑥ 《宋史·志·卷一百五十二·刑法一》。

“虽直不佑”。这种刑事政策，助长了地主对佃客的压迫，到南宋末年将佃客“计其口数立契，或典或卖”，“主户生杀，视佃户不若草芥”[①]。南宋钟相曾指出，“法分贵贱贫富，非善法也”，把起义的矛头直接对准朝廷不公正的法制。

（2）限制适用“请”“减”“当”“赎”法。封建法制“辟贵施贱”的传统，在两宋特殊情况下，不仅起不到强化其统治基础的作用，反而使“不肖自恃”，形成朝廷潜在的威胁。因此，两宋除个别皇帝治下以外，大都对犯赃私罪的官吏适用“真刑”。例如，哲宗绍圣年间规定：“重禄人受乞财物，虽有官印，并不用请、减、当、赎法。”[②]《庆元条法事类》亦规定：“诸私铸钱者，不以荫论，命官不在议、请、减之例。”

朝廷对一般百姓犯罪，也限制适用赎刑。太宗淳化四年（993年）曾诏：除妇女犯杖以下，非故为，可赎铜以外，其余不得以赎论处。从整个宋代来看“赎法唯及轻刑而已”[③]。

（3）增加附加刑、扩大奏请敕裁的范围以减少死刑的适用。随着编敕的增加，死刑条款也随之剧增。仅仁宗天圣三年（1025年）就断大辟2 436人。断死刑数比唐代增加几十倍或上百倍。尖锐的阶级矛盾不容许朝廷大规模适用极刑，于是朝廷采取两种办法加以调节以控制死刑：

一是扩大“奏请敕裁”的范围，即对于某些可判处可不判处死刑的人犯通过刑部，报中书奏请皇帝裁夺，裁夺结果实际上大都不判处死刑。

二是增加附加刑以代死刑，例如乾道十年（1174年）皇甫谨受赂及侵盗官物入已至死，孝宗不判他死刑，但判处了追毁出身以来文字、除名、勒停、脊杖三十、刺面、籍没、配牢城共7种刑罚，除配牢城为主刑以外，其余6种均为附加刑。

（4）肆行“恩宥”。由于犯罪日多，“刑用滋章”，统治者不能不通过“恩宥”之制来加以缓解。宋代恩宥之制主要有大赦、曲赦、德音三种，又统称为贷雪。《宋史·刑法志》载：“凡大赦及天下，释杂犯死罪以下，甚则常赦所不原罪，皆除之。凡曲赦，唯一路或一州，或别京，或畿内。凡德音，则死及流罪降等，余罪释之，间亦释流罪，所被广狭无常。”

此外，还有录囚降释之制，如“天子岁自录京师系囚，畿内则遣使。往往杂犯死罪以下第降等，杖、笞释之，或徒罪亦得释。若并及诸路，则命监司录焉”[④]。

两宋时期赦降之频“于古未有”。徽宗在位二十五年，而大赦二十六、曲赦十四、德音三十七。南宋光宗绍熙年间竟致岁至四赦。朝廷原本想以此来“荡涤瑕秽”，“使人洒心自新”，以“感召和气”，但行之过频，“有罪者宽之未必自新，被害者抑之未必无怨。不能自新，将复为恶；不能无怨，将悔为善”。结果是“刑政紊而恩益滥矣”[⑤]。

2. 刑法打击的主要对象

两宋的刑事法律规范主要是《宋刑统》、敕以及断例、指挥和申明。从现存刑事法律规范来看，两宋刑法打击的主要对象、刑事政策以及刑罚制度都较前代有所变化。

“十恶”“四杀”（劫杀、谋杀、故杀、斗杀）等犯罪依然是两宋刑法打击的主要对象。除此之外，朝廷尤重惩治以下几类犯罪：

（1）严惩贪墨之罪。宋初，“凡罪罚悉从轻减，独于治赃吏最严”[⑥]。北宋太祖太宗之世，数百赃吏或被杖杀朝堂，或被腰斩弃市，或刺配沙门，外增脊杖、籍没等附加刑。不仅

---

① 《元典章》，卷四十二，北京，中国书店，1990。

② （清）徐松辑：《宋会要辑稿·刑法一》，缩印本，北京，中华书局，1957。

③④⑤ 《宋史·志·卷一百五十四·刑法三》。

⑥ （清）赵翼：《二十二史札记》，北京，商务印书馆，1957。

在刑罚上从重论处，而且限制“请”“减”“当”“赎”等法的适用；一般不以赦降原减；对有赃贪劣迹者禁重入仕途。这些措施，有效地阻止了贪赃之风的恶性发展。

（2）重惩强盗的《重法地法》与《盗贼重法》。其一，《重法地法》。自宋初以来，《宋刑统》和其他敕令，对包括谋反、叛逆、杀人、造妖书妖言、强盗、窃盗、恐吓取财等犯罪，处刑上都比唐律要重。

仁宗嘉祐年间，统治者首先出于京畿地区安全的考虑，将京城开封诸县划为“重法地”，规定在“重法地”内犯罪的，加重处罚。随着地方民众反抗的加剧，“重法地”的范围逐渐扩展到各个重要的府、州、军，其量刑也日益加重。① 这方面的一系列法律被称为《重法地法》。神宗以后，重法地占全国地域的42%以上。

其二，《盗贼重法》。强盗罪在五代即为重点打击对象。宋在仁宗前对强盗罪的量刑，一般较五代为轻。神宗后，量刑渐重，神宗熙宁四年（1071年），又颁行《盗贼重法》，进一步强化对谋反、杀人、劫略、盗窃罪的镇压。凡犯有《盗贼重法》所定各罪者，无论是否在重法地内犯罪，都依《重法地法》从重惩处。规定：“凡劫盗罪当死者，籍其家赀以赏告人，妻子编置千里”，“若复杀官吏……焚舍屋百间，或群行州县之内，劫掠江海船栰之中，非重地，亦以重论”②。

《重法地法》和《盗贼重法》的实质是为了维护统治阶层的人身财产利益，以严刑峻法打击民众的反抗。同时重法地范围逐渐扩大，徽宗朝对结伙强盗加兵剿杀。南渡后，由于民族矛盾激化，加之行法效果不佳，朝廷不得不稍缓强盗之法，但仍规定：犯强盗贷命者，“并于额上刺强盗二字”③。

（3）严治传习“妖术”“妖教”罪和“妖言惑众”罪。两宋时期人们经常以宗教形式秘密结社，图谋反抗。大规模的农民起义也往往与宗教联系在一起。人们的宗教活动，被统治阶级诬为“妖”而严加镇压。“凡传习妖教，夜聚晓散，与夫杀人祭祀之类，皆著于法，诃察甚严。”④ 真宗天禧年间，就将“厌魅咒诅”“造妖书妖言”“传授妖术”等罪与“十恶”相提并论。仁宗朝对杀人祭鬼（妖术）的人犯，处以残酷的凌迟刑。徽宗时亦曾一再命令诸路提刑按察州、县对此类犯罪务必做到“止邪于未刑”。不仅对犯者“加之重辟”，而且对不觉察者加等坐罪。朝廷还规定对这类犯罪不能以赦降原免。

此外对严重伤“理”害“义”的行为，特别是诈伪行为也严加惩治，量刑也较前代加重。

3. 宋代刑罚制度的变化

（1）折杖法。⑤《宋史·刑法志》说：“太祖受禅，始定折杖之制。”建隆四年（963年）颁行“折杖法”，意在笼络人心，改变五代以来刑罚严苛的弊端。新的“折杖法”规定：除死刑外，其他笞、杖、徒、流四刑均折换成臀杖和脊杖。具体的折换办法是：笞杖刑一律折换成臀杖，依原刑等分别杖七下至杖二十下，杖后释放。徒刑折换成脊杖，依原刑等分别杖十三下至二十下，杖后释放。流刑折换成脊杖，依原刑等分别杖十七下至二十下，杖后就地配役一年。其中加役流则脊杖二十，就地配役三年。折杖法使“流罪得免远徙，徒罪得免役年，笞杖得减决数”。

折杖法对缓和社会矛盾曾有一定作用。但对反逆、强盗等重罪不予适用。具体执行当中也存在流弊，《宋史·刑法志》就曾说：良民偶有过犯，致伤肢体，为终身之辱，而愚顽之

①⑤ 参见《宋史·志·卷一百五十二·刑法一》。

②④ 同上书。

③ （元）马端临：《文献通考·刑考》，上海，华东师范大学出版社，1985。

徒，虽一时创痛，而终无愧耻。

(2) 配役。[1] 配役刑渊源于隋唐的流配刑。推行折杖法之后，原有的流刑实际上便称为配役。为补死刑与折杖后的配役刑刑差太大，有轻重失平之弊，朝廷遂增加配役刑的种类和一些附加刑，使配役刑成为一种非常复杂的刑名。

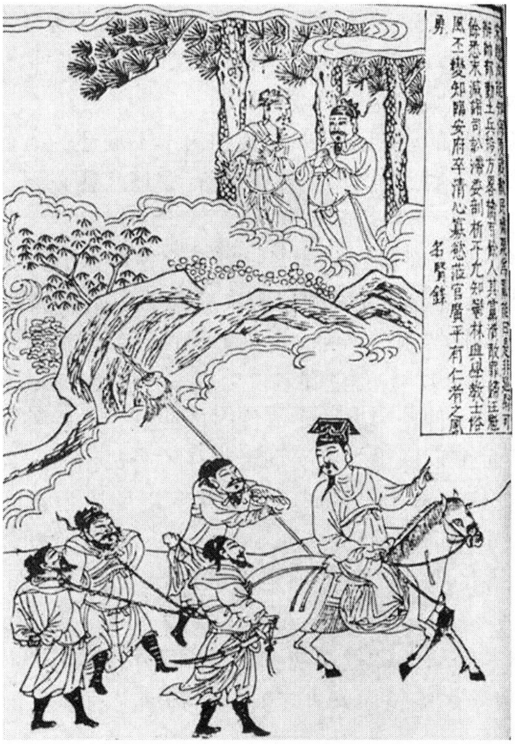

图 7—1　缉捕盗贼[2]

配役刑在两宋多为刺配，刺是刺字，即古代黥刑的复活；配指流刑的配役。刺配是对罪行严重的流刑罪犯的处罚。刺配缘于后晋天福年间的刺面之法。宋初刺配并非常行之法，《宋刑统》也无此规定。太祖时偶一用之，意在补推行折杖法后，死刑与配役刑之间刑差太大的弊病。但仁宗以后，刺配的诏敕日多，刺配之刑滥用，渐成常制。

宋代刺配刑规定详尽，主要适用于杂犯死罪减赎者和强盗、窃盗罪犯及一些累犯。依所犯罪行种类和轻重，刺面的部位和刺的字或记号都有不同，因配役地区远近，刺的深浅也不一样。细分起来，主要有以下几类：

其一，配役有有无附加刑的区别。配役常附加黥刺和杖责二刑。刺字即“黥刑”的复活，所刺部位依情节轻重有耳后、背、额、面之分；所刺标记，有字（一般为罪名）和记号（一般为环形）；所刺深度，有四分、五分、七分等种类。杖责有数量和部位（臀或脊）的不同。如果人犯罪行严重或犯死罪贷命，通常“既杖其脊，又配其人，而且刺其面，是一人之身，一事之犯，而兼受三刑也”[3]。罪行稍轻的人犯，或可杖而不刺，配而不杖。除“黥刺”

---

① 参见《宋史·志·卷一百五十二·刑法一》。

② 参见刘昕主编：《中国古版画·人物卷·教化类》，长沙，湖南美术出版社，1998。

③ （明）邱浚：《大学衍义补·明疏赎之义》。

和杖责外，有时还附带罚铜、罚金、追毁出身以来文字、勒停、除名、籍没等附加刑。

其二，配役有军役、劳役。前者编入军籍；后者则配往官营工矿处所就役，如煮盐、造酒、烧窑、开矿、冶铁，等等。

其三，配役有地理远近之别。北宋初沿用五代旧制，将人犯配往西北边区服军役，后改配登州沙门岛、通州海岛和岭南一带。南宋时又有变化，大致分为海岛（沙门岛），远恶州军（琼州、万安、昌化、朱崖），广南，三千里外，二千五百里外，二千里外，一千五百里外，一千里外，邻州，本州牢城和本州州城等种类。

其四，配役还有放还时间的差别。凡罪重被判为永不放还的人，在南宋，经过三次郊赦之后方可移向较近地区。如不注"永不放还"，则有放还年限的区分；如果期满或者遇赦，都可以近移或免罪释放。

配役刑两宋适用最多，南宋时被判此刑者一度竟多达十余万人。配役刑虽然改变了推行折杖法后轻重失平的状况，但也带来不少难以解决的问题。如崇宁年间，蔡京建议仿《周官》推行"圜土"法，将应配人犯禁锢在"圜土"内，但由于经费或管理上的困难而旋行旋罢。

刺配对后世刑罚制度影响极坏，是刑罚制度上的一种倒退，在宋代和后世都曾颇遭非议。

（3）凌迟。作为死刑的一种，凌迟始于五代时的西辽，是一种碎而割之，使被刑者极端痛苦，慢慢致人死亡的一种酷刑。史书说受刑者往往"身具白骨，而口眼之具尤动，四肢分落，而呻痛之声未息"。仁宗时适用凌迟刑，神宗熙宁以后成为常刑。至南宋，在《庆元条法事类》中，正式作为法定死刑的一种。

（4）管置。[①] 管置，指将犯人安置到一定地区进行改造的刑罚方法。可能创于北宋中期，类似于当今的管制刑，主要适用于被除名、勒停（勒令停职）的官吏。管置刑分为："羁管"（羁系而管束之），"编管"（"迭送他所，量力役作时限，无得髡钳"），"编置"（或称"安置""居住"，轻于编管，谓编籍而安置之）等。各刑又有地理远近（或为本州，或为邻州，或为远州）之分和年限多少之别。

（三）民事经济法律规范

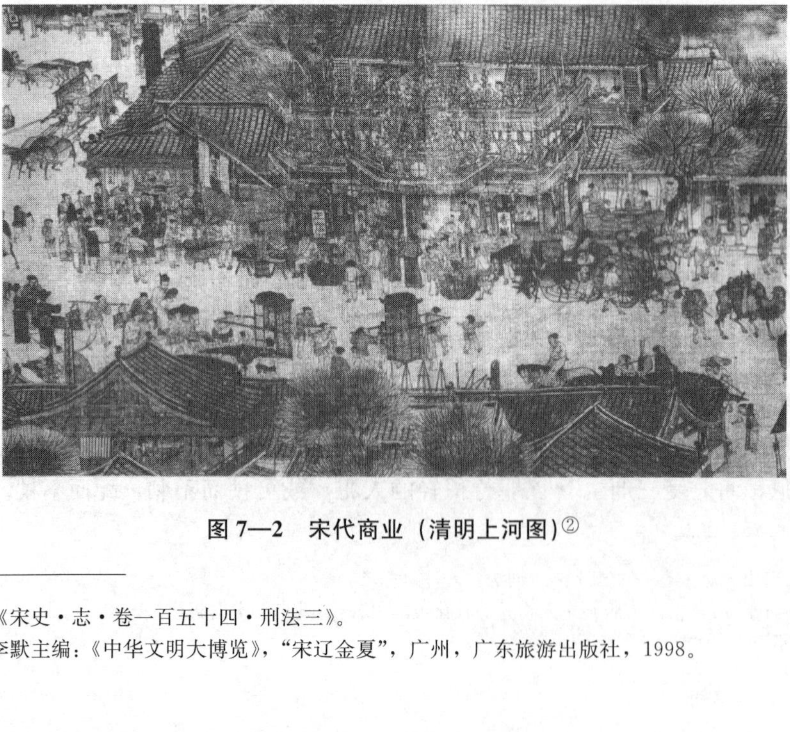

图 7—2　宋代商业（清明上河图）[②]

---

① 参见《宋史·志·卷一百五十四·刑法三》。

② 参见李默主编：《中华文明大博览》，"宋辽金夏"，广州，广东旅游出版社，1998。

1. 所有权——所有权的发生、添附、相邻关系、质权

两宋时期随着商品经济的发展，"义利并重"的思想逐渐取代了"贵义贱利"的思想，民事法律关系与法律制度也发生了相应的变化。宋初统治者注重对所有权加以保护，并规定："垦田即为永业"，"满五年，田主无自陈者，给佃者为永业"。太祖开宝二年（969年），进一步规定印契（红契）制度及税契制度，即用官府加盖红印的契据确认土地所有权，以收取契约税的形式保护土地交易的合法性。

图7—3　漕运[①]

有宋一代，因不抑兼并政策和两宋之际的战乱，引起所有权的频繁变更，当时是"人户交易田土，投买契书，及争讼界至，无日无之"[②]。这就使宋王朝不得不对所有权的立法作较前代更多的规定，以稳定经济秩序，维持社会安定。人说宋代"官中条令，唯交易（指田产交易）一事最为详备"[③]。这当不是夸大之词。

两宋所有权已划分为动产所有权（宋称物主权）与不动产所有权（宋称业主权）。《宋刑统》对动产如宿藏物（埋藏物）、阑遗物（遗失物）、漂流物、无主物、生产蕃息等所有权都作了明确规定。同时对不动产（田宅）所有权的转移，包括租佃、典、押等形式，都规定要书面立契并取得官府承认，即所谓："皆得本司文牒，然后听之。"否则，发生纠纷，法律不予保护。

从当时官府对所有权取得的具体规定中，可以推知：动产所有权之取得，以占有或掌握为必要，不动产所有权的取得只以管业收租为条件。

（1）动产所有权的取得。分述如下：一是埋藏物的发现。《宋刑统·杂律》卷二十七"地内得宿藏物门"载："诸于他人地内得宿藏物，隐而不送者，计合还主之分，坐赃论减三等。"又载："其借得官田宅者，以见（现）住见佃人为主。若作人及耕犁人得者，合与佃住之主中分。其私田宅，各有本主，借者不施功力，而作人得者，合与本主中分。借得之人，既非本主，又不施功，不合得分。"

值得一提的是："若得古器，形制异而不送官者……罪亦如之。"这也许可算作是古代的

① 参见李默主编：《中华文明大博览》，"宋辽金夏"，广州，广东旅游出版社，1998。
② 《宋会要辑稿·食货三·营田杂录》。
③ （宋）袁采：《袁氏世范》，卷三，北京，中华书局，1960。

文物保护法吧。

二是遗失物的取得。《宋刑统·杂律》称遗失物为阑遗物，其卷二十七“地内得宿藏物门”载：“诸得阑遗物，满五日不送官者，各以亡失罪论。”对遗失物的处理，规定得颇为详尽：“诸得阑遗物，皆送随近县，在市得者，送市司，其金吾各在两京巡察得者，送金吾卫。所得之物……其经三十日无主识认者，收掌，仍录物色目，榜村坊门；经一周年无人认者，没官。”

此外，对遗失家畜的处理的规定亦颇为详尽，恕不一一列举。

三是漂流物之处理。《宋刑统·杂律》承唐杂令，其卷二十七“地内得宿藏物门”载：“诸公私竹木，为暴水漂失，有能接得者，并积于岸上，明立标榜，于随近官司申谍。有主识认者，江河五分赏二分，余主五分赏一分。限三十日，无主认者，入所得人。”

四是无主物的占有。《宋刑统·贼盗律》卷二十“贸易官物门”载：“诸山野之物，已加功力，刈伐积聚，而辄取者，各以盗论。”“疏议曰：山野之物，谓草木药石之类，有人已加功力，或刈伐或积聚……”由此来看，先占而取得无主物，是法律所容许的。

五是生产蕃息之归属。《宋刑统·名例》卷四“赃物没官及征还官主并勿征门”载：“生产蕃息，本据应产之类而有蕃息，若是与生出举而得利润，皆用后人之功，本无财主之力，既非孳生之物，不同蕃息之限，所得利物，合入后人。其有展转而得，知情者，蕃息物并还前主；不知情者，亦入后人。”可见，至宋，已对自然和法定孳息加以区别了。

（2）不动产所有权的转移。不动产在宋称为业，其所有权称为业主权，种类主要有租佃权、典权、押权等。不动产所有权的标的物主要是田宅及其他“定着物”。

对不动产所有权的转移，必须书面立契，且得到官府承认，始得成交。《宋刑统·杂律》卷二十六“受寄财物辄费用（公私债负）门”载：“……质举及卖田宅……皆得本司文牒，然后听之。”

为了杜绝争讼，宋代还专门编绘了有关地界图册，对每一处田地标明四至及主人姓名。如有田地争讼，作为凭断质证。史载这种地界图册登记其坐落、地目、地积等则、形状、四至、权利人姓名等。

值得注意的是，至宋已有所有权按份共有的记载。宋人刘克庄在其《后村先生大全集》中有卖田骨的记载。所谓田骨即“一地两主，系将土地分为两层，称上层为田皮（面），下层则谓之田骨（底根）”。而所有权的共有则表现在始于唐宋的祭田、族产及墓田上，只是每人的份额是不明确的。

至于不动产的典权、押权，至宋也已十分发达，在有关债的一节中将述及。

（3）添附和相邻关系。其时的法律规定中多有与《拿破仑法典》相近的内容。有关添附的问题，《宋会要辑稿·食货五十五之三》载：“景德三年二月诏：赁官屋者，如自备添修……徒居者，并听拆随。”“即委监官相度，如不亏官，亦听。”又载：“今年，如元（原）典地栽木，年满收赎之时，两家商量。要，即交还价值；不要，取便斫伐，业主不得占吝。”① 又载：“如内有种植林木……估价与所卖田土一处依法召人承买。木价钱给还原栽人户。若系见佃人承买，即止纳买地价线。从之。”②

综上所述，同今日民法中处理添附物的方法，原则上基本相同。

有关相邻关系的问题，《宋会要辑稿·食货五之二十八》载：“地原从官地上出入者，买

① 《宋会要辑稿·食货一之二十五》。

② 《宋会要辑稿·食货一之三十一》。

者不得阻碍。宅舍亦开。且新旧间架丈尺阔狭，城市乡村等紧慢去处，并量度适中，估价务要公当，不致亏损公私。”又“居住原有出入行路，在见出卖地者，特与存留”[①]。

约七百年后的《拿破仑法典》第682条和第683条规定：“自己的土地被他人的土地围绕，且并无通道至公路时，土地所有人得为自己不动产的便利，要求在邻人土地上取得通行权”；“通道一般应在被围绕的土地与公路间距离最短的线上开辟”。

如果说上述中外对比，表明在古代中国的某些民事法律规范是相当完备的话，该不是牵强附会的吧？

至宋，随商品经济的发展，质（典当）权也得到了充分的发展，其中许多规则，后多为明清所沿用。凡属动产的物品，如衣物，珠宝、器具及奴婢，牛马等，均可为典当的标的物。且对回赎期限及典当利息作了详细规定。前者已在时效部分中述及，后者及有关绝卖的规定将在以下债的内容中列述，此处从略。

2. 典卖与时效

（1）典卖。宋代典卖又称“活卖”，即通过让渡物的使用权收取部分利益而保留回赎权的一种交易方式。因典卖田宅者多为贫困之人，他们过期无力回赎时，就使得有钱人以低廉的代价获得田宅的所有权，而使自己蒙受损失。《名公书判清明集·户婚门·取赎》卷九“典主迁延入务”一案颇有代表性。该书载：“在法：‘诸典卖田产，年限已满，业主于务限前取赎，而典主故作迁延占据者，杖一百’。赵端本合照条勘断，且以其年老，封案。兼赵端伪写税领，欺罔官司，其奸狡为尤甚。今不欲并加之罪，且将两项批领当厅毁抹，勒令日下交钱、退业。”

（2）消灭时效及时效的中止。在宋代的民事法律规范中，对时效问题已有较详细的规定。有关取得时效的规定，在所有权取得部分中可见，此处主要就有关消灭时效的内容列述如下：

宋太祖建隆三年（962年），敕曰：“如是典当限外，经三十年后并无文契，及虽执文契，难辨真虚者，不在论理收赎之限，见佃主一任典卖。”[②]

后又于《宋刑统·户婚律》卷十三“典卖指当论竞物业门”中，引用唐长庆二年（822年）八月十五日敕文对收赎期限加以修改：“经二十年以上不论，即不在论理之限。”又《宋会要辑稿·食货一之二十三》载：“如十五年外，不令收赎，今详年限稍远，欲乞限十年内许……限满不赎。从之。”又《名公书判清明集·户婚门·争业下》卷五“侄与出继叔争业”条载：“分财产，满三年而诉不平；又遗嘱满十年而诉者，不得受理。”

从上述材料中，还可以看出，随商品经济的发展、民事流转的加快，时效期限日益缩短这一民法发展的特点，在宋代已有明显的体现。

尤其值得注意的是，至迟至宋，已有了类似今天民法关于时效中止的规定。《宋刑统·户婚律》卷十三“典卖指当论竞物业门”载：“有故，留滞在外者，即与出除在外之年。”

宋代法律还规定：“如出限，许逐人陈诉其经由，官司曲意阻难及迁延时日者，并重寘典宪。”[③] 可见，当时官府对时效问题是较重视的。

3. 债法与契约关系的发展

宋代对债的发生、履行或不履行、债的消灭、债的担保均有具体的法律规定。《庆元条法事类》中还有对抵押权和留置权的规定。宋代流行的契约主要有买卖契约、租赁契约、借

---

① 《宋会要辑稿·食货五之二十八》。
② 《宋刑统·户婚律》，卷十三“典卖指当论竞物业门”，北京，中华书局，1984。
③ 《庆元条法事类·职制门》，影印本，卷十三，“理赏十五”，北京，中国书店，1990。

贷契约等。[①] 其中有关土地的租赁称佃，租佃制是当时法律调整的最重要的债的关系之一。宋初就明定租佃双方应以契约规定租佃关系，佃农被官府登入户籍，称为“编户齐民”。仁宗时曾诏令：佃户起移有一定自由，“不取主人凭由”。但随着土地兼并的加剧，至南宋，佃户对地主的人身依附关系又有所强化。法律对负债出逃者严加稽查，以维护债权人的利益。

（1）债的发生。两宋因契约所生之债占大多数，当然还有其他形式引发的债权，《宋刑统》与《庆元条法事类》在买卖契约的法律规定上，强调双方的“合意”性，对强行签约违背当事人意愿的，要“重寘典宪”。同时维护家长的财产支配权，即“应典卖物业，或指名质举，须是家主尊长对钱主或钱主亲信人，当面署押契贴。或妇女难于面对者，须隔帘亲闻商量，方可成产交易”。

（2）买卖契约。宋代买卖契约分为绝卖、活卖与赊卖三种。绝卖为一般买卖；宋代“活卖”又称典卖，即通过让渡物的使用权收取部分利益而保留回赎权的一种交易方式；赊卖是采取类似商业信用或预付方式，而后收取出卖物的价值。这些重要的交易活动，都须订立书面契约，取得官府承认，才能视为合法有效。

（3）租赁与租佃契约。宋时对房宅的租赁称为“租”“赁”或“僦”。对人畜车马的租赁称为庸、雇。以房屋租赁为例，宋朝法律规定很详细，即所谓“假每人户赁房，免五日为修移之限，以第六日起掠（收房租），并分舍屋间椽、地段、钱数，分月掠、日掠数，立限送纳”。

两宋租佃土地活动十分普遍。地主与佃农签订的租佃土地契约中，必须明定纳租与纳税的条款，或按收成比例收租（分成租），或实行定额租。地主同时要向国家缴纳田赋。若佃农过期不交地租，地主可于每年十月初一到正月三十日向官府投诉，由官府代为索取。

（4）借贷契约。宋代法律因袭唐制，对借与贷作了区分。借指使用借贷，而贷则指消费借贷。当时把不付息的使用借贷称为负债，把付息的消费借贷称为出举。并规定：“（出举者）不得还利为本”，不得超过规定实行高利贷盘剥，以防激化社会矛盾。

4. 婚姻法规

宋承唐律，规定：“男年十五，女年十三以上，并听婚嫁。”违犯成婚年龄的，不准婚嫁。宋律禁止五服以内亲属结婚，但对姑舅两姨兄弟姐妹结婚并不禁止。另外，《宋刑统》还规定：“诸州县官人在任之日，不得共部下百姓交婚，违者虽会赦仍离之。其州上佐以上及县令，于所统属官亦同。其定婚在前，任官居后，及三辅内官门阀相当情愿者，并不在禁限。”

在离婚方面，仍实行唐制“七出”与“三不去”制度，但也有少许变通。例如《宋刑统》规定：夫外出三年不归，六年不通问，准妻改嫁或离婚。但是“妻擅走者徒三年，因而改嫁者流三千里，妾各减一等”。如果夫亡，妻“不守志”者，宋《户令》规定：“若改适（嫁），其见在部曲、奴婢、田宅不得费用。”可见两宋法律严格维护家族财产不得转移的固有传统。

5. 继承法规

两宋法律在继承关系上，有较大的灵活性。除沿袭以往遗产兄弟均分制外，允许在室女享受部分继承财产权，同时承认遗腹子与亲生子享有同样的继承权。至南宋又规定了绝户财产继承的办法。绝户指家无男子承继。绝户立继承人有两种方式：凡“夫亡而妻在”，立继从妻，称“立继”。凡“夫妻俱亡”，立继从其尊长亲属，称为“命继”。继子与绝户之女均

① 参见赵晓耕：《宋代法制研究》，北京，中国政法大学出版社，1994。“民事经济法律规范”部分引文不注明出处者，均参见该书。

享有继承权，但只有在室女（未嫁女）的，在室女享有四分之三的财产继承权，继子享有四分之一的财产继承权；只有出嫁女的（已婚女），出嫁女享有三分之一的财产继承权，继子享有三分之一，另外的三分之一收为官府所有。

6. 禁榷律法

宋代财政匮乏，禁榷是其获取财政收入的重要方法之一。宋代禁榷（专卖）范围有所扩大，除传统的盐、酒、茶外，矾、铁、煤等均被列为禁榷物种。在禁榷律法中，以盐法、茶法、酒法最为重要和完备。盐法是有关盐的煮制、买卖和贩运方面的法律。在中央有三司中的盐铁使，在地方有各产盐地和商埠所设场务专理盐的专卖。其时分为盐的官运、官销和商运、商销两种方式。盐法规定：贩私盐一两，笞四十。但因官盐价高，私贩是禁而不绝。酒法是有关酒的酿制、征税和专卖等方面的律令。宋代称酒的专卖为“榷酤”。酿酒的酒曲由官府垄断，禁民间私造，违反者重至处死。官府严格控制酒的制售且税课繁重。后人评价“历代榷酤，未有如宋之甚者”①。

图 7—4　宋兄弟争财②

三、宋代司法制度

（一）司法机关的发展变化

1. 中央司法机关

（1）大理寺。大理寺是中央审判机关，内设左断刑、右治狱。凡地方各州报请奏谳（复审）及地方官犯罪案件由左断刑负责；凡京师百官案件由右治狱负责。同时还将“审”“判”分开，审讯归断司，用法归议司。③

① （清）赵翼：《陔余丛考·宋元榷酤之重》，北京，中华书局，1984。

② 参见刘昕主编：《中国古版画·人物卷·教化类》，长沙，湖南美术出版社，1998。

③ 参见《宋史·志·卷一百五十四·刑法三》。

（2）刑部。刑部负责大理寺详断的全国死刑已决案件的复核及官员叙复、昭雪等事。神宗改制后，审刑院并入刑部，元丰四年后刑部分设左右曹，左曹负责死刑案件复核，右曹负责官吏犯罪案件的审核。其职能有所扩大，处理有关刑法、狱讼、奏谳、赦宥、叙复等事。

（3）审刑院。审刑院是神宗以前为加强皇帝对诉讼的控制而增设的中央审判机关。设知院事为长官及详议官六人。凡是上奏案件先交审刑院备案，后交大理寺复核，之后再返回审刑院详议并奏请皇帝裁决。①

2. 地方司法机关

地方司法机关中，各路设提点刑狱司，是为中央在各路的司法派出机构。真宗时称提点刑狱公事，仁宗后称提刑司。州设专职司法官司法参军与司理参军，分掌检法议罪和调查侦讯，州长官是主审官。县由知县负责审判，“杖罪以下在县断遣”。地方死刑案件一般由州一级审判，上报路一级转送刑部复核。

（二）诉讼审判制度的特点

（1）宋代皇帝多亲自断案。徽宗时更常以御笔手诏断罪，“变乱旧章”。凡对“御笔断罪”执行不力者，多以“大不恭”论处。此类判决多不依法，更不许诉冤。

（2）重视证据和现场勘验。因重口供定有“翻异别勘”制度。因犯人翻供，所关情节重大，一般换法官审理，称“别推”；若换司法机关审理，则叫“别移”。官府设有专门的勘验官并制有详细的勘验格式，南宋时还颁布了《检验格目》，重视对犯罪现场的勘验和取证，客观上推动了其时法医学的发展。著名的《洗冤集录》等法医学著作的出现，与此有直接关系。

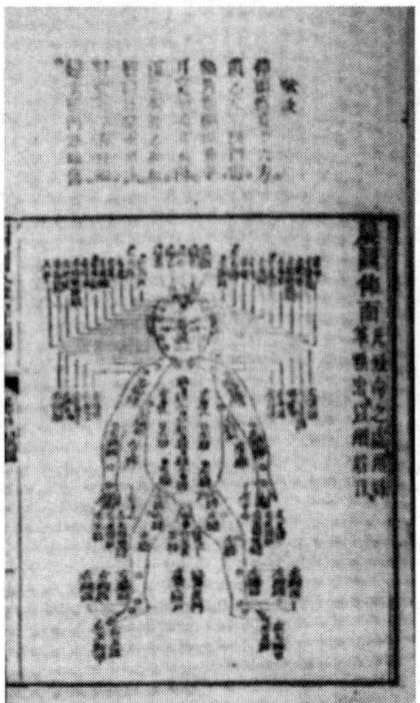

图 7—5 洗冤集录②

（3）宋代对民事诉讼定有明确的时效规定，称“务限法”。对刑事案件，也依案件性质、情节的轻重，定有不同的审结期限，对防止积案，发挥司法职能有积极作用。

（三）审判监督制度的特点

宋代除了审判机构间上下、左右监督外，还设立了较完备的审判监督制度。在中央扩大御史台司法职能，太宗时曾设御史台推勘官，分赴地方审理大案。在地方，提刑司监督州县

① 参见《宋史·志·卷一百五十四·刑法三》。

② 参见李默主编：《中华文明大博览》，“宋辽金夏”，广州，广东旅游出版社，1998。

司法，这成为后世巡按制度的渊源。① 此外，还专门规定有平反冤案及错判案件的“理雪制度”与“推勘院”②。

第二节 元代法律制度

引例 女孩儿折烧埋银

至元二十四年，江西行省据袁州路申：潘七五打死张层八。除犯人因病身死，据合征烧埋银钱钞。责得犯人亲属谢阿扬状供：除伯潘七五生前上有小女一名，及第屋三间、陆田山地一段计二亩七分系兄弟潘七八等四分承管外，别无事产人口头匹。若将前项田产尽数变卖，尚不及数。合无将潘七五小女一名，钦依元奉圣旨事意，给付苦主。乞明降事。省府相度，即是潘七五名下事产变卖，不及合征烧埋钞数，即将潘七五小女孩一名钦奉圣旨事意，就便断付苦主，收管施行。③

一、元代立法概况

蒙古族是中华民族大家庭中极其重要的成员，蒙古民族自古就有许多世代相传的“约孙”（yusun)，它作为蒙古社会的古老习惯，有“理”“道理”等的含义。学者们普遍认为，“约孙”是蒙古法最主要的法律渊源，是蒙古社会起实际作用的“习惯法”④。在关于蒙古早期历史的书籍中，和约孙（yusun）并列的常常是“札撒”（yasa)。“札撒”（yasa）系蒙古语的汉语标音写法，也读作“札撒黑”（yasaqha 或 yasaq)。纵观元代立法的发展演变历程，可以看出：元代立法既受蒙古民族传统法律文化中常一事一例颁布“札撒”的习惯的影响，也受两宋编敕的影响，从中央到地方各级官府都注重以例断案，其基本法律形式以条格、断例为主：条格是由皇帝亲自裁定或由中书省等中央机关颁发给下属官府的政令，主要是有关民事、行政、财政等方面的法规；断例是经皇帝或司法官员所判案例的成例，多属刑事法规。这与中原传统法律文化注重统一律典的特点有很大不同。

（一）“札撒”、《札撒》与《大札撒》

关于“札撒”的语源，学者们的见解小有差别。其最早见于《蒙古秘史》成吉思汗征讨塔塔儿部的记载中：“战前成吉思合罕共议而申令云：若胜敌人，则勿止于利物，既胜之后，其利物即为俺所有矣，可共分之。若被敌人战退，则自初冲之地反攻之，自初冲之地不反攻者，吾其斩之。”⑤ 这里的申令原文为“札撒黑，鸣诂列勒都仑”，旁注为“军法，共说”。

---

① 参见（宋）李焘：《续资治通鉴长编》，卷三九五，北京，中华书局，1985。

② （清）徐松：《宋会要辑稿·刑法三》，缩印本，北京，中华书局，1957。

③ 参见《元典章》，637页，北京，中国书店，1990。

④ 吴海航：《元代法文化研究》，41页，北京，北京师范大学出版社，2000。

⑤ 道润梯步：《新译简注〈蒙古秘史〉》，123页，呼和浩特，内蒙古人民出版社，1979。

“札撒”是“纠正”“治理”之意，其名词形态为“札撒黑”，是“政令”“惩则”之意。由于“札撒”一词的多义，在《史集》等史料中，许多“札撒”是临时性的命令或禁令，它们大部分随着特殊事件的发生而生效、随着事件的结束而自动撤销，而部分具有永久意义的“札撒”经过忽里勒台[①]议定并颁布而具有普遍约束力；在史料中被称为《札撒》，其意义已与针对具体人与具体事的札撒完全不同。通过忽里勒台比较系统地宣布号令，这表明蒙古统治者已经开始通过立法主动地运用法律来组织与管理社会和行为，这是蒙古民族法制史上的一个飞跃。但蒙古帝国这一时期颁布的札撒仍然十分零散。1206 年，铁木真获得“成吉思汗”的尊号后，令失吉忽秃忽做最高断事官，要求他对已有的、现行有效的《札撒》进行系统的收集、整理。其后，成吉思汗还多次颁布《札撒》。成吉思汗死后，窝阔台汗于 1229 年即位，他根据成吉思汗的遗嘱，汇集所有成吉思汗颁布的具有普遍意义的《札撒》，重新加以肯定、明确，称其为《大札撒》。[②]

（二）《条画五章》与《便宜十八事》

成吉思汗在建立蒙古帝国并向金国发动进攻时，开始通过金人接受汉文化的影响。1211年[③]，他接受金朝降将郭宝玉“建国之初，宜颁新令”[④] 的建议，颁布了《条画五章》，规定：出军不得妄杀；刑狱唯重罪处死，其余杂犯量情笞决；军户，蒙古、色目人每丁起一军，汉人有田四顷、人三丁者签一军；年十五以上成丁，六十破老，站户与军户同；民匠限地一顷；僧道无益于国、有损于民者悉行禁止，等等。从这些规定中可以看出：《条画五章》已非常明显地受到汉文化的影响。所以翁独建先生认为：“第一，这是成吉思汗一代颁布有系统的法令条画的唯一明文记载；第二，这一次的条画颁布是蒙古势力南下，与汉文化接触后，蒙元法律汉化的起点。”[⑤]

---

① 忽里勒台，亦作“忽邻勒塔”或“忽里台”，蒙古语为“聚会”“会议”之意，原为蒙古部落议事会，蒙古兴起后成为选举大汗和决定与宣布重大军事行动、分派征伐任务、宣布新定制度的会议。《史集》载：“（1206 年）初春，成吉思汗下令建九脚白旄纛，隆重地召集举行了大忽里勒台。在这次忽里勒台上他获得了‘成吉思汗’的尊号。”（[古波斯] 拉施特主编：《史集》，第 1 卷第 2 分册，余大钧、周建奇译，208 页，北京，商务印书馆，1997）《蒙古秘史》亦载：“既平毡壁之百姓，寅年（1206 年）聚会于斡难河源。建九斿之白纛，奉成吉思合罕以罕号焉。”（道润梯步：《新译简注〈蒙古秘史〉》，221 页，呼和浩特，内蒙古人民出版社，1979）近人译著中多译作“库里尔台”，用来指现代国家的议会或国会。今蒙古国的最高权力机关“国家大呼拉尔”里的“呼拉尔”亦同。

② 对于何为《大扎撒》，学者们意见不一，因而关于其何时形成也各持主张。一种观点认为：《大札撒》是因为它具有法令性质，是统一的蒙古帝国及各汗国共同遵守的，所以被称为《大札撒》。如潘世宪先生等就认为：《札撒》是成吉思汗在 1206 年颁布的、类似于我国历代皇帝的“诏”“敕”等训诫，它具有法令的性质，是统一的蒙古帝国及各汗国共同遵守的法律，所以称《大札撒》（参见徐晓光：《中国少数民族法制史》，177 页，贵阳，贵州民族出版社，2002）。奇格、黄时鉴等认为，成吉思汗《大札撒》是蒙古族第一部成文法典。奇格认为：“成吉思汗正式颁布《大札撒》，是在 1206 年建国时，这是国内外学者一致的看法。”（奇格：《古代蒙古法制史》，32 页，沈阳，辽宁民族出版社，1999。）但翁独建认为：所谓《大札撒》是窝阔台在继承汗位后，把成吉思汗时期通过忽里勒台制定的所有具有法律意义的《札撒》集中编纂起来，并通过忽里勒台的形式加以重申之后才被称为《大札撒》的。这里的“大”的意思，一方面是表示它的全面、完整，另一方面表明它的最高效力。参见翁独建：《蒙元时代的法典编纂》，载《燕京社会科学》，第 1 卷 [1948 (11)]。

③ 关于《条画五章》颁布的时间，各种著述的记载十分混乱，本书取 1211 年。参见魏晓欣：《蒙元〈条画五章〉考论》，载《上饶师范学院学报》，2008 (2)，59～64 页。

④ 《元史·郭宝玉传》。

⑤ 翁独建：《蒙元时代的法典编纂》，载《燕京社会科学》，第 1 卷 [1948 (11)]。关于元朝法制的起点，《元史·刑法志》首先肯定：“元兴，其初未有法守，百司断理狱讼循用金律，颇伤严刻。”蒙元法律实际上并不能简单地归为汉化，相关论述参见王平原：《一枝一叶总关情——蒙元法制的开端与学术社会思潮的演变》，载曾宪义主编：《法律文化研究》，第 2 辑，187～197 页，北京，中国人民大学出版社，2006。

1229年窝阔台继承汗位后，接受深受儒家文化影响的契丹皇族后裔耶律楚材的建议，颁行《便宜十八事》，规定：州县非奉上令敢擅行科差者，罪之；蒙古、回鹘、河西人种地不纳税者，死；监主自盗官物者，死；应犯死罪者，具由申奏待报然后行刑，等等。从《便宜十八事》的内容可以看出，它仍然深深受着蒙古传统法律文化的束缚。总体来说，以《大札撒》为核心的蒙古传统的习惯法令仍是最重要的法律。成吉思汗颁布的一系列命令和法令，在他在位时是蒙古帝国凭借强制力加以保障执行的行为规范，具有绝对权威。在他死后，窝阔台以及其后的汗位继承者又以新的《札撒》的形式，立法明确成吉思汗《大札撒》的法律地位，使其仍然保持着绝对的权威。“祖训不可以违，神器不可以旷。”① 对成吉思汗《大札撒》的熟知与绝对服从已成为各代大汗和皇帝能否取得合法地位的重要依据。在成吉思汗之后继承汗位的窝阔台汗、贵由汗、蒙哥汗，都坚持着“草原主义”文化观，蒙古帝国的政治法律中心仍在漠北地区。

（三）《至元新格》与《风宪宏纲》

随着蒙古对中原内地占领的深入，中原地区在大蒙古国的地位越来越重要。1260年忽必烈宣布继大汗位，在继位诏里明确宣布：“爰当临御之始，宜新弘远之规，祖述变通，正在今日，务施实德，不尚虚文。”② 这表明了其参用中原王朝的传统体制以改变蒙古统治者“武功迭兴，文治多缺”③ 局面的决心。其建元中统，更明确地了强调新政权为中朝正统、“天下一家”的地位。认识到其统治重心已经逐步地移向中原地区，其面对的是拥有悠久历史的农业社会，采用汉法对于稳定与巩固汉文化地区的统治具有不容忽视的作用，忽必烈在中原儒家学者刘秉忠、姚枢、郝经、许衡、王恽等人影响下，加快了对中原传统法律文化的吸收。但是，以《大札撒》为代表的蒙古传统政治法律制度已经扎根于蒙古统治者的思想深处。如何才能既对中原实施有效统治，又能保有北方草原民族长期形成的制度与习惯，成为元初君臣无法回避的一个重大历史课题。郝经顺应形势，提出并论证了“以国朝之成法，援唐宋之故典，参辽金之遗制，设官分职，立政安民，成一王法”④ 的“三法合一”的立法构想，即以大蒙古国建立以来的祖训、札撒为根本依据，援引以唐宋为代表的中国传统法制的精髓，参照元建立之前北方的辽国、金国的各种制度，建立起自己的政治法律制度。实际上，蒙古统治者仍然是徘徊两端，因而元代法制在相当长一段时间未能取得显著的进步。虽然至元八年（1271年）十一月元世祖正式改国号为“元”时即诏令禁止施行金《泰和律》，但元帝国在很长时间里仍未能制定出系统的法典，至元世祖至元二十七年（1290年）乃命中书参知政事何荣祖以公规、治民、御盗、理财等十事辑为一书，名曰《至元新格》，次年刻版颁行。尽管明初的《元史·刑法志》记载为“始定新律，颁之有司，号曰《至元新格》”⑤，但后人多认为其“大致取一时所行事例，编为条格而已，不比附旧律也”⑥，实为“条格”一类的规范，时人并未将其视为正式律典。与之类似的还有《风宪宏纲》。元仁宗（1312—1320年在位）时，“以格例条画有关于风纪者，类集成书，号曰《风宪宏纲》。⑦也就

① 《元典章》，36页，北京，中国书店，1990。

② 《元史·本纪·卷四·世祖纪》。

③ 《元典章》，34页，北京，中国书店，1990。

④ （元）郝经：《陵川文集·立政议》。

⑤⑦ 《历代刑法志》，413页，北京，群众出版社，1988。

⑥ 《新元史·刑法志》。关于《至元新格》的性质，各种记述不尽相同。

是说，这是一部关于纲纪、吏治的专门的监察法规，并非正式的律典。[①]

（四）《通制条格》与《元典章》

蒙古统治者入主中原后，鉴于蒙古部族习惯法已不敷适用，遂一方面循用金《泰和律》，另一方面仿行汉法，参照辽、宋、金制，开始了漫长的立法修律历程。但历经数十年，进展迟缓。至元八年（1271年）十一月，元世祖正式改国号为“元”。为了彰显新朝更始、万象更新的决心，诏令禁止施行金《泰和律》。此前一直发挥着国家统一法典功能的金《泰和律》突然被废置，但新律典没能及时面世，元帝国的法律体系中留下了一时难以填补的巨大空白。这一状况到元英宗至治三年（1323年）才得到改变。这年二月“格例成定，凡二千五百三十九条，内断例七百一十七，条格千一百五十一，诏赦九十四，令类五百七十七，名曰《大元通制》，颁行天下”[②]。至此，有元一代之典《大元通制》最终颁行，它标志着元代的法典基本上定型。《大元通制》大部已佚，今仅存其中的《通制条格》646条以及散见于《元史》（纪、传、志等）与元代政书、类书、文集、笔记中的零星记载，其全貌已难以复原。

《元典章》与《大元通制》几乎同时出现的，它是元代官修《大元圣政国朝典章》的简称，是元朝中期以前法令文书的分类汇编，由地方官吏自行编辑刻印，后由中书省批准在全国颁行。它分前、新两集。前集60卷，计诏令、圣政、朝纲、台纲、吏部、户部、礼部、兵部、刑部、工部10门，373目，每目分若干条格。新集不分卷，体例与前集不尽相同，有国典、朝纲、吏、户、礼、兵、刑、工8门，门下分目，每目分若干条格。其内容包括元世祖（1260年—1294年在位）到元英宗至治二年（1322年）间的诏令、判例和各种典章制度，主要有：关于国家根本制度的政令；关于提高统治效能、加强专政职能的诏令；关于行政制度的规定；关于民事和婚姻方面的规定；关于刑法制度的规定。《刑部》是《元典章》中条格和判例最多的部分，几占全书的1/3，它开创了明、清律例按吏、户、礼、兵、刑、工六部分类的体例。

二、元代法律主要内容特点

蒙元时期法制发展曲折、反复，其原因很多，如战争频繁、宫廷内争以及不同地域的社会、经济发展不平衡等，但从根本上来讲，是蒙古民族与汉族不同的法律文化传统所造成的。蒙古统治者自幼受其所属的游牧文化影响，像忽必烈这样深受汉文化影响的皇帝都时常在“祖述”与“附会汉法”之间摇摆不定，更不用说其他蒙古统治者了。因此，元代法律的内容呈现出若干与其他历史时期明显不同的特点：

首先，终元之世，《大札撒》一直是最高法律规范。因长期受到中原法文化影响和熏陶，蒙古统治者最终制定了作为有元一代制法的律典——《大元通制》等法典，但他们并没有废除《大札撒》，而是仍然奉《大札撒》为最高的法律规范。蒙古统治者依靠掌握着政权的强大优势，通过《大元通制》等新定法律，把《大札撒》所确立的一些基本法律制度推向了中原地区，如元代刑罚制度中以“七”为尾数的笞、杖刑制度，关于“偷头口”（盗窃大牲畜）偷一赔九的制度等。《大元通制》的一些条款更是明确规定了“札撒”的法律效力，如《大元通制条格·军防》的“看守仓库”条就明确规定：“如是库司勾当并支纳人员出库，仰沿身子细搜寻，但有隐藏官物，即便捉拿解赴省部，照依扎撒处断。”[③] 可以肯定地说，整个

---

① 参见曾代伟：《〈大元通制〉渊源考辨》，载《现代法学》，2003（1），20页。

② 《元史·本纪·卷二十八·英宗二》。

③ 郭成伟点校：《大元通制条格》，124页，北京，法律出版社，2000。

元朝，《大札撒》的效力至高无上，只是由于《大札撒》主要适用于战争时期，由于和平时期条件的变化，再加之它的很大一部分内容又在制定法典的过程中转化成了法典的具体规定，因而直接适用它的情况越来越少。

其次，以法律维护民族间的不平等。蒙古贵族将其统治下的臣民分为蒙古人、色目人（西夏及回回人）、汉人和南人（原南宋统治地区的民众）四等，位于不同等级的人享有不同的社会、政治待遇；同时在定罪量刑上也实行差别对待，分别由不同的司法机构进行审理，同罪异罚；此外，还维护僧侣的特权和农奴制残余。

最后，元代既承袭了唐宋以来中原传统法律的一些基本制度，又包含了许多具有蒙古法文化特色的制度。蒙古贵族统治者在受其他文化影响地区建立起统治秩序后，明确规定在许多情况下都可以援引“旧例”，继续适用先前在各个不同法文化圈内通行的一些制度。在统治中原地区之后，它没有中断传统中华法系的发展进程，而是承袭了唐宋以来中原传统法律的基本制度，如五刑、十恶、八议等，从而使中国传统法制继续发展演变。与此同时，它还根据蒙古民族的法律文化传统，确定了许多汉民族法律文化没有或不曾注重的制度，如在刑罚制度中，把隋唐以来的以十为尾数的笞杖刑改为以七为尾数，笞刑自笞七至笞五十七共6等，杖刑自杖六十七至杖一百零七共五等；徒刑自一年至三年分为五等，每半年为一等，皆分别加杖六十七至一百零七；流刑分三等，分别为二千里、二千五百里和三千里，实行“南人迁于辽阳迤北之地，北人迁于南方湖广之乡”①；死刑也与前代有了较大区别，有斩、凌迟二等而无绞刑。元代还规定：对于杀人者，除处刑罚外，“仍于家属征烧埋银五十两给苦主”②；如果杀人者因遇大赦而免罪，则还要加倍征收烧埋银，以给予受害者补偿与慰藉。元代的警迹人制度也是一项重要的制度，它是针对强盗犯人的保安处分，即将犯人发付原籍登记，令邻居监督其行止，五年不犯者除籍，再犯则终身拘籍。

总之，元代少数民族传统法文化虽然受到源远流长的华夏法文化的强烈影响，但仍然顽强地固守着自己的领地，凭借本民族在国家政权中占据统治地位的优势，对国家的立法建制乃至整个社会生活发挥着影响，使其法制呈现出多元化的色彩。“正是这些富于多元化特色的法制融入，为儒家思想束缚下步履蹒跚的中国法制不断注入新的活力，才使中国古代立法建制创造出世人注目的辉煌，中华法系才会具有如此巨大的魅力而跻身于世界大法系之列。”③

三、元代司法制度

（一）元代司法机关

1. 中央司法机关

元代中央司法机关设刑部、大宗正府、御史台和宣政院，各部长官皆由蒙古人担任，分别行使不同的司法职能。

刑部“掌天下刑名法律之政令”④及冤、疑案的复审和死刑复核、录囚等职责。元代的刑部属中书省机构，虽仿唐宋制度而建立，但其职能较以前的刑部为宽。因为元代不设大理寺，大理寺的职能也有相当部分归属刑部。

大宗正府由蒙古帝国初期的札鲁忽赤（意译为“断事官”）演变而来，审理蒙古人、色

---

① 《元史·志·卷五十五·刑法一》。

② 《元史·志·卷五十八·刑法四》。

③ 曾代伟：《金律研究》，“绪论”，2页，成都，四川民族出版社，1995。

④ 《元史·志·卷三十八·百官一》。

目人和皇帝宗室的案件，是专门为蒙古人、色目人等设立，由蒙古王公贵族垄断的中央审判机关。

御史台是中央的司法监督机关，负有纠举百官违法犯罪、监督京师与地方刑狱、平反冤狱等职能。

宣政院是元代最高的宗教管理和宗教审判机关，其官员由僧侣担任。

2. 地方司法机关

元代仍然实行地方行政兼理司法制度，但有自己的特色。元代的地方设有行省、路、府、州、县等地方行政机构。行省原是临时性的派出机构，忽必烈于1260年继位后陆续设立，各行省亦设有断事官。元朝统一全国后，行省逐渐形成一级地方行政机构，各行省亦由断事官改设理问所，专行审理刑狱的职能。各地方路、府、州、县则设达鲁花赤（意译为“掌印者”），由蒙古人担任，直接断案，杖罪以下可以自行断决，徒刑以上则须经路申奏刑部。

元代地方还有中央机关的派出机构，主要是行御史台和行宣政院。元代中央的御史台分为内台与中台掌管监察，在地方则设有南台和西台作为其派出机构。南台主要是监临东南诸省的江南诸道行御史台，西台是设在陕、甘、滇、蜀地区的陕西诸道行御史台。在中台和行台之下，元代还设有二十二道监察区，每个监察区都设有肃政廉访司，由此形成一个从上至下、独立的网络。行宣政院是宣政院在各个地方设立的派出机构，其长官由僧侣担任，形成了一个宗教与世俗权力并行的特殊司法体系。地方僧侣之间的案件由地方长官与有关寺院主持。僧侣与民人涉诉案件，除奸盗、诈伪、人命等重案外，可由地方长官审理，其他刑、民事案件，地方官不得擅断。这样，宣政院也成为一个与一般司法部门完全不同的、从上到下自成体系的司法机关。

（二）元代的死刑审判与复奏制度

总体来说，元代基本承袭了唐宋以来的司法审判制度。但多元法文化的交融与碰撞，在元代司法诉讼诉讼制度中也有明显的体现，尤其在死刑的适用及执行等程序上，蒙古传统法律文化与中原传统法律文化的冲突表现得十分激烈。①

1. “屠城”之制

“屠城”，在蒙古部落对外征伐过程中具有悠久的历史。12世纪的蒙古部落仍处在以畜牧业为生的草原部落时代，他们只图表面上让敌人臣服，杀掉所有他们认为是敌人的人，而不懂得如何利用丰富的劳动力和城市现存的物质条件去巩固其政权，进行对外扩张。成吉思汗建立国家后，大肆对外扩张。蒙古统治者每攻占一地，就把财产掠夺一空，把掳来的人民充作奴隶，“凡抗拒他的帝王、君主、城镇长官，成吉思汗统统予以消灭，连他的家人、部下、族属和百姓亦无豁免；因此，毫不夸张说，原有十万人口的地方，所余的活人不足一百。”② 这种屠城之制严重地破坏了社会生产力，因而它最终必然会受到挑战而不得不改弦更张。元太祖1211年颁布的《条画五章》就明确规定“出军不得妄杀”。虽然这里轻描淡写用了“妄杀”一词，但它本质上反映的是游牧文化与农耕文化两种不同文化观的冲突。事实上，屠城并非前线指挥官或兵士个别的行为，不是“妄杀”，而是那一时期蒙古人所认为天

① 参见王平原：《屠城、妄杀与死刑奏报——论蒙元时期死刑文化的转化》，载《山东警察学院学报》，2008（1），45～52页。

② ［伊朗］志费尼著，何高济译，翁独建校订：《世界征服者史》（上），28页，呼和浩特，内蒙古人民出版社，1981。

经地义的事。成吉思汗就明确地说："镇压叛乱者、战胜敌人，将他们连根铲除，夺取他们的一切；使他们的已婚妇女号哭、流泪，骑乘他们的后背平滑的骏马，将他们的美貌的后妃的腹部当作睡衣和垫子，注视着她们的玫瑰色的面颊并亲吻着，吮她们的乳头色的甜蜜的嘴唇，这才是男子汉（最大）的乐趣。"① 屠城制度是蒙古帝国当时所采取的一种炫耀暴力、宣泄征服欲望的重要方式。1215年，成吉思汗率领蒙古大军进入金朝首都燕京（今北京）城后，屠杀居民，抢掠财物，烧毁宫殿，对北京城进行了大规模的破坏。这说明成吉思汗仅仅通过《条画五章》对个人行为性质的"妄杀"加以禁止，而没有彻底停止有组织的、大规模的、集体的屠城行动。因为"妄杀"仅仅是一个是否遵守纪律与法律的问题，而"屠城"则意味着是一种文化的转变。

"生活在草原上的蒙古人，习惯于用集体屠杀或将之聚集在自己的战旗之下的方法来对待战败的敌人。然而，在定居国家，尤其是人口众多的中国，屠杀很少起到作用，因为总有更多的居民迁来填夷平之地。"② 成吉思汗征服东方的难度确实远比在西方大。1211年成吉思汗进攻金朝，1234年他的继任者才胜利结束了这场战争。究其原因，人口众多只是其中的一个因素，更主要的则在于，成吉思汗在西方所征讨的多是刚刚进入农耕社会或还处在草原游牧社会或正处于过渡阶段的部落或民族，他们的定居生活进程才刚刚开始，其对城市的向往与忠贞度较东方的金与宋相差很远。金朝虽然建立时间不长，但其汉化的速度惊人，尤其是他们作为统治者进入中原地区以后，在农业定居生活方面已经和汉族相差无几，因而他们对城市宫殿与村镇房舍的忠贞和向往较蒙古帝国西方的部族与民族强烈得多，对定居生活所形成的社会共同体的认同感也要强烈得多，由此激起的对蒙古贵族统治者屠城行为的反抗也要激烈得多。

当然，蒙古统治者在向东发展时，其军事政治政策也在逐渐变化。认识到"夺地保民"的重要，他们开始主动地纠正过度杀戮的做法，不仅大规模的杀戮有所收敛，而且开始对农耕城镇进行保留，以征取赋税。这种变化连蒙古帝国的敌人——金朝的统治集团——都注意到了。1222年6月，金晋阳公郭文振在给朝廷的奏章中说："河朔受兵有年矣，向皆秋来春去。今已盛暑不回，且不嗜戕杀，恣民耕稼，此殆不可测也。"③ 1232年，蒙古军队进攻汴京，遇到了金人的顽强抵抗，损失惨重。这使攻城的大将速不台很是恼火，在进城之前他特地派人来请示元太宗，要求在攻城之后"屠城"，因为，"国制，凡敌人拒命，矢石一发，则杀无赦"④。事实上，这是一个涉及蒙古帝国的草原文化传统与中原的农耕文化传统冲突的问题，许多蒙古贵族并不知道农耕文化所具有的优势，认为天底下最好的就是放牧，因而元太宗的近臣别迭等就曾建议："汉人无补于国，可悉空其人，以为牧地。"⑤ 这个建议当即受到深受中原农耕文化影响的大臣耶律楚材的反对，他说"将士暴露数十年，所欲者土地人民尔，得地无民，将焉用之？……'奇巧之工、厚藏之家，皆萃于此，尽杀之，将无所获。'"⑥ 于是，元太宗诏令除完颜氏外，其余人皆不问罪，全城始得保全。由此在最高统治层面树立了一个放弃"屠城"传统的先例。在这之前，有组织的"屠城"是合法的，"国家

① ［波斯］拉施特主编，余大钧、周建奇译：《史集》，第1卷第2分册，362页，北京，商务印书馆，1983。

② ［法］勒内·格鲁塞著，黎荔、冯京瑶、李丹丹译：《草原帝国》，193页，北京，国际文化出版公司，2003。

③ 《续资治通鉴·宋纪·宋纪一百六十二》。

④ （元）苏天爵辑撰，姚景安点校：《元朝名臣事略》，卷五之一，《中书耶律文正王》，78页，北京，中华书局，1996。

⑤⑥ 《元史·列传·卷三十三·耶律楚材》。

为制，城拔必屠”[①]，只是没有得到命令的“妄杀”才是被禁止的。而在此后，“屠城”的合法性被挑战，它也逐渐被纳入了“妄杀”的范畴，这为“屠城”的最终消失奠定了基础。自此以后，攻下城镇后仍大肆杀戮的现象虽没有完全禁绝，但此时的屠杀已不具有合法性而真正成为个别将领的“妄杀”。1276年南宋赵氏孤儿寡母献出降表玉玺之后，伯颜发布命令严禁军士进入杭州城，违者以军法处置。“令下，民大悦”[②]，“屠城”之制基本得到控制。

2. 元代死刑的审判与复奏制度的确立

成吉思汗建立蒙古国时期，蒙古社会正处于从氏族制向贵族专制制度转化的时期，“太祖皇帝初起北方时节，哥哥弟弟商量定：取天下了呵，各分地土，共享宝贵”[③]。成吉思汗把整个国家看作是他父亲也速该家族的共同财产，采用分封制，把土地和人口分给其亲属、有功的将领以及来归顺的部落首领，这些人就取得对其所得的土地、人口甚至军队的所有权。这种“裂土分民”的分封世袭制度在蒙古贵族入主中原后仍然广泛地实行着。各诸王功臣自己发布令旨，任命官吏，自立捐税，并享有司法权力。现存的三十余条成吉思汗《大札撒》中，涉及刑杀的几近一半。因而，在《大札撒》所建立的刑罚体系中，“起主要作用的是死刑”[④]。这与《大札撒》军事法律规范与刑事法律规范合一的特征密不可分。《大札撒》大量适用死刑，对其程序却规定得较少，只是重大的刑事案件尤其是涉及高官与大将的案件，才通常由蒙古大汗所委派的断事官和其他官员组成审判团来加以审判，最后由大汗亲自批准处以死刑。这种集体审判制度或多或少地成为日后元朝司法审判制度中的“约会制”的嚆矢。而对于其他死刑案件，仍是由其他官吏处理。

蒙古统治者较早制定的《条画五章》仅仅规定了“出军不得妄杀，刑狱唯重罪处死”，但对具体的审判执行程序没有作出规定，因此出现了“所在长吏，皆自得专生杀，少有忤意，则刀锯随之，至有全室被戮，襁褓无遗者，而彼州此郡，动辄兴兵相攻……”[⑤] 的状况。为此，耶律楚材含泪入奏，要求州郡没有皇帝的命令不得随意征发，应当处死的案件必须报告。这之后，贪暴之风才稍有收敛。窝阔台继承汗位后，又再次重申：“应犯死罪者，具由申奏待报，然后行刑。”[⑥] 从立法的角度讲，死刑奏报的制度已经初步确立，但其实际施行情况被大打折扣，据载：元宪宗时，元世祖在潜邸，驻跸桓、抚二州。燕京断事官牙鲁瓦赤与卜只儿等，一日杀二十八人。其中一人盗马者，已杖而释之。有献环刀者，乃追还杖者，均手试刀斩之。[⑦]

死刑奏报制度在中原王朝传统法制体系中是体现封建君主专制和仁政的一项重要内容。1260年忽必烈登上皇帝宝座后，死刑的奏报制度成为忽必烈变革的一项重要内容。他在建元诏书中对死刑的审判和奏报作了明确规定：“凡犯罪至死者，如府州审问狱成，便行处断，则死者不可复生，断者不可复续。案牍繁冗，须臾断决，万一差误，人命至重，悔将何及。

① 姚燧：《湖广行省左丞相神道碑》，载（元）苏天爵编：《元文类》，卷五十九，774页，上海，上海古籍出版社，1993。

② 《元史·本纪·卷九·世祖六》。

③ 《元典章·吏部·改正投下达鲁花赤》，载《元典章》，141页，北京，中国书店，1990。

④ 贝烈津：《成吉思汗的“札撒”》，载《蒙古史研究参考资料》，1981（5）。转引自奇格：《古代蒙古法制史》，43页，沈阳，辽宁人民出版社，1999。

⑤ （元）苏天爵辑撰，姚景安点校：《元朝名臣事略》，卷五之一，《中书耶律文正王》，76页，北京，中华书局，1996。

⑥ 《元史·列传·卷三十三·耶律楚材》。

⑦ 参见《元史·本纪·卷四·世祖一》。

朕实哀之。今后凡有死刑，仰所在有司推问得实，具情事始末及断定招款，申宣抚司再行审复无疑，呈中书省奏闻，待报处决。”① 这对死刑的审判与复核作了明确的规定：官吏有权对犯罪事实进行审理，但无下达判决的权力，只能将事情始末和判决所应根据的法令条款一并上报宣抚司，宣抚司审查无误后再呈报中书省，由中书省再上奏皇帝（大汗），待皇帝下达命令后才能执行死刑。可见，其程序已具备汉唐以来中原法律传统中的死刑判决程序的大致轮廓。随后，又颁布了一系列关于死刑判决程序的诏令，对死刑的奏报制度加以了特别关注。忽必烈反复重申死刑覆奏，废除蒙古王公贵族及地方诸侯“自专生杀”的传统习惯，坚持把死刑最高司法权收归中央。从前列史料中可以看出，这项改革遭到强烈的挑战，各种势力多次要求下放死刑的处置权，但忽必烈基本坚持了慎刑的原则，并逐渐把死刑复奏制度细化。

应当看到，和唐代相比较，元代的死刑核准与复奏制度要粗略、简单得多，只靠皇帝、政府陆续颁行的一些条格、法令和条画来应急，缺乏系统性与周密性，临时性、随意性较大。如忽必烈曾于至元二年（1265 年）颁布诏令，明确宣布：“军中犯法，不得擅自诛戮，罪轻断遣，重者闻奏”。到至元十二年（1275 年）时，他又同意中书省的建议，下诏：“今后杀人者死，问罪状已白，不必待时，宜即行刑！”② 这实际是对死刑奏报制度的否定。

【问题与思考】

1. 赁人屋而自起造案

“李茂森赁人店舍，不待文约之立，不取主人之命，而遽行撤旧立新，固不无专擅之罪。但自去年十月初兴工，至今年三月末讫事，历时如此其久，蒋邦先岂不知之？若以为不可，则当不俟终日而讼之于官矣，何为及今而始有词？况当其告成之后，又尝有笔贴（帖），令其以起造费用之数见谕。以此观之，则是必已有前定之言矣，不然，则李茂森非甚愚无知之人，岂肯贸然捐金縻粟，为他人作事哉！词讼之兴，要不为此，必是见李茂森具数太多，其间必不能一一皆实，所以兴讼以邀之，其意不过欲勒其裁减钱数耳，非果欲除毁其屋也。小人奸状，有何难见，两家既是亲戚，岂宜为小失大，押下本厢，唤邻里从公劝和，务要两平，不得偏党。”③

结合本案理解宋代租赁契约中当事人双方的权利义务以及宋代解决此类经济纠纷时所反映出的情理法相结合的法律思想。

2. 兄弟一贫一富拈阄立嗣案

“叶秀发无子，本县援经据法，谓孙与吴皆异姓，不应立，只当于同宗昭穆相当者求之，可谓名正言顺。若论昭穆相当，则容之、诚之皆秀发堂弟，而容之子慧孙、诚之子寄孙皆可立也。今乃各以其子争欲立为秀发后，容之谓已立慧孙三年，诚之亦谓立寄孙三年。但其亲兄瑞之亦无后，容之谓寄孙系已立为瑞之之子，诚之亦谓慧孙系已立为瑞之之子。二说交驰，争欲以其子为秀发后，而不愿为瑞之后。及详其母孙氏供，初不曾经官府除附，则是所立本无定议，明矣。大义所在，亲兄瑞之之无后，重于堂兄秀发之无后，舍亲就疏，此其意为义乎？为利乎？盖秀发生理颇裕，瑞之家道侵微，容之、诚之徇利忘义，遂阋于墙而不顾，讼于官而不耻，甚至诬其母以偏受（爱），人情至此大不美。官司若不早与平心区处，非特瑞之、秀发身后俱失所托，而容、诚手足之义，参商益深，甚非所以慰母

① 《新元史・志・卷六十九・刑法上》。
② 《元史・本纪・卷八・世祖五》。
③ 《名公书判清明集》，卷九《户婚门・赁屋》，北京，中华书局，1961。

心而厚风俗也。欲唤上容之、谕之，当厅以慧、寄二名焚香拈阄，断之以天，以一人为瑞之嗣，以一人为秀发嗣，庶几人谋自息，天理自明，存亡继绝，安老怀少，生死皆可无憾。”①

结合本案理解宋代有关继承的相关法制及其在当时社会中的实际适用状况。

3. 收继婶母案

“大德八年五月，中书省枢密院呈：蒙古军驱王火你赤病故，其妻张秀儿守服六年，有本使菊米娘子将秀儿强要配与火你赤亲侄王保儿为妻。礼部议得：王火你赤妻张秀儿服制已满，其侄王保儿欲行收继，虽系蒙古军驱，终是有姓汉人，侄收婶母，浊乱大伦，拟合禁止。省准。”②

“元代对民法婚姻解除的规定，尤能脱出旧日法典传统的‘七出’规定的窠臼，即今日之大理院最进步的一些判例，也不过如此。”③ 通过本例“收继婚”了解二元法律文化背景下的元代法制的特征。

4. 因奸药死亲夫案

“至大元年七月，大宗正府蒙古文字译：真定路古城县康满仙与房兄康羊马奸，药死其夫王黑厮，康羊马在禁身死，康满仙游街棒死。元问官县尹冀聪不用心穷问，及诸情节粘连在前。中书下刑部议：照得县尹冀聪元检王黑厮系作药死定验，却仰仵作行人赵进改作不系药死，暨真定路照勘康满仙药死其夫，奸康羊马，卖药人田成招证皆明，罪已断遣。据冀聪所犯，系在革前，合解见任，期年别行求仕。都省议：解见任，别行求仕。”④

元代诉讼制度，制定了具体的作为勘验技术规范的“检尸法式”，通过本案例了解元代关于勘验方面的法律规定。

---

① 《名公书判清明集》，卷七《户婚门·立继》，北京，中华书局，1961。

② 郭成伟点校：《大元通制条格》，42页，北京，法律出版社，2000。

③ 杨鸿烈：《中国法律发达史》（下），682页，上海，上海书店出版社，1990。

④ 《大元尸检记》。转引自黄时鉴辑点：《元代法律资料辑存》，105页，杭州，浙江古籍出版社，1988。

第八章
明代的法律制度

参考文献

1. 杨一凡．明大诰研究．南京：江苏人民出版社，1988
2. ［日］滋贺秀三等．明清时期的民事审判与民间契约．北京：法律出版社，1998
3. 怀效锋．明清法制初探．北京：法律出版社，1999
4. （清）薛允升．唐明律合编．北京：法律出版社，1997
5. 黄仁宇．万历十五年．北京：中华书局，1982
6. 何力编著．明清名案．福州：福建人民出版社，1989
7. （明）雷梦麟．读律琐言．怀效锋校．北京：法律出版社，1999
8. 吴晗．吴晗史学论著选集．北京：人民出版社，1984
9. 张晋藩主编．中国法制通史．第7卷．北京：法律出版社，1999
10. （清）顾炎武．日知录．上海：上海古籍出版社，1985

参考法规

1. 怀效锋校．大明律．北京：法律出版社，1999
2. 杨一凡校．明大诰点校本．见：杨一凡．明大诰研究．南京：江苏人民出版社，1988．附录

第一节　明代立法思想与立法概况

一、立法思想——从德主刑辅到明刑弼教的转变

（一）“明刑弼教”的立法指导原则

“明刑弼教”一词最早见于《尚书·虞书·大禹谟》“明于五刑，以弼五教”之语。宋以前论及“明刑弼教”，多将其附于“德主刑辅”之后，其着眼点仍是“大德小刑”和“先教后刑”。宋代以降，在处理德、刑关系上始有突破。著名理学家朱熹首先对“明刑弼教”作了新的阐释。他有意提高了礼、刑关系中刑的地位，说“礼字，法字实（是）理字”①；认为礼、法均是理的体现，二者对治国同等重要，绝“不可偏废”。又从“礼法合一”角度对“明刑弼教”进一步说明：“故圣人之治，为之教以明之，为之刑以弼之，虽其所施或先或后，或缓或急，而其叮咛深切之意，未尝不在乎此也。”②

与前代儒家学说不同的是，他强调刑与教的实施可“或先或后”，“或缓或急”。经此一说，刑与德的关系不再是“德主刑辅”中的“从属”“主次”关系，德对刑不再有制约作用，而只是刑罚的目的，刑罚也不必拘泥于“先教后刑”的框框，而可以“先刑后教”行事。这看来小小的变通之义，却意味着中国封建法制指导原则沿着德主刑辅、礼法合一、明刑弼教的发展轨道，进入到了一个新的阶段，并对明清两代法律实施的方法、发展方向和发挥的社会作用产生了深刻影响。

图 8—1　朱元璋像

（二）“重典治国”的司法指导思想

由于“明刑弼教”主张在处理德、刑关系上，可使统治者根据形势与本身利益需要，在重刑罚还是重教化的道德问题上，有充分选择的余地，所以，它被奉行“重典治国”的朱元璋视为明初立法、司法的重要原则。如果说朱熹还只是在理论上为“明刑弼教”原则的贯彻开辟了道路，朱元璋则是从理论与实践的结合上把此原则推向了新的高度。“重典治国”在“明刑弼教”作为其理论和伦理基础的前提下，成了明初司法的具体指导思想。

二、立法概况与法律形式——礼、律之间的权衡

（一）《大明律》的制定与颁行

1. 吴元年《大明律》。鉴于元末法制“条格繁冗”“其害不胜”的教训，朱元璋曾说：“夫法度者，朝廷所以治天下也。”③ 因此早在吴元年（1367年）就命左相国李善长等草创律令，编律 285 条、令 145 条，到吴元年十二月“甲寅，律令成，命颁行之”。这是最早拟定颁行的明代法律（《大明律》）。

---

① （宋）朱熹：《朱文公文集·答吕子约》，卷四十八，“四部备要”本。

② 《朱文公文集·戊申廷和奏札一》，卷十四。

③ 《明太祖实录》，卷一一六，载《明实录》，1961 年“台湾研究院”历史语言研究所以北京图书馆藏明内阁副本缩微胶卷影印本。

2. 洪武六年《大明律》。到了洪武六年（1368年）冬又详定《大明律》，次年二月书成，其“篇目一准之于唐……合六百有六条，分为三十卷”。仿《唐律》12篇体例，名例律置于最后，内容繁于唐律。经朱元璋“亲加裁酌”后颁布。

3. 洪武二十二年《大明律》。以后又因条例“增损不一”和洪武十二年（1374年）废中书省、宰相，于二十二年“更定大明律”。以名例一篇冠首，其下按六部改为吏、户、礼、兵、刑、工六律[①]，共30卷、460条。隋唐以降（元代例外）沿袭八百年的法典结构至此一变。基本条款仍同唐律，只是明律“轻其轻罪，重其重罪”。在立法技术上较唐更为精细，体例也更趋完备和科学。

4. 洪武三十年《大明律》。到了洪武三十年（1397年）最后完成了《大明律诰》，“刊布中外，令天下知所遵守”。

明律从初创到定型，历时三十多年，表明了统治者对立法的积极与慎重态度。

（二）《御制大诰》的颁行

朱元璋以明初乱世和“民不从教”为口实[②]，仿周公东征殷顽时训诫臣民的书面文告——“诰”，制定了所谓《大诰》。《明大诰》是以判例形式出现的，带有特别法性质的重刑法令，是律外之法。《明大诰》共4编，于洪武十八年至二十年之间（1385—1387年）颁行，共236条。“明刑弼教”是其颁行《大诰》的重要指导思想。《大诰》是明前期《大明律》之外最重要的法律。它以案例形式出现，也起到了宣传法制的作用。

大诰比之明律新增了许多禁令、罪名，且处刑多重于明律，手段残忍。大诰偏重于惩治贪官与豪强，如《大诰续编》中87条，事涉贪官豪强的就占七十余条。

朱元璋非常看重他亲手所定的《大诰》，在颁行时宣言：“一切官民诸色人等，户户有此一本，若犯笞、杖、徒、流罪名，每减一等；无者各加一等。”[③] 朱元璋在洪武三十年（1397年）五月下诏“今后法司只依律与大诰议罪”，并令各级学校讲授大诰，科举考大诰，乡民集会宣讲大诰等。[④]

在中国法制史上，《明大诰》以其别致的编纂体例、赤裸裸的明刑弼教思想、酷烈的律外用刑和以重典整饬吏治而著称于世，朱元璋为推行《明大诰》所采取的一系列非常性措施，也多是前无古人的。[⑤] 载于《明大诰》的阻当耆民赴京案处罚之严酷就说明了这点[⑥]：洪武十九年（1386年）三月二十九日，嘉定县百姓郭玄二等两人，手里拿着《明大诰》上京控告，告发本县弓兵杨凤春等人欺压民众。他俩经淳化镇的时候，镇上的巡检何添观故意刁难，弓兵马德旺也借机敲诈，假装说派人送他俩来京，索取贿赂。处理的结果是除了将各人拘押送本处之外，将弓兵马德旺依照以前颁布的《大诰》施行诛杀、将首级悬挂示众，将巡检何添观处斩双脚、枷号示众。该案中，地方官吏对手持《大诰》上京控告的百姓刁难、敲诈，首先是漠视了《大诰》的权威，因为当时规定，对于持《大诰》进京者，无须路引，关津得一律放行，不许留难。试想挑战一个统治者极力想让臣民服从的规则，其后果是不言而喻的；其次，此种官吏犯罪正是明初重点打击的对象，对于那些掌管钱粮的就盗钱粮、掌

---

① 元代的《元典章》已有此编纂体例。

② 《明史·刑法志》卷九十三：“太祖患民狃元习，徇私灭公，戾日滋”。

③ 《大诰·颁行大诰第四十七》，故宫博物院图书馆藏本。

④ 参见刘三吾：《大诰三编后续》：“载劳圣虑，条画成书，颁示中外臣民，家传人诵，否则罪之。”（故宫博物院图书馆藏本。）

⑤ 参见杨一凡：《明大诰研究》，6页，南京，江苏人民出版社，1988。

⑥ 参见《御制大诰续编·阻当耆民赴京第六十七》。

管刑名的就出入刑名的官员，朱元璋的态度就是“此等官吏，果可容乎！”[①] 因此，最后的处理结果是弓兵马德旺被施行诛杀、将首级悬挂示众，巡检何添观被处斩双脚、枷号示众也就不足为怪了。

（三）“例”的编修

太祖在颁行《大明律》时曾言：“令子孙守之。群臣有稍议更改，即坐以变乱祖制之罪。”

但律书所载有限，犯罪情状无穷，囿于“祖制”，为防“法外遗奸”和力求“情罪无遗”，遂据“一时权宜”定有不少的例。

1.《钦定律诰条例》。还在洪武三十年（1397年）五月，就曾订《钦定律诰条例》共147条，均属死罪规定，用以补律之不足，此后《大诰》不再援用。

2.《问刑条例》。百年之后的孝宗弘治五年（1492年），因前朝条例纷繁，法司问刑多有轻重失宜，加之临事奏报“取自上裁”的例，在司法中作用愈益显重，有刑部尚书彭韶等应鸿胪寺少卿李隧的奏请，删定《问刑条例》，弘治十三年（1500年）钦命三法司及卿等，将历年有关问刑方面条例“经久可行者”297条议定，作为常法与律并行。

3.《充军条例》。《充军条例》太祖时已颁有22条，皆律所不载。明代减死之刑以充军最重。《大明律》中充军罪有46条，均重于前代。刑部尚书舒化等纂辑嘉靖三十四年（1555年）以后诏令，及《宗藩军政条例》《捕盗条格》《漕运议单》中与刑名相关部分，编例382条，作为明律正文的附注，形成了今日我们所见到的《明律集解附例》。

（四）《大明会典》的编纂

《大明会典》仿《唐六典》体例，内容远比《唐六典》充实。英宗正统年间始编纂，孝宗弘治十年（1497年）敕分馆编辑，至十五年（1502年）成书，共180卷。称其将开国百多年典制“足法万世者，荟粹无遗”[②]。但未及颁行。以后武、世、神宗三朝相继重修，并分别颁行。现存有正德、万历年间《会典》，其体例“以本朝官职制度为纲”，有关各职的历朝律令典籍（所谓“祖宗旧制”）规范和历代损益之事分载于后，使“官领其事，事归于职，以备一代之制”，对于调整政权机关的行政活动有重要作用。《大明会典》由于汇集了明代法令典章，故也具有法规大全的性质。

第二节　明代法律内容的发展及其特点

引例　胡惟庸案[③]

胡惟庸案起于明洪武十三年（1380年），终于二十五年（1402年）。明初，朱元璋对丞相胡惟庸专权擅政、结党营私、骄横跋扈的举动极为不满，采取种种方式对其限制。洪武十三年正月，有人上书告胡惟庸谋反，朱元璋遂以“枉法诬贤”“蠹害政治”等罪名，将胡惟庸和涂节、陈宁等处死。胡惟庸死后，

---

① 《大诰初编·造册科敛第五十四》。

② 《大明会典·御制明会典序》。

③ 参见《明史·列传·卷一百九十六·奸臣·胡惟庸》。

其谋反“罪状”逐渐暴露。朱元璋肃清谋反的党羽，株连杀戮者达3万余人。前后延续达10年之久，朱元璋并作《昭示奸党录》通告天下。因“胡党”而受株连至死或已死而追夺爵除的开国功臣有李善长、南雄侯赵庸、荥阳侯郑遇春、永嘉侯朱亮祖等1公、21侯。胡惟庸被杀后，朱元璋遂罢丞相，革中书省，并严格规定嗣君不得再立丞相；臣下敢有奏请说立者，处以重刑。丞相废除后，其事由六部分理，皇帝拥有至高无上的权力，中央集权得到进一步加强。明代史籍中关于胡惟庸案的记载多有矛盾，因此关于其是否确实谋反，当时便有人怀疑，明代史学家郑晓等皆持否定态度。明史学家吴晗更是专门撰文《胡惟庸党案考》加以批驳。①

上面案例说明了明代废除丞相制度的缘由，它是明朝行政制度和行政法制变化的直接原因。而明朝的法律还有哪些重要制度和变化，便是本节着重探讨的内容。

一、明代行政立法

(一) 皇权专制的内阁与六部

1. 内阁及其权限

自秦开始的宰相制度，至此为之一变。朱元璋借“胡蓝之狱”趁机裁撤中书省，废除宰相，由其亲自接管六部，加强中央集权，并下令：今后臣下有敢再议“奏请设立（宰相）者，文武群臣即时劾奏，处以重刑”②。罢相以后，中央的府、部、院、寺，分理庶务，各不统属，一切大权都由皇帝掌握，所以不必担心大权旁落了。这样，皇帝就在事实上兼任了宰相，皇权和相权合而为一，从制度上集君权与相权于一身，保证了皇帝的专制独裁。

随着权力空前的集中，一切政务都要皇帝去亲理又是很难办到的。据吴晗先生统计，洪武十六年（1383年）九月十四日至二十一日，8日之内，内外诸司呈送皇帝的奏章，就有1 666件，总计说了3 391件事。③ 任何个人也是看不完的。此是废宰相之一弊。为革除此弊，遂有内阁的设立，作为皇帝的秘书处，协助皇帝处理大量的公文章奏。在制度上内阁不能领导六部，但后来内阁大学士是事实上的宰相，入阁就是拜相，此是废宰相之二弊。内阁既不能领导六部，而皇帝又管不了那么多事，于是必然政出多门，朝政焉得不乱！此是废宰相之三弊。

景泰以后内阁设诰敕房和制敕房，由其掌办一切诏敕机密文书。正统年间，国有重要大事，内阁大学士可会同各衙门于内阁会议，“遂为例”。内阁已成为明代全国行政中枢机构。到代宗景泰以后，六部承奉意旨，靡所不领，而阁权益重。世宗嘉靖中叶以后，夏言、严嵩迭相用事，遂赫然为真宰相，朝位班次俱在六部之上了。④

至于明代阁臣的职权，《明史·职官志》载：“点检题奏，票拟批答，以平允庶政。”⑤

① 参见吴晗：《胡惟庸党案考》，载《吴晗史学论著选集》，第1卷，37页，北京，人民出版社，1984。

② 《明太祖实录》，卷二三九，载《明实录》。

③ 参见吴晗：《明史简述》，北京，中华书局，1980。

④ 参见《明史·志·卷四十八·职官一》。

⑤ 同上书。

就是说，一切奏章、政事、看详批答，都要经过阁臣的手。所谓“票拟批答”是用一个小条子（即票）拟具意见，附在奏本之上，送皇帝斟酌。待皇帝自己看过，把小条子拿掉，亲用红笔批示（称“朱批”），批好拿出来，这便是正式的谕旨。票拟是阁臣的主要职责，要求必须亲自拟定，不得假手他人，否则便是违法。票拟要求须在内阁进行，因为事关国家机密，不得带回私宅。

明代中期以后皇帝多不见大臣，不去内阁。万历皇帝 24 年不上朝，从宪宗到熹宗前后竟有一百六十余年没有召见大臣。① 而阁臣们又不可随时前往后宫，于是皇帝和阁臣之间的接触联系便只有依靠太监。皇帝有事交付太监，由太监交给内阁。内阁有事同样交给太监，再由太监呈送皇帝。这就使得宦官可以上下其手，从中弄权。加之明代实行“厂卫”特务统治，司礼太监遂因此成为特务最高指挥官，在政治上“无宰相之名，有宰相之实”。甚至成了事实上的皇帝。而内阁在政治制度上，并不是唐、宋以来的尚书省或中书省，内阁首辅毕竟不是名正言顺的宰相，因此，天下臣民当然是只“知有两厂，而不知有朝廷”②。总之，明代宦官所以能够窃权祸国，探本索源，最大的原因在于过分集权于皇帝，而这与太祖废除宰相关系甚重。

2. 六部机构设置

明代初年，沿用元制，尚书六部隶属于中书省。洪武十二年（1379 年）废中书省以后，六部（吏、户、礼、兵、刑、工）的职权和地位大大提高，成为直接对皇帝负责的中央最高一级行政机关，六部各设尚书一人，正二品，左右侍郎各一人，正三品。下置各司设郎中一人，正五品，员外郎一人，从五品。③ （1）吏部掌理铨政，主管文官的考核与任免。政府各部门，从中央到地方，官吏的多寡、出缺，都由吏部调补任免。明制，吏部对官吏的任免，皇帝和阁臣一般不得干涉。但有明一代是宦官专权，内阁首辅也常常俯首听命，吏部尚书欲正直用人，而不受司礼监的制约是很难的。（2）户部尚书掌天下户口、田赋之政令，稽版籍、岁会、赋役实征之数，以下达所司。（3）礼部掌天下礼仪、祭祀、宴飨、贡举、礼文、宗

图 8—2　徽州府祁门县江寿户帖

---

① 参见（清）赵翼：《陔余丛考·有明中叶天子不见群臣》，卷十八，北京，中华书局，1963。

② （清）谷应泰撰：《明史纪事本末》，卷三十七，北京，中华书局，1977。

③ 参见《明史·志·卷四十八·职官一》。

封、学校以及诸祀典、天文、国恤、庙讳和诸蕃朝贡接待给赐、牲豆、酒膳等事物。(4) 兵部下设武选、职方、车驾、武库四清吏司。(5) 刑部尚书掌天下刑名及徒隶、勾覆、关禁之政令，十三司各掌其分省及兼领所分京府、直隶之刑名。(6) 工部尚书掌天下百工、山泽之政令。

明代六部以户、刑二部最重要，各辖十三司，实行按地区划分辖区的制度。这是前代所没有的，从此打破了隋、唐以来中央机关六部二十四司的体制。户、刑二部机构的扩大，表明了明代君主专制的空前加强。

(二) 通政使司和廷议制度

1. 通政使司

通政使司始设于太祖洪武十年 (1377 年)，他说：置通政使司是为了“有喉舌之司，以通上下之情”。

“政犹水也，欲其常通，故以‘通政’名官。”①设通政使一人，正三品，“掌受内外章疏敷奏封驳之事”。“凡在外之题本、奏本，在京之奏本，一并受之，于早朝汇而进上。……午朝则引奏臣民之言事者，有机密则不时入奏。……月终类奏，岁终通奏。凡议大政、大狱及会推文武大臣，必参预。”②

通观明代政治，在皇权专制极端发展和宦官专权祸国的情况下，通政使司欲行使上述职掌，是很难办到的，朱元璋的本意不错，他说通政使司的机构性质，犹如唐之门下省。但明代长达 276 年中，很少有通政使司作出如唐太宗时代门下省封驳的事来。所以，明代的通政使司，实际上是朝廷负责收管内外章奏的机构。前有太祖专制，后有宦官专权，又有特务的恐怖统治，大臣敢封驳的能有几人。况且在制度上也没有通政使封驳的机会。内阁阁臣和皇帝决定大政方针之后，草拟诏书，直接下达有关部门，根本不需要问及通政使司同意与否。内外大臣的章奏，须经通政使司转到内阁，由内阁进行票拟之后、送司礼太监转呈皇帝朱批，批好后再由太监拿出来转交内阁。因此，通政使司和内阁的地位是不能相比的，两个机构的性质也不尽相同。

2. 廷议制度

“廷议”即廷臣会议，是明代朝廷的议事制度。明代廷议之事均为“事关大利害”的政事，须下廷臣集议。廷议的具体方式多为按部门来商讨问题的形式进行。如世宗时，任内阁首辅的杨一清被告劾“受宦官张永贿”，“……法司承一清风指，构成桂萼罪”，世宗遂“令法司会廷臣集议”③。

明制，廷议的结果须上奏皇帝，廷议意见不一致时，应摘要奏闻皇帝作裁决。有明一代，廷议所涉及的内容主要是位号、祭祀、官制、人事、财政、军事等方面。参加廷议的人数因所议内容而异，少则三十余人，多则百余人。④

(三) 地方省、府、州、县制度

明代行省、府、县三级制，间或有省、州二级和省、府、州、县四级制。

---

①② 《明史·志·卷四十九·职官二·通政使司》。

③ 《明史·列传·卷八十六·杨一清》。

④ 参见《明史·列传·卷六十四·商辂》《明史·廖纪传》，卷二〇二；《明史·列传·卷六十五·李秉》《明史·列传·卷九十八·邹应龙》《明史·列传·卷六十三·卫青》《明史·列传·卷五十五·王佐》《明史·列传·卷一百二十·刘体乾》《明史·列传·卷二十九·方孝孺》《明史·列传·卷七十五·张敷华》《明史·列传·卷一百一十四·郭正域》《明史·列传·卷一百二十九·张问达》。

1. 省

省是明代地方最高一级行政机构，设承宣布政使司，布政使为一省行政长官。[①] 另有提刑按察使司，掌一省法律监察事务。都指挥使司的都指挥使为一省最高军事长官。三者又俗称为“藩司”“臬司”和“都司”，合称为“三司”。三机构地位平等，互不统属，共同向皇帝负责，使其彼此牵制，便于皇帝操纵。

一省内又分为若干道，作为监察区而非一级行政机构。根据需要设置一些没有地盘的专职道员，如督粮道、督学道、兵备道、屯田道、盐法道、漕运道和水利道等。[②]

2. 府

府一般直隶于布政司。省辖府设知府一人为其长官，负责辖境内的“宣风化、平狱讼、均赋役”[③]。

图 8—3　皇都积胜图

州分为直隶州和府属州两类。前者直接隶属于省，其地位与府相似。后者地位与县相似，又称为散州。其长官为知州，另有同知、判官等官职。

3. 县

县是明代第三级行政机构。长官是知县，其下有县丞、主簿、典史各一人。负责一县的养老、祭祀、贡士、宣法、彰善、听讼、治安等事务。县下设乡，实行里甲制度，其作用主要是征收赋税和维护地方治安。[④]

（四）官吏的管理

1. 科举与选官

明代科举三年一试，省一级称乡试，在各省布政司考试，中试者为举人；次年集于京师称会试，在礼部贡院考试，中试者参加由皇帝主持的在宫廷中进行的殿试（又称廷试），考中者称进士。每场考试一般以一日为限。[⑤] 考试内容仍以“四书五经”为主，采用“八股文”形式。[⑥] 殿试、会试的一甲第一名均称“状元”。

---

①② 参见《明史·志·卷五十一·职官四》。

③ 同上书。

④ 参见吴晗：《朱元璋传》，北京，三联书店，1965。

⑤ 参见《明史·志·卷四十六·选举二》。

⑥ 参见（清）顾炎武：《日知录·拟题》（上海，上海古籍出版社，1985），卷十六，载：“今日科场之弊，莫甚于拟体”。“场屋可出之题，不过数十，富家巨族延请名士，馆于熟家，将此数十题各撰一篇，计篇酬价，令其子弟及童奴之俊慧者记诵熟习，入场命题，十符八九，即以所记之文抄誊上卷。”“卒而问其所读之经，有茫然不知为何书者。”“愚以为八股之害，等于焚书。”

有明一代对乡试主考官的选任非常重视。通过科举成为获得任官资格的最普遍和最重要的途径。永乐年间以降，能入内阁者几乎均为进士出身，论资排辈成为任官通例，所谓“掌铨选者，罔论贤否，第循资格”①。

2. 考核与致仕

文官有考课之制，分“考满法”与“考察法”。

“考满法”规定：内外官任职满三年为一考，六年再考，九年通考黜陟。每次“考满”分上、中、下三等，即“称职”“平常”“不称职”。按三次考核的政绩决定去留。②

“考察法”规定：京官六年一察，称“京察”；外官三年一察，称“外察”。其中的“京察”有“一贪，二酷，三浮躁，四不及，五老，六病，七疲，八不谨”之法。万历四年（1576 年）张居正整顿吏治，建议“考察法”分为“定期考察”“随事考察”“访察告诫”三种形式，“称职”者升，“平常”者复职，“不称职”者免。

然而实际与法律规定相去甚远。万历十一年（1583 年）左副都御史邱舜说：京官考满，例书“称职”；外吏给由，概与保留；“以朝廷甄别之典，为人臣交市之资”，徇私枉法，恶无所惩，贤亦安劝?③ 加之百官俸薄，一个七品县令的月俸尚不足二两银子，如何不贪。明中叶以降，已是大官贪污以致富、小官舞弊以救贫，居官者多无耻之徒。

关于官员的致仕，洪武年间规定：“文武官六十以上者，听致仕，给以诰敕。”孝宗弘治四年（1491 年）又规定：凡告疾官员，年五十五岁以上者，冠带致仕。六十五岁以上官员不再铨选任用。致仕的官员除皇帝特准留京者外，一般均告老还乡。致仕官员死亡后多会得到皇帝的赠官、赐谥和褒奖。

二、明代刑事立法的发展

(一) 加重对危害封建国家犯罪行为的惩罚

在“重典治国”原则指导下，对“事关典礼及风俗教化”一类非直接侵犯君主政权的犯罪，明律量刑轻于唐律；但对“贼盗”及“帑项钱粮”之类直接危及专制统治的重大犯罪量刑则重于唐律（也称“重罪加重”）。具体表现在如下几点：

对谋反、大逆、谋叛、劫囚、强盗等罪，处刑远重于唐律。死刑和缘坐范围都大于唐。特别对“贼盗”“乱臣贼子”不仅据律加诛，且大量法外用刑，可谓狂诛滥罚。据《明太祖实录》：洪武五年（1372 年），南海“盗”号称“黑鬼”者为乱，被捕斩共三百七十余人。明成祖师承乃父，据朝鲜《李朝实录》：他疑后宫有人谋图“弑逆”，遂把严刑诬服、连坐的两千多人凌迟处死。武宗时将“流贼”首领赵隧等六人凌迟后，仍剥皮制成马鞍马镫，供皇帝骑坐。

(二) 严法整饬吏治

为裁抑臣僚，强化君主专制集权，明律始废除自魏晋以来完备于唐律的“官当、减赎及荫法”④，对官吏犯罪行“重罪加重”原则。

1. 重惩贪官污吏

明初“严犯赃官吏之禁”，诏“重惩贪吏”，并敕令刑部，官吏受赃，连同行贿者一并处

---

① （明）丘浚：《大学衍义补・铨选之法》，卷十，“四库全书”本；《明史・周叙传》，卷一五二。

② 参见《大明会典・考功清吏司》，卷十二，载（清）嵇璜等撰：《续通典・选举三・考绩》，卷十九，《万有文库本》。

③ 参见《明史・邱舜传》，卷二二六。

④ （清）薛允升：《唐明律合编》，卷二，北京，中国书店，1980。

罚，“徙其家于边”。明律沿用唐律“六赃”罪名，除“常人盗”“窃盗”外，其余四赃（监守盗、受财枉法、受财不枉法、坐赃）均与官吏有关。《明律·刑律》专设“受赃”之门，内有“官吏受财”“坐赃致罪”“事后受财”“有事以财请求”“在官求索借贷人财物”“家人求索”“风宪官吏犯赃”“私受公侯财物”“克留盗赃”等详细律条。这也反证出当时官吏贪墨上的“机关算尽”和皇帝提防臣下的苦心。

朱元璋为整顿吏治和经济秩序，大兴狱讼，策划了著名的“明初四大案”，即经济领域的“空印案”和“郭桓案”，政治领域的“胡惟庸案”和“蓝玉案”。而洪武十八年（1385年）户部侍郎郭桓案[①]以其涉案金额之巨、对经济领域影响之广，构成了经济领域里“集权”与“分权”斗争持续升温的最高潮。

洪武十八年（1385年）户部侍郎郭桓盗吞官粮的“秋粮案”，从中央到地方被牵连者数万人，皆论死罪。且不避权贵，开国元勋永嘉侯朱亮祖受贿枉法，也被召入京城鞭死。在郭桓案这场政治斗争中朱元璋圆满地实现了自己的政治目的，他打击了政府行政体系中的贪污腐败，削弱了豪强地主阶级的势力，掌握了国家的经济命脉，推动了社会经济的发展，完成了巩固明王朝的历史任务。郭桓贪污案的案发，使得朱元璋进一步坚定了“见任有司，皆系不才之徒”的看法，从而更加雷厉风行地推行他的以律外酷刑治吏的想法。然而实际效果并不理想，太祖在《大诰》中曾言：“我每日早朝晚朝，说了无限的劝诫言语……我这般年纪大了，说得口干了，气不相接”，然而“若文若武，于中从者少，努（怒）目不然者多，其心害众成家”[②]，视“朕命”如儿戏，“终化不省”，“明知故犯”。

2. 严禁臣下结党、内外官交结

“尊君抑臣”是历代宗旨，汉时既有“阿党”“左官”之法。《明律·吏律》“职制门”中专设“奸党”条，规定“左使杀人”[③]、“巧言谏免”“交结朋党，紊乱朝政”“不执法律，听从上司官主使，出入人罪”“上言宰执大臣美政才德”等均属“奸党”罪，尤其后三类量刑从重，本人不分首从“皆斩，妻子为奴，财产入官”。

司法实践中大杀“奸党”之狱，在明初的几十年间经常不断。洪武二十三年（1390年）和二十六年（1393年）的“胡蓝之狱”即为一例。先后诛杀三万人，并发布《昭示奸党录》以戒群臣。受牵连的开国元勋李善长也是“家口七十余人诛之”[④]。正是在大戮奸党同时，《大明律》修订完成。明律“猜防臣下”、禁绝奸党的意图随处可见，对皇权空前严密的维护是唐律所不及的。成祖以后，因宦官权势发展，上述律文渐成具文。如熹宗时魏忠贤专擅朝政，满朝文武皆成魏党，且甘愿作其义子，为其立生祠。为排除威胁皇权的势力集团曾起过一定作用的律令，终酿成宦官专权的恶果，这也是太祖始料不及的。

（三）刑罚制度的变化

1. 廷杖制度化。廷杖即依皇帝旨意，对犯颜直谏或忤旨过犯的官员，杖责于殿阶之下（后行杖于午门外），由宦官监刑，锦衣卫行杖。杖具为木棍，五杖一易人。廷杖隋唐已有，但仅偶一用之，至明则成常制。由太祖杖死工部尚书薛祥为开端。英宗时宦官王振专权，“殿陛行杖习为故事”。武、世两朝一次杖责大臣百余人，杖死十余人。[⑤] 诚所谓“公卿之

---

① 参见《明史·志·卷七十·刑法二》。

② 《大诰武臣序》，故宫博物院图书馆藏本。

③ 洪武元年（1368年）曾颁“奸邪进谗言佐使杀人者”斩，大赦不原。

④ 《明史·列传·卷十五·李善长》。

⑤ 参见《明史·志·卷七十一·刑法三》。

辱，前此未有”[①]。

无论平民百姓还是宰执大臣，皆以严刑镇压，维护皇权。结果是“重罪加重则多冤”[②]。

2. 刑罚手段异常残酷。除承用宋以来凌迟、刺配外，又增加了充军，创制了枭令、枷号、枷项发遣等酷刑。其他见于史书和《大诰》的酷刑多为历代罕见，比秦犹过之无不及。

(四) 加强文化思想专制的“文字狱”

《明律·吏律》“公式门”有“上书奏事犯讳”条，误犯者止“杖八十”。但太祖时，因其出身“寒微”（对此他并不掩饰），又有和尚及红巾军的经历，对奏章行文十分敏感，尤忌与“贼”“盗”“僧”“髡”等谐音之字，往往望文生义，仅以一字之疑误，动辄杀人，如尉氏县教谕许元作《万寿贺表》，内有“体乾法坤，藻饰太平”，被认为有讽皇帝“发髡”“早失太平”之嫌，被论死。[③] 明初此类“文字狱”，成为清代“文字狱”的先声。

三、强化对经济的法律调控

(一) 颁行《茶法》《盐法》等单行特别法

明代立法严禁买卖“私盐”“私茶”，颁行《盐法》《茶法》，以确保官府的财政收入。

《明律·户律》课程门专设《盐法》，“犯私盐者罪至死”[④]。《茶法》也定：犯私茶者“同私盐法论罪”，“私茶出境与关隘失察者，并凌迟处死。”[⑤]

后来虽有减轻，但犯者、知情人及牙人也“俱发烟瘴地面充军”。太祖时驸马欧阳伦犯法也被赐死。《茶法》《盐法》虽保住了财政收入，却严重阻碍了正常的社会商品经济的发展。

(二) 严行《钞法》、禁私铸钱

《明律·户律》的仓律中有《钞法》《钱法》专条，准民间将大明宝钞（纸币）与洪武大中通宝（铜钱）相兼行使。市场交易及各种赋税“并听收受”，违者杖一百。同时禁民间“以金银物货交易，违者罪之”[⑥]。为控制金融、稳定经济、防止通货膨胀，《明律·刑律》“诈伪门”“伪造宝钞”条规定：凡伪造者，不分首从，窝主以及知情使用者，“皆斩，财产并入官”。以后的条例及明初的《大诰》处刑均重于明律，如浙江地区有人伪造宝钞，被捕枭示，自京城（南京）至句容县沿途九十里，尸首相望。但因官府出钞过多，以致“物重钞轻”，民间不愿用钞，加之铸钱掺和铅锡，使民间盗铸日多，《钞法》《钱法》日坏。以后税收只好“惟用白银”，并使白银成主要支付手段。

(三) 严格控制市场、加重商税

传统抑商政策至明又趋严格。在市场管理上，《明律·户律》“市厘门”规定：市场贸易中估价及中介的“牙行”（设于城乡集市），“埠头”（设于码头），须由官方选任有家业者充当。发给“印信文簿”等，每月持簿赴官署查对。违者“杖六十，所得牙钱入官”。牙行成为官府控制市场的工具。在课税方面，严惩偷漏税行为。太祖时曾有“凡商税，三十而取一”[⑦] 的规定。《明律·户律》“课程门”设有“匿税”“舶商（海外商人）匿货”“人户亏兑

---

① 宋以前朝臣有座，宋以后始立，至明则与家奴相去无多。

② 《唐明律合编》，卷九。

③ 参见《廿二史札记·明初文字之祸》，卷三十二。

④ 同上书。

⑤ 《明史·志·卷五十六·食货四·茶法》。

⑥ 《明史·志·卷五十七·食货五·钱钞》。

⑦ 《明史·志·卷五十七·食货五·商税》。

课程”等条。规定：匿税及卖酒醋之家不纳税者，笞五十，官府没收所卖货物一半，取十分之三赏告发者，买牲畜（称“匹头”）“罪亦如之”。要求外商将货物如实“报官抽分”（抽十分之一），不报或不实报者，皆杖一百，货物入官。包庇者与同罪，告发者赏银二十两。

上述这些法律一方面增加了王朝的财力储备，维护了主权；另一方面，因政治腐败，借律衍生的苛捐杂税日益增加，“既税于所产之地，又税于所过之津”①。隆庆后“凡桥梁、道路、关津”皆“私擅抽税”②。万历间增设各省税吏，水陆要道数十里即有一税卡，暴敛行商。对土商（当地商人，罕行贩运者）也巧立名目，以致虽“穷乡僻壤、米盐鸡豚，皆令输税”③，使税法成了掠夺民众的合法工具。

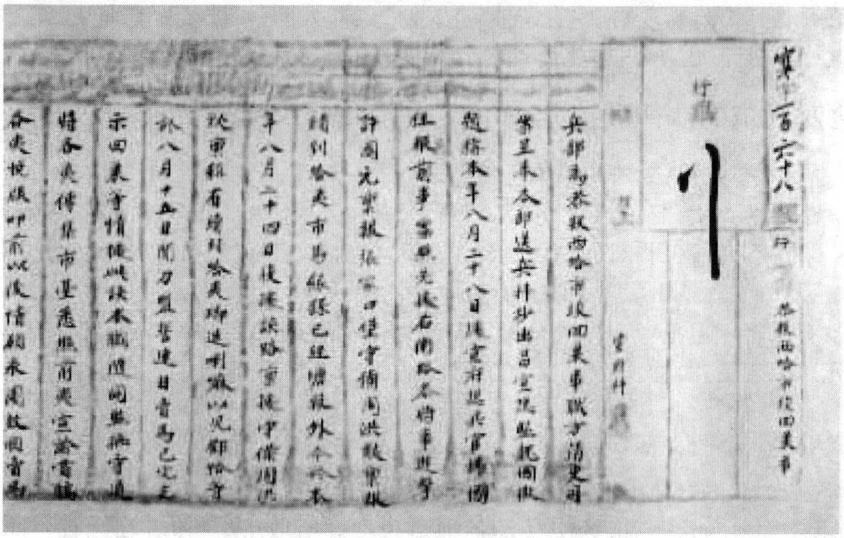

图 8—4 张家口蒙汉马市完竣行稿局部

四、民事法规的发展

明代有关民事方面的法规，与唐宋相比，变化不大，加重了对田宅钱债的违法惩处，并编有鱼鳞图册等。至清多承用不改。

明代传统土地制度集中反映着其时的主要民事法律关系。明代的土地占有形式还是官有与私有两大类。诸如所有权的形成与变更，债与契约的规定等。明初在长期战乱之后，各地荒田数量剧增。国有土地规模前所未有。明中叶以后，土地国有制渐衰，土地私有制急剧发展。由于商品货币经济的发展，土地再分配的频率增高，土地兼并的程度超过了前代。上述状况构成明代民事法律制度变化的主要内容。

（一）土地所有权的形成——鱼鳞图册与垦荒

1. 鱼鳞图册与土地所有权——增加赋税的手段之一

自元末丧乱到明王朝重新统一的二十余年间，兵祸蔓延，饥饿相继，百姓死亡流移，到处是土地荒芜，人烟稀疏。所有这些遗弃的荒闲无主之田，自然都被政府没为官田。朱元璋

① 《明史·列传·卷三十五·解缙》。

② 《明史·志·卷五十七·食货五·商税》。

③ （清）龙文彬撰：《明会要·食货志》，北京，中华书局，1956。

在掌握政权之后，首先关注的是如何均赋役以增加财政收入，而不是均土地以安定流民。史载："元季丧乱，版籍多亡，田赋无准。明太祖即帝位，遣周铸等百六十四人，核浙西田亩，定期赋税。复命户部核实天下土田。而两浙富民畏避徭役，大率以田产寄他户，谓之铁脚诡寄。洪武二十年命国子生武淳等分行州县，随粮定区。区设粮长四人，量度田亩方圆，次以字号，悉书主名及田之丈尺，编类为册，状如鱼鳞，号曰鱼鳞图册。"①

上述引文中所称"鱼鳞图册"，是官府在丈量土地基础上制定的田亩清册。这是在宋代方田法、均税法的经验基础上，执行的一种更为完备的清查土地、确立税制的办法。土地经过量度核实、绘图登记，则田之多寡等级、税之科则数目，皆有图册可凭；买卖移转，皆须官为设籍登记。这样一来，田产、户籍皆不易隐匿、逃避。这一土地法律制度为明代后来历朝所奉行，且一直沿用到近代。由此亦可见明初在解决朝廷赋税问题上所采取的这一土地法律制度的重要性。

2. 募民垦荒与土地所有权——增加赋税的手段之二

经过元末十几年的战乱，大量土地荒废。明初各省荒田很多，而尤以中原为甚。顾炎武曾言："明初承元末大乱之后，山东河南多是无人之地。"② 其他各地情形亦大同小异。朱元璋建立明王朝后，立即采取措施实行奖励垦荒的政策，召诱流散的农民尽量垦荒。

明政府将这些无主之地的荒田没收为官田后，采取了募人开垦和移民屯垦的办法，这个政策还是为了增加赋税。

官府在地旷人稀的中原一带，虽曾"计民授田"，实际上仍然是募人耕种官田，但各人可以把开垦出来的荒田作为己业。三年后照民田起科，形式上是纳税，实质上还是纳租。这种办法，比宋代直接由官府经营的营田更为简便。

除自由垦荒外，还有迁民垦荒。这种垦荒虽然也能享受奖励，但多少带强制的性质。③属于移民垦荒的，除能蠲免三年赋役外，另外能得到购买农具的钞币。洪武二十四年（1391年）又下诏令规定：任何人都不得任意地占荒田为已有，凡是荒田都属国家所有，只在开垦者将荒田垦耕为熟田，方能得到这块田地的所有权。

同时立法鼓励农民尽力耕种并惩罚使田地荒芜者，即凡将田地荒芜，当地的主管官吏和田主都要被分别治罪。

（二）土地买卖形式和租佃制

1. 土地买卖形式

在明代，一般地主对土地的占有方式，仍然以购买为主。明中叶以后，由于商品经济发展很快，土地买卖不仅仅在一般地主农民之间进行，而且随着富商大贾巨额资金的积累，买田置地成为商业剩余资本最好的出路。因此，商业资本和高利贷资本同土地的结合更加紧

① 《明史·志·卷五十三·食货一·田制》。

② 《日知录·开垦荒地》，卷十，载《日知录集释》。《续文献通考》卷二载：洪武初郑州知州苏琦上书说："自辛卯［元顺帝至正十一年（1351年）］河南起兵，天下骚然。兼以元政衰微，将帅凌暴，十年之间，耕桑变为草莽，若不设法招来耕种，以实中原，恐日久国用虚竭。为今之计，莫若计复业之民垦田外，其余荒芜土田，宜责之守令，召诱流移未入籍之民，官给牛种，及时播种。除官种外，与之置仓，中分收受。"［（清）嵇璜等撰：《续文献通考》（又称《续通考》），"万有文库"本。］

③ 据《续通考》《续通典》载：洪武三年（1370年）六月谕中书省曰："苏松杭嘉湖五郡，地狭民众，无田以耕，往往逐末利而食不给，临濠朕故乡里，田多未解，土有遗利，宜令五郡民无田者往开种，就以所种田为己业，给资粮牛种，复三年。"洪武二十二年（1390年），"又命湖杭温台苏松诸郡无田之民，往耕淮河迤南滁和等处闲田，仍蠲赋三年，给钞备农具"。参见（清）嵇璜等撰：《续通典》，"万有文库"本。

图 8—5 直隶开垦事帖

密。由于土地买卖活动的频繁，使买卖关系也更加复杂。这时，地权分裂为田底权（田底又称田骨）和田面权（田面又称田皮）。田底权是土地所有权，田面权是土地使用权或耕作权。田主可以作为已业出卖或租让田底权，获有田面权的所谓“二地主”则可以出卖或转租土地的耕作权即佃权。这些买卖反映在契约上，就有活契、找贴契和绝卖契等不同的古代民事法律关系及其立法规范。

(1) 活契，是指土地没有彻底卖绝的契约。田主在出卖田底或田面时，没有将地权绝对移转，而是保留赎回的权力，允许卖主在若干年后，按照原价将土地赎买回来。

(2) 找贴契，是卖主将田底或田面出卖后，在一定时期内因无力赎回土地，可以向买主索找、索贴、索增田价。前提是地权未绝对移转，卖主仍保留赎回的权力，且可以继续向买主索取找贴费。《天下郡国利病书·福建》引《南靖志》载：南靖“卖田者，见昔贱而今贵，则索买者之增价；或一索，或再索，或屡索，其名曰洗业”。

(3) 绝卖契，或称死契、卖断契、休心断骨契、找断休心尽契，等等，即业主将地权绝对出卖而形成的契约文书。当土地卖断或卖绝以后，买卖双方在所有权关系上发生了绝对移转，卖主从此丧失赎回权或索找、索贴、索增田价的权利，这种买卖一般在契约上特别写明，如“立绝卖契”或“立找断休心尽契”等。

2. 租佃制

租佃制既涉及土地问题，又涉及地租问题。明代的租佃制分为三种：佃仆制，分成租制，定额租制。

(1) 佃仆制，是最落后的一种租佃制。所谓的世仆、庄奴、庄仆、地仆、伙佃、伙当、伙余等，都是佃仆异称。大多为丧失生产资料和生活资料的农民，他们租种地主土地，在缴纳地租外，还要为地主提供各种仆役，如看守坟墓祠堂，照管山场，造房修路等。当时所订的佃仆文约中，都订有“应役”“服役”“供役”等内容，这是佃仆和佃户的重要区别。明末清初，政府不断颁布法令，限制佃仆制。又因“奴变”风潮不断发生，佃仆制逐渐衰落。

(2) 分成租制。分成租制在明代占有重要地位。产品分配的比例一般是“主佃各半”，也有按四六、三七、二八比例分配的。由于实行分成租制，所以地主对农产品的收获量是很关心的。在分成租制下，佃农的封建人身隶属关系较为严格，如地主规定佃农要送租到仓，要为地主守夜，或兴修水利等。

(3) 定额租制。定额租制在明代中叶以后的江南地区取得了主要地位。当时，“南方佃户自居己屋，自备牛种，不过籍业主之块土而耕之，交租之外，两不相问，即或退佃，尽可别图，故其视业主地轻，而业主亦不能甚加凌虐。”就是说南方的佃户有自己的生产资料和生活资料，他们和地主的关系，除“交租之外，两不相问”。这说明了封建隶属关系的松弛。定额租制的租额，一般在50%上下，当然也有高达60%～80%的。

(4) 官田地租之重。自明初移民屯垦官田，均照例收租。“河南、山东、北平、陕西、山西及直隶、淮安诸府屯田，凡官给牛种者十税五，自备者十税三”[①]。

可见明政府不仅是一个出租土地的大地主，而且是一个贪婪残酷的地主，其官田租率之高，远过于民间的私人地主。这不仅剥削了农民的剩余劳动，而且连农民的大部分必要劳动也都囊括进去了。不仅苏松一带官田租率高，所有各地的官田租率都很高，就是募民垦种的屯田，租率亦高达50%，少的也达30%，对流离迁播的贫民，丝毫没有赈济救恤之意。城市官地和近城好地，均不按亩出租，而以丈尺计算，其租率之高更是惊人。江南官田之租一般不少于八斗。

官田不仅租重，而且农民在输纳时额外的负担更多。

官田中害民最甚的莫过于皇庄[②]及诸王勋戚内监等庄田。从明初起，朝廷即不断以庄田赏赐，多者百顷，亲王千顷，以其租入充俸。其后公侯复岁禄，多归赐田于官。至仁宣朝，乞请渐多，除诸王公主勋戚内监等近幸多所乞请外，大臣亦不断请得没官庄舍，并不断占夺民田。以后更日益加甚，权贵宗室等人庄田，或赐或请，不可胜计。

(三) 土地所有权的变更

1. 限制土地兼并

洪武年间，政府的土地政策在奖励垦荒的同时，也注意到土地兼并问题，曾下诏令加以限制。如洪武三年（1370年）令：“验其丁力，设田给主，毋许兼并。”洪武二十四年（1391年），又“令公侯大官以及民人……其山场水陆田地，亦照原拨赐则例为主，不许过分占为己有”。同时《大明律》明令禁止官吏在任所置买田宅。“凡有司官吏，不得于见任处所置买田宅，违者笞五十，解任，田宅入官。”其本意在于防止官吏利用职权，强取豪夺。

尽管如此，但土地兼并没有得到太多的抑制。事经86年后，英宗天顺二年（1458年）再次颁令：“皇亲公侯伯文武大臣，不许强占良民田地，事发坐以重罪。”可见，皇亲公侯伯文武大臣强占土地在不断发生。因此又在成化十六年（1480年）下令“诏禁势家侵占民田”。在限制地主豪强兼并土地的同时，也对寺观僧道的兼并土地采取了相应的措施。英宗正统十三年（1448年）令：“各处寺观僧道，除洪武年间置买土田，其有续置者，悉令各州有司查照散还于民。”

2. 贫民投献

权贵豪门侵夺民产的另一主要方式是贫民投献，早在元代已很盛行。在明代除了贫苦无告的农民为了“托庇势家”，自将田产投献外，还有恶徒、奸棍擅将别人田产献于豪势之家，借以邀赏。

投献田产之风与明代相始终。到崇祯年间投献之风仍很盛行。崇祯三年（1630年）马

---

① 《明史·志·卷五十三·食货一·田制》。

② 皇庄为皇室私田，其公开设置，始于仁宗，以后愈演愈烈，成为对人民的一种直接血腥掠夺，其历时之久，为害之烈，在历史上是罕见的。

如蛟巡按四川时，上疏说州县丞佐、吏胥以至生员、监生无不接受投献。

3. 土地占有的集中

据弘治十五年（1502年）的统计，"官田视民田得七之一"[①]。在占耕地总数七分之六的民田中，其凭借封建特权而得自侵占和投献的虽占有一定的比重，但就全国而言，仍然是少数，私田的绝大部分，还是得自凭借经济优势而进行的土地兼并，所以买卖程序始终是占有土地的主要方式。正由于各色财富所有者都是争先恐后地在抢购土地，则土地价格必然要因之高涨，且不易买到。

前明中叶，田价甚昂，居间者辗转请益，彼加若干，此加若干，甚至鸡鸣而起，密室成交。谚云：黄昏正是夺田时，此之谓也。[②] 明代地主争购土地的炽热情形，于此可以概见。顾炎武说："吴中之民，有田者什一，为人佃作者十九。"[③] 不论地主所凭借的是封建特权，还是经济势力，或者两者兼而有之，全国耕地的绝大部分掌握在这类为数不多的地主阶级之手。其中不但有动辄万顷计的皇庄和王庄以及勋戚阉宦等庄田，而且有寺观、书院、祠堂等公产，而为数更多的则是千顷万顷的私人大地产，往往一县钱粮系由一两家缙绅乡宦所包办。这样，所谓农民实际上几乎全部都变成佃户了。

4. 科田法

明初的屯田条例对于屯田的扩大，起过重要的促进作用；特别是赏罚条例，刺激了军士屯田的积极性。随着屯田内部的私有土地发展，官府逐渐采取了"科田法"，即采用了民田惯例，定出科则征粮。据此，屯军余地则不必纳粮，因它属于私人，不在国家军屯定额之内。这些"不得起科"的私人田地，大都是屯军军官役使士兵垦耕而占为已有的。屯田士兵受到了国家和军官的双重奴役剥削而被迫逃亡，加上侵占盗卖屯田的现象常常发生，在这种背景下，屯田中的"科田法"产生了。"科田法"的内容为，招人佃种屯地，或开垦荒芜屯地，按民田起科。武宗正德年间，辽东地区这类"科田"性质的田有二万七千余顷，超过正规屯田一倍多。到崇祯时规定："勿论军种民种，一照民田起科。"同时对新开垦的军屯土地，官府"给予执照，永为已业"，这就在法律上承认了军屯土地私有的合法性。

（四）婚姻家庭继承方面的法律规定

1. 结婚的条件。由于法律确认家长的主婚权以及强迫包办、买卖婚姻的合法性，因此，青年男女不存在自主恋爱的婚姻自由。《大明律・户律・婚姻》明确规定其时的结婚条件："凡男女定婚之初，若有残疾、老幼、庶出、过房、乞养者，务要两家明白通知，各从所愿，写立婚书，依礼聘嫁。"为此，已报婚书而自悔，男女双方同罪，比唐律只惩罚自悔的女方，在立法上更进了一步。另一方面与唐律不同的是，对亲民官、豪势之人的婚娶设专条约束。明律增设"娶部民妇女为妻妾""强占良家妻女"等专条，严禁府州亲民官在任内娶部民妇女，以及豪势之人强夺奸占良家妻女为妻妾的行为。违者亲民官处杖至徒刑，豪势之人处绞。虽然两种情节处理轻重失平，但表明了朝廷对加强吏治和抑制豪强的措施在法典上得到多方面的强调。

2. 妻妾制度。明律虽形式上规定平民实行一夫一妻制，但"庶人四十以上无子，许选娶一妾"，即"妻妾"制作为补充。根据身份与特权，明律规定亲王可娶妾媵十人，世子及郡王可娶四人，长子及各将军可娶三人。这种形式上的限定，并不可能解决特权人物随意纳妾的社会问

---

① 《明史・志・卷五十三・食货一・田制》。

② 参见顾公燮：《消夏闲记摘钞・前明田价》（下）。转引自傅筑夫：《中国经济史论丛》（上），上海，上海三联书店，1980。

③ 《日知录・苏松二府田赋之重》，卷十，载《日知录集释》。

题，从而使女性，特别是出身低微的女性，陷于悲惨的境遇而不可自拔。此外，明律禁止“良贱为婚姻”，违者杖八十。关于离婚的“七出”与“义绝”条款和唐律同，不再赘述。

3. 夫妻家庭关系的规定。在家庭关系方面，明律继续维护封建家长的支配权。封建家长拥有惩戒子女的权力，子女必须服从。子女擅自动用家财，要受到相应的处罚。明律规定：“凡同居卑幼不由尊长私擅用本家财物者，二十贯笞二十，每二十贯加一等，罪止杖一百。”另外，夫妻关系也不平等，如明律规定：“其夫殴妻”，“至死者绞”；“凡妻殴夫”，“至死者斩”。明律全力维护家长对子女的支配权、丈夫对妻子的支配权，意在稳定封建统治的社会基础，防止非礼的“犯上作乱”行为的发生。

4. 新增加的婚姻条款。明律承袭元律，新列唐律所无的婚姻条款。诸如“典雇妻女”“逐婿嫁女”“娶乐人为妻妾”“僧道娶妻”及“蒙古色目人婚姻”，等等，都是其时社会婚姻家庭关系复杂化的现实反映。同时也表明了明律对社会婚姻家庭关系调整的进一步强化。

5. 嫡长子继承制。在继承方面，明律注重维护封建的嫡长子继承制。明律规定：“立嫡子违法者，杖八十”；对“乞养异姓义子以乱宗族者，杖六十”；“若以子与异姓人为嗣者，罪同，其子归宗”。明律纂注解释说：“嫡子，正妻所生之子，庶长子，众妾所生之子也。立子以嫡，无嫡立长，国家定法。”明确确认嫡长子继承的合法性，意在维护有利于稳定封建秩序的继承关系，以及确保封建家族与家庭财产的不被分割。

第三节 明代司法制度的发展变化

引例 东林党人杨涟受厂、卫司法谋害案①

图 8—6 魏忠贤像

天启四年（1624 年）六月，杨涟上书弹劾魏忠贤，列举了他的二十四条罪状，从此魏忠贤每日都在谋划陷害杨涟。当年十月，吏部尚书赵南星被罢官，大臣们在朝廷上推举替代他的人选。杨涟以受切责为由自己在家不参加廷推会议。魏忠贤假冒皇帝圣意，指责杨涟明知有廷推圣旨而佯装不知道，躲避廷推，犯了欺骗皇上罪，是“大不敬”，失掉了臣子的礼节，将他和吏部侍郎陈于廷、佥都御史左光斗一起削职为民。

天启五年（1625 年），魏的党羽、大理丞徐大化弹劾杨涟和左光斗结党袒护、攻击异己，并弄权受贿。捏造杨涟受贿两万两白银，将杨逮捕。待杨涟被关进诏狱后，魏忠贤授意用残酷的刑罚拷打讯问，将他折磨得体无完肤。当年七月，杨涟就在夜里含冤而死。

从上述案例可见，明朝司法制度的重要特点是出现了厂卫司法制度。厂卫制度的发展是随着中国封建社会晚期封建专制主义中央集权的国家制度发展到极端的产物，它严重破坏了明代中后期的正常法制。那什么是厂卫司法制度，明朝司法制度还有哪些重要的特点和变化，本节将就这些问题进行研究。

① 参见《明史·列传·卷一百三十二·杨涟》。

一、司法机构的特点

（一）中央司法机构

中央司法机构为刑部、大理寺、都察院，一改隋唐以降的大理寺、刑部、御史台体系。

（1）刑部增设十三清吏司，分掌各省刑民案件，加强对地方司法控制。（2）大理寺掌复核、驳正，发现有“情词不明或失出入者”，驳回刑部改判，并再行复核。如此三改不当者，奏请皇帝裁决。①（3）都察院掌纠察②，设有十三道监察御史。

中央上述三大司法机关统称“三法司”，对重大疑难案件三法司共同会审，称“三司会审”。

（二）地方三级司法机构

地方三级司法机构分省、府（直隶州）、县三级。沿宋制，省级有专门司法机关“提刑按察使司”，“掌一省刑名按劾之事”③。府县仍是知府、知州、知县兼理司法。明代越诉受重惩。

（三）“厂”“卫”特务司法机关

这既是明代司法的一大特点，又是有明一代的一大弊政。“厂”是直属皇帝的特务机关。成祖时“恐外官徇情”设“东厂”，宪宗时又为监督厂、卫而设“西厂”，至武宗为监督东西厂，又设“内行厂”。“卫”是指皇帝亲军十二卫中的“锦衣卫”，下设镇抚司，由皇帝任命亲信“提督”厂卫，多由宦官充当。如竖宦刘谨、魏忠贤等人均把持过厂、卫，权倾天下于一时。明末曾下令尽毁锦衣卫刑具，不许再用。

图 8—7 锦衣卫印④

① 参见《明史·志·卷七十·刑法二》。

② 主要是纠察百司，司法活动仅限于会审及审理官吏犯罪案件，并无监督法律执行的原则。

③ 《明史·志·卷五十一·职官四》。

④ 参见李默主编：《中华文明大博览》，“明朝”，广州，广东旅游出版社，1998。

二、诉讼制度的特点

(一) 皇帝进一步控制最高司法权

第一，他握有一切死刑和重案的最后裁决权，各类会审均须由刑部“拟律以奏”，然后依旨执行。第二，他亲自审案，任意用刑，如朱元璋“凡有大狱，当面讯”，“重案多亲鞫（审理），不委法司”①。成祖时又令“重罪必五覆奏”②。有明一代，皇帝多“任喜怒为生杀”③。明初太祖滥刑及作为常制的廷杖姑且不论，仅成祖诛戮建文帝旧臣，其酷刑可谓无所不用其极，对方孝孺凌迟，夷十族，尤不解恨，连其朋友门生也不得免，“坐死者八百七十三人”。其他还有先去齿、断手，再断颈；有用油煎；有先割耳鼻再凌迟；有用铁扫帚扫尽肤肉致人死的④，而皇帝竟自称是轻刑之举。⑤ 这不能不使明代法制遭到极大破坏。

图 8—8　明皇蜡像馆朱元璋亲审蓝玉案的场景

(二)“厂”“卫”特务性机关参与司法

厂卫之制是皇权高度集中的产物，它几乎凌驾于司法机关之上，被赋予以下司法特权：

1. 侦查缉捕之权。其侦缉范围主要是涉及国家政权的大案要案，对一般刑事案不干预，即其他“作奸犯科，自有（法）司存，不宜缉”⑥，凡认为要案者“虽王府不免”。民间有人在密室酒后大骂魏忠贤，声未落即被厂、卫特务捕到魏府凌迟处死。⑦

2. 监督审判之权。依明律，厂、卫有讯问权，无判决权。凡厂卫所获人犯“必移镇抚再鞫”⑧，但镇抚司只能审讯，无权判决。判决权仍归法司独有，所谓“大狱经讯，即送法司拟

---

① 《明史・志・卷七十・刑法二》。

② 《明史・本纪・卷六・成祖二》。

③ 《明史・列传・卷三十五・解缙》。

④ 参见《明史纪事本末・壬午殉难》，卷十八。

⑤ 参见（明）沈德福：《万历野获编・刑部》，卷十八，北京，中华书局，1959。

⑥⑧ 《明史・志・卷七十一・刑法三》。

⑦ 参见上书。

罪”[①]。弘治时还曾下诏法司：对“厂卫送囚，从公审究，有（冤）枉即与办理，勿构成案”。

但实际上法司摄于厂、卫得宠于皇帝的淫威，对其所交案件，虽然“洞见其情，无敢擅更一字”[②]。明知厂、卫严刑逼供而定，但“法司不敢平反”。然而，法司的不敢过问、改判，不等于其无权过问改判，更不能由此推导出厂、卫有判决权，否则，对于正确认识“厂”“卫”司法的历史，是有害而无益的。以往的著述在这一点上多是混淆不清的。此外，锦衣卫可派员参与三法司录囚和承天门外的会审，对于未直接参与的审判，“东厂”可派人前往“听记”监督，然后直达御听。至于厂、卫奉旨所理“诏狱”，三法司即使洞见冤情，也不敢过问，以至于其时大臣仍有“法司几成虚设”之叹。

3. 法外施刑之权。厂、卫“杀人至惨，而不丽于法”[③]，法外酷刑致死人命亦不负责任。如魏忠贤好用立枷枷人，枷重三百斤，“不数日即死，先后死者六七十人”[④]。

《明通鉴·纪三十三·宪宗成化十三年》记载了韦瑛诬陷杨勰案：

成化年间西厂设立后宦官为非作歹，祸国殃民。案中杨勰因被仇人告发与父亲一起杀人而求宦官韦瑛通门路说情，耗尽了钱财，却受到韦瑛的诬陷而冤死狱中。案中受害人大呼：“尔擅辱朝臣，不畏国法耶！”逻卒却应答：“尔何人？不畏西厂！”真是猖狂之极。在案件的审理过程中，韦瑛和汪直滥施酷刑，并用了一种新的酷刑——“琶”刑拷问，受刑者骨节寸断，令人发指。最终案件的处理结果以一出冤案而告终，可见厂卫之制造成明中后期正常法制被严重破坏，司法审判主观随意，贿赂盛行，造成冤案丛生等诸多弊端。

三、各种会审制度的发展

（一）九卿会审（又称“圆审”）

是由六部尚书及通政使司的通政使、都察院左都御使、大理寺卿九人会审皇帝交付的案件或已判决但囚犯仍翻供不服之案。

（二）会官审录

即由皇帝直接任命中央各行政机构官吏审理大案重囚的制度。洪武三十年（1397年），令五军都督府（总督天下军队的机构）、六部、都察院、六科给事中（稽查六部百司之官，清代归属都察院）、通政司（朱元璋所设的接受内外章奏，上达不法冤情的机构）、詹事府（太子东宫属之长），以及驸马都尉等共同审理大狱，死罪及冤案奏闻皇帝，其他依律判决。仁宗时又特命内阁学士（皇帝秘书班子）参与会审。

（三）朝审

始于天顺三年（1459年），英宗命每年霜降之后，三法司会同公侯、伯爵，在吏部尚书（或户部尚书）主持下会审重案囚犯，从此形成制度。清代秋审、朝审皆渊源于此。

（四）大审

始于成化十七年（1481年），宪宗命司礼监（宦官二十四衙之首）一员[⑤]，会同三法司

① 《明史·志·卷七十一·刑法三》。《明史·列传·卷八十二·林俊传》：“祖宗以刑狱付法司，以缉获奸盗付镇抚。讯鞫既得，犹必付法司拟罪。”

② 《明史·列传·卷七十七·孙磐》。

③ 《明史·志·卷七十一·刑法三》。

④ 《明史·列传·卷一百三十三·李应升》。

⑤ 参见《明会要·职官》：手捧钦命的司礼监在堂居中而坐，尚书各官列居左右，从此“九卿抑于内官之下，遂为永制”，三法司“皆视中官意”断之，不敢擅决。

在大理寺共审囚徒，“自此定例，每五年辄大审”①。

上述制度是一种慎刑思想的反映，却导致多方干预司法，以至于皇帝家奴也插手司法，最终结果是司法更加冤滥。有明一代，法律制度与实际执法是两张皮，以任意不任法著称，加速了王朝整个政体的腐朽。

【问题与思考】

1. 太祖惩贪设皮场②

明太祖严于吏治，贪赃至六十两以上者，枭首示众，仍剥皮实草。府、州、县、卫之左特立一庙，以祀土地，为剥皮之场，名曰皮场庙。官府公座旁，各悬一剥皮实草之袋，使之触目惊心……所谓革前元姑息之政，治旧俗污染之徒也。

结合本案理解明初重典治吏的思想和法制实践。

2. 洪武间诸“文字狱”③

明祖通文义，然其初学问未深，往往以文字疑误杀人。杭州教授徐一夔贺表有“光天之下，天生圣人，为世作则”等语，帝览之大怒，曰：“生者僧也，以我尝为僧也，光则薙发也，则字音近贼也。”遂斩之。僧来复谢恩诗，有“殊域”及“自惭无德颂陶唐”之句，帝曰：“汝用殊字，是谓我歹朱也。又言无德颂陶唐，是谓我无德，虽欲以陶唐颂我而不能也。”遂斩之。

结合本案分析明朝“文字狱”的特点和实质。

3. 空印案④

空印案是明初四大案之一。“空印”，就是在空白文书上预先盖上官印。地方政府部门每年都要向户部申报钱粮及军需耗用数，由户部核准。文书上数字，凡户部提出异议，就要改正，“因原文书不能涂改，就得重填”⑤。因路途遥远交通不便，为了避免过多往返，地方去京人员一般都事先准备好“空印文书”。但朱元璋仅仅是因为怀疑其中有舞弊行为，“就兴起大案，杀了很多涉案的官员”⑥。

结合本案理解明初朱元璋整顿吏治、加强中央集权的思想和实践。

4. 蓝玉案⑦

蓝玉案是明初四大案之一。蓝玉案中，朱元璋借凉国公蓝玉大将军谋反，诛杀一万五千余人，公侯、宿将、重臣、坐奸党被杀，几无幸免。通过蓝玉案，朱元璋加强了对军队的控驭，皇权得到了空前的强化。

结合本案理解明初朱元璋整顿吏治、加强中央集权的思想和实践。

---

① 《明史·志·卷七十·刑法二》。

② 参见《廿二史札记》，卷三十三。

③ 《廿二史札记》，卷三十二。

④ 参见《明通鉴·卷六·纪六·太祖洪武九年》。

⑤ 同上书。

⑥ 辛子牛主编：《中国历代名案集成》（中卷），352页，上海，复旦大学出版社，1997。

⑦ 参见《明通鉴·纪十·太祖洪武二十六年》。

第九章 清代的法律制度

参考文献

1. 皇朝文献通考·刑考一. 上海：商务印书馆，1935

2. [朝] 申忠一. 建州纪程图记. 见：潘喆等编. 清入关前史料选辑. 第1辑. 北京：中国人民大学出版社，1989

3. 张晋藩. 清律研究. 北京：法律出版社，1992

4. 清实录·太宗实录. 北京：中华书局，1985

5. 赵尔巽等撰. 清史稿·刑法志一. 北京：中华书局，1977

6. 满文老档·太祖. 北京：中华书局，1990

7. 马建石，杨育棠. 大清律例通考校注. 北京：中国政法大学出版社，1992

8. (清) 谈迁. 北游录. 纪闻下·大清律条. 北京：中华书局，1960

9. 郑秦主编. 中国法制史教程. 北京：法律出版社，1998

10. 刑案汇览·序. 台北：成文出版社，1968

11. 刘广安. 清代民族立法研究. 北京：中国政法大学出版社，1993

12. (清) 章梫. 康熙政要. 北京：中共中央党校出版社，1994

13. 清朝通典·食货志一. 上海：商务印书馆，1935

第一节 清代立法概述

一、清代立法思想

1. “参汉酌金”与“详译明律，参以国制”。满族在发展初期是一个人口稀少、文化落后的弱小民族。因此，如何看待自己的固有传统，如何对待外来文化，特别是如何对待比自己更为先进的文化、制度，是决定满族能否发展壮大的关键因素。以努尔哈赤、皇太极、多尔衮以及顺治、康熙、雍正、乾隆为代表的清朝统治集团，是一个极有政治远见、极富政治智慧的统治阶层。他们深知只有不囿于本民族的陈规陋习，勇敢地吸收借鉴汉族的先进文化、成熟的制度，才能够给满族创造生存发展的机会。所以，从后金时代起，他们即以“参汉酌金”作为自己法制建设的指导方针，即借鉴参考汉族、明朝的法律文化、法律制度，同时根据本民族的实际和需要来建立自己的法律体制。早在天命六年（1621 年），努尔哈赤就曾命令一些汉官，把“汉人行事的各种法规律例，全都写在文书呈送上来。抛弃不适当的地方，报告适当的地方”①。在后金政权和大清国政权的立法建制过程中，探求汉家的立法精神，吸收、借鉴明朝立法、法律制度，一直是满族统治阶层的一个重要着力点。皇太极就曾多次强调要仿效“古圣王之成法”。

实际上，清朝从顺治到乾隆期间的立法过程，就是一个不断加深对“详译明律，参以国制”思想的理解的过程。在顺治年间，因为满人刚刚入关，对汉文化包括明朝的法律制度理解不深，只能是简单地仿效明律，制定自己的法典。结果是理想和现实之间还存在比较大的落差。因此，在康熙、雍正两朝，开始注重具体法律问题的研究、总结，逐渐在实际生活中领会、掌握儒家文化的精髓，为后来的正式立法积累了许多经验。到乾隆时期，清朝在中原立足已有近百年时间，整个清朝统治已经被纳入汉文化正统的轨道，真正能够体现清朝特点、融满汉文化于一体的基本法典方始制定出来。

2. “以德化民，以刑辅治”和“宽严之用，因乎其时”。中国传统的“明刑弼教”“德主刑辅”的立法精神清朝被继承了下来并加以发展。《清史稿·世祖本纪二》载：“诏曰：‘帝王以德化民，以刑辅治。苟律例轻重失宜，官吏舞文出入，政平讼理，其道曷由。朕览谳狱本章，引用每多未惬。其以现行律例缮呈，朕将亲览更定之。’”可见顺治皇帝提出的“以德化民，以刑辅治”的立法思想，正是要用德礼教化人民，用刑法辅助治理国家。显而易见，这正是中国各代封建王朝统治者立法的出发点和根本点。《清史稿·刑法志一》载：“世宗遗照有曰：‘国家刑罚禁令之设，所以诘奸除暴，惩贪黜邪，以端风俗，以肃官方者也。然宽严之用，又必因乎其时。’”雍正皇帝这一思想正是来源于中国传统的“刑罚世轻世重”的立法精神。

二、清代立法概况

（一）《大清律集解附例》的制定

清朝第一部综合性法典《大清律集解附例》完成于清顺治四年（1647 年）。清朝的立法创制工作，在入关的初年就已经开始。当清兵占领京城后不过数月，一些降清的汉族官员纷纷上书摄政王多尔衮，请求“早定律法”，并建议“但取清律、明律，订其异同，删其冗繁”，在明律的基础上制定清朝自己的法典。这些建议为多尔衮等接受。多尔衮即曾明白晓示有关部门，在“详译明律，参酌时宜”的原则下“集议允当，以便裁定成书，颁行天下”。顺治二年（1645 年），清世祖顺治皇帝下令调集各衙门中“熟睹律令”者，集中修订本朝律例，并就此项工作降谕：“修律官参酌满汉条例分别轻重差等，汇成一编进览。”② 顺治三年（1646 年），经过“广集廷议”，多次“增损裁量”的《大清律集解附例》编纂完成。在增加

---

① 《满文老档·太祖》，卷二十，天命六年四月，载《满文老档》（上），189 页，北京，中华书局，1990。

② 《清世祖实录》，卷十四，载《清实录·世祖实录》，126 页。

一些小注以后，《大清律集解附例》作为清朝第一部通行于全国的综合性法典，于顺治四年（1647年）三月正式“颁行中外”。同年十二月，《大清律集解附例》的满文本也正式颁发。

《大清律集解附例》的篇目体例一准《大明律》，分名例、吏律、户律、礼律、兵律、刑律、工律7篇，共30门，律文459条。虽然顺治皇帝对于此《大清律集解附例》十分重视，在颁行时要求“子孙臣民世世守之”①，但由于抄袭《大明律》的痕迹过重，许多地方与清朝的实际距离太远，所以在当时出现了“律例久颁，未见遵行”的情况。后世学者也多认为此律无异于明律的翻版。

（二）康、雍、乾三朝的立法与《大清律例》的制定

乾隆初年修订完成的《大清律例》，其篇目结构与《大明律》相同，共分名例律、吏律、户律、礼律、兵律、刑律、工律7篇，律文436条，分47卷、30门，附例1 049条。《大清律例》是以《大明律》为蓝本而制定的中国历史上最后一部综合性封建成文法典。作为有清一代的传世基本法典，从顺治年间制定《大清律集解附例》起步，到乾隆五年（1740年）最后完成《大清律例》，经历了将近一个世纪的探索过程。可以说，《大清律例》无论是从形式上还是从基本精神、主要内容上，都全面继承了秦汉以来千余年间中国传统法律文化的精华，是一部集中国古代法律之大成的法典。同时，《大清律例》的制定，充分考虑到了清朝自身的实际情况和民族特色，因而也是一部适应现实需要，能够调整现实社会关系的法典。因此，后人评价《大清律例》是一部“或隐合古义，或矫正前失”② 的优秀法典。

（三）清朝的律、例关系

在清朝主要法典《大清律集解附例》和《大清律例》中，都是采用律、例合编的法典编纂形式。这种编纂形式，是承袭明朝中叶出现的律例合编方式而来。由于在一部法典之中包含“律”与“例”两种规范，所以如何厘清律、例之间的关系，就成为一个极为重要的问题。在清朝法典中，“律”是作为法典主干的正式律文。《大清律集解附例》中律文是459条，《大清律例》中则是436条。“例”则是在律文之外另议的“条例”，或称“定例”。

概括地说，清朝的条例，承袭明代定例而来，是一种在司法实践中起着广泛作用的制定法。“例”的来源和制定方式多种多样。有学者提出：“明清例是因时、因地、因事制定的单行法规的总称，是臣僚就国家各方面问题及其如何解决所提出的‘奏本’、‘题本’（清多为题本），即所谓‘臣工条奏’，经皇帝批准而奉为法律。”③ 这种解释虽稍嫌繁复，但至少指出了“条例”的一些基本特征。

其一，在明清时期，“条例”是律之外的一种制定法，而非“案例”，更非“判例”。作为一种新的法律形式，“例”产生于明代并在明中叶以后得到广泛应用，是有其历史根源的。如前所述，明太祖朱元璋完成《大明律》之后立下祖训，不许子孙更改。但是，世情万变，随着时间的推移，新的法律问题层出不穷，已远非大明律所能完全解决。碍于祖训，不能改

① 《大清律例通考》，卷一，载马建石、杨育棠：《大清律例通考校注》，2页，北京，中国政法大学出版社，1992。

② 赵尔巽等撰：《清史稿·刑法志一》，卷一百四十二，4186页，北京，中华书局，1977。

③ 王侃、吕丽撰：《明清例辨析》，载《法学研究》，1998（2）。

动明律律文，所以只好在律文之外，另定相应的条例，来解决社会生活中衍生的新问题。这样既维持了律文的稳定性，又能因时制宜地适用法律。久而久之，“例”作为一种新的法律形式开始被人们广泛地接受。因此，从“条例”形成的历史过程、主客观情况分析，明清时的“例”都是制定法，而非判例或案例。

其二，“条例”是经过一定程序而形成的正式法律规范。从清朝的情况看，能够引发制定“条例”动议或意向的因素很多。可以是新近发生的个案，而关于此类案件律条未有明文，或是律文的规定不甚妥当；可以是国家行政、经济、民事、军事、教育、宗教、礼仪等各个方面出现的新问题，需要制定新的规则处理；也可以是皇帝有新的想法，需要相应的规范去贯彻实施。但是，这些都仅仅是能够导致制定条例的“因素”，并不是意味着本身就是条例。当上述情况发生以后，有关部门认为有必要制定一新的条例时，就会拟定“奏本”“题本”之类的“臣工条奏”，上奏于皇帝，在获得皇帝首肯或授权以后，才正式拟定条例文本，颁行天下。在正常情况下，“条例”并非全部集中颁行，而是随时公布。但每隔一段时间，朝廷就会对以前所公布的条例进行整理、删修。只有那些被时间和实践证明是成熟的条例，才有可能被纳入律典之中，成为国家主体法律的一部分。

律、例两者之间，存在着极为密切而且也非常复杂的关系。第一，律、例都是国家的重要法律规范，二者同时规定在国家的基本法典之中，同样对现实社会关系起实际的调节作用。第二，律是国家最根本的规范，是法律的主体。而“例以辅律”，是对律文的进一步充实、补充。从清朝的实际情况看，律所规定的是法律的基本精神、大的原则。“例”的制定是以律为基础和依据的。虽然“例”的制定未必在每一细节上都与“律”一致，但是，其基本价值取向、基本的是非观念，不能且在实际上也没有超出“律”的原则框架。第三，在不违背“律”所确立的大的原则和方向的前提下，“例”可以根据实际需要作出新的规定，以补律之不足。因为社会生活千变万化，单靠《大清律例》436 条律文是无法满足社会需要的。作为国家的基本法律准则又需要有一定的稳定性，不可能逐年逐月地修订法典。

清朝的“条例”是一种十分重要的法律形式。从清朝遗留下来的一些实际案例所反映的情况看，司法官在判决案件时，经常是引用律文在先，引用例文在后，最后的判决，则常常是以现行的条例的规定作为依据。应该说，明清时期形成的这种律、例并举的形式，是一种比较成熟的方式。因为一方面可以由比较成熟和稳定的律文来确定一些基本的法律价值和道德价值，另一方面又可以运用条例这种灵活的、可以适应时变的规范来处理调节具体的社会关系。明清之际的律例关系，也反映出在中国封建社会后期，统治者已经越来越娴熟地运用法律手段来管理国家、调节社会。

(四)《大清会典》的制定

除制定《大清律集解附例》《大清律例》等综合性法典外，清朝各代君臣也曾仿效前朝的做法，致力于会典的编纂和修订工作。康熙二十三年（1684 年），为将国家机关的各项活动纳入“有典有则”的规范化轨道，清圣祖下诏仿照《明会典》的形式起草清朝会典。此次起草工作历时六年完成，史称《康熙会典》。在康熙朝以后，雍正、乾隆、嘉庆和光绪朝均在前朝会典的基础上，结合本朝国家机构的发展变化，分别制定出《雍正会典》《乾隆会典》《嘉庆会典》和《光绪会典》。这些会典，后人统称为《大清会典》或“五朝会典”。

《大清会典》循“以官举职，以职举政”的思路，详细记述了有清一代国家机构的设置、职权范围以及办事规程。在每一机关之下，开列该机构的建制、官员职数、品秩、职掌、权限，并考述其历史沿革，记载历年重要事例。因为会典集中采辑了各衙门的档案文册以及历朝实录、官书、政书、律例中的相关部分，所以它不仅成为国家行政法律的汇编，而且是研究清朝国家机构源流演变的最重要的资料。

（五）用于少数民族聚居区的民族法规

清朝是满族贵族统治集团在中原地区建立的全国性、多民族的封建政权。在清朝前期，国家的疆域极为辽阔，境内包含数十个民族。同时，满族贵族以外族入主中原，是征服者、统治者，但被统治的是人口远远超过满人的汉族，以及蒙、藏、回、苗等民族。因此，民族关系、民族问题对于清政府来说，是一个极为重要的政治问题。从立国伊始，清政府就在政治、法律上采取了一系列的措施，审慎处理民族问题，以巩固满族政权对全国的统治。在政治层面，根据自己的政治需要，对于各民族采取不同的政策。

清朝众多的民族性法律、法规中，比较突出的有适用于蒙古族、藏族等西北地区少数民族的《理藩院则例》，有包括《酌定西藏善后章程十三条》《藏内善后章程二十九条》《新治藏政策大纲十九条》等处理西藏事务的重要章程，有适用于维吾尔族的专门法规《回疆则例》，有适用于青海地区少数民族的《青海善后事宜十三条》《青海禁约十二事》《西宁青海番夷成例》，以及适用于苗疆地区的各种条例、禁约和章程等。其中，就规模庞大、体系完整、内容丰富而言，当首推《理藩院则例》。

《理藩院则例》最初由《蒙古律书》演变而来。有关专家考证，早在嘉庆十六年（1811年），已有《理藩院则例》正式的名称。[①] 现存嘉庆二十年（1815年）版的《理藩院则例》，共分63门，计713条。道光、光绪年间，曾有3次修订。其主要内容包括：(1) 关于理藩院的机构职掌及编制。(2) 关于蒙古地区的行政区划、职官和各项社会管理制度，如蒙古地区的土地、丁口、赋税、官员俸禄、朝觐，蒙古王公扈从、仪制、婚礼、赐祭、军政、会盟、邮政、边禁及喇嘛事例，等等。在有关“喇嘛事例”中，以法律的形式确认了蒙古地区的活佛转世制度。(3) 确立蒙古地区的刑法制度。《理藩院则例》具体规定了在蒙古地区对于人命、强盗、盗窃、发冢、犯奸、略买略卖、违禁、杂犯等犯罪行为及其处罚标准。(4) 规定首告、人誓、审断、留养、收赎、赦免、监禁、解递等适用于蒙古地区的司法诉讼制度。(5) 规定西藏、青海和新疆地区的职官制度、社会管理制度。

（六）各部、院则例

在清代，除以《大清会典》为最基本的行政法律规范以外，中央政府各部、院，还制定有各自的“则例”，来规范本部门的行政行为。如六部皆有自己的“则例”：《钦定吏部则例》《钦定户部则例》《钦定礼部则例》《钦定中枢政考》《刑部现行则例》《钦定工部则例》等。其他如理藩院有《理藩院则例》，都察院有《钦定台规》等。在有些国家机构中，还定有专门性的则例，如《吏部处分则例》《兵部处分则例》《吏部铨选则例》《赋役全书》《学政全书》等。这些部门则例，构成了清朝行政法规的重要内容，在规范国家机关行政行为、提升行政效能方面发挥了重要作用。

---

① 参见刘广安：《清代民族立法研究》，11页，北京，中国政法大学出版社，1993。

第二节 清代的行政法律

引例 顺治十四年科场舞弊案①

此案发生在清朝顺治十四年（1657年）。顺治十四年秋，清朝在顺天府举行科举大考。主考官是翰林院侍读曹本荣、侍讲宋之绳，副考官有大理寺左评事李振邺、右评事张我朴、国子监博士蔡元禧、行人郭睿等14人。此科限取士子仅206人，而参加考试的“八府之秀”有4 000名，又有拔贡、岁贡、官生、民监共一千七百余人。为了考试中榜，应试者千方百计疏通“关节路径”。李振邺等因而借机收受财贿，应承请托，由于嘱托甚多，而名额有限，李振邺等人私下权衡取舍，决定取舍不是依据考生成绩，而是钱财的多少。待到张榜公布后，人情大哗。一些知道舞弊内情的“老试”或因落第而纷纷向官府举报。经奏请皇帝裁决，监考官李振邺、张我朴、蔡元禧、陆贻吉、项绍芳、举人田耜、邬作霖等人被判处斩刑，立即执行，并没收其家产，父母兄弟妻子俱流徙尚阳堡，主考官曹本荣、宋之绳交部议处。顺治十五年（1658年）正月，复试上年顺天中试举人，录取米汉雯等182名。另有8名文理不通，俱革去举人。其中有作弊作伪者，查有王树德、陆庆曾等多人，均判处死刑，其妻子、父母、兄弟流徙尚阳堡。

一、强化以绝对皇权为中心的专制体制

在国家的基本制度方面，清朝完全承袭了明朝的体制和框架，建立起了一套以绝对皇权为中心的高度中央集权的专制体制，并通过各种形式的行政立法，将这种专制体制制度化、法律化。清朝中央权力中枢机构，与明朝明显不同的是始设于雍正年间的军机处。清朝的一些重大政务，在皇帝有了初步的考虑以后，往往交由军机处，由军机大臣起草诏旨。这些由军机处起草的诏旨，有的经正常程序先发内阁，次及各部、院，称为“明发”；有的则绕过内阁，由军机处密封后直达地方督抚，称为“廷寄”。地方督抚的章奏，也可经由军机处直达皇帝。清朝的军机处，是一个“有官无吏”的特殊衙门。不过，清朝的军机处虽然地位显赫，处于国家的最高权力中心，但对国家重大政策实际上并无决策权。同明朝一样，清朝实行的是皇帝高度集权的政治体制，军机处、内阁都不过是皇帝的秘书班子、参谋机构，主要职能是协助皇帝处理政务，与明朝以前的中书省、宰相或政事堂无法相比。

清朝的地方政府，分省、道、府、县四级。清朝各省的行政长官为巡抚，但是在一些重要省份或区域，清朝还设总督一职，控制一省或数省的政务，因而总督成为拥有较大权力的“封疆大吏”。在督抚之下，各省设布政司和按察使司，由布政使和按察使分理民政、财政和

① 参见《清代通史》，卷上。转引自郭成伟、肖金泉：《中华法案大词典》，664页，北京，中国国际广播出版社，1992。

刑狱。清朝的“道”，为省之下、府之上的一级行政机构。在乾隆以后，道分为“守道”与“巡道”两种。“守道”是指有固定辖区的机构，管理一道之内的民政钱谷。“巡道”则是分巡一定区域内的刑名案件，辖区并非固定不变。在清朝，还经常根据需要而专设负责某一方面事务的道员，如督粮道、兵备道、盐法道，等等。道之下是府、县两级行政机构。各府行政长官是知府。在府之下，有厅、州作为府属行政单位，但并非是一级独立的地方政权机关。在一县之内，设知县为长官，综理县内民政、钱谷、狱讼、文教等各方面的政务。在县之下的乡村，还设立保甲制度，负责催办钱粮、缉捕盗贼、调解民间纠纷等。保甲制度在维护封建国家的统治秩序方面发挥着独特而重要的作用。

二、进一步加强职官管理

（一）官吏的选拔制度

清朝官吏的选拔任用，大体上可以分为“正途”与“异途”两种途径。所谓“正途”包括科考、皇帝的“特简”和大臣“会推”几种方式。其中，参加科举考试是士子们进入官场的主要门径。所谓的“异途”，是指通过捐纳、荫生制度获得官职。按照清朝的制度，士子可以钱粟捐官，文官最高可捐至道府、郎中，武官则可捐至游击。贡生、监生等生员身份，亦可用钱捐得。荫生制度，则是规定一定范围内的官吏可以荫庇一定数量的亲属，由朝廷提供官职。清朝的荫生，有恩荫、难荫、特荫几种形式。为规范荫生制度，清朝还定有《荫生授官例》，在《大清律例》中也有相关的规定。

（二）官吏的考核制度

对职官的考绩，是清朝行政法的重要内容。在顺治朝，清朝在官吏考核上基本是沿用明朝的“考满法”。在康熙以后，形成了“京察”和“大计”两种比较规范且有清朝自己特色的职官考绩制度。所谓“京察”是对在京百官政绩的考察。按照清朝的制度，“京察”每隔三年举行一次。其中，三品以下官员由吏部和都察院负责考核，三品以上官员及总督、巡抚等大员，则先自陈政事得失，最后由皇帝敕裁。经过考察以后，官员按照“称职”“勤职”“供职”这三种等级，实行奖惩。“大计”则是对地方官员的考察，亦是每隔三年进行，考察的范围，包括各藩、臬、道、府及州县官员。一般是由各级官员依隶属关系逐级考察，作出评断，最后申之各省督抚，核其事状，注考造册，送吏部复核。“大计”后的官员，按“卓异”与“供职”两个等级奖惩。清朝对官员的考绩，不论是“京察”还是“大计”，都以“四格”“六法”作为考核标准。所谓“四格”，是指“才”（指才干，分长、平、短三等）、“守”（指操守，分廉、平、贪三类）、“政”（指政务，分勤、平、怠三类）、“年”（指年龄，分青、中、老三类）。所谓“六法”是指“不谨”“罢软无为”“浮躁”“才力不足”“年老”“有疾”共六个方面的缺失。按照清朝的制度，在经过考绩以后，被列入“不谨”“罢软”者，革职处分；属“浮躁”“不才”者，降级；系“年老”“有疾”者，勒令退休。

为保证各级官吏能够忠于朝廷、为皇帝和国家服务，清朝进一步加强了对官吏的监督机制。特别是自雍正以后，将六科给事中并入都察院，与各道监察御史分别负责对中央和地方官员的监察和纠弹。六科给事中和各道监察御史合称“科道”，是皇帝的重要耳目。除皇帝以外，只有军机处不受科道的监督，其余中央、地方各衙门、各级官吏，均在六科及监察御史的稽查范围之内。在一些重大的政治斗争中，监察官员的弹劾，是皇帝打击臣僚的方便而有效的武器。

第三节 清代的刑事法律

引例 南山集狱案①

此案乃清康熙朝最大的文字狱案，发生于康熙五十年（1711年）。戴名世系安徽桐城人氏，早年聪颖，才思敏捷，好读史籍，尤留心有明一代史事，网罗放失，时访明季遗老，考求故事，兼访求明季野史，参互考订，以期后来成书而藏之名山。康熙四十一年，戴名世由浙江回故里卜居南山冈。其门人尤云锷刊刻其平素所著文稿行世，名曰《南山集》。其中收有桐城方孝标所著《滇黔纪闻》及门人余湛所书明末桂王时之史事。康熙四十四年，戴名世应顺天乡试，中举。康熙四十八年会试复中，殿试取一甲第二名，授翰林院编修。时年已五十七岁。康熙五十年，左都御史赵申乔据《南山集》奏参戴名世"妄窃文名，恃才放荡，私刻文集，肆口游谈，倒置是非，语多狂悖"，奏请"敕部严加议处"。康熙帝诏令"该部严察，审明具奏"。经刑部审讯，将戴名世等供词上奏，并查得："戴名世书内，欲将本朝年号削除，写入永历大逆等话。"康熙五十一年正月，刑部等衙门会奏："审察戴名世所著《南山集子遗录》内，有大逆等语，应即行凌迟。"是案牵连达数百人。

引例 查嗣庭被诛案②

此案发生在清朝雍正四年（1726年）。查嗣庭乃浙江人氏，为江西考官，以"维民所止"命题考试诸生。有御史因而参劾，谓"维""止"两字采取"雍正"二字去其首也。雍正帝闻奏遂谕内阁九卿科道等曰："查嗣庭向来趋附隆科多，伊曾荐举，朕令在内庭行走，后授内阁学士，后见其语言虚诈，兼有狼顾之相，料其心术不端……今阅江西试录，所出题目，显系心怀怨望，讽刺时事之意。料其居心乖张，平日必有记载，遣人查其寓所行李中，则有日记二本。悖乱荒唐，怨诽捏造之话甚多。又于圣祖之仁皇帝用人行政，大肆讪谤……查嗣庭着拿问，交三法司严审定拟。"不久，查嗣庭死于狱中，雍正仍令戮尸枭示。其子坐死罪，家属流放。

---

① 参见《清代通史》，卷上。转引自郭成伟、肖金泉：《中华法案大词典》，666页，北京，中国国际广播出版社，1992。

② 参见上书，669页。

一、刑法原则的发展

（一）贯彻“教孝”“劝忠”的精神

清朝在刑法适用方面贯彻“教孝”“劝忠”的精神。《清史稿·刑法志一》载：“其立法之善者，如犯罪存留养亲，推及孀妇独子；若殴兄致死，并得准其承祀，恤孤嫠且教孝也。犯死罪者非常赦所不原，察有祖、父、子、孙阵亡，准其优免一次，劝忠也。”这样，通过扩大犯罪存留养亲的范围，以及给阵亡者的直系亲属一次免除非常赦所不原的死刑的机会，鼓励国民尽忠尽孝。

（二）规范类推制度

清朝在继承明律的前提下，规定了比唐律限制更多的、更严格、更规范的类推制度。依唐律，断罪无正条时，官府可以依“其应出罪者，举重以明轻；其应入罪者，举轻以明重”的原则自行类推适用相近条文，并无奏报上级审批程序。但是，清律则规定，要“议定奏闻”，上报皇帝审批，不得擅自断决。

二、严惩重大犯罪

（一）反逆重罪扩大化

同明律一样，清律承袭了隋、唐以来的“十恶”制度，并将“谋反”“谋大逆”“谋叛”和“大不敬”等危害皇帝安全和尊严的行为，列为最严重的犯罪，用最严厉的刑罚加以惩处。按清人的解释，“谋反”等重罪是“无君无亲，反伦乱德，天地所不容，神人所共愤者”，属“其恶已极，其罪至大”，因而“法不容宽”。按《大清律例·贼盗》的规定，凡“谋反”“谋大逆”者，本人不分首从皆凌迟处死，父子、祖孙、兄弟及同居之男子年十六以上者，不分同姓异姓，亦不限籍之异同，不分是否残疾，一律处斩。男子十五以下及母、女、妻、妾、姊妹，甚至子之妻妾，一并没收，给付功臣家为奴，财产入官。即使子孙确不知情，年十一以上，也要阉割，发往新疆为奴。甚至十岁以下幼童也要监禁到满十一岁后阉割。在清朝实际政治中，“谋反”“大逆”的范围在不断扩大。诸如“上书奏事犯讳”“奏疏不当”等，经常被加上“殊属丧心病狂”“妄议朝政”等罪名，按反逆重罪处罚。对于“谋叛”，清朝的处罚范围也有所扩大。按《大清律例》相关条文的规定，凡谋叛者，本人不分首从皆斩，妻妾、子女给付功臣之家为奴，财产入官。“若逃避山泽，不服追唤者，以谋叛未行论。若拒敌官兵者，以谋叛已行论。”为严厉打击汉族民众的反抗，清政府进一步将汉族传统的结社、拜盟等行为列为犯罪，并照谋叛律例处罚。早在顺治年间，清朝廷就下令严禁“盟社”，规定“士子不得妄立社名，纠众盟会……违者治罪”。

（二）严惩宦官干政及大臣结党

早在顺治朝即规定，宦官若窃权受贿、结交官员、越分奏事，则凌迟处死。在《大清律例》中，则规定了“奸党罪”条款，同时在定例和其他附属立法中作了许多补充。例如，在《钦定吏部则例》中规定：“凡内外官员除系至亲好友、世谊乡情，彼此来往无庸禁绝外，如外官赴任时谒见在京各官，或至所任差人来往交结者革职。其在京各官与之接见及差人至外官任所来往者，亦革职。”清朝政府尤其注意各旗王公与外官的往来勾结，规定现居外任的各旗王公所属人员因事来京城时，不许谒见本管王公，违者杖一百处罚，该管王公亦交宗人府照违制律论处。朝中大臣与宫内近侍之间、京官与家资富厚者之间的交结，亦在禁绝之列，违者最重可处充军甚至斩刑。

(三) 加重对强盗、窃盗等重罪的处罚

从总体上看，清律在定罪量刑上，加强了对强盗、窃盗等危害社会治安犯罪的处罚和镇压。对于强盗行为，《大清律例·刑律·贼盗》律文沿袭了明律的规定，强盗但得财者（不论财之多少），不分首从皆斩。除此而外，清朝还陆续增订了数十条定例，加重对强盗行为的处罚。

在有关强盗的定例中，规定了“江洋大盗”等新的罪名，并规定了“枭首示众”“立斩枭示”“就地正法”等残酷的刑罚。对于普通的盗窃财产的行为，清朝的实际处罚也重于明朝。在顺治时期，增规定盗窃赃银120两即处绞监候。而且在清代，强盗、窃盗犯罪，除要处以上述重刑外，还要在面部刺字，作为犯罪的标志。

(四) 大兴“文字狱”，惩罚“异端思想”

清朝统治者出于民族统治压迫的需要，钳制汉族士大夫的思想文化，除运用法律手段对“异端思想”进行处罚以外，还直接承袭了明代的“文字狱”的做法，大兴“文字狱”，将不利于现实统治的一切思想学说予以禁锢、扼杀。康熙朝的“庄氏明史案”、雍正朝的“查嗣庭案”和乾隆朝的“胡中藻诗案”等，都是典型的根据文字随意罗织、锻炼而成的大案，牵连极广，为害也极大。由于在《大清律例》中并无文字狱条款，所以对于此类案件，往往是比照谋反、大逆罪处罚，处刑极为残酷。

三、刑罚制度的发展

(一) 死刑种类进一步明确而且增多

清朝的死刑，有凌迟、斩、绞数种。对于普通犯罪，多适用斩刑与绞刑。斩、绞刑又分“立决”与“监候”两种方式。所谓“立决”，是对于那些性质比较严重、案情属实、适用法律适当并无疑义的案件，判处斩刑或绞刑，在当年秋分以后执行，称为“斩立决”或“绞立决”。对于那些尚有疑问或是有矜免情节的案件，则判处“监候”，称为“斩临候”或“绞监候”。被判“斩监候”与“绞监候”的案犯，不在当年处决，而是暂时监禁，留待来年秋审或朝审再作判决。

枭首也是清朝适用较为广泛的死刑方法。清初枭首刑的适用尚较为严格，仅在凌迟重案中照例枭首示众。但随着时间的推移，枭首刑适用范围越来越宽。在清朝定例中，大凡强盗、窃盗及所谓“江洋大盗”、京城及城郊的劫盗等，都规定应“枭首”或“枭示”。按照清朝的制度，女犯例不枭首。

作为宋元以后的极刑，凌迟刑一直被各朝广泛地适用。清律之中，凌迟刑也被当作最重的刑罚，适用于谋反、大逆等重罪。在《大清律例》中，除全部承袭明律规定的13种凌迟罪名外，还陆续增加了劫囚、发冢、谋杀人、杀一家三人、威逼人致死、殴伤业师、殴祖父母父母、狱囚脱监、谋杀本夫共9条13罪，凌迟刑的适用范围又有所扩大。《大清律集成》记载说：“凌迟者，其法乃寸磔之，必至体无残脔，然后为之割其势，女则幽其闭，出其脏腑，以毕其命，仍为支分节解，俎其骨而后已。”直到清代末年，这种酷刑才被废除。

(二) 规定了迁徙、发遣等刑罚

迁徙是将犯罪人强制迁离原籍一千里外安置，未得官府许可，永远不得回原籍。多适用于斗殴杀人之案。迁徙介于徒刑和流刑之间，形式上与流刑相近，但比流刑要轻。

发遣是清朝创设的一种刑罚方法，是指将犯罪人发往边疆地区给驻防官兵为奴。这是一种比充军更重的刑罚，多适用于政治性案犯。如在一些文字狱案中，曾经将罪人发遣至新疆伊犁等地。

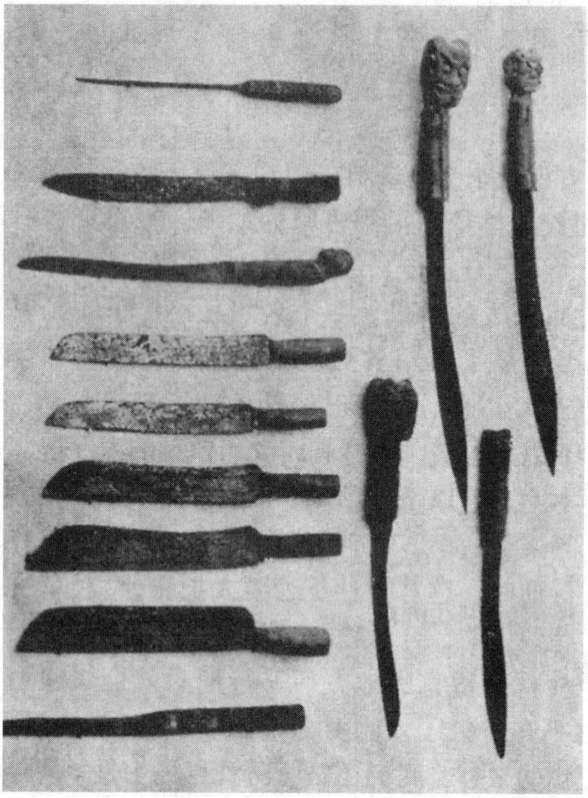

图 9—1 凌迟的刀具

（三）刺字、枷号等刑罚的适用范围扩大

在清朝，刺字是一种常用的附加刑。初期刺字仅用于强盗、窃盗等案。在后来的定例中，刺字的适用范围也越来越大，大凡凶犯、逃军、逃流、外遣、改发等，都要刺字。清朝刺字有刺面、刺臂之分。有的刺所犯事由，有的则刺所配地方。刺字刑的适用，有多方面的考虑：使罪人有刺肤之痛，是惩罚；使罪人有明显的犯罪标识，则是耻辱，同时也便于缉捕。

在清朝定例中，也有许多条款规定了枷号的刑罚。从清朝定例看，主要是适用于伦理、风化案件的附加刑罚。枷号一般是在主刑执行完毕以后，将人犯带枷立于衙门之外、城门口或集市之处，时间有一月或两月。对于那些子孙不肖、违犯教令，或是触犯奸非、“光棍”等罪名的人犯，经常枷号示众。

（四）流刑和充军等刑罚的适用更加明确

清朝的三等流刑分别是：流二千里，杖一百；流二千五百里，杖一百；流三千里，杖一百。清朝编纂的《三流道里表》还分别载明了各省、府的三等流刑应发往的地点，按计程途，限定地址，以此来防止各省随意发配，处分不均。

清朝的充军刑亦分五等：极边、烟瘴（均为四千里）、边远（三千里）、近边（二千五百里）、附近（二千里）。充军刑一般在定罪后由兵部发配。为解决路程远近的标准问题，乾隆年间专门制定了《五军道里表》，并载于《大清律例》之内，以统一的标准确定充军地点。

图 9—2 立枷

图 9—3 戴枷之囚

第四节　清代的民事经济法律

引例　兄弟讼田案[①]

此案发生于雍正五年（1727 年）。故民陈智有二子，长阿明，次阿定。少同学，壮同耕，两人相友爱也。娶后分产异居。父没，剩有余田七亩，兄弟互争，亲族不能解，至相争讼。知县说："我不能定这个案子。你们俩各伸一只脚，合在一起上夹板，谁能忍受痛苦，田产就归他。"知县又命令差役把两人用一根铁索拴在一起，同吃、同坐、同睡、同时大小便。起初二人相互怨恨，互不理睬。几天后，互相说话，并有悔改之意，经过说服教育，兄弟二人相互推让田产。这时，知县放回二人，让他们与妻商量。第二天，兄弟二人各携妻，邀请族长来到公堂上。二人痛哭，表示悔意。妯娌也相互谦让。知县说："这些田产作为你父亲祭祀的资产，兄弟二人轮流收租，子子孙孙永无争端。"族长、兄弟、妯娌叩头称好，再三拜谢。

一、"开豁贱籍"及雇工人法律地位的变化

如前所述，清王朝的建立，是中国数千年封建社会制度的延续。在民事法律包括所有权、债、契约及婚姻家庭制度等方面，清朝完全承袭了明朝的制度，其基本的原则和制度并无根本性的变化。只是随着时间的推移和社会的发展，在一些具体制度上，例如在人身依附关系方面，清朝有所损益。其中，比较突出的表现在"开豁贱籍"和雇工人法律地位两个方面。

良贱之间的不平等，是中国传统法律的重要内容之一。在《大清律例》中，仍保留了"良贱为婚姻"[②]、"良贱相殴"及"奴婢殴家长"[③] 等条款，继续确认良贱不平等的制度。被列入贱籍的人民处于社会的最底层，被剥夺了许多权利。但在雍正以后，迫于各方面的压力，清朝廷下令开豁山西、陕西的"乐户"和绍兴府的"惰民"为良民。此后，徽州府的"伴当"、宁国府的"世仆"及河南"丐户"、广东"蛋户"都逐渐获准"豁免为民"。乾隆年间，再次下令，规定凡获准豁除贱籍的乐户、丐户、蛋户、惰民等，如经报官改业，经过四世，而且本族亲友皆能"清白自守"，准许参加科举，或是捐官。而且在定例中规定，如有地方劣绅恶棍"逼勒凌辱"已获开豁的"贱民"，或是"贱民"仍"自甘污贱"者，依律治罪。

清代的雇工人，主要是指自己失去土地、受雇于他人、从事家庭内劳动的人。因为是从

---

① 参见（清）蓝鼎元：《鹿洲公案·偶纪上》，123～125 页，北京，群众出版社，1985。

② 《大清律例·户律·婚姻》，载马建石、杨育棠：《大清律例通考校注》，452 页，北京，中国政法大学出版社，1992。

③ 《大清律例·刑律·斗殴》，载上书，834、836 页。

事家庭劳作，与雇主有主仆的名分。因此，雇工人与雇主之间，存在着一种人身依附关系。在《大清律例》相关律文中，雇工人之于雇主，与奴婢之于家长大体相当。若雇工人殴家长，即使无伤，亦应杖一百，徒三年；已伤者，不问轻重，处杖一百，流三千里。[①] 这种处罚明显重于常人。

不过，在乾隆以后的定例中，雇工人对于雇主即“家长”的人身依附关系，有逐渐放松的倾向。如乾隆二十四年（1959 年）定例规定：“雇工人受值五年以上者于家长有犯，均依雇工人定例。其随时短雇，受值无多者，仍同凡论。”在嘉庆六年（1801 年），清政府对雇工人法进行了较大的修改。在清朝中期以后，雇工人条款的适用范围有所缩小，一般雇工与雇主之间的人身依附关系在法律上已经大大减轻。

二、“地丁合一”的财税立法

鉴于历史上所存在的问题，清朝立国以后，也一直在探索国家的税收体制问题。顺治十四年（1657 年），清政府仿照明朝的制度颁行《赋役全书》，根据登记的土地和人丁的等则、数量，计算确定田赋和丁银的数额，作为征收赋役的标准。至康熙末年，国家政治稳定，经济也获得了较大的发展，进行深层次赋役改革的条件已经成熟。康熙五十二年（1713 年），清朝廷正式宣布：“嗣后直隶各省地方官遇编审之期，察出增溢人口，只将实数另造册奏闻，其征收钱粮，但据五十年丁册定为常额，续生人丁永不加赋。”这就是清朝著名的“盛世滋生人丁永不加赋”的政策。此项财政措施的核心在于，在康熙五十二年（1713 年）以后，各地的赋税，仅依照康熙五十年丁册所确定的数额为常额征收，以后虽有人口滋生，但税额不增。也就是说，人丁税额不再增加，永远停留在康熙五十年的水平上。

不过，“滋生人丁永不加赋”的政策，虽然可以在一定程度上减轻人民的负担，但仍未解决丁役负担不均的问题。为此，在确定“滋生人丁永不加赋”后数年，清朝政府用法律手段进一步推行“摊丁入地”的政策，将人丁应纳丁银按照土地数量平均分配到田赋之中，不再按人头征税。这是中国古代财税制度的一次重大改革。“摊丁入地”的政策，从雍正元年（1723 年）以后在各地陆续推行，大约经历了百余年时间最终完成。自此，延续了数千年的人丁税正式退出历史舞台。

三、“禁海”政策及限制矿冶业和私人资本发展

清朝建立以后，全面继承了中国数千年以来的社会体制，包括传统的经济制度。因此，“重农抑商”也是清朝政府的基本国策。世宗雍正皇帝曾在上谕中强调：“朕观四民之业，士之外农为最贵。凡士工商贾，皆赖食于农，故农为天下之本务，而工商皆其末也。”[②] 高宗乾隆皇帝也表示：“欲天下之民，皆尽力南亩。”[③] 在这种传统观念的支配下，清政府很自然地把国家政策的重心置于农业和传统农村社会方面。国家的法律，也主要以调整传统农耕生活为中心。另外，对于一切与传统农业经济不相容、对封建专制制度构成潜在威胁的资本主义经济因素，即通常所谓“资本主义萌芽”，则运用各种手段，包括法律制裁的方法进行限制、扼杀。从法律角度看，这些限制性措施主要表现在以下几个方面：

---

① 参见《大清律例·刑律·斗殴》，载马建石、杨育棠：《大清律例通考校注》，836 页，北京，中国政法大学出版社，1992。

② 《清世宗实录》，卷五十七，载《清实录·世宗实录》（一），866～867 页。

③ 《清朝通典·食货志一》，2025 页，上海，商务印书馆，1935。

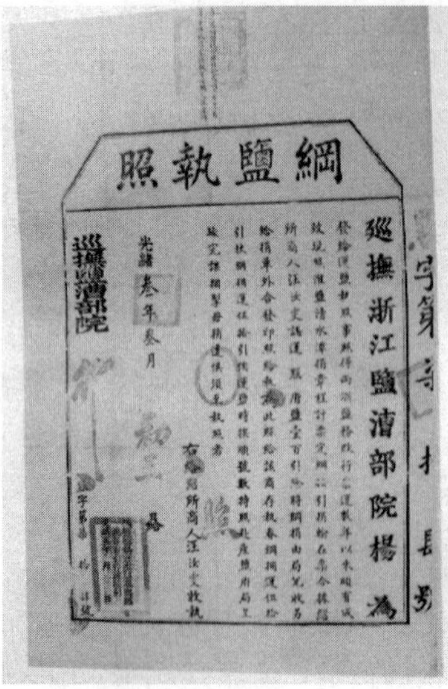

清光绪三年(1877年)汪汝雯运纲盐执照

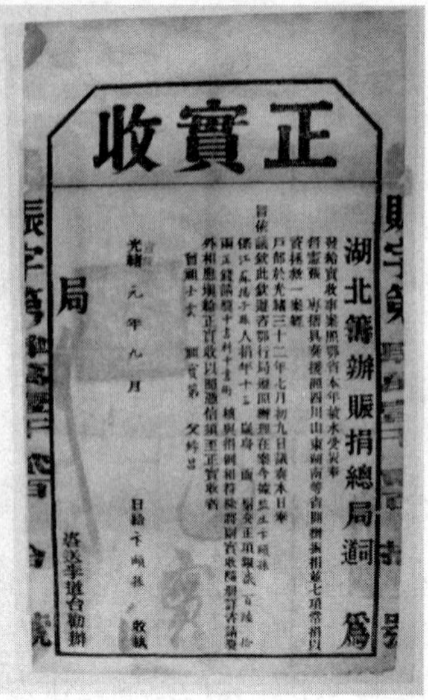

清宣统元年(1909年)卞颐孙捐中书衔正实收

图 9—4　田藏清朝契约①

（一）颁布“禁海令”

清朝的“禁海令”，起初是出于政治和军事目的的。在满族入关之初，南方汉族军民纷纷起兵反抗。其中，民族英雄郑成功为首的福建军民以厦门、台湾为根据地，坚持抗清数十年。为镇压沿海抗清力量，清政府颁布“禁海令”，规定“寸板不得下海”。随后又颁行“迁海令”，强制闽、广、苏、浙沿海居民内迁五十里，企图以这种方法割断抗清力量的粮食、财物等军需供应。康熙二十三年（1684年），清政府收复台湾，海禁一度有所放宽，沿海对外贸易也一度蓬勃兴盛起来。但在康熙五十六年（1717年），出于经济的考虑再度下达禁海令，严申海禁，这种闭关锁国的政策一直延续到鸦片战争以前。为贯彻这一政策，清朝廷陆续在《大清律例》中增订了三十余条条例，对海上各种贸易行为，实施严厉打击。严厉的海禁措施，使得在清朝的大部分时间里，沿海对外贸易被完全禁绝。通过海禁政策，清朝政府虽然基本上保持了封建的自给自足的自然经济的纯洁性，但为此付出的代价是极为沉重的。因为严厉的海禁政策，割断了中国与外部世界的联系，丧失了与外界交往、向西方学习的机会。清朝后期之所以迅速衰败，之所以遭受西方列强的肆意欺凌，当初实施闭关锁国的严厉的海禁政策，不能说不是原因之一。

（二）限制民间矿业的发展

同海禁政策一样，清朝政府的矿业政策也表现出极端的保守性质。在清朝，铜、铁、铅、硝石及金银等，均是国家经济生活中的重要物资，无论是官府还是民间，对矿冶业都有很大的需求。但是，清朝政府从政治和经济的角度考虑，严厉禁止私人矿冶业的发展。清朝廷禁止私人矿业发展、限制私人矿业的经济理由，则是出于传统的“盐铁官营”观念，希望由官府垄断矿冶业，以获得全部的利润。因此，在清朝定例及《户部则例》等法律法规之中，对矿冶业作了诸多的限制规定。例如，康熙四十三年（1704年）上谕中明确宣称：“开

① 参见田涛、[美] 宋格文、郑秦主编：《田藏契约文书粹编》（一），北京，中华书局，2001。

矿事情，甚无益于地方，嗣后有请开采者俱不准行。”其后虽略有开放，但限制仍严。康熙时亦曾定例：“各省开采铜铅，令道员点理，府佐官分理，州县官专管其事”，听本境民人采取，税其二分。“如有别州县民结伙移境，聚至三十人以上”，为首者发近边充军。《户部则例》曾就陕西山南铁厂商民自出资本募工开采一事作出规定，要求由地方官查明商人姓名、籍贯，取具甘结，并由藩司发给执照，放准开采。“倘有私挖，即行封禁，照例治罪。”矿冶业是近代工业的基础，对矿业开采的诸多限制，无形中对其他工商业的发展形成了极大的阻碍。

（三）压制私人商业

基于传统的“重农抑商”政策，清朝政府采取两个方面的措施，打击和压制私人商业的发展。一是广设钞关，重征商税；一是以严刑峻罚推行禁榷制度，对盐、茶、矾等高利润的民生物资，实行官府垄断经营。《大清律例》中在“户律”之下专门设有“课程”一门，规定了“匿税”“舶商匿货”及“人户亏兑课程”等条款，对各种逃避商税的行为进行处罚。凡客商匿税不纳课程者，笞五十，货物一半入官。于入官物内以十分为率，三分付告人充赏。商匠入关门，必先取官置号单，备开货物，凭其吊引，照货起税。入门不吊引者，同匿税法。[①]《户部则例》甚至规定“关税短缺令现任官赔缴”，从而在客观上促使钞关官弁多以增课盘剥为能事，肆意苛求。除正常的关税以外，诸如牙税、落地税、盐税、矿税、茶税、酒税等名目繁多的商税、附加税，一层一层地加码征收。商税的加重，加上贪官胥役的无度勒索，使得许多民众视经商为畏途，纷纷将商业资本转为经营比较稳定的土地。

在《大清律例》中，还规定了“盐法”“私茶”“私矾”等专门条款，推行严厉的禁榷制度，其中，有关盐法的附例达二十余条。《大清律例·户律·课程》“盐法”条律文规定，凡犯私盐（指无官方盐引而贩）者，不必赃之多少，即处杖一百，徒三年。若带有军器者，加一等。卖食私盐者，亦要杖一百。附例中则补充规定，越境兴贩官司引盐至三千斤以上者，亦要问发附近地方充军。凡私茶者，同私盐法论罪。如此严厉的禁榷制度，极大地限制了民间私人商业的发展。正是由于清朝政府推行一系列限制、扼杀资本主义新兴经济因素的政策，使得在17世纪至18世纪西方资本主义社会高速向前发展的同时，清朝统治下中国的政治、经济依然因循着几千年来的传统，在原有的轨迹上循环。

（四）维护旗人民事特权

在清朝社会中，满族、旗人享有政治、经济上的种种特权。对于这些特权，清朝政府通过各种立法，用法律的形式予以确认和保护。

在政治领域，清朝政府在任官制度上推行“官缺”制，即将国家的官缺分为满官缺、蒙古官缺、汉军官缺和汉官缺四种类型。满官缺多是位高权重的职位。汉人只能出任最后一类的官职，多属级别较低的职位。像理藩院、宗人府及掌管钱粮府库、军械火药等重要职位，无疑都是满洲专缺。各省驻防将军、都统、参赞大臣等，也都是满缺，只能由满人出任。凡属满官缺，不许汉族官员补任，但京内外的汉官缺，却可以用满人补任。依靠这种“官缺”制度，清朝政府将攸关政权存亡的一些重要职位控制在满人手中。对于汉族官员，则是既利用，又防范。

在民事经济领域，清朝政府通过法律手段，对于旗人典卖田产、汉人典买旗地旗产作出种种限制。雍正七年（1729年），清世宗在上谕中重申：“八旗地亩，原系旗人产业，不准

---

① 参见《大清律例·户律·课程》“匿税”条，载马建石、杨育棠：《大清律例通考校注》，517～518页，北京，中国政法大学出版社，1992。

典卖与民。”[1] 朝廷甚至多次出巨资，将旗人典卖的土地田产赎回。凡红契典卖的旗地，可全价予以赎回；而白契典卖之旗地，仅付半价或不给价回赎。乾隆四十五年（1780年）特定条例：“嗣后无论在京在屯概不准典卖。如有指房借银，倒提年月，以及借旗人名目典卖者，一经发觉照私典旗地例，将所有典卖房间撤出追价入官，仍按律治罪。”同时逐渐修订关于回赎旗产的相关规定，如取消红契、白契的分别，而以年限为依据。乾隆九年（1744年）规定以十年为率，在十年之内者，照原典价；十年以外者，减原价十分之一；五十年以外者，以半价取赎。乾隆以后，嘉庆、道光、咸丰三朝仍不断重申不准典售旗地旗产的禁令。如嘉庆十三年（1808年）定例规定：“旗地、旗房，概不准民人典卖，如有设计借名私相典卖者，业主、售主，俱照违制律治罪。地亩房间价银，一并撤追入官。”[2] 但是随着时间的推移，八旗子弟的腐化程度加深，旗人的生计日促，典卖旗地旗产之风日炽。至咸丰初年（1851年），不得不开放禁令，允许买卖旗地旗产：除奉天一省旗地盗典盗卖，仍照旧例严行查禁外，嗣后坐落顺天、直隶等处旗地，无论老圈、自置，亦无论京旗屯居及何项民人，俱准互相买卖，照例契税升科，其从前已卖之田，业主、售主均免治罪。

第五节　清代的司法制度

引例　蒙古人存留养亲案[3]

同治八年（1869年），山东有蒙古人巴葛偷窃他人的衣物银两，赃物达一百两以上。照蒙古例该犯应流放到云贵两广这些极远的地方去，但因巴犯养母年已七十并且也没有别的可依靠之人，取结报请理藩院申请留养。按蒙古例，仅有偷窃蒙古四项牲畜本应发遣的人犯，且家有父母实系六十以上，符合亲老丁单，且有族长和该管官印的，才能准予留养，枷号四十，鞭一百。至于过继之子，养母年逾六十的，并无专门条文作出规定。理藩院因而询谘刑部。刑部认为：查军流遣犯独子留养之例，像本案一样，犯人身为人后，且嗣父母年老丁单，无后继之的，例应准其申请留养。今巴犯系因窃计赃，拟军。蒙古例内既准申请留养，现人犯过继为人后，养母年已七十，如果所继之家确实无可另继者，自可准予留养。

一、清代的司法机关

（一）中央三法司

清朝的主要司法体制，也是承袭明朝的制度而来。在中央，刑部、大理寺、都察院三个

---

① 《清朝文献通考·田赋考五》，卷五，4899页。

② 《大清律例·户律·田宅》“典卖田宅”条，载《大清律例汇辑便览》，1582～1583页，台北，成文出版社，1975。

③ 参见《刑案汇览续编》，卷一。

主要司法机构构成中央“三法司”，成为皇帝之下最主要的国家司法机构。三法司的职权范围，大体上也与明朝的制度相同，刑部主审，大理寺复核，都察院监督。但刑部的职权，更重于明代。应该说，刑部在清朝是职权最重、也最受朝廷重视的一个司法机构。按照《大清会典》的规定，刑部“掌天下刑罚之政令，以赞上正万民，凡律例轻重之适，听断出入之孚，决宥缓速之宜，赃罚追贷之数，各司以达于部，尚书、侍郎率其属以定议，大事上之，小事则行，以肃邦纪”①。

在清朝，都察院是国家的最高监察机关。与中国历史上的监察机构一样，都察院也被视为“风宪衙门”，负责对全国各级、各部门官员的监督和检查，也是皇帝的重要“耳目”。对司法官员的司法活动进行监督，是都察院的职权之一。刑部、都察院、大理寺等“三法司”，共同构成清朝皇帝之下中央最高一级司法机构。按照《大清会典》的说法，这三大司法机构的分工是明确的：持天下之平者部也，执法纠正者院也，办理冤枉者寺也。从理论上讲，三法司之间既有分工又有配合，共同完成司法使命。但清朝的政治体制，决定了天下司法权责的重心在于刑部，都察院、大理寺在多数情况下未能发挥监督和复核的平衡作用。

（二）地方司法机构

从司法体制的角度看，清代的地方司法，由低到高分为县、府、臬司和督抚四级。县及与之平行的州、厅，是清朝的基层政权。一切民刑案件，均应以县级为初审机构。按照《大清律例》的规定，“州县自行审理一切户婚、田土等项”②。一些轻微的治安、刑事案件，即通常所说的笞杖刑案件，也是由“州县完结，例称自理”③。作为基层长官的知州、知县，以行政兼理司法，因而也是一方司法长官。在知州、知县之下，设吏目、典吏等专职属吏，辅助处理司法事务。清朝的一府，下辖数个州、县，知府作为府内行政长官，受理辖区内州县上报的刑事案件，经过审理后，出具意见，上报省级官署。

清朝的臬司，即按察司，是各省主要专职的司法机构，号称是“刑名总汇”，负责复核、审理省内各府、州县上报的刑名案件，核议后加署意见，呈送督抚。同时，按察司还负责一省的狱政，并有监督考核全省官员政绩风纪之责。

清朝各省督抚，即中央派驻地方的总督、巡抚，是地方最高一级行政长官，同时也掌握地方最高司法权。按照清朝的制度，各省的督抚负责审核、复拟该省臬司上报的案件，徒刑案件可自行批结，在审结后仅须报刑部备案。充军、流刑及发遣之案则咨报刑部，死刑案件则须准备相关材料向皇帝题奏。死刑的最后决定权操纵在中央、皇帝手中。

二、清代会审制度的发展

在审判制度方面，清朝全面继承了明朝关于控诉、证据、拷讯、回避等诉讼制度。在会审组织和会审制度方面，清朝在承袭明朝会审制度的基础上，进一步发展出一套更为完善的会审体制。

（一）九卿会审

“九卿会审”是在明朝“九卿圆审”基础上发展而成的一种会审组织。“九卿”包括六部

---

① 《大清律例·户律·田宅》“典卖田宅”条，载《大清律例汇辑便览》，1582～1583 页，台北，成文出版社，1975。

② 《大清律例·刑律·诉讼》告状不受理第四条，载马建石、杨育棠：《大清律例通考校注》，880 页，北京，中国政法大学出版社，1992。

③ 赵尔巽等撰：《清史稿·刑法志三》，4207 页。

尚书、大理寺卿、都察院左都御史、通政司通政使等九个重要官员。按照清朝的制度，凡属全国性的重要案件，特别是每年判决的斩监候、绞监候案件，需要由九卿组成最高一级的会审机构会同审理，以示重视。在清代的“秋审”“朝审”中，一般都有九卿参与会审。

（二）秋审和朝审

“秋审”是清朝最著名也是最重要的一种会审形式，因在每年秋天举行而得名。按照清朝的制度，死刑分为“立决”与“监候”两种形式。纳入每年秋审的案件，主要是地方上报的斩监候和绞监候的案件。每年秋审之前，各省督抚须对本地斩、绞监候案先行审核或审理，拟具初步意见，并“刊刷检册”，即准备相关文书证词等，分送九卿詹事科道，供秋审时参阅。至当年八月，在北京天安门金水桥西会同审理。“秋审”被认为是国家的大典，所以有时皇帝也会亲临，以示重视。

“朝审”是清朝秋审以外的另一重要的会审形式。朝审所复审的案件，主要是刑部判决的案件，以及京城附近发生的斩监候、绞监候案件。举行朝审的时间略迟于秋审，于每年霜降后10日进行。朝审的程序，与秋审基本相同。

清朝经秋审或朝审的案件，一般分为情实、缓决、可矜、留养承嗣等四种情况处理。所谓“情实”，是指案情属实，适用法律并无不当。这种情况当然是“奉旨勾决”，下令执行死刑。“缓决”是指案情尚有疑问，暂时将人犯再行监禁，留待下一年秋审或朝审再行审理。“可矜”是指案情虽属实，但有可以宽恕的情节，此种情形大多可以免于处死，改判其他刑罚。“留养承嗣”则是在符合“孀妇独子”等留养条件的情形下，经刑部提出留养申请，获得皇帝首肯后，免于死刑，在施以一定处罚后准其留养。

作为朝廷极为重视的国家“大典”，秋审与朝审的形式意义重于实质意义。因为全国上千监候案件要在一天之内审结完毕，所以审理只不过是象征性的仪式而已。不过，从宏观上看，秋审、朝审仍然可以被视为清朝实行的一种重要的恤刑制度。因为虽然秋审、朝审的审理过程流于形式，但有关各方在审理之前的准备工作是比较仔细的。而且因为秋审、朝审这种复审的程序存在，也在客观上迫使各司法机构对于死刑案件的审理、判决比较慎重。从清朝档案材料所反映的情况看，秋审和朝审后，被列入“缓决”一类的情形也较多。

（三）热审

“热审”也是清朝实行的一种复审形式，于每年小满后10日至立秋前1日举行，由大理寺左右二寺官员，会同各道御史及刑部承办司官员审理发生在京师的笞杖刑案件。目的是加快笞杖刑案件的审理判决，疏通监狱，以防在暑热天气庾毙狱囚。

【问题与思考】

1. 婚姻案①

此案发生在清代。吴冠贤为安定令时，有幼女幼男二人，皆十六岁，并呼冤于车前。幼男曰：“此我童养之妇，父母亡，欲弃我别嫁。”幼女曰：“我故其胞妹，父母亡，欲占我为妻。”问其姓，犹能记，问乡里，则父母皆流丐，朝朝转徙，已不见为何处人矣！问同丐者，则曰：“是到此甫数日，即父母双亡，未知其始末。但闻其以兄妹称，然小家童养媳，与夫亦例称兄妹，无以别也。”有老吏

① 参见《清代吏治丛谈》。转引自郭成伟、肖金泉：《中华法案大词典》，835页，北京，中国国际广播出版社，1992。

请曰："是事如捉影捕风，查无实证，又不可以刑求，断合断离皆难保不误。断离而误，不过误破婚姻，其失小。断合而误，则误断人伦，其失大矣！盖断离乎？"吴冠贤推研再三，无可处分，竟从老吏之言。清代州县官断案，首先要依据律例，如无律例，则要依据情理或称道德。本案即是一例。

根据此例思考清朝的法律适用原则。

2. 陆生楠妄论人主案①

此案发生在雍正七年（1729年）。陆生楠系广西人氏，因作《通鉴论》十七篇为顺承郡王锡保告发，其奏疏云："《通鉴论》中多抗愤不平之语，其论封建之利，更属狂悖，显系非议朝政。"雍正帝览疏震怒，认为陆生楠以"封建制度（系指古代西周时的分封制度），为万世无弊之良规"，而郡县之制"害深祸烈，不可胜言"等语皆属狂肆逆恶之言。且查陆生楠论人主云"人愈尊，权愈重，则身愈危，祸愈烈……"等语"显系指斥皇上"。因此雍正帝诏令将陆生楠杀于军前。

试以此案考察清朝统治者是如何通过法律手段加强统治的。

3. 子孙违反教令案②

嘉庆二十一年（1816年），川督咨：陈育美因向彭宗明借钱不遂，将伊父尸棺抬至彭宗明宅后埋葬。彭宗明不依，控告。致伊母陈黄氏畏累自我身死。

该犯虽非犯奸、盗，唯伊母之死，究由该犯与彭宗明涉讼所致。

将陈育美比照"子贫、不能养赡、致父母自缢"例，满流。

试以此案分析清代法律生活中的家庭关系。

4. 王锡侯诋《康熙字典》案③

此案发生在清代乾隆四十二年（1777年）。王锡侯是江西新昌举人，撰《字贯》一书，诋斥《康熙字典》。在《字贯》"凡例"中对圣祖、世宗庙讳以及弘历御名直书不避。此事经民人王泷南告发，江西巡抚海成奏闻，王锡侯被锁押解京，交刑部审讯，旋即被处斩。由于本案牵连，江西巡抚海成及藩臬各官均以失察被革职，交刑部治罪。

试以此案体会清代的"文字狱"。

5. 谎称考绩年满案④

此案发生在清初崇德三年（1638年）。清朝至此已建立了官员考绩制度，三年为一考绩年度。户部镶蓝旗孙塔在考绩时，所送文书内将未满三年言称已满三年。经审，将年未满谎称年满是实，刑部拟将孙塔革去世职。上奏到皇太极，上命从轻处理，"免革世职，罚三十两"。

试以此案分析清代行政法的变化。

---

① 参见《清代通史》，卷上。转引自郭成伟、肖金泉：《中华法案大词典》，671页，北京，中国国际广播出版社，1992。

② 参见《刑案汇览》，卷四十九，《刑律・子孙违犯教令》。

③ 参见《新齐谐・卷四》。

④ 参见《盛京刑部原档》第184号。

第十章

中华法系的近代化——清末法律制度的变革

参考文献

1. 张晋藩．中国法律的传统与近代转型．北京：法律出版社，1997
2. 王铁崖．中外旧约章汇编．北京：三联书店，1962
3. 韩秀桃．司法独立与近代中国．北京：清华大学出版社，2003
4. 清末筹备立宪档案．北京：中华书局，1979
5. 胡绳．从鸦片战争到五四运动．北京：红旗出版社，1990
6. 梁启超．饮冰室合集．北京：中华书局，1989
7. 梁治平．清代习惯法、国家与社会．北京：中国政法大学出版社，1996

参考法规

1. 《钦定宪法大纲》（宪政编查馆制定于1908年）
2. 《宪法重大信条十九条》（1911年11月3日公布）
3. 《谘议局章程》（1908年7月公布）
4. 《资政院院章》（1909年8月23日公布）
5. 《大清现行刑律》（1910年5月15日公布）
6. 《大清新刑律》（1911年1月25日公布）
7. 《大清民律草案》（未公布施行）
8. 《刑事民事诉讼法草案》（1906年4月拟成）
9. 《各级审判厅试办章程》（1909年施行）
10. 《刑事诉讼律草案》（未公布施行）
11. 《民事诉讼律草案》（未公布施行）
12. 《大理院审判编制法》（1906年12月颁行）
13. 《法院编制法》（1910年2月7日颁行）

第一节　鸦片战争后中国社会的基本情况和清政权性质的变化

引例　天津教案

天津教案是清末著名教案之一。同治九年（1870年）四月，天津发生多起以妖术迷拐人口案，案犯供称迷药来源于教民王三。于是民间便传说天主教堂派人迷拐小孩，挖眼剖心以作药用，更传义冢内尸骸暴露者为教堂所弃，一时群情激愤。五月二十三日，五口通商大臣崇厚及天津道周家勋会同法国领事丰大业审讯案犯。天津市民闻讯后围观并与教堂人员发生冲突。崇厚派人弹压无效，法国领事丰大业责骂崇厚并向崇厚开枪恫吓。出城弹压民众的官兵在回来的道上与丰大业等相遇，丰大业枪击官兵。围观的民众愤而将丰大业打死，并鸣锣集众，烧毁教堂等，并杀伤教民等数十人，误杀俄商人三名。案发后，清政府极为重视善后处理，遂派直隶总督曾国藩与崇厚会同办理此案。不久，曾国藩调任两江总督，李鸿章接任直隶总督，与曾国藩协办此案。最后，滋事人20名被处以死刑，其他二十余人发配。清政府出资21万两银子修建教堂，赔偿死亡英、法、俄国人殡葬银25万两。

一、鸦片战争后中国社会的基本情况

（一）国际、国内环境的变化

1. 列强的外部压迫

自鸦片战争以来，中国已经成为了西方各列强的财源地，割地、赔款、治外法权，等等，使清朝一改往日天朝泱泱大国风采，成为仰人鼻息的奴属。列强环视，英国占据了香港、德国划去的胶州湾在战败后转属日本、俄国侵领我东三省，等等。甲午战争后，连素为臣属的日本也凌驾于我国之上，又霸占了朝鲜全境，中国大有灭亡之势。

2. 国内各种社会矛盾的激化

一是政治统治的离心倾向日益明显，地方督抚势力日益壮大。自太平天国运动以来，其后，经过了白莲教等一系列的会道门地方动乱，地方军事力量在对其进行镇压打击的同时，其地位又得到了进一步的巩固与加强。等到义和团运动兴起并引发列强入京之际，湖广、江浙、两广等东南数省竟联合违抗清廷中央向列强宣战的命令，而擅自与列强订立中立自保的“东南互保”约定。这些都说明了当时清廷中央已非清前期的强势权力政府，政令的制定也必须顾及地方大员们的利益，完全改变了传统的中央集权的统治机能。

二是清廷内部腐败的加剧和统治集团内部的权力内耗加剧。卖官鬻爵、贪墨成风已经达到了惊人的地步。

此外，满汉民族矛盾的上升、国内革命势力的兴起均加剧了各种社会矛盾的恶性发展。

3. 清廷财政压力的增加

一是战争赔款的压力。《辛丑条约》规定，中国应“付诸国偿款海关银四百五十兆两”；同时又规定：上列银两得“照海关两市易为金款、本息用金付给”。正本由中国分39年还清，还要加上利息，本利共达九亿二百多万两白银。此外，再加上各省的地方赔款，总数在10亿两以上。这个数目相当于至少12年的清廷中央财政总收入。①

二是国内工商业的艰难境况。其时的对外贸易以1901年至1903年为例，平均每年进口额四亿七千三百万元，出口额三亿一千一百万元，入超达一亿六千二百万元。与甲午战争前三年相比，进口额增加了1倍以上，出口额增加了86%，入超增加了2倍多。帝国主义列强还在中国办航运、铁路、矿业、棉纺织业等工业实体。清末，外国资本在上海的纺织业占全国的近一半，投资的烟草业超过了中国所有烟厂的7倍，等等。这种状况严重阻碍了民族工商业的发展，从而延缓了清政府经济的近代化健康成长。②

三是中央财税政策的不畅。清代之初到中叶，政府有一套从中央到地方的财政管理体系，把全国的财权牢牢地控制在中央政府的手中，即所谓“财权操自户部，各省不得滥请丝毫”，也就是户部有制天下经费之权。到清末咸丰年间，在镇压太平天国运动中，清廷中央财源匮乏，京饷拨解制度无法继续推行，督抚为解决军需而插手地方财政大权，并为其时的清廷所无奈地予以默认。这样就将各省的财政权完全控制在地方督抚的手中，最终形成了清末“创办厘金，劝捐加课，多由各省分别举办，一纸奏闻；各项报销已成有名无实……是后举办新政，筹备自治，地方手指自行经营……隐具独立意味之局”③。甚至到后来，各省督抚对于中央应解之款项也“迁延成风，于应解中央之款项，迟迟不缴，几经颁旨督促，多似置若罔闻，或仍借故拖延”。在这种中央统管全国财政职能形同虚设的局面下，清末清廷一系列的举措都因财源的匮乏而备受牵制。如训练“新军”、“兴办新学”、发展实业、组建警察制度等皆因此而捉襟见肘。

（二）宪政、排满、革命、新学等思潮的相互激荡

一是国内民众民主风气的成长。从世界范围来看，19世纪以来，民主政治的风潮激荡于世。中国自鸦片战争后，慑于外力，渐渐接受西方的思潮，有识之士或不一定赞成以革命手段推翻清朝，但多认为非变法维新不足以挽救中国于垂危。当时立宪呼声紧随革命运动的进展而日趋高涨。先是康有为、梁启超蒙知遇而倡行新政，虽为后党所扼杀，但两年后后党又在联军进逼出京西逃的行程中下诏颁行新政。而日俄战争的结果又引发了国内上层民众对宪政的向往。

二是新式学堂设立的影响。毛泽东在《论人民民主专政》中的一段话颇能反映当时社会大众的心理：“自从一八四〇年鸦片战争失败那时起，先进的中国人，经过千辛万苦，向西方国家寻找真理。洪秀全、康有为、严复和孙中山，代表了在中国共产党出世以前向西方寻找真理的一派人物。那时，求进步的中国人，只要是西方的新道理，什么书也看。向日本、英国、美国、法国、德国派遣留学生之多，达到了惊人的程度。国内废科举，兴学校，好像雨后春笋，努力学习西方。我自己在青年时期，学的也是这些东西。这些是西方资产阶级民主主义的文化，即所谓新学，包括那时的社会学说和自然科学，和中国封建主义的文化即所谓旧学是对立的。学了这些新

① 参见胡绳：《从鸦片战争到五四运动》，450页，北京，红旗出版社，1990。

② 参见上书，464页。

③ 彭雨新：《清末中央与各省财政关系》，载李定一等编：《中国近代史论丛》，第2辑第5册，3页，台北，中正书局，1964。

学的人们，在很长的时期内产生了一种信心，认为这些很可以救中国，除了旧学派，新学派自己表示怀疑的很少。要救国，只有维新，要维新，只有学外国。”

二、清末法制的半殖民地半封建化

（一）近代不平等条约对清末法制的间接影响

纵观清末法制的演变，不难看出，近代不平等条约当是导致这一演变的重要因素。自清道光朝中期以后，各资本主义国家先后以海、陆来我国寻求贸易，近代不平等条约由此发端。

1. 清末的不平等条约

所谓条约，其时一般指两个或两个以上的国家关于政治、经济、贸易、法律、文化、军事等方面规定彼此间权利义务的各种协议的总称。条约依性质，一般分为政治条约、社会（文化）条约和经济条约三类，当然这仅是相对而言。

我们知道，近代列强攫取在华权益的法律依据多是通商条约，以形式而论它们属经济条约，而实际上近代中国的法权、财权以及政权的屡遭侵夺，多源于此类条约。自1840年鸦片战争导致中英《南京条约》的缔结，开近代不平等条约之端，至清廷于1901年下诏变法之前这一时期，不平等条约总的来讲尚未对古老的中华法系在整体形式上有多大触动。表面上《大清律》仍在维持着大清帝国的法统。但此时期不平等条约却在经济、政治、思想、文化诸方面，起着动摇传统法统根基的作用，并且领事裁判权、会审制度、关税权的丧失等也开始破坏着这个古老帝国自古以来的司法独立。经过中日甲午战争、1898年戊戌变法，直至清亡，这一时期，不平等条约才真正从内容到形式对清末法制产生了巨大的具体影响。上述两个时期可概括为不平等条约对清末法制的间接影响和直接影响两个阶段。

2. 近代不平等条约对清末法制的间接影响

随着列强用鸦片和大炮轰开了闭关锁国的清帝国天朝大门，延续几千年的传统农业社会自然经济结构发生了一系列剧变。列强依据不平等条约对中国的商品倾销和资本输出，以亘古未有的速度蚕食着中华法系赖以生存的基础——自给自足的小农自然经济；刺激着国内资本主义发展。据统计，至1894年甲午战争前，列强在中国的投资总额已达二三亿美元，依据不平等条约开放的沿江海各通商口岸地区①，新兴起大批近代厂矿企业。如光绪四年（1878年）直隶总督洋务派首领李鸿章以官商资本银27万两［至光绪八年（1882年）增至120万两］设开平矿务局于天津，成为近代中国以西方近代工业方式开矿之端。各种新式棉纺织厂，到光绪二十九年（1903年）前已达6 066家。② 此外，近代银行也随之发达起来，史载：“光绪以降，世变益甚，中外银行多所兴设。”③ 上述新出现的社会经济关系，要求有相应的法律规范予以调整。对列强来说，则是借此维护其在华攫得的权益，对国内民族资产阶级来说则是为“实业救国”与列强“商战”寻求法律保障。这样就形成了内外、朝野各方面对清廷的压力。而以刑为主、诸法合体的传统中华法系面临着这一难以应付的社会巨变，越发显得衰弱没落。然而以慈禧为首的清廷顽固势力，此时仍奉行“祖宗之法不可变”的保守政策，为此，血腥镇压了资产阶级改良派的宪政运动——“戊戌变法”。但结果是使矛盾更加激化。

一方面，列强欲求法律的变通以利其进一步经济掠夺的需要，而对清廷不断施加压力；另一方面，国内资产阶级革命派也因戊戌变法和义和团运动的被镇压，将武力推翻清王朝提

① 至清末开放的通商口岸已达86处。参见漆树芬：《经济侵略下之中国》，上海，上海三联书店，1954。

② 参见《中国年鉴》（第一回）。

③ 周葆銮：《中华银行史·自序》，上海，商务印书馆，1919。

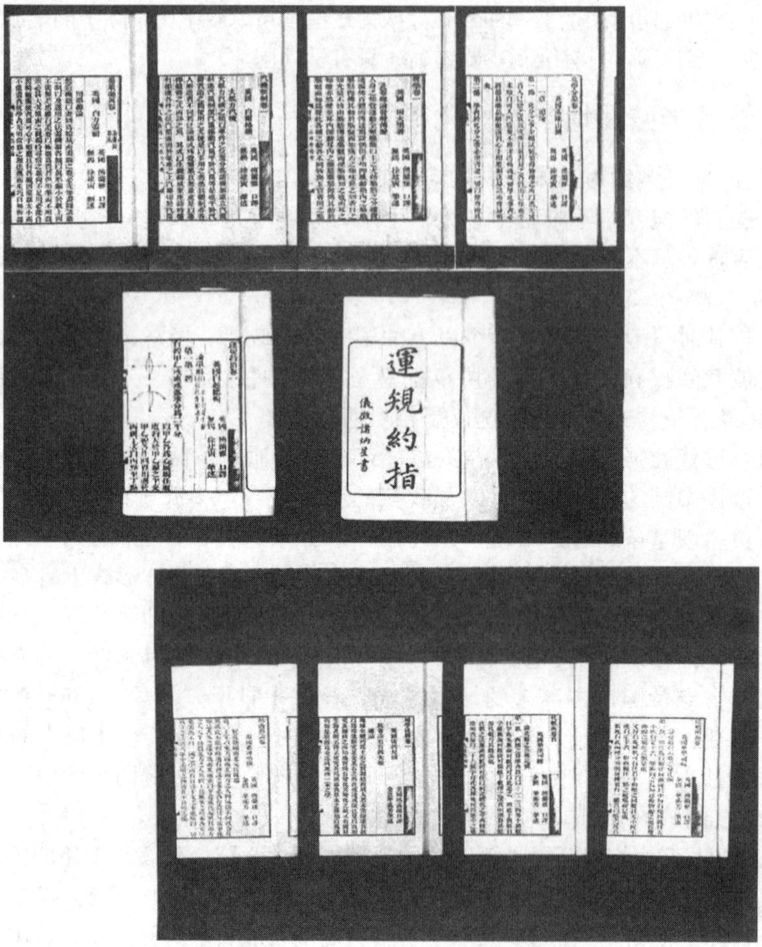

图 10—1 洋务运动中翻译的西方书籍①

上议事日程。面对这一岌岌可危的局面，清廷为求“结与国（列强）之欢心”，消弭人民革命，粉饰其统治，遂用两年前镇压屠杀戊戌六君子的血手，接过了维新派的旗帜，“举戊己两年初举之而复废之政”②，宣布“变通政治”，实行“新政”，并煞有介事地下诏：“世有万古不易之常经，无一成罔变之治法，大抵法久则弊，法弊则更……”③

与上述经济、政治变化同时的，是西方资产阶级近代法律和法学随着列强商品倾销与资本输入传入中国，这在清末的思想界起了一种石破天惊的作用。首先，它打破了自古以来官府垄断律学的状况。这种传统观念也为之一变。当时“忧时之士，咸谓非取法欧美不足以图强”，“朝野上下，争言变法”④。其次，它使宋元以降一再衰落的法律研究为之一振，知识界开始冲破清廷“祖宗之法不可改”的一贯宗旨，按沈家本的说法是“近十年来，始有参用西法之议”⑤。而促使清廷最终变更其法制，使超然独立、历阅千载的中华法系玉碎瓦解的，

① 参见中国历史博物馆编：《中国近代史参考图录》，中册，上海，上海教育出版社，1981。

② 《东方杂志》，第 1 年第 1 号。

③ 《光绪朝东华录》。

④ 《清史稿·刑法志一》，上海，上海古籍出版社，1986。

⑤ 《寄簃文存·法学会杂志序》，卷六，北京，中国书店，1990。

却是1901年以后的不平等条约。

（二）近代不平等条约对清末法制的直接影响

1901年在八国联军枪炮下逼出了《辛丑条约》，其后不久，在中英《续议通商行船条约》中规定："中国深欲整顿律例，期与各国改同一律，英国允愿尽力协助，如成此举，一俟查悉中国律例情形及其案断办法，及一切相关事实，皆臻完善，英国允弃其领事裁判权。"接着日、美、葡等国也作出类似承诺，遂使清廷受宠若惊，随即发布修律上谕，称："一切现行律例，按照通商交涉情形，参酌各国法律，妥为拟议，务期中外通行，有俾治理"①，并成立了专门的修律机构"修订法律馆"和"宪政编查馆"。修订法律大臣沈家本还奏称"方今改订商约，英、美、日、葡四国，均允中国修订法律，首先收回治外法权，实变法自强之枢纽，臣等奉命考订法律，恭绎谕旨，原以墨守旧章，授外人以口实，不如酌加甄采，可默收长驾远驭之效"，使"法权渐挽回"②。可见，从某种意义上说不平等条约中的上述规定，也许成了清末修律的直接诱因和催化剂。

第二节　清末预备立宪

引例　"丁未政潮"

"丁未政潮"发生在清末官制改革期间。八国联军攻进北京后，屡败于洋人丢尽颜面的慈禧听说立宪共和可以强国，也派五大臣出国考察。袁世凯和权臣庆亲王奕劻通过交易结成联盟，借机推行"新官制"，获得更大的权力。为遏制其权力，发动"丁未政潮"。奕、袁反击成功，终使首辅被罢，慈禧从此独断朝纲。经过是这样的：在清末官制改革时期，有一个叫作岑春煊的人，他于1907年3月因瞿氏援引，入京觐见，5月3日授为邮传部尚书。岑一上任便参劾邮传部左侍郎朱宝奎，诏准革职。朱乃袁世凯的人，于是斗争由此引发。7日受到瞿、岑支持的御史赵启霖上章弹劾奕、袁的心腹段芝贵买天津歌妓杨翠喜献给奕劻之子载振，并曾以十万金为奕劻祝寿，因而得署黑龙江巡抚。此事一经揭开，舆论哗然，西太后大怒，段氏被撤职，载振自请辞去农工商部尚书。政争的第一个回合瞿、岑一方占了上风。但奕、袁随即反击，先是借口两广不宁，建议岑春煊外放。岑氏郁郁出京，滞留上海；瞿氏孤立。接着，奕、袁设法搜获瞿氏与某报馆的信函，然后便收买御史恽毓鼎，立上奏章，攻击瞿氏暗通报馆，授意言官，谐私诬陷同僚，理应罢黜。奕劻还密奏瞿氏勾结康梁门徒，企图推翻戊戌成案，触及西太后最大心病。瞿、岑二人先后被罢官。此次政争奕、袁一方虽声威、实力有损，但终未垮台；瞿、岑一方彻底失败。

① 《大清光绪新法令》，第一册。

② 《大清法规大全·法律部》，卷三。

一、实行预备立宪的政治背景

近代宪法概念，是随着列强的炮舰政策一起，作为西方文化的一部分传入中国的。近代宪法的传入，一时间被视为治国的良药和中兴大清的良策，朝野议论纷纭。

1905年清廷提出“仿行宪政”，作为配合，于该年10月成立“考察政治馆”，12月清廷派大臣出洋考察列强国宪政，续派遣留学生分赴各国学习；后于1907年8月更名为“宪政编查馆”。在统治阶级内部宣传了西方宪政，进行了宪政的启蒙教育，使他们对宪政有了一定的认识。

按统治者自己的意图，认为立宪有三大利：一曰皇位永固，二曰外患渐轻，三曰内乱可弭。次年9月颁预备立宪上谕，以“大权统于朝廷，庶政公诸舆论”① 为立宪根本原则。随着国内局势日趋动荡，资产阶级立宪运动的发展及国际民主宪政运动的扩大；加之统治阶层内部君主立宪派势力的活动，清政府被迫在内外诸多因素的影响下，于1906年9月1日宣布“预备立宪”，1908年8月27日公布了“预备立宪”计划，即《钦定逐年筹备事宜清单》。其实质正如孙中山所说：这是清廷“谋中央集权，拿宪法作愚民的工具”②。

二、官制改革和单行行政法规

（一）官制改革

改革官制是清廷举办“新政”的一项重要内容，也是推行预备立宪的重要环节。清廷预备立宪上谕曾提出：“廓清积弊，明定责成，必从官制入手。”③ 接着便发布了改革官制的上谕，设立了编制馆，指派载泽等14人为编纂大臣，命令各总督选派司道人员到京随同参议，谕派庆亲王奕劻、文渊阁大学士孙家鼐、军机大臣翟鸿机总司核定。并于光绪三十二年（1906年11月6日）颁布《厘定官制谕》，开始改革中央和地方官制。

1. 中央官制改革

早在清廷举办“新政”时就对政府组织机构进行了一些改革。其中一个重要内容是改总理各国事务衙门为外务部。光绪二十七年六月九日（1901年7月20日）发布将总理衙门改为外务部的上谕，任命总理大臣一人、会办大臣二人（其中一人兼尚书）以及其他官员。除此之外还有设置巡警部、建立警察机构和宪兵机构，编练新军、改革军制等，以达到强化专制制度的目的。

此次改革中央官制，御前会议确定按照“五不议”的原则进行，即“军机处事不议”“内务府事不议”“旗事不议”“翰林院事不议”“太监事不议”。十分明显，“五不议”原则的实质就在于，官制改革根本不能够触动清政府的中枢机构和一些直接为皇帝服务的寄生官僚机构。

1906年11月清政府公布中央官制，确定共设置十一部。内阁和军机处照旧未变。此后在宣统年间又增设了海军部，改礼部为典礼院。清廷满族贵族还利用改革官制的机会，来实现排斥汉族官僚，加强中央集权的野心。它形式上声称，任命各部官员“不分满汉”，实际上却将原来各部大臣满汉平分的比例变成满七汉四，一些重要的部，如外务、陆军、度支和农工商等，都操在满人手中，使得满族贵族在中央政府居压倒优势，加强了满族贵族的地位。

---

① 《光绪朝东华录》。

② 《孙中山选集·三民主义与中国前途》，79页，北京，人民出版社，1981。

③ 《清末筹备立宪档案史料》，44页，北京，中华书局，1979。

2. 地方官制改革

光绪三十三年（1907年）六月，清廷开始地方官制改革，公布地方官制。为了加强中央权力，特规定：陆军部直接委派督练公所军事参议官，以收回各督抚的军权；度支部派清理财政监督官，以收回各省督抚的财权；将各省督抚的军权、财权分别收归陆军部和度支部。另改各省按察使为提法使，增设巡警、劝业两道，裁撤分守、分巡各道，酌留兵备道，分设审判厅，增易佐治员等。由东三省先行开办，直隶、江苏两省试行，其他各省则限15年一律办齐。同时，采用明升暗降的手段，将最有权势的汉族官僚——直隶总督兼北洋大臣袁世凯和湖广总督张之洞调入中央，担任有名无实的军机大臣，以减少削弱地方督抚实权的阻力。

这次所谓官制改革丝毫没有触动清廷专制统治的实质，只是进一步加深了满族贵族和汉族地主官僚之间的对立，加剧了清廷的危机。

（二）警察法律的颁布

诸法分立和新刑律的颁布，特别是清末立宪在形式上对人民有所让步。但“宁赠友邦，不与家奴”的清廷，又以大量警察法律使其在宪法大纲中许诺的一点民主自由也成为一种名惠而实不至的东西。

在清廷存在的最后几年，为了加强对全社会的控制，陆续颁布了《结社集会律》《违警律》《户口管理规则》《京师户口调查规则》《调查户口执行法》《各学堂管理通则》等单行法规，企图运用这些法规来限制集会、结社等对清朝统治构成威胁的行为，以达到进一步防范、钳制广大人民的目的。

1.《结社集会律》。宪政编查馆、民政部在“会奏结社集会律折”中表示：“各国既以人民结社集会之自由明定之于宪法，而有特设各种律令以范围之。其中政治社会关系尤重，故国家之防范弥严。先事则有呈报，以杜患于未萌；临事则有稽查，以应变于俄顷，上收兼听并观之益，下鲜嚣张凌乱之风。立宪精义，实存于此。”① 所以，《结社集会律》对所谓的结社、集会“自由”作了严格的限制。首先，“凡秘密结社，一律禁止”。凡违反本条规定“而纠集结社或列入者，均照刑律惩办”②。其次，对人民参加合法的集会、结社活动，《结社集会律》第9条也予以严格的限制。而且，“无论何种结社，若民政部或本省督抚及巡察道局、地方官，为维持公安起见，饬令解散或令暂时停办，应及遵照办理”；“无论何种集会或整列游行，巡警或地方官署，为维持公安起见，得量加限禁或饬令解散。”③

2.《违警律》。清光绪三十四年四月十日（1908年5月9日）颁行的《违警律》共45条，对“政务之违警罪”“公众危害之违警罪”“交通之违警罪”“通信之违警罪”“秩序之违警罪”“风俗之违警罪”“财产之违警罪”等众多罪名作了极为苛刻的规定，例如，凡“无故散布谣言”“于官吏办公处所聚众喧哗不听禁止”“迁移婚娶生死不遵章程呈报”等，都构成“政务之违警罪”。对于违反《违警律》各款的行为，巡警人员可不持传票，即可“径行传案”④。足见清廷在政权崩溃前夕对民众的极端恐惧与防范。

---

① 《大清法规大全·民政部》，卷七，1～2页。

② 《结社集会律》第21条、第32条，载《大清法规大全·民政部》，卷七，1～2页。

③ 《结社集会律》第9条规定：下列人员被禁止参加政事结社及政论集会：（1）常备军人及征调期间之续备、后备军人；（2）巡警官吏；（3）僧道及其他宗教师；（4）各项学堂教习、学生；（5）男子未满20岁者；（6）妇女；（7）曾处监禁以上之刑者；（8）不识文义者。参见《结社集会律》第19条、第20条，载《大清法规大全·民政部》，卷七，1～2页。

④ 《大清法规大全·民政部》，卷四，1～4页。

（三）户口管理法规及《各学堂管理通则》

基于同一心态，清廷在1907年至1909年陆续公布了《户口管理规则》《暂定京师调查户口规则》《调查户口执行法》及《各学堂管理通则》等法规，对民众实行严格的户口控制和政治威吓。对于知识分子、学堂学生的政治热情和可能对专制政府造成的危害，清廷尤为感到恐惧，乃千方百计加以限制与控制。

在清廷发布的《学堂禁令》第九章“各学堂管理通则”中，则规定了学堂学生的“十一不准”；同时强调“以上各条犯者，除立行斥退外，仍分别轻重，酌加惩罚”。“各学堂管理规则”还规定：“所有学堂教习人员，如有明倡异说，干犯国宪及与名教纲常显相违背，查有实据，轻则斥退，重则革办。”①

从清廷公布的此类单行法规的内容看，在清廷存续的最后几年中，在“变法”“新政”的旗号之下，却在变本加厉地加强对全社会的控制和思想、文化专制。这些单行法规的公布、实施，也从一个侧面说明了清廷推行“变法”“新政”的虚伪性和欺骗性。

三、制定宪法性文件

（一）《钦定宪法大纲》

1.《钦定宪法大纲》的颁布与传统中华法系的解体

光绪三十四年（1908年）迫于内外政治压力，清廷颁布了由宪政编查馆制定的《钦定宪法大纲》，成为中国法制史上首部具有近代宪法意义的法律文件，用资产阶级宪法形式为君主专制制度披上了合法外衣。宪法的产生，要求其他法律与其相适应，这就必然导致旧有中华法系诸法合体的破裂，从而使清末立宪成为中华法系解体的开端。

2.《钦定宪法大纲》的主要内容

《钦定宪法大纲》由庆亲王奕劻等奏进，慈禧亲自裁定。内容基本抄自1898年日本帝国宪法。《钦定宪法大纲》共23条，由正文“君上大权”和附录“臣民权利义务”两部分组成。

“君上大权”共14条，开宗明义规定：“大清皇帝统治大清帝国，万世一系，永永尊戴。”“君上神圣尊严，不可侵犯。”本着这一精神，赋予了皇帝颁行法律、发交仪案，召集或解散议会，设官制禄、黜陟百司，统率陆海军队、宣战媾和、订立条约，派遣命名臣，宣布紧急戒严和以诏令限制臣民自由，以及总揽司法审判等大权。皇帝权力漫无限制，只不过是使绝对集权的君主专制主义，进一步用宪法加以巩固罢了。正如《钦定宪法大纲》的起草者所解释的：“立法、行政、司法则皆总揽于统治大权，故一言以蔽之，宪法者所以巩固君权，兼以保护臣民者也。”

“臣民权利义务”共9条，重心是纳税、当兵及遵守法律等项义务。至于权利和自由则非常简单，只规定：在法律范围内，所有言论、著作、出版、集会、结社等事，准其自由，臣民非依法规定，不受逮捕监禁处罚；以及进行诉讼，专受司法机关审判等项。

---

① 具体规定是：（1）学生在学堂以专心学业为主，凡不干己事，一概不准预闻；（2）各学堂学生，不准干预国家政治及本学堂事务，妄上条陈；（3）各学堂学生，不准离经叛道，妄发狂言怪论，以及著书妄谈，刊布报章；（4）学生不得私充报馆主笔及访事人；（5）各学堂学生，不准私自购阅稗官小说、谬报、逆书。凡非学科内应用参考书，均不准携带入堂；（6）各学堂学生，凡有向学堂陈诉事情，应告知星期值日学生，代禀本学堂应管长官，不准聚众要求，借端挟制，停课罢学等事；（7）各学堂学生，不准联盟纠众，立会演说及潜附他人党会；（8）各学堂学生，不准干预地方词讼及抗粮阻捐等事；（9）各学堂学生，不准逾闲荡检，故犯有伤礼教之事；（10）各学堂学生，遇有本学堂增添规则、新施禁令，概不准任意阻挠，抗不遵行；（11）各学堂学生，不准传布谣言，捏造黑白及拨弄是非。参见《大清法规大全·教育部》，卷二十一，3页。

《钦定宪法大纲》未给人民以任何真正的民主权利，只是使君权宪法化而已。因而激起了朝野普遍的不满。立宪派也大失所望，梁启超说：这个宪法大纲是“涂饰耳目，敷衍门面”①。

3.《钦定宪法大纲》的历史意义

首先，清王朝的《钦定宪法大纲》所确立的君主立宪政制在当时的历史条件下，不失民主政治的成分，客观上对当时人们思想起到不小的冲击作用。所以，《钦定宪法大纲》作为中国历史上第一部具有近代意义的宪法有其值得肯定的价值。

其次，《钦定宪法大纲》虽带有浓厚的封建性，但它打破了传统中华法系的结构，使宪法作为根本大法独立于刑法、民法等普通法之外，全面、集中地规定了国家与社会制度的基本原则。

最后，《钦定宪法大纲》的结构比较完整。宪法的结构通常由宪法的名称、序言（现在世界上大约有150部宪法，有序言的91部，没有序言的59部）、正文部分、修改程序和实施日期四方面组成。《钦定宪法大纲》则具备了名称、正文、附录、实施日期（清廷定为光绪四十二年即1916年颁布，1908年光绪死去，则改为宣统八年）。所以，从结构上看，《钦定宪法大纲》是比较完整的。

（二）《宪法重大信条十九条》

1911年10月10日，发生了辛亥革命，各省纷纷响应，宣布独立。立宪派和一些手握重兵的将领上书、兵谏，敦促立即公布宪法、召开国会。在内外压力下，清廷令资政院迅速草拟宪法，仅用了3天时间便制定和通过了《宪法重大信条十九条》，通称《十九信条》，于1911年11月3日公布。

《十九信条》与《钦定宪法大纲》比较，在体例与内容上均有不同。一是采用英国式“虚君共和”的责任内阁制。二是形式上限制了皇权，扩大了国会权力。规定皇权以宪法明定者为限。皇位继承顺序由宪法规定。宪法由资政院起草议决，皇帝颁行。宪法修正提案权归国会。总理大臣由国会公选，皇帝任命。皇帝直接统率海陆军，但对内使用时，须依国会议决之特别条件。国际条约非经国会议决，不得缔结。官制官规以宪法规定。三是它属临时宪法。《大纲》仅是清廷对立宪要求的一个许诺，以此作为九年以后制定宪法的准则。而《十九信条》已成为一种临时宪法，具有宪法性质。它明确规定关于国会权限条文，“国会未开以前，资政院适用之”，即在国会成立前，由资政院代行国会权力。但《十九信条》仍以“大清帝国之皇帝万世不易”“皇帝神圣不可侵犯”为基本精神，关于人民的民主权利只字未提。《十九信条》未能挽回清廷的厄运，1912年2月12日清帝溥仪宣布退位。至此，结束了中国两千多年的封建帝制统治。

四、制定《谘议局章程》和《资政院院章》

（一）《谘议局章程》

“谘议局”是清末“预备立宪”过程中清政府设立的地方咨询机构。谘议局的筹建，始于1907年，于1909年开始在各省设立。

光绪三十四年六月（1908年7月），宪政编查馆草拟了《谘议局章程》及《谘议局议员选举章程》，经奏准朝廷后公布。依照这两个章程的规定，谘议局以“钦尊谕旨为各省采取舆论之地，以指陈通省利病、筹计地方治安”为宗旨②，其权限包括讨论本省兴革事宜、预算决算、税收、公债以及选举资政院议员、申复资政院或本省督抚的咨询，等等。但谘议局

① 中国史学会编：《辛亥革命》，155页，上海，上海人民出版社，1951。

② 参见《谘议局章程》第1条，载《大清法规大全·宪政部》，卷二，2页。

所议定事项，可决权全在本省督抚。本省督抚对于谘议局，不仅有监督、裁夺的权力，而且有令其停会及奏请解散之权。按照这两个章程的规定，咨议局议员的选举资格和被选举的资格极为苛刻。因此，谘议局并不具备资本主义制度下地方议会的性质，只不过是清朝政府玩弄“立宪”政治把戏的一个点缀品。

（二）《资政院院章》

“资政院”是清政府在清末“预备立宪”过程中设立的中央“咨询机关”，于1910年设立。同“谘议局”一样，资政院的筹备工作也始于1907年。

宣统元年七月初八日（1909年8月23日），清政府公布有近七十条条文的《资政院院章》。清廷在以宣统皇帝名义发布的“颁行资政院院章谕”中表示，《资政院院章》“与现定谘议局章程，实相表里，即为将来上、下议院之始基”[①]。《资政院院章》第1条云：“资政院钦尊谕旨，以取决公论，预立上下议院基础为宗旨。”所以，该院章规定资政院可以“议决”国家的预决算、税法及公债，议定宪法以外的新法典及法律修改事件及其他“奉特旨交议事件”。但是，资政院的一切决议，须会同军机大臣或各部行政大臣具奏，“请旨裁夺”。而且，皇帝可以以特旨谕令的形式令资政院停会，乃至解散。[②] 资政院的议员分“钦选”与“民选”两部分。所谓“钦选”者包括以下七类人：宗室王公世爵；满汉世爵；外藩（蒙藏回）王公世爵；宗室觉罗；各部、院衙门官四品以下、七品以上者，但审判官、检察官及巡警官不在其列；硕学通儒；纳税多额者。很显然，“钦选”议员大部分是宗室王公、高官显贵。“民选”议员则是由各省谘议局议员“互选”产生，但最后要由各省督抚“圈定”。可见，这种“资政院”只不过是承旨办事的御用机构，而根本不是近现代意义上的国家议会。

第三节　清政府的其他立法

引例　川汉铁路公司亏短巨款案[③]

1910年，川汉铁路发生了亏短巨额款项的大案，该公司经营沪款的职员施典章先后侵吞、挪用路款百余万元。案发后，四川京官邓镕及资政院先后提出应照公司律关于查账人和公司清算的规定，公举查账人，会同部派人员进行制裁。后来，主管该案的邮传部在1911年经过几个月的调查后，认为，商律第129条规定，董事总办或总经理人、司事人等，如果有偷窃亏空公司款项或冒骗他人财物者，除追缴及充公外，依其事轻重，监禁少至1月、多至3年，并罚以少至1 000元、多至10 000元之数。从而认为，施典章虚报股票价值、侵蚀公司银12万余两，依照商律追缴充公。待案件办完后，交有管辖权的地方官监禁3年，罚金10 000元，缴清后才能释放。

---

① 《大清法规大全·宪政部》，卷首，5页。

② 参见《资政院院章》第52条、第53条，载《大清法规大全·宪政部》，卷首，2～5页。

③ 参见中国第一历史档案馆：《清档案·录副奏折·宣统二年》，54～68号。转引自徐立志：《清末商法实施考》，载《法律史论集》，第3卷，北京，法律出版社，2001。

一、立法的指导思想

（一）“参考古今，博稽中外”的修律方针

清末修订法律，是为适应列强需要和维护封建地主买办阶级统治的产物，随着一系列不平等条约的签订，列强在中国攫取了各种经济、政治特权及领事裁判权，使中国传统法制受到冲击。面对这一挑战，明于国际情势的知识分子及清廷官员中的有识之士，视领事裁判权为中国的耻辱，传统法制又是导致这一耻辱的根源，希望对外取消领事裁判权，对内改良法制，从而有“戊戌变法”。“庚子事变”后，清廷被迫宣布预备立宪和修订法律。

同时，列强为保住在华既得利益和特权，缓解与清廷的矛盾，利用朝野渴望争取独立自主，收回领事裁判权的心理，向清廷施加压力，把改良法制作为列强放弃治外法权的前提，列强的这种许诺，迷惑了清廷，张之洞、刘坤一、袁世凯等人为迎合列强，应付内忧外患，联名奏请要求改良法制。1902 年 5 月 13 日，清廷发布谕旨：“现在通商交涉，事益繁多，著派沈家本，伍廷芳将一切现行律例，按照交涉情形，参酌各国法律，悉心考订，妥为拟议，务期中外通行，有裨治理。”[①] 照此谕旨，修订法律大臣沈家本等人提出了“参考古今，博稽中外”[②]、“专以模范列强为宗旨”[③] 的具体修律方针，得到清廷批准。从此，依此方针正式开始全面改革传统法律制度。

在列强依据不平等条约对清廷施加经济、政治压力以至武力的胁迫和假言放弃领事裁判权的利诱下，清政府不得不仰列强鼻息以度日。按修律上谕说法是“通商交涉事益繁多”[④]使然。质言之，不妨说是基于“通商交涉”而签订的一系列不平等条约来修律。正确评价这一立法思想，诚然其实质是屈从列强的意志，但客观上却因此而删改了旧法中野蛮落后的法律规范，无疑有其历史的进步意义。当然“旧律义关伦常诸条，不可率行变革”[⑤]，这也是所谓“中体西用”贯穿修律始终的原则。上述立法思想从根本上决定了清末修律的结果只能是一个传统的中华法系实质与近代资产阶级大陆法系外壳相结合的产物。体现在法律体系上的，则是几千年重刑轻民、诸法合体的中华法系为近代诸法分立的法律体系所取代。

（二）清末修律的目的及实质

1. 以资产阶级法律形式掩盖君主专制统治

清末修律，是为救偏补弊，适应新的社会现实，是自救自强的不得已之举。正是在传统的统治方式无法继续维持的情况下，不得已的选择。只想仿效西方法律形式以度时艰，实际上仍怀有固守旧法统的愿望。《钦定宪法大纲》的颁行证明了此点。《大清现行刑律》及清廷关于《大清新刑律》的争论也明证了此点。

以《大清新刑律》而论，仍以维护封建君主专制为核心，将相当于封建律典的“大逆大不敬”的“侵犯皇室罪”作为“分则”首章。设定了“危害乘舆车驾”“不敬皇帝缌麻以上宗”“阑入太庙山陵宫殿禁宛”“向太庙山陵宫殿禁宛内射箭放弹投砖石”“犯跸”等罪名。不仅如此，还把旧律“谋反”扩大为分则第二章“内乱罪”，规定分别处死刑、无期和有期徒刑。

---

①④　《大清光绪新法令》，第一册。

②　《寄簃文存·重刻明律序》，卷六。

③　《清末筹备立宪档案史料》，852 页，北京，中华书局，1979。

⑤　同上书，869 页。

2. 配合预备立宪缓和矛盾、抵制革命

清末修律目的是为“预备立宪”装饰门面，阻止革命。

甲午战争后，特别是1905年日俄战争胜败分晓后，专制的沙俄败于君宪的日本，清廷眼见专制难于维持，转而接受君宪。清廷于1908年8月27日公布准备实行宪政的计划：确定1908年至1916年的9年为“预备立宪”期限；制定实施刑律、民律、商律、刑诉律、民诉律等法典；宣布从1917年始行宪政。这显然是以“预备”为借口，缓和国内外矛盾。《钦定宪法大纲》使国人识破了清廷“大权统于朝廷，庶政公诸舆论”的诡计。此后民主宪政运动及反清武装革命愈演愈烈，最后的“十九信条”这一企图挽救清廷命运的“稻草”，转瞬之间便被辛亥革命的浪涛所吞没。清末修律未能挽回岌岌可危的清王朝，却为后来的民国法制奠定了基础。

3. 清末立法的实质

清末立法具有封建性和买办性的特点，体现着深刻的半殖民地半封建性质，如《大清现行刑律》主要着眼点之一是确保统治阶级的私有财产和政治特权，《谘议局章程》《资政院院章》与《大清新刑律》的“妨害选举罪”一章，保证了封建地主和官僚买办当选进入政治机构，继续确认封建家族制度，以法律确认列强在华特权。1903年后，清廷颁布了一系列工商法规，客观上促进了民族资本主义发展。

清末修律得以迅速打破封建法统，改革旧律中残酷、野蛮的落后内容，使诸律分立，确立一系列新的法律制度，客观上促使中国法制走向近代发展轨道。但由于列强保持中国落后状态的掠夺目的，近代中国法制的发展是畸形与缓慢的。

二、立法概况

1901年，慈禧下诏变法、行新政，改革法制就作为“新政”内容之一。为适应“新政”的需要，清廷在立宪活动的同时，着手对旧律进行大规模变通改订。1902年又颁布修订法律的上谕，随即设立专门机关——修订法律馆，由当时对中西法律均有研究的刑部左侍郎沈家本主持。该馆继承历代封建法制传统，视刑律为王朝最基本法律，决定首先修订刑律。

（一）《大清现行刑律》与《大清新刑律》

因旧律中大部分属刑事法规，刑法的修订便首当其冲。一方面传统的“重刑轻民”思想及一般人心目中“法”“刑”不分的观念仍根深蒂固，另一方面刑律又恰恰是列强攫得领事裁判权的借口[①]，所以对抱有收回治外法权幻想的清廷和修律大臣们来说，刑法的修订实处于一个关乎修律成败的特殊地位。正因如此，在整个清末修律中刑法遂成一部进行最久、修改最多的法典。

清末刑法的修订，大体上可以分为两个基本方面：一为删修旧律旧例，改订刑罚制度，废除一些残酷的刑种和明显不合潮流的制度。这一方面以公布《大清现行刑律》为代表。二为制定并公布中国历史上第一部近代意义上的专门刑法典《大清新刑律》。

（二）商律修订的背景与过程

清末传统官商一体的社会政治经济结构，成为商律修订的直接现实基础。早在1872年，李鸿章便从传统社会王朝榷盐的制度中，引入了一个“官督商办”的概念，给清末传统官商二者的结合提供了一个新的渠道。在不足十年中，便产生了一个典型的代表人物——盛宣

---

① 参见《寄簃文存·删除律例内重法折》，卷一。

怀。其后的一个阶段是以张之洞为代表的“官商合办”的近代工矿企业的发展。直到20世纪初，才最终孕育出了一些地处沿海省份的地方民族工商业。

清末的商事立法，按其前后修订过程大致可分为两个阶段。

1. 光绪二十九年（1903年）到光绪三十三年（1907年）为第一阶段

光绪二十九年三月二十五日，清廷指派载振、伍廷芳和时任北洋大臣与直隶总督的袁世凯拟定商律。同年七月十六日设立商部后，载振为尚书，伍廷芳为左侍郎，主要根据当时的需要，由商部负责制定和颁布了一些应急的法律、法规。其时所定商事法规主要有：

（1）《钦定大清商律》。由商部制定，光绪二十九年十二月五日（1904年1月21日）奏准颁行。该律由《商人通例》和《公司律》组成，其中《商人通例》9条，分别规定了商人的意义和条件以及妇女经商、商号、商业账簿等方面的问题，具有商法总则的性质；《公司律》131条，分为公司分类及创办呈报法、股份、股东权利各事宜、董事、查账人、董事会议、众股东会议、账目、更改公司章程、停闭、罚例，共11节。内容较为简略，但它毕竟是中国第一部独立的商法，颁布后一直适用到中华民国三年（1914年），中华民国北京政府颁布新的《商人通例》和《公司条例》后，方告失效。在中国商法史上占有重要的地位。

（2）《公司注册试办章程》，由商部制定，光绪三十年五月（1904年6月）奏准颁行。共18条，内容较为简单、粗糙。

（3）《商标注册试办章程》与《商标注册试办章程细目》。由商部制定，光绪三十年六月（1904年7月）奏准颁行。其中章程28条，细目23条，内容较为详细。

（4）《破产律》。由商部起草，脱稿后送沈家本、伍廷芳共同商定，于光绪三十二年四月（1905年5月）奏准颁行。全律分呈报破产、选举董事、债主会议、清算账目、处分财产、有心倒骗、清偿展限、呈请销案、附则，共9节、69条。颁行后不久，因上海钱业大亨等所请，宣布第40条关于“经手帑项公款的商家倒闭”的规定暂缓实行。第二年十月（1907年11月），农工商部又奏请将该律交修订法律馆统筹编纂，但由于措辞含糊，未明确提出该律停止适用，因而有的地区仍在执行。

总之，由于时间仓促，这一时期所订商法大都比较简单，而且门类不全，不能满足清廷与社会的需要。

2. 光绪三十三年（1907年）后至宣统三年（1911年）为第二阶段

经过光绪三十二年（1906年）官制改革，商事立法改由修订法律馆负责，主要法典由修订法律馆主持起草，各单行法规仍由有关部门拟订。由于有了几年的立法经验，因而所订法律趋向成熟，但由于清室覆亡，大都未能颁行。

按时间顺序，这一阶段未及颁行的商法草案有：

（1）《大清商律草案》亦称《志田案》。光绪三十四年八月（1908年9月）修订法律馆聘日本法学博士志田钾太郎起草，自宣统元年（1909年）起陆续脱稿。共分5编：

第一编为总则，下分法例、商业、商业登记、商号、营业所、商业账簿、商业所用人、商业学徒、代办商，共9章、103条。

第二编为商行为，下分通则、买卖、行铺营业、承揽运送业、运送营业、仓库营业、损害保险营业、生命保险营业，共8章、236条。

第三编为公司律，分6篇、16章。第一篇为总则，下设法例、通则2章；第二篇为合名公司，下设设立、内部之关系、外部之关系、股东之入股及退股、解散5章；第三篇为合资公司；第四篇为股份公司，下分设立、股份、股东总会、董事、监查员、会计、公司债、定章之变更、解散，共9章；第五篇为股份合资公司；第六篇为罚则。共312条。

股分收銀單

開平礦務局　爲發給股分收單事奉
直隸爵閣督部堂李　批准設局招商開採煤鐵札
飭籌辦等因在案當經本局議定招集股銀八十萬
兩分作八千股每股津平寶紋一百兩一股至千股
皆可附搭定於註册之日先收銀十兩即給第一期
收票光緒四年正月再收四十兩即發第二期收票
其餘五十兩定限四年五月收清即將兩期收條繳
回換發股票一紙股摺一扣局章一本收執須至收
票者
今收到　省　府　縣人
股第　次期股銀津平寶紋　兩整
光緒　年　月　日給　經收
第　號

图 10—2　开平矿务局股票及招商章程①

第四编为票据法，分 3 篇、15 章。第一篇为总则，下设法例、通则 2 章；第二篇为汇票，下设汇票之发行及款式、票背签名、承诺、代人承诺、保证、满期日、付款、拒绝承诺及拒绝付款之场合执票人之请求偿还权、代人付款、副票及草票、汇票之伪造变造及遗失、时效，共 12 章；第三篇为期票，下设期票 1 章。共 94 条。

第五编为海船律，分 6 篇、11 章。第一篇为总则，下设法例、通则 2 章；第二篇为海船关系人，分所有者、海员 2 章；第三篇为海船契约，分运送物品契约、运送旅客契约、保险契约 3 章；第四篇为海损，分共同海损、海船之冲突 2 章；第五篇为海难之救助；第六篇为海船债权之担保，分法定债权、抵当权 2 章。共 263 条。

全律合计 1 008 条，体例严谨，内容周详，但有不少脱离中国实际之处。由于该律是按照商法典的规模和要求来编纂的，因而起草的过程较长，至辛亥革命爆发时尚未全部定稿。已完成者中有些也未经修订法律馆审核，因而均未颁行。

(2)《交易行律草案》。光绪三十四年（1908 年）起草。

(3)《破产律草案》。修订法律馆聘日本法学士松冈义正起草，于宣统元年完成，共 337 条，内容较为周详。

(4)《保险规则草案》。农工商部（1906 年改商部为农工商部与邮传部）订，共 124 条，经宪政编查馆厘正后，于宣统二年八月（1910 年 9 月）奏交资政院审议。

(5)《改订大清商律草案》。农工商部拟订，宣统二年十一月（1911 年 1 月）奏交资政院审议。共分总则、公司 2 编：总则编分商人、商人能力、商业注册、商号、商业账簿、商业使用人、代理商，共 7 章、86 条；公司编分总纲、无限公司、两合公司、股份有限公司、股份两合公司、罚例，共 6 章、281 条。内容远较《钦定大清商律》完整、周密，是一部比较成熟的商法草案。1914 年，民国北京政府将其略加修改后，改为《商人通例》和《公司条例》颁布使用。

① 参见中国历史博物馆编：《中国近代史参考图录》，中册，上海，上海教育出版社，1981。

这一阶段已颁行的商事单行法规主要有：

(1)《银行则例》，度支部订，光绪三十四年正月（1908 年 2 月）奏准颁行。(2)《银行注册章程》8 条，度支部订，光绪三十四年六月（1908 年 7 月）奏准颁行。(3)《大小轮船公司注册给照章程》20 条，邮传部订，宣统二年三月（1910 年 4 月）奏准颁行。(4)《运送章程》。其中正文 54 条，分为总则、运送承办人、运送营业者 3 章；附则 2 条。大约相当于当时外国商行为法中有关运送营业的部分，是一部比较成熟的单行法规。农工商部起草，宣统二年八月（1910 年 9 月）奏交资政院审议，十二月奏准颁行。

此外，清政府还制定和颁布了一些与商法有密切关系的法规，如《商会简明章程》《华商办理农工商实业爵赏章程》《奖励华商公司章程》《改订奖励华商公司章程》等。

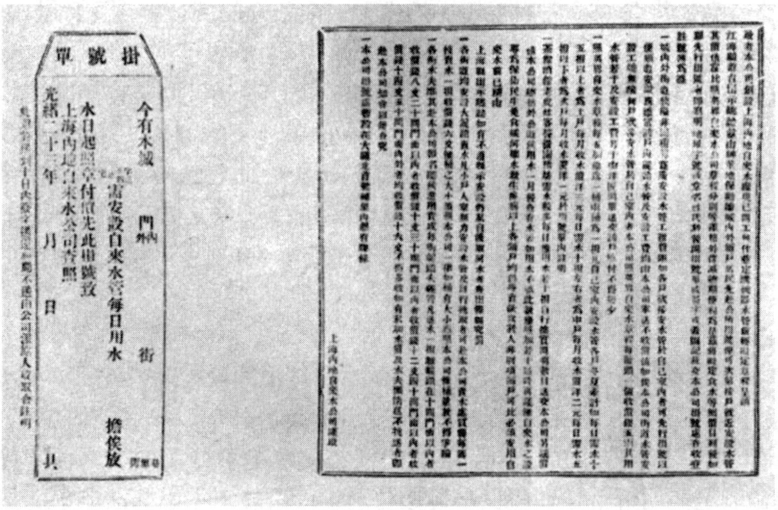

图 10—3　上海自来水公司文件①

(三) 民律修订的过程

1. 修律计划与三点宗旨

清末修律之初主要着眼于对《大清律》的修订和《大清新刑律》的制定，民事立法的修订直到光绪三十三年五月（1907 年 6 月）才受到朝廷的重视。

光绪三十三年九月（1907 年 10 月），宪政编查馆正式将民法的编纂列入修律计划。第二年十月（1908 年 11 月），修订法律馆在沈家本主持下聘请日本法学士松冈义正为顾问，开始民法的起草。宣统元年二月（1909 年 9 月），内阁侍读学士甘大璋奏请将民律中与礼教牵涉较多的亲属、继承二编，分出改由礼学馆起草，然后会同修订法律馆一起商定。为起草民律，修订法律馆专设一科，“科设总纂一人，纂修、协修各四人，调查一人或二人。又设咨议官访通晓法政、品端学粹之员，分省延请，以备随时咨商”。此外，“凡各省习惯及各国成例，得分别派员或咨请出使大臣调查”。

修订法律馆和礼学馆在起草民律过程中，强调以下三点作为宗旨：一是“注重世界最普通之法则”，广泛吸收大陆法系国家民法的一般原则和具体规定。二是“原本后出最精确之法理”，“采用各国新制”以便与列强相交涉。三是“求最适于中国民情之法”和“期于改进上最有利益之法”。

---

① 参见中国历史博物馆编：《中国近代史参考图录》，中册，上海，上海教育出版社，1981。

一方面“或本诸经义或参诸道德或取诸现行法制”；另一方面，“依据调查之资料，参照各国之法例，斟酌各省之报告，详甚草订”，以便从中国传统的礼教民俗中吸取相应的规范。①

2. 修律的过程及意义

在修订法律馆组织下，由松冈义正起草的民律总则、债权、物权三编全部完稿，礼学馆负责起草的亲属、继承二编也相继完成，共36章、1 569条。修订法律馆将5编依此排定，名为《大清民律草案》。至宣统三年八月（1911年9月），并将前3编缮成黄册，奏请交内阁核定。后二编准备会同礼学馆商定后，再行奏进。但未等这些工作进行完毕，清廷便因辛亥革命被推翻。

《大清民律草案》为我们今天回视历史提供了一个很好的例证：德国民法典的制定颁行，为解决法典的民族性与本土化前后经历了八十多年，其间形成了著名的学派之争；而清末的民律草案从开始议论到编订完成不足三年；且这三年正值王朝大厦将倾之时，或许唯其如此，才使得民律草案的修订留下了更多的政治诉求的痕迹：为收回“治外法权”，为“模范列强”，为“推行宪政”，等等；背负着如此沉重的历史使命，已使得具体的立法者们，无心也无力顾及法典本身的“法律问题”了，在这里我们还暂且不论参与法律的修订者们究竟是以法律家的身份还是以政治家的身份在完成着这一历史性的使命。其中的诸多因素实在值得后人深思。

（四）诉讼法与法院组织法的制定过程

1.《刑事民事诉讼法草案》的制定。清廷颁布修订法律谕旨后，沈家本等人认为，实体法与诉讼法相互为用，日本之所以能在明治维新后收回治外法权，“推原其故，未始不由于裁判诉讼咸得其宜”②，但鉴于历史传统形成的刑、民状况不分的事实，便于光绪三十一年（1905年）提出制定简明诉讼法，将民事诉讼与刑事诉讼规定在一部法典中。

2.《各级审判厅试办章程》的制定。法部受命对《大清刑事民事诉讼法》详核妥拟后，鉴于各级审判厅即将普遍举办，急需程序性法律规范的情况，立即着手编纂《暂行诉讼法》。为调和传统文化和近代文化间的矛盾，法部以直隶总督袁世凯奏定的《天津府属审判厅试办章程》为基础，兼采沈家本奏呈的《法院编制法草案》，于光绪三十三年十一月十日（1907年12月14日）编成《各级审判厅试办章程》。

3.《刑事诉讼律草案》和《民事诉讼律草案》。在各省督抚对《刑事民事诉讼法草案》提出种种意见时，修订法律馆就已有了制定新的诉讼法的打算，并将此计划列入《钦定逐年筹备事宜清单》。光绪三十四年十月（1908年10月）聘日本法学家松冈义正等为法律顾问后，又安排由冈田朝太郎和松冈义正分别协助起草刑事诉讼律和民事诉讼律，至宣统二年十月（1910年10月），相继编成《刑事诉讼律草案》和《民事诉讼律草案》。

4.《大理院审判编制法》与《法院编制法》。清廷配合“预备立宪”，大理寺改大理院，专任审判。为明确大理院职权，法部随之拟定《大理院审判编制法》，由清廷于1906年12月颁行。该法分“总纲”“大理院”“京师高等审判厅”“城内外地方审判厅”“城谳局”5节，计45条。它引入了资产阶级“司法独立”原则，确立四级三审制、审检合署、审判合议等制度，是模仿资产阶级国家制定的我国第一个单行法院组织法规。

① 参见《中华民国暂行民律草案》。转引自曾宪义主编：《新编中国法制史》，济南，山东人民出版社，1987。
② 《大清法规大全·法律部》，卷一。

三、法律的基本内容和特点

(一)《大清现行刑律》与《大清新刑律》

1.《大清现行刑律》

1904年5月15日，修订法律馆开馆办公，着手对《大清律例》进行删改、修并、续纂，以此作为一部在新刑律颁布以前的过渡性法典。"预备立宪"诏令颁布后，修订《大清律例》被纳入《钦定逐年筹备事宜清单》，1908年修订完成，定名《大清现行刑律》，分30门，计389条，附例1 327条及《禁烟条例》12条、《秋审条例》165条，于1910年5月15日公布施行。

该律虽在《大清律例》基础上修订而成，篇目、内容仍不脱旧律窠臼，但作为近代社会产物，已具有过渡性法典的性质。主要表现为：

第一，改律名为《刑律》。

第二，取消《大清律例》中按吏、户、礼、兵、刑、工六部名称而设的六律总目，现行刑律篇目，自名例至河防分30门、36卷。

第三，改革刑罚，废除凌迟、枭首、戮尸、缘坐、刺字等酷刑（当然，仅仅是条文规定上如此）。从立法上肯定了清末以来刑罚改革的成果，以罚金、徒、流、遣、死五刑取代原有笞、杖、徒、流、死五刑，将《大清现行刑律》律条及附例内各项罪名，一律按新五刑厘定。

第四，废除过时法条，增加新罪名。废除了体现民族压迫的维护满族人特权的条款，计法条1条、条例40条。删除了"良贱相殴"条、"良贱相奸"条，并将条文中"奴婢"改为"雇工人"，打破了封建法律中"良贱之异"的原则，取消了奴婢在法律上不平等的"律比畜产"地位。同时，又据近代交通运输、工业企业发展，增加了毁坏铁路、电讯等新罪名和定例。由于上述变化，有人称该法是"大加改良的"，"王朝颁行的最后而且是最进步的一部刑法典"。但它颁行于辛亥革命前夕，因而未实施多久。

2.《大清新刑律》

从1905年《大清新刑律》草订到1910年12月颁布，历时5年之久。

清廷在修订《大清现行刑律》同时，也开始制定新刑律。1906年，沈家本又聘请日本法学博士冈田朝太郎帮同考订。并遴选一批法学专家分别纂辑。前后历3年，四交易稿，于1907年下半年编成《大清新刑律草案》，上奏清廷。修订法律大臣沈家本等人在《奏进呈刑律草案折》中，指出新律于旧律变通者"厥有五端"："一曰更定刑名。一曰酌减死罪。一曰死刑唯一。一曰删除比附。一曰惩治教育。"[①] 1910年11月5日由宪政编查馆审查、核定告竣，定名《大清新刑律》。但此草案"经宪政编查馆奏交部、院及疆臣核议，签驳者众"[②]。特别是由于受到以张之洞、劳乃宣为首的"礼教派"的强烈反对和攻击，修订法律馆不得不将此草案收回，并重新草拟。直到1911年1月25日，清廷据资政院和宪政编查馆会奏，才正式公布经过多次修改的《大清新刑律》，预定在宣统五年（1913年）正式施行。但公布后不久，清王朝即告覆亡，故《大清新刑律》并未正式施行。

（1）《大清新刑律》的结构变化。《大清新刑律》分总则、分则两编，共53章、411条，附《暂行章程》5条，其主要特点是：

---

① 《大清光绪新法令》，第十九册，26～28页。

② 宪政编查馆：《核议法部奏酌拟死罪施行详细办法折》。

1）仿资产阶级刑法体例。一是将非科刑定罪的内容一概删除，使其成为中国历史上第一部近代化的专门的刑法典。二是确定新的刑法体系。变明清以来“六部分立”的体例而为近代刑法的总则与分则的体例。

2）采取资产阶级国家刑罚体系。该律仿效资产阶级国家刑法，确定了一个以自由刑为中心，由主刑、从刑组成的新体系。规定主刑为死刑、无期徒刑、有期徒刑、拘役、罚金，从刑为褫夺公权和没收。同时大大减少死刑条数，且规定：“死刑用绞，于狱内执行之”，罪大恶极的用斩。

（2）《大清新刑律》的内容变化。1）吸收资产阶级刑法制度。一是采用罪刑法定原则，规定：“法律无正条者，不问何种行为，不为罪。”否定了罪刑擅断和诏敕断罪。引进缓刑、伪释、时效制度，专设“缓刑”“伪释”“时效”章，开有利罪犯自新之路，也具有人道主义色彩。采取对青少年犯实行感化教育，确定对刑事责任年龄以下的青少年犯罪，施以感化教育，开我国感化教育青少年犯之先河。仿效资产阶级刑法，创设“妨害选举罪”“妨害交通罪”“妨害料水罪”“妨害卫生罪”“妨害安全信用名誉及秘密罪”等章。这些内容，一方面客观上有利于维护人民群众的正当权益，另一方面是适应帝国主义国家侵略的现实。效法资产阶级刑法设“妨害国交罪”章，实质是确保列强在华特权，出卖民族利益。

2）《大清新刑律》对封建刑法制度作了大量删削，尤其是删去了以家天下和宗法制为根据的“八议”“请”“减”“赎”“十恶”和“存留养亲”等封建法律内容；取消了旧律中残酷的刑罚规范及“官秩”“良贱”“服制”等规范。

该律虽未及施行，却是中国历史上首部仿效资产阶级刑法原则、体例制定的刑法典，深刻影响了我国半殖民地、半封建社会的刑事立法。

3. 修律中的“礼法之争”

所谓“礼法之争”，是指在清末变法修律过程中，以张之洞、劳乃宣为代表的“礼教派”与以修订法律大臣沈家本为代表的“法理派”围绕《大清新刑律》等新式法典的修订而产生的理论争执。

（1）“法理派”与“礼教派”。清末修律过程中“法理派”与“礼教派”之争，主要集中在光绪三十二年（公元1906年）修订法律馆上奏《大清民事刑事诉讼律》及次年上奏《新刑律草案》以后。修订法律大臣沈家本等人，主张中国应该大幅度地引进西方近现代的法律理论与观念，运用“国家主义”等政治法律理论来改革中国旧有的法律制度。在修订《大清新刑律》《大清民事刑事诉讼律》过程中，沈家本主持的修订法律馆经常运用西方国家的“通行法理”来对抗保守派的攻击，因而被称为“法理派”。而以曾出任湖广总督、后任军机大臣的张之洞、江苏提学使劳乃宣为代表，包括直隶总督袁世凯等“封疆大吏”与地方督抚在内的清廷上层官僚、贵族，则对变法修律持反对、消极的态度。在大势所趋、变法修律已成定局后，他们又对沈家本等主持的修订法律馆百般挑剔和刁难，要求修订新律应“浑道德与法律于一体”，尤不应偏离中国数千年相传的“礼教民情”，故而被称作“礼教派”。

（2）法理派与礼教派争论的焦点。就制定《大清新刑律》而言，法理派与礼教派争论的焦点主要集中在以下几方面：

其一，关于“干名犯义”条存废问题。“干名犯义”是传统法律中的一个重要罪名，专指子孙控告祖父母、父母的行为。明清律中，子孙控告祖父母谓之“干名犯义”，亦属十恶之条。清末修律过程中，沈家本等人从西方国家通行的法理出发，提出“干名犯义”属“告诉之事，应于编纂判决录时，于诬告罪中详叙办法，不必另立专条"①。而礼教派则认为"中国素重纲常，故于干名犯义之条，立法特为严重"②，由此足见"干名犯义"条款大干礼教之事，是传统伦理的根本所在，因而绝不能在新刑律中没有反映。

其二，关于"存留养亲"制度。"存留养亲"是传统法律中的一项重要制度。一般而言，"存留养亲"多适用于独子斗殴杀人之案。在此类案件中，若有"亲老丁单"，即凶犯系家中独子、父母年老有病、家中又无其他男丁情形，考虑到其父母年老无人奉养，又无其他男丁继承宗嗣，经有关部门代为申请，得到皇帝特许以后，可免其死罪，施以一定处罚以后，令其回家"孝养其亲"。沈家本等人认为："古无罪人留养之法"，而且嘉庆六年（1801 年）上谕中也明白表示过："是承祀、留养，非以施仁，实以长奸，转以诱人犯法。"因此，"存留养亲"不编入新刑律草案，"似尚无悖于礼教"③。礼教派认为，"存留养亲"是宣扬"仁政"、鼓励孝道的重要方式，不能随便就排除在新律之外。

其三，关于"无夫奸"及"亲属相奸"等问题。依照传统伦理，"奸非"是严重违反道德的行为，故传统刑律有严厉的处罚条款。"亲属相奸"更是"大犯礼教之事，故旧律定罪极重"。因此，礼教派认为在新律中也应有特别的规定。法理派则认为，"无夫妇女犯奸，欧洲法律并无治罪之文"。"此事有关风化，当于教育上别筹办法，不必编入刑律之中"④。至于亲属相奸，"此等行同禽兽，固大乖礼教，然究为个人之过恶，未害及社会，旧律重至立决，未免过严"。因此，对此等行为，依"和奸有夫之妇"条款处以三等有期徒刑即可，"毋庸另立专条"⑤。

其四，关于"子孙违反教令"问题。"子孙违反教令"是传统法律中一条针对子孙卑幼"不听教令"、弹性很大的条款。只要子孙违背了尊长的意志、命令，即可构成此罪名。礼教派认为，这样"子孙治罪之权，全在祖父母、父母，实为教孝之盛轨"。法理派则指出："违反教令出乎家庭，此全是教育上事，应别设感化院之类，以宏教育之方。此无关于刑事，不必规定于刑律中也。"⑥

其五，关于子孙卑幼能否对尊长行使正当防卫权问题。礼教派认为，按照中国传统的伦理，"天下无不是之父母"⑦，子孙对父母祖父母的教训、惩治，最多像舜帝那样"大杖则走，小杖则受"，只有接受的道理，而绝无"正当防卫"之说。法理派则认为："国家刑法，是君主对于全国人民的一种限制。父杀其子，君主治以不慈之罪；子杀其父，则治以不孝之罪"，唯有如此"方为平允"。

清宣统元年（1909 年）正月二十七日，清廷针对修律过程中的争议，正式发布上谕，明确表示："唯是刑法之源，本乎礼教。中外各国礼教不同，故刑法亦因之而异……良以三纲五常，阐自唐、虞，圣帝明王兢兢保守，实为数千年相传之国粹，立国之大本。今寰海大通，国际每多交涉，固不宜默守故常，致失通变宜民之意，但祇可采彼所长，益我所短。凡我旧律义关伦常诸条，不可率行变革，庶以维天理民彝于不敝。该大臣务本此意，以为修改宗旨，是为至要。"⑧ 因而清末修律过程中的"礼法之争"，其结局必然就是法理派的退让和妥协。

---

①③④⑤⑥ 《寄簃文存·书劳提学新刑律草案说帖后》，卷八。

②⑧ 《大清法规大全·法律部》，卷首，1～2 页。

⑦ 瞿同祖：《中国法律与中国社会》，15 页，北京，中华书局，1981。

（3）争论妥协的结果——“暂行章程”。由于传统保守的礼教派以张之洞、劳乃宣为首，借签注、核定、议决之机，责难新刑律违背传统礼教，家族主义等儒学思想，攻击新刑律与“三纲”相刺谬，破坏男女之别、尊卑长幼之序。坚持把封建律典中“无夫奸”“子孙违反教令”“干名犯义”“存留养亲”等内容特别规定于新刑律之中；煽动士大夫阶层反对新刑律；甚至呼吁朝廷对修律者兴师问罪，使“新刑律几有根本推翻之势”。清廷偏袒这一派意见，下谕明示：“凡我旧律义关伦常诸条，不可率行变革，庶以维天理民彝于不弊。”法部据此在新刑律后加上5条“附则”，称《暂行章程》，规定了无夫妇女通奸罪，对尊亲属有犯不得适用正当防卫，加重卑幼对尊长、妻对夫杀伤害等罪的刑罚，减轻尊长对卑幼、夫对妻杀伤等罪的刑罚，等等，以符合“凡我义关伦常诸条不可率行变革”的宗旨。刑法的修订，充分表现出顽固的中华法系与近代资本主义法系的抗争。

（二）商律的主要内容和特点

1. 清末商律的主要内容

（1）以法律的形式规定了奖励工商业的政策，肯定了资本主义近代企业的合法地位。《钦定大清商律》第23条规定：“凡现已设立与嗣后设立之公司及局厂、行号，铺店等均可向商部注册，以享一体保护之利益。”《华商办理农工商实业爵赏章程》规定：凡商人所办实业有利国民生计者，皆可按资本额大小及所用工人多寡，分别授以子爵、男爵、卿等爵秩，以显其荣。《改订奖励华商公司章程》规定：凡集股办公司股金在20万元以上者，可按其所集股金数额，分别授以农工商部顾问官、议员等职衔，并相应地授以一至七品顶戴，使之在礼仪方面受优待，等等。可以说自秦汉以来“以法律贱商人”的朝廷政策至此在立法上得以改变。

（2）规定了商人的法律地位及从事商事活动所应遵循的一般规则。《钦定大清商律》规定：男子16岁以上方可为商；商人必须立有账簿，并定期结账，商业账簿及与贸易有关的往来信件至少要保存10年。

《改订商律草案》［亦称《志田案》，修订法律馆聘日本法学博士志田钾太郎起草，自宣统元年（1909年）起陆续脱稿］规定：“凡有独立订结契约负担义务之能力者均得为商人”（第7条）；“商人得以其姓名或各种字样作为商号”（第20条），但不得在同一区域使用同种行业中他人已注册之商号；商业主人可以雇用商业使用人，也可由他人代理经营，但都要遵守法律的有关规定；商人账簿应按规定的方式记载、结算、保存，等等。

（3）规定了公司的法律地位、种类，各种公司的组织机构、内部关系及外部关系、成立、变更、解散及会计制度等。《钦定大清商律》规定：“凡凑集资本共营贸易者名为公司。”公司共分四种：合资公司、合资有限公司、股份公司、股份有限公司（第1条）；公司必须设置经理；股份公司和股份有限公司必须设董事局和查账人，并定期举行股东大会，讨论决定公司的重大问题；设立合资有限公司，必须订立合同，呈报商部注册后，方准开办；设立股份公司和股份有限公司，除订立创办合同外，还须待股数招齐并经股东大会审查无误后，方可呈报商部注册开办；公司欲增加股本，必须经股东大会决议并呈报商部注册；公司账目每年至少结算一次，必须确有赢利，方可分派股息，但至少须将赢利的二十分之一用作公积金；公司如股本亏蚀及半或存续期满或股东低于法定人数，即作为停闭。停闭后要由专人进行清理。

《改订商律草案》规定：公司分为无限公司、两合公司、股份分有限公司、股份两合公司四种。凡公司均认为法人，公司非经注册不能着手开办，并不能对抗第三者；创办无限公司和两合公司须订立议据，联名签押；无限公司资本及两合公司的无限资本均有执行公司业务之权利，并负其义务；两合公司的有限资本有查阅公司账簿、监督公司营业的权利；股份有限公司必须有7名以上认股者为创办人，创办人须订立公司章程，待股数招足并第一次股银交齐后方可招集创立总会，成立公司，并呈请官厅注册开办；股份两合公司以无限责任资本和有限责任股东组成，如无限责任资本全部脱退，可改为股份有限公司，如有限股东全部脱退，可改为无限公司，等等。

（4）具体规定了买卖、行铺营业、承揽运送业、运送营业、仓库营业、保险营业等商事行为的性质、经营规则、有关当事人间的权利义务关系等。《志田案》第二编规定，以自己的名义就他人之计算而担任贩卖或买入动产或有价证券的营业谓之行铺营业；行铺须以商人之注意为其所任之行为；于陆上、河川或其他国内水上运送物品或旅客的行业谓之运送业；旅客之运送人非证明自己或其使用人关于运送无怠于注意之处，对于旅客因运送所受之损害不得免赔偿之责；等等。

（5）对于海上运输这一特殊行业的有关问题作了系统的规定。《志田案》第五编详细地规定了海船所有人、船长及船员的权利、职责，他们和旅客及货主的关系，以及海上运输中各种意外事件的处理原则等。可视为后世《海商法》的开端。

（6）对商事活动中经常使用的票据的性质、种类、款式、发行、流通、收回及当事人间的权利义务作了系统规定。可视为后世《票据法》的开端。

（7）规定了破产的条件、呈报破产的方法、清偿债务的方法及对有心倒骗的处理办法等。《破产律》规定，商人遇有破产事项，应赴地方官及商会呈报，待查明后进行破产宣告；宣告破产后应选举专门人员负责清理有关事务，并召开债主会议，商议清偿办法；待账目核算清楚后，将破产财团按平均成数摊还各债主；对有心倒骗者分别以监禁或罚金处罚之。

此外，清末商法还规定了公司及各种行铺注册的效力、注册时所必备的手续、注册的程序和办法，以及商会的性质、组织、职责、活动方式等。

2. 清末商律的基本特点

清末商法的特点可以简要归纳为以下几点：

首先，在法律渊源上，它主要模仿德、日、英等资本主义国家的商法，同时也吸收了一些中国的商事习惯。如《钦定大清商律》主要仿自英、日公司法和商法；《改订商律草案》主要仿自日本明治三十二年（1899年）商法，同时也从德国1900年商法中吸收了一些内容；《志田案》中除票据法主要仿自1900年起草的《海牙统一票据条例草案》外，其余主要模仿日本1899年商法和德国1900年商法。此外，也都采用了传统中国商事习惯的条文。《钦定大清商律》中，此类条文有28条，《改订商律草案》中有三十余条；特别是《破产律》，“沿袭中国习惯者居多，采用外国条文者少”①，主要根据中国的习惯拟成。这是清末商法的一个重要特点。

其次，在立法原则上，充分照顾商事活动的简便性及敏捷性要求，从各国商法和中国商事习惯中采取了大量的与商为便的规定。如《钦定大清商律》关于一般商业注册与否听其自便，以及公司只要符合法定条件均可成立的规定，《玄田案》关于无限公司的内部关系以从定章为主，以及无论何种公司都可变更其种类的规定等，都属于这种规定。但关于商业登记、商业使用人、商业代理人等方面的规定都付阙如；如《钦定大清商律》中《商人通例》仅有9条，其《公司律》中关于无限公司和合资有限公司的条文也很少，特别是对合资有限

① 《商务官报》，第11期。

公司的资本额和公司机构未作任何规定。

最后，在具体内容上，带有一些封建残余和半殖民地法的烙印。如《钦定大清商律》关于商人能力规定，男子16岁以上有完全的商人能力，可独立为商；妇女则只在“上无父兄或本商病废而子弟幼弱、尚未成丁”的情况下，方可为商（第3条）；有夫之妇经商，不仅须经丈夫许可，而且遇有钱债纠葛，本夫不能辞其责。实际上是不承认妇女的独立地位。

此外，上述立法中对外国公司均无规定。日本公司法关于外国公司专设一章，清末商法模仿日本商法之处颇多，唯关于这个问题不采日制。这其中的政治利害取舍恐怕多于立法本身的考虑。

(三)《大清民律草案》的结构与内容

《大清民律草案》共有5编，按其编纂结构和内容的特点可分为前后两个部分，即总则、债权、物权前三编与亲属、继承后两编。

1. 清末民律草案前三编以“模范列强”为主

民律前三编主要受起草者日本法学士松冈义正的影响，以日本明治二十九年（1896年）《民法典》为蓝本，同时参酌德国和瑞士的民法典，其结构则是取自1900年的德国民法典，对中国旧有习惯未加参酌。

第一编“总则”，它采取了私有财产所有权不可侵犯、契约自由、过失致人损害应予赔偿等资产阶级民法的一些基本原则。下设各章分别是法例、人、法人、物、法律行为、期间及期日、时效、权利之行使及担保共8章。分别对自然人的权利能力、行为能力、责任能力、住所、人格保护及法人的意义和成立要件、法人的各项民事权利、社团法人、财团法人，以及意思表示、契约行为、代理行为、取得时效、消灭时效等民法上的根本概念和法律关系作了规定。

第二编“债权”，分别规定了债权的标的、效力、让与、承认、消灭以及各种形式的债的意义和有关当事人的权利、义务等。下分通则、契约、广告、发行指示证券、发行无记名证券、管理事务、不当得利、侵权行为共8章。引用的条文具有典型的大陆法系风格。

第三编“物权”，主要规定了对各种形式的财产权的法律保护及财产使用内容等。下分通则、所有权、地上权、永佃权、地役权、担保物权、占有共7章。

2. 清末民律草案后两编以“固守国粹为宗”

后两编因由清廷礼学馆主持起草之故，虽然条文中采纳了一些资产阶级的法律规定，但更多的是注重吸收中国传统社会历代相沿的礼教民俗。

第四编“亲属”，分别对亲属关系的种类和范围、家庭制度、婚姻制度、未成年人和成年人的监护、亲属间的扶养等作了规定，下分定名、取义，下设通则、家制、婚姻、亲子、监护、亲属会、扶养之义务共7章。其具体法律条文成为清末东西方法律文化交融的一个缩影，如关于家庭制度的条文规定：“家政统摄于家长”（第1318条），“家长以一家中之最尊长者为之”（第1312条），“家属尊卑之分以亲等及其长幼为序”（第1313条），妇女只在“家中无男丁或有男丁而未成年”的情况下，才得为家长（第1316条）；关于婚姻的条文规定：男子不满30岁，女子不满25岁，无论结婚、离婚都须父母同意，否则无效。

第五编“继承”，分别规定了自然继承的范围及顺位、遗嘱继承的办法和效力、尚未确定继承人的遗产的处置办法，以及对债权人和受遗人利益的法律保护等。第一章包括定名、范围及次序，以下分别是通则、继承、遗嘱、特留财产、无人承认之继承、债权人或受遗人之权利，共6章。继承编中同样体现着浓厚的传统色彩，如关于继承权特别规定不可以抛弃，即使受继人有不利益之事，亦不得抛弃继承。在这里家族的传承观念，远远重于个人的物质利害得失。

《大清民律草案》从整体结构上来说，确是代表了其时最先进的民法理论，唯其如此，这一草案的完成，恰恰也成为清末修订的大部分法典一味强调“与国际接轨”，而罔顾本国社会实际这一通病的又一典型。而其法典内容上所体现出的前后两部分的差异，则又成为近代东西方两种法律文化交融的例证。在这里以一个具体的视角叙述着“中体西用”的理论与实践。就法典本身来说，《大清民律草案》不是一部成熟的法律草案，但确是中国历史上第一部民法典。它对以后中华民国的民事立法产生了深远的影响。

（四）诉讼法与法院组织法的内容特点

1.《刑事民事诉讼法草案》的内容特点

光绪三十二年四月（1906 年 4 月），修订法律馆拟成《刑事民事诉讼法草案》上奏清廷，请求在刑法和民法之前颁行。该草案共 5 章、260 条，另附《颁行例》3 条。第一章为总纲，主要规定了刑事诉讼和民事诉讼的区别、诉讼时限、诉讼公堂、各类惩罚等；第二章为刑事规则，主要规定了逮捕、拘传、搜查、传唤、关提、拘留、取保、审讯、裁判、执行、开释等刑事诉讼程序；第三章为民事规则，具体规定了传唤、诉讼标的 500 元以下和 500 元以上的案件的诉讼、审讯、拘提被告、判案后查报产物、监禁被告、查封在逃被告产物、减成偿债及破产物、和解等民事诉讼程序；第四章为刑事、民事通用规则，主要是关于律师、陪审、证人、上诉的规定；第五章为中外交涉案件的处理规则，规定涉外案件依当时的条约审讯。

由于负责起草的伍廷芳曾留学英国，对英美法较有研究，因而该草案的内容多采自英美法，与大陆法国家的程序法有所不同，采用了资产阶级的陪审制度、律师制度，是我国首次将诉讼法规单独编纂的尝试。有鉴于此，清廷于同年 4 月 26 日下谕，该法内容“于现在民情风俗能否通行，着该将军督抚、都统等体察情形，悉心研究其中有无扞格之处，即行缕晰条分据实具奏”。之后，各省覆奏纷纷反对，对该草案加以批驳，“或以为舆情未洽，或以为人才未备，或以为关键多疏，或以为滞碍难行”，一致拟请暂缓施行。据此，清廷于光绪三十四年九月（1908 年 10 月）奏准由修订法律馆会同法部对该草案“详加覆核，妥善拟定”，加以修改。但这时修订法律馆已决定将刑事诉讼律和民事诉讼律分开，重新起草，因而《刑事民事诉讼法草案》实际上成了废案。

2.《各级审判厅试办章程》的内容特点

该章程分“总则”“审判原则”“诉讼”“各级检察厅通则”和“附则”5 章，计 120 条。光绪三十四年（1909 年），经宪政编查馆详核开始施行。该章程是一部关于法院组织和民刑事诉讼的综合法典，也是法院组织、刑事、民事诉讼法颁布前的过渡性法典。它删除了《刑事民事诉讼法草案》中曾规定的陪审制度和律师制度，但仍采用了一些近代法院的组织结构和诉讼术语、审判制度等，如四级三审制、预审制、检察制度等。因新的刑事、民事诉讼法难产，该章程一直存续至清亡，且在中华民国北京政府统治时期改头换面实施达十年之久。

3.《刑事诉讼律草案》与《民事诉讼律草案》的内容特点

（1）《刑事诉讼律草案》。该法成为我国首部独立的刑事诉讼法典草案。它引进了一系列资产阶级诉讼制度，如辩护制度、感化教育制度等；同时结合实际作了一些改进，如将资产阶级法院组织中的级别管辖移入诉讼法典。草案分 6 编，共 515 条。第一编“总则”，下设审判衙门、当事人、诉讼行为 3 章；第二编“第一审”，下设公诉、公判 2 章；第三编“上诉”，下设通则、控告、上告、抗告 4 章；第四编“再理”，下设再诉、再审、非常上告 3

章；第五编“特别诉讼程序”，下设大理院特别权限之诉讼程序、感化教育及监禁处分程序2章；第六编“裁判之执行”。主要模仿日本1890年《刑事诉讼法》，内容远较《刑事民事诉讼法草案》完备。其主要内容包括：

其一，诉讼方式上采用告劾式，审判衙门只管审判，不管纠问；其二，对刑事案件实行公诉，公诉权由检察官行使，并规定有预审程序，预审权亦由检察厅行使；其三，采取资产阶级“自由心证”“直接审判”“言词辩论”等原则，对证据的证明力及其取舍，不预设定，要求审判衙门对案件关系人及有关的物品直接进行讯问调查，允许原被告双方辩论；其四，规定原被告待遇平等，被告人除自行辩护外，还可请辩护人及辅佐人代为辩护；其五，实行审判公开的原则和三审终审制；其六，规定当事人对案件无处分权，禁止当事人私自了结；其七，实行干涉主义，规定审判官为查明案情，可调查一切有关事宜，不受当事人言辞的拘束。

(2)《民事诉讼律草案》。该法是我国首部独立的民事诉讼法典草案，它以德国民事诉讼法为蓝本，参照日本、奥地利、匈牙利民事诉讼法，结合中国传统法律及习俗制定而成。采用了资本主义国家通用的“当事人主义”“法院不干涉原则”及“辩论原则”等，但许多条文有脱离中国社会实际之处。该草案共分4编、800条。第一编“审判衙门”，下设事物管辖、土地管辖、指定管辖、合意管辖、审判衙门职员之回避拒却及引避5章；第二编“当事人”，下设能力、多数当事人、诉讼代理人、诉讼辅佐人、诉讼费用、诉讼担保、诉讼救助7章；第三编“通常诉讼程序”，下设总则、地方审判厅之第一审诉讼程序、初级审判厅之诉讼程序、上诉程序、再审程序5章；第四编“特别诉讼程序”，下设督促程序、证书诉讼、保全诉讼、公示催告程序、人事诉讼5章。

这两部草案虽由于清廷的灭亡，未能颁行，但并未完全归于废弃。民国初年，北京政府曾多次援用施行《刑事诉讼律草案》的某些条文，并于1912年在修订该草案的基础上，编成《刑事诉讼条例》514条，公布适用。《民事诉讼律草案》第一编的第一章至第四章也于1912年被援用。1921年，广东政府将该草案略加修改，编成《修正民事诉讼律》800条，北京政府将其加以若干修正，编成《民事诉讼条例》755条，同年公布，第二年施行。

4. 法院组织法的内容特点

(1)《大理院审判编制法》的制定。清廷配合“预备立宪”，大理寺改大理院，专任审判。为明确大理院职权，法部随之拟定《大理院审判编制法》，由清廷1906年12月颁行。该法分总纲、大理院、京师高等审判厅、城内外地方审判厅、城谳局5节，计45条。它引入了资产阶级“司法独立”原则，确立四级三审制、审检合署、审判合议等制度，是模仿资产阶级国家制定的我国第一个单行法院组织法规。

(2)《法院编制法》的颁布。因《大理院审判编制法》仅限京师地区适用，加之《钦定逐年筹备事宜清单》所列颁布《法院编制法》的日期1908年迫近，修订法律馆遂于光绪三十三年八月（1907年9月9日）草成《法院编制法》，经宪政编查馆审核，由清廷于宣统元年十二月二十八日（1910年2月7日）颁行。该法分16章，共164条，依据日本《裁判所构成法》编订，主要内容是：“审判衙门通则”“各级审判机构”“法庭秩序”“审判衙门之用语”“判断之评议及决议”“检察厅”“推事及检察官之任用”“法律上之辅助”“司法行政之职务及监督权”等。采用了“司法独立”等资产阶级司法原则，使资产阶级司法制度逐步在清末在“文本意义”上得以确立。

此外，为配合该法实施，宪政编查馆及时拟订了《初级暨地方审判厅管辖案件暂行章程》《法官考试录用暂行章程》《司法区域分划暂行章程》，经奏准，与该法同时施行。

第四节　司法制度

引例　苏报案

《苏报》最先为日本人所创办，后来由曾任江西知县的陈范（字梦坡）接手。陈范因教案问题去职，感于官场之腐败，希望能通过办报以拯救中国，这就决定了该报所发表的言论会走在时代的前列。该报在租界内，按照领事裁判权的规定，是清政府的司法权力无法触及的，其言论自由在法律上可以得到一定的保障。《苏报》所持观点转向革命以后，新开辟了“学校风潮”专栏，专门刊载南洋公学等校退学事件的消息，鼓动学生起来造反；又与爱国学社相约，每日撰著论说一篇。因此，该报引起了清政府的注意。到1903年5月底，陈范聘请章士钊为主笔，由此，《苏报》更刊登了不少宣扬革命的文章。其中著名的有5月27日刊登的《〈革命军〉序》，6月9日刊登的《读〈革命军〉》和《介绍〈革命军〉》，6月29日，章炳麟的《驳康有为论革命书》经章士钊节录后以《康有为与觉罗君之关系》为题在《苏报》上发表。《苏报》的文章一经刊出，香港《中国日报》、厦门的《鹭江报》等纷纷转载。这种情况，使清政府极为震惊，决心将《苏报》及其相关的撰稿人置之死地。清政府于是以《康有为与觉罗君之关系》一文中有“革命之宣告，殆以为全国所公认，如铁案之不可移”，乃宣扬革命、诋毁政府、图谋不轨的证据，通过上海道以十万两白银交结美国在上海公共租界的总领事古纳（后因报界舆论，没有收受），故古纳以“外人之租界，原非为中国有罪者避难之地，以大义论之，当将反抗满洲政府之诸领袖，如今之苏报一案诸人，一律交华官听其治罪”为理由，并认为，“该会党之举动，疑与长江一带匪徒，暗相联络，使非治以重罪，恐其势力不久扩张，必有害于各国商务及骚动全国，而外人之居于中国者，亦将罹其危难”，故签字，由工部局捉拿一干人等。30日，章炳麟被捕，7月1日，邹容主动到巡捕房投案，7月7日，《苏报》馆被封闭，财产被没收。苏报案发生以后，由于它是在租界内发生的重大案件，按照上海公共租界的管理规定，该案在公共租界内的会审公堂审理。被告委托外国律师埃利与洛夫特斯·琼斯进行辩护。据工部局档案记载，工部局董事会多次讨论此案件。工部局董事会在争取该案于租界内之会审公堂审理、尽力抵制清王朝对案件的管辖方面一直是相当坚定的，并且通过督促领事团，向驻京公使团表达了其态度，最终使该案得以按照工部局董事会的要求进行审理，其结果也让该董事会满意。

一、司法机关的变化

清廷于1906年9月颁布“仿行预备立宪”诏令的次日，宣布仿照资产阶级国家“三权分立”原则“更定官制”，使司法与行政分立，一改几千年来司法、行政合一的体制。

（一）“司法独立”原则下的中央司法机构改革

1. 刑部改法部

光绪三十二年九月（1906 年 10 月）清廷下诏将刑部改为法部，专任司法行政。

2. 大理寺改大理院

前述同一诏令将大理寺改为大理院，作为全国最高审判机关。同年颁布了由大理院拟定的《大理院审判编制法》，规定了京师地方的司法机构改革。

宣统元年（1909 年）抄袭日本《裁判所构成法》编订颁布的《法院编制法》，进一步确认：大理院为最高审判机关，并有统一解释法令权。大理院设正卿一名，少卿一名，负全院事务之责；内设刑事科、民事科，各设推丞一名，负责本科事务；下设庭，庭设庭长。至此，正式废除三法司制度，确立了近代中央司法机关的规模。

3. 设总检察厅

随着法部和大理院的设立，将最初置于法部内的总检察厅改设于大理院，作为最高检察机关。《法院编制法》第十一章“检察厅”规定：总检察厅设厅丞一名，二名以上检察官。独立行使检察权，取消了自明代以来的都察院。

（二）“四级三审制”与地方司法机构的设立

1. 京师地方审判机构。《法院编制法》确立了由下至上的城（乡）谳局、地方审判厅、高等审判厅和大理院的四级三审制，次年颁行《各级审判厅试办章程》，俨然一幅资产阶级法制的形象。

2. 各省地方审判机构。1906 年始，决定各省设高等审判厅，府（直隶州）设地方审判厅，州县设初级审判厅，将四级三审制推向全国。此后由《法院编制法》固定下来。

3. 地方审判机构的组成。（1）初级审判厅由一人至二人以上推事组成。地方审判厅，在京师设厅丞一名，在各省地方设厅长一名负责全厅事务，厅内分民、刑庭，设庭长，置二名以上推事。高等审判厅设厅丞一名，负责全厅事务，厅内分民、刑庭，设庭长，置二名以上推事。（2）地方各级审判厅内设检察厅。初级检察厅设一名至二名以上检察官，地方检察厅、高等检察厅分设一名检察长，二名以上检察官。

此外，各省按察使改名提法司，作为地方司法行政机关。实际上以上改革除京师、天津等个别地方外并未普遍推行。而京师法院审理刑讯，仍是老一套，法律规定多是徒俱虚名而已。

二、诉讼审判制度的改革

（一）确定司法独立原则

《大理院审判编制法》规定：自大理院以下及本院所属各级审判厅，“关于司法裁判全不受行政衙门干涉，以重国家司法独立大权而保人民身体财产”。宪政编查馆“核定法院编制法并另拟各项暂行章程折”重申这一原则，并将其贯彻于《法院编制法》中。虽然实际上尚有出入，但这毕竟是司法独立在中国的立法先声，是对传统的皇帝总揽司法权的否定。

（二）区别刑事、民事诉讼

《各级审判厅试办章程》规定：“凡审判案件，分别刑事民事二项。”区别是：“凡因诉讼而审定理之曲直者属民事案件”。从而结束了中央审判衙门以审判刑事案件为主，地方审判衙门刑、民诉讼不分的历史。《大理院审判编制法》还确定大理院及所属法院分设刑庭、民庭，分别审理刑事、民事案件。

（三）审判权、检察权分立

1906 年 11 月，清廷改组司法机构，明定总检察厅专司法律监督之责，使检察权与审判权分立。《大理院审判编制法》规定："凡大理院以下审判厅局均须设有检察官。其检察局附属该衙署之内。检察官于刑事有提起公诉之责。检察官可请求用正当之法律。"《各级审判厅试办章程》和《法院编制法》还明确规定了检察机关依刑事诉讼律及其他法令，有搜查处分、提起公诉、实行公诉、监察判决执行等权力。依民事诉讼律及其他法令，对民事案件有为诉讼当事人或公益代表人行特定事宜之权。从此，资产阶级检察制度开始在中国逐步建立。

（四）承认辩护制度

古代刑事审判采用纠问式为主的方式，没有辩护制度存在的余地，理论上实行有罪推定。

1906 年的《大清刑事民事诉讼律草案》首次确定辩护制度。但因守旧势力反对未及颁行。直到 1910 年的《法院编制法》才承认律师和律师出庭辩护的制度，规定："律师在法庭代理诉讼或辩护案件，其言语举动如有不当，审判长禁止其代理、辩护。其作律师而为诉令代理人或辩护人者，亦同。"此后中国始有律师制度。

（五）狱政制度的改革与"模范监狱"的设立

1. 狱政制度的改革

（1）制定《大清监狱律草案》。为配合刑律、诉讼律的实施，修订法律馆大臣沈家本聘请日本监狱学家注河滋次郎，于 1910 年起草了《大清监狱律草案》，也是近代改良监狱的第一张蓝图。该"草案"规定：监狱是执行自由刑、限制受刑人自由，使受教化、服国法而后复归社会的场所。监狱分男、女监和少年监。该草案虽因清亡未及颁行，但对于改进监管仍有意义，并成为民国制定监狱法的蓝本。

（2）改革监狱管理机构。清代监狱属原刑部提牢厅管理。1906 年改革官制，法部将旧刑部十七司裁并。其中专设典狱司，置郎中三人，员外、主事各四人，分管直省监狱、警察、习艺所，以及罪犯名册、衣粮费用和编纂监狱法规及统计书表等。

2. "模范监狱"的设立

（1）建立罪犯习艺所。1902 年，山西巡抚赵尔巽奏准设立罪犯习艺所，收受被判充军、流、徒刑等罪犯和不孝及奸、盗、诈伪的犯人，使其接受农业、手工业等职业训练。成为建立犯人劳动农场或工厂之始。此后，全国各地纷纷效仿，著名的有顺天府习艺所、江苏省习艺所，开创了改造罪犯的新路。

（2）设立模范监狱。1903 年经清廷批准，仿资本主义国家监狱，建立京师模范监狱。它建筑新颖，管理严明，设有监狱办公楼、杂居监、分房监、工场、女监、病监。它一扫以往狱室鄙陋、囚系惨刻的状况，成为中国第一个有着近代建筑构造和管理方式的监狱。因管理体制的改变亦遭到传统势力反对，指责"模范监狱颐养罪囚，人亦何乐而不犯罪"。但终因改善犯人处境，便于监管，因而得以推广，各省仿效，如奉天模范监狱等，促进了国家监狱设施和管理的近代化。

《大清律例》规定：妇女涉讼到堂及女"未决犯"，交官媒收押听候审判。官媒乘机敲诈勒索，蹂躏残害。为此，1908 年 10 月 17 日法部奏准革除官媒，建立女犯看守所。改变了"妇女凡一涉讼，差役需索于前，官媒留难于后，生命财产俱蹈危机"的状况。

三、领事裁判权与会审公廨制度的确立

（一）外国在华领事裁判权的攫得

所谓领事裁判权，乃是外国侵略者强迫中国缔结的不平等条约中所规定的一种非法特

权。它的主要内容是：凡在中国享有领事裁判权的国家，其在中国的侨民不受中国法律的管辖，不论其发生任何违背中国法律的违法犯罪行为，或成为民事诉讼或刑事诉讼的当事人时，中国司法机关无权裁判，只能由该国的领事等人员或设在中国的司法机构依据其本国法律裁判。故名曰“领事裁判权”。

1. 领事裁判权的确立

领事裁判权的确立，始于1843年7月22日在香港公布的《中英五口通商章程及税则》和同年10月8日签订的《中英五口通商附粘善后条款》（即《虎门条约》）。这两个法律文件是作为《南京条约》的附约和补充。事实上可以说在《中英五口通商章程及税则》中就已确立了领事裁判权制度，它规定：“英人华民交涉词讼一款”，英国领事有权“查察”“听讼”，“其人如何科罪，由英国议定章程、法律，发给管事官（即领事）照办”①。但当时规定的适用范围限于5个通商口岸。而在《虎门条约》中则又规定，英国人违背禁约，“擅到内地远游者”，也要交“英国管事官依情处罪”，中国人“不得擅自殴打伤害，致伤和好”②。这样就将领事裁判权的范围扩大到了内地。1844年订立的中美《五口贸易章程》（即《望厦条约》）把领事裁判权的范围由五口扩大到各个港口城市，同时也不限于在中国的美国侨民与中国人之间，或美国侨民之间的民刑事案件要由美国领事审讯，甚至美国侨民与其他外国侨民在中国发生诉讼，“应听两造查照本国所立条约办理，中国官员均不得过问”③。此后，法国、俄国、德国、日本等近二十个国家也都援英美先例，相继取得了这种特权。总之，依照不平等条约，不论中外混合案件或外国侨民之间的案件或多国侨民之间的混合案件，根据所谓“被告主义原则”，都由被告到所属国的领事法院接受裁判。

2. 会审制度的形成

1853年9月，上海小刀会起义，攻陷上海县城，杀死上海知县袁祖德，活捉上海道台吴健彰，建立“大明国”。当时有许多华人逃入租界避难，而清廷地方官无暇顾及租界事务，英、美、法三国驻上海领事便趁机修改了1845年上海道台宫慕久与英国首任驻上海领事巴富尔签订的《上海租地章程》，擅自另订《上海英美法租界地章程》，并根据章程规定在租界内成立了由外国领事直接控制的“工部局”和巡捕房，攫取了对于租界内纯属华人和无约国人的司法管辖权。此后又进一步确认：“中国官厅对于居住租界内之华人行使管辖权时”须先得外国领事同意。中国官厅的拘票非先经过外国领事加签，不得拘捕租界内任何人。

1858年在第二次鸦片战争中，俄、美、英、法各国强迫清政府分别订立《天津条约》，强行确定中国官员与外国领事的“会审制度”。对于中国人与外国侨民之间发生的争讼，在调解不成时，即由中国地方官与领事官“会同审断”。1864年清廷与英、美、法三国驻上海领事协议在租界内设立会审公廨，并于1868年订立《上海洋泾浜设馆会审章程》。以后又在汉口、哈尔滨、厦门鼓浪屿等地设立了会审机关。这些会审机关名义上还是中国司法机关，形式上规定华洋互控的混合案件由“华官”与外国领事会审；纯属华人之间的诉讼案件，“即听中国委员自行讯断，各国领事官毋得干预”，但事实上，不仅直接与外国人有关的华洋案件，外国领事有权参加会审。就是无约国侨民之间的诉讼以及外国人雇佣的中国人的诉讼，外国领事也得参与会审。名为“会审”，实则会审公廨完全为外国领事一手把持，任意断案。

---

① 王铁崖编：《中外旧约章汇编》，第1册，42页，北京，三联书店，1957。

② 同上书，35页。

③ 同上书，54页。

图 10—4　会审公廨

（二）行使领事裁判权的司法机构

外国侵略者不仅凭借不平等条约确立了外人在华领事裁判权的原则，而且在中国领土上设立了行使领事裁判权的外国司法机构。

行使领事裁判权的机构大体有如下几种：首先，作为第一审级的低级法院，主要是领事法院（设于各领事区，由领事兼理司法）和由公使或使馆人员组成的法院。其次，是作为上诉审的法院。但是，侵华各国关于行使领事裁判权机构的设立情况也有差异，例如，英国第一审是各领事法院，第二审是设在上海的英国驻华高等法院（它同时也负责初审法定专属高等法院管辖的案件），第三审是设在英国本土的枢密院。但又规定其设在新疆疏勒的领事法院，要依据英属印度的法典审判案件，其上诉审法院为印度五河省高等法院，妄图把我国神圣领土新疆视为英属殖民地印度的一部分。美国与英国大致相同。法国第一审为法国驻华领事法院，第二审为法国殖民地越南西贡法院，第三审是法国巴黎大理院。日本与法国有某些近似，它在中国也仅有负责第一审的领事法院，上诉案件则须转送日本国内的法院审理。有的侵略国家在中国还设有“西牢”（外国监狱）。由此可见，外国侵略者不仅强行攫取了在中国的领事裁判权，设立了行使领事裁判权的机构，而且竟公然确定在中国设立的行使领事裁判权的机构，为其殖民地法院及本国法院的下级司法机关。这就在事实上宣告了中国的殖民地地位。

（三）领事裁判权制度确立的后果

领事裁判权是外国列强干涉中国内政，操纵中国司法的重要手段。它严重破坏了中国的司法主权。鸦片战争以前，中国是一个领土完整、主权独立的国家。从唐朝起，直到明清，在唐律、明律、清律的“名例律”中，都规定了关于“化外人”的条款。来中国的外国人必须遵守中国政府的法律、法令。同时，他们的合法权益也受中国政府的保护，中国政府对来华的外国人拥有完全的司法管辖权，外国人在中国领土上发生的犯罪行为，或外国人与中国人之间、或外国人之间发生诉讼纠纷时，都必须服从中国司法机关的裁判。唐《永徽律》中有“化外人相犯”的专条《大明律》和《大清律》中有“化外人有犯”的专条，规定凡化外人犯罪者，具依中国法律断处。而领事裁判权乃是鸦片战争后外国侵略者强迫中国订立不平等条约的产物，是中国丧失完整独立的司法主权的突出体现。它不仅使中国的司法机关对涉外案件无权管辖，而且在中国领土上允许外国司法机关行使权力，并执行外国法律，结果在中国竟出现了“外人不受中国之刑章，而华人反就外国之裁判”[①] 的怪现象，这正是中国司法制度半殖民地化的深刻写照。

领事裁判权的确立也是庇护外国侵略者在中国逞凶肆暴、走私贩毒的护符。外国侵略者可以凭借领事裁判权，在中国杀人越货、横行无忌，而逍遥法外。鸦片商人及其他罪犯，也可以依靠领事裁判权的庇护，营私舞弊，胡作非为，而中国法律却不能加以制裁。在外国侵略者眼里，中国被看作是冒险家的乐园。

领事裁判权是外国侵略者肆意侵害中国人民的生命、财产，镇压中国人民革命运动的工具。在1903年轰动中外的“苏报案”中，著名革命家邹容、章太炎就遭到上海租界工部局巡捕房逮捕，关入租界监狱“西牢”。会审公廨组织额外公堂审讯章、邹，最后判处章太炎三年监禁、邹容二年监禁。他们在西牢内屡遭非刑拷打，备受非人待遇。章太炎以其切身经历揭露了西牢的黑暗，使人“咋舌毗裂”，“同系五百人一岁死者百六十人”[②]。邹容就是因在西牢监禁期间被残酷折磨而失去年轻生命的。

对于外国侵略者这种严重损害中国人民利益，恣意破坏中国司法主权的制度，奉行丧权卖国政策的清政府竟然在新起草的法规中加以肯定。1906年编成的《刑事民事诉讼律草案》规定了“中外交涉案件处理规则”，确认：“凡关涉外国人案件具依现行条约审讯。”外国人在中国犯罪，一律由其本国领事按各该国的法律审理，等等。显然，领事裁判权制度的确立及其在清末立法中的确认，乃是清王朝法律制度半殖民地化的一个重要标志。

领事裁判权自1843年确立之后，经历了清王朝、北洋政府和国民党政府时期，直到1943年才在形式上宣布废除，在中国一直存在百年之久。

【问题与思考】

1. 浙路公司经理汤寿潜革职案[③]

1910年，浙路公司经理汤寿潜因在雇用英国工程师及领款等问题上与邮传部多次发生争执，被邮传部奏准革职。事发后，浙路公司认为，《公司律》第77条规定，公司总办或总经理人、司事人等均由董事局选派，如有不胜任及舞弊者亦由董事局开除。所以，认为邮传部革职汤寿潜的行为不合法。但是邮传部根据过去的成例，认为铁路公司不同于一般公司，应当受国家特别监督，政府有权任免经理。浙路公司不服，援引商部所拟定的《铁路章程》第2条关于无论华洋官商开办铁路一律遵行公司律，不得有所违背的规定，据理力争，并将此事呈报资政院，请资政院裁决。资政院认为，邮传部的行为是以命令改变法律，这种行为不足以保护商民权利，所以，铁路公司事情仍然按照公司律办理。但是此期间，邮传部盛宣怀等人认为这种观点不对。后来，这场关于行政命令与法律的效力何者为先的辩论，以朝廷支持邮传部而终结。

本案可以与本章第三节引例“川汉铁路公司亏短巨款案”相比较，可以看出，清末商法在实际中的应用。

2. 杨月楼案

杨月楼（1849—1890），安徽潜山人，20岁出头就已在京城梨园界声名大振，更颇得慈禧太后的

---

① 《清史稿·刑法志三》。

② 张庸：《章太炎先生问答》。

③ 参见中国第一历史档案馆：《清档案·录副奏折·宣统二年》，54～68号。转引自徐立志：《清末商法实施考》，载韩延龙编著：《法律史论集》，第3卷，北京，法律出版社，2001。

赏识，慈禧太后经常点名让杨月楼进宫献艺。同治十一年（1872 年），杨月楼离京赴沪（当时十里洋场，艺文盛地），受聘于上海租界著名戏园金桂园演出，倾倒沪上男女，震动上海戏剧界。一广东香山籍茶商韦姓母女前往连看三天。韦女名阿宝，年方十七，对杨月楼心生爱慕，韦阿宝父亲长期在外做生意，经年不归。韦母顺遂女意，派人告知杨月楼，“令延媒妁以求婚”。杨月楼见阿宝痴情，韦家人大义，心中对阿宝也有些爱慕，便应允“倩媒妁，具婚书”。杨月楼母亲知道此事后，也同意此婚事。但韦阿宝在上海有一个亲叔叔，据说叫韦天亮，有着根深蒂固的传统观念。韦天亮知道此事后，以“良贱不婚”之礼法坚予阻拦，谓“唯退婚方不辱门户”。杨月楼与韦家计划采用上海民间“抢婚”旧俗来完成婚事，韦天亮等人阻婚失败，立即写状子送到县衙，以杨月楼“拐盗”罪公诉于官。正当杨、韦在新居行婚礼之日，县衙的当差及巡捕抓走了他们。俩人到堂后，知县叶廷眷对两人刑讯逼供，杨月楼初时坚称自己明媒正娶，叶廷眷当即施以严刑，“敲打其胫骨百五”，后受刑不过，只能供认早已与阿宝私通，并行贿串通乳母拐走阿宝，在官府的供词上画了押。此后，二人均被押监，待韦父归来后再行判决。几天后，韦阿宝的母亲主动投案，称自己和丈夫都同意女儿婚事，证明杨月楼与韦阿宝确有婚约在先。但叶知县刚愎自用，不准翻案，继续关押杨月楼。杨月楼是红极一时的名伶，此案一出，立即轰动了整个上海滩。围绕这个案件，社会上展开了激烈的争论。争论各方迅速分成了重惩派与同情派两个对立的阵营。案件争论的激烈程度引起了中外媒体的注意，各方人士围绕此案展开了争论。此案后经松江府复讯，仍维持上海知县所定的“拐盗”之罪，判杨月楼流配四千里到黑龙江服刑。几天后，杨月楼被解往南京定案（判处徒、流刑以上的案件，需省级衙门决定，故此案须臬司定案），等待刑部批文。光绪元年（1875 年），正当杨月楼要起程服刑时，光绪皇帝登位，实行大赦。杨月楼被确定为“虽罪有应得，但可得援免之例”，被杖八十之后而释放。杨月楼被释放后，先是被押解回原籍安徽，继而又到上海重操旧业以维持生计。

此案反映出当时人们在社会生活方式的变动中，关于良贱等级身份观念、乡党关系与宗族观念以及法律公正观念的变化。

第十一章 中华民国临时政府的法律制度

参考文献

1. 谢振民编著．中华民国立法史．上下册．北京：中国政法大学出版社，2000
2. 朱勇主编．中国法制通史．第9卷．北京：法律出版社，1999
3. 范明辛，雷晟生编著．中国近代法制史．西安：陕西人民出版社，1988
4. 张国福．中华民国法制简史．北京：北京大学出版社，1988
5. 临时政府公报．见：中国社科院近代史研究所编．辛亥革命资料．北京：中华书局，1961

参考法规

1.《中华民国临时政府组织大纲》（“各省都督府代表联合会”1911年12月3日通过）

2.《中华民国临时约法》（参议院1912年3月8日通过，临时大总统1912年3月11日公布）

第一节 《中华民国临时政府组织大纲》

一、“各省都督府代表联合会”的召开与《中华民国临时政府组织大纲》的制定

清朝政府推行的自绝于人民的顽固、保守、反动的政策，导致了次数频繁、形式多样的人民群众自发斗争的发生。1911年10月10日爆发的武昌起义，拉开了辛亥革命的序幕，

满清王朝的统治处于土崩瓦解之中。在当时内地的 18 个省中就有 14 个省和首屈一指的大都市——上海宣布脱离清政府而独立，先后成立了各地方的军政府。

为了协调独立各省的行动，统一军政指挥，将辛亥革命引向深入发展并最终夺取胜利，辛亥革命首义地区的湖北军政府和江苏、浙江、上海的都督府分别向全国发出通电，倡议召开各省都督府代表会议，成立中央临时政府。“各省都督府代表联合会”于 1911 年 11 月 15 日在上海召开，之后，先后移往汉口、南京举行会议，并于同年 12 月 31 日结束。“各省都督府代表联合会”虽然成员构成复杂，内部充满着斗争和妥协，但它基本上是武昌起义爆发之后、中华民国临时政府成立之前资产阶级革命的最高指挥机关和临时立法机关。

“各省都督府代表联合会”议决有以下主要事项：第一，在临时政府未成立前，承认湖北军政府为民国中央军政府，推请湖北军政府都督黎元洪为中央军政府大都督，执行中央政务。第二，确定了南北和谈条件，并议决“如果袁世凯反正，当公举为临时大总统”。第三，先后制定和修正了《中华民国临时政府组织大纲》。第四，选举资产阶级革命领袖孙中山先生为中华民国临时大总统。

图 11—1　武昌军政府[①]

《中华民国临时政府组织大纲》是由雷奋、马君武、王正廷起草[②]，谭人凤为议长的“各省都督府代表联合会”于 1911 年 12 月 3 日正式通过并宣布实行的。之后因为形势的变化曾对它进行了 3 次修改，主要是增设“临时副总统”“临时副总统于大总统因故去职时，得升任之；如临时大总统有故障不能视事时，得受大总统之委任，代行其职权”[③] 等方面的内容。

二、《中华民国临时政府组织大纲》的主要内容

《中华民国临时政府组织大纲》共 4 章、21 条。

（一）规定了临时大总统、副总统的产生办法和职权

临时大总统、副总统由各省代表选举产生，以得票满投票总数三分之二以上者为当选。代表投票权，每省以一票为限（第 1 条）。

① 参见中国历史博物馆编：《中国近代史参考图录》，下册，上海，上海教育出版社，1981。
② 参见朱勇主编：《中国法制通史》，第 9 卷，351～353 页，北京，法律出版社，1999。
③ 谢振民编著：《中华民国立法史》，上册，303 页，北京，中国政法大学出版社，2000。

临时大总统“有统治全国之权”（第2条）；“有统率海陆军之权”（第3条）；得参议院之同意，有宣战、媾和及缔结条约之权（第4条）；得制定官制、官规，兼任免文武官员，但制定官制、官规及任免国务员及外交专使，须得参议院之同意（第5条）；得参议院之同意，有设立临时中央审判所之权（第6条）。

临时副总统的职权如前述修正《中华民国临时政府组织大纲》增设的内容（第7条）。

（二）议员的产生、参议院的组成及职权

“参议院以各省都督府所派之参议员组织之”（第8条）；“参议员每省以三人为限”（第9条）；参议院开会时，每参议员有一表决权（第10条）。参议院置议长一人主持会务。议长“由参议员用记名投票法互选之，以得票满投票总数之半者为当选”（第15条）。参议院的议事方法，一般议案“以到会参议员过半数之议决为准”，但关于宣战、媾和及缔约之方案“非有到会参议员三分之二之同意，不得决议”（第12条）。

参议院的职权为议决暂行法律和临时政府之预算、出纳、税法、币制、发行公债，议决临时大总统交议事件和答复临时大总统咨询事件，以及前述对于临时大总统行使诸项权力时的同意权。

图11—2 临时参议会①

（三）行政各部及其地位和职权

行政各部是在临时大总统之下设立的行政机关。各部设总长一人为国务员，辅佐临时大总统办理各部事务（第18条），各部总长经参议院同意由临时大总统任免。各部所属职员之编制及权限，由总长规定，经临时大总统批准施行（第19条）。

根据临时政府于1912年元月公布的《中央行政各部及其权限》可知，当时设立的中央行政各部有陆军部、海军部、外交部、司法部、财政部、内务部、教育部、实业部、交通部等，分别行使管理国家各项事务的职权。

（四）临时中央审判所的设立及职权

临时中央审判所由临时大总统得参议院之同意设立（第6条），为中华民国临时政府行使司法权的机关。对于从中央到地方各级司法机关的组织机构及其活动原则，《中华民国临时政府组织大纲》没有作任何规定。

（五）《中华民国临时政府组织大纲》的施行期限

《中华民国临时政府组织大纲》的施行期限，以中华民国宪法成立之日为止（第21条）。

① 参见李默主编：《中华文明大博览》，“民国”，广州，广东旅游出版社，1998。

三、《中华民国临时政府组织大纲》的特点和意义

《中华民国临时政府组织大纲》的特点主要有以下几个方面：第一，模仿美国的政治制度，确立了总统制共和政体。第二，依照资产阶级的三权分立原则，划分并规定了临时政府的中央国家机关及其职能。第三，设立参议院行使立法权，确立一院制的议会制度。

《中华民国临时政府组织大纲》存在着各种缺点和不足：一是由各省都督府的代表而非人民的代表制定，也没有规定人民的任何权利，具有明显的民意缺陷；二是临时政府成立后6个月之内由临时大总统召集国民会议的规定（第20条），与当时的实际情况相脱节，是不可能实际兑现的；三是主要规定了行使行政权和立法权的国家机关及其职能，基本上是二权分立的政权组织模式，而对于分权制衡具有重要意义的司法权，仅仅规定得参议院之同意大总统有设立临时中央审判所之权，对于司法机关的组织机构和活动原则尚没有作任何规定。这一缺陷对于日后行政权与立法权所发生纠纷的非司法方式、非宪政途径的解决产生了深远的影响。但是，我们应该看到《中华民国临时政府组织大纲》仍然具有重大的历史意义：这部具有临时宪法性质的中央政府组织法，以法律的形式肯定了辛亥革命推翻封建帝制的胜利成果，用资产阶级民主共和制度代替了封建君主专制制度；它为孙中山先生当选为临时大总统和中华民国临时政府的建立提供了法律依据，树立了革命法统；它以具体的形式在人民群众面前树立了一个资产阶级共和国的形象，从而解放了人们的思想，使民主共和国的观念开始深入人心。

第二节　《中华民国临时约法》

一、《中华民国临时约法》产生的历史背景及制定和公布

1912年1月1日中华民国临时政府的成立，标志着中国资产阶级的民主革命已经发展到制定、公布宪法和法律，进行政权建设，巩固民主共和制度的新阶段。然而，“南北议和”正在进行，“各省都督府代表联合会”于1911年12月2日已通过了“如果袁世凯反正，当举为临时大总统”的决议；同时，《中华民国临时政府组织大纲》作为临时宪法性质的中央政府组织法律也有如前所述不能令人满意的情况。随着“南北议和”协议的将要达成，在清帝即将退位、孙中山也将被迫交出政权、袁世凯很快就要攫取军政实权之时，资产阶级革命派、立宪派同旧军阀官僚势力之间围绕着政权问题展开了相当尖锐复杂的斗争。《中华民国临时约法》就是在这样的历史背景下，由中华民国临时政府制定和公布的。

1912年1月5日至2月27日就进行了《中华民国临时约法》的制定工作。当时代理参议院行使立法权的“各省都督府代表联合会”决定成立了以景耀月、张一鹏、吕志伊、王有兰、马君武为成员的起草小组，负责起草《中华民国临时约法草案》；同时又决定成立以林森等9人为成员的审查小组，负责对《中华民国临时约法草案》进行审查。1912年1月28日南京参议院成立后，将《中华民国临时约法草案》在《申报》上连续刊登公布，之后完成三读程序，于3月8日全案通过了《中华民国临时约法》。1912年3月10日，袁世凯在北京就任中华民国临时大总统并宣誓“谨守约法”。1912年3月11日，孙中山以临时大总统名义在南京公布了《中华民国临时约法》。

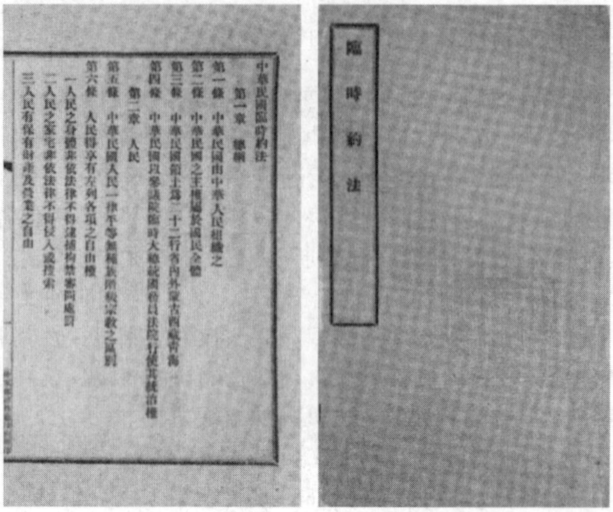
中華民國臨時約法
第一章 總綱
第一條 中華民國由中華人民組織之
第二條 中華民國之主權屬於國民全體
第三條 中華民國領土為二十二行省內外蒙古西藏青海
第四條 中華民國以參議院臨時大總統國務員法院行使其統治權
第二章 人民
第五條 中華民國人民一律平等無種族階級宗教之區別
第六條 人民得享有左列各項之自由權
一 人民之身體非依法律不得逮捕拘禁審問處罰
二 人民之家宅非依法律不得侵入或搜索
三 人民有保有財產及營業之自由

臨時約法

图 11—3 临时约法

二、《中华民国临时约法》的主要内容

《中华民国临时约法》（以下简称《临时约法》）共 7 章、56 条。这 7 章依次为总纲、人民、参议院、临时大总统、副总统、国务员、法院、附则。

（一）确定中华民国的性质为资产阶级民主共和国

《临时约法》“总纲”明确规定：“中华民国由中华人民组织之。”（第 1 条）“中华民国之主权属于国民全体。”（第 2 条）这样就以根本法的形式确立了“主权在民”的法律原则，宣告“帝制自为”为非法的观念，从根本上否定了“主权在君”的原则；同时也批判了“开明专制”“君民共主”的谬论和主张。“人民”“国民”是一个历史的范畴。由于《临时约法》是以孙中山为代表的民族资产阶级及支持它的各个阶级的意志和利益的体现与反映，因而这里的“人民”“国民”显然是指民族资产阶级以及支持它的各个阶级，所以我们说《临时约法》所确定的中华民国的国家性质为资产阶级民主共和国。

（二）以“三权分立”为原则，规定了中华民国的政治制度

《临时约法》“总纲”规定：“中华民国以参议院、临时大总统、国务员、法院，行使其统治权。”（第 4 条）

1. 参议院的组成、职权和会议制度

参议院的组成、参议员和参议院议长的产生：参议院为行使立法权的机关（第 16 条），由各地方所选派之参议员组成（第 17 条）。参议员每行省、内蒙古、外蒙古、西藏各选派五人，青海选派一人；其选派方法，由各地方自定之。参议院会议时，每参议员有一表决权（第 18 条）。参议院议长由参议员用记名投票法互选产生，以得票满投票总数之半者为当选（第 24 条）。

参议院的职权（主要在第 19 条作了规定）：议决一切法律案；议决临时政府之预算、决算；议决全国之税法、币制及度量衡之准则；议决公债之募集及国库有负担之契约；承诺临时大总统任命国务员及外交大使、公使，宣战、媾和、缔结条约及宣告大赦事件；答复临时政府咨询事件；受理人民请愿；得以关于法律及其他事件之意见建议于政府；得提出质问书于国务院，并要求其出席答复；得咨请政府查办官吏纳贿违法事件；对于临时大总统，认为

有谋叛行为时，得以总员五分之四以上之出席、出席员三分之二以上之可决弹劾之。第47条规定，对于失职和违法的国务员，参议院有弹劾权。

参议院的会议制度：参议院自行集会、开会、闭会（第20条）。参议院之会议，须公开之；但有国务员之要求，或出席参议员过半数之可决者，得秘密之（第21条）。参议院议决事件，咨由临时大总统公布施行（第22条）。临时大总统对于参议院议决事件，如否认时，得于咨达后十日内，声明理由，咨院覆议。但参议院对于覆议事件，如有到会参议员三分之二以上仍执前议时，仍照第22条办理（第23条）。

参议员保障制度：参议院议员于院内之议论及表决，对于院外不负责任（第25条）。参议院议员，除现行犯及关于内乱外患之犯罪外，会期中非得本院许可，不得逮捕（第26条）。

2. 临时大总统、副总统的产生和职权以及国务员的职权

临时大总统、副总统、国务员为行使行政权的机关。

临时大总统、副总统的产生和职权：临时大总统、副总统由参议院选举之，以总员四分之三以上之出席，得票满投票总数三分之二以上者为当选（第29条）。临时大总统的职权有：代表临时政府，总揽政务，公布法律；为执行法律或基于法律之委任，得发布命令，并得使发布之；统帅全国海陆军队；制定官制、官规，但须提交参议院议决；任免文武职员，但任命国务员及外交大使、公使，须得参议院之同意；经参议院之同意，得宣战、媾和及缔结条约；得依法律宣告戒严；代表全国接受外国之大使、公使；得提出法律案于参议院；得颁给勋章并其他荣典；得宣告大赦、特赦、减刑、复权，但大赦须经参议院之同意（第30条～第40条）。临时副总统的职权为：于临时大总统因故去职，或不能视事时，得代行其职权（第42条）。

国务员的职权：国务总理及各部总长，均称国务员；辅佐临时大总统负其责任；于临时大总统提出法律案、公布法律及发布命令时，须副署之；得出席参议院会议及发言（第43条～第46条）。

3. 法院的组成、职能、活动原则以及法官保障制度

法院为行使司法权的机关。法院以临时大总统及司法总长分别任命之法官组织之，法院之编制及法官之资格，以法律定之；依法律审判民事诉讼及刑事诉讼，但关于行政诉讼及其他特别诉讼，别以法律定之；法院之审判，须公开之，但有认为有妨害安宁秩序者，得秘密之；法官独立审判，不受上级官厅之干涉；法官在任中，不得减俸或转职，非依法律受刑罚宣告，或应免职之惩戒处分，不得解职，惩戒条规以法律定之（第48条～第52条）。最高法院审判官互选九人组织特别法庭，审判受参议院弹劾之临时大总统（第41条）。

《临时约法》所确立的政治制度，与《中华民国临时政府组织大纲》相比，虽然都以“三权分立”为原则，但仍有其显著的特点：一是增设“国务员”专章，设置国务总理一职，明确规定国务总理和各部总长均称国务员，对于临时大总统提出法律案、公布法律及发布命令时行使副署权。这样就因内阁副署权的规定，使得政权组织形式由总统制改变为责任内阁制。二是明确规定参议院对于临时大总统和国务员拥有弹劾权，最高法院对于受弹劾之大总统拥有审判权。这样在制度上加强了立法机关、司法机关对于临时大总统行政权力的制约。三是明确将国家的审判机关称为法院，并具体规定了法院的组成、职能、活动原则以及法官保障制度。

图 11—4　内阁会议①

(三) 以列举的方式规定了中华民国的领土范围

《临时约法》“总纲”规定：“中华民国领土，为二十二行省，内外蒙古、西藏、青海。”(第 3 条) 这一列举性的规定，在中国历史上第一次以根本法的形式明确了中国的领土范围；对于粉碎帝国主义列强企图瓜分中国的阴谋，对于扼制外蒙古和西藏地区的上层反动分子蓄谋制造的分裂祖国的罪恶行径，具有重大的现实意义；体现了孙中山倡导的以“五族共和”为内容的民族团结精神，维护了多民族国家的领土完整和主权独立。

(四) 确立了平等、自由和保护私有财产的原则，规定了人民的权利和义务

关于平等的原则，《临时约法》规定：“中华民国人民，一律平等，无种族、阶级、宗教之区别。”(第 5 条)

《临时约法》第 6 条规定了人民所享有的自由权利：人民之身体，非依法律不得逮捕、拘禁、审问和处罚；人民之家宅，非依法律不得侵入或搜索；人民有保有财产及营业之自由；人民有言论、著作、刊行、集会、结社、书信秘密、居住迁徙、信教之自由。同时还规定：人民有请愿权；人民有陈诉于行政官署、法院、平政院之权利；人民有任官考试权、选举与被选举权（第 7 条～第 12 条）。对于上述权利的行使，《临时约法》作了但书：“本章所载人民之权利，有认为增进公益、维持治安或非常紧急必要时，得以法律限制之。”(第 15 条)

《临时约法》规定，人民依法有纳税、服兵役之义务（第 13 条、第 14 条）。

《临时约法》所确立的平等、自由原则和规定的各项权利义务，在当时的历史条件下具有鲜明的资产阶级性质，它体现了资产阶级“自由、平等、博爱”的精神，对于否定封建等级制度和消除封建等级观念具有深远的历史意义。尤其需要指出的是，“人民有保有财产及营业之自由”的规定，从法律上宣布了自由经营资本主义的合法性，对于保护资产阶级的私有财产和发展中国的民族资本主义工商业具有重要的意义。

三、《中华民国临时约法》的特点和评价

(一)《中华民国临时约法》的特点

中华民国临时政府制定《临时约法》的目的和历史背景，决定了《临时约法》本身所具

① 参见李默主编：《中华文明大博览》，“民国”，广州，广东旅游出版社，1998。

有的特点。

1. 从体例和内容上体现了“主权在民”的原则。“主权在民”是《临时约法》确立的最根本原则。它既是对封建君主专制制度的否定，又与清末制定公布的《钦定宪法大纲》《宪法重大信条十九条》所确立和维护的国家根本政治制度有质的不同，同时也与《中华民国临时政府组织大纲》关于民主制度的规定有所不同。与《中华民国临时政府组织大纲》相比，《临时约法》关于民主制度的规定所具有的特色在于：一是在中国历史上第一次以根本法的形式明确规定了“主权在民”原则。二是列有“人民”专章，排列在“总纲”之后和“参议院”“临时大总统副总统”“国务员”“法院”“附则”等章之前，在编纂体例上体现了“主权在民”的精神和对人民平等自由权利的重视。这在中国宪法史上还是第一次。三是在内容上第一次比较系统地规定了人民所拥有的各种自由权利和平等地位。

2. 预防和限制袁世凯独裁，捍卫民主共和制度。出卖光绪帝、镇压戊戌维新运动的袁世凯，在武昌起义爆发之后，本来是受清廷之命率领当时近代化程度最高的北洋军队南下镇压辛亥革命的，但其率领的军队在攻占了汉口、汉阳之后，不但没有过江攻占武昌，而且驻足不前，与南方革命力量进行了所谓“议和”，从而暴露了他倚重实力再次搞政治投机的反革命真实面目。他为了摆脱“共和成立，吾辈无噍类”的厄运①，攫取中华民国临时政府的军政实权，不得不表面上应诺定都南京，到南京就职和宣誓遵守约法，但其骨子里并非愿意拥护民主共和制度和遵守《临时约法》(以后他上演的洪宪帝制和对临时约法的毁弃更证明了这一点)。对袁世凯的真实面目，资产阶级革命家孙中山先生看得是清清楚楚的：“北方将士以袁世凯为首领，与予议和。夫北方将士与革命军相距于汉阳，明明为反对民国者，今虽曰服从民国，安能保其心之无他？故予奉临时约法而使之服从。盖以服从约法为服从民国之证据。予犹虑其不足信，故必令袁世凯宣誓遵守约法，矢忠不二，然后许其和议。故临时约法者，南北统一之条件，而民国所由构成也。”② 因此，由资产阶级革命派占主导制定的《临时约法》，从巩固辛亥革命的胜利成果、捍卫民主共和制度出发，就不能不在根本法上设定条款，以预防和限制即将担任临时大总统职务的袁世凯的可能的独裁行为。《临时约法》设定的对临时大总统的权力进行限制的内容主要包括：一是规定国务员拥有副署权和辅佐临时大总统时“负其责任”，将政权体制由总统制改为责任内阁制。二是扩大参议院的职权与临时大总统相抗衡，赋予参议院对临时大总统和国务员拥有弹劾权，最高法院对于受弹劾之大总统拥有审判权。三是规定了严格的修改程序，预防袁世凯轻易地修改和废止《临时约法》。该法第55条规定：“本约法由参议员三分之二以上，或临时大总统之提议；经参议员五分之四以上之出席，出席员四分之三之可决，得增修之。”

3. 从政权建设出发，规定了法院的组成、职能、活动原则以及法官保障制度。与以往宪法性文件相比，《临时约法》对司法权的规定有以下特点：一是从权力的分立制衡出发，列有“法院”专章对司法权作了明确规定；二是初步确立了行政审判机构与民事审判、刑事审判机构分立的体制；三是第一次以根本法的形式确立了公开审判原则；四是第一次从根本法上规定了法官独立审判制度以及法官终身制度和法官保障制度。

(二) 对《中华民国临时约法》的评价

毛泽东《关于中华人民共和国宪法草案的报告》对《中华民国临时约法》作了一个恰如其分的评价：“民国元年的《中华民国临时约法》，在那个时期是一个比较好的东西；当然，

---

① 参见朱勇主编：《中国法制通史》，第9卷，353页，北京，法律出版社，1999。

② 《中国之革命》，载《中山丛书》(一)，31页，上海，太平洋书店，1927。

是不完全的，有缺点的，是资产阶级性的，但它带有革命性、民主性。”①

《中华民国临时约法》在正式宪法施行以前，与宪法具有同等的效力（第54条），具有中华民国临时宪法的性质，是中国宪政史上唯一一部资产阶级民主共和国宪法性的文献。它肯定了辛亥革命的成果，规定了资产阶级民主共和国的政治制度，以根本法的形式废除了在中国延续二千余年的封建君主专制制度；它确立了“主权在民”的原则，宣布了“帝制自为”观念为非法，使民主共和的观念深入人心，为日后人们反复辟、反专制、捍卫民主共和制度的斗争提供了锐利武器；它确立了平等、自由和保护私有财产的原则，以根本法的形式否定了封建等级制度和财产制度，对于中国近代资产阶级民主自由制度的发展和民族资本主义经济的保护具有重要的意义；它启发了人们的爱国主义热情，维护了多民族国家的团结统一、领土完整、主权独立；它在中国历史上第一次以根本法的形式确立了司法独立的原则，对于近代中国司法制度建设具有重要的意义。

《中华民国临时约法》虽然具有上述历史意义，但由于其固有的阶级、历史的局限性，其不可避免地存在一些不足之处：对列强诸国的侵略本性认识不清，没有从正面提出反帝的任务；对广大农民急迫需求土地的愿望认识不足，没有关于彻底反封建的明确规定；由各省都督府指派的代表组成的南京参议院通过，虽代表了各省但无法代表全国，缺乏一定的民意基础；只考虑到对即将就任临时大总统的袁世凯权力的限制和约束，扩大立法机关的职权，而忽视了行政机关与立法机关之间权力的相互制约，这对中华民国初期政治制度的发展产生了不良的影响。②

第三节　中华民国临时政府其他革命法规的主要内容

引例　姚荣泽案

周实丹（又名周实）、阮梦桃（又名阮式）都是江苏省山阳县（今淮安县）人，又是南社社员、同盟会会友。武昌起义爆发后，周实、阮式在山阳共同组织巡逻队，担任正副队长，为光复山阳立下功劳。独立之日，原山阳县令姚荣泽匿不到会，阮式当众斥责其有骑墙观望之意，姚对周阮二人怀恨在心，伺机报复。独立时山阳官绅拥姚反正，姚荣泽因此被推举为县司法长（另有一说是民政长官），但姚并非真心反正，故与周阮二人貌合神离。1911年11月17日，姚荣泽派人以议事为名，将二人骗至府学魁星楼下杀害，周实连中7枪毙命，阮式被剐腹剖心，残害而死。南京临时政府成立后，孙中山最初指令在原案发地江苏审理，后因被害人家属及南社等团体向沪军都督告发，孙中山遂同意改在上海讯办，几经交涉，犯罪人姚荣泽于1912年2月被押解到上海，开始了民国第一大案的审判。伍廷芳与陈其美围绕着对案件的审理，包括由谁来审理，采用什么样的方式来审理等，发生了激烈的争执，主要涉及以下三点：

---

① 《建国以来毛泽东文稿》，第4册，502页，北京，中央文献出版社，1990。

② 参见朱勇：《论民国初期议会政治失败的原因》；音正权：《〈中华民国临时约法〉的主要缺陷》，载张晋藩主编：《20世纪中国法制回顾与前瞻》，182～186、286～292页，北京，中国政法大学出版社，2002。

(1) 审判权之争。陈其美作为沪军都督是否有权审理姚荣泽？与司法独立原则是否冲突？(2) 裁判官之争。陈其美是否有权单方面委任裁判官的人员及组成？(3) 外国律师能否出庭辩护之争。此外，双方的争执和案件的审理还涉及无罪推定，陪审员的选任及回避，刑事附带民事赔偿等，几乎囊括了现代诉讼的主要原则和制度。最后，姚案由三人充任裁判官，组成临时合议庭，由7名“通达事理、公正和平、名望素著者”组成陪审团，开庭前一周公开登报，通告裁判地点、日期，允许被告聘请律师出庭辩护，允许所涉外国人出庭指证，经裁判所三次开庭审理，判处姚荣泽死刑。终审判决后，法庭“特假五分钟，准姚犯发言”，姚称杀死周、阮两人“系受绅团逼迫，非出己意，哀求轻减”，7名陪审员“共表同情”，经承审官认可，由陪审员集体禀请大总统“恩施轻减”。最后姚荣泽在袁世凯的特赦令中获释，改为判处监禁10年，附加罚金而结案，实际上关押3个月就释放了。姚荣泽案让我们重温了司法独立的理论在民国初年的大胆实践，其不够理想的结局，也反映了法治理想和现实间的巨大反差。

中华民国临时政府特别重视法制建设，在其存在的短短三个多月时间里，除了制定、颁行具有临时宪法性质的《中华民国临时约法》外，还制定、公布了一系列有关保护私有财产、保障人权、社会改革、教育革新、司法改革等方面的法规、法令，奠定了规范、调整和维护新型社会秩序的法制基础。

一、保护私有财产法令

在《临时约法》中就有“人民有保有财产及营业之自由”的规定，从根本法上确立了保护人民私有财产的原则，宣布了自由经营资本主义的合法性。同时，临时政府还通过公布法规、命令的方式，对人民私有财产进行具体的法律保护。

1912年1月28日，临时政府内务部发布《通饬保护人民财产令》，明确规定以保护人民财产作为自己的“急务”，同时还规定了保护人民财产的具体方式：第一，凡在民国势力范围内的人民，其所有一切私产，仍归原所有人所有。第二，原清朝政府官产，已入民国政府势力范围，归民国政府所有。第三，原为清朝官吏之私产，已在民国势力范围之内，其本人现无确实反对民国之证据，仍归其个人所有。第四，现任清朝官吏确无反对民国之证据，其私产已在民国范围之内，应受民国政府保护，待其本人投归民国时，归还其财产。第五，现为清朝官吏，确有反对民国之证据，其财产在民国势力范围之内，没收其私产归民国政府所有。这种把没收财产的界限、保护人民私有财产的范围从法律上进行明确具体规定的做法，对于分化瓦解敌人，保护人民财产利益，稳定社会经济秩序具有重要的意义。

二、保障人权法令

以孙中山为大总统的中华民国临时政府，从“天赋人权，胥属平等”的认识出发，在“自由、平等、博爱”的法律观指导下，进行了一系列保障人权的立法活动。

1912年3月，临时政府发布《大总统令内务部禁止买卖人口文》，该法令首先揭露了买卖人口的危害并追溯了其原因："前清入主，政治不纲，民生憔悴，逃死无所，妻女鬻为妾媵，子姓沦为皂隶，不肖奸人，从而市利，流毒播孽，由来已久。尤可痛者，失教同胞，艰于生计，乃有奸徒诱以甘言，转贩外人，牛马同视，终年劳动，不得一饱，如斯惨毒，言之痛心。"其次规定了禁止买卖人口的措施：严禁买卖人口，对于违反者依据法令进行处罚；解除所有已经签订的买卖人口契约，原买卖人口契约中买者与被卖者之间的主奴关系一律改为雇主雇人关系。另外，临时政府还发布有《大总统令广东都督严行禁止贩卖"猪仔"文》和《大总统令外交部妥筹禁绝贩卖"猪仔"及保护华侨办法文》等法令，严禁将中国人贩卖到发达国家从事奴隶苦工的贩卖华工活动，以维护国人的人格尊严并保护华侨的合法权益。

同月，临时政府发布《大总统通令开放蛋户惰民等许其一律享有公权私权文》。这里的"蛋户""惰民"实为当时的所谓贱民，"开放蛋户惰民"就是废除贱籍的意思。该法令首先确定了贱籍的范围：闽粤之蛋户、浙之惰民、豫之丐户、义民（指发功臣暨披甲家为奴者）、薙发者、优娼、隶卒等。其次规定废除贱籍，使其与其他公民"一体享有"如选举参政等公权，居住、言论、出版、集会、信教自由等私权，"毋稍歧异"。

此外，临时政府还发布了《大总统令内务部通知各官署革除前清官厅称呼文》和《内务部咨各省革除前清官厅称呼文》。这些法令和规章的主要内容为：首先，阐述了旧有称呼的危害和改变称呼的必要性，官厅为治事之机关，职员乃人民之公仆，本非特殊之阶级，何取非分之名称。查前清官厅，视官等高下，有大人、老爷等名称，受之者增惭，施之者失体。光复以后，闻中央地方各官厅，漫不加察，仍沿旧称，殊为共和政治之玷。其次，明确规定了改变称呼的方式，如官厅人员皆以官职相称，民间普通称呼则为"先生"或"君"，不得再沿用前清称呼。最后，废止跪拜礼，实行人格平等，规定普通相见为一鞠躬，最敬礼为三鞠躬。

中华民国临时政府上述关于社会成员的法律地位、自由权利和人格尊严平等的规定，对于废除封建等级特权制度和消除封建尊卑观念具有重要的意义，是中国有关人权法律保护的重要篇章。

三、社会改革法令

以孙中山为大总统的中华民国临时政府为了改良封建社会遗留下来的种种陋习，公布了一系列有关社会改革的法令，以倡导进步风俗习惯，振奋民族精神。

（一）社会改革主张 36 条

1912 年 2 月蔡元培、宋教仁、唐绍仪等人在商议组织"社会改良会"时，提出了"以人道主义去君权之专制，以科学知识去神权之迷信"的社会改良方针。不久，在公布《社会改良会章程》时附有 36 条社会改革主张①，其内容如下：（1）不狎妓。（2）不置婢妾。（3）提倡成年后有财产独立权。（4）提倡个人自立不依赖亲朋。（5）实行男女平等。（6）提倡废止早婚（男子 19 岁以上，女子 17 岁以上始嫁娶）。（7）提倡自主结婚。（8）承认离婚之自由。（9）承认再嫁之自由。（10）不得歧视私生子。（11）提倡少生子女。（12）禁止对于儿童之体罚。（13）对于一切佣工（如仆役、车夫、轿夫之类）不得苛待。（14）戒除拜门换帖认干女儿。（15）提倡戒除承继兼祧养子之习。（16）废跪拜之礼，以鞠躬、拱手代之。

① 参见朱勇主编：《中国法制通史》，第 9 卷，397～398 页，北京，法律出版社，1999。

(17) 废大人、老爷之称，以先生代之。(18) 废缠足、穿耳、敷脂粉之习。(19) 不赌博。(20) 在官时不受馈赠。(21) 一切应酬礼仪宜去繁文缛节 (如宴会迎送之类)。(22) 年节不送礼。(23) 提倡以私财或遗产补助公益善举。(24) 婚、丧、祭等事不作奢华、迷信等举动。(25) 提倡心丧主义，废除居丧守制之形式。(26) 戒除迎神、建醮、拜经及诸迷信鬼神之习。(27) 戒除供奉偶像牌位。(28) 戒除风水及阴阳禁忌之迷信。(29) 戒除伤生耗财之嗜好 (如鸦片、吗啡及各种烟酒)。(30) 衣食宜崇质素。(31) 养成清洁之习惯。(32) 日常行动不得妨害公共卫生 (如随处吐痰及随意抛掷污秽等事)。(33) 不可有辱骂喧闹粗暴之行为。(34) 提倡公坟制度。(35) 提倡改良戏剧及诸演唱业。(36) 戒除有碍风化之广告及各种印刷品 (如卖春药、春画、淫书等)。

社会改革主张 36 条，在临时政府时期具有社会改革立法指导原则的地位。它的不少内容已经变成具体的法规规定，且对以后中国的社会进步产生了一定的影响。

(二) 社会改革法令的主要内容

1912 年 3 月上旬，临时政府《内务部请大总统查禁赌博陋习及禁售各种赌具呈》指出："赌博陋习，最为社会之害"，"亟应严切禁止，为我共和国民祛除污点"；规定：第一，禁止任何形式的赌博行为。第二，商家自行销毁并永远禁售各种赌具。第三，对于违犯禁令继续从事赌博行为者，按照现行刑律的有关规定定罪量刑。

1912 年 3 月上旬，临时政府发布《大总统令禁烟文》。该法令首先指出了鸦片的危害性，实行禁烟的目的："鸦片流毒中国，垂及百年，沉溺通于贵贱，流衍遍于全国，失业废时，耗财殒身，浸淫不止，种姓沦亡，其祸盖非敌国外患所可同语"，因此必须彻底禁绝，以"保国存家"。其次规定了禁烟的措施：在全国范围内禁止种植、吸食鸦片；对于"饮鸩自安，沉湎忘返者"，剥夺其选举与被选举等一切国民公权。最后，在全国设立禁烟机构——禁烟公所，专职履行禁烟职能。

1912 年 3 月，临时政府发布《大总统令内务部通饬各省劝禁缠足文》和《内务部咨各省都督禁止缠足文》。这些法令首先指出了缠足的危害性和劝禁缠足的目的："缠足一事，残毁肢体，阻淤血脉，害虽加于一人，病实施于子姓……因缠足之故，动作竭蹶，深居简出，教育莫施，世事罔问，遑能独立谋生，共服世务?"因此要劝禁缠足，以"欲图国力之坚强，必先图国民体力之发达"。其次规定了劝禁缠足的措施：在全国范围内劝禁缠足；故意违反禁令者，对于其家属予以相当之处罚；如坚持不改，则编为另户或削其公权。

1912 年 3 月临时政府发布《大总统令内务部晓示人民一律剪辫文》。该法令首先指出蓄辫为"腾笑五洲"之陋习，同时也有妨害卫生之弊端。其次，规定："凡未去辫者，于令到之日限二十日一律剪除净尽。有不遵者，以违法论处。"

中华民国临时政府上述有关禁止赌博、禁止吸食鸦片、劝禁缠足、晓示剪辫的法令，对于倡导新型的社会风尚，推动中国社会风俗习惯的进步具有重要的历史和现实意义。

四、革新教育规章

中华民国临时大总统孙中山深知人才培养和发展教育的重要性。1912 年 3 月 19 日孙中山先生就明确指出："学者，国之本也，若不从速设法修旧起废，鼓舞而振兴之，何以育人才而培国脉。"① 在孙中山教育思想指导下，临时政府公布了一系列革新教育的规章。

① 《孙中山全集》，第 2 卷，253 页，北京，中华书局，1982。

1912年2月临时政府教育部发布《普通教育暂行办法》14条和《普通教育暂行课程标准》11条。其主要内容：第一，将“学堂”改称“学校”，将“监督堂长”改称“校长”。第二，学制每年分为两个学期，中等学校和初级师范学校均改为四年毕业。第三，鼓励女子上学，初等小学可以男女同校，同时设立女子学校。第四，规定了各类学校的课程科目和教授时数。第五，教学内容必须合乎共和国宗旨，禁用清朝学部颁行的教科书，废止小学读经科。

1912年3月发布临时政府《教育部禁用前清各书通告各省电文》，规定一律废止《大清会典》《大清律例》《皇朝掌故》《国朝事实》及其他有碍民国精神和非各学校应授之科目。

中国的近代教育虽说在形式上已从清末开始，但如果从教育的内容来衡量，应该说是从中华民国临时政府才开其端，而上述有关革新教育的规章及其内容所起的作用则是不能忽视的。

五、司法改革规章

在《临时政府组织大纲》《临时约法》和其他规章中，关于设立临时中央审判所、最高法院、司法部、特别法庭以及法官独立审判、公开审判、法官保障制度的规定，基本确立了临时政府“司法独立”的原则，形成了其司法体制的框架。但由于处于战争环境、时间短暂等方面的原因，临时政府对于地方司法制度，既没有来得及制定、公布法律和规章，也没有时间进行相应建设。临时政府在司法制度方面的主要贡献是制定公布了一系列法规、法令，废除了一些封建、落后、野蛮的做法，对新型司法进行了有益的探索。

（一）禁止刑讯令

1912年3月，临时政府发布《大总统令内务司法两部通饬所属禁止刑讯文》《司法部咨各省都督停止刑讯文》。这些法令首先指出了民主共和刑法与封建刑法目的之不同：封建刑法的目的是“威吓报复”，民主共和的刑法目的是“维持国权，保护公安”和“提倡人道，注重民生”，刑事惩罚的程度“以足调剂个人之利益与社会之利益之均平为准”。其次规定了禁止刑讯的措施：不论行政、司法官署，及何种案件，一概不准刑讯，鞫狱当视证据之充实与否，不当偏重口供；焚毁从前不法刑具；对于故智复萌继续进行刑讯者，褫夺其官职并付有关司法机关治以应得之罪。

（二）禁止体罚令

1912年3月，临时政府发布了《大总统令内务司法两部通饬所属禁止体罚文》。该法令首先指出近世刑罚与封建刑罚的不同之处：近世刑罚以自由刑和死刑为主，封建刑罚以肉刑体罚为主，且封建刑罚为“万国所摒弃，中外所批评”。其次规定了禁止体罚的措施：不论司法行政官署，审理和判决民刑案件，不准再用笞杖、枷号及他项不法刑具，其罪当笞杖、枷号者，悉改科罚金、拘留；民事案件，有赔偿损害、回复原状之条，刑事案件有罚金、拘留、禁锢、大辟之律。

（三）律师法草案

中华民国临时政府成立后曾准备建立律师制度，实行律师辩护。在《内务部警务司长孙润宇建议施行律师制度呈孙大总统文》中曾阐述了建立律师制度的意义：“司法独立，为法治国分权精神所系，而尤不可无律师以辅助之。”孙润宇编有《律师法草案》呈请大总统准予咨送参议院议决施行。孙中山在1912年3月22日发布的《大总统令法制局审核呈复律师法草案文》中明确肯定了律师制度的重要性：“律师制度与司法独立相辅为用，夙为文明各国所通行"，并要求尽快制定法律，建立律师制度。但由于时间紧迫，《律师法草案》并没有完成审核程序，最后也没有议决颁行。

应该指出的是，《律师法草案》虽然没有完成立法程序成为正式的法律施行，但在司法实践中，苏、杭等地已出现了律师组织，尤其是1912年1月28日在上海召开的中华民国律师总公会成立大会及其制定的《中华民国律师总公会章程》表明，律师制度在中国大地上已经出现。1912年，在临时政府司法总长伍廷芳的建议下，大总统指令上海都督组织一个特别法庭对于前山阳县令姚荣泽案的审理，已经试行了审判公开、陪审制、律师辩护等体现近代文明的司法制度。

【问题与思考】

1. 荷兰官对华侨的横暴事件

1912年2月，旅居在荷兰所属的巴达维亚城、爪哇泗水及朝埠的华侨，举行庆祝统一大典，荷兰当局进行横暴干涉，无理撕毁国旗，杀伤掳禁侨民多人，同时还禁报纸，禁通电，华侨纷纷罢市，却被威吓开店，情况十分危急。南京临时政府外交部为维护国权、保障华侨生命财产安全，通过各种渠道，向荷兰当局进行严重交涉，在《临时政府公报》上连续发布若干电文。2月21日，外交部曾向新大总统袁世凯提出以下要求：(1) 民国初立，不可像清朝政府那样放弃责任，漠视华侨的利益，应速派代表与荷兰交涉，主动将被掳诸人释放，并为死伤及财产损失者索偿。(2) 荷属治理华人，另有苛律，凡华人因事被捕，任意定罪，不准本人请律师辩护，不准向寻常裁判所起诉，更不能上诉，定罪即为终审。因此，应向荷国要求，所有被掳华人，必须由寻常裁判所正式审判，许其雇用律师辩护，不得有所歧视。(3) 严正指出荷官的悖谬所在。

2月26日，南京内阁会议对荷兰虐待侨民事件作出以下决议：(1) 限三日内释放被捕者；(2) 赔偿财产损失；(3) 赔偿被害者；(4) 恢复华侨人权，与欧侨、日侨一律看待。这一事件，通过严正交涉，据理力争，起到一定作用，但终因国力不强，华侨在外的法律地位，仍难得到切实的保障。(参见《民立报》，1912-02-28。)

本案是一例典型的维护国权、保障华侨的事件，虽没有诉诸法庭审判，但其中反映了不少的法律问题，体现了南京临时政府为捍卫国家主权、保障人民权利，同西方国家据理抗争，坚持依法办事的坚强信念和决心。涉及如下问题和制度：(1) 国际法中国家交往的基本原则和国家的基本权利。(2) 临时政府有关保护民权的法律法规。(3) 本案所体现的诉讼审判原则。(4) 属人管辖和属地管辖原则。

2. 严格执行军令案

1912年3月28日，沪军都督府拿获苏州叛逃部队士兵李超胜、吴胜堂二人，并赃物多件，陈其美与苏州都督联系后，即将两犯枪毙。(参见《时报》，1912-03-31。)

民国初期，各地军政府所颁布的军事法令发挥了打击反动势力、稳定军心、维护治安的重大作用。沪军都督府成立后，为加强军纪、提高作战能力、巩固新生革命政权、推进长江流域革命，先后发布一系列军律，具体包括《军律十条》《赏例八条》《惩罚令二十七款》《军机律十条》《逃亡律八条》5种。沪军都督府颁布的军规军律，详尽严格，执行也非常认真，从这起案件的处理可见其严肃性。依《军律十条》规定，"奔投敌营及临阵脱逃者"，斩；《军规赏罚十八条》规定，"临阵退缩者、私行逃走者、掳掠财物者"，斩。

第十二章 中华民国北京政府的法律制度

参考文献

1. 谢振民编著，张知本校订．中华民国立法史．上下册．北京：中国政法大学出版社，2000

2. 郭卫编．大理院解释例全书．台北：成文出版社，1972

3. 郭卫编．大理院判决例全书．台北：成文出版社，1972

4. 张国福．中华民国法制简史．北京：北京大学出版社，1986

5. 张晋藩．中国宪法史．长春：吉林人民出版社，2004

6. 李光灿，宁汉林主编．中国刑法通史．第八分册．沈阳：辽宁大学出版社，1987

7. 罗志渊编著．近代中国法制演变研究．台北：台湾政治大学学报丛书编审委员会，1976

8. 杨鸿烈．中国法律发达史．下册．上海：上海书店出版社，1990

参考法规

1.《中华民国宪法草案》（“天坛宪草”，1913 年 10 月 31 日国会宪法起草委员会拟定）

2.《中华民国约法》（“袁记约法”，1914 年 5 月 1 日公布）

3.《中华民国宪法》（“贿选宪法”，1923 年 10 月 10 日公布）

4. “现行律民事有效部分”

5. 北京政府《民律草案》(1925年～1926年各编完成，未公布)
6.《公司条例》(1914年1月13日公布)
7.《暂行新刑律》及其《补充条例》(分别于1912年4月30日、1914年12月24日公布)
8.《修正刑法草案》(1915年4月13日完成，未公布)
9.《刑法第二次修正案》(1918年～1919年完成，未公布)
10.《民事诉讼条例》《刑事诉讼条例》(均于1922年7月1日起在全国施行)
11.《行政诉讼法》(1914年7月20日公布)
12.《司法部酌定华洋诉讼办法》(1913年3月6日公布)

第一节　中华民国北京政府的立法概况

一、北京政府的立法活动

为维持表面上的"民主共和"体制，同时为应付国内民主势力的要求与压力，北京政府进行了一系列的立法活动。从总体上看，体现在两个方面：

1. 援用、删修清末法律。由于清末时期，法律制度已开始了近代转型，所以北京政府的立法活动，首先表现为援用、删修清末新法律。1912年3月10日，袁世凯在北京宣誓就任中华民国临时大总统时即发布《暂准援用前清法律及新刑律令》："现在民国法律未经议定颁布，所有从前施行之法律及新刑律，除与民国国体抵触各条，应失效力外，余均暂行援用，以资遵守。"① 4月3日，临时参议会又通过了《议决暂时适用前清之法律咨请政府查照办理文》，指出："所有前清时规定之法院编制法、商律、违警律及宣统三年颁布之新刑律、刑事民事诉讼律草案，并先后颁布之禁烟条例、国籍条例等，除与民主国体抵触之处，应行废止外，其余均准暂时适用。唯民律草案，前清时并未宣布，无从援用，嗣后凡关民事案件，应仍照前清现行律中各条规定办理，惟一面仍须由政府饬下法制局，将各种法律中与民主国体抵触各条，签注或签改后，交由本院议决公布施行。"②

2. 制定新法规。在援用、删修清末法律的同时，北京政府还根据统治的需要，着手进行新法规的制定工作。1912年北京政府成立后，设立了专门的法律编纂机构"法典编纂会"，由法制局长兼任会长，从事民法、商法、民刑事诉讼法的起草修订工作。1914年2月，政府裁撤"法典编纂会"，设立"法律编查会"，隶属于司法部，由司法总长兼任会长。1918年7月，又改称"修订法律馆"，任用一些留学归国的法律人才，并聘请若干外国专家做顾问，继续开展制定、修改法律法规的工作。

二、北京政府的立法阶段

从立法沿革看，北京政府的立法可划分为前后两个阶段。

---

① 北京政府《临时公报》，1912年3月11日。
② 谢振民编著：《中华民国立法史》，59页，南京，正中书局，1937。

（一）袁世凯统治时期（1912年—1916年）

袁世凯统治时期是北京政府形式上保持统一的时期，政府的法规基本上可以在全国统一适用。这一时期，立法活动较全面展开，除制定、颁布宪法性文件外，还完成了刑律、商律、诉讼律的修订，起草了第一个《修正刑法草案》。

图12—1　袁世凯

（二）袁世凯的后继者统治时期（1916年—1928年）

1916年6月袁世凯死后，北京政府由形式上的统一走向公开分裂。北洋军阀三大派别间连年混战，中央政权随各派军阀势力的消长而不断更迭。在各派军阀相继把持中央政府期间，也进行了一些制宪和立法活动。特别是1921年华盛顿国际会议召开，北京政府在全国民众的压力下，向各国提出了收回领事裁判权的问题。在各国派员来华调查司法情况的背景下，北京政府急令司法部积极改良司法，并令修订法律馆抓紧编纂民刑各法典。在此阶段制定了宪法，形成第二个刑法草案，完成民法典各篇草案的拟定。但因各派军阀严重对立，北京政府几番易主，立法活动时断时续，“中央”颁布的宪法、法令也难以在全国范围内贯彻施行和统一适用。

三、北京政府的立法特点

北京政府时期的立法表现出固有法与继受法相结合的过渡性特点。

1. 保留部分传统律令的规定

袁世凯在1912年9月20日宣称：“中华民国以孝悌忠义礼义廉耻为人道之大经，政体虽更民彝无改。”他要求全国国民“恪守礼法，共济时艰”[①]，《修订刑法草案》的要

① 徐有朋编：《袁大总统书牍汇编》，卷二，17～18页。

旨也明确指出立法应当“必依乎礼俗”“必视乎吏民之程度”[1]。北京政府《民律草案》没有照搬《大清民律草案》，而是加以较大幅度的修正，原因正如江庸所言：“前案多继受外国法，于本国固有法源，未甚措意。”“旧律中亲属继承之规定，与社会情形悬隔天壤，适用极感困难。”[2] 在这样的认识背景之下，北京政府的各种立法大都保留了一些传统的规定。

图 12—2 北洋系[3]

例如，在宪法方面，“天坛宪草”规定“国民教育，以孔子之道为修身大本”。在民事法方面，援用了“现行律民事有效部分”，该部分的条款体现的是传统民法的内容。对于那些传统法律没有规定或虽有规定，但已经不适应社会现实的条款，主要是通过解释例、判例的方式，在具体案件中作出变通。1926 年修订完成的《民律草案》亲属、继承两编特别加入了经由历年大理院解释例、判例的增损，已经有所变化的“现行律民事有效部分”的内容。在刑事法方面，表现为保留了关于礼教的内容，甚至恢复了某些封建刑罚。

2. 吸收西方近代法律制度

北京政府时期是中国法律现代化的一个重要时期。清末开始的法制变革的重要成果被保留，借鉴西方法律制度的活动在继续进行。北京政府尽力借助资产阶级民主共和国的形式来掩饰其军阀专制的本质、确立自己的合法地位，同时也在社会进步势力的推动下加快了清末以来的法律现代化进程，以规范当时的社会秩序、调整各种社会关系。如在宪法方面，表现为轮番控制北京政府的北洋军阀统治者们，为了求得自身的生存与发展，不得不采取西方资产阶级民主共和制形式。在行政法方面，参照西方，颁布了许多现代文官管理法规。在商事法方面，起草了破产法、公司法、票据法、海船法、保险契约法等草案。在诉讼法方面，参照西方制定颁布了《民事诉讼条例》《刑事诉讼条例》《行政诉讼法》等。这些都为其后的南京国民政府法制打下了基础。

---

① 修订法律馆编：《法律草案汇编·修正刑法草案·为修正刑法草案告竣呈请提交参政院议决颁布以资法守而利推行呈》。

② 谢振民编著：《中华民国立法史》，下册，748 页，北京，中国政法大学出版社，2000。

③ 参见李默主编：《中华文明大博览》，“民国”，广州，广东旅游出版社，1998。

第二节　中华民国北京政府的宪法性文件和行政法规

引例　参议员之质问政府、总理书

宋教仁被刺杀一案案发后，数名参议员联名向政府发出质问书，认为：政府对于一般人民皆有保护天职，何况元勋？宋教仁演说政见于前，丧身于后。沪宁车站，地非租界，平日警卫森严，为何宋教仁被刺之时刺客从容举凶，毫无警追，如出入无人之地？依据《临时约法》第17条第9项、《参议院法》第62条及第64条，对于政治上有疑义者，提出质问书，即请政府速予限期出席答覆，且于真凶拿获时，务必彻底追究主谋，明示天下。①

上海审判厅两次发传票传唤国务总理赵秉钧，但赵都未到。参议院议员遂向赵秉钧发出质问书，援引《临时约法》第5条、《刑法》第2条的规定，指出赵总理身为中华民国人民，宋案发生在中华民国境内，上海检察厅既依法律票传赵总理等，赵总理就该依法赴质。但赵总理久不赴质，故依《临时约法》第19条、《国会组织法》第14条质问，要求三日内明白答覆。②

一、北京政府的宪法性文件

北京政府时期，一方面，以袁世凯为首的北洋军阀，企图通过制定宪法使自己的统治合法化；另一方面，资产阶级革命派仍在为民主宪政的理想而奔走呼号。围绕着制定何种宪法、确立何种国体与政体等问题，社会各种力量展开了斗争。这期间出台的“天坛宪草”、《中华民国约法》《中华民国宪法》等宪法性文件，也反映了这些政治力量的实际对比关系。

（一）“天坛宪草”

1.“天坛宪草”的制定过程

根据《中华民国临时约法》的规定，北京临时参议院相继制定了《中华民国国会组织法》《参议院议员选举法》和《众议院议员选举法》，并于1912年8月10日由袁世凯公布施行。

1913年4月8日，民国首届国会正式召开。之后按《国会组织法》规定，由参、众两院各选出委员30名，组成“宪法起草委员会”，开始宪法起草工作。

为了限制袁世凯的权力，10月31日国会“宪法起草委员会”三读通过《中华民国宪法草案》。因宪法起草委员会设在北京天坛祈年殿，又称“天坛宪草”。

---

① 参见蔚庭、张勇整理：《宋教仁血案·参议院参议员之质问政府书》，297页，长沙，岳麓书社，1986。

② 参见罗家伦主编，中国国民党中央委员会党史史料编纂委员会编辑：《宋教仁被刺及袁世凯违法大借款史料·质问赵秉钧总理何以久不依法赴质书》，232页，台北，文物供应社，1968。

图 12—3　第一届国会①

2.“天坛宪草”的主要内容

“天坛宪草”在结构上分为国体、国土、国民、国会、国会委员会、大总统、国务院、法院、法律、会计、宪法之修正及解释，共 11 章、113 条。其主要内容为：

(1) 规定孔子之道是国民教育的修身大本。该规定反映了在制宪过程中各派政治势力的斗争和妥协。

(2) 规定三权分立的原则。“天坛宪草”规定：中华民国的立法权属国会，国会由参议院和众议院构成；行政权由大总统以国务员之赞襄行使；司法权由法院行之。这些规定体现了三权分立的原则，目的是保证共和民主制的实行，防止大总统集权。

(3) 规定国会的权力。“天坛宪草”规定：国会拥有立法权，弹劾、审判大总统、副总统和国务员的权力。还规定：在每年国会常会闭会前，由参、众两院于议员中各选出 20 名委员组成国会委员会，在国会闭会期间除行使一般职权外，还得受理请愿并建议及质问。

(4) 采用责任内阁制。“天坛宪草”规定：国务总理的任命，须得到众议院的同意；国务员赞襄大总统，对众议院负责；大总统发布的命令及其他关系国务的文书，非经国务员的副署，不生效力。同时，又迫于袁世凯的压力，规定在特定情况下，不能召集国会时，大总统有发布紧急命令权，政府有财政紧急处分权。

综上，“天坛宪草”采用了资产阶级宪法的形式和原则，肯定了中华民国为资产阶级共和国。这个宪法草案虽有很大的妥协性，但仍赋予国会较大权力，采责任内阁制，以能够限制袁世凯的权力。袁世凯认为这束缚了他的手脚，对此深为不满，于是施展种种手段，使国会达不到法定人数，无法继续开会，并且在 1914 年 1 月 10 日下令解散国会。这样，“天坛宪草”未及公布便成了废纸。

(二)《中华民国约法》

1.《中华民国约法》的制定过程

1913 年 11 月初，袁世凯在解散国会后，以自己的亲信组成“中央政治会议”，这个政治会议又议决设立了一个“约法会议”，由约法会议修改《临时约法》，着手拟定新约法草案。1914 年 2 月 18 日“约法会议”开幕，3 月 20 日，袁氏向约法会议提出了《增修临时约法大纲》咨文案，列举了 7 个修改意见，其中包括：宪法起草权属于总统及参政院；公民权

① 参见张海鹏编著：《简明中国近代史图集》，北京，长城出版社，1984。

利之褫夺与恢复，总统得自由行之；总统有紧急命令之权；总统有紧急处分财产之权，等等。约法会议据此精神，在美国宪法顾问古德诺的策划、参与下，拟定出《中华民国约法》，同年5月1日正式公布，时人讥称其为“袁记约法”。至此，《中华民国临时约法》被正式废除。新制定的《中华民国约法》分10章，计“国家”“人民”“大总统”“立法”“行政”“司法”“参政院”“会计”“制定宪法程序”“附则”，共68条。

2.《中华民国约法》的特点

与《临时约法》相比，其显著特点是：

（1）废除责任内阁制，行总统制。约法第14条规定：“大总统为国之元首，总揽统治权”；第39条规定：“行政以大总统为首长，置国务卿一人赞襄之。”即以附属于总统的国务卿，代替以前牵制总统的内阁总理。

（2）无限扩张总统权力。规定大总统对外可以代表国家宣战、媾和或者缔结条约；对内可统率全国海陆军；制定官制官规不再经参议院议决；任免国务员、外交大使，无须参议院同意。还有宣告大赦、特赦、减刑、复权之权，发布命令、赦令之权，财政紧急处分权，宣告戒严权，任命法官、组织法院司法之权，等等。特别赋予总统财政紧急处分权和发布教令权，把袁世凯总统的权力扩大到几乎和封建专制的皇帝一样。其后，依据《中华民国约法》成立的参政院又公布了《修正大总统选举法》，使总统任期改为10年，而且可以连选连任。还规定换届之时，参政院可以议决现任总统连任，无须改选；总统继位人可由现任总统指定，甚至可以推荐自己的儿子。

（3）废除国会制，设立立法院。约法规定：立法院为立法机关，立法院有议决法律、预算、募集公债等诸多职权。但立法院受总统领导，且无权弹劾总统，而总统却有解散立法院之权。另设参政院，作为大总统咨询机构，且规定立法院未成立前，由参政院代行其职。而袁氏执政时期立法院则始终未成立。

袁氏凭借这部独裁性的“袁记约法”，任命亲信官僚政客组成参政院，并假手参政院复辟帝制，终于做了83天的洪宪皇帝。

图12—4 “二十一条”

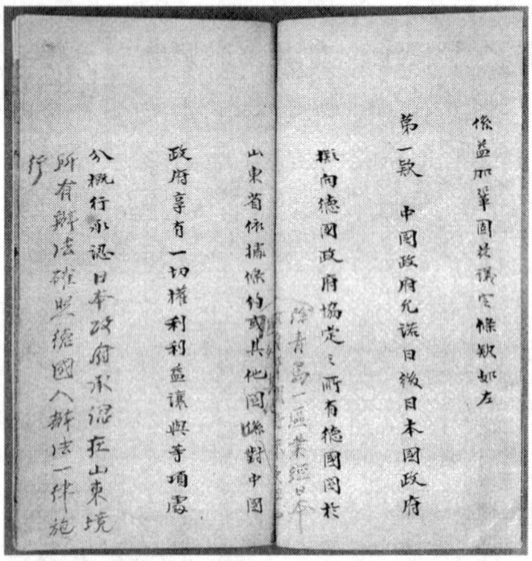

图12—5 “二十一条文稿”

（三）《中华民国宪法》

1.《中华民国宪法》的制定过程

1916年袁世凯死后，大总统由副总统黎元洪继任，由段祺瑞任国务总理，掌握实权。

段祺瑞在舆论的压力下恢复了国会。1916年8月1日，国会在北京召开第二次常会①，继续讨论《中华民国宪法草案》（“天坛宪草”），并将其作为制宪的基础。但后来由于“府院之争”“张勋复辟”而被解散。

1922年6月，直系军阀控制北京政权，为利用“法统”作工具达到政治目的，一方面宣布遵行《临时约法》，另一方面又重开被二次解散的国会，继续修订“天坛宪草”。曹锟急于想当总统，与国会议员间进行了一场交易，结果曹氏以每票5 000元贿赂国会议员当选了总统，国人蔑称此届国会是“猪仔国会”，曹氏是“贿选总统”。五百多名卖身议员以十余年前未完成的“天坛宪草”为蓝本，几易其稿，仅用一周时间通过了二读、三读，完成了一部《中华民国宪法》，即“贿选宪法”。

1923年10月10日，在辛亥革命12周年之际，这位以“法统重光”为旗号的直系军阀曹锟举行了总统就职和宪法公布典礼。

2.《中华民国宪法》的特点

《中华民国宪法》是近代史上中华民国第一部正式颁行的宪法。该宪法共13章、141条，主要内容及特点是：

（1）以资产阶级共和国粉饰军阀独裁专制。该法第1条规定：“中华民国永远为统一民主国”，且明定：“国体不得为修改之议题”。实则其时既非民主又不统一，曹氏也不打算实行宪政。所以该法将当时一些所谓的“先进”宪法条款或新思潮均抄袭下来。如规定：大总统各项权力行使，须依法律或经国会同意；任命国务总理须经众议院同意；众议院对大总统、国务员有弹劾权，等等。事实是有兵便有权，大总统作为一派军阀首领，绝不会受制于无实权的国会。该法“地方制度”一章规定：省设省务院，省务员由省民直接选举；县设县长，县长由县民直接选举。这在当时是不现实的。

（2）以资产阶级民主自由掩盖军阀独裁统治。该法规定：中华民国人民一律平等，无种族、阶级、宗教区别，人民依法享有保有财产、营业、言论、著作、刊行、集会、结社、通信秘密、居住迁徙、信教等自由，有请愿、诉讼、选举、被选举等权利。事实则相反，仅1923年2月7日京汉铁路总罢工，武汉江岸一地，吴佩孚的军警当场就杀害工人37人、伤二百多人、逮捕林祥谦等六十多人。

北京政府的制宪活动，是对《临时约法》的背叛，孙中山针对袁氏废弃《临时约法》，发动了“二次革命”；针对段祺瑞拒绝恢复《临时约法》，发动了“护法战争”。“贿选宪法”出笼后，也遭到孙中山领导的国民党和中国共产党的反对，全国各地纷纷通电声讨。不及一年，曹锟政权垮台，该宪法也成历史遗物。

二、北京政府的行政法规

北京政府时期是中国近代史上极为混乱的一个时期，这一时期的行政法制因之也十分混乱，其中夹杂着复辟与反复辟、府院之争、中央与地方之争等诸多矛盾。总括起来，它具有以下三个特点。

（一）延续封建行政体制

袁世凯就任中华民国临时大总统、窃取政权之后即开始有计划地废除资产阶级的分权体制，取消责任内阁，总揽统治权，形成了封建军阀独裁统治。其行政体制也就是清末封建

---

① 为了体现该国会是1913年首届国会的延续，这次国会被称为“国会第二期常会”。

职官体制的翻版：根据袁世凯发布的《大总统政事堂组织令》《省官制》《道官制》《县官制》《政府组织令》等教令，在中央用政事堂和总统府取代国务院，它们都成为了总统的办事机构；各部虽保留名称和总长的设置，但已由大总统直接领导，不能独立负行政之责，官制改为卿、大夫和士等三级九等，各地方行政机构恢复巡按使、上将军、道尹、知事等封建名称和职官。袁世凯之后当权的北京政府的各个军阀，虽然表面上不再像袁世凯那样公然复辟，大部分恢复了南京临时政府的各级行政机构的设置与名称，“但其实质依然是封建加洋奴的混合体，并不改变其封建军阀专制统治的本质”①。

（二）现代文官制度开始形成

关于文官的立法是北京政府时期行政立法一个极其重要的方面，它“从 1912 年建立时起就开始制定各种文官管理法规，到 1921 年止，中国已初步形成了近代化的文官管理法规、法令体系”②。

1. 文官的考试、任用

（1）文官的考试。1919 年，北京政府公布《文官高等考试法》《文官普通考试法》《文官高等考试典试令》《文官普通考试典试令》。根据这些法令，文官考试每 3 年举行一次，分为高等考试和普通考试两种，分别由文官高等考试典试官和文官普通考试典试官主持进行。应试高等考试通常须有 3 年以上高等学校学历与毕业文凭；应试普通考试则须有技术学校以上毕业文凭，或经地方考试及格取充“选士”，或曾任委任以上文职。

（2）文官的任用。1912 年，北京政府公布《中央行政官官等法》。该法将中央行政官分特任官、简任官、荐任官和委任官 4 级，除特任官外的三级又分 9 等。1914 年的《文职任用令》又将中央司法官、地方行政官及地方司法官一起列入上述 4 级 9 等序列。文官中行政官的任用，分 4 种形式：高等文职有特任、简任、荐任，普通文职有委任。特任官有国务卿、左丞和右丞、各部总长；简任官有秘书长、法制局长、机要局长等；荐任官有佥事、编译司长等；委任官有主事、办事员。

2. 文官的纠弹、惩戒和体恤

（1）官吏的纠弹法规。1914 年公布《纠弹法》。该法规定：对于有违背宪法和法律、行贿受贿、营私舞弊或渎职殃民行为的官吏，肃政厅肃政史可径呈大总统纠弹；若有民人呈控，则由肃政史二人以上审查呈送大总统，大总统认为有必要，则送回肃政厅查办后，再由大总统纠弹，大总统对于应纠弹事件，经核定后交平政院审理，平政院分别情况交付惩戒机关或司法机关。

（2）官吏的惩戒。1915 年《司法官惩戒法》规定：司法总长对于有违背或废弃职务或有失官员至上威严及信用行为的司法官，可列举事实呈送大总统交惩戒委员会审查。惩戒委员会对于惩戒事件作出惩戒决议，呈大总统交司法部依法执行，若认为受惩戒人应受重大处分，得呈大总统命令停止其职务。惩戒处分形式为：夺官、褫职、降官、停职、调职、减俸、申诫。《审计官惩戒法》对于审计官惩戒的程序和处分种类，也大致如此。

根据 1918 年《文官惩戒条例》，文官应受惩戒的行为有：违背职务、废除职务或有失官职之威严或信用。特任官有应付惩戒之行为时，由大总统交惩戒委员会审查；简任官、荐任官，则由国务总理或由各该部长官经国务总理转请交付审查；委任官之惩戒，由各该署长官直接送交惩戒委员会。文官惩戒处分形式为：褫职、降等、减俸、记过、申诫。

① 张晋藩、李铁：《中国行政法史》，406 页，北京，中国政法大学出版社，1991。

② 武乾：《论北京政府的文官制度》，载《法商研究》，1999（2）。

3. 官吏的抚恤

《文官恤金令》于 1914 年 3 月公布，该法规定：文官恤金分为终身恤金、一次恤金及遗族恤金。并规定了文官获得恤金的条件、恤金的数额、恤金的褫夺和终止及遗族恤金承受之顺序等内容。

（三）颁布诸多单行行政管理法规

北京政府时期，为维护地主买办阶级的统治秩序，北京政府制定了许多治安法规，以严密治安管理制度。又由于军阀连年混战，军费开支庞大，大举借贷外债，财政危机严重。为了摆脱困境、维持统治，先后颁行了一系列财政法规，以扩大税种、增加税收、发行公债、改革币制、加强官产管理。此外，北京政府还颁布有关于礼制服章、宗教、文物保护、文教卫生、交通管理以及外交等方面的行政法规。

第三节 中华民国北京政府的民商事和刑事法规

引例 捉奸杀人案①

1919 年北京昌平县知事翁之铨受理了一起本夫杀死奸夫奸妇案件：“甲与乙相友善。甲妻丙与乙通奸有半年。某日晚刻，乙托甲看守宅第而出，久候不归，甲径返至家内。外门未闭，以有月光，窥见卧坑（疑为‘炕’误，下同）上丙与乙均裸体合抱睡着，枕旁并置一刀，甲愤极，立即入室，抽刀砍乙左肋一下，丙惊醒，均急起各以一手夺刀未得。丙急向外奔，甲续砍乙中脊背一下，转身追及丙于卧室外墙下，乙负痛尾追，及阈而倒，甲即猛向丙左肋腋砍扎，同时并将乙丙头颅斩下，装以口袋，负之自首。除验勘属实外，并验得乙丙无余精流出。”因对法律解释有疑义，翁之铨遂呈请京师高等审判厅转交大理院解释。大理院复文如下：“本院查本夫于奸夫奸妇有现可行奸或续奸之情形，当场杀死奸夫者，皆应按照刑律第十五条以紧急防卫论。不专以将行奸或行奸未毕为标准。若奸夫奸妇之一方，已离奸所，奸夫复无其他侵害事实，即不得适用该条。其追杀奸妇，应论杀人罪，亦不待言。唯此种犯罪，究因不知法令，得依刑律第十三条第二项，并酌用第五十一条、第五十四条减等问拟。至砍落人之头颅，如在被杀人已毙之后，系出于另项原因者，尚应负损坏尸体罪责，论杀人罪时，并应依第二十三条处断。”

一、北京政府的民商事法规

（一）现行律民事有效部分

1912 年 4 月 3 日，参议院开会议决：“嗣后凡关于民事案件，应仍照前清现行律中规定

① 参见郭卫编：《大理院解释例全书》，637～638 页，台北，成文出版社，1972。

各条办理。”① 此后，1914 年大理院作出上字第 304 号判例：“民国民法典尚未颁布，前清现行律除与国体及嗣后颁行成文法相抵触之部分外，当然继续有效。至前清现行律虽名为现行刑律，而除刑事部分外，关于民商事之规定，仍属不少，自不能以名称为刑律之故，即误会其为已废。”② 这些前清现行律中继续有效的民事各条，被称为“现行律民事有效部分”，它包括《大清现行刑律》中的“服制图”“服制”“名例”中有关条款和“户役”“田宅”“婚姻”“钱债”等内容，以及清《户部则例》中户口、田赋等条款。

“现行律民事有效部分”一直施行到 1928 年南京国民政府《民法》公布、实施后，才废止，是“民国以来之实质民法”③。

（二）北京政府《民律草案》的修订

民国成立后，首先是“法典编纂会”负责草订民法。1915 年“法律编纂会”编成民律亲属编草案 7 章，各 141 条。其章目大致与大清民律亲属法草案相同。1922 年后，“修订法律馆”以清末制定的民律草案为基础，并调查各省的民商事习惯，参照各国最新立法例，于 1925 年～1926 年完成民律各编草案，称为“民律草案”。但由于政局动荡，这一草案终未能成为正式民法典。

北京政府“民律草案”分总则、债、物权、亲属和继承 5 编。相较于清末制定的民律草案，“民律草案”总则、物权两编变更较少；债权编改为债编，兼采瑞士债务法；亲属、继承两编则加入了经由历年大理院解释例、判例的增损，已经有所变化的“现行律民事有效部分”的内容。该草案曾经司法部通令各级法院作为事理援用。

（三）商事立法

北京政府在修订商律时，本拟制定民商合一的法典（中国资本主义经济不发达，而商业在国民经济中占的比重甚小，无单独制定之必要）。但是，考虑到制定民商合一的法典繁而且难，不是短期内所能完成的。为迅速编订各项法典，以利于收回领事裁判权，北京政府最终放弃了民商合编的计划，决定区分民商分别着手④，开始拟定商事法规草案。⑤

由于北京政府在成立伊始，即考虑到商律的出台要付诸时日，于是首先删修、援用清末制定的商律。其后根据形势的需要，在清末商律和商事法规的基础上修订、公布了一系列单行的商事条例、章程、命令。其中比较重要的有：

(1)《公司条例》。1914 年 1 月 13 日，袁世凯下令公布《公司条例》，于 9 月 1 日施行。《公司条例》以干涉、限制为立法主旨，共 6 章，分别为：总纲、公司之解散、两合公司、股份有限公司、股份两合公司、罚则。其内容比较完备。

(2)《商人通例》。1914 年 3 月 2 日，袁世凯下令公布《商人条例》，于 1914 年 9 月 1 日

---

① 转引自谢振民：《中华民国立法史》，下册，742 页，北京，中国政法大学出版社，2000。

② 郭卫编：《大理院判决例全书》，29 页，台北，成文出版社，1972。

③ 谢振民编著：《中华民国立法史》，下册，743 页，北京，中国政法大学出版社，2000。

④ 修订法律馆总裁江庸认为：“民商法典之合并，为晚近立法界一新趋势，而征诸我国国情，尤无分离之必要，修订法律馆当初本拟以此二法，冶为一炉。嗣以合并之业，繁而难举，非假以岁月，不克蒇事。而当兹力图改良司法收回法权之际，此等关系民生之重要法典，又未可置为缓图，故先将此二法，分别着手，修订完竣，提交国会，而合并之举，则留待后图。”（江庸：《五十年来中国之法制》，载《最近之五十年——申报五十周年纪念》，上海，申报馆，1924。）

⑤ 1913 年北京政府法律编查会完成票据法第一次草案；1915 年编成《破产法草案》，共 3 编、337 条；1916 年编成《公司法草案》，共 7 章、259 条。1922 年至 1925 年间，修订法律馆先后完成了票据法的第二～五次草案，1926 年编成《海船法草案》，共 6 编、263 条，1927 年又拟定《保险契约法草案》，共 4 章、109 条。

与《公司条例》同日施行。《商人通例》是以清末《改订大清商律草案》中的“商法总则”为基础修订而成的。立法采商人主义，规定为商业主体之人为商人。

二、北京政府的刑事法规

北京政府存续期间，刑事立法的制定也是其法制活动的重要内容。从总体上看，这一时期的刑事法规可以归纳为三个方面。

1.《暂行新刑律》及其《补充条例》

袁世凯发布暂时援用前清法律的命令后，又令法部对《大清新刑律》进行删修，并改名称为《暂行新刑律》，于1912年4月30日公布。虽然法部称此次删修既有“法理上之修正”又有“法文上之修正”，但实际上多属某些律文条款和字面上的改动，表现在：删除律文中与“民国国体”抵触各条，如删除“侵犯皇室罪”“伪造制书罪”“伪造御玺国宝罪”等条；修改律文中带有明显封建帝制性质的名词概念，如“帝国”改为“中华民国”，“臣民”改为“人民”，“覆奏”改为“覆准”，“恩赦”改为“赦免”，等等；取消附加的《暂行章程》5条。

1914年，袁氏为复辟帝制，企图以礼教号召天下，以重典协服人心，遂于12月24日公布《暂行刑律补充条例》共15条，内容与《大清新刑律》所附的《暂行章程》5条大致相同，且有所扩充，并加重刑罚。

2. 两个刑法修正案

(1)《修正刑法草案》。1914年北京政府“法律编查会”成立，开始修订刑法。1915年4月13日，《修正刑法草案》全编完成并进呈审核。

该次修订的要旨是：“立法自必依乎礼俗”“立法自必依乎政体”和“立法又必视乎吏民之程度”①。

修订的内容主要及于三个方面：

第一，关于礼俗的修订。一是在“总则”中增加“亲属加重”一章；二是在直系尊亲属内加入外祖父母一项；三是纂入限制正当防卫及无夫奸两条；四是在“奸非”章增加尊长对于卑幼的强制卖奸条，在“略诱”章增加强卖和卖其被抚养保护之人罪。

第二，关于政体的修订。一是在“分则”中首增“侵犯大总统罪”一章，以明有尊；二是在分则中增加“私盐罪”一章，以重国计。

第三，关于国民与法官程度的修订。一是酌减刑期，以疏通监狱；二是在总则中加入酌加酌减条，以上下比罪。

(2)《刑法第二次修正案》。1918年7月，北京政府设修订法律馆，董康、王宠惠为总裁。该馆成立以后，认为以前法律编查会在编订《修正刑法草案》时，尚处于袁世凯的专制之下，就不免要迎合或顾忌袁氏的意旨。随着时势的变迁，刑事法律也应当予以变更。在这样的背景下，修订法律馆参考各国立法，斟酌本国情势，进行刑法的第二次修正，后编成《刑法第二次修正案》，共2编、377条。1919年，修订法律馆又将前案加以文字上的修改，完成《改定刑法第二次修正案》，增16条，共393条。

《刑法第二次修正案》虽然名义上称为修正案，但在立法原则更倾向于不因袭清末的《暂行新刑律》和《修正刑法草案》，在立法体例上也有重要的改进。

---

① 修订法律馆编：《法律草案汇编·修正刑法草案·为修正刑法草案告竣呈请提交参政院议决颁布以资法守而利推行呈》。

第一，总则编的规定更加科学准确，主要表现在：

首先，各章次序的设置更加科学。基本上按照条文相衔接的先后顺序安排，对于不相衔接的，则按照适用范围的广狭决定，如《暂行新刑律》“刑名”章列于“累犯罪”“俱发罪”章之后。但事实上，如果不知道各种刑名，就无从知道关于科刑重轻的“累犯罪”与“俱发罪”的性质，所以修正案将“累犯罪”与“并合论罪”[1] 两章改列“刑名”章之后。

其次，章名的设置更加准确。如鉴于《暂行新刑律》第二章“不为罪”的章名不能够很好地包括该章各条款，加之“宥减”及“自首”两章中，关于减等或免除各条，与“不为罪”章的减等各条在旨意上相类似，将该3章合并为1章，章名定为“刑事责任及刑之减免”。

最后，条文的规定更加合理。如在法律溯及力问题上规定了“从新兼从轻”的原则；在“刑之酌科”章规定了科刑时法官应审酌一切情形的轻重，在法定刑内科处的标准；明文规定故意和过失的范围；刑事责任年龄提高为14岁[2]；废除有期徒刑的等级制度，改由分则各条以加重或减轻若干分之几为准，以免量刑失当。

第二，分则编的规定更加合理恰当，主要表现在：

首先，在体例上对各章加以合理分类、整合。如将《暂行新刑律》中的“放火、决水及妨害水利罪”“危险物罪”“妨害交通罪”“妨害饮料水罪”“妨害卫生罪”合并为“公共危险罪”一章；将《暂行新刑律》中的“杀伤罪”章分为“杀人罪”和“伤害罪”两章；将《暂行新刑律》“亵渎祀典及发掘坟墓罪”更章名为“妨害宗教罪”等。

其次，在内容上对各条予以增删修订。如删除第一次《修正刑法草案》中加入的“私盐罪”一章，理由是：私盐虽侵损国家财权，但对社会治安无大影响；各国刑法对于违背国家专利的罚则，都以特别法规定；国家盐政可能会在将来修改，届时取缔的方法会发生变化，这将导致犯罪行为因之而变。又为保护商务，增加“妨害商务罪”一章。还依据较轻罪的未遂，概不处罚的国际通例，改变了《暂行新刑律》和《修正刑法草案》中对未遂罪规定较多的做法，而是斟酌轻重，分别规定。另外，对杀人罪，参酌中外法律，恢复了被《暂行新刑律》废除的谋杀、故杀之别，仍分谋杀、故杀及情节之轻重科罚。

鉴于担心若将《刑法第二次修正案》颁布施行，独立倾向十分明显的、一直适用《暂行新刑律》的西南各省未必会遵行，全国的法律适用就有分裂之虞，北京政府没有将第二次修正案颁布施行。

3. 刑事特别法规

北京政府为了加强镇压措施，采取“特别法先于普通法”的原则，大量颁行刑事特别法规，主要有《惩治盗匪法》（1914年11月27日公布）、《私盐治罪法》（1914年12月20日公布）等法规。此外，还有军事刑法特别法，如《陆军惩罚令》（1913年4月1日教令）、《陆军刑事条例》（1915年3月18日公布）、《海军刑事条例》（1915年4月公布）等；还有科刑方面的特别法，如《徒刑改遣条例》（1914年7月30日教令）、《易笞条例》（1914年11月16日公布）、《科刑标准条例》（1920年10月21日公布）等。北京政府重视刑事特别法这一特点，后来为国民党政权完全继承。

---

① 由“俱发罪”改来。

② 14岁以上、未满16岁者，得减轻其刑，并于感化教育之外，增入由监护人等缴纳保证金自行监督品行一法。

第四节　中华民国北京政府的司法制度

引例　宋教仁被刺案①

1913年年初国会选举，国民党成为多数党，代理理事长宋教仁准备出任内阁总理。1913年3月20日，宋教仁拟乘沪宁车赴京，行至沪宁车站检票处，突被匪徒由背后暗杀。根据线索，24日零点过后不久，英捕房总巡带人在上海公共租界捕获应夔丞，24日，法捕房又在应夔丞家里捕获了武士英（吴福铭）。并搜获应桂馨与国务总理赵秉钧、内务部秘书洪述祖来往密电和函件等多种证据。经过上海公共租界会审公堂和法租界会审公堂分别预审，确定此案为暗杀，并初步判断洪述祖为本案的间接正犯，而且案关国务总理赵秉钧，甚至涉及袁世凯。4月16日至18日，英法租界当局将应、武二犯及涉案证据解交给中国当局。因案关国务总理，江苏都督程德全、民政长应德闳致电袁世凯，请求组织特别法庭审讯，但是司法总长许世英力持不可。最后，该案在上海地方审判厅审理。原告律师金民澜坚决主张，要求传洪述祖、赵秉钧到案。洪述祖案发后一直躲在青岛租界。4月29日，上海地方检察厅发出传票，要求赵秉钧到案。因赵未到，又于5月6日第二次发出传票，请北京地方检察厅传赵秉钧归案。后赵秉钧致函北京地方检察厅为己辩解，借故旧病复发需要医治，终未到案。应桂馨先被押到上海监狱，后趁着二次革命上海动乱之际，越狱逃脱，躲入青岛租界。后在北京去往天津的火车上被刺身亡。1914年2月27日，赵秉钧在天津督署中毒身亡。洪述祖在案发后一直躲在青岛租界。1916年潜赴上海租界。1917年4月，宋教仁的儿子宋振侣发现洪述祖，由租界当局将其逮捕。会审后，在美国方面的主张下，洪述祖被引渡给中国，交由京师地方检察厅提起公诉，被京师地方审判厅判处无期徒刑。本案后来又经高等审判厅二审维持原判，最后被大理院以教唆杀人罪改判为死刑。1919年4月5日，洪述祖在北京西交民巷京师分监被执行绞刑。

一、审判制度

北京政府时期司法机关体系庞杂，法院有普通、兼理司法、特别法院和平政院之分。

（一）法院系统

1. 普通法院系统——大理院、高等审判厅、地方审判厅、初等审判厅

（1）大理院。最高审判机关。设院长1人，总理全院事务。下设民事庭和刑事庭，各庭设庭长1人、推事若干人。审判案件时，由推事5人组成合议庭，以庭长为审判长。在离京

① 根据罗家伦主编的《宋教仁被刺及袁世凯违法大借款史料》和蔚庭、张勇整理的《宋教仁血案》所载资料整理。

师较远或交通不便的省高等审判厅内设立大理院分院。推事由大理院选任，或由所在高等审判厅推事兼任。

(2) 高等审判厅。设厅长 1 人，下设民事庭和刑事庭。由推事 3 人组成合议庭，由庭长任审判长。高等审判厅也可在下属地方审判厅设立分庭。

(3) 地方审判厅。在城市设置。受理二审案件或重要的一审案件。属于第一审者，由推事 1 人独任。属于第二审者，采用合议制。

(4) 初等审判厅。初等审判厅审理第一审的轻微刑事案件或诉讼标的价值较小的民事案件。1915 年 6 月废除初级审判厅，行三级三审制。

按照北京政府法院组织法的规定，检察系统设总检察厅、高等检察厅、地方检察厅、初等检察厅，它们分别设置于各该级审判厅官署内，由检察长、检察官组成。对刑事案件负责行使侦察、提起公诉与监督判决执行等检察权。对有关社会公益及风俗的民事案件，以国家代表身份参加。

2. 兼理司法法院

指未设普通法院各县所设的兼理司法机关。1913 年，北京政府在未设普通法院的各县建立审检所，由县知事专负检察业务，但人员由县知事呈请高等审判厅委用。1914 年颁行《县知事审理诉讼暂行章程》，1917 年颁行《县司法公署组织章程》，对县兼理司法的制度有所改进，如将检察、审判分开，县知事专司检察，但都未能实行。

3. 特别法院

分军事审判机关和他方特别审判机关两类。前者依《海军审判条例》《陆军审判条例》审判，海陆军分设高等军法会审、军法会审、临时军法会审三种组织，审理军人犯罪案件。后者是临时在少数民族地区或特别区域设立的司法组织，即特区法院。如热河都统署、归绥都统署、察哈尔各旗等，设审判处，但不用检察制度。又如东三省特别区，在哈尔滨设高等审判厅及地方分庭，并相应设主任检察官。

4. 平政院

主管行政诉讼。《平政院编制令》规定：平政院察理行政官吏之违法不正行为，就行政诉讼及纠弹事件行使审判权。平政院设院长 1 人、评事 15 人。平政院还设肃政厅，置都肃政史 1 人、肃政史 16 人，纠弹行政官吏之违宪违纪事件，并得提起行政诉讼，监视平政院裁决之执行。南京国民政府时期改平政院为行政法院。

(二) 法院审判的主要特点

1. 运用判例和解释例。北京政府确认大理院的判例与解释例具有法律效力。在司法审判中，大量运用判例和解释例。从 1912 年到 1927 年的 15 年中，单从《大清律例》中就抄袭了 1 892 条。到 1927 年止，大理院汇编的判例达 3 900 条，解释例达两千多条。

2. 四级三审制。在审判管辖上，北京政府基本上实行四级三审制。轻微案件由初等审判厅作为第一审，稍重的案件由地方审判厅作为第一审。高等审判厅不受理第一审案件，大理院可以作为“内乱”及“妨碍国交”“外患”等罪的第一审及终审机关。

3. 县知事兼理司法。北京政府时期，由于四级制的审判系统，特别是初等审判厅没有全面建立起来，因而在未设立初等审判厅的地方，就由县知事兼理司法。1914 年颁布的《县知事兼理司法事务暂行条例》规定，凡未设法院的地方各县之司法事务，“委托县知事处理之”。由县知事行使审判权和检察权，称为兼理司法县公署。

4. 军事审判取代普通审判。北京政府统治时期，由于各派军阀连年混战，全国经常处于战争时期或戒严时期，军法审判机关和军法审判在司法审判中占有突出的地位。北京政府设有高等军法会审、军法会审和临时军法会审三种军事审判机构。军法会审机构不仅审理军人违反《陆军刑事条例》和《海军刑事条例》的案件，而且把续备、后备和退役军人以及军属也包括在军法审判的范围。同时军法会审机构还随意强行审判其他非军人案件，任意残害革命志士和人民群众，充分暴露了北京政府军事审判机构的反动实质。

5. 扩大帝国主义列强在华领事裁判权。当时在华外侨达 35 万多人[1]，为便于侨民诉讼，北京政府继续承认领事裁判权，并赋予无领事裁判权国家侨民一些法律特权。1913 年颁布《约定华洋诉讼办法》，规定：审理涉外（华洋）诉讼案件以地方衙门为第一审，不服则以该省通商交涉使衙门或外交特派交涉员署为上诉机关，从而自毁司法体系与审判权的统一行使。1920 年公布《审理无领事裁判权国人民犯罪变通处刑办法文》，更规定，如该国人犯重罪，依《暂行新刑律》应处死刑，而本国已废止死刑，酌处无期徒刑，且在判决理由书内声明，从而扩大了领事裁判权。

二、狱政制度

北京政府成立后，改清法部典狱司为司法部监狱司，管理全国监狱。1913 年 12 月，据袁氏援用前清法律的命令，修订《大清监狱律草案》并予公布，定名《监狱规则》，成为民国首部监狱法典。依刑罚分监狱为徒刑监、拘役监；依性别分男监、女监；依年龄分成年监、幼年监，开中国设立女监、幼年监之先例。监狱设典狱长 1 人、看守长 3 人、投出 1 人，另设男女看守、教诲师、医生、药剂师若干人，实行典狱长负责制。全国设监狱及分监八十多处。

第一次世界大战后，为收回领事裁判权，北京政府仿西方各国对监狱进行改良，如设立模范监狱、构筑新式监狱等。但因军阀战事频繁，狱政不遑顾及，使改良流于形式，无实质性变化。

图 12—6　京师模范监狱

① 参见黄逸平：《中国近代经济史论文选》，175 页，上海，上海人民出版社，1985。

三、律师制度

1912年9月16日，北京政府制定了《律师暂行章程》，其后又多次对该章程加以修改，并陆续颁行了《律师登录暂行章程》《律师考试令》《律师惩戒会暂行规则》《律师甄别章程》《无领事裁判权国律师出庭暂行章程》等法规。这些法规的制定、实施使中国的律师制度得以初步建立。北京政府律师制度的主要内容为：

第一，关于律师资格的取得。限定为：中华民国人民满20岁以上的男子，依律师考试章程考试合格或有免试资格。

第二，关于律师考试。首先对可以参加律师考试的人员资格进行了限制，强调考生需有较好的法政学科的知识背景。其次，律师考试分甄录试及大试。非甄录试合格者，不得应大试。甄录试采笔试形式，科目为：国文、法学通论、宪法、行政法、民法、刑法、商法、民事诉讼法、刑事诉讼法、法院编制法、国际公法、国际私法。大试即复试，其笔试是以两个上诉案件为题，令应试人详取事实和理由，拟具判词作答；口试方法由典试委员会临时决定。

第三，关于律师的基本义务。主要是不得兼任领取薪金的公职，但可出任国会议员、地方议会议员、国立或公立学校的教授以及执行官署特命职务；不得兼营商业，但若得到律师公会批准，则不在此限；为保证法律救济的正常进行，包括对于无力聘请律师为其辩护的当事人提供合适的法律救助，在法庭作出指派命令的前提下，受指派律师无正当理由，不得拒绝。

第四，关于对律师的惩戒。律师在执业中如果有违法不当的行为，或违反《律师暂行章程》中应尽的义务，就可能会受到惩戒。律师的惩戒，由律师公会会长依常任评议员会或总会议的决议，申请所在地方检察长，依其职权行使。惩戒处分有三种：训诫、两年以下之停职、除名。

【问题与思考】

1. 分家析产纠纷案

1920年安徽某县内有甲，有子乙、丙。丙有精神病未愈。甲于20年前，将家产分给乙、丙各执。因丙有精神病，所分之产由甲管理。后为丙纳妾戊。戊过门后生子庚，丙之妻丁生子己。现己已成年，庚仅5岁。甲因年逾九旬，书立遗嘱，将前分给丙之家产，作为11股，6股给己，4股给庚，余1股作为丙生养死葬之费。庚所分之产，因庚系幼童，为防戊滥用，甲仍照旧管理。戊不遵，赴县告诉，县判令照甲所立遗嘱办理，驳回戊之请求。戊仍不遵，乘县令更换之后，复行具诉该县，再为判决。认甲之遗嘱无效，断令平分，且以甲年老，不准管理庚之财产。甲不服，声明控诉。

对此，安徽高等审判厅产生疑问：戊为丙妾，与丙并无夫妇关系，丙因患精神病，无处分及管理财产之能力，依大理院第669、603号等判例类推解释：系争财产，应由丁依法管理，唯丙之父甲尚在，财产向为甲管，则丁之管理权，不无限制。兹甲继续管理，丁亦同意，戊以妾之身份，自无否认之理。又依民事法理，祖若父就所有家财，有自由处分之权，并得以遗嘱为死后之处分。至兄弟分析遗产，系在直系尊亲属死亡之后，则无论为嫡子，或为庶子，只应按人数均分，嫡子不能无故主张多分，自无可疑。若其祖于生存时，以遗嘱为嫡庶不平均之分析，并已得其母之同意，应否依直系尊亲属得自由处分财产之原则，认遗嘱为有效？如应认为无效，则庚既系幼童，丙、丁俱存，戊为丙妾，能否出头告争？

大理院解释：丙既有精神病，其所分财产，又向由甲管理，可认甲为丙之保护人。甲以丙保护人资格，为丙子分析家财，自属有效。至分析家财，除各该地方有长子，因特种费用（如别无祭资，应由长子负担之类），得酌量多给，以资抵补之习惯外，依律自应按子数均分。己、庚既已分财易居，戊为生母，如无过误将因管理而危及庚之财产，自应仍由戊管理。甲遽收归自管，亦未尽合；又戊为所生子之分产，出而告争，亦属有权。①

本案应着重注意的问题有四：（1）识记“现行律民事有效部分”关于继承的规定；（2）了解北京政府大理院的解释例、判例的作出、效力；（3）知道北京政府大理院审判民事案件的依据及其适用顺序；（4）体会在北京政府时期，在司法实践中表现出来的民事固有法逻辑与西方民事法理的交相作用。

2. 浙江省议会因不服省公署撤销该议会合法议决案之处分提起行政诉讼案②

原告：浙江省议会

…… ……

被告：浙江省行政公署

…… ……

右原告因不服省公署撤销省议会议决“裁撤温属护商警察局”一案之处分，指为违法，提起行政诉讼，本庭就书状审理裁决如左：

主文

浙江省公署之处分取消之。

事实

缘浙江旧温州府属洋面，清季海盗纵横，商民贿盗购旗保护，名曰“期费”，为海防捐。民国二年改称“护商警察局”，委地方士绅为局长，改海防捐为护捐，由商船董事会征收。官厅认此项护捐为地方税，并未列入国家预算。七年十一月，浙江省议会因该局章程未交会议决，提出质问。省公署以该局是否属于官治行政咨准内务部。覆称：警察属官治行政，不在省单行条例范围之内，毋庸交会议决等。因省议会以该局不能切实保护商船，并有纵盗殃民情事，且该局性质确系省自治行政，经大会议决，将该局裁撤，咨请省公署公布施行。省公署根据部咨，以该局不属省议会议决范围，依照省议会暂行法第三十九条咨覆裁销。原告不服处分，来院提起行政诉讼，分由第一庭审查批准受理。当即咨行被告官署答辩，并调集卷宗，复令原告为相互之答辩。旋据该省旧温属各帮船商代表杨焕如等，又宁台温船商代表王熙堂等先后陈请参加诉讼，各在案……

…… ……

理由

…… ……

中华民国十年一月二十日

本案应着重注意的问题有三：（1）认知北京政府时期平政院的设置；（2）分析行政诉讼的受案范围；（3）了解北京政府时期中央与地方的关系。

---

① 参见郭卫编：《大理院解释例全书》，754页，台北，成文出版社，1972。

② 参见《法律周刊》，1923（20）。

第十三章

中华民国南京国民政府的法律制度

参考文献

1. 谢振民编著．中华民国立法史．上下册．北京：中国政法大学出版社，2000

2. 郭卫编．司法院解释例全文．全三册．上海：上海法学编译社，1946

3. 中华民国六法判解理由汇编．上海：上海会文堂新记书局，1941

4. 行政法院判例汇编．台北：成文出版社，1972

5. 罗志渊编著．近代中国法制演变研究．台北：正中书局，1974

6. 张国福．中华民国法制简史．北京：北京大学出版社，1986

参考文献

"六法全书"

（一）宪法及其关系法规

1.《训政纲领》（国民党中央常务会议 1928 年 10 月 3 日通过）

2.《中华民国训政时期约法》（国民会议 1931 年 5 月通过）

3.《中华民国宪法草案》（国民政府 1936 年 5 月 5 日公布）

4.《中华民国宪法》（"国民大会" 1946 年 12 月通过，1947 年 1 月 1 日公布施行）

5.《考试法》

（二）行政法及其关系法规

1.《中华民国国民政府组织法》

2. “五院组织法”，包括：《行政院组织法》《立法院组织法》《司法院组织法》《考试院组织法》《监察院组织法》

(三) 民商法

1. 民法五编，于 1929 年 5 月～1930 年 12 月间陆续公布

2. 商法，主要由《公司法》《票据法》《海商法》《保险法》四部分构成，均在 1929 年 10 月～12 月间公布

(四) 刑法

1. 《中华民国刑法》(1928 年旧刑法) 及《刑法实施条例》

2. 《中华民国刑法》(1935 年新刑法) 及《刑法实施法》

(五) 民事诉讼法及其关系法规

《民事诉讼法》(1935 年)

(六) 刑事诉讼法及其关系法规

《刑事诉讼法》(1935 年)

第一节　立法概况

一、立法原则与指导思想

南京国民政府标榜其法律制度的渊源和指导思想是孙中山先生的三民主义学说。1929 年 3 月 12 日，国民党第三次全国代表大会通过了《确定总理遗教为训政时期中华民国根本法决议》，规定：“中国国民党中央执行委员会应根据总理遗教，编制过去党之一切法令规章，以形成一系统。”“确定总理所著三民主义、五权宪法、建国方略、建国大纲及地方自治开始实行为训政时期中华民国最高之根本法。”其后，国民党政府的重要立法及其报告都宣称系依据孙中山的三民主义学说而制定的。如 1947 年颁布的《中华民国宪法》，开头便说该宪法“依据孙中山创立中华民国之遗训”而制定，“中华民国基于三民主义”而建立。实质上，“以党治国”是国民党政府立法的指导思想和基本原则。

二、立法特点

1. 立法权受制于国民党中央是国民政府立法的首要特点，是其“以党治国”的体现。国民党政府在立法过程中，国民党行使立法权，国民党全国代表大会是国民党政权的最高权力机关，中央执行委员会是全国代表大会闭会期间的最高权力机关，凡国家最重要的法律，或由中央执行委员会制定颁行，或直接由国民党中央政治会议议决公布。

立法院成立前，立法权直接由国民党中央执行委员会政治会议行使。1928 年该会议决定：“一切法律，概须由政治会议议决。”同年 3 月国民党政府公布的《立法程序法》规定：“(国民党) 中央政治会议得议决一切法律，由中央执行委员会交国民政府公布之。”

立法院成立后，国民党中央仍控制着立法权。国民党中央常务委员会常务会议 1932 年

6月通过的《立法程序纲领》规定：有权直接向立法院提出法律案的机关以国民党中央政治会议为先。一切法律案，除国民党中央自行提出者由其自定原则外，其他任何机关提出的法律案，均得拟定法律案的原则草案，送请政治会议决议。立法院对政治会议所定原则不得变更，有意见可向政治会议陈述。各种法律案原则，政治会议先交立法院审议，然后再送政治会议最后决定。立法院通过的法律案，在政府未公布前，政治会议认为有修改必要时，以决议案发交立法院依法修改。南京国民政府的根本法、基本法律及一些重要法律的提案及其立法原则，多由国民党中央提交或提出。

2. 特别法效力高于普通法，是国民政府立法的又一特点。南京国民政府特别法，适用于特定时、空和人、事，在南京国民政府统治的22年中，所颁布的特别法数量繁多，超过普通法无数倍，尤以特别刑事法规、法令最突出。

三、立法阶段

在国民党政府统治中国的22年中，其立法概况大致可分为三个阶段：第一阶段，法统创立时期；第二阶段，法统发展时期；第三阶段，法统完善与崩溃时期。

第一阶段，从1927年4月至1937年7月，为法统创立时期。在这个时期，立法侧重于各种法典的完成，以树立所谓三民主义的新法律体系。同时还颁布了一系列单行法规。这一时期的立法集中了不少法学专家，这是民国法制史上规模最大的一次立法活动。

第二阶段，从1937年7月至1945年9月，为法统发展时期。最显著的标志是省、市、县参议会组织，参议员选举条例的完成。为了适应战时需要，国民党侧重于非常时期的立法工作，颁布了大量适应抗战需要的法令、规章等，同时随时修正各部门的组织法及修正完成各项法典。

第三阶段，从1945年9月至1949年，为法统完善与崩溃时期，其完善的标志是中华民国宪法的完成。

四、立法体系

1927年4月，国民政府在南京建立后，颁布了一系列的法规。它不仅包括许多成文法、单行条例，而且包括了大量的判例和解释例。至1949年4月国民党政府崩溃时，形成了一套比较完备的法律制度、体系。

国民党法学家习惯上将国民党的法规分成宪法、民法、刑法、商法、诉讼法和法院组织法（有的分成宪法、民法、商法、刑法、民事诉讼法和刑事诉讼法）六类，仿照日本等国，将其汇编在一起，称为“六法全书”，亦称“六法大全”。在修订六法体系过程中，有学者坚持行政法为六法之一，商法可纳入民法或行政法内。这种意见被采纳后，六法体系包括：宪法、民商法、刑法、诉讼法、行政法、法院组织法。这是国民党政府六种法律的汇编，也是其成文法的总称，它构成了国民党政府法律制度的基本框架。

南京国民政府司法院、最高法院继续援用北京政府大理院的判例、解释例，并于实践中大量增补。司法院从1929年2月16日至1948年6月23日，仅解释例就达4 097号。上述判例、解释例是制定法的重要补充。

第二节　宪法与行政法

引例　考铨案[①]

陈达民等为确认县长考试及格资格事件起诉一案：原告陈达民等为确认县长考试及格资格事件，不服考试院1944年4月27日所为之处分，提起诉愿（依法以再诉愿论），考试院逾三个月不为决定，原告故提出行政诉讼。广东省于1929年11月依据县长考试暂行条例举行广东省第一届县长考试。原告陈达民等参加是届考试，考取及格，并经广东省政府分别任用。1930年，《考试复核条例》公布后，广东省因将该届试卷遗失，未照章检送覆核。至广东举行1944年度县长检定时，原告以1929年考试及格之资格申请参加。广东省政府将其呈报考试院核示。考试院具文认为原告不具备检定资格。原告不服，提起诉愿（依法以再诉愿论），考试院逾三个月不为决定，原告故提出行政诉讼。行政法院经过审理，驳回了原告的诉讼请求。

一、孙中山的宪政思想

孙中山思想（“国父思想”“国父遗教”）对南京国民政府的政府体制架构、立宪行宪都有重大影响，它在教条上与情感上都极大地左右了国民党主持的立宪，尽管其中不乏被歪曲的地方。

（一）“五权宪法”构想

“五权宪法”是孙中山法律思想的重要组成部分，是他在研究各国宪法的基础上，结合中国的历史与国情的产物。他一贯认为，宪法的好坏对于治理国家至为重要：“我们要有良好的宪法，才能建立一个真正的共和国。”同时他认为“三权分立”的学说在西方资产阶级革命时期曾经起过很大的作用，但是现在已经不适用了。因此，中华民国的宪法要创造一种新主义，即以“五权分立”来弥补“三权分立”的不足。

孙中山的所谓“五权”，就是在行政权、立法权、司法权之外，再加上考试权和监察权。以“五权分立”为基础内容的宪法就叫“五权分立”。根据“五权宪法”设立行政、立法、司法、考试、监察五院，就叫五院制。他认为，只有用“五权宪法”所组织的政府，才是完全政府。按照他的设想，结构如下：以五院为中央政府，一曰行政院，二曰立法院，三曰司法院，四曰考试院，五曰监察院。宪法内容制定后，由各县人民投票选举总统以组织行政院。选举代议士以组织立法院。其余三院之院长，由总统得立法院之同意而委任之，但不对总统、立法院负责。而五院都对国民大会负责。各院人员失职，由监察院向国民大会弹劾之；而监察院人员失职，由国民大会自行弹劾、罢黜之。国民大会之职权，专司宪法之修改，及裁判公仆之失职。国民大会及五院职员与全国大小官吏，其资格皆由考试院定之。此

① 参见《行政法院判例汇编》，197页，台北，成文出版社，1972。

“五权宪法”也。

孙中山认为，监察与考试独立是中国固有的东西。他论证说，中国“自唐虞起，就左史记言，右史记事，及至后世，全国都有御史、谏议大夫等官独掌监察权。他们虽然官小位薄，但上至君相，下至微臣，皆儆惕惶恐，不敢犯法”，因而，中国应发扬自己的传统，将监察独立。中国历代考试制度不但合乎平民政治，且适合现代之民主政治，平民通过严格的考试可以得第为官，以至于国家人才辈出。所以“将来中华民国宪法必要设立机关，专掌考选权。大小官吏必须考试，定了他们的资格。无论那官吏是由选举的抑或由委任的，必须合格之人，方得有效”。这就可防止滥选和徇私。本节引例中的考铨案（陈达民等为确认县长考试及格资格事件起诉一案）就是有关考试的案子，案情争点在于对考试立法的理解，被告即为考试院。

孙中山的“五权分立”学说本身是他体察中国民情国史而独创出的宪法思想，或多或少地也带有牵强的色彩。但是他主观上是想努力克服西方代议制在运作中的缺点，纠正选举制度的弊端；更重要的是，他为人民描绘了一幅“世界上最完美、最良善，民有、民治、民享”的国家蓝图。

孙中山的“五权分立”主张，强调的是权力之间的分工与合作，而不是西方“三权分立”主张的分权与制衡。根据“五权成立”的五院，都在总统统率下实行分工合作。《建国大纲》中规定：“各院长皆归总统任免而督率之。”这种宪法思想与孙中山“权能分治”的理论密不可分。

（二）“权能分治”理论

“权能分治”理论是孙中山民权思想的最完整体现。孙中山的“五权宪法”是以人民掌握政权，政府实施治权的权能分治的学说为依据的，是建立在人民主权基础之上的。他把政治权力分为政权与治权两种：“政是众人之事，集合众人之事的大力量，便叫作政权，政权就可以说是民权。治是管理众人之事，集合管理众人之事的大力量，便叫作治权，治权就可以说是政府权。所以政治之中包含两种力量：一种是管理政府的力量，一种是政府自身的力量。”他认为，“要把中国改造成新中国，必须把权和能分开。政权完全交到人民手内，要人民有充分的政权，可以直接去管理国事”；治权则“完全交到政府的机关之内，要政府有很大的力量，治理全国事务”。中国应该建设“全民政治”的国家，若想实现“全民政治”国家的理想，他认为人民真正应掌握的权利应含选举权、创制权、复决权及罢免权这四权。同时这四权又可分为两类：一类是人民管理政府的官吏即选举权与罢免权。他主张“人民要有直接民权的选举权”，全国实行分县自治，人民直接选举官吏，直接选举代表参加国民大会，组成最高权力机关。但人民只有直接选举权还不能管理官吏，还必须有罢免权。另一类是管理法律的权力，即创制权与复决权。也就是人民有公意创订一种法律或根据需要废止一种法律抑或修改一种法律。孙中山强调说，真正的中华民国必须保障人民有此四种权，人民有了四个权，才算是充分的民权，才能真有直接管理政府之权。

（三）“军政、训政、宪政”三阶段说

孙中山将其革命方略定为三个时期：军法之治—约法之治—宪法之治，也即军政—训政—宪政。早在1906年发表的《中国同盟会军政府宣言》中，孙中山就提出这一理论：“第一期为军法之治……每一县以三年为限，其未及三年，已有成效者，皆解军法，布约法。第二期，为约法之治。每县既解军法之后，军政府以地方自治之权归之于其地之人民；地方议会议员及地方行政官员皆由人民选举。凡军政府对于人民之权利义务，及人民对于政府之权利义务，悉规定于约法，军政府与地方议会及人民皆循守之，有违法者，负其责任，以天下

定后六年为限，始解约法布宪法。第三期为宪法之治。全国行约法六年后，制定宪法，军政府解兵权行政权，国民公举大总统，及公举议员，以组织国会。一国之政事，依宪法而行之。第一期为军政府督率国民，扫除旧污之时代。第二期为军政府授地方自治权于人民，而自揽国事之时代。第三期军政府解除权柄，宪法上国家机关分掌国事之时代。俾我国民循序以进，养成自由平等之资格，中华民国之根本，胥于是乎在焉。”军政时期为破坏时期，训政时期为过渡时期，宪政时期为完成建设时期。孙中山先生对训政时期这一过渡阶段十分重视，训政本身只是革命过程之一，训政本身不是一种目的。训政的目的在于训练人民行使政权，以便能正确地行使民主政治。孙中山的训政理论，后来被国民党当政者歪曲和利用，以至于将训政等同于国民党一党专政。而且训政不只 6 年，“一训” 20 年：从 1927 年国民政府定都南京直至 1947 年才颁布宪法。

二、宪法性文件及其内容

(一) 训政纲领

南京国民政府统一全国后，于 1928 年 8 月召开国民党二届五中全会，明确宣布军政时期结束，训政时期开始。1928 年 10 月 3 日，国民党中央第 172 次常务会议通过了根据胡汉民、孙科所提训政大纲而制定的《训政纲领》（1929 年 3 月 19 日国民党第三次全国代表大会追认），并由国民政府公布，作为训政时期的政纲。

《训政纲领》全文共 6 条，即中华民国于训政期间，由中国国民党全国代表大会代表国民大会领导国民行使政权；国民党全国代表大会闭会时，以政权付托中国国民党中央执行委员会执行之；人民应享有选举、罢免、创制、复决四种政权，应由国民党训练国民逐渐推行，以立宪政之基础；治权之行政、立法、司法、考试、监察五项，付托于国民政府总揽而执行之，以立宪政时民选政府之基础；指导监督国民政府重大国务之施行，由中国国民党中央执行委员会政治会议行之；《中华民国国民政府组织法》之修正及解释，由中国国民党中央执行委员会政治会议议决行之。

《训政纲领》作为训政时期纲领性文件，就其内容来看，就是把一切大权都集中于国民党，即国民党一党专政。就党和政府关系而言，政府行使治权，而其最高指导监督之责，则属于中国国民党，一切重大原则问题、方针、政策都应由国民党中央制定，国民政府只有实施、执行权，且应向国民党中央执行委员会政治会议负责。在训政时期，人民完全处于无权地位，不能直接行使选举、罢免、创制、复决四权。

国民党《训政纲领》，标榜是根据孙中山的遗教制定，但从其内容看，蒋介石国民党实行的“训政”，完全违背了孙中山的“训政”思想，违背了“主权在民”原则。

(二)《中华民国训政时期约法》

1931 年 5 月 5 日，国民会议开幕，5 月 12 日三读通过《中华民国训政时期约法》，同年 6 月 1 日颁布施行。

《中华民国训政时期约法》（以下简称《约法》）共 8 章、89 条。第一章为总纲，第二章为人民权利义务，第三章为训政纲领，第四章为国民计生，第五章为国民教育，第六章为中央与地方之权限，第七章为政府之组织，第八章为附则。概括起来，主要有以下几个方面：

首先，《约法》仿照资产阶级宪法形式，写进了一些民主人权的条文。但事实上，国民党可以随意制定具体法规剥夺人民权利而不受根本大法性质的《约法》的束缚，人民除了尽义务外，根本无任何权利可言。

其次，《约法》规定国民党全国代表大会和中央执行委员会为最高权力机关，肯定了国民党一党专政的政治体制。

最后，与《训政纲领》相比，《约法》削弱了国民党对政府的控制权，扩大了政府的权力，为蒋介石的个人独裁创造了条件。《训政时期约法》规定，选举、罢免、创制、复决四种政权之行使由国民政府训导之；行政、立法、司法、考试、监察五种治权由国民政府行使之。

关于中央与地方的权限，《约法》规定采均权制度。各地方于其范围内，得制定地方法规，但与中央法律抵触者无效；地方可以课税，但不得妨害中央收入之来源；工商业之专利、专卖特许权属于中央；省置省政府，受中央指挥。

（三）《中华民国宪法草案》

依孙中山先生手书之《建国大纲》，训政时期只是过渡性质，并以六年为限。1933 年元旦，立法院成立宪法起草委员会，由孙科为委员长、吴经熊和张知本任副委员长，主持宪法起草工作。草案曾广泛征求意见，吴经熊、张知本等人都有个人试拟稿发表，社会上的讨论十分热烈。1936 年 4 月，国民党中央常务委员会第 10 次会议通过了宪草委员会意见，并决议交立法院通过。5 月 1 日立法院第四届第 59 次会议提出讨论，经三读修正通过，因公布日期为 1936 年 5 月 5 日，《中华民国宪法草案》亦被称为《五五宪草》。《五五宪草》的完成，历时三载，七易其稿，全文共 8 章、148 条：第一章为总纲，第二章为人民之权利义务，第三章为国民大会，第四章为中央政府，第五章为地方制度，第六章为国民经济，第七章为教育，第八章为宪法之施行及修正。

《中华民国宪法草案》是在“九一八”事变之后，国难日深，全国人民强烈要求结束“训政”实行宪政、团结抗日的形势下制定的。在草案的制定过程中，法律专家吴经熊起了很大的作用。

（四）《中华民国宪法》

抗战结束后，原定 1945 年 10 月 10 日召开国民大会，制定宪法，因为中国共产党与其他党派联合反对国民大会代表名额分配及《五五宪草》内容，直至 1946 年 1 月 10 日，国民党才重新邀请共产党、民主同盟、青年党、民社党各党派代表以及社会贤达 38 人，在重庆召开政治协商会议，拟出“修宪十二原则”，世称“政协十二原则”。“十二原则”基本放弃了孙中山的“权能分治”理论。政治协商会议组成“宪草审议委员会”，制成“五五宪草修正案”。国民政府决定于 1946 年 11 月 12 日再行召开国民大会，宪草审议委员会完成了《中华民国宪法草案》（一般称为政协宪草），提经立法院呈送国民政府转送国民大会进行制宪程序。

国共谈判破裂后，国民党在共产党与民主同盟缺席的情况下，联合青年党、民社党召开国民大会。1946 年 12 月 25 日，国民大会通过了《中华民国宪法》，1947 年元旦，国民政府颁布《中华民国宪法》。

该宪法共 14 章、175 条。第一章“总纲”标榜：“中华民国基于三民主义、为民有、民治、民享之民主共和国。”“主权属于国民全体。”第二章“人民之权利义务”，罗列众多，但规定为“防止妨碍他人自由，避免紧急危难，维持社会秩序，增进公益所必要”，“以法律限制之”。第三章“国民大会”，规定：国民大会“代表全国国民行使政权”，即根据国民党提议行使选举、罢免总统、副总统权。国民大会 6 年召开一次，闭会期间无常设机构。第四章“总统”，确立总统制，赋予总统至高无上的权力。第五章“行政”、第六章“立法”、第七章“司法”、第八章“考试”、第九章“监察”，即政府行使的五种“治权”。行政院为最高国家行政机关，立法院为最高国家立法机关，监察院为国家最高监察机关，司法院为国家最高司法机关，考试院为国家最高考试机关。第十章“中央与地方之权限”，规定中央与地方的权限划分。第十一章“地方制度”，规定省、县自治。第十二章“选举、罢免、创制、复决”，即国民行使的四种“政权”。规定年满20岁国民有依法选举之权，年满23岁有依法被选举权，原选举区有依法罢免被选举人之权。至于创制、复决权，由法律规定。第十三章“基本国策”，宣称内政外交以三民主义为基本原则，“保卫国家安全，维护世界和平”，“尊重条约及联合国宪章”。第十四章“宪法之施行及修改”，赋予司法院以解释权，确立严格修改程序。

蒋介石利用《中华民国宪法》，于1948年3月29日召开国民大会，4月19日被选举为大总统，随即指使国民大会制定《动员戡战时期临时条款》，由国民政府于1948年5月10日公布、施行。

在“政协宪草”和《中华民国宪法》的制定过程中，民社党党魁张君劢起了很大的作用，故其本人又被称为“中华民国宪法之父”。

三、行政法律制度

国民政府的行政法是有关国家各个方面行政管理的法规总称，它包括行政权的组织及行政权与人民的关系。当时它没有形成一部完整的、自成体系的行政法典，而是散见于各种形式的法律和法规中，故范围极其广泛、容错综复杂。我们一般把国民党的行政法分为行政组织法和行政作用法两部分：前者规定行政机关的组织权限、编制及各部门的责任；后者规定行政机关与人民的关系，即确定行政机关对人民权利和义务的限定。

(一) 国民政府的行政组织法

国民政府的组织法历经数次变易。1925年7月1日颁行的《中华民国国民政府组织法》，共计10条，内容十分简单，但明确了实行“党治”和采用合议制，并强化政府的权力。该组织法对于国民政府的权限未作丝毫限制性规定，亦未涉及立法、司法等权的分立。

1927年3月10日修正的《中华民国国民政府组织法》共10条，内容相当简略。它与1925年《中华民国国民政府组织法》不同之处在于：废去主席，明确规定国民政府委员会议，只需国民政府所在地委员过半数出席。另外，在原定各部之外，增加了交通、司法、教育、劳工、农政、实业、卫生等部。

1928年2月4日颁行的《中华民国国民政府组织法》共11条，它与前两部组织法的不同之处在于：常务委员会为5人至7人，仍设立主席1人。此外，增设最高法院的监察院、考试院、大学院、审计院、法制局、建设委员会、军事委员会等。但是，实际上，考试院和监察院在此组织法存续期间，并未成立。

1928年10月3日颁行的《中华民国国民政府组织法》共48条，它与前各组织法相比，内容上较为详备，大体规定国民政府的组织与职权、五院的职权。国民政府由五院组成，总揽治权，设主席1人、委员12人至16人，分别担任院长、副院长；处理国务，公布法律，发布命令等事宜由委员组织国务会议决定。其实，国民政府主席、委员以及五院院长的产生办法是无明文规定的，因此，他们实际上均由国民党中央执行委员会选任。

1930年11月17日颁行的《中华民国国民政府组织法》对上述组织法进行修正。此修正案有四个特点：(1) 删除了以国务会议决议国务的规定。(2) 将国务会议改为国民政府会议，由国民政府委员组成，国民政府会议主席由国民政府主席兼任。(3) 将行政院会议改为国务会议。(4) 废除五院院长副署；改为公布法制，由立法院院长副署；发布命令，则由主管院院长副署。此修正案不仅在文字上有所变动，而且在实质上亦有重要的变化，这种修正案的立法目的在于使实际政治中心，由国民党政府转移到行政院，以适合五权分立的精神。

1931 年 6 月 15 日施行的《中华民国国民政府组织法》分 10 章，共 52 条。其主要特点有：(1) 删去国民党指导监督政府并制定本法颁布的前言。(2) 增加总则一章，明确本法是依据约法第 77 条精神制定的。(3) 国民政府除以主席、五院院长、副院长为当然委员外，还增设委员 16 人至 32 人，名额较以前增一倍以上。(4) 国民政府主席、委员没有明确产生方法，只有五院院长、副院长，由主席提请国民政府依法任免。(5) 增加国民政府授予荣典、编定预算决算的规定。(6) 前法明确规定国民政府以五院组成，本法则改为国民政府设五院及各部会。

(二) 国民政府时期的行政法规

1. 官等、官俸法。

2. 考试法。考试法在新六法全书中被列为"宪法及关系法规"，但依其法规性质仍为行政法。本节引例考铨案便是有关考试法的行政诉讼。(1) 文官高等考试法。此法共有 15 条，规定中华民国年满 25 岁以上的男子，要参与文官高等考试必须具备的四种资格，以及不得参与文官高等考试的五种情况。文官高等考试每 3 年举行一次，第一试国文；第二、第三试则根据各项专门学科，分别考试；第四试则针对曾经笔试的各学科进行口试。(2) 文官普通考试法。此法共有 15 条，规定中华民国年满 20 岁以上的男子，要参加文官普通考试必须具备的 4 种资格。文官普通考试在文官高等考试后一年进行，第一试考国文，第二试分行政职与技术职，分别考试，第三试则针对曾经笔试的各学科口试。(3) 外交官领事考试法。(4) 考试法。此法共 18 条，规定凡是经候选及任命的人员，应该领有证书的专门职业或技术人员，都必须经过考试确定其资格；考试分普通、高等、特种三种。国民要参加普通考试的，必须是经立案的公私立中等以上学校毕业的，或者具有同等学力的，经过考试及格的，国民要参加高等考试，必须具备三个条件。普通考试与高等考试每年或间年举行，第一试考国文及党义，第二试为分科考试，第三试为面试及成绩审查。举行考试时，由国民政府派定主考官，并组织典试委员会，由监察院派员监试，还可调用各机关人员。考试及格的由考试院分别发给及格证书。(5) 监试法、襄试法。

3. 公务员任用法。1929 年 10 月 29 日国民政府公布了公务者任用条例，全文共 13 条，主要规定了简任官、荐任官、委任官的任用条件。此条例至公务员任用法公布即告废止。1933 年 3 月 11 日国民政府公布公务员任用法及公务员任用法施行条例。此法共有 15 条，与公务者任用条例相异之处有：(1) 将"简任官""荐任官""委任官"改为"简任职公务员""荐任职公务员""委任职公务员"；(2)"简任职公务员"的资格，增加一条"曾任政务官一年以上"等；"荐任职公务员"的资格，则增加与高等考试、普通考试相当的特种考试及格的；(3) 删去了规定"曾有反对国民革命行为或言论不得为公务员"的条文；(4) 明确规定考试及格人员的优先任用，以铨叙部分发的先后为序，废除以年度标准序选的规定；(5) 规定任用程序分试署与实授，试署满一年的才可以实授。

4. 弹劾法。1929 年 5 月 29 日公布了弹劾法，此法共 11 条，规定监察委员对于公务员有违法或失职行为的，应用书面形式详细叙述有关事实，并附具有关证据，向监察院提出弹劾案，监察院长则另外指定监察委员 3 人进行审察，但是不得指使或者干涉弹劾事项。弹劾案中如有涉及刑事法律的，惩戒机关应将刑事部分交有管辖权的法院审理。监察院可以接受人民举发公务员违法行为的书状，但不能直接作出答复。

1935 年 6 月 24 日国民政府又公布了修正弹劾法全案，此修正案增加了 3 条：(1) 弹劾案提出后，由全体监察委员按顺序轮流以 3 人进行审查，不需院长指定；(2) 弹劾案经审查后，认为应交付惩戒的，监察院即将被弹劾人移付惩戒；认为不应交付惩戒，而且提案委员尚存在分歧意见的，即再交其他5位监察委员审查，该审查结论为最后决定。

（三）涉及内政的行政法规

（1）国籍法与国籍法施行条例。（2）户籍法。（3）监督慈善团体法。（4）救灾准备金法。

（四）涉及军政的行政法规

（1）兵役法。（2）要塞堡垒地带法。（3）国军剿匪暂行条例。

（五）单一性的行政法规

单一性的行政法规主要有教育、财政、交通、司法行政4类，条文有数千条之多。主要有：中央学会与中央研究院组织法、大学组织法、专科学校组织法、中学法、小学法、师范学校法、职业学校法、国民体育法、教育会法，会计法、审计法、预算法、统计法、营业税法、印花税法、国民政府监督地方财政暂行法，国道条例、港商条例、航路标记条例、监督商办航空事业条例，司法官惩戒法、警械使用条例等。

第三节　民商法和经济法规

引例　孀妇继承权案[①]

广西高等法院原电：

……孀妇无子，自行在故夫家招赘，能否再承夫分遗产。族中现无昭穆相当之人可以立嗣，可否由族中选人管理遗产，俟立嗣后交还……

民国十八年（1929年）8月15日司法院复广西高等法院电：

……查孀妇无子招夫入赘，即非守志之妇，自不得更承夫分。至族中现无昭穆相当之人可以立嗣。依据现行律例户绝财产果无同宗应继之人，所有亲女承受，无女者听地方官详明上司，酌配充公……

一、民商合一的编制体例

法国于18世纪路易十四时代，最早创立了独立的商法。创立商法的原因在于，法国商人在国内形成了较为特殊的地位，而且商业规则频繁变化，只有商法典才便于随时修改。此后，大陆法系国家纷纷仿效。1901年，瑞士将商法定入民法典内，首创民商合一制。中国清末及北洋政府都采用民商分立制，分别编订民、商法草案。国民党政府原来也打算分别制定民法典和商法典。至1925年5月民法总则颁布后，立法院院长胡汉民、副院长林森等人向国民党中央政治会议呈递编订民商统一法典提案。随后，国民党中央政治会议第183次会议通过《民商划一提案审查报告》，递交立法院，报告认为：中国自古以自然经济为主，未形成独立的商人阶级，无须单独为其规定立法；商法规定的事项无一定的范围，很难以总则统率全体；在民商分立国家，商法的法律原则仍须援用民法原则，在适用上也互有重复；民

---

① 参见郭卫编：《司法院解释例全文》，第1册，院字第129号，上海，上海法学编译社，1946。

商合一在世界上已成为趋势；商事活动中越来越多的非商人参加，如一方为商人，另一方为非商人，将出现适用法律的困难。国民党政治会议采纳了该报告的意见，决定“将通常属于商法总则之经理人及代办商、商行为之交互计算、行纪、仓库、运送营业及承揽运送”，均编入民法债权编，其他商事法规不能编入者，则另定单行法规。主要有《公司法》《票据法》《海商法》《保险法》等四大部分。

南京国民政府成立后制定的民法典和商事法规，经过一定的修改，至今仍适用于我国台湾地区。

二、民法

1928 年 5 月 23 日，南京国民政府公布了《民法总则》；1929 年 11 月又公布了“债”“物”两编；1930 年年底公布了“继承”“亲属”两编。《中华民国民法》（以下简称《民法》）共 5 编，计 1 225 条。

1. 民法总则。

2. 亲属与继承。1930 年南京国民政府颁布的民法的亲属与继承编中，保留了较多中国传统民事习惯的内容。

（1）确认传统婚姻制度。《民法》亲属编规定：未成年人订立婚约，应得法定代理人之同意。如解除和违反婚姻，必须负赔偿之责。对童养媳，政府的解释例确认：“童养媳虽未成婚，子死如许。然既因交有聘金，发生童养关系，则援孀妇再醮之例，子父自可主婚。”“过门童养媳于成年后之相当时间，无反对之意思表示者，应认为婚约同意。”① 在早婚习俗流行的当时，这些规定无异于为父母包办子女婚姻提供了法律依据。南京国民政府的解释例和判例还确认买卖婚姻。判例确认聘财是定婚形式要件，聘财须依礼纳送，入赘亦得有聘财。解释例确认：“习惯上买卖婚姻如经双方合意，虽出银实具有财礼之性质者，其婚姻应认为有效。”②

（2）确认男尊女卑的父家长统治权。《民法》亲属编第六章“家”规定：家置家长。家长由亲属团体中推室之。无推室时，从家中之最尊者为之。尊集团者以年长者为之。家长管理家务。第二章“婚姻”规定：妻姓冠以夫姓。子女从夫姓。妻以夫之住所为住所。夫妻联合财产由夫管理。子女之特有财产由父管理。父母对子女行使亲权的意见不一致时，由父行使之。这些规定，使妇女在家庭中处于毫无权利的地位，是中国数千年封建家庭制度的延续。

（3）确认传统的继承制度。《民法》第五编“继承”及其有关判例、解释例规定：直系血亲卑亲属为第一顺序继承人，以亲等近者为先。妻无权继承夫之遗产，即使当时无人继承，也不得视为该妇财产。守节妇可代理应继承人，承受夫产，进行管理，但不能成为财产继承人，更不得滥行处分。女子继承财产，应以未嫁之女为限。养子女的应继份为婚生子女的二分之一。上述继承权受侵犯，继承人或法定代理人可以请求法院，用强力恢复原状。本节引例内容便是一个典型的例子：孀妇再与他人结婚后即失去了对其夫遗产的权利。

3. 物权与债。第一，物编，民法物编规定所有权的本质有四项：绝对性；排他性；永久性；完全支配力。第二，债编。民法债编拟定债的种类多达 34 种。

---

① 《中华民国六法判解理由汇编》，915～917 页，上海，上海会文堂新记书局，1941。

② 同上书，913～916 页。

三、商事法

从1929年10月起，南京国民政府陆续颁布施行了《票据法》《公司法》《海商法》等几十个商事法规。这样，除民法债编中的商事法规内容外，单行商事法规系统也基本确立。

1.《票据法》。此法于1929年10月30日公布，施行，共5章、146条。

2.《公司法》。1929年12月26日南京政府公布《公司法》，1931年2月21日公布《公司施行法》。1946年又将修订的《公司法》公布、施行，全文共9章、449条。

3.《保险法》。南京国民政府于1929年12月30日公布《保险法》，共3章、82条，1937年1月11日修正公布，共6章、178条。

4.《海商法》。1929年12月30日，国民政府公布《海商法》，全文共8章、174条。

四、经济法律规范和制度

南京国民政府的经济法律规范除在商法中涉及外，主要体现在其财政金融立法上。南京国民政府的财政金融法律规范和制度主要表现在田赋、货物税、币制等方面。

1. 田赋。田赋在国民党政府的财政收入中占重要的地位。1940年11月，国民党行政院通过“各省田赋得酌征实物”一案，于次年3月，发出《各省田赋改征实物办法暂行通知》，决定从1941年下半年起，各省田赋一律改征实物，具体办法是按该年田赋正附税额每元折征稻谷二斗或小麦一斗五升。1942年征实比例提高为每元折征稻谷4斗或小麦两斗8升。1943年又实行棉田征棉，每元折征皮棉5斤。与此同时，还实行所谓“田赋征购和征借”。1941年开始“田赋征实”而将各地方收入的田赋收归中央或把粮食征购与田赋结合起来，称为“田赋征购”或“随赋带购”，按田赋征实同等数额摊派，征实、征购一起办理，其中征购部分给价极低。另外，国民党政府又强制发行和推销“粮食库券”，大部分征购即以粮食库券给价，其现金部分不但在粮价中所占比例很小，而且被官吏层层克扣，到农民手中所剩无几。粮食库券等于实物公债，“征购”实际上变为“征借”。到1944年，蒋介石正式下令，征购一律改为征借，废除粮食库券，不计利息，只在田赋单上载明，代作凭证。

2. 货物税。国民党政府统治时期实行的货物税，主要是“统税”，即对主要工业产品统一征税，不再重征其他一切税捐。统税的试办，始于1928年对卷烟统税的开征。统税的对象有卷烟、棉纱、火柴、水泥、麦粉、洋酒、啤酒、熏烟叶、火酒等。这种统一征税，实际上并不能取消各种苛捐杂税。抗日战争后，统税改为货物税。统征之名虽不存在，但征税的实际内容，不仅继续存在，并且日益扩大。

3. 币制。国民党政府建立之初，沿用北洋军阀政府的货币制度。1933年，国民党政府施行“废两改元”，即禁止“银两”流通，实行银元本位制。1935年11月，实行所谓新货币制度：把由四大家族掌握的中央、中国、交通三银行（后来又增加中国农民银行）发行的纸币定为所谓“法币”；所有完量、纳税以及一切公私款项支付和市面货币流通，均用法币，不得使用现银；所有银元均须向中央银行等兑换法币，实行白银国有（即四大家族所有）。

1948年，法币发行额达到六百多万亿元的天文数字。这时，恶性通货膨胀使法币几乎一文不值。于是国民党又废除法币，发行“金圆券”。国民政府扬言金圆券每元含黄金0.222 117克，以金银、外汇和有价证券做实足准备，发行额20亿元，但不到三个月的时间内，发行额就超过了20亿元，到1949年5月25日，发行额更增加到60万亿元。但是，没有一个人能用这种所谓金圆券向国民党政府银行兑换到一个金元。

图 13—1 金圆券票样①

第四节 《中华民国刑法》与刑事特别法

引例 汉口“双钉血案”②

1947 年 11 月 3 日下午，在湖北汉口二道栅子附近，两个农民发现有两个可疑的人从黄包车上将一具尸体抛到路边的水田里，于是急忙追赶上去，将其中一人抓住，另一人乘机逃掉。农民见被害人左右太阳穴各钉入一个约三寸长的铁钉，断定这是一桩谋杀案，便把抓到的人送往当地警察十二分局。经初步审讯得悉，此人名叫刘佑方，是杀人主犯。逃掉的人叫杜国正，是杀人共犯。第二天上午，杜国正也被缉捕归案。主犯刘佑方，年 27 岁，武昌人，是湖南巨富的后代，因狂嫖滥毒，所欠甚多，父遂停止对其经济上的接济。1947 年 4 月间，刘佑方自筹小量资金开设万兴企业公司，请杜国正管账。受害者名叫汪绍伯，是荣丰祥纱号经理，因生意关系与刘佑方结识。刘佑方因赌博亏空，蓄

① 参见冯克力主编：《老照片》，第 15 辑，济南，山东画报出版社，2000。

② 《中华法案大辞典》，907～908 页，北京，中国国际广播出版社，1992。

谋抢劫汪绍伯钱财。11月3日上午，刘与杜借口找汪谈生意，汪到刘办公室之后，刘突然拿出手枪威吓，杜将汪捆绑，用蘸过柯罗方（麻醉药品）的纱布和棉花蒙上汪的口鼻，待汪昏迷之后，刘从汪的口袋中搜出两张钱庄支票，接着将两个三寸长的铁钉钉入汪的左右太阳穴。案发后汪的家属不仅向警方报案，而且向政府和社会各界呼吁，要求严惩凶手。与此同时，刘的家属也积极疏通汉口市地方法院，意欲将此案提到法院审判，以求解脱死刑。疏通成功后，由汉口地方法院发出公函，要从汉口市警察局提审此案，遭到民众的抗议。在强大舆论压力下，最终由武汉警察司令部军法处临时法庭作出宣判，依照惩治盗匪条例，判处盗匪杀人主犯刘佑方死刑，立即执行；杜国正共同犯罪，判处无期徒刑。

一、刑法体系

(一)《中华民国刑法》

1928年3月10日，国民政府正式公布《中华民国刑法》，这是我国历史上第一部以“刑法”为名称的刑法典。《中华民国刑法》分总则和分则2编，总则有14章，分则有34章，共387条。从该刑法的内容体系来看，它虽然是资本主义法典，但仍包含着不少封建性和法西斯思想的内容。

(二)《中华民国新刑法》

1935年1月1日，国民党政府公布修正后的《中华民国刑法》，人们通常称这部刑法为《新刑法》。此法分两编，总则编分12章、共99条，分则编分35章、共258条，共计357条。从具体内容来看，它与1928年旧刑法基本上是一脉相承的。

1. 维护南京国民政府的稳定，并对“首谋者”从重打击。

2. 继承封建主义的法律传统。继承封建的法律原则，主要表现在：(1) 维护家庭的等级尊卑关系，巩固以父权为中心的封建家庭统治；(2) 保护男尊女卑的封建婚姻制度。

3. 确立“保安处分”原则。

(三) 特别刑事法规

国民政府除制定了《中华民国刑法》和《中华民国新刑法》外，在不同时期还先后颁布了许多特别刑事法规，构成了整个刑法体系的重要组成部分。这些法规是指适用于特定期间、特定地点、特定的人或事项的法律。特别刑事法规一般抛开通常的立法程序，直接由国民政府颁布，或由军事委员会或其他部、会制定公布，甚至由国民党中央或地方党部秘密颁发。特别刑事法规的大量颁行，是国民党立法活动的一个特点，也是历代反动政权在阶级斗争异常激烈时期立法活动的共同特征。

另外，司法机关关于刑法方面的判例与解释例，在南京国民政府的判例法中占重要地位，仅司法院关于1928年旧刑法的解释例就有340件。

以上构成了南京国民政府的刑法体系。

二、主要特点

(1) 大量刑事特别法的颁行，工具性地适用刑罚，破坏了一般的立法程序和整个法制秩序。本节引例汉口“双钉血案”的处理尽管可能伸张了正义，但同时也表明普通法院系统的失效以及社会对法律正当程序的摒弃，这样的法制秩序必将崩溃。

（2）用刑法，特别是刑事特别法镇压社会的反抗运动。

（3）维护封建宗法家庭制度。与国民政府政权性质相适应，刑法中保留了大量传统内容。为维护封建宗法制家庭，亲属间犯罪可据不同情况加、减或免除刑罚。1928 年旧刑法第 181 条、1935 年新刑法第 170 条“加重诬告罪”规定：意图陷害直系血亲尊亲属，有悖伦常，因而加重其刑。1935 年新刑法第 162 条“普通放纵罪”第 5 项“亲属间便利脱逃罪”规定：犯此罪者减轻处罚。第 167 条规定：“配偶、五亲等内之血亲或二亲等内之姻亲：图利犯人或依法逮捕、拘禁之脱逃人，而犯藏匿犯人罪和湮灭证据罪者，减轻或免除其刑。”这乃是古代传统法律“同居相隐”原则的再现。1928 年旧刑法第 341 条、1935 年新刑法第 324 条还规定：直系血亲配偶或同财共居亲属间犯“盗窃”章所列各罪者，得免除其刑罚。这是缘法徇情的传统立法精神的再现。

第五节　诉讼法与司法制度

引例　“七君子”案[①]

1936 年 5 月 31 日，沈钧儒、邹韬奋等在上海成立了“全国各界救国联合会”，积极宣传组织抗日救亡运动，要求国民党政府停止内战，释放政治犯，并与红军和谈，建立统一的抗日政权。1936 年 11 月 23 日，南京政府以“全国各界救国联合会”支援日本纱厂工人罢工、“扰乱社会治安、危害民国”为借口，由上海市公安局会同英、法租界捕房将沈钧儒、邹韬奋、李公朴、沙千里、史良、章乃器、王造时七人（时称“七君子”）非法秘密逮捕，分别押送江苏省高等法院第二、第三分院。“七君子”被移送法院当天，当局就企图将他们转解到苏州高等法院审判，在辩护律师反对下，当日在江苏高等法院第二分院刑庭开庭，法庭裁定“责付律师保释，改期再讯”。25 日和 27 日高二、高三两个分院，又签发重新逮捕拘票，将沈钧儒等秘密逮捕。苏州高院经几次秘密审讯后，检察处于 1937 年 6 月以《危害民国紧急治罪法》第 6 条对其提起正式公诉，罗织被告阻挠“平赤”之国策、作有利于共产党之宣传、抨击宪法、煽惑工潮、宣传与三民主义不相容之主张、组织和参加以危害民国为目的的团体等十大“罪状”。6 月 11 日，法庭开庭。经过三小时的庭讯，决定次日续审。辩护律师以审判官拒不重视、采用有利于被告的证据，申请审判官回避。（其法律依据是《刑事诉讼法》第 18 条：“当事人遇有左列情形之一者，得申请推事回避……推事有前条以外情形，其执行职务有偏颇之虞者。”还有第 22 条：“推事与被申请回避者除应即速处分者外，应即停止诉讼程序。”）审判中断。“七君子”入狱后，社会各界纷纷组织参与营救，宋庆龄等还发起“爱国入狱运动”。在这种压力下，苏州高院于 7 月 31 日对沈钧儒等人停止羁

---

① 参见《中华法案大辞典》，908 页，北京，中国国际广播出版社，1992。

押，具保释放。但直至1939年1月26日，检方才撤回对“七君子”的起诉，在法律程序上宣告了结。检方提出的撤诉理由如下：根据当时《危害民国紧急治罪法》第6条，被告宣传与三民主义不相容之主张有犯罪之嫌。但《危害民国紧急治罪法》已于1937年9月4日修正，宣传与三民主义不相容之主张并无犯罪之规定，是该被告犯罪后，法律已废止其刑罚。复查该被告组织团体、号召民众，但其所谓“抗敌御侮”及“联合各界救国”各节，均与现在国策不相违背，不能认为是“以危害民国为目的”。该被告之行为自属不罚之列。依据前开法条各款，均应不起诉。本案起诉在先，唯既发现有应不起诉之情形，合依同法第1条撤回起诉。

一、诉讼法及其关系法规

南京国民政府成立之初，援用广州军政府和北京政府颁行的刑事诉讼法、民事诉讼法。1927年国民政府第29次会议决定：最高法院和西南各省继续援用广州军政府1921年3月2日公布的《民事诉讼律》和《刑事诉讼律》，其他各省则继续适用北京政府颁布的《民事诉讼条例》和《刑事诉讼条例》。为统一法制、促进实体法的推行，南京国民政府随即于1928年制定出刑事、民事诉讼法典以及相关单行诉讼法规，建立起诉讼法体系。

南京国民政府1928年的《刑事诉讼法》以北京政府的《刑事诉讼条例》为蓝本，参照刑法典制定。该法分总则、第一审、上诉、抗告、非常上诉、再审、简易程序、执行、附带民事诉讼，共9编、513条。为适应刑法典的修改，南京国民政府于1931年对《刑事诉讼法》也进行了修订，1935年1月1日公布，同年7月1日施行。修正后的该法仍为9编，次序有所调整，内容也有较大变化，增加3条，计516条。1945年南京国民政府又对该法再行修正，并颁行。

与此同时，南京国民政府也开始制定《民事诉讼法》。司法部以北京政府《民事诉讼条例》为蓝本，1928年7月拟定《民事诉讼法草案》5编，经法制局审查，政治会议修正，立法院讨论通过了第一编至第五编前3章，由南京国民政府1930年12月26日公布；第五编第四章关于人事诉讼程序部分，1930年12月据民法典“亲属”“继承”两编重新起草，经立法院通过，由南京国民政府1931年2月13日公布，定于1932年5月20日施行。至此，全部《民事诉讼法》告成，分总则、第一审程序、上诉程序、再审程序、特别诉讼程序，共5编、600条。为与修改后的民法典相适应，南京国民政府立法院于1934年12月19日通过了修订的《民事诉讼法》，由南京国民政府于1935年2月1日公布，同年1月1日施行。修订后的该法分总则、第一审程序、上诉程序、抗告程序、再审程序、督促程序、保全程序、公示催告程序、人事诉讼程序，共9编、636条。1945年12月26日，南京国民政府又对其再行修正。

此外，南京国民政府援用、制定了一些单行诉讼法规，主要有《县知事审理诉讼暂行章程》《审理无约国人民民刑诉讼须知》《战争罪犯审判办法》《反革命案件陪审暂行法》《陆海空军审判法》《民事调解法》等。

二、法院组织法

南京国民政府的法院组织法的制定始于1928年。司法院据北京政府《法院编制法》，先于1928年8月草拟《暂行法院组织法草案》。1930年6月又拟出《法院组织法草案》。后经多次修正，于1932年10月8日通过《法院组织法》，南京国民政府于同年10月28日公布，1935年2月1日施行。该法分总则、地方法院、高等法院、最高法院、检察署及检察官之配置等，共15章、91条。

1948年南京国民政府公布《特种刑事法庭组织条例》11条及《最高法院组织法》等法规。

三、司法制度

（一）司法机构

1. 司法院

南京国民政府最高司法机关是司法院。1928年《中华民国国民政府组织法》规定："司法院为国民政府最高司法机关，掌握司法审判，司法行政官吏惩戒及行政审判之职权。"

司法院院长总理全院事务，经最高法院院长及所属各庭庭长会议议决后，统一行使解释法令及变更判例之权。1947年《中华民国宪法》规定：司法院为国家最高司法机关，有掌握民事、刑事、行政诉讼之审判及公务员之惩戒、解释宪法，并有统一解释法律及命令之权。

2. 普通法院

法院是据1932年《法院组织法》建立起来的，有普通法院、特别法庭之分。前者分地方、高等、最高法院三级，行三级三审制。地方法院设于县、市，大市设分院，管辖一审民刑事案件及非诉案件。地方法院设院长一人，总理全院行政事务。院内设推事若干人。推事在6人以上的，分设刑事、民事庭，各庭置庭长一人，负责该庭审判事务。

高等法院设于省会、特别区、首都和院（指行政院）辖市、大省可设分院。管辖内乱、外患及防害国家罪等刑事一审案件；不服地方法院及分院一审判决而上诉的民刑事案件和不服地方法院及分院裁定而抗告的案件。高等法院设院长一人，总理全院事务，并监督分院及地方法院。院内设刑事庭、民事庭，各置庭长一人，负责各该庭事务。

最高法院设于国民政府所在地，管辖不服高等法院及其分院的一审判决，不服高等法院及其分院的一审民、刑事案件判决，不服高等法院及其分院裁定而抗告的案件，非常上诉案件。最高法院设院长一人，总理全院事务。院内设民事庭、刑事庭，各置庭长一人负责各该庭事务。

3. 特别法庭

特别法庭是据特别法规而设置的，实行法西斯审判制度。军事审判组织称军法会审，也属特种法庭。军法会审行二审终审制，第二审称复审，据总司令或军政部长、海军部长或该管最高级长官的命令进行。实际上是一审终审。不准旁听审判，军事检察官由各级司令部副官或军法官、宪兵官长，卫戍司令部或警备部稽查官长担任。

4. 其他特殊审判机关

国民党各级党部操纵司法审判权。《监察委员会组织条例》赋予各级监察委员会稽核同级政府施政方针，调阅当地党政机关案卷之权。其中包括参加同级司法机关审判活动之权。

南京国民政府军事机关，在戒严时期也有司法审判权。国民政府往往以戒严之名，控制地方司法审判权。

特务机关也控制司法审判权。国民党建有一套严密的特务组织，其中最大的是“国民党中央调查统计局”即“中统”以及“国民政府军事委员会调查统计局”即“军统”。这些机关秉承蒋介石旨意，置政府“法纪”于不顾，不经法律程序而非法逮捕审讯，肆意屠杀共产党人和革命人民。

（二）普通法院诉讼审判制度

1. 三级三审制。国民党政府建立之初，法院组织系统基本上沿袭北洋政府体制，实行四级三审制。1932 年《法院组织法》颁布后，仿效德国和法国的司法体系，改四级三审制为三级三审制。地方法院及其分院为审判刑、民案件的一审，高等法院既为地方法院的上诉审，又是所谓的“妨害国交罪”“内乱罪”“外患罪”的第一审。本节引例“七君子案”即以高等法院为第一审。最高法院名为第三审，实为法律审，即只受理审判违反法律的案件。

在审判实践中，三级三审制未完全实行。《刑事诉讼法》规定：“上诉于第三审法院，非以判决违背法令为理由不得为之。”实际上变三审制为二审制。特别是据《特种刑事案件诉讼条例》，对于“危害民国”、经司法警察官署移送的案件，无须经检察官提起公诉，法院可经行判决，且不得上诉，只能申请复判，复判后还可作出重于原判的刑罚。这就使三审制成了一审制。

2. 公开审判制。《中华民国约法》第 47 条规定：“法院之审判，须公开之。”《法院编制法》第 54 条也规定：“诉讼之辩论及判断之宣告，均公开法庭行之。”《法院组织法》第 65 条规定：诉讼之辩论及裁判之宣示，应公开进行。但这是形式上规定公开审判。秘密审判才是最足以反映国民党政府司法审判的反革命实质。《法院组织法》第 65 条后半段规定：“但有妨害公共秩序或善良风俗之虞时，法院之决议得不公开之。”这实际上是针对共产党人和其他革命志士的。国民党曾宣称：“政治犯之辩论，最易耸人听闻，且使旁听之人皆生破坏之欲，此不可公开也。”显而易见，这是害怕共产党人和其他革命志士利用国民党法庭作为宣传革命真理、揭露国民党反动派罪恶的讲坛，对旁听的群众宣传、启发接受革命道理的影响。同时，秘密审判也便于国民党反动派任意进行法西斯的恐怖镇压。

3. 陪审与辩护制。国民党政府在 1929 年 8 月颁发了《反革命案件陪审暂行法》。按照该法，陪审员必须是法院所在地的年龄 25 岁以上的国民党员，并且由该地国民党高级党部指派充任，由 6 名国民党员组成的陪审团有权评议决定被告是否有“罪”。同时，该法把被告上诉的理由限定于法律方面，被告上诉不合规定的，上一级法院不予受理。判决之后，当国民党高级党部提出不服的声明时，检察官“应即提起上诉”。

在刑事诉讼法中规定，除了有特别规定的以外，审判须经过“当事人之言词辩论为之”。律师在行使辩护权时，必须严格遵守国民政府的规定，否则要受到惩处。而且在许多秘密审判中，根本就谈不上辩护。

4. 审检合署制。国民党政府实行审检合署制，取消了北洋军阀所设置的各级检察厅，将各级检察机构设于法院内。最高法院内设检察署，其他各级法院内置检察官若干人，以一人为首席检察官。其检察官员只有一人时，不置首席检察官。检察机关实行垂直领导。

（三）狱政制度

南京国民政府以北京政府监狱法规为本，制定了一系列监狱法规。

南京国民政府监狱分普通、特别监狱二种。前者分男监、女监、徒刑监、拘役监、幼年监和累犯监，隶属司法行政部，部内设监狱司，专掌其事。监狱内部设典狱长一人，总理监狱事务；下设三科两所，科设主任看守长，所设主任，分别主管各项事务。

特别监狱有军人监狱、反省院和特别感化院等。军人监狱是监察被处徒刑或拘役刑的陆海空军人及依法令受军法裁判的非军人。

反省院是专门监禁迫害共产党人、爱国志士的场所，有普通反省院、军人反省院之分。

特别感化院是专门监禁战时投降共产党的军人的场所，隶属于政府军事机关。其组织、管理方法与反省院大致相同，不同之处在于：感化院可以被感化者家在共产党占领的根据地等理由，永远监禁被感化者。

此外，南京国民政府还设有一些法西斯特种监狱，秘密关押和残杀共产党人、爱国志士。

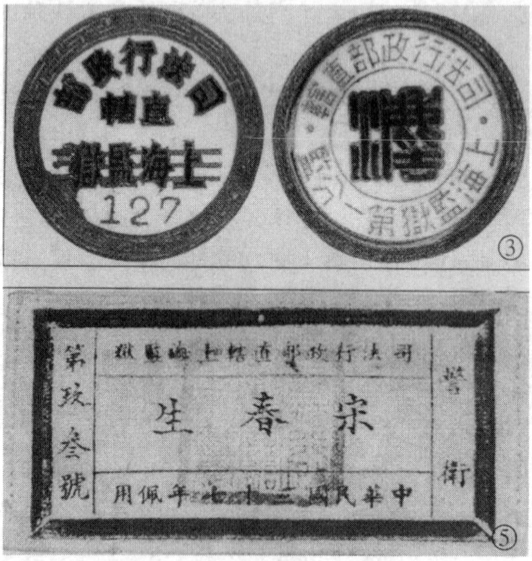

图 13—2　监狱狱警胸章、胸卡

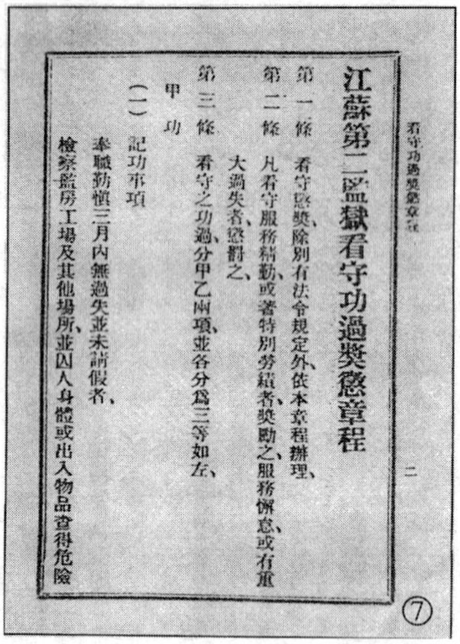
江蘇第二監獄看守功過奬懲章程

第一條　看守懲奬、除別有法令規定外、依本章程辦理、

第二條　凡看守服務精勤、或著特別勞績者奬勵之、服務懈怠、或有重大過失者懲罰之、

第三條　看守之功過、分甲乙兩項、並各分爲三等如左、

甲　功

（一）記功事項

奉職勤愼三月內無過失並未請假者、

檢察監房工場及其他場所、並囚人身體或出入物品查得危險

看守功過奬懲章程　二

图 13—3

(四) 律师与公证制度

中国近代律师公证制度，始于北京政府时期。1912 年 9 月制定的《律师暂行章程》《律师登录暂行章程》，是中国律师立法之始。1920 年东三省特别区域法院沿用俄国旧例亦办理公证，是中国公证制度的滥觞。南京国民政府在此基础上，先后制定、公布了有关律师、公证法规，建立起适合统治需要的律师公证制度。

1.《律师法》与律师制度

1927 年 7 月 23 日，南京国民政府公布施行《律师章程》，1933 年对其加以修正。以此为基础，1941 年南京国民政府公布了《律师法》，计 51 条。其后，南京国民政府于 1945 年 4 月和 1948 年 3 月对该法又加以修正。

该法规定：律师受当事人委托，依法院法令，在法院执行法定职务，办理其他法律文件。律师也可依特别法规定，在军事或其他审判机关执行职务。律师违反《律师法》及有关法律，依情节轻重，除受刑罚处罚外，还应受警告或申诫，或两月以上两年以下停止职务或除名的惩戒处分。

该法及有关法规规定：律师须向政府法院登录，须加入律师公会，只能在所登录的法院执行职务，非加入律师公会，不得执行职务。律师公会受南京国民政府司法行政部和所在地地方法院首席检察官的指挥监督。

国民政府成立之初，沿用北京政府《无领事裁判权国律师出庭暂行章程》，允许外国律师参与涉外诉讼。1944年3月颁布《外国人在中国充任律师办法》，允许外国律师参加各种诉讼，不过对其作了限制规定：外国人在中国担任律师，其所在国法律必须允许中国人充当律师，并且应参加中国的律师资格考试，遵守中国的法律法令，出庭时应使用中国语言，违法犯罪时，除依法惩处外，得吊销律师证书。但因政府腐败，这些规定形同虚设。

从"七君子"案中我们可以看出，当时律师的活动还是比较自由的，至少在部分的案件中、在一定程度上确实起到了保护当事人权利的作用，类似的例子还有陈独秀案（其辩护律师为章士钊）。

2.《公证法》与公证制度

1935年政府公布《公证暂行规则》，次年公布《公证暂行规则试行细则》，并以首都为施行区域。1939年和1942年，各省高等、地方法院分批成立公证处。南京国民政府1943年3月公布《公证法》，1944年起施行全国。据不完全统计，1937年全国法院受理公证事件一千余件，至1947年增至十万余件。截至1947年全国开办公证的地方法院计550处，其中已设专职公证人员的有104处。①

【问题与思考】

1. 梁鸿志组设伪政府案

梁鸿志是福建长乐人，1938年3月24日，梁鸿志经日本特务机关长臼田宽三策动，出面组织伪中华民国维新政府，梁鸿志任行政院长。后由汪精卫出面，将梁鸿志的维新政府与王克敏在北平建立的伪中华民国临时政府合并组成统一的汪伪南京政府。梁鸿志任"南京政府"的监察院长。1945年8月日本投降后，10月19日，梁鸿志被军统逮捕，上海高等法院受理梁鸿志案第一审。1946年6月25日，法庭宣告判处梁鸿志死刑。7月初，梁鸿志向南京最高法院上诉被驳。1946年11月9日，梁鸿志被执行死刑。梁鸿志是上海方面被处死刑的第一个汪伪汉奸。②

结合本案理解南京国民政府时期的法院体制以及处理汉奸案件条例等特别立法。

2. 院字第一号案③

山西高等法院原函：

……今有赵甲于八年前以钱四百吊典到钱乙房院一所。今已期满，钱乙备价取赎，而赵价非要洋元不可。两造因此争点起诉。关于此问题，其说有二：

子说：按近年全国银钱交易情形，以银元为主币，制钱铜元不过为辅币之一种，且容量较重，其授受之数目不能超过一元主币。在当事人订立契约时，虽表明钱数，而日后债务人履行债务，仍应按照订约时主币折合，以为给付，始符合公平交易原则。本件立典契时，虽系载明是钱，今日回赎时，应以立约时之洋钱兑换率折合洋元给付方为公允。

丑说：上开说明书，是单就洋元（兑换）率由小而大言之为公平；使洋元由涨而落，又将如何？例如十六年（每洋一元合钱五串）约使钱五百吊，言定一定归还，至十七年洋元落至每元折钱四吊，若以上开法例言之，自应以上年立约时折合洋元给付。以洋银百元足抵钱五百吊，试问现在以洋百元偿还五百吊钱之债务能履行乎？

---

① 参见展恒举：《中国近代法制史》，302页，台北，"商务印书馆"，1973。

② 参见《中华法案大辞典》，909页，北京，中国国际广播出版社，1992。

③ 本案是南京国民政府司法院所作的第一个解释例，参见郭卫编：《司法院解释例全文》，第1册，上海，上海法学编译社，1946。

子又云：上书单就洋元由小而大言之。若由涨而落，自应照钱履行以昭示公平。

丑又云：诚如是说，上年借钱五百吊仅折洋银百元，来年换钱五百吊则得洋钱一百二十五元方能满足五百吊钱之数。是债务者无形之中已赔承二十五元，何能平？且就契约一方言之，当事人订立契约，原由双方协议而成，既成而后，在契约有拘束当事人之效力。在双方亦均有遵守履行之义务。此契约之所由来也。令履行债务不问契约记载如何，而以洋元价值之涨落为标准，恐在事实上未能通行。并法律不外人情，理想尤贵实行，与其以无固定性洋元率为标准，莫若以契约所载为依据。契上载明云洋，履行时以洋计算；载明是钱，履行时以钱计算。既不违背契约的性质，复能免去民间多少纠葛……

民国十八年（1929 年）2 月 16 日司法院训令山西高等法院：

……查来函所述典契既载明典到钱数，除当事人有约定给付标的外，自应就所收钱数比照当时市价计算取赎等语。本院长审核无异，合行令仰遵照。此令。

本案要注意的问题有四：（1）通过本案了解南京国民政府司法院解释例的问题；（2）南京国民政府初期的币制问题；（3）司法院解释中对本案所涉民法基本问题的把握；（4）关于典权的问题。

第十四章

革命根据地新民主主义的法律制度

参考文献

1. 张希坡主编．中国法制通史．第10卷．新民主主义政权．北京：法律出版社，1999

2. 西南政法学院函授部编．中国新民主主义革命时期法制建设资料选编．第1～4册，1982

3. 张希坡，韩延龙主编．中国革命法制史．上下册．北京：中国社会科学出版社，1987

4. 赵昆坡，俞建平．中国革命根据地案例选．太原：山西人民出版社，1984

5. 张希坡．马锡五审判方式．北京：法律出版社，1983

6. 韩延龙，常兆儒主编．中国新民主主义革命时期根据地法制文献选编．第1～4卷．北京：中国社会科学出版社，1981

参考法规

（一）宪法及其关系法规

1.《中华苏维埃宪法大纲》（1931年11月7日中华苏维埃第一次全国代表大会通过，1934年1月修改）

2.《陕甘宁边区施政纲领》（1941年5月1日中共中央政治局批准）

3.《陕甘宁边区保障人权财权条例》（1942年2月边区政府公布）

4.《陕甘宁边区宪法原则》（1946年4月23日陕甘宁边区第三届参议会第一

次大会通过）

5.《华北人民政府施政方针》（1948年8月华北临时人民代表大会讨论通过并公布）

（二）土地劳动法规

1.《中华苏维埃共和国土地法》（1931年12月1日中华苏维埃工农兵第一次全国代表大会通过）

2.《陕甘宁边区地权条例》（1944年12月边区第二届参议会第二次大会通过）

3.《中国土地法大纲》（1947年9月13日中共全国土地会议通过）

4.《中华苏维埃共和国劳动法》（1931年11月中华苏维埃工农兵第一次全国代表大会通过，12月颁布）

（三）刑事法规

1.《中华苏维埃共和国惩治反革命条例》（1934年4月8日中华苏维埃共和国公布）

2.《关于惩治贪污浪费行为第26号训令》（1933年12月15日中央执行委员会公布）

3.《陕甘宁边区刑法总分则草案》（1942年公布）

4.《抗战时期惩治汉奸条例》《抗战时期惩治盗匪条例》《惩治贪污条例》（1939年公布）

（四）民事婚姻法规

1.《中华苏维埃共和国婚姻法》（1934年4月8日公布）

2.《陕甘宁边区婚姻条例》（1946年4月23日陕甘宁边区第三届参议会第一次大会通过）

3.《陕甘宁边区继承条例》（1942年公布）

（五）诉讼司法法规

1.《陕甘宁边区高等法院组织条例》（1939年4月4日陕甘宁边区政府公布）

2.《陕甘宁边区军民诉讼暂行条例》（1943年1月15日颁布）

3.《华北人民政府为废除国民党六法全书及一切反动法律的训令》（1949年4月1日公布）

第一节 立法概况

一、法制建设概况和立法思想

革命根据地的法制建设主要包括萌芽阶段（1921年—1927年）、发展阶段（1927年—1937年）、形成阶段（1937年—1945年）和完善阶段（1945年—1949年）四个阶段，法制建设也呈现出相应的时代特点和阶段性。确立了以马列主义、毛泽东思想为法制建设的指导方针，以确保革命法制建设的胜利发展。总体而言，基本建立了以宪法性法规、刑事法规、土地劳动法规、民事婚姻法规和司法制度为主要内容的新民主主义的法律体系。

二、革命根据地法制建设的立法阶段

（一）工农运动时期的法制建设：萌芽阶段

中国共产党自1921年成立后，历经北伐战争、省港大罢工、“四一二”反革命政变等各种运动。在复杂的工农运动中，中国共产党领导革命群众，建立了具有政权性质的革命组织，制定了一系列规约禁令，保护人民权利，对反革命分子实行专政，成为人民民主法制的最早萌芽。革命法制的内容涉及刑事、民事、劳动法等领域。由于动荡的斗争形势，再加上立法经验的缺乏，这个时期的法制还不够完善，带有明显的局部性和实用性。

（二）工农民主政权时期的法制建设：发展阶段

1927年大革命失败后，中国共产党进入了创建红军和建立农村革命根据地的新时期。该时期的法制可以划分为三个阶段。初期（1927年—1931年）各根据地根据中央的方针，结合本地区的实际情况，制定了地区性的法规，表现为地方政权组织法、土地法、婚姻法等。中期（1931年—1935年）建立统一的中央工农民主政府，制定了宪法大纲、选举法、土地法、惩治反革命条例等法规，初步形成了新民主主义的法律体系。后期（1935年—1937年）根据抗日民主统一战线的要求，及时调整相关政策和法律。

（三）抗日民主政权的法制建设：形成阶段

抗战时期的法制建设，一方面继承了工农民主政权法制建设的优秀成果和革命经验，及时纠正了“左”倾错误；另一方面又结合抗战时期的新形势、新任务，创造性地发展和建设有根据地特色的法律体系，制定了以“三三制”原则、“减租减息”政策、“马锡五”审判方式以及人民调解制度为主要特色的法律内容。

图14—1　陕甘宁革命根据地旧址

（四）解放战争时期的法制建设：完善阶段

这段时期的法制建设跨越了两个阶段，从抗战胜利到解放战争爆发，从解放战争开始到中华人民共和国成立。在总结以前法制建设经验的基础上，创制出新的法规，如《陕甘宁边区宪法原则》《中国土地法大纲》《中共中央关于废除国民党的六法全书与确定解放区司法原则的指示》等。

三、革命根据地法制建设的基本特点

（一）以马列主义、毛泽东思想为指导方针，以革命根据地为依托，创建了新民主主义法律体系

新民主主义法律体系是中国共产党领导的、在革命根据地内创建的、体现马列主义经典

思想与中国实际情况相结合的、有中国特色的毛泽东思想的具体实践，有别于国民党的“六法全书”体系，具有新民主主义法制建设的代表性和典型意义。

（二）以人民大众的根本利益和要求为立法指导原则

中国共产党是以工农联盟为基础的无产阶级领导的先进政党，始终关注广大人民群众的利益，组成广泛的革命统一战线，建立人民自己的政府，制定保护人民利益的法律，并以此作为政策纲领的指导依据。

（三）阶段性、灵活性和实用性的特点

阶段性指由于革命根据地政权本身所具有的阶段变化性，而使新民主主义法制建设所呈现出的相应特点。灵活性和实用性指不同阶段的法制建设，随着革命形势发展和政策路线变化的需要，体现为我所用、拿来所用的特点。工农运动时期，法制建设处于萌芽阶段。到工农民主政权时期，以中央苏区政权为依托，创建了初具规模的法律体系。抗日民主政权时期，及时调整方针政策，建立了以陕甘宁边区为典范的法律体系，诸如宪法性文件、土地法规等都有所继承和发展变化，体现出灵活实用性的特点。解放战争爆发后，对政策法规作出相应的调整变化，使人民民主政权法制建设更为充实和完善，为新中国的法制建设提供了范本。

第二节 宪法性文件

引例 学疗人命案①

1942年1月19日，延安学生疗养院运输员刘世有和保管员李德成，在运输木炭途中发生口角，刘将李打伤。回来后，总务科长白占山下令管理员杜湛等人拿绳将刘世有捆缚在空窑洞里，并派杨永和、王玉华、赵凤岗等人看守。不久，刘痛哭喊叫，也未给松绑。半夜开门时，见刘已倒地，尚有气息，杨永和将此情形告知秘书长李延德，并商议请医生。李说：“刘世有主要是疲乏了。”只是解绳让刘卧地休息，待以后再请医生来时，刘已绝气。此案初由地方法院处理，杨永和、王玉华各判4年徒刑，李延德、白占山各判1年3个月，杜湛6个月。因杨永和不服，上诉，案件由高等法院历经侦查半年，再次宣判：撤销地方法院判决书。秘书李延德宣判3年徒刑，总务科长白占山2年10个月，王玉华、赵凤岗各判2年，杨永和1年10个月，杜湛宣告无罪释放。

就本案思考：边区政府如何保护人民的人权、政权、财权。

近代中国，各个政治派别都曾提出自己的立宪主张，先后产生了资产阶级改良派、资产阶级革命派、北洋军阀时期的宪法和南京国民党的宪法性文件。上述各个时期的制宪活动，大多是在政权出现危机或在人民群众强大压力下进行的，没有也不可能真正赋予人民更多

① 参见《解放日报》，1942-07-25。

的民主权利。中国共产党自成立以来，一直重视新民主主义的宪政建设，1922年7月在《中国共产党第二次全国代表大会宣言》中提出了党的最高纲领和最低纲领，从而确立了党在民主革命时期的基本政纲，并逐步制定颁布了一系列宪法性文件，奠定了整个新民主主义法制建设的基本政纲和基本原则。

一、《中华苏维埃共和国宪法大纲》（以下简称《宪法大纲》）的主要内容及特点

（一）《宪法大纲》的主要内容

1931年11月通过的《宪法大纲》遵循党中央提出的“制宪七大原则”，规定苏维埃政权的性质、政治制度、公民权利义务、外交政策等内容，共17条。其主要内容是：

（1）规定了苏维埃国家性质“是工人和农民的民主专政国家”。将地主、资产阶级拒绝于政权之外；剥夺他们的言论、出版、集会、结社等自由；使用革命武力和法庭镇压一切反革命复辟活动。

（2）规定了苏维埃国家政治制度是工农兵代表大会。保证工农大众参加国家管理，便于工人阶级及其政党的领导，实行民主集中制和议行合一原则，是根据革命实践及苏联经验建立的新式民主制度。

（3）规定了苏维埃国家公民的权利和义务。内容包括政治、经济、文化等各方面。工农兵及一切劳苦民众享有广泛的民主权利。各级政府采取切实有效措施，提供力所能及的物质保障条件。

（4）规定了苏维埃国家的外交政策。宣布中华民族完全自由独立，不承认帝国主义在中国的特权及不平等条约。与世界无产阶级和被压迫民族站在一起，苏联是巩固的同盟者。对受迫害的世界革命者给予保护。对居住在苏区从事劳动的外国人给予法定的政治权利。

（二）《宪法大纲》的意义及特点

（1）它是第一部由劳动人民制定、确保人民民主制度的根本大法，是中国共产党领导人民反帝反封建的工农民主专政的伟大纲领。

（2）它同资产阶级的约法以及旧中国反动政府制定的宪法有本质的区别。

（3）它肯定了革命胜利成果，提出了斗争的方向。尽管受到“左”的影响。

（4）它的颁行调动了苏区人民的积极性，为以后制定民主宪法提供了宝贵经验。

总之，《宪法大纲》是革命根据地第一部宪法性文件，从法律上明确了人民民主政权的性质和任务，确定了苏维埃共和国公民的基本权利和自由；在中国近代宪法史上具有重要意义，体现了“依法治国”原则的摸索和尝试。

二、施政纲领与人权条例的内容和意义

抗战初期，陕甘宁边区政府公布了《陕甘宁边区抗战时期施政纲领》。抗战后期，各抗日根据地制定了新的施政纲领，主要有1940年《晋冀鲁豫边区政府施政纲领》、1941年《陕甘宁边区施政纲领》、1942年《对于巩固和建设晋西北的施政纲领》、1944年《山东省战时施政纲领》，其中以1941年《陕甘宁边区施政纲领》为代表。

（一）施政纲领的主要内容和意义

1. 关于保障抗战的规定。团结边区内各阶级、党派，发挥一切人力、物力、财力抗战。严厉镇压汉奸及反共分子。

2. 关于加强团结的规定。坚持抗日民族统一战线方针，团结边区内各抗日阶级、工人、

农民、地主、资本家。

3. 关于健全民主制度的规定。规定了几项重大措施：（1）普遍、直接、平等、无记名投票的选举制度；（2）保障一切抗日人民的选举与被选举权；（3）“三三制”政权组织原则[①]；（4）保障一切抗日党派、团体、人民的人权、财权及各项自由；（5）人民享有用任何方式控告任何公务人员非法行为的权利；（6）男女平等，提高妇女地位，保护其特殊利益；（7）反对民族歧视，实行民族平等、自治，尊重宗教信仰、风俗习惯。

4. 关于发展经济的规定。发展农业、林业、牧业、手工业和工业，奖励扶助私人企业，保障经营自由。实施外贸统制。贯彻统筹统支的财政制度。征收统一累进税，维护法币，巩固边币。

5. 关于普及文化教育的规定。举办各类学校，普及免费义务教育。尊重知识分子，提高边区人民政治、文化水平。

6. 施政纲领的意义：以反对日本帝国主义、保护抗日人民，调节各抗日阶级利益、改善工农生活，镇压汉奸、反动派为基本出发点；全面、系统反映了抗日民族统一战线的要求和抗战时期的宪政主张，是贯彻抗日救国纲领基本经验的科学概括与总结。

（二）边区人权条例的主要内容和意义

各主要抗日根据地都制定了保障人权条例，《山东省人权保障条例》和《陕甘宁边区保障人权财权条例》具有典型性。这两个条例的主要内容是：

1. 规定了人权的法律概念，即：“边区一切抗日人民，不分民族、阶级、党派、性别、职业与宗教，都有言论、出版、集会、结社、居住、迁徙及思想之自由，并享有平等之民主权利。”说明当时人权的主要内容，一是抗日人民的各项自由权，二是抗日人民的民主平等权。

2. 规定了保障人权的重要措施。司法、公安机关逮捕人犯应证据充分，依法执行；其他任何机关、部队、团体不得对任何人逮捕、审问、处罚，但现行犯例外；过去反对边区、逃亡在外的地主、富农，返回家园后遵守法令，一律不咎既往，依法保护其人权，禁止侵犯。

此外，特别规定了对侵犯人权者的惩处办法。如《山东省人权保障条例》规定：凡各级政府公务人员违法侵害人民之自由或权利者，除依法惩办外，应负刑事及民事责任，被害人得就其所受损害依法请求赔偿。

边区人权条例的意义在于：（1）体现了当时边区施政纲领确立的保障人权的立法原则，促进了抗日根据地民主法制建设的深入发展。（2）有利于团结一切可以团结的力量、调动一切可以调动的积极性因素，去完成民族解放的艰巨斗争任务。（3）有利于克服根据地内存在的一些侵犯人权的现象，增强各级干部的法制观念，更好地维护人民群众的合法权益。

三、解放战争时期的宪法性文件

（一）《陕甘宁边区宪法原则》

1946 年 4 月边区第三届参议会通过，分为“政权组织”“人民权利”“司法”“经济”“文化”五部分，其主要内容包括：

（1）确立边区、县、乡人民代表会议为管理政权机关，各级权力机关开始由抗日时的参

---

① “三三制”原则指在边区政权人员的分配上，共产党员占三分之一，代表无产阶级和贫农；非党进步分子占三分之一，代表小资产阶级；中间分子占三分之一，代表开明绅士和中等资产阶级，以便党外人士都能参加边区民意机关的活动，以保证抗日民主统一战线的贯彻执行。

议会过渡为人民代表会议制度。

(2) 规定人民政治上行使的各项自由权利受政府指导与物质帮助。边区人民不分民族一律平等。

(3) 规定除司法机关、公安机关依法执行职务外，任何机关、团体不得有逮捕、审讯行为。人民有权以任何方式控告失职的任何公务员。司法独立不受任何干涉。

(4) 经济上采取公营、合作、私营三种方式，组织一切人力、财力促进经济繁荣，为消灭贫穷而斗争。做到劳动者有职业、企业者有发展机会。普及、提高人民文化水平。确立耕者有其田的原则。

(二)《华北人民政府施政方针》

1948 年 8 月华北临时人民代表大会通过。其主要内容有：

(1) 规定华北人民政府的基本任务是继续进攻敌人，支援前线，争取全国胜利；有计划、有步骤地进行建设和恢复发展生产；继续建设为战争和生产服务的民主政治；培养干部，吸收人才，奠定新中国的基础。

(2) 规定实现基本任务的方针政策是：政治方面健全人民代表大会制度，保障人民民主权利及自由与安全，破除迷信，保护守法的外国人及合法的文化、宗教活动。经济方面发展农业，颁发土地证确认地权，建立农民生产合作互助组织，发展工商业、贯彻公私兼顾、劳资两利方针。文化教育方面建立正规教育制度，建立广泛的文化统一战线，团结知识分子为建设事业服务。

第三节　刑事立法

引例　盗雷杀夫案

郭有则系本案被害人郭怀兴之妻，两人于 1934 年结婚，郭有则自 1940 年起即公开与郭贵法勾结通奸，二人企图设法结为夫妻，遂生谋害郭怀兴之心，决定谋杀之计。1943 年农历二月初六晚，郭有则秘密回到娘家，从任村武委会主任的哥哥那里盗取地雷一枚，交付郭贵法携带，二人连夜将地雷埋伏在郭怀兴送粪所必经的路口，阴谋将其炸死，以完成结婚之愿。翌日郭怀兴果中其计，地雷踏响，重伤数处，左眼被炸失明，虽未毙命，已近残废。后经壶关县政府破获。根据《刑法》第 239 条、第 271 条、第 187 条及《边区危害军队及妨碍军事工作治罪条例》第 2 条第 4 款，《刑法》第 51 条第 2 项、第 37 条，《刑事诉讼法》第 291 条之各规定，法院判决：郭有则、郭贵法因通奸盗用军火“地雷”，预谋杀害郭怀兴，并危及边区治安等行为，均处以死刑，褫夺公权终身。①

就本案可以思考：犯罪行为所触犯的罪名；应该受到的刑事处罚；法院判决的法律依据。

① 参见《解放日报》，1944-04-29。注：抗日战争时期，各边区政府曾部分援用国民党政府某些法规的条款来审判案件。

一、工农民主政权时期的刑事立法

（一）立法概况与立法原则

为保卫工农民主政权，各地苏维埃政府颁行了许多《惩治反革命条例》《政治犯自首条例》等。1931 年确立了反革命罪犯处理原则；1932 年规定了审理反革命案件的原则和程序；1934 年的《中华苏维埃共和国惩治反革命条例》，是这一时期的代表性法规。立法主要原则是：分清首要和附和，区别对待；对自首、自新者实行减免刑罚；罪刑法定主义与类推原则相结合；废止肉刑实行革命的人道主义；实行按阶级成分及功绩定罪量刑。

（二）犯罪种类

1. 反革命罪。确立两个构成要件：其一，危害的客体须是苏维埃政府及革命利益；其二，犯罪主要目的须是意图保持或恢复地主资产阶级反动统治。

2. 一般刑事犯罪。尤其是规定了浪费罪：1932 年 12 月中央执行委员会《关于惩治贪污浪费行为第 26 号训令》规定，凡工作人员玩忽职守而浪费公款，致使国家受到重大损失者，即构成浪费罪。

（三）刑罚制度

散见于中央和各地刑事法规中的刑罚条款，主要包括以下几类：

1. 死刑。一般情况下须经特区政府批准，一律枪决执行。

2. 监禁，即有期徒刑。最高 10 年，最低 3 个月。

3. 拘役及强迫劳动。拘役一般是“一月未满一日以上”；强迫劳动有 3 日、半年，长不过 1 年。

4. 褫夺公权。一般指剥夺参加政权、群众组织选举和充当红军的资格、权利。适用于被判处监禁刑以上的罪犯。多为附加刑，亦可作独立刑种适用。

5. 没收财产。一是没收犯罪所用之物，二是没收犯罪者本人财产的一部或全部。

6. 驱逐出境。将反革命分子赶出苏区。

7. 罚金。对犯罪分子课处罚金，多作为独立刑适用。

二、抗日民主政权时期的刑事立法

陕甘宁边区制定的刑事法规主要有 1939 年的《抗战时期惩治汉奸条例》《抗战时期惩治盗匪条例》《惩治贪污条例》《禁烟禁毒条例》，1941 年的《破坏金融法令惩罚条例》等。1942 年的《陕甘宁边区刑法总分则草案》是刑事立法的显著成就。

（一）刑法原则的发展

1. 镇压与宽大相结合的原则。对汉奸分子除绝对不愿悔改者外，不问过去行为如何，一律实行宽大政策，在政治上、生活上给予其出路。在具体实施中注意区分首要犯与胁从犯，惩办主要施于首要分子，宽大主要施于胁从分子。

2. 贯彻保障人权原则。不放过一个敌探奸细，也不错办冤枉一个好人。

3. 反对威吓报复，实行感化教育原则。特点是以无产阶级思想教育和改造罪犯。反对惩办主义，用说服方法帮助罪犯认识错误；反对报复主义，减少罪犯的痛苦，以利于其安心守法、彻底改造。

（二）主要犯罪种类的变化

1. 汉奸罪。凡以破坏抗战为目的的行为均构成汉奸罪，立法中有明确规定。

2. 盗匪罪。凡以抢劫为目的各种法律规定的犯罪行为，均构成盗匪罪。

3. 破坏边区罪。凡以破坏边区为目的的各种法律规定的犯罪行为，均构成该罪。

4. 破坏坚壁财物罪。坚壁财物也叫空室清野财物。该财物指：因防止日寇汉奸破坏与掠夺而藏于地窖、山沟等隐蔽场所的一切公私财物及土石堵塞的建筑物。凡勾结敌伪挖索上述财物，或毁损、窃盗上述财物等的行为，均构成该罪。它是敌后根据地特有的罪名。

除上述重大刑事犯罪外，还有破坏经济秩序，妨害社会秩序，侵害人身权利、民主权利，侵犯财产，妨害婚姻家庭等方面的普通刑事犯罪。

(三) 趋于完善的刑罚制度

各根据地的刑罚措施主要有以下几种：

(1) 死刑。只对汉奸、盗匪、“敌特”及破坏边区的反革命首要分子判处死刑。宣判死刑，要向群众公布。行刑时有检查员临场监验。一律用枪决。

(2) 无期徒刑。各边区规定不一。实际上未适用，有的边区则予废止。

(3) 有期徒刑。初期为最高 5 年、最低 6 个月，1942 年 3 月后最高为 10 年或 15 年，实践中多为 10 年。

(4) 拘役（又称劳役或苦役）。凡判处 2 个月以下、1 日以上或 3 个月以下的罪犯，不由监所拘押，而是实行劳动改造，称拘役。多适用于轻微犯罪。

(5) 教育释放。多适用于轻微犯罪。经一定时间关押教育，多则一个月，少则几天，不再判劳役，即行释放。

(6) 当庭训诫。对犯极轻微罪行者在法庭上予以训诫，讲明道理，指明错误，使其不再犯。

除上述主刑外，从刑有：

(1) 褫夺公权，指剥夺犯罪分子的选举与被选举权、担任公职及公职候选人之权。主要适用于汉奸、“敌特”、反动分子。刑期为 1 年至 5 年，自徒刑完毕日起算。1 年以上徒刑才附加褫夺公权。

(2) 没收财产。主要适用于汉奸、盗匪。对象是动产与不动产。对违禁品、犯罪所用之物及非法所得也予没收。

(3) 罚金。司法机关强制罪犯向边区政府交纳一定金钱的从刑。分并科、选科、易科、专科四种形式。主要用于以谋财为动机的犯罪。

(四) 刑事立法群众化及主要经验

发动群众，制定“锄奸公约”，在锄奸剿匪斗争中正确执行“不放过一个特务，不错办一个好人”的政策，保证这一斗争健康发展。

三、解放战争时期的刑事立法

(一) 犯罪种类

1. 战争罪。《惩处战争罪犯命令》规定：罪大恶极的内战祸首及战犯务必抓获归案，依法严办。又提出，凡能真心悔改、确有表现，不论何人，给予宽大待遇。

2. 反革命罪。主要指下述几类重点打击对象：(1) 反动党团及特务组织。(2) 土匪。对罪大恶极的匪首依法严厉镇压。(3) 恶霸分子。(4) 反动会道门首要分子。须解散其组织、停止其活动，惩办其首要分子。对被胁迫、诱骗参加者，一经退出停止活动，一律不予追究。

(二) 刑事立法的主要任务及原则

主要任务是打击反动阶级的破坏活动。为此各边区、大行政区、各地军管会及人民政府先后制定了刑事法规。

刑法原则的重大发展是明确规定“首恶必办，胁从者不问，立功者受奖”的方针。这一方针极大地丰富和发展了新民主主义刑事立法原则。

（三）刑罚制度的变化

1. 创造了新的刑种“管制”。“管制”指反动分子向政府登记后，将其交当地政府及群众监督改造，每日或每周须向指定机关报告其行动，限制其自由。它是发动群众对敌专政，改造罪犯的好形式。

2. 调整某些刑罚执行制度。主要是取消了抗日战争时期一度实行的交乡执行刑罚的制度。一般规定案情较重者收监执行，刑期不长者教育释放，不再执行。

第四节　土地和劳动立法

引例　夏魏单纠纷①

陕西定边县李尚财、李刘氏夫妇有一块地叫“夏魏单”，1927 年李把这块地典给地主丁攀生，1929 年李尚财病故后，李刘氏将此地全部卖给丁攀生。1936 年陕北开展土地革命后，丁攀生逃跑了，按照当时的土地政策，地主所有的土地，包括典受地，均在没收之列，故丁攀生的全部土地都被没收充公。抗日民族统一战线建立后，丁攀生又回到边区，他和其他一些居民趁政府对“夏魏单”地管理不严，侵种了部分土地。李刘氏见其中有自己原先的地，就找丁攀生要求把地赎回，丁攀生不同意，李刘氏于 1940 年向定边县政府提起诉讼，要求赎回。定边县裁判处对土地真相未作调查，判决把该地三分之二归李刘氏耕种、三分之一归丁攀生。后来，定边县政府在调查中发现了新的事实，县司法处于 1942 年对此案依法进行再审，决定：撤销 1940 年所作之原判，原判给两人的土地，一律收回公有，丁攀生不应该侵种，李刘氏更无权赎回。但考虑到二人生活困难，为照顾各阶层利益，又给他们补充一部分土地，按各家人口之多寡，拨给丁攀生 60 晌地、李刘氏 6 晌地，让他们耕种过活。

就本案思考：土地的典与卖；革命根据地土地政策法规的变化。

一、革命根据地的土地立法

（一）工农民主政权时期的土地立法

这一时期的土地立法经历初期（1927 年—1931 年）、中期（1931 年—1934 年）、后期（1934 年—1937 年）三个阶段。1931 年的《中华苏维埃共和国土地法》是代表性法规、适用时间最长，受“左”倾思想干扰很大。主要规定了没收土地财产的对象和范围、土地财产

① 参见《解放日报》，1945-01-13。

分配的标准和方法以及土地所有权等方面的内容。

（二）抗日民主政权时期的土地立法

1937 年 8 月颁布的《抗日救国十大纲领》确立了“减租减息”的原则。1940 年以前，土地法的重点在于确认农民分得地主土地的所有权。1939 年《陕甘宁边区土地条例》是这一时期的重大成果。1940 年 7 月以后，重点转为减租减息、保障佃权和低利借贷。先后有 1942 年《陕甘宁边区土地租佃条例草案》及 1944 年《陕甘宁边区地权条例》。土地法规的主要内容包括：

1. 土地所有权。一是公有土地所有权归边区政府，二是私有土地所有权人在法定范围内可自由使用、收益、处分（买卖、典当、抵押、赠与、继承）。

2. 减租交租。陕甘宁边区地租有四种，即定租、活租、伙种、安庄稼、收租人不得多收、预收、收取押租及欠租作息；承租人不得短少租额。

3. 保障佃权。减租条例定有 4 项收回租地的条件，除此条件外出租人不得随意收回租地。

4. 减租减息，低利借贷。现存债务减息；付息过本一倍，停利还本；过本两倍，本利停付，借贷关系视为消灭。

（三）解放战争时期的土地立法

1. “五四指示”的制定

抗战胜利之初，解放区仍实行减租减息政策。解放战争爆发后，为发动农民准备自卫战争，1946 年 5 月 4 日党中央发布“五四指示”，决定改“减租减息”为“没收地主土地”的政策，开始了解放区土地立法序幕。

中國共產黨中央委員會
公佈中國土地法大綱
關於公佈中國土地法大綱的決議
中國共產黨中央委員會
一九四七年十月十日
1947年10月10日，中共中央发布的《关于公布中国土地法大纲的决议》。

图 14—2　公布《中国土地法大纲》

2.《中国土地法大纲》的主要内容

1947 年 10 月 10 日制定的《中国土地法大纲》共 16 条，规定废除封建性及半封建性剥削的土地制度，实行耕者有其田制度。其主要内容是：(1) 规定“土改”的基本任务是废除封建性、半封建性剥削的土地制度，实行耕者有其田制度。（2）规定“土改”须遵守的原则是依靠贫雇农，团结中农，保护工商者，正确对待地主富农。（3）规定保护“土改”的司法措施。对一切对抗或破坏土地法大纲规定的罪犯，组织人民法庭予以审判和处分。

《中国土地法大纲》总结了中国共产党二十多年土地革命的经验、教训，是一个正确的土地纲领，体现了土地改革总路线，调动了农民革命与生产的积极性，为保证战争胜利起了决定性作用。

图 14—3 《中国土地法大纲》宣传画①

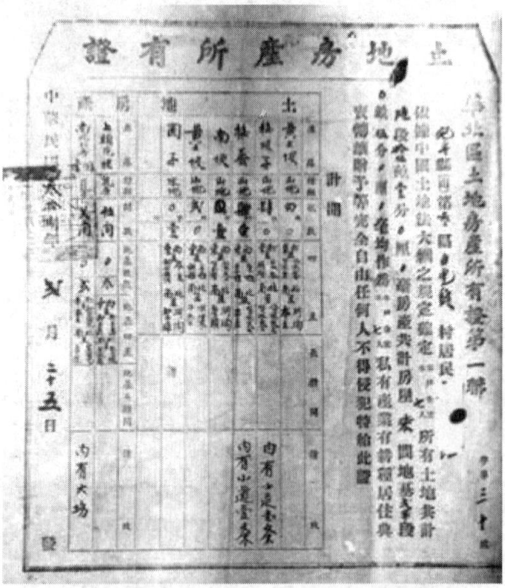

图 14—4 解放区“土改”时农民的土地房产所有权证

① 参见李默主编：《中华文明大博览》，“民国”，广州，广东旅游出版社，1998。

二、革命根据地的劳动立法

（一）工农民主政权时期的劳动立法

中央工农政权建立后，制定了《中华苏维埃共和国劳动法》，于 1931 年 10 月又颁布重新修订的第二个劳动法。对某些过高的福利要求作了适当限制，增加了调整农村劳动的条文。废除对工人的各种封建性剥削，规定了工人的各种权利。

（二）抗日民主政权时期的劳动立法

这个时期的劳动立法体现了“调节劳资双方利益，团结资本家抗日”的原则，吸取了苏区劳动立法的经验教训。1942 年的《陕甘宁边区劳动保护条例草案》及 1941 年晋冀鲁豫边区的《劳动保护暂行条例》较为典型。劳动立法的主要内容可分为五部分：

（1）关于工人权利的规定。工人有组织工会的权利。雇主开除工人须事先经工会同意。

（2）关于工时、工资、劳动保护的规定。实行 8 小时～10 小时工作制。因工会工作请假，全年在 15 天内的，工资照发。工资标准由工会、雇主、工人三方协商，男女同工同酬。

（3）关于保护女工、青工、童工的规定。禁止女工从事繁重的、有害健康的及地下工作。禁止哺乳女工、孕妇、童工做夜工。女工产假两个月，工资照发。哺乳女工每日给适当哺乳时间。

（4）关于劳动合同与集体合同的规定。缔结劳动合同以劳资双方自愿为原则。合同内容包括工时、工资、福利待遇、双方权利与义务等。合同内容不得违反现行法律，否则无效。

（5）关于奖励技术发明的规定。各根据地规定的物质奖励为现金，奖金最高为 4 000 元至 5 000 元。

（三）解放战争时期的劳动立法

1. 立法方针与内容。以“发展生产，繁荣经济，公私兼顾，劳资两利”为方针，各地先后制定了决议和法规，规定工厂设管委会和职代会，实行劳动保险制度，处理劳资关系及争议。

2. 劳动立法的主要特点。（1）依靠工人阶级建设、管理城市，管理生产。建立管委会及职代会。（2）实行劳动保险制度，提高工人阶级的革命与生产积极性。（3）贯彻劳资两利原则，合理调处劳动争议。调处程序是协商、调解、仲裁和判决。

第五节　民事婚姻立法

引例　刘巧儿案①

闻名全国的“刘巧儿”故事，来自马锡五的一个真实案例。陇东华池县农民封彦贵，有个女儿叫封捧儿，与张金财家次子张柏指腹为婚，定下了娃娃亲。1942 年，待女儿长成大姑娘时，封彦贵后悔当初订婚时没有收财礼，于是教唆女儿以“婚姻自主”为借口，提出解除婚约。同时，暗自把女儿许配给张宪芝之子，得了法币 2 400 元，银洋 48 块。后被张家告发，县司法处撤销后一个婚约。1943 年 2 月，封捧儿到一亲戚家吃喜酒，与张柏第一次见面，

① 参见《解放日报》，1944-03-13。

封捧儿当面表示愿意与张柏结婚。而封彦贵又把女儿许配给地主朱寿昌，得了法币 8 000 元、银元 20 块，还有 4 匹哔叽。封捧儿暗中将此情况告知张家。张金财纠集二十多人，趁封彦贵赶庙会的机会，登门抢亲，连夜成婚。第二天，封彦贵把张家告到县里。县司法处未经详细调查，判处张金财徒刑 6 个月，还宣布张柏同封捧儿的婚姻无效。适逢马锡五到华池县巡视工作，封捧儿便向马专员口头上诉。马锡五在审明案情，听取意见之后，召集当地群众进行公开审判，除讯问各当事人的要求和理由外，还广泛征询群众的意见，代表法庭当场宣判："一、封彦贵违反边区婚姻法，屡卖女儿，所得财礼全部予以没收，并科以劳役半年，以示警戒；二、黑夜聚众抢亲，惊扰四邻，有碍社会秩序，判处为首者张金财徒刑半年，其他附和者给以严厉批评教育，以明法制；三、封捧儿和张柏基于自由恋爱而自愿结婚，按照边区婚姻法规定，其婚姻有效。"

就本案思考：边区婚姻法律的基本原则；马锡五审判方式的内容和特点。

一、革命根据地婚姻法规的制定

（一）工农民主政权时期的婚姻立法

1.《中华苏维埃共和国婚姻法》的制定。工农民主政权相应制定了一些婚姻法，如 1930 年的《闽西第一次工农兵代表大会婚姻法》、1931 年的《鄂豫皖工农兵第二次代表大会婚姻问题决议案》，1931 年 12 月在上述立法基础上制定了《中华苏维埃共和国婚姻条例》。经过几年实践修订后，于 1934 年 4 月公布了《中华苏维埃共和国婚姻法》，其对以后婚姻家庭立法产生了重大影响，成为当时的代表性法规。

2. 婚姻法的主要内容。（1）基本原则。男女婚姻自由，严禁强迫、包办、买卖婚姻，废除童养媳和强迫守寡；实行一夫一妻并严禁蓄婢纳妾。（2）结婚与离婚。结婚须具备实质要件和形式要件。结婚须双方自愿；达法定婚龄；无禁婚的血族关系和疾病；须去乡、市、区苏维埃登记领取结婚证，才是合法婚姻。离婚自由。（3）离婚后财产处理和子女抚养。离婚后原土地财产、债务各自处理。婚后增加的财产男女平分。离婚前所生子女及怀孕小孩归女方抚养；年长的子女由谁抚养，尊重子女意见。（4）保护军婚。红军战士之妻要求离婚，必须经其夫同意。

3. 婚姻法的意义。使广大妇女从野蛮的封建婚姻制度下得到解放，实现男女婚姻自由，建立了新民主主义婚姻制度，是中国家庭婚姻史上的重大变革。

（二）抗日战争时期的婚姻立法

在 1939 年《陕甘宁边区婚姻条例》5 年实践的基础上，于 1944 年通过了《修正陕甘宁边区婚姻条例》。1942 年《陕甘宁边区继承条例》、1943 年《陕甘宁边区抗属离婚处理方法》，使结婚女子的继承权和抗日军人婚姻得到法律保护。此时期婚姻立法的内容及发展包括：

1. 立法原则的发展。在苏区婚姻立法原则基础上，提出了男女平等的原则。继承苏区保护红军婚姻的原则，确立保护抗日军人婚约与婚姻的原则：除确知其夫死亡、逃跑、投敌外，未经军人同意不得离婚。并对娶抗日军人配偶或和诱、通奸者处以刑罚。

2. 结婚年龄和法定手续。婚龄呈现下降的趋势。亲属间禁止结婚的限制更趋严格。

3. 离婚原则和具体条件。规定婚姻关系非具备一定条件不准离婚。凡重婚、感情不和、无法同居，通奸，虐待对方，恶意遗弃对方，谋害对方，生死不明 3 年以上，有不治恶疾或不能人道，一方不务正业、劝解无效、影响对方生活，或有其他重大事由，准予离婚。女方怀孕、分娩期间，男方不得离婚，待产后一定期间如具备离婚条件，可办理离婚。

4. 离婚后财产处理更为合理。继承了苏区的规定并有所修改。对共同债务原则上共同清偿。关于赡养费规定男方给女方，以 3 年为限。

5. 离婚后子女抚养、教育的规定。确定了女方再婚后新夫的抚养责任。确保非婚生子女的合法利益。严禁杀害、抛弃致死私生子，严禁堕胎、溺婴，违者以杀人罪、违反人道罪论处。

此时期婚姻立法解放了妇女，婚姻自由、自主、自愿成了结婚信条，爱情、平等、意志代替了包办、压迫、金钱。在贯彻婚姻法中积累了丰富经验，主要有：其一，加强边区政治、经济、文化建设，奠定婚姻立法基础。其二，法律教育与适当处罚相结合，保证婚姻法贯彻执行。其三，司法机关与群众相结合，依法处理有关案件。其四，坚决贯彻婚姻条例，反对“左”、右两种倾向。创立了离婚“犹豫期”制度。①

（三）解放战争时期的婚姻法规

此时期婚姻立法的特点如下：

1. 制定处理城市婚姻政策。纠正城市有人对婚姻自由的错误理解，根据边区原有立法，结合城市特点作了具体规定，对于解放妇女、纠正错误的男女关系、粉碎反动谣言起了很大作用。

2. 强调离婚的政治条件。男女间阶级地位、社会成分、政治思想及立场观点，往往是双方感情根本不和的重要原因，也符合那个时代要求。

3. 确定了离婚后土地问题的处理原则。男女分得土地归个人所有。寡妇改嫁可带走归她本人的全部私产，任何人不得阻止干涉。

4. 规定干部离婚的原则和程序。

其一，坚持“夫妻感情意志是否根本不和”的离婚原则。对于有不正确思想行为的一方，进行批评教育或限期改正。对于采用威胁、利诱、欺骗等手段制造离婚理由的，原则上不准离婚。如感情意志根本不和、无法同居，劝说无效，一方不同意的，仍判决离婚，但财产上须多照顾他方。

其二，离婚程序为：一方提出离婚的，须向被告所在地县政府提出；双方协议离婚的，也须向县政府申请，发给离婚证方为合法，不得私下了结。受理干部离婚，当事人须服从政府判决，不服的可上诉。未取得正式离婚手续而擅自再婚者，以重婚论罪。

二、革命根据地的继承立法

（一）《陕甘宁边区继承条例》

在遗产继承方面遵循男女平等、奉养父母的原则。《陕甘宁边区继承条例》对继承方式、继承范围顺序、遗嘱形式及保障继承权的措施均予规定，如配偶双方遗产相互继承，有子女的与子女共同继承，无子女的由一方全部继承；男方死时尚未继承的，寡妇与子女均有代位

---

① 这里所谓的犹豫期指为克服婚姻问题中的错误偏向、严肃男女关系所规定的一种期限。犹豫期有半年的，也有两个月的，如依据《山东省胶东区修正婚姻暂行条例》第 13 条的规定，凡男女之一方请求离婚的，经县政府考察属实后，应通知他方，并给予考虑答复时间，他方接到通知后，无异议表示者，方得发给离婚证。考虑答复的时间，以 1 个月至 2 个月为原则。参见《革命根据地法制文献选编》，第 4 卷，864 页，北京，中国社会科学出版社，1981。

继承权等。到解放战争时期，随着形势发展的需要和民事婚姻关系的日益复杂，继承立法有了长足的发展，日益完善。

（二）华北人民政府司法部关于继承问题的解答

1948年华北人民政府《关于继承问题的解答》是解放战争时期具有代表性的继承法规，其内容涉及妇女继承权问题。该解答突出强调男女平等的原则，强调“男女无论结婚与否都有继承权”。特别在“土改”这种新的形势下，法律确认了妇女的地权，规定在土地改革中男儿分得一份土地，女儿同样分得一份土地，规定：“男儿有继承父母的财产权，女儿也同样有继承父母的财产权。”

但是，贯彻男女平等的原则，还需从实际情况出发。针对土地平分后形成的社会家庭共有经济形态，上述解答规定：女子出嫁，如在婆家分得财产，则享受婆家共有经济之继承权。同时不再享有娘家财产继承权。如在娘家分得土地，出嫁后带走，也丧失了继承权；若未带走，则婆家与娘家共同协商，继承其应得之一份。关于分配遗产规定：“男儿经营父母的土地出过一定的劳力，女儿没有劳力或出劳力很少，可以少继承一部分。”由于有了这些规定，土地改革中妇女取得的经济权益得到了切实保障。

第六节 司法诉讼制度

引例 黄克功案①

黄克功，江西省南康人，26岁，少年参加红军，长征到陕北，原系延安抗大十五队队长。被害人刘茜，山西省定襄人，16岁，原在太原市友仁中学读书，思想进步，“七七”事变后，毅然离开学校和家庭，冒险冲过敌人封锁线，来到了延安，入抗大十五队学习。黄与刘经短期接触，有了一定感情后开始恋爱。后刘转入陕北公学后，两人逐渐疏远。黄克功见刘茜与其他男同学来往，心起嫉妒，送钱送物，追求不已，并要求即刻结婚。刘茜对他的一味纠缠，渐生反感，表示拒绝结婚。黄克功认为失恋是人生莫大的耻辱，于是萌发杀害刘茜的念头。1937年10月5日夜，黄克功携带手枪，找刘茜到延水畔的沙滩上谈话，当刘茜明确表示拒绝同黄克功结婚时，黄掏出手枪向刘连击二枪。案发后，有的干部以黄克功对革命贡献大，请求赦免。黄本人也自恃功高，写信给毛泽东和审判长雷经天，请求从轻处罚。但边区高等法院在院长董必武的主持下，顶住各种压力，坚决贯彻法律面前人人平等的原则，公正地审理了此案。同年10月11日，在被害人所在的单位陕北公学大礼堂，召开公审大会。抗大政治部胡耀邦等为公诉人。边区高等法院雷经天任审判长，经过审理，证据确凿，本人也供认不讳，当庭宣判黄克功死刑，立即执行。

就本案思考：共产党员犯法是否享有特权；死刑的适用和执行；婚姻法的基本原则。

① 参见《解放日报》，1937-10-14。

革命根据地的司法审判在实践中不断地吸取有益的经验，形成了一系列较为完备的司法制度和审判原则，包括法律面前人人平等原则、司法机关统一行使审判权原则、废止肉刑和刑讯、重证据不轻信口供原则等；同时能够因地制宜、灵活实用地创建出体现根据地特色的制度，如依靠群众便利群众原则、马锡五审判方式、人民调解原则等，呈现出明显的共性和个性。

一、司法体制

（一）工农民主运动时期的司法体制

工农民主政权时期的司法体制实行各级司法机构受同级政府领导的体制。这种政审合一的体制适合战争需要，利于政府政策、法令的执行及对司法的领导。实行“审检合一”，检察机关附设于审判机关内。审判权和司法行政权在中央采用分立制，在地方则采用“合一制”。依上述原则，所设立的司法机关主要有：

1. 中央设临时最高法庭。地方为省、县、区各级裁判部。由部长、裁判员、书记员组成。省、县裁判部设裁判委员会。各级裁判部设刑庭和民庭。省县裁判部有权判决警告、罚款、没收财产、强迫劳动、监禁、枪决等刑事处罚案件和民事案件。区裁判部审理不重要的案件，判处强迫劳动或监禁的期限在半年以内的案件。

2. 检察机关附设于同级司法机关内。最高法庭设检察长一人、副检察长一人，检察员若干人。省、县裁判部各设检察员。区裁判部无检察员编制。各级检察员受同级裁判机关负责人领导，其职责是进行预审、起诉等工作。

（二）抗日民主政权时期的司法体制

为保证各项实体法的顺利实施，各根据地制定颁布了许多诉讼审判方面的法律法规，如1939年《陕甘宁边区高等法院组织条例》、1943年《陕甘宁边区军民诉讼暂行条例》、1943年《陕甘宁边区县司法处组织条例草案》、1940年《晋察冀边区陪审暂行办法》，以及1942年《晋西北巡回审判办法》等。这时期司法机关及其职权如下：

1. 边区高等法院。边区最高司法机关，负责全区审判及司法行政工作。下设刑庭、民庭，各庭长、推事负责审判，必要时组织巡回法庭。还设有检察处、书记室、看守所、监狱。

图14—5 陕甘宁边区高等法院旧址全貌

2. 高等法院分庭。它是1943年为便利诉讼、加强对县的司法领导而设置的。是高等法院派出机关。审理所辖分区县司法处一审上诉案件，是二审机关，由分庭庭长（专员兼任）、推事、书记员组成。

3. 县司法处。初期只有一个裁判员主持审判业务。1940年成立由县委书记、县长、裁判员、保安科长、保安大队长组成的裁判委员会。1941年因执行“三三制”原则被取消。

重大案件交县政府委员会或政务会议决定。

4. 边区政府审判委员会。1942 年 8 月设立。职权是解释法令，审理高等法院一审及二审刑事上诉案和一审民事诉案及行政诉讼案、婚姻案、死刑复核案。1944 年 9 月因精兵简政而撤销。

5. 检察机关。高等法院设检察员，在院长领导下独立行使检察权。一度设高等检察处，1942 年因精兵简政而撤销。实行审检合一制。职权是侦查、起诉，监督判决执行。

（三）解放战争时期的司法体制

此时期主要内容在于人民法院的建立。

（1）摧毁国民党政府司法制度，建立各级人民法院和保证“土改”的人民法庭。各解放区均设立了大行政区、省、县三级司法机关，一律改称人民法院。沿用抗日时期的各项制度。

（2）为保证“土改”顺利进行，建立人民法庭。人民法庭不同于地方法院，是县以下基层农会以贫雇农为骨干并有政府代表参加的群众性临时审判机关，专门审判一切违抗、破坏土地法的案件。一般由县政府委派审判员和农民代表会选举的审判员 2 人至 4 人组成，互推一人为主任审判员，主持审判。可判决罪犯当众坦白、赔偿、罚款、劳役、褫夺公权。判处徒刑、死刑须经上级政府批准。它是农民打击反动分子的有力武器，是避免乱打乱杀的重要措施。

二、诉讼审判制度

（一）工农民主政权时期的诉讼审判制度

1. 审判原则。（1）司法机关统一行使审判权。其他机关无司法权。（2）废止肉刑，重视证据，依靠群众审判反革命分子。

2. 实行四级二审终审制。（1）实行四级二审终审制。在特殊地区及紧急情况下，对于反革命、豪绅、地主犯罪，剥夺上诉权，一审终审。（2）审判公开。涉及秘密的可用秘密方式，但宣判仍应公开。如此有助于群众的监督和法制宣传教育。（3）人民陪审。无选举权者不得充当陪审员。主审与陪审员意见分歧时，以主审的意见为准。陪审员不脱产，选举产生。（4）巡回审判。这是一种崭新的审判方式。由各级裁判部在案发地点就地调查，在群众参与旁听下就地解决案件。所审案件多为具有重大意义的典型案件或群众性的刑事案件。（5）死刑复核。不论被告是否上诉，一律报请上级审判机关复核批准。须上诉期满，被告、原告未上诉与抗诉，上级审判机关批准，原死刑判决方生效。（6）合议制度和辩护制度。

3. 劳动感化院。重视犯人的教育改造。1932 年 8 月颁布《劳动感化院暂行章程》，规定了狱政的指导思想及管理制度，是新民主主义狱政制度的雏形。

（二）抗日民主政权时期

1. 诉讼原则的发展

（1）调查研究、实事求是的原则。毛泽东等边区领导人以身作则地贯彻这一原则，为司法干部作出了典范。这一原则写进了边区民事诉讼法草案。

（2）相信、依靠群众的原则。创造了许多依靠群众的诉讼组织形式。一是群众公审。主要是用于审理汉奸、反革命、“敌特”、盗匪等政治性案件和人命案。二是就地审判。这是初审机关采用的审判方式。具体做法是审判员携卷下乡，亲赴出事地点，深入群众调查研究，在有威望、有能力的群众参与下，将舆论与法律融为一体，就地判决。这种方式结案迅速，当事人省钱省时，有利于生产。三是巡回审判。这是高等法院及其分庭运用的审判方式。一般是携卷到出事地点，结合调查研究进行审判。同时受理新案和上诉案，检查下属司法处审判及监管工作。

（3）法律面前人人平等的原则。1941年11月边区第二届参议会宣布："边区法律保护各个革命阶级的利益，纠正资本主义国家各个阶级在法律面前的虚伪平等，而代之以真正的实质的平等。"① 从而揭开了法律面前人人平等的新篇章。各根据地宪法性文件规定：凡赞成抗日民主的地主、富农、资本家与工人、农民在人权、财权、参政权和民主自由权各方面，平等地受法律保护。犯法，则适用同一法律定罪量刑。法律还规定，不论党员或群众、首长或公务员或民众、指挥员或战士，不论其资格、功劳、地位，任何人犯法均依法处理。黄克功死刑案就是典型的例子，为边区民主法制添了光彩。为真正贯彻这一原则，边区《施政纲领》规定了党员犯法从重治罪，体现了无产阶级政党严于律己的精神。

此外，边区政府适应抗日民主统一战线的建立，承认南京国民政府的法律地位；允许各抗日民主政权在立法和司法工作中，有原则、有选择地援引国民政府的一些法律。关于援引的原则，边区政府明确规定："一、适合抗战团结的需要；二、适合民主政策；三、适合边区历史环境；四、适合广大人民的利益。"②

2. 主要的审判制度

（1）上诉制度。民事案件上诉期15天，刑事案件上诉期10天。

（2）审级制度。基本是二级终审制。县司法处一审（初审），高等法院及分庭二审（终审）。1942年以边区政府审判委员会为第三审，一度实行三审终审制，但1944年又恢复二级终审制。

（3）人民陪审制度。这是审判工作民主化的标志，也是群众监督司法工作的组织形式。

（4）审判公开和辩护制度。除法律另有规定，一律公开审判。当事人可请有法律知识的人或亲属充当刑事辩护人或民事代理人。

（5）复核和审判监督制度。少数死刑案判决书须高等法院复核核准，始得宣判；宣判后不论被告是否上诉，须再呈边区政府复核，经主席批准才能行刑，战时不在此限。1942年5月将复核权交专署代行。审判监督制度分两种：一是上级对下级监督，主要是审核案件，解决疑难；二是群众监督，指司法机关向同级参议会报告工作，听取意见，执行参议会决议案。

3. 马锡五审判方式

这是把群众路线的工作方法，创造性地运用到审判工作中去的司法民主的崭新形式。

（1）马锡五审判方式的特点。一是深入农村，调查研究，实事求是地了解案情；二是依靠群众，教育群众，尊重群众意见；三是方便群众诉讼，手续简便，不拘形式。

（2）马锡五审判方式的产生和意义。整风运动为其产生奠定了思想基础，群众智慧是其产生的力量源泉。这一方式是在巡回审判基础上成长起来的，是司法工作的一面旗帜。

其意义是：它的出现、推广，培养了大批优秀司法干部，解决了积年疑难案件，减少争讼，促进团结，利于生产，保证抗日，使新民主主义司法制度落到实处。

4. 人民调解的法律化

（1）调解的原则。其一，调解须双方自愿。不得强迫命令或威胁。其二，调解须以法律

---

① 韩延龙、常兆儒主编：《中国新民主主义革命时期根据地法制文献选编》，卷三，353～369页，北京，中国社会科学出版社，1981。

② 陕甘宁边区高等法院：《论边区司法答客问》（1944年4月20日），载韩延龙、常兆儒编：《中国新民主主义革命时期根据地法制文献选编》，卷四，209～212页，北京，中国社会科学出版社，1984。

为准绳，照顾善良风俗。不是无原则、无条件地息事宁人。违背法令、不利抗战的，政府有权宣布撤销。其三，调解不是诉讼必经程序。任何个人、机关不得阻止当事人行使起诉权。司法机关不得以未经调解为由拒绝受理。

（2）调解制度的内容和意义。其一，调解范围。初期仅限某些民事案件，后来甚至命案也调解。总结经验后确定民事纠纷除法律另有规定外，均可调解；轻微刑事案也可调解；社会危险性较大的刑事案件不属调解范围。

其二，调解种类主要有4种，依主持调解的个人或单位不同，分为：第一，民间调解。由当事人双方各自邀请地邻、亲友、劳动英雄、有威信和公正的人士参加，评议曲直，提出调解方案，劝导双方止争。它机动灵活，不拘形式，省钱省时，有利于生产、团结。边区政府号召最好百分之百的争执在乡村中自己解决。有的村成为几年无人打官司的模范村。第二，群众团体调解。有的专设调解委员会。第三，政府调解。在基层政权组织下调解纠纷。第四，司法调解。是司法机关处理案件形式之一。达成的调解协议，对双方有强制效力，须无条件执行。

其三，调解处理方式。一般有赔礼道歉、认错、赔偿损失或抚慰金以及其他善良习惯。

其四，调解和解书。其内容一般包括双方争执简要事由，调解成立方式，和解的原则，以及调解人姓名、签字、盖章等。对于促成和巩固调解成果有重要作用。

其五，调解纪律。主要规定调解人须奉公守法，不受贿舞弊，尊重当事人人权，不乱打乱罚等。目的在于保证公正，取得民众信赖，维护调解声誉。

调解的意义特别重大：它解决矛盾，增强民间和睦、团结，利于抗日民族解放事业；增强民众法制观念，减少纷争；利于司法机关集中精力处理重大刑民案件，提高办案质量；为解放战争和新中国人民调解工作提供了丰富历史经验；是人民司法的一大特色和补充。

（三）解放区的诉讼审判制度

此时期的主要变化在于实施新的法治原则。

1. 实行人民民主法制原则。严禁乱打乱杀、适用肉刑，坚持有反必肃、有错必纠的方针。简化诉讼手续，执行群众路线的审判方式。放宽上诉制度，一般刑事上诉期是7天至10天，民事的则为20天。严格复核制度，由过去的两级终审普遍改为三级终审制，加强对下级司法机关的检查监督。同时规定了各级法院受理案件的权限范围。

2. 废除国民党政府法统和“六法全书”，确立解放区司法原则，即：有法律、命令、条例、决议者，服从其规定；无前述规定者，服从新民主主义政策，依此来审理各种案件。

【问题与思考】

1. 手枪走火案①

1941年的一天，陕西省米脂县抗日救国会主任、米脂县参议员李万春同冯树德、吴亮明、高庆昌等四人在一起商量工作，商量完毕后，冯树德掏出他新得的一支手枪向大家炫耀，李万春随手接过手枪观看，突然，“砰”的一声，一颗子弹从枪口飞出，斜射入冯树德的肋骨，冯树德迅即毙命。李万春因手枪走火过失杀人的犯罪嫌疑被拘留。在审查期间，1941年11月，陕甘宁边区第二届参议会举行，大会通过决议，暂时停止李万春出席参议会的权利。陕甘宁边区高等法院检察处对此案进行了详

---

① 参见《解放日报》，1942-01-12。

细的侦查和调查，经过案发时在场目睹的吴亮明、高庆昌两人的共同证明，后又经绥德专员公署查核，事情才真相大白：当李万春把冯树德的手枪接过来拿在自己手上后，冯树德在一旁用手指示其手枪的特点，一边说着，一边用手触摸手枪，无意中触动扳机，引起走火。所以，枪弹的射出，并非出于李万春的直接动作，李万春虽有接枪在手的责任，但并无用手在枪上拨动扳机的责任。冯树德的毙命，实系其过失自杀。李万春对此不应负法律上的过失责任。

本案关注点主要在于刑事责任的确定。应结合民国《刑法》和《刑事诉讼法》的有关规定，注意区分行为的故意或过失，确定是否对犯罪嫌疑人起诉或不起诉，以及其是否承担法律责任。

2. 纠正错案①

1932年5月24日，江西瑞金县苏维埃政府裁判部法庭开庭审理了一起反革命案件。该案被告朱多伸，男，72岁，瑞金县壬田区人。法庭通过庭审查明，被告过去是劣绅，曾恃强欺弱、压迫群众、霸山骗田；他还冒充宁都、瑞金、石城三县的巡视员，吞没公款，克扣罚金，私扣军火，从中牟利。根据以上事实，按照中华苏维埃共和国中央执行委员会于1931年12月13日通过的《处理反革命案件和建立司法机关的暂行程序》的第六号训令，法庭判处朱多伸死刑。此案上报中央苏维埃政府临时最高法庭审批后，临时最高法庭主席何叔衡认为：根据判决书所列事实及被告口供，该犯之罪行不过是贪污及冒称三县巡视员等，故属普通刑事案件，不属反革命罪；又考虑到朱多伸曾参加过革命，组织过游击队，且又年过七旬，因此决定将死刑改判为监禁二年。

本案应注意以下问题：（1）案件性质的认定。根据地的刑事法规分为一般刑事法规和惩治反革命、汉奸、贪污等特别法规，特别法规针对特定的犯罪主体和特定的犯罪行为，专门加以规范处理。反革命罪主要是指一切图谋推翻或破坏苏维埃政府及工农民主革命所得到的权利，意图保持或恢复豪绅地主资产阶级的统治的行为。（2）酌情减轻处罚的依据。（3）判决错误，有错就改，充分体现苏维埃政府对人民权益的重视和保护。

① 参见《红色中华》，1932-06-02。

索引

第一章

第二章

第三章

第四章

第五章

第六章

第七章

第八章

第九章

第十章

第十一章

第十二章

第十三章

第十四章

图书在版编目（CIP）数据

中国法制史原理与案例教程 / 赵晓耕主编．—3 版．—北京：中国人民大学出版社，2016.8
ISBN 978-7-300-23105-1

Ⅰ．①中… Ⅱ．①赵… Ⅲ．①法制史－中国－研究生－教材 Ⅳ．①D929

中国版本图书馆 CIP 数据核字（2016）第 160531 号

全国法律专业学位研究生教育指导委员会秘书处推荐教材
21 世纪法学系列教材
总主编　曾宪义　王利明
中国法制史原理与案例教程（第三版）
主　编　赵晓耕
副主编　范忠信　马小红
Zhongguo Fazhishi Yuanli yu Anli Jiaocheng

出版发行	中国人民大学出版社		
社　址	北京中关村大街 31 号	**邮政编码**	100080
电　话	010－62511242（总编室）		010－62511770（质管部）
	010－82501766（邮购部）		010－62514148（门市部）
	010－62515195（发行公司）		010－62515275（盗版举报）
网　址	http://www.crup.com.cn		
	http://www.ttrnet.com(人大教研网)		
经　销	新华书店		
印　刷	北京东君印刷有限公司	**版　次**	2006 年 8 月第 1 版
规　格	185 mm×260 mm　16 开本		2016 年 8 月第 3 版
印　张	22.75 插页 1	**印　次**	2019 年 3 月第 2 次印刷
字　数	572 000	**定　价**	42.00 元

《　　　　　　　》※任课教师调查问卷

为了能更好地为您提供优秀的教材及良好的服务，也为了进一步提高我社法学教材出版的质量，希望您能协助我们完成本次小问卷，完成后您可以在我社网站中选择与您教学相关的 1 本教材作为今后的备选教材，我们会及时为您邮寄送达！如果您不方便邮寄，也可以申请加入我社的**法学教师 QQ 群：83961183（申请时请注明法学教师）**，然后下载本问卷填写，并发往我们指定的邮箱（cruplaw@163.com）。

邮寄地址：北京市海淀区中关村大街 31 号中国人民大学出版社 411 室收

邮　　编：100080

再次感谢您在百忙中抽出时间为我们填写这份调查问卷，您的举手之劳，将使我们获益匪浅！

基本信息及联系方式：※

姓名：＿＿＿＿＿＿　性别：＿＿＿＿＿＿　课程：＿＿＿＿＿＿＿＿＿＿

任教学校：＿＿＿＿＿＿＿＿＿＿＿＿＿　院系（所）：＿＿＿＿＿＿＿＿

邮寄地址：＿＿＿＿＿＿＿＿＿＿＿＿＿　邮编：＿＿＿＿＿＿＿＿＿＿

电话（办公）：＿＿＿＿＿＿　手机：＿＿＿＿＿＿　电子邮件：＿＿＿＿＿＿

调查问卷：※

1. 您认为图书的哪类特性对您使用教材最有影响力？（　　）（可多选，按重要性排序）
   A. 各级规划教材、获奖教材　　B. 知名作者教材
   C. 完善的配套资源　　D. 自编教材
   E. 行政命令
2. 在教材配套资源中，您最需要哪些？（　　）（可多选，按重要性排序）
   A. 电子教案　　B. 教学案例
   C. 教学视频　　D. 配套习题、模拟试卷
3. 您对于本书的评价如何？（　　）
   A. 该书目前仍符合教学要求，表现不错将继续采用。
   B. 该书的配套资源需要改进，才会继续使用。
   C. 该书需要在内容或实例更新再版后才能满足我的教学，才会继续使用。
   D. 该书与同类教材差距很大，不准备继续采用了。
4. 从您的教学出发，谈谈对本书的改进建议：＿＿＿＿＿＿＿＿＿＿＿＿

＿＿＿＿＿＿＿＿＿＿＿＿＿＿＿＿＿＿＿＿＿＿＿＿＿＿＿＿＿＿＿＿

＿＿＿＿＿＿＿＿＿＿＿＿＿＿＿＿＿＿＿＿＿＿＿＿＿＿＿＿＿＿＿＿

选题征集：如果您有好的选题或出版需求，欢迎您联系我们：

联系人：黄　强　联系电话：010-62515955

索取样书：书名：＿＿＿＿＿＿＿＿＿＿＿＿＿＿＿＿＿＿＿＿＿＿＿＿

书号：＿＿＿＿＿＿＿＿＿＿＿＿＿＿＿＿＿＿＿＿＿＿＿＿＿＿＿＿＿

备注：※ 为必填项。